全——注——全——译

淮南子(上)

〔西汉〕刘安 撰
谦德书院 注译

《谦德国学文库》出版说明

人类进入二十一世纪以来，经济与科技超速发展，人们在体验经济繁荣和科技成果的同时，欲望的膨胀和内心的焦虑也日益放大。如何在物质繁荣的时代，让我们获得内心的满足和安详，从经典中获取智慧和慰藉，或许是我们不二的选择。

之所以要读经典，根本在于，我们应当更好地认识我们自己从何而来，去往何处。一个人如此，一个民族亦如此。一个爱读经典的人，其内心世界必定是丰富深邃的。而一个被经典浸润的民族，必定是一个思想丰赡、文化深厚的民族。因为，文化是民族之灵魂，一个民族如果不能认识其民族发展的精神源泉，必定就会失去其未来的生机。而一个民族的精神源泉，就保藏在经典之中。

今日，我们提倡复兴中华优秀传统文化，当自提倡重读经典始。然而，读经典之目的，绝不仅在徒增知识而已，应是古人所说的"变化气质"，进一步，是要引领我们进德修业。《易》曰："君子以多识前言往行，以蓄其德。"实乃读经典之要旨所在。

基于此理念，我们决定出版此套《谦德国学文库》，"谦德"，即本《周易》谦卦之精神。正如谦卦初六爻所言："谦谦君子，用涉大川"，我们期冀以谦虚恭敬之心，用今注今译的方式，让古圣先贤的教诲能够普及到每一个人。引导有心的读者，透过扫除古老经典的文字障碍，从而进入经典的智慧之海。

作为一套普及型的国学丛书，我们选择经典，不仅广泛选录以儒家文化为主的经、史、子、集，也将视野开拓到释、道的各种经典。一些大家所熟知的经典，基本全部收录。同时，有一些不太为人熟知，但有当代价值的经典，我们也选择性收录。整个丛书几乎囊括中国历史上哲学、史学、文学、宗教、科学、艺术等各领域的基本经典。

在注译工作方面，版本上我们主要以主流学界公认的权威版本为底本，在此基础上参考古今学者的研究成果，使整套丛书的注译既能博采众长而又独具一格。今文白话不求字字对应，只在保证文意准确的基础上进行了梳理，使译文更加通俗晓畅，更能贴合现代读者的阅读习惯。

古籍的注译，固然是现代读者进入经典的一条方便门径，然而这也仅仅是阅读经典的一个开端。要真正领悟经典的微言大义，我们提倡最好还是研读原本，因为再完美的白话语译，也不可能完全表达出文言经典的原有内涵，而这也正是中国经典的古典魅力所在吧。我们所做的工作，不过是打开阅读经典的一扇门而已。期望藉由此门，让更多读者能够领略经典的风采，走上领悟古人思想之路。进而在生活中体证，方能直趋圣贤之境,真得圣贤典籍之大用。

经典,是一代代的古圣先贤留给我们的恩泽与财富,是前辈先人的智慧精华。今日我们在享用这一份财富与恩泽时,更应对古人心存无尽的崇敬与感恩。我们虽恭敬从事,求备求全,然因学养所限、才力不及,舛误难免,恳请先贤原谅,读者海涵。期望这一套国学经典文库,能够为更多人打开博大精深之中华文化的大门。同时也期望得到各界人士的襄助和博雅君子的指正,让我们的工作能够做得更好!

团结出版社

2017年1月

前　言

　　《淮南子》，又名《淮南鸿烈》《刘安子》《刘氏子书》，是西汉皇族淮南王刘安及其门客集体编写的一部哲学著作。它被近代学者梁启超称誉为"汉人著述中第一流"。

　　淮南王刘安（前179—前122），沛郡丰县（今江苏徐州丰县）人，生于淮南（今安徽淮南），汉高祖刘邦之孙，淮南厉王刘长之子，西汉著名的文学家、思想家。汉文帝八年（前172年），刘安被封为阜陵侯。汉文帝十六年（公元前164年），封为淮南王。宋代高似孙所著的《子略·淮南子》中，将其称之为"天下奇才"。淮南王学识渊博，才思敏捷，在文学、音乐、自然科学等诸多方面都有很深的造诣，他所著的《离骚传》是中国最早对屈原及其《离骚》作高度评价的著作。在文学创作方面，成就比较突出的是赋和歌诗。东汉学者王逸在《楚辞·招隐上·序》中曾经这样记载："昔淮南王安博雅好古，招致天下俊伟之士，自八公之徒，咸慕其德而归其仁。各竭才智，著作篇章，分造辞赋。"在音乐方面，淮南王最精熟"琴"，在《汉书·艺文志》中，《琴颂》就是淮南王所著的名篇。淮南王在易学研究方面的成就也非常突出。在《淮南子》中,多处引用《周易》。可见,他对《周易》研究透彻,运用得当,恰如其分。

《淮南子》全书二十一卷,作者在继承先秦道家思想的基础上,杂糅了阴阳、墨、法和部分儒家思想,不过其主要宗旨还是道家,可谓是道家的集大成。"道"是《淮南子》中最基础,也是最高的哲学概念。因此,着重论述"道"的《原道训》《俶真训》便成为全书最基础、最核心的内容,作者在这两卷中对全书的一些基本观点进行了简单的总结和概念。所以,胡适说:"道家集古代思想的大成,而淮南书又集道家的大成。"

《淮南子》内容繁富,包罗万象,涉及到哲学、政治、经济、军事、天文、地理、农学、生物、音律、神话等诸多方面。例如,《天文训》主要阐述天文、历法方面的产生与变化规律;《地形训》以天圆地方说为根据,描绘了古代中国及其周围的地形;《时则训》具体阐述了四季变化的规律,对于这些内容全书都作了近乎哲理的描述,最后将其归结到"道"。《主术训》《缪称训》《齐俗训》《道应训》《氾论训》《诠言训》《兵略训》,则是关于古代社会、政治、军事等具体问题的讨论。同时,全书还保存了大量的古代神话,为我国古代神话的保存和传播作出了很大的贡献,例如,"后羿射日""公共触不周山""黄帝生阴阳"等人们所熟知的神话,《淮南子》中都有收录。因此,它可以说是一部不可多得"绝世奇书"。

《淮南子》内容虽然驳杂,其核心却是在强调遵循"道",尊重自然规律。正如范文澜先生所说:"《淮南子》虽以道为归,但杂采众家,仍表现出一定的融合倾向。"无论是大到一国之治,还是小到个人修身养性,都要遵循"道",按照"大自然的规律"行事。这是道家"无为"思想的更深入的发展,是较为可贵且具有恒久价值的思想资源,值得我们后人研读、学习。

《淮南子》文笔瑰丽,雄浑多姿,是"文宗秦汉"的典范之作。从东汉起,就有人开始对《淮南子》进行研究,当时的许慎和高诱都为之作注,流传至今;清朝乾嘉学派的王念孙所作《读〈淮南子〉杂志》,至今仍是研究《淮南子》的重要参考;今人对《淮南子》的研究更是枚不胜举。本书在整理过程中,以上海涵芬楼影印的清朝道光年间刘泖生抄本为底本进行整理,反复校勘,不仅收录了《淮南子》的原文,并作了题解,引用高诱的注解加以阐述,方便读者更好的掌握与理解相应的内容。在此基础上,还进行了注释和翻译,区别字体、字号,力求为读者提供一个方便阅读的《淮南子》读本。

总之,《淮南子》不仅仅是一部意在求仙访道、博采黄老之言的道家之书,更是建元初年间激烈的政治斗争和意识形态辩论的产物,具有很高的思想价值、文学价值和史学价值,对后世有着深远的影响。熟读此书,对于我们修身养性能够起到很好的启迪和帮助。

由于能力所限,书中难免会有不当和疏漏之处,欢迎读者批评指正。

编者

2020.4

目录

上册

卷一	原道训	1
卷二	俶真训	38
卷三	天文训	74
卷四	地形训	120
卷五	时则训	150
卷六	览冥训	194
卷七	精神训	214
卷八	本经训	241
卷九	主术训	265
卷十	缪称训	322
卷十一	齐俗训	357

下册

卷十二 道应训	407
卷十三 氾论训	466
卷十四 诠言训	514
卷十五 兵略训	548
卷十六 说山训	591
卷十七 说林训	624
卷十八 人间训	671
卷十九 修务训	728
卷二十 泰族训	762
卷二十一 要略	815

卷一　原道训

【题解】"原道",东汉高诱注曰:"原,本也。本道根真,包裹天地,以历万物,故曰原道。""道"是《淮南子》中最基础的,也是最高的哲学概念。《原道训》以"道"为中心,全面阐述了"道"的本质特点。"道"既是万物的总源,也是万物运动最根本的规律。此外作者还发展了道家的无为思想,以及与"道"有关的人性论和苦乐观,提出了"形、神、气"是生命的三大要素。

夫道①者,覆天载地,廓②四方,柝(tuò)③八极;高不可际④,深不可测。包裹天地,禀授无形⑤;原⑥流泉浡(bó)⑦,冲⑧而徐盈;混混⑨滑滑⑩,浊而徐清。

【注释】①道:指宇宙本源和自然规律。②廓:扩张。③柝:通"拓",开拓。④际:达到,接近。⑤禀授无形:即"禀授(有形)于无形"。禀授:给予。⑥原:同"源"。⑦浡:涌动。⑧冲:通"盅",虚、空。⑨混混:水奔腾急速的样子。⑩滑滑:滑通"汩(gǔ)",水流急疾的样子。

【译文】道,覆盖着苍天承载着大地,延伸到四面八方;高到无法触及,深到无法测量。包裹着天地,在无形中产生了万物;它像泉水涌出源头,刚开始虚缓渐渐盈满;之后滚滚奔流,由浑浊逐渐变为清澈。

故植①之而塞于天地,横之而弥于四海;施之无穷而无所朝夕;舒之幎(mì)②于六合③,卷之不盈于一握。约而能张,幽而能明,弱而能强,柔而能刚,横四维而含阴阳,纮(hóng)宇宙而章④三光。甚淖(nào)⑤而滒(gē)⑥,甚纤而微。山以之高,渊以之深;兽以之走,鸟以之飞;日月以之明,星辰以之行;麟以之游,凤以之翔。

【注释】①植:立。②幎:覆盖物体的巾或幔,覆盖。③六合:指天地之间。④章:同彰,使明亮。⑤淖:柔弱的样子。⑥滒:原指粥多汁,这里与"淖"同义,都是形容道的柔和。

【译文】它竖立着能充塞天地,躺下又能布满四方;用起来无穷无尽,而且也没有盛衰变化;它舒散下来能覆盖天地,卷缩起来却又不满一大把。它既能收缩又能舒展,既能幽暗又能变亮,既能柔弱也能刚强。它横贯四维,蕴涵阴阳二气,维系宇宙,使日月星辰变得明亮。非常柔和,极其微妙。山凭借它能变得高耸,渊凭借它能变得深邃;野兽凭借它能奔走,鸟类凭借它能高飞;日月凭借它可以明亮,星辰凭借它能运转;麒麟凭借它能出游,凤凰凭借它能翱翔。

泰古二皇①,得道之柄②,立于中央,神与化游,以抚四方。是故能天运③地滞④,轮转而无废⑤,水流而不止,与万物终始。风兴云蒸,事无不应;雷声⑥雨降,并应无穷;鬼出⑦电入⑧,龙兴鸾集；钧⑨旋毂⑩转，周而复匝⑪。已雕已琢，还反于朴。

【注释】①泰古二皇：远古的伏羲、神农。②柄：指道的根本。③运：运行。④滞：停止。⑤废：休止。⑥声：指雷鸣。⑦鬼出：形容无踪迹。⑧电入：形容快。⑨钧：制作陶器的转轮。⑩毂（gǔ）：车轮中心插轴的部分。⑪匝：环绕。

【译文】远古伏羲、神农两位圣皇，掌握了治理天下之道的根本，处在天地的中央，精神和万物变化相融合，来安抚天下百姓。因此能够让天运行让地静止，就像车轮绕轴永不间断，像水流向低处永不停息，和天地万物相始终。就像风起就会云涌，雷鸣就会降雨，同时响应不会停止；又像鬼神出没没有踪迹，像闪电稍纵即逝，又像神龙兴起，鸾凤飞临集合；还像钧器和车毂旋转运行，周而复始。已被雕琢刻画的，又返归质朴。

无为为之而合于道，无为言之而通乎德；恬（tián）愉①无矜②而得于和，有万不同而便于性；神托于秋毫之末，而大与宇宙之总。其德优天地而和阴阳，节四时而调五行；呴谕③覆育，万物群生；润于草木，浸于金石；禽兽硕大，豪毛润泽；羽翼奋④也，角骼（gé）⑤生也；兽胎不赎（dú）⑥，鸟卵不毈（duàn）⑦；父无丧子之忧，兄无哭弟之哀；童子不孤，妇人不孀；虹霓⑧不出，贼星⑨不行。含德之所致也。

【注释】①恬愉：快乐。②矜：自大。③呴谕：通"煦妪"，温恤。④奋：壮。⑤角骼：指有角的兽类，亦泛指兽类。⑥赎：兽未出生而死。⑦毈：孵不出鸟的卵。⑧虹霓：灾异反常的现象。⑨贼星：陨星、彗星。

【译文】顺应自然的事自然合乎道义,朴实无华的言论也和德相符合;安适清净不躁不骄,使得上下和谐,万物都有不同,不强求统一,保持、顺应各自的天性;精神既能依托在毫末之上,又能扩展到宇宙之中。二皇的德行使天地柔顺、阴阳调和,四季有节,五行有序;温恤化育,万物繁衍生长;滋润着草木,浸润着金石;飞禽走兽长得又肥又壮,羽毛润泽光亮;鸟类翅翼也坚硬有力,麋、鹿生长正常;走兽没有死胎,飞禽没有孵不出鸟的卵;老人没有丧子的悲痛,兄长没有失弟的哀伤;孩童不会成为孤儿,妇女不会成为寡妇;异常的虹霓不会出现,妖星不会在空中运行。这些都是两位圣皇广怀德泽造就的。

夫太上^①之道,生万物而不有,成化像而弗宰。跂(qí)行^②喙息^③,蠉(xuān)飞^④蠕动^⑤,待而后生,莫之知德;待之后死,莫之能怨。得以利者不能誉,用而败者不能非;收聚畜积而不加富,布施禀授而不益贫;旋县^⑥而不可究,纤微而不可勤^⑦;累之而不高,堕之而不下;益之而不众,损之而不寡;斫之而不薄,杀之而不残;凿之而不深,填之而不浅。

【注释】①太上:最高的。②跂行:用足行走。③喙息:用嘴呼吸。④蠉飞:指虫类飞行。⑤蠕动:爬行的虫类。⑥旋县:王念孙认为是"縣"字之误,《说文》:"縣,联微也。"《广雅》:"縣,小也。"旋县连用,状微小之貌。⑦勤:原注作"犹尽也",穷尽。

【译文】最高的道,生化万物却不据为己有,造成万物的形象但不主宰。用脚行走的、用嘴呼吸的、飞行的、爬行的,各种动物依靠它才能生育成长,却不知道感恩它的德泽;因为它而死亡,也不知道怨恨它。依靠它获得利益的人不赞誉它,利用它失败的人也不非议它;收敛积聚不会变得更加富有,施舍赈救也不会变得更贫困;

十分渺小而无法深入追究，极其细微而又不能探究到尽头；堆积它而不会变高，摧毁它也不会变低；增益它不会变多，削弱它又不会减少；砍削它不会变薄，杀戮它不会伤残；挖凿它不会变深，填充它而不会变浅。

忽兮怳（huǎng）兮①，不可为象兮；怳兮忽兮，用不屈②兮；幽兮冥兮，应无形兮；遂兮洞兮③，不虚动兮；与刚柔卷舒④兮，与阴阳俯仰⑤兮。

【注释】①忽怳：知觉迷糊或神思不定。怳：同"恍"。②屈：枯竭。③遂、洞：深远的样子。遂：通"邃"。④卷舒：屈伸。⑤俯仰：升降。

【译文】若有若无，不能描绘它的形象；似存似亡，功用无穷无尽；幽深渺茫，感应没有形迹；幽深难测，动起来不会虚耗气力；与刚柔同屈伸，与阴阳共升降。

昔者冯夷、大丙①之御也，乘云车②，入③云霓，游微雾④，骛⑤怳忽⑥，历远弥高以极往，经霜雪而无迹，照日光而无景⑦，扶摇抮（zhěn）抱⑧羊角而上。经纪山川，蹈腾昆仑，排阊阖（chāng hé）⑨，沦天门。末世之御，虽有轻车良马，劲策利锻⑩，不能与之争先。

【注释】①冯夷：古代中国神话中的黄河水神。大丙：仙人名。②云车：王念孙认为"云（雲）"乃"雷"之误，《太平御览》卷十四《天部》十四引此作"乘雷车"。③入：王念孙认为应为"六"，《文选·〈七发〉》李善注引《淮南子》作"六云霓"。④微雾：天之微气。⑤骛：奔驰。⑥怳忽：无形之象。⑦景：同"影"。⑧抮抱：互相纠缠转动。⑨阊阖:传说中西边的天门,泛指官门或京都城门,借指京城、宫殿、朝廷等。⑩策:马鞭。锻:王念孙认为应当作"錣",马鞭末端用来刺马的尖刺。

【译文】从前冯夷、大丙的御术,乘着雷车,以六条云霓为马,出入在微气之中,奔驰在浩渺的太空,经过高远之处又去往无尽之地,踏过霜雪而没有痕迹,经过日光照射而没有影子,随着旋转的大风向上飞行。穿过高山大川,踏上昆仑仙境,推开登天之门,进到天帝所居的宫门。后来的驾驭者,即使有轻便的车子上等的好马,坚固的鞭子锋利的刺针,也不能和他们争个高下。

是故大丈夫①恬然无思,澹然②无虑;以天为盖,以地为舆③;四时为马,阴阳为御;乘云凌霄,与造化者俱;纵志舒节,以驰大区④;可以步而步,可以骤而骤;令雨师洒道,使风伯扫尘;电以为鞭策,雷以为车轮;上游于霄雿⑤之野,下出于无垠之门。刘览⑥偏⑦照,复守以全;经营四隅,还反于枢。

【注释】①大丈夫:体道者。②澹然:心志满足的样子。③舆:车厢。④大区:即大虚。大虚指天。⑤霄雿:清寂幽深貌。⑥刘览:浏览观看。刘,通"浏"。⑦偏:通"遍",周遍。

【译文】所以大丈夫安静地好像没有思索,恬淡地好像没有思虑;把天作为车盖,大地作为车子;四季作为马,让阴阳来驾车;乘着白云升上九霄,和道同来同往;放开思绪,随心所欲,奔向太虚;能够缓步慢行,也能急速飞奔;命令雨师在前清洒道路,指派风神在后面扫尘;把电作为鞭子,雷作为车轮;向上漫游在幽远之处,向下穿过没有边际的大门。虽然浏览无穷无尽之境,却能守住纯真;虽然周游四方极远之处,却能返回到中央。

故以天为盖,则无不覆也;以地为舆,则无不载也;四时为马,则无不使也;阴阳为御,则无不备也。是故疾而不摇,远而不劳,四支不动,聪明不损,而知八纮九野之形埒(liè)者①,何也?执道要之柄,而游于无穷之地。

【注释】①八纮:即八极。九野:中央及八方。形埒:构形、界域。

【译文】所以用天作车盖,没有什么不能覆盖;用地作车子,没有什么不能承载;用四季为马,没有什么是不听使唤的;用阴阳作为驾御者,就没有什么是不能齐备的。因此即使疾行也不会动摇,远行也不会困顿,四肢不疲惫,耳目不损伤,而能知道八纮九野的构形和界域,为什么呢?因为掌握了"道"的根本,所以可以畅游于无穷无尽之地。

是故天下之事,不可为①也,因其自然而推之;万物不变,不可究也,秉其要归之趣。夫镜水之与形接也,不设智故②,而方圆曲直弗能逃也。是故响不肆应③,而景不一设;叫呼仿佛,默然自得。

【注释】①为:违背规律而行事。②智故:巧饰,伪诈。③肆应:广泛热烈响应。

【译文】所以天下的事情不能违背规律,应按照它的自然特点去探究;万物的变化不能都弄清楚,掌握要道变化,万物便可以归向它。像镜子和水可以照见物形,不需要任何巧饰打扮,而方、圆、曲、直任何形状都不能逃过,都会如实映现。所以回声并不是声音要它刻意回应,而影子也不是物体特地设置的,但是回声发响和影子晃动,都是在不知不觉中产生的。

人生而静,天之性也;感而后动,性之害也;物至而神应,知之动也;知与物接,而好憎生焉。好憎成形,而知诱于外,不能反己,而天理灭矣。故达于道者,不以人易天。外与物化①,而内不失其情。至无②而供其求,时骋而要其宿。小大修短,各有其具。万物之至,腾踊肴乱而不失其数③。是以处上而民弗重,居前而众弗害,天下归之,奸邪畏之。以其无争于万物也,故莫敢与之争。

【注释】①物化:与物同化。②至无:即道体至虚。③数:法度,规律。

【译文】人天生就是安静的,这是天性;受到外物的感化后产生了活动,这是天性的外在表现;外物来到后精神就有了反应,这是智慧的活动;智慧与外物接触之后,好憎便产生了。好憎化成形迹显露出来,而智慧被外物诱惑,不能返归人的本性,那么天性就要衰灭了。所以通达大道的人,不会因为人欲来改变天性。表面和外物达到一致,但内心却不会改变本性。道体至虚却能供万物所需,时时变化却能使万物都有归宿。不管是大小、长短,各种东西都是齐备的。万事万物到来的时候,尽管活跃纷乱,但却不会失去规律。因此得道者居处上位不让人感到沉重,处在前面众人也不会感到有危害,天下的人都归顺他,奸邪的人畏惧他。因为他不和万物相争,所以就没有什么能够和他相争。

夫临江而钓,旷日而不能盈罗,虽有钩箴芒距①,微纶②芳饵,加之以詹何、娟嬛(qióng)③之数,犹不能与网罟④争得也。

射者扞（hàn）⑤乌号之弓，弯綦（qí）卫⑥之箭，重之羿、逢蒙子⑦之巧，以要⑧飞鸟，犹不能与罗者竞多。何则？以所持之小也。张天下以为之笼，因江海以为之罟，又何亡鱼失鸟之有乎！故矢不若缴⑨，缴不若无形之像。

【注释】①钩箴芒距：箴，同"针"。芒距：尖利的钩爪。这里泛指钓鱼的工具。②纶：钓丝。③詹何：战国楚隐者，善钓。娟嬛：古代善钓的人。④罟：网类。指渔网。⑤扞：王引之认为应作"扜"，弯，拉。⑥綦卫：古代綦地出产的利箭。卫，利也。⑦逢蒙子：夏代之善射者，曾学射技于后羿。⑧要：通"徼"，拦阻，截击。这里指用箭射鸟类。⑨缴：带绳的利箭。

【译文】到江里去钓鱼，一天也不能装满一篓。即使有锋利的钩爪，细细的钩丝，芳香的钓饵，再加上善钓者詹何、娟嬛的绝技，还是不能同渔网争个高下。射鸟的人张开乌号之弓，扣上綦地生产的利箭，又加上善射者羿、逢蒙子的巧技来射鸟，还是不能同鸟网比优劣。这是为什么呢？是因为他们持掌的工具太小。如果张开天下作为捕鸟的笼子，用长江、大海作为渔网，又怎么会有逃跑的鱼和抓不住的鸟呢？所以箭头不如带绳的利箭，带绳的利箭不如没有形体的网。

夫释大道而任小数，无以异于使蟹捕鼠、蟾蠩（zhū）①捕蚤，不足以禁奸塞邪，乱乃逾滋。昔者夏鲧作三仞之城，诸侯背之，海外有狡心。禹知天下之叛也，乃坏城平池，散财物，焚甲兵，施之以德，海外宾服，四夷纳职。合诸侯于涂山②，执玉帛者万国。故机械③之心藏于胸中，则纯白不粹，神德不全，在身者不知，何远之所能怀！是故革坚则兵利，城成则冲④生，若以汤沃沸⑤，乱乃逾甚。是故鞭噬狗，策蹄马，而欲教之，虽伊尹、造父⑥弗能化。欲寅⑦之心亡于中,则饥虎可尾,何况狗马之类乎!故体道者逸而不穷,任数⑧者劳而无功。

【注释】①蟾蟒:见"蟾蜍",蛤蟆。②涂山:古称涂山,今称土(土,涂也)山,今山东曹县南部土山集遗址。涂山历史悠久,是涂山氏族的发源地。一说是今安徽怀远县淮水边。③机械:指巧诈。④冲:古代用来攻城冲锋用的战车。⑤以汤沃沸:将热水倒入滚烫的水中,企图制止水的沸腾。⑥造父:周穆王时大臣,善驾驭。⑦寅:庄逵吉认为是"害"字之误。⑧任数:指玩弄小技巧。

【译文】抛弃大道而去使用一些小聪明,就像用螃蟹捕老鼠,让蛤蟆捕跳蚤,没什么差别,这样不能用来禁止奸人阻塞邪恶,混乱反而会更加滋长蔓延。从前夏鲧修建了九仞高的城墙,结果诸侯国背叛了他,海外的人也离心离德。禹知道天下的人将要叛离,于是便毁掉城墙,填平护城河,散发财物,销毁兵器盔甲,对人民广施恩德,使海外的异族又称臣归服,四方诸侯纳贡。禹在涂山会合天下诸侯,带来玉器丝帛的诸侯成千上万。因此胸中藏有奸伪之心,那么纯白的东西也被认为不纯粹了,精神专一的道德也被认为不全备了。对于自己身边的情况都不明白,又怎能招来远方的人呢?因此盔甲坚硬,就有尖利的兵器产生;城墙一旦高筑,攻城的冲车就产生了。如果用热水来浇熄滚水,反而会使水沸腾的更加厉害。因此用鞭子抽打咬人的狗,用马鞭制服踢人的马,而想训练好它们,即使有名相伊尹、擅长驾御的造父,也没法成功。如果心中没有残害他人的念头,那么就是饿虎也可以紧随其后,更何况是狗马之类呢?因此遵循大道的人安逸而没有行不通的事,玩弄小技巧的人辛辛苦苦却一事无成。

夫峭法①刻诛者,非霸王之业也;箠(chuí)②策繁用者,非致远之术也。离朱③之明,察箴末于百步之外,不能见渊中之鱼;师旷④之聪,合八风⑤之调,而不能听十里之外。故任一人之能,不足以治三亩之宅也;脩⑥道理之数,因天地之自然,则六合不足均也。是故禹之决渎⑦也,因水以为师;神农之播谷也,因苗以为教。

【注释】①峭法:严峻的刑法。②箠:鞭子。③离朱:中国上古时期神话传说人物,视力特别好。④师旷:古代晋国乐师。⑤八风:八方之风。⑥脩:同"修",遵循。⑦渎:大河。

【译文】实行严刑峻法,不是成就霸业的人应该做的事;频繁地使用马鞭,不是驾驭马匹到达远方的办法。离朱的眼睛特别敏锐,在百步之外可以看到针尖,但是他看不见深渊中的游鱼;师旷的耳朵特别灵敏,可以分辨八方之风的乐调,但是他听不到十里之外的声音。因此单凭一个人的才能,不能用来治理三亩大小的田宅;遵循着大道的规律,顺应天地的自然特性,即使是整个天下也能够治理太平。因此禹疏通河道,把水流的规律作为后世的榜样;神农种植五谷,根据禾苗的生长规律作为后世的规范。

夫萍①树根于水,木树根于土;鸟排虚②而飞,兽蹠(zhí)实③而走;蛟龙水居,虎豹山处,天地之性也。两木相摩而然④,金火相守而流;员⑤者常转,窾(kuǎn)⑥者主浮,自然之势也。是故春风至则甘雨降,生育万物;羽者妪伏⑦,毛者孕育;草木荣华,鸟兽卵胎;莫见其为者,而功既成矣。秋风下霜,倒生挫伤;鹰雕搏鸷(zhì)⑧,昆虫蛰藏⑨;草木注根,鱼鳖凑⑩渊。莫见其为者,灭而无形。木处榛巢,水居窟穴;禽兽有芄(wán)⑪,人民有室;陆处宜牛马,舟行宜多水;匈奴出秽裘⑫,于、越⑬生葛绤(chī)⑭。各生所急,以备燥湿;各因所处,以御寒暑;并得其宜,物便其所。由此观之,万物固以自然,圣人又何事⑮焉!

【注释】①萍:浮萍。②排虚:即排击空气,而获得浮升之力。③蹍实:兽类足踏实地而行。④然:古同"燃"。⑤员:古同"圆"。⑥窾:空。⑦姁伏:指孵卵。⑧搏鸷:搏挚,猛击。⑨蛰藏:指冬眠。⑩凑:聚集。⑪芄:兽穴里的垫草。⑫秒袤:粗陋的皮衣。⑬于、越:王念孙认为应作"干、越",即吴和越。⑭葛绤:葛,多年生草本植物,茎可编篮做绳,纤维可织布。绤,细葛布。⑮事:原注作"治也",干预。

【译文】浮萍在水中扎根,树木在土里扎根;鸟类排击空气从而飞翔,兽类着地从而奔跑;蛟龙在水中生活,虎豹在山上生活,这是天地生成的本性。两块木头摩擦能够起火燃烧,金属在火中就会熔化;圆形的东西可以转动,中空的东西可以漂浮,这是天然的属性。所以春风到来甘雨就降临,万物开始生长;长羽翼的孵卵,有毛的怀胎;草木开花,鸟类孵卵兽类胎生。没有人见到它在干什么,而它的化育之功却告成了。秋风到来寒霜降临,草木凋落;鹰雕之类的搏杀猎物,昆虫伏藏;草木将营养集中在根部,鱼鳖之类聚集渊潭。没有人看到它在干什么,万物却因它而消失不见踪迹。住在树木上的会筑巢,生活在水中的有洞穴。飞禽走兽有垫草,人类居住在房室里;在陆地居处适宜用马牛,多水地区出行适宜用舟船;匈奴出产粗陋的皮衣,吴越生产凉爽的葛绤。不同的环境生产急需的物品,用来防备气候干燥和潮湿;各人按照所处的环境以不同的方式抵御寒暑;各自都得到它们适宜的环境,万物都有各自的用处。从这里可以看出,万物是按照自然规律生存发展的,圣人又为什么要去干预呢?

九疑①之南,陆事寡而水事众,于是民人被发文身②,以像鳞虫；短绻③不绔④，以便涉游；短袂攘卷⑤，以便刺舟，因之也。雁门之北，狄不谷食，贱长贵壮，俗尚气力；人不弛弓，马不解勒，便之也。故禹之裸国⑥，解衣而入，衣带而出，因之也，今夫徙树者，失⑦其阴阳之性，则莫不枯槁。故橘树之江北，则化而为枳；鸲鹆（qú yù）⑧不过济，貈（hé）⑨渡汶而死。形性不可易，势居⑩不可移也。是故达于道者，反于清净；究于物者，终于无为。以恬养性，以漠处神，则入于天门⑪。

【注释】①九疑：亦作"九嶷"。山名，在湖南宁远县南。②文身：在身上纹上鱼龙形花纹。③短绻：短衣。④绔：同"裤"。⑤攘拳：亦作"攘拳"。捋袖举拳。⑥裸国：传说中的古国名。或说在西方，或说在南方。其民皆不穿衣，故称。⑦失：改变。⑧鸲鹆：即八哥。⑨貈：通"貉"。⑩势居：环境，地位。⑪天门：天然的境界。

【译文】九疑山以南，陆地上的活动少，水中的活动多，这里生活的百姓剪短发刺花纹，模仿水中动物的习性；穿短衣不穿长裤，方便渡河游水；短袖挽起，方便撑船，这是按照水中的生活特点而采取的措施。雁门山以北的狄人不吃五谷，轻视年长的重视年轻的，当地习俗崇尚武力；人不放松弓弦，马匹不解下笼头，这是为了适应草原的生活环境。禹到南方的裸国，脱衣进去，系佩带出来，这是遵从当地的习俗。现在移植树木的人，改变了树木适应冷暖的特性，这样做后树木没有不枯死的。所以橘树种植在长江以北，就会改变性态成为枳树；鸲鹆不能渡过济水，貉过了汶水就会死去。它们的生活习性是不能改变的，生活环境也是不能转移的。所以通达大道的人，可以回到人的清静本性中；追求事物至理的，最终达到顺应自然的要求。用恬静作为标准修身养性，用淡泊来使精神安适，那么就可以达到天然的境界。

所谓天者,纯粹朴素,质直皓白,未始有与杂糅者也。所谓人者,偶睰①智故,曲巧伪诈,所以俯仰于世人而与俗交者也。故牛歧蹄②而戴角,马被髦(máo)而全足者,天也。络马之口,穿牛之鼻者,人也。循天者,与道游者也;随人者,与俗交者也。夫井鱼不可与语大,拘于隘也;夏虫③不可与语寒,笃④于时也;曲士不可与语至道,拘于俗,束于教也。故圣人不以人滑⑤天,不以欲乱情,不谋而当,不言而信,不虑而得,不为而成,精通于灵府⑥,与造化者为人⑦。

【注释】①偶睰:通"隅差",曲邪不正。②岐蹄:足分趾,趾上生蹄。③夏虫:指蝉蜩之类。④笃:限制。⑤滑:通"汨",乱。⑥灵府:指心。⑦为人:为偶。

【译文】所说的"天然",是指纯粹朴素,质地纯正洁白,不曾与其他的东西混杂在一起。所说的"人为",是指反复无常,玩弄智巧,逢迎投机,虚伪欺诈,用来和世人同沉浮,与世俗相交接。所以说牛蹄岔开头上长角,马儿披散鬃毛蹄子完整,这就是天然。给马套上马笼头,给牛穿上鼻环,这就是人为。遵循天然的人,和道在一起;随顺人为的人,就是和世俗交接在一起。不能和井里的小鱼谈论大海,是因为它局限在狭隘的环境之中。不能和蝉蜩之类谈论寒冬,是因为它受到季节的限制。不能和见识短浅的人谈论大道,是因为他们受着世俗和教养的束缚。所以圣人不因人事而扰乱天然,不因欲望而惑乱本性。圣人无需谋划便可做到恰如其分,不必信誓旦旦就能显示出诚信,不加思虑就能得心应手,不必动手脚就能成就大事,精神与心灵相通,和天地为伴互相依存。

夫善游者溺，善骑者堕，各以其所好，反自为祸。是故好事①者未尝不中②，争利者未尝不穷也。昔共工之力，触不周之山，使地东南倾，与高辛③争为帝，遂潜于渊，宗族残灭，继嗣绝祀。越王翳（yì）④逃山穴，越人熏而出之，遂不得已。由此观之，得在时，不在争；治在道，不在圣；土处下，不争高，故安而不危；水下流，不争先，故疾而不迟⑤。

【注释】①好事：原注作："好为情欲之事。"②中：原注作"伤也"，伤害。③高辛：华夏民族的共同人文始祖。即帝喾（kù），姓姬，为上古五帝之一。④越王翳：又称越王不光、越王授，为战国时期越国的君主。⑤迟：凝滞。

【译文】善于游泳的人往往被淹死，善于骑马的人常常被摔死，各人凭借自己的爱好特长，反倒却成为了自己的祸害。因此好为情欲之事的人，没有不损伤自己身体的；争夺权利的人，没有不受到困窘的。从前水神共工，因发怒而头触不周山，使西北天柱折断，大地向东南倾斜，和高辛氏争夺天下帝位，失败后便潜入深渊，他的宗族被消灭，以致断子绝孙，失去后继之人。越太子翳，逃到山穴之中，越人用火熏他，不得已被迫为王。从这里可以看出，得天下，在于时势，不在于争夺；治理天下，在于合道，不在于智巧；土地处于低位，不与谁争高下，所以能够安稳而没有危险；水是往下流的，不和谁争先，因此流的飞快而且永不停息。

昔舜耕于历山①，期年②，而田者争处墝（qiāo）埆（què）③，以封壤④肥饶相让；钓于河滨，期年，而渔者争处湍濑⑤，以曲隈（wēi）⑥深潭相予。当此之时，口不设言，手不指麾⑦，执玄德⑧于心，而化驰若神。使舜无其志，虽口辩而户说⑨之，不能化一人。

是故不道之道,莽乎大哉!夫能理三苗⑩,朝羽民⑪,徙裸国⑫,纳肃慎⑬,未发号施令而移风易俗者,其唯心行者乎!法度刑罚,何足以致之也?

【注释】①历山:古山名。相传舜耕历山。②期(jī)年:一年。③墝埆:土地坚硬瘠薄。④封壤:王念孙认为当作"封畔",指田界。⑤湍濑:石滩上的急流。⑥曲隈:崖岸弯曲处。⑦指麾:即"指挥"。⑧玄德:道家哲学概念,自然无为的德性。⑨户说:向家家户户陈说。⑩三苗:姜姓,与讙兜、共工、鲧合称为"四罪"。中国传说中黄帝至尧舜禹时代的古部落名。又叫"苗民""有苗"。⑪羽民:南方羽国之民,古代传说中身上生羽毛的人。⑫裸国:古代南方国名。其民裸身。⑬肃慎:古民族名。居于我国东北地区。

【译文】从前舜在历山耕田,一年后,种田的人争着去耕作贫瘠的山地,而把肥沃的田地让给别人;舜在黄河边钓鱼,一年后人们争着去水流湍急的地方打鱼,把涯岸弯曲深潭多鱼的地方让给乡邻。那时,舜没有去游说,也没有干预别人,而是怀着美好的德性,因此教化快速得就像神灵驱使一样。如果舜没有远大志向,即使能言善辩,挨家挨户地劝说,也不能感化一个人。所以不能用言辞表达出来的"道",才真是浩大无边啊!舜能治理好三苗,使羽民国来朝拜,让裸国来归顺,接纳肃慎之国,没有发号施令,却能移风易俗,这大概是具有美好德行才能做到的吧!依靠法度刑罚,怎么能达到这样的效果呢?

是故圣人内修其本,而不外饰其末;保其精神,偃①其智故;漠然无为而无不为也,澹然无治也而无不治也。所谓无为者,不先物为也;所谓无不为者,因物之所为。所谓无治者,不易自然也;所谓无不治者,因物之相然②也。万物有所生,而独知守其根；百事有所出，而独知守其门③。故穷无穷，极无极，照物而不眩，响应而不乏，此之谓天解。

【注释】①偃：停息。②相然：相适宜。③门：根本，关键。
【译文】所以圣人要修养内在的本性，而不粉饰外在的末节；保养内心精神，熄灭机诈的邪心；寂静无声地依照自然规律行事，因而没有什么是办不成的；淡泊地好像不治理什么，但没有什么是不能治理的。所说的无为，就是不超过事务的进程去人为干预；所说的无不为，就是顺应万物的规律而行事；所说的无治，就是不改变万物的自然属性；所说的无不治，就是遵循万物的变化规律。万物的产生和出现都有各种因素，圣人只管守持它的根本大道；各种事情都有产生和出现的因素，而只管持守它的关键。因此圣人能探究无穷无尽的事物，到达无边无际的境地，明察万物却不受迷惑，响应随顺而不会困乏，这就是透彻了解了天意。

故得道者，志弱而事强，心虚而应当①。所谓志弱者，柔毳（cuì）②安静，藏于不敢，行于不能；恬然无虑，动不失时；与万物回周旋转，不为先唱③，感而应之。是故贵者必以贱为号，而高者必以下为基。托小以包大，在中以制外；行柔而刚，用弱而强；转化推移，得一之道，而以少正多。所谓其事强者，遭变应卒④，排患扞⑤难；力无不胜，敌无不凌⑥；应化揆（kuí）⑦时，莫能害之。是故欲刚者，必以柔守之；欲强者，必以弱保之；积于柔则刚，积于弱则强；观其所积，以知祸福之乡⑧。强胜不若己者，至于若己者而同⑨；柔胜出于己者，其力不可量。故兵强则灭，木强则折，革固则裂，齿坚于舌而先之敝。

【注释】①当：适合。②柔耎：软弱，不坚强。③唱：古同"倡"，倡导。④卒：通"猝"，突然。⑤扞：同"捍"，抵御。⑥凌：逾越，战胜。⑦揆：考察。⑧乡：通"向"，方向，趋向。⑨侔：势均力敌。

【译文】所以得道的人，意念柔弱但办事却胜券在握，虚怀若谷而做事得心应手。所说的"志弱而事强"，是说把柔弱安静隐藏在不敢作为之中，行动上像不能做成功一样；静漠地无思无虑，行动不失时宜；顺着万物的自然变化，不首先倡导，事物运动之后却能随时应和。因此尊贵的王、公、侯、伯总是用谦卑的孤、寡、不谷来称呼自己，而高大的建筑必定从低处打基础。寄托在小处而能包罗广大，处于中部可以控制四方；行动看似柔弱而实际刚强，处事弱小而本身强大；随着万物的变化而转移，掌握了"一"的道理，可以用少数来制服多数。所说的"事强"，就是遭遇变故，应对突变，排除祸患，抵御灾难的时候，没有什么力量不能战胜，没有什么对手不能打败；能适应变化，审时度势，没有什么能危害他。因此想达到刚强有力的目的，必须用柔弱来防守；想要达到强大的目的，必须以弱小来保护。集聚柔弱，就能刚强；积累弱小，就能强大。考察积累的多少，进而可以预见祸福的趋向。刚强的人可以战胜力量低于自己的；至于力量和自己一样的，则势均力敌；柔弱的人可以战胜超出自己力量的人，其力量不可估量。因此兵势强大的最终会被消灭，木质坚硬就容易被折断，皮革坚固容易开裂，牙齿比舌头坚硬，却比舌头先脱落。

是故柔弱者，生之干①也；而坚强者，死之徒②也；先唱者，穷之路也；后动者，达之原也。何以知其然也？凡人中寿七十岁，然而趋舍指凑③，日以月悔也，以至于死。故蘧(qú)伯玉④年五十，而有四十九年非。何者？先者难为知，而后者易为攻⑤也。先者上高，则后者攀之；先者逾下，则后者蹶⑥之；先者聩陷，则后者以谋；先者败绩，则后者违之。由此观之，先者，则后者之弓矢质的⑦也。犹錞(duì)⑧之与刃,刃犯难而錞无患者,何也?以其托于后位也。此俗世庸民之所公见也,而贤知者弗能避也。所谓后者,非谓其底滞而不发,凝结而不流,贵其周于数而合于时也。夫执道理以耦⑨变,先亦制后,后亦制先。是何则?不失其所以制人,人不能制也。

【注释】①干:主干。②徒:类,同类。③指凑:行止。④蘧伯玉:春秋末年卫国大夫,为人有贤名。⑤攻:通"功",成功。⑥蹶(jué):跌倒。⑦质的:箭靶。⑧錞:古代武器矛和戟柄末端的铜套。⑨耦:相对。

【译文】所以说柔弱,是生命的支柱;而坚强,是死亡的同类;首先倡导的,往往是穷困之路;后来行动的,却是通达的源泉。怎么知道是这样呢?大凡中寿达到七十岁的人,他们对于自己的行为举止,天天在自省悔恨,直到生命终结。因此卫国贤人蘧伯玉活了五十岁,回顾过去觉得自己四十九年是错误的。为什么会这样呢?先行的人做事难以知道对错,而后来的人有了经验就容易成功;先行的人攀上高峰,后来的人可以照着熟路攀援而上;先行的人越过低处,后来的人便可踩着先人的足迹越过;先行的人跌倒沦陷,那么后来的人就会考虑谋划;先行的人失败,那么后来的人就不会重蹈覆辙。以此来看,先行的人就是后面人的弓矢箭靶。就像兵器的锋刃与把柄末端的铜套一样,锋刃坏了而铜套却安然无恙,为什么这样呢?因为铜套处在后面的位置。这是一般人都能清楚明白的,然而贤明聪慧的人却不能避免。所说的后来人,不是说停滞不动,凝结不流,难能可贵之处是他能协调规律适应时宜。掌握了道来适应万物的变化,前面的可以制服后面的,后面的也可以制服前面的。这是为什么呢?因为这样的人没有失去制约人的办法,他人却没办法制约他。

时之反侧,间不容息;先之则太过,后之则不逮①。夫日回而月周,时不与人游,故圣人不贵尺之璧而重寸之阴,时难得而易失也。禹之趋时②也,履遗而弗取,冠挂而弗顾,非争其先也,而争其得时也。是故圣人守清道而抱雌节③,因循应变,常后而不先,柔弱以静,舒安以定,攻大礴(mò)④坚,莫能与之争。

【注释】①逮:及,达到。②趋时:指追赶时间,掌握时机。③雌节:古代道家的处世哲学。④礴:同"磨",碾碎。

【译文】时间的反复变化,短暂得不容喘息;如果在它前面行动就会超越太多,而在它后面行动却又达不到目的。日月运转,时光易逝,时光不与人多作周旋,所以圣人不认为一尺的璧玉是宝贵的,而认为一寸光阴的价值更大,是因为时光难得而容易失去。夏禹为了不失去宝贵的时间,丢失了鞋子顾不上去取,帽子挂在树枝上也不看一眼,不是争着走到前面,而是争着把握时机。因此圣人恪守清静之道,坚持退藏自守,遵循"道"而应时变化,常常处在后面而不赶到前头;柔弱恬静,淡泊安定,战胜大难攻破难关,没有人能够和他相争。

天下之物,莫柔弱于水,然而大不可极,深不可测;修极于无穷,远沦①于无涯;息耗减益,通于不訾②;上天则为雨露,下地则为润泽;万物弗得不生,百事不得不成;大包群生,而无好憎;泽及蚑(qí)蛲(náo)③,而不求报;富赡天下而不既,德施百姓而不费;行而不可得穷极也,微而不可得把握也;击之无创,刺之不伤;斩之不断,焚之不然,淖溺流遁④,错缪⑤相纷,而不可靡散;利贯金石,强济天下;动溶⑥无形之域,而翱翔忽区之上,遭(zhān)回⁷川谷之间,而滔腾大荒之野;有余不足与天地取与,授万物而无所前后。是故无所私而无所公,靡滥⁸振荡,与天地鸿洞;无所左而无所右,蟠委错紾⁹,与万物始终。是谓至德。

【注释】①沦:沉沦,没落。②訾:通"赀",计算、计量。③蚑蛲:多足的蚑虫和没脚的蛲虫。常用以指代低等动物。④淖溺流遁:淖溺:水性柔软的样子。流遁:指流散。⑤错缪:错杂。⑥动溶:摇荡。⑦遭回:徘徊,行走困难的样子。⑧靡滥:水势浩荡。⑨蟠委错紾:蟠委:盘旋,委曲。错紾:交错变化。

【译文】天下万物,没有什么比水更柔弱的了,但是它却大到没有尽头,深到无法测量;长的可以达到无穷无尽的地方,远的沦没到无边无际之中;水的生长消耗,减损增益,无法计量;它蒸发到天上就成为雨露,落到大地就能滋润万物;万物没有它不能生长,各种事情没有它不能成功;它包容了万物,却没有喜爱厌恶;恩泽遍及微细的小虫,却不求回报;它使天下富足而不使自己消耗,德泽遍施百姓而又不认为耗损。水的流动没有尽头,水的微小无法把握;击打它没有伤痕,刺击它不留印记;砍它不断,焚它不燃,它柔软地流向任何地方,错杂纷纠,不会消散;它的锋利可以穿透金石,它的强大可以通达天下;它荡漾在无边无际的地方,自由翱翔在无穷无尽的境地,徘徊在山川、峡谷之间,翻涌在广阔无边的原野;有时多,有时少,任凭天地索取,施予万物没有先后之分。因此没有公私分别,水势浩荡,和大地混同相通;它没有左、也没有右,盘旋交错,和万物共始同终,这就是所说的最高的德。

夫水所以能成其至德于天下者,以其淖溺润滑也,故老聃之言曰:"天下至柔,驰骋①天下之至坚。出于无有,入于无间。

吾是以知无为之有益。"夫无形者,物之大祖也,无音者,声之大宗也。其子为光,其孙为水,皆生于无形乎!夫光可见而不可握,水可循②而不可毁。故有像之类,莫尊于水。出生入死,自无蹠(zhí)③有,自有蹠无,而以衰贱④矣。

【注释】①驰骋:横冲直撞,这里指战胜。②循:通"揗",抚摸。③蹠:到。④衰贱:指衰亡之路。

【译文】水之所以能够成就它最高的德行,主要是它柔软润滑的原因,因此老子说:"天下最柔软的,能够战胜最强硬的,从不存在的地方出现,到没有缝隙的地方,我因此懂得了无为的好处"。无形是万物之祖,无音是有声之宗。无形的儿子是光,孙子是水,这些都生于无形吧!光可以看见而不可以把握,水摸得着而不可以毁灭。所以凡是有形象的东西,没有比水更尊贵的了。从出生,到死亡,从无形到有形,从有形到无形,不能再回复根本,所以说走向衰亡了。

是故清静者,德之至也,而柔弱者,道之要也,虚无恬愉者,万物之用也。肃然应感,殷然①反本,则沦于无形矣。所谓无形者,一之谓也。所谓一者,无匹合于天下者也。卓然②独立,块然③独处;上通九天,下贯九野;员不中规,方不中矩;大浑④而为一,叶累而无根;怀囊⑤天地,为道关门⑥;穆忞(mǐn)隐闵⑦,纯德独存;布施而不既,用之而不勤。

【注释】①殷然:果决的样子。②卓然:高超的样子。③块然:孤独的样子。④大浑:大同。⑤怀囊:怀藏包裹。⑥关门:关键。⑦穆忞:杳然无形。隐闵:无形之类。

【译文】所以说清静是道德的最高境界,柔弱是道德的关键之处，虚无恬淡，是万物被人所使用的原因。对外界事物肃然感应，果决地返归根本，那么就又可以沦没到无形之中了。所说的无形，也就是达到了混一的状态。所谓混一，就是万物中没有与它相匹合的。它卓然不凡昂然挺立，又寂然独处；向上通达九天，向下贯通九野；圆圆的又不能用规度量，方方的又不能用矩测量；它的形貌大同而为一，聚集贯通没有根底；怀裹天地，是道的关键；它无形无迹，只有纯粹的德性独自存在；施予万物自身不会穷尽，使用起来永远都用不完。

是故视之不见其形，听之不闻其声，循①之不得其身。无形而有形生焉，无声而五音鸣焉，无味而五味形焉，无色而五色成焉。是故有生于无，实出于虚；天下为之圈②，则名实同居。音之数不过五，而五音之变不可胜听也。味之和不过五，而五味之化不可胜尝也。色之数不过五，而五色之变不可胜观也。故音者，宫立而五音形矣。味者，甘立而五味亭③矣；色者，白立而五色成矣；道者，一立而万物生矣。

【注释】①循：古同"揗"，抚摸。②圈：圈笼。③亭：定，确定。
【译文】所以用眼睛看不到它的形状，用耳朵听不到它的声音，用手摸不到它的身体。无形的道产生了有形的万物，有无声才有五音响鸣，有无味才显出五味，有无色才形成五色。所以有形从无形中产生，实体来自虚无。把天下作为它的圈栏，那么名与实便共处一起了。音阶的数目不超过五位，而五音相生变化产生的多音却听不完。味道的调和不超过五种，但是五味调配的美味却尝不尽。颜色的数目不超过五样，但是五色调和产生的颜色却看不完。因此在声调中，宫音确立，五音便形成了；在味道中，甘味确定，五味便可以确定了；

在颜色中,白色确立,五色就可以固定了;在大道之中,一确立了万物便产生了。

是故一之理,施四海;一之解①,际天地。其全也,纯兮若朴;其散也,混兮若浊。浊而徐清,冲而徐盈;澹②兮其若深渊,泛兮其若浮云。若无而有,若亡而存。万物之总,皆阅③一孔,百事之根,皆出一门。其动无形,变化若神;其行无迹,常后而先。

【注释】①解:含义。②澹:平静不动。③阅:通"脱",来自,出于。

【译文】所以一的道理,放在四海都是准确的;一如果扩散,可以包容天地。它完整时,纯粹得像未经加工、雕琢的木材;它扩散时,混杂得像一汪浊水。混浊可以慢慢变清,空虚可以渐渐充实;平静不动时它像深渊,飘浮不定时它像浮云。似无似有,似亡似存。万物的全部,都来自于"一"的孔洞之中。各种事物的根源,都出自"一"的门庭。它活动起来没有形体,但是变化神奇;它行动起来没有踪迹,常常在后面却又因此领先。

是故至人①之治也,掩其聪明,灭其文章,依道废智,与民同出于公。约其所守,寡其所求,去其诱慕②,除其嗜欲,损其思虑。约其所守则察,寡其所求则得。夫任耳目以听视者,劳形而不明;以知虑为治者,苦心而无功。是故圣人一度循轨,不变其宜,不易其常,放③准循绳,曲因其当。

【注释】①至人:通晓大道之人。②诱慕:即贪图荣华富贵。③放:通"仿",仿效。

【译文】因此道德修养最高的人治理天下，闭目塞耳，隐没纹饰，按照"道"废除人为的智巧，与百姓同出于公正之心。简化自己的职守，减少自己的需求，排除名利权位的诱惑，消除自己的贪欲，抛开自己的思虑。简化自己的职守，那么办事就能明察，减少自己的需求就容易满足。如果放任耳目去追求声色，只会使身形劳累而不能明察；凭着智巧来治理，劳损身心而不能成功。所以圣人统一法规遵循正轨，不去改变那些适合时宜的常规，不去变更那些固有的准则，仿效并遵循准绳，尽力随顺事物的本性。

夫喜怒者，道之邪也；忧悲者，德之失也；好憎者，心之过也；嗜欲者，性之累也。人大怒破阴，大喜坠阳；薄气①发喑，惊怖为狂；忧悲多恚(huì)，病乃成积；好憎繁多，祸乃相随。故心不忧乐，德之至也；通而不变，静之至也；嗜欲不载，虚之至也；无所好憎，平之至也；不与物散，粹之至也。能此五者，则通于神明。通于神明者，得其内者也。是故以中制外，百事不废；中能得之，则外能牧之。中之得，则五藏宁，思虑平；筋力劲强，耳目聪明；疏达而不悖，坚强而不鞼(guì)②；无所大过而无所不逮。处小而不逼，处大而不窕，其魂不躁，其神不娆③；湫漻(qiū liáo)④寂寞，为天下枭。

【注释】①薄气：急迫之气。②鞼：折。③娆：扰。④湫漻：清静。

【译文】喜悦和愤怒，是道的偏离；忧愁和悲痛，是德的丧失；喜欢和厌恶，是心灵的过错；无穷的嗜欲，是天性的牵累。人大发脾气就会破坏体内阴气，高兴过度就会挫伤阳气；气息急迫就会导致喑哑，惊吓恐怖就会使人发狂；忧虑悲愤多怀怨恨，疾病便会积累；

喜好和厌恶太多，灾祸便会紧随而至。因此心里不忧不乐，是德的最高表现；通达而不多变，是清静的最高境界；不产生贪欲，是虚无的最高境界；没有喜好憎恶，是平和的最高表现；不与外物相混杂，是纯粹的最高境界。能够达到这五点，就和神明相通了。和神明相通的人，是因为内心充实。因此可以用内心去控制外部的情欲，那么各种事情就不会废败；内心充实，外在就可得到保养。内心充实，五脏便会安宁，思虑便会平和；筋力强健，耳聪目明；通达而不悖乱，坚强而不被折断；没有什么太过头的，也没有什么不能达到的。处在低处不感到逼迫，处在高处也不感到空旷；它的灵魂不会感到急躁，它的精神也不会感到烦扰；清静恬淡才能成为天下杰出之人。

大道坦坦①，去身不远，求之近者，往而复反。迫则能应，感则能动，物穆无穷，变无形像；优游委纵，如响之与景；登高临下，无失所秉②；履危行险，无忘玄伎③；能存之此，其德不亏。万物纷糅，与之转化，以听④天下，若背风而驰，是谓至德，至德则乐矣。

【注释】①坦坦：平坦。②秉：掌握。③玄伎：一作"玄伏"，指"道"。④听：治理。

【译文】大道又平又直，离自身不远，在身边就近寻求道，离开了还能回来。有感触就有反应，感到迫近就会行动，深微无穷，变幻没有形迹；悠闲自得，委曲顺从，就像声响与回声应和、物体与影子相随；登高临下，不会失去秉持的道；路上遇到危险，不会忘记坚守道义；能够守住道，德性就不会亏损。万物虽然纷繁错杂，却能与它一起转化，用它来治理天下，就像背风驰骋，这就是最高的德性，至德之人是快乐的。

古之人有居岩穴而神不遗者，末世有势为万乘而日忧悲者。由此观之，圣亡乎治人而在于得道；乐亡乎富贵而在于德和。知大己而小天下，则几于道矣。所谓乐者，岂必处京台、章华①，游云梦、沙丘②，耳听《九韶》《六莹》③，口味煎熬芬芳，驰骋夷道，钓射鹔鹴(sù shuāng)④之谓乐乎？吾所谓乐者，人得其得者也。夫得其得者，不以奢为乐，不以廉为悲，与阴俱闭，与阳俱开。

【注释】①京台：战国时楚国的高台。章华：章华台。②云梦：即云梦泽，古泽薮名，在今湖北。沙丘：相传为商纣王所筑，在今河北。③《九韶》：亦作《九招》，指韶乐中的九个段落。《六莹》：颛顼之乐。④鹔鹴：古代神话传说中的西方神鸟。

【译文】古时有人居住在山洞仍然精神饱满，末世有人身居天子之位却日夜忧愁。由此看来，圣贤不在于治理百姓，而在于得道；快乐不在于富贵，而在于道德和洽。懂得看重自己而轻视权势，那么就接近道了。所说的快乐，难道一定是住在京华、章台，遨游云梦、沙丘，耳听《九韶》《六莹》这样的音乐，口里吃的是美味佳肴，骑马奔跑在平坦的大道上，射猎奇禽异鸟，才算快乐吗？我说的快乐，是人得到他应得的就感到满足罢了。获得应得的东西，不以奢华为乐，不以清廉为苦，身处阴阳的逆境能退避忍让，身在充满阳光的顺境能施展才智，与阳光一起闪耀。

故子夏心战而臞(qú)①，得道而肥。圣人不以身役物②，不以欲滑和③。是故其为臞不忻忻(xīn)④，其为悲不惙惙(chuò)⑤。万方百变，消摇⑥而无所定，吾独忼(kāng)慨⑦遗物，而与道同出。是故有以自得之也，乔本之下，空穴之中，足以适情，无以自得也,虽以天下为家,万民为臣妾,不足以养生也。能至于无乐者,则无不乐;无不乐,则至极乐矣。

【注释】①臞:通"癯",消瘦。②役物:即"抑于物",被外物所役使。③滑和:扰乱天和。④忻忻:欣喜、得意的样子。⑤惵惵:忧愁的样子。⑥消摇:动摇不定。⑦怆慨:不得志的样子。

【译文】所以子夏内心在"道"和"权贵"两种思想激烈斗争的情况下形体消瘦,当"道"战胜时,李又胖了起来。道德高尚的人不让外物支配自己,不让欲望扰乱自己的天性。因此欢乐时不兴高采烈,悲寂时不愁云满面。尽管外物变化莫测,没有什么定准,只凭坦荡的胸襟,抛弃外物,而和"道"同出进。所以如果能够自得其所,即使住在大树之下,山穴之中,也能适合自己的情趣。如果不能自得其所,即使把天下当作自己的家,把万民作为臣妾,也不能保养性命。能够达到没有快乐境界的人,就没有什么不是快乐的;没有什么是不快乐的,那么就达到最大的快乐了。

夫建钟鼓,列管弦,席旃茵(zhān)①,傅旄象②,耳听朝歌北鄙靡靡之乐,齐靡曼③之色,陈酒行觞,夜以继日,强弩弋高鸟,走犬逐狡兔,此其为乐也,炎炎赫赫,怵然若有所诱慕。解车休马,罢酒彻乐,而心忽然若有所丧,怅然若有所亡也。是何则?不以内乐外,而以外乐内;乐作而喜,曲终而悲;悲喜转而相生,精神乱营④,不得须臾平。察其所以,不得其形,而日以伤生,失其得者也。

【注释】①旃茵:毡制的褥子或坐垫。②傅:通"缚",捆绑。旄:旄牛尾,用以作旌旗杆上的装饰品。象:象牙为饰。③靡曼:指肌理柔美。④营:通"荧",惑乱。

【译文】架起钟鼓,排列管弦,铺上毡毛地毯,陈列着象牙和旄牛尾装饰的仪仗,耳听朝歌北郊迷人的音乐,拥抱着美艳的歌女,排列着酒宴,劝酒行令昼夜不停,或者用强弓去射飞鸟,驱赶猎犬追捕狡兔,这样作乐,真是十分热闹和显赫。等到卸下车子,让马休息,停酒撤乐,而心里却突然怅然若失。为什么这样呢?因为他们不是以内心的快乐去感受外界的快乐,而是靠外部的快乐愉悦内心;所以音乐奏起时就感到内心欢喜,乐曲停止就感到伤悲,悲喜交替,精神就会被扰乱,不能有片刻平静。考察造成这些的原因,是不懂得快乐的实际意义,因而一天天伤害心性,失去了应得的满足。

是故内不得于中,禀授于外而以自饰也;不浸①于肌肤,不浃(jiā)②于骨髓,不留于心志,不滞于五藏。故从外入者,无主于中,不止;从中出者,无应于外,不行。故听善言便计,虽愚者知说之;称至德高行,虽不肖者知慕之。说之者众,而用之者鲜;慕之者多,而行之者寡。所以然者何也?不能反诸性也。夫内不开于中而强学问者,不入于耳而不著于心,此何以异于聋者之歌也?效人为之而无以自乐也,声出于口,则越③而散矣。

【注释】①浸:浸润。②浃:浸渍,透彻。③越:散播。

【译文】因此,内心得不到足够的满足,就只能接受外部的刺激来自我粉饰;这种外界的刺激不会浸润肌肤,不会透彻骨髓,也不会停留在心中,更不会停滞在五脏之内。所以从外部感受到的东西,内心没有接受掌握,便不会止留;从内心产生的东西,如果外部没有和它相适应的环境,也不会停止不动。因此听到良言和妙计,即使是愚笨的人也知道喜欢它;称颂高尚的品行,即使是不贤的人也知道对其仰慕。欣赏的人多,真正采纳的人少;仰慕的人多,而效仿施行的人少。这是为什么呢?是因为他们不能返归自性。如果内心没有产生学习的愿望,而是勉强去学习,即使能够进入耳中,也不能记在心上,这同教聋子唱歌有什么区别呢?只是模仿别人的口型发声,而没有办法使自己快乐,声音从嘴里一发出,便四散了。

夫心者五藏之主也,所以制使四支①,流行血气,驰骋于是非之境,而出入于百事之门户者也。是故不得于心,而有经②天下之气,是犹无耳而欲调钟鼓,无目而欲喜文章也,亦必不胜其任矣。

【注释】①支:通"肢"。②经:治理。
【译文】心脏是五脏的主宰,控制四肢的动作,使血气流通,奔驰在是非的境内,出入于百事的门户。所以如果不是心里有所得而空有主宰天下的意愿,这就像没有耳朵的人想要调节钟鼓,没有眼睛的人想欣赏纹彩,那一定是不能胜任的。

故天下神器①,不可为也。为者败之,执者失之。夫许由②小天下而不以己易尧者,志遗于天下也。所以然者何也?因天下而为天下也。天下之要,不在于彼而在于我,不在于人而在于我身。身得,则万物备矣;彻于心术之论,则嗜欲好憎外矣。是故无所喜而无所怒,无所乐而无所苦,万物玄同③也。无非无是,化育玄耀④,生而如死。夫天下者亦吾有也,吾亦天下之有也;天下之与我,岂有间⑤哉?夫有天下者,岂必摄权持势,操杀生之柄,而以行其号令邪?吾所谓有天下者,非谓此也,自得而已,自得则天下亦得我矣。吾与天下相得,则常相有,己又焉有不得容其间者乎? 所谓自得者，全其身者也；全其身⑥则与道为一矣。

【注释】①神器：神圣之物，借指帝位、国家权力。②许由：尧舜时代的贤人，尧以天子之位授之，许由不受。③玄同：与天地万物混同为一。④玄耀：天光。⑤间：间隙。⑥全其身：保全人的天性。

【译文】所以，天下权势是神圣的东西，不能人为的求取它。谁想求取它谁就要失败，谁想把持它谁就会失去它。从前许由轻视天下权势而不愿以自己来取代尧的位置，就是因为心中早已把天下权势都抛开了。他这样做是为什么呢？是他明白顺应自然规律来对待天下。取得天下权势，不在别处而在自己这里，不在于别人而在于自身。身心得到满足，那么万物便齐备了；透彻地理解心术的论说，那么嗜欲、好恶都可以排除在外了。所以没有什么值得喜，也没有什么值得怒，没有什么值得乐，也没有什么值得苦，万物都与天地混同为一了。没有什么是，没有什么非，都由大道化育而成，即使活着，也像死了一样没有欲望。天下为我所有，我也为天下所有；天下和我，难道还有区别吗？据有天下，难道一定是执掌权柄，依持权势，掌握生杀大权来发号施令吗？我所说的据有天下，并不是这样，而是指自己得到心灵上的满足罢了，得到心灵的满足天下也就对我满足了。我和天下互相得到满足，那么天下有我、我有天下，我又怎么不能在它中间从容活动呢？所说的自己得到满足，就是保全自身天性完整；保全自身天性完整，那么就与"道"融为一体了。

故虽游于江浔海裔①，驰要褭(niǎo)②，建翠盖③；目观《掉羽》《武象》之乐，耳听滔朗④奇丽《激》《抮》之音；扬郑、卫之浩乐，结⑤《激楚》之遗风；射沼滨之高鸟，逐苑囿之走兽，此齐民之所以淫泆流湎⑥。圣人处之，不足以营其精神，乱其气志，使心怵然⑦失其情性。

【注释】①江浔海裔：指江边和海滨，常形容边远之地。②要褭：良马名，日行万里。③翠盖：饰以翠羽的大伞。④滔朗：激昂响亮。⑤结：盘旋，回荡。⑥淫洗：纵欲放荡。流湎：放纵，沉溺。⑦怵然：受利诱的样子。

【译文】所以即使遨游在江边海滨，驾御千里马纵横驰骋，张开翠羽装饰的大伞；观赏着《掉羽》《武象》这样的乐舞，听着高亢激昂的《激》《抮》音乐；高奏郑、卫名曲，缭绕着楚国《激楚》的余音；射杀池沼边的飞鸟，追捕苑圃中的野兽。这就是一般人所纵情放荡沉溺的东西。圣人处于这样的环境，也不会迷乱自己的精神，扰乱自己的意志，内心受到诱惑也不丧失自己的天性。

处穷僻之乡，侧①溪谷之间，隐于榛薄②之中；环堵③之室，茨④之以生茅，蓬户瓮牖（yǒu）⑤，揉桑⑥为枢；上漏下湿，润浸北房；雪霜滚（suī）灖（mǐ）⑦，浸潭苽（gū）蒋⑧；逍遥于广泽之中，而仿洋于山峡之旁，此齐民之所为形植黎黑⑨，忧悲而不得志也。圣人处之，不为愁悴怨怼，而不失其所以自乐也。是何也？则内有以通于天机，而不以贵贱贫富劳逸失其志德者也。故夫乌之哑哑（yā）⑩，鹊之唶唶（jiè）⑪，岂尝为寒暑燥湿变其声哉？

【注释】①侧：伏。②榛薄：榛，丛杂的草木。薄，贫瘠。引申指山野僻乡。③环堵：四周环着每面一方丈的土墙。形容狭小、简陋的居室。④茨：用芦苇、茅草盖的屋顶。⑤瓮牖：以破瓮的口为窗。比喻贫寒之家。⑥揉桑：始发芽的桑树。⑦滚灖：降雪飞霜的样子。⑧浸潭：滋润蔓延。苽蒋：草名，生在水边，籽实可食。⑨形植黎黑：植，通

"殖",瘦瘠。黎黑,脸色青黑,病态。⑩哑哑:形容乌鸦的叫声、小儿的学语声等。⑪喈喈:拟声词。鸟叫声。

【译文】居处在穷乡僻壤,隐伏在溪谷之中,避居在荒芜之地,住在低矮土墙的陋室,用茅草盖屋顶,用蓬草编成门,拿破瓮作窗户,揉弯了桑条做门轴,屋顶漏雨,地面潮湿,浸湿了住室,降霜飞雪,苁蒋到处蔓延。游荡在广野大泽之中,徘徊在山间峡谷之旁。——这就是一般人形体瘦弱,面孔青黑,忧愁而不得志的境遇。但是圣人处在这种环境里,不会因此忧愁怨怼,也不会失去自己的快乐。这是什么原因呢?是因为内心已经与自然的奥秘相通了,不会因为贵贱、贫富、劳逸丧失自己的天性。就像乌鸦哑哑叫,喜鹊喈喈叫,难道会因为寒暑、燥湿的不同而改变它们天生的叫声吗?

是故夫得道已定,而不待万物之推移也,非以一时之变化,而定吾所以自得也。吾所谓得者,性命①之情,处其所安也。夫性命者,与形俱出其宗,形备而性命成,性命成而好憎生矣。故士有一定之论②,女有不易之行,规矩不能方圆,钩绳不能曲直。天地之永,登丘不可为修,居卑不可为短。

【注释】①性命:指人的天性和命运。②一定之论:确定的道德准则。

【译文】因此那些得道的人心志坚定之后,就不会受到万物变化的影响。不因一时的变化,来确定自我满足的原因。我所说的"得",是指性命之情,处在安定的地方。生命和形体出自同源,形体全备了,生命就诞生了,生命诞生,好憎之情便产生了。所以士人有确定的道德准则,女子有不能丢失的贞操,就像规矩不能随意改变方圆,绳墨也不能随便改变曲直一样,就像天地那样长久不变,登上山丘不能使它加长,处在低处也不能使它变得矮小。

是故得道者,穷而不慑,达而不荣;处高而不机①,持盈而不倾;新而不朗,久而不渝;入火不焦,入水不濡。是故不待势而尊,不待财而富,不待力而强;平虚下流,与化翱翔。若然者,藏金于山,藏珠于渊,不利货财,不贪势名。是故不以康为乐,不以慊②为悲;不以贵为安,不以贱为危;形神气志,各居其宜,以随天地之所为。

【注释】①机:通"几",危险。②慊:通"歉",不足。

【译文】所以得道的人,穷迫的时候不畏惧,显达的时候不虚荣;处在高位时不会发生危险,捧着装满的器物不会倾覆;新的东西不显得光亮,使用久的东西也不会变异;放到火里不会被烧焦,进入水中也不会被打湿。所以不靠势力而自然尊贵,不靠财物而自然富足,不靠力量而自然强大;像水一样流往平坦之处,和自然变化一起运动。如果能这样,就可以如舜一般把金子藏到山里,把珍珠藏到深渊,不贪图钱财,不谋求名声权势。因此不把安康当作快乐,不把困穷当作痛苦;不把尊贵看作安逸,不以卑贱为危险;形体、精神、元气、意志各得其适宜之所,来随顺天地自然的变化。

夫形者生之舍也,气者生之充①也,神者生之制②也。一失位则三者伤矣。是故圣人使人③各处其位,守其职,而不得相干也。故夫形者非其所安也而处之则废,气不当其所充而用之则泄,神非其所宜而行之则昧。此三者,不可不慎守也。

【注释】①充:充满人体内一种流动的细微物质,它支撑着人的生命,所以意译为支柱。②制:主宰。③人:应为"之"字之误,之即是形、神、气。

【译文】形体是生命的房舍,元气是生命的支柱,精神是生命的主宰。其中一个方面失去应有的地位作用,就会使其他两方面受到损伤。因此圣人使形、神、气处在自己应有的位置上,各司其职,互不干扰。所以人的形体如果不是处在它所安居的地方,就会遭到破坏;元气如果在运行不畅的地方,就会泄露;精神不是在它所适宜的地方,就会昏聩。这三种东西,不能不慎重地加以守护。

夫举天下万物,蚑蛲贞虫①,蠕动蚑作②,皆知其所喜憎利害者,何也?以其性之在焉而不离也。忽去之,则骨肉无伦③矣。今人之所以眭(guì)然④能视,荧然能听,形体能抗,而百节可屈伸,察能分白黑、视丑美,而知能别同异、明是非者,何也?气为之充而神为之使也。何以知其然也?凡人之志各有所在,而神有所系者,其行也,足蹪(tuí)趎(chú)坅(kǎn)⑤,头抵植木而不自知也,招之而不能见也,呼之而不能闻也,耳目非去之也,然而不能应者,何也?神失其守也。故在于小则忘于大,在于中则忘于外,在于上则忘于下,在于左则忘于右,无所不充则无所不在。是故贵虚者,以毫末为宅也。

【注释】①贞虫:细腰蜂之类昆虫。②蠕动蚑作:虫类慢慢爬行的样子。这里指慢慢爬行的虫子。③无伦:高诱注:"言骨肉靡灭,无伦匹也。"④眭然:目光专注的样子。⑤蹪:跌倒。趎坅:坑坎。

【译文】整个天下的万物,小到昆虫、爬行之类,都知道自己的喜恶以及利害关系,这是为什么呢?因为它们的神形依附而没有分离。如果精神突然离开了形体,那么骨肉便会纷乱灭亡。现今人们之所以能够用眼睛看清楚,耳朵听明白,形体能承受,而全身关节随意屈伸，洞察力能够分清黑白、美丑，智慧能够辨别异同，明辨是非，这是为什么呢？就是因为元气是形体的支柱而精神是它的主宰。怎么知道是这样呢？一般来说，人的各种志向行为都与精神相关，他的行动，往往会因坑坎而跌倒，头撞到树上而自己却不能预先知道，招手他也看不见，喊他也听不到，耳朵、眼睛依旧长在他的头上，然而却不能反应，这是什么原因呢？就是因为精神与形体相离。所以精神集中在小的事情，就会忘记大的事情，集中在内部就会忘掉外部，在上面就会忘掉下面，在左边就会忘掉右边，精神没有什么地方不充满，也就没有什么地方不存在。因此注重虚无的人，可以把毫末这样小的地方作为安身之所。

今夫狂者之不能避水火之难，而越沟渎之崄（xiǎn）①者，岂无形神气志哉？然而用之异也。失其所守之位，而离其外内之舍，是故举错②不能当，动静不能中，终身运枯③形于连嵝（lǒu）列埒（liè）④之门，而蹪蹈⑤于污壑⑥阱陷之中，虽生俱与人钧⑦，然而不免为人戮笑者，何也？形神相失也。故以神为主者，形从而利；以形为制者，神从而害。贪饕（tāo）⑧多欲之人，漠瞇（mǐn）⑨于势利，诱慕于名位，冀以过人之智，植于高世，则精神日以耗而弥远，久淫而不还，形闭中距⑩，则神无由入矣。

【注释】①崄：同"险"。②错：通"措"。③枯：病。④连嵝：连续不断之意。列埒：杂乱的田垄、矮墙等，指高低不平。⑤蹪蹈：跌进。⑥污壑：深壑。污，深。⑦钧：通"均"，均等。⑧贪饕：贪得无厌。⑨漠瞇：王念孙认为漠应作"滇"，通"颠"。漠瞇又可作"颠冥"。迷惑。⑩距：同"拒"，抵抗。

【译文】现在发狂的人不避开水火这样的灾难，而敢跳过深沟险地,难道是没有形体、精神、元气、意志吗?只是神和气的作用与正常人不一样罢了。精神失去应有的位置,和形体分离了,所以行为举止不能适当,动静不能适中,一辈子在坎坷的道路上拖着病体,而且难免跌入深谷陷阱之中,虽然他们和一般人一样还活在世上,然而却不免被人耻笑,这是为什么呢?是因为形体和精神相分离了。所以以精神为主宰,形体依从精神就对生命有利;由形体来制约,精神依从形体就对生命有危害。那些贪得无厌的人,被权势名利所诱惑,却希望凭借超人的智慧,在世上树立高名,那么他的精神便一天天耗损,而远离身形,长久沉溺其中而无法复还,形体阻塞,内心抗拒,那么精神便无法再进入形体。

是以天下时有盲妄自失之患,此膏烛之类也,火逾然而消逾岊(jí)。夫精神气志者,静而日充者以壮,躁而日耗者以老。是故圣人将养其神,和弱其气,平夷其形,而与道沉浮俯仰,恬然则纵之,迫则用之。其纵之也若委衣①,其用之也若发机②。如是则万物之化无不遇③,而百事之变无不应。

【注释】①委衣:犹垂衣,衣服自然下垂。②机:即弩机。③遇:周合。

【译文】所以天下会有盲目狂妄、丧失自我这样的祸患,像蜡烛一样,火燃烧越旺消融得越快。在形体、精神、元气、意志等方面,恬静且每天都充实的人,身体就会健壮;烦躁且日渐消耗的人,身体就会衰老。因此圣人经常调养他的精神,柔和他的气志,平静他的身体,和大道同盛同衰、同升同降。恬静的时候使它放松,急迫的时候才运用它。放松的时候就像衣服自然下垂,使用的时候就像发动弩机。如果这样,万物的变化就没有不相和的,而各种事物的变动也没有不适应的。

卷二　俶真训

【题解】本篇是《原道训》的续篇，篇首阐述了宇宙万物的起源。文中讲述了在不同时期"道"的发展和人对"道"的态度。随着社会的发展，人失去了纯朴本性，只有"内修道术"，才能回到"俶真"的状态。本篇杂糅老庄之术，是受西汉实行黄老之术、主张清静无为的思想影响而成的。这对于后世研究自先秦到西汉的老庄发展演变有着重要作用。

有始者①，有未始②有有始者，有未始有夫未始有有始者。有有者③，有无者④，有未始有有无者，有未始有夫未始有有无者。

所谓有始者，繁愤⑤未发，萌兆牙蘖（niè）⑥，未有形埒（liè）垠堮（yín è）⑦，无无蠕蠕⑧，将欲生兴而未成物类。

有未始有有始者，天气始下，地气始上，阴阳错合，相与优游竞畅于宇宙之间，被德含和，缤纷茏苁（lóng cōng）⑨，欲与物接而未成兆朕⑩。

有未始有夫未始有有始者，天含和而未降，地怀气而未扬，虚无寂寞，萧条霄雿（diào），无有仿佛气遂，而大通冥冥者也。

【注释】①有始者:万物开始萌动却还未形成的时候。②未始:未曾。③有有者:高诱注:"言万物始有形兆也。"④有无者:高诱注:"言天地浩大,言无可名也。"⑤繁愤:本文指万物形成之"气"充溢其中尚未发散的状态。⑥牙蘖:草木新生的枝芽。⑦形垺:清晰的边界或形状。垠堮:亦作"垠崿",界限,边际。⑧无无:迷朦不清之貌。蠕蠕:像虫子似的前后蠕动身体或身体的一部分,形容慢慢移动的样子。⑨芒芠:聚集的样子。⑩兆朕:亦作"兆眹",形状。

【译文】有天地初生万物还未形成的时候,有未曾有开始的时候,有未曾开始的未曾开始的时候。有真实存在的万物,有万物以外更广阔的宇宙空间,有的是更远的未曾有的广阔宇宙空间,再远的是未曾有的未曾有的广阔宇宙空间。

所说的"有始者",是指万物积累到一定程度还没有发散开,犹如新芽萌发,还没形成清晰具体的形态,甚至还是迷朦不清的样子,但是蠢蠢欲动,将要生成然而最尚未生成具体形态的时候。

所说的"有未始有有始者",是指天空中的阳气下沉,地面上的阴气上升,阴阳两气混合交杂,悠闲地融会贯通于宇宙之间,它们承受着"道"的润泽与协和之气的孕育,从而形成杂糅之势,聚集在一起,将要生成万物但还没出现具体形象的时候。

所说的"有未始有夫未始有有始者",是指天上蕴含的阳气还没下降,地上涵藏的阴气还没上升,天地之间一片虚无寂寞,清幽冷寂,连若有若无的形象都没有,这时的"气"只是生成后在幽深昏暗的天地间游荡。

有有者,言万物掺落①,根茎枝叶,青葱苓茏②,萑薚(huán hù)炫煌③,蠉飞蠕动,蚑(qí)行哙(kuài)息④,可切循⑤把握而有数量。有无者,视之不见其形,听之不闻其声,扪之不可得也,望之不可极也,储与扈冶⑥,浩浩瀚瀚,不可隐仪揆度(kuí duó)⑦而通光耀⑧者。

【注释】①掺落:高大众多之貌。②苓茏:茂盛的样子。③崔蔡:色彩缤纷貌。炫煌:显耀,闪耀。④蚑行:虫爬行的样子。哙息:张口舒气。⑤切循:抚摩。⑥储与:广大貌。扈冶:辽阔,广大。冶:通"野",广远。⑦隐:凭借,依靠。揆度:揆察测度。⑧光耀:这里表示无形。

【译文】"有有者",天地间已经产生了真实存在的万物,它们分布各处。植物的根茎枝叶,青葱茂盛,色彩缤纷,昆虫飞行,蠕虫爬动,禽兽用脚行走,用嘴呼吸,这些都可以通过触摸感觉到,并能计算出它们的数量。"有无者",所说的是此时更为广阔的宇宙空间,看不见它的形状,听不到它的声音,触摸不到它的形态,远望也看不到它的尽头,宇宙辽阔广大,浩瀚无边,不能依靠仪器来测算它的大小,因为它通向那无形的远方。

有未始有有无者,包裹天地,陶冶万物,大通混冥①,深宏广大,不可为外②,析毫剖芒③,不可为内④,无环堵之宇⑤,而生有无之根。

有未始有夫未始有有无者,天地未剖,阴阳未判,四时未分,万物未生,汪然⑥平静,寂然清澄,莫见其形,若光耀之间于无有,退而自失⑦也。曰:予能有无⑧,而未能无无⑨也。及其为无无,至妙何从及此哉。

【注释】①混冥:蒙昧未开化的状态。②为外:意为弄明白外部的极限情况。③析毫剖芒:亦作"析毫剖厘",分割剖析毫毛芒刺,形容剖析细微透彻。④为内:意为弄清楚内部的极限情况。⑤环堵之宇:

如四面围绕的土墙一样的界限。环堵：四面围绕土墙的狭屋。⑥汪然：水静止的样子。⑦自失：若有所失的样子。⑧有无：是说没有形体和声音的特点。⑨无无：是指不能做到连无形的光都没有。

【译文】"有未始有有无者"，是说此时天地包裹着阴阳二气，以此来育化万物，上升通达到尚未开化的宇宙空间，辽阔广大，无法弄清它外部的具体界限；即使剖析得再细微透彻，也无法探明它内部的具体界限；没有固定狭隘的界限，但这就是产生有形和无形的根源。

"有未始有夫未始有有无者"，是说这时候的天地尚未分开，阴阳尚未分辨，四季尚未分明，万物尚未产生，如湖水一般深广平静，寂静清澈，不能看见它的形状，就像无形的"光耀"询问"无有"之后，退下后若有所失的样子。光耀说，我可以到达没有形体和声音的境界，但是不能到达连无形的光都没有的境界。等我知道了"无有"已经到达了连'光'都没有的境界，才知道我哪里能达到'无有'的至妙境界呢！

夫大块①载我以形，劳我以生，逸我以老，休我以死。善②我生者，乃所以善我死也。夫藏舟于壑，藏山于泽，人谓之固矣。虽然，夜半有力者负而趋，寐者不知，犹有所遁。若藏天下于天下，则无所遁其形矣。物岂可谓无大扬攉（huō）③乎？一范④人之形而犹喜。若人者，千变万化而未始有极也。弊而复新，　其为乐也，可胜计邪？譬若梦为鸟而飞于天，梦为鱼而没于渊。方其梦也，不知其梦也，觉而后知其梦也。今将有大觉，然后知今此之为大梦也。始吾未生之时，焉知生之乐也？今吾未死，又焉知死之不乐也？

【注释】①大块：大自然，天地。②善：认为善。③扬攉：亦作"扬榷"，意思是约略举其大概，扼要进行论述。④范：模子，模型，引申为铸造。

【译文】大自然赐予我形体让我的生命有所承载，用生存使我感到劳累，用年老使我感到安逸，用死亡使我休息。认为自己活着是乐事，也就是把自己的死也看作是乐事。将船只藏在深谷之中，把山峦藏在沼泽之中，人们就以为它们藏得很隐秘牢固。即使是这样，强壮的大力士在深夜背起它们逃走，睡着的人们却没有察觉，可见事物最终还是会消失的。如果将天下万物藏在"天下"这个大仓库里，那么就不会有丢失东西的问题了。事物怎能说没有一个大体相同的情形呢？上天偶然造就了人类，犹如造就万物一样，而人类却因此而沾沾自喜，却不知天地造化出如人类这样的物种，它们千变万化从来就没有穷尽。旧的去了新的又出现，这也是一种乐事，这种情况我们难道能数得清吗？比如说在做梦时梦见自己变为鸟儿在天空翱翔，变为鱼儿沉入深渊。当时你正处于梦中，不知道你是在做梦，当你醒来时才知道这是一场梦。假设现在你彻底地醒悟过来，定会发觉现在的一切也不过是一场大梦罢了。当我未出生的时候，怎能知道活着的快乐呢？如今我还没有死，又怎能知道死后的不快乐呢？

昔公牛哀转病也①，七日化为虎。其兄掩户而入觇（chān）之②，则虎搏而杀之。是故文章成兽，爪牙移易，志与心变，神与形化。方其为虎也，不知其尝为人也；方其为人，不知其且为虎也。二者代谢舛驰③，各乐其成形。狡猾钝惛（hūn）④，是非无端，孰知其所萌？

【注释】①公牛哀：一说春秋鲁国人，一说春秋韩国人，一说江淮之间公牛氏。传言其生病七日变为虎。转病：古代迷信指人死后会转给别人或动物的一种狂病。②觇:看,偷偷地察看。③舛驰:背道而驰。④钝惽:昏昧,不明事理,愚钝。

【译文】从前公牛哀患了"转病",七日之后变成了老虎。他的兄长打开门偷偷察看公牛哀的状况,但是变成老虎的公牛哀扑上来将他咬死了。这是因为公牛哀的皮肤已经变成了老虎斑斓美丽的花纹,他的手脚变成了尖利的爪子,牙齿也变为老虎的利齿,甚至他的心志和性情、精神和形态都发生了巨大的变化。当公牛哀变为老虎时,不知道自己曾经也是人类。当公牛哀还是人类时,不知道他还能变为老虎。这两者互相更替,背道而驰,各自以自己的形体为乐。由此可见,狡猾和昏昧,孰是孰非,是没有明显界限的,谁又知道它们是如何产生的呢?

夫水向冬则凝而为冰,冰迎春则泮(pàn)①而为水;冰水移易于前后,若周员②而趋,孰暇知其所苦乐乎?是故形伤于寒暑燥湿之虐者,形苑③而神壮;神伤乎喜怒思虑之患者,神尽而形有余。故罢马之死也,剥之若槁;狡狗④之死也,割之犹濡。是故伤死者其鬼娆(rǎo)⑤,时既⑥者其神漠,是皆不得形神俱没也。

【注释】①泮:溶解,融化。②周员:见"周圆",循环往复。③苑:枯病。④狡狗:少壮的狗。⑤娆:烦扰,扰乱。⑥时既:时尽,寿终正寝。

【译文】水在冬天会凝结成冰,而冰到了春天又融化为水;冰、水可以相互转换,如同转圈儿一样循环往复,但是谁有闲暇时间去探求其中的苦乐呢?因此形体被寒暑燥湿侵伤的人,身形看起来就好像枯槁一样,但是精神却是饱满的;精神被喜怒思虑等情绪所伤的人,精神已经耗尽但是身体依然存在。所以当疲惫的马死后,宰剥它就如同剥开枯木一样；健壮的狗死后，宰割它时依然润泽有血气。因此受伤早夭的人，他的鬼魂依然扰乱世间；寿终正寝的人，他的灵魂则寂静安定。这两种人都没有达到形体和精神一起消亡的境地。

夫圣人用心，杖性依神，相扶而得终始。是故其寐不梦，其觉不忧。古之人有处混冥①之中，神气不荡于外，万物恬漠以愉静，攙枪衡杓（sháo）②之气，莫不弥靡③而不能为害。当此之时，万民猖狂，不知东西；含哺而游，鼓腹而熙④；交被天和⑤，食于地德⑥；不以曲故是非相尤，茫茫沈沈⑦，是谓大治。

【注释】①混冥：亦作"混溟"，蒙昧未开化的状态。②攙枪：同"欃枪"，彗星名，即天攙、天抢。古人以欃枪为妖星，主兵祸。故引申指凶渠。衡杓：借指北斗星。杓：古代指北斗第五、六、七颗星。亦称"斗柄"。③弥靡：弥漫，充满，布满。④含哺：口衔食物。形容人民生活安乐。鼓腹：拍击腹部，以应歌节。熙：通"嬉"，嬉戏。出自《庄子·马蹄》：含哺而熙，鼓腹而游。比喻太平无忧的生活。⑤交被天和：都蒙受自然和顺之理。天和：自然和顺之理，天地之和气。⑥地德：大地所产之物，代指五谷。⑦茫茫沈沈：繁荣兴盛的样子。沉沉：王念孙认为应作"沆沆"，原指大水。这里有兴盛之义。

【译文】得道的圣人支配自己的心性时，凭借着形体和精神，这两者相扶相依永不分离。因此他睡觉时不容易做梦，睡醒时也没有忧愁。古时有人处于朦胧未开化的状态，精神气态却没有飘荡在身形之外，宇宙万物恬淡清寂，和乐宁静，彗星和北斗星也是弥漫分散的，但却没有对人间造成危害。这个时候，天下万民随心所欲，分不清东南西北；有的咀嚼着食物游荡，有的拍打着肚皮嬉戏；一起承受着上天赋予的平和之气，享用着大地赐予的五谷恩泽；他们不使用机巧,也没有伪诈的行为,也不因是非而相互怨恨指责,天下一片繁荣昌盛的景象,这就是所谓的"大治"。

于是在上位者,左右而使之,毋淫其性;镇抚而有之,毋迁其德。是故仁义不布,而万物蕃殖;赏罚不施,而天下宾服。其道可以大美兴,而难以算计举也。是故日计之不足,而岁计之有余。夫鱼相忘于江湖,人相忘于道术。古之真人①,立于天地之本,中至优游,抱德炀②和,而万物杂累③焉,孰肯解构④人间之事,以物烦其性命乎?

【注释】①真人:道家称存养本性,或修真得道的人。②炀:熏陶。③杂累:自行运动。④解构:会合。

【译文】在这个时候,执政的君王,虽然可以役使左右的人,却没有干扰他们的天性;镇守安抚各方,虽然拥有万民,但却不改变他们的德性。因此无需施行仁义之道,而万物也能自然繁殖生息;没有施行赏罚,而天下人也自然归服。这种"道"可以使天下万物享受抚育之德,而这些功德是难以计算清楚的。因此,在短时间内好像看不出什么显著的效果,然而从长远来看,就会有明显的功效了。鱼类在江湖中生活会相互遗忘,人类受教于道术也能彼此相忘。古代的真人,以天地为立身的根本,中正平和,悠然自得,怀抱着圣德,熏陶着和气,这样万物便会自然运转,谁又肯去干预世俗间的琐事,让外在的事物来扰乱自己的天性,干扰自己的生命呢?

夫道有经纪①条贯,得一之道,连千枝万叶。是故贵有以行令,贱有以忘卑,贫有以乐业,困有以处危。夫大寒至,霜雪降,然后知松柏之茂也;据难履危,利害陈于前,然后知圣人之不失道也。是故能戴大员②者履大方,镜太清③者视大明,立太平者处大堂④,能游冥冥者与日月同光。是故以道为竿,以德为纶,礼乐为钩,仁义为饵,投之于江,浮之于海,万物纷纷,孰非其有?

【注释】①经纪:条理、脉络。②大员:亦作"大圆",谓之天。③太清:谓之天道,天空,自然。④太平:极盛之世。大堂:指明堂。

【译文】道是有条理和脉络的,只要掌握了"一"这个道的根本,就可以连通它的千枝万叶。因此只要掌握了道,尊贵的人可以用它发号施令,低贱的人可以用它忘掉卑微,贫穷的人可以凭借它安于职守,处于困境之人能够用它处理危难的局面。严寒到来的时候,霜雪降落,这时才知道松柏的茂盛;处于危难之中,面临危险困境,利害关系呈现在眼前,这时才能知道圣人没有放弃"道"。因此,能够头顶苍天的人才能脚踏大地,将天道作为镜子的人才能看得更为深远,创造太平盛世的人才能稳坐明堂,能够自由遨游在昏暗之地的人才能和日月同光。因此以"道"为钓竿,以"德"为钓线,以"礼乐"为钓钩,以"仁义"为钓饵,把它投入江海之中,漂浮在大海之上,江海之中的各种生物,纷纷赶来吞食诱饵,天地间有哪样东西不为他占有呢?

夫挟依于跂跃①之术,提挈②人间之际,撢掞(dǎn yàn)挺挏(dòng)③世之风俗,以摸苏④牵连物之微妙,犹得肆其志,充其欲。何况怀瓌玮⑤之道,忘肝胆,遗耳目⑥,独浮游无方⑦之外,不与物相弊摋(shā)⑧,中徙倚⑨无形之域,而和以天地者乎!

【注释】①挟:倚仗势力或抓住人的弱点强迫人服从。跂跃:不正之道。②提挈:用手提着。③撢掞:求取。挺挏:高诱注:"犹上下,以求利便也。"④摸苏:摸索。⑤瓌玮:瑰丽奇伟。瓌:"瑰"的异体字。⑥忘肝胆，遗耳目：大意为超然于肝胆，耳目之外。⑦浮游：周流、漫游。无方：无限、无极。⑧弊撠：混杂，没条理。⑨徙倚：徘徊，流连不去。

【译文】有些人倚仗歪门邪道，游走于人世间，在世间风俗中上下奔走求取便利，来摸索事物的微小变化，这些人尚可以放纵他们的心志，满足他们的欲望。何况那些怀揣着无比珍贵的大道，忘记了自己的肝胆，超然于自己的耳目之外，独自遨游在无方无极的地方，不与外物相杂糅，在遨游中流连于无形的空间，而能和天地自然和谐相处的人呢！

若然者，偃①其聪明，而抱其太素②，以利害为尘垢③，以死生为昼夜。是故目观玉辂（lù）琬象④之状，耳听《白雪》清角⑤之声，不能以乱其神；登千仞之谿（xī）⑥，临猿眩之岸，不足以滑其和。譬若钟山⑦之玉，炊以炉炭，三日三夜而色泽不变。则至德天地之精也。是故生不足以使之，利何足以动之？死不足以禁之，害何足以恐之？明于死生之分，达于利害之变。虽以天下之大，易骭（gàn）⑧之一毛，无所概⑨于志也！

【注释】①偃：掩藏，不暴露。②太素：古代谓最原始的物质。这里指质朴、朴素。③尘垢：比喻微末琐屑而无用的事物。④玉辂琬象：玉辂，古代帝王所乘之车，以玉为饰。琬象，美玉与象牙。⑤《白雪》：古琴名曲。传为春秋晋师旷所作。清角：原注作："商声也。"⑥千仞之谿：千仞，形容极高或极深。古以八尺为仞。谿，通"溪"。⑦钟山：山名，此指昆仑山。其地多产美玉。⑧骭：胫骨，小腿骨，亦指小腿。⑨概：刮平斗、斛用的小木板，引申为刮平。

【译文】像这样的人，他能够掩藏自己的聪明，而怀抱质朴的本性，将利害关系视为纤尘污垢，将生死视为昼夜更替。因而他看到各种美玉、象牙，耳听《白雪》这种商声雅乐，却不会因此扰乱心神；登临千仞深的溪谷，面对着连猿猴都会晕眩的峭壁，也不能扰乱他的平和之志。就像昆仑山所产的美玉，放进炉火中烧炼，烧了三天三夜它的色泽也没有发生改变。这是因为这样的人达到了"至德"的境界，吸收了天地间的精华。因此，生存都不足以驱使他，利欲又怎能打动他？死亡都不足以禁止他，灾害又怎能让他害怕？这是因为他明白了生死之间的关系，通晓了利害之间的变化。即使用整个天下来换取他小腿上的一根汗毛，他也不会动摇自己的心志。

夫贵贱之于身也，犹条风之时丽也①；毁誉之于己，犹蚊虻之一过也。夫秉皓白而不黑，行纯粹而不糅，处玄冥而不暗，休于天钧②而不毁，孟门、终隆之山不能禁③，唯体道能不败。湍濑（tuān lài）、旋渊、吕梁之深不能留也④，太行、石涧、飞狐、句（gōu）望之险不能难也⑤。是故身处江海之上，而神游魏阙⑥之下。非得一原⑦，孰能至于此哉？

【注释】①条风：本为立春时所吹的东北风，后多指春风。丽：经过。②天钧：指极北之地。③孟门：古山名。在陕西宜川东北、山西吉县西，绵亘黄河两岸，又称龙门上口。终隆：终南山。④湍濑：石滩上湍急的流水。旋渊：深渊。吕梁：即吕梁洪，水名。在今江苏省徐州市东南五十里。有上下二洪，相去七里，巨石齿列，波流汹涌。⑤太行：山名，在山西高原与河北平原间。石涧：溪名。飞狐：要隘名。在今河北省涞源县北，蔚县南。两崖峭立，一线微通，迤逦蜿蜒百余里。为古代河北平原与北方边郡间的交通咽喉。句望：古地名。原注作："在雁门。"⑥魏阙：宫门上巍然高出的观楼。原注作："一曰：心下巨阙。神内守也。"⑦一原：即"道"，万物的本原。

【译文】富贵和贫贱对于人们来说，就如春风从他们的身旁吹过；诋毁和称誉对于自身来说，就如蚊蛇从自己耳边飞过。秉持着纯白的人不会被染黑，品行纯粹的人不会被混杂，处在玄冥之中的人不感到昏暗，停留在极北寒冷之地的人不至于被毁坏，孟门、终南这样的高山阻挡不了他，急流、深潭、吕梁这样的深流急湍也挽留不住他，太行、石涧、飞狐、句望这样的险隘也难不倒他。因而这样的人即使身处遥远的江海之上，但他的精神仍能内守于心。如果不是掌握了"道"的本原，谁又能达到这种境界呢？

是故与至人①居，使家忘贫，使王公简其富贵而乐卑贱，勇者衰其气，贪者消其欲；坐而不教，立而不议，虚而往者实而归，故不言而能饮人以和。是故至道无为，一龙一蛇②，盈缩卷舒，与时变化；外从其风，内守其性，耳目不耀，思虑不营③。其所居神者，台简④以游太清，引楯⑤万物，群美萌生。是故事其神者神去之，休其神者神居之。

【注释】①至人：旧指思想或道德修养高超的人。②一龙一蛇：比喻人的行藏大不相同，一个飞腾，一个蛰伏。也喻时隐时显，变化莫测。③不营：不惑。④台简：秉持大道。⑤引楯：拔擢也。这里指引导生长。

【译文】因此和道德修养达到最高境界的人相处，会使原本家贫之人忘掉自己的贫寒，王公贵族看淡荣华富贵而能以卑贱为乐，勇武的人减弱他的锐气，贪婪的人消除他的欲望。得道之人只静坐而不说教，站立而不议论，使得那些空手到他那里去学习的人也能满载而归，所以不发表言论说教也能使别人感受到平和之气。因此最高的"道"是清静无为顺其自然的，有时像龙，有时像蛇，可弯曲可伸展，都随着时令而变化；在外能随风而变，在内能坚守本性，耳目不被声色所诱惑，思想不被外物所干扰迷惑。他平日里恬静淡漠，秉持大道，以此遨游于天地之间，引导万物生长，使各种美好的事物开始萌生。因此，过度使自己精神劳累的人，精神就会离他而去；善于养护自己精神的人，精神就会与他的身形相守不离。

道出一原，通九门①，散六衢(qú)②，设于无垓坫(gāi diàn)③之宇。寂寞以虚无，非有为于物也，物以有为于己也。是故举事而顺于道者，非道之所为也，道之所施也。

【注释】①九门：传说的九道天门，代指宇宙、天地。②六衢：原注作"散布于六合之衢。"③设：施。垓坫：边际，边界。

【译文】道从"一"的本原出发，贯通于九天之门，散布于六衢之道，施放到无边边际的宇宙。它静默而虚无，不刻意干扰天下万物，而是让万物顺应自己本身的变化规律。所以，做事顺应道的发展，不是道对他做了什么，而是道在无形之中已经对它产生了影响。

夫天之所覆，地之所载，六合所包，阴阳所呴(xǔ)①，雨露所濡，道德所扶，此皆生一父母而阅一和②也。是故槐榆与橘柚合而为兄弟，有苗与三危通为一家。夫目视鸿鹄之飞，耳听琴瑟之声，而心在雁门之间。一身之中，神之分离剖判，六合之内，一举而千万里。是故自其异者视之，肝胆胡越③；自其同者视之，万物一圈④也。百家异说，各有所出。若夫墨、杨、申、商⑤之于治道，犹盖之无一橑(lǎo)⑥，而轮之无一辐。有之可以备数，无之未有害于用也。已自以为独擅之，不通之于天地之情也。

【注释】①呴：张口呼气，开口吐气。这里指孕育，培养。②父母：代指天地、宇宙。阅：汇总，汇合。和：和气。③肝胆胡越：肝胆，肝胆相离近,喻指关系密近。胡越,胡在北方,越在南方,胡越指疏远隔离。肝胆胡越比喻虽近犹远。④万物一圈:是指相距很近,关系密切。⑤墨、杨、申、商:皆为春秋战国时人名。墨,即墨翟。战国时鲁人,提倡兼爱、非攻、节用等学说,主张消弭战争,宣扬和平,自成一家之言。杨,即杨朱。战国初期道家人物。申,即申不害。战国时韩人。其学本于黄老,而主刑名,与慎到、韩非同为法家代表人物。商,即商鞅。战国时期卫国人,政治家、改革家、思想家,法家代表人物。⑥橑:指伞盖的弓形骨架。

【译文】上天所能覆盖的,大地所能承载的,六合所能包含的,阴阳二气所能孕育的,雨露所能滋润的,道德所能扶持的,这些都来自于一个天地,并且能汇总成一团中和之气。因此,槐树和榆树,橘子和柚子可以通过嫁接相互结为"兄弟",有苗和三危血统相通联系起来就是一个家族。眼睛看到天鹅翱翔天际,耳朵听到琴瑟乐音缭绕,而心神却悠游自得地飘荡在雁门关一带。在一个人的身体中,精神可以游离分散在六合之内,一下就可飞到千万里之遥。因此,从事物的差异来观察它,在体内相连很近的肝胆也会像胡、越一样远隔;但如果从事物的共性来观察,万事万物就如同生存在同一个范围里,关系密切。所以诸子百家的学说,各有其产生的理由。就像墨翟、杨朱、申不害、商鞅等所主张的学说对于治理国家来说,就像伞盖上的一个骨架,车轮上的一根辐条。有了它可以当作备用的数目,没有它也不妨碍实际使用。如果自认为已经擅长一种学说就可以治国,那就是不懂得天地常情了。

今夫冶工之铸器,金踊跃于炉中,必有波溢而播^①弃者,其中地而凝滞,亦有以象于物者矣。其形虽有所小用哉,然未可以保^②于周室之九鼎也,又况比于规形者乎?其与道相去亦远矣!

【注释】①播:撒,飞散。②保:通"宝",宝贵,珍贵。

【译文】现在那些冶炼金属的工匠在铸造器具时,溶液在炉火中猛烈翻滚,必然有金属溶液因翻腾猛烈而溢流出来撒在地上,其中一部分流在地上而凝固在一起,也有一些和某种外物形状相似的。那些形状虽然也有一些小的用途,但是不能同周室的九鼎比贵重,又何况和原先有标准形状的器物相比呢?这些可以说是与"道"相去甚远了!

今夫万物之疏跃枝举①,百事之茎叶条糵(niè),皆本于一根,而条循千万也。若此,则有所受之矣,而非所授者。所受者,无授也,而无不受也。无不受也者,譬若周云②之茏苁,辽巢彭濞(bì)③而为雨,沉溺万物,而不与为湿焉。

【注释】①疏跃枝举:疏跃,散布。枝举,枝条四举。比喻派生事物纷繁。②周云:密云,浓云。③辽巢彭濞:辽巢,积聚貌。彭濞:云气蕴积貌,即浓云密集。

【译文】现在天下万物纷繁布散,各种事物的茎、叶、枝芽,都出自于同一个根源,且能按照规律有条不紊地变化出千万种形态。像这样,便是对道有所承受,而不是道强加给它们的。承受道所给予的,正因为不是道强行授予的,所以没有什么是不能接受的。所说的没有什么不能接受的,就如浓云密布,翻滚聚集起来而变成大雨,洒落在大地上,滋润万物,但是浓云并没有直接参与淋湿大地万物的过程。

今夫善射者,有仪表之度,如工匠有规矩之数,此皆所得以至于妙。然而羿仲不能为逢蒙①,造父②不能为伯乐者,是曰谕于一曲③,而不通于万方之际也。

【注释】①奚仲：夏代的车正，发明创造了车。逢蒙：古之善射者。相传学射于后羿，尽羿之道。思天下唯羿胜己，于是杀羿。②造父：周穆王时擅长驾车的人。③谕：明白，了解。一曲：一隅，一端。

【译文】现在擅长射箭的人，有标准作为瞄准的尺度，如同工匠拥有规矩作为准则，这是他们都是采用了一定的标准才使技艺达到高超巧妙的境界。但是擅长造车的奚仲却不能成为像擅长射箭的逢蒙那样的神射手，擅长驾车的造父也不能成为擅长相马的伯乐，这说明他们单单掌握了某个领域的知识技能，而不能通晓各个方面的奥秘。

今以涅染缁（zī）①，则黑于涅；以蓝染青②，则青于蓝。涅非缁也，青非蓝也。兹（zī）虽遇其母③，而无能复化已。是何则？以谕其转而益薄也。何况夫未始有涅、蓝造化之者乎！其为化也，虽镂金石，书竹帛，何足以举其数？由此观之，物莫不生于有也，小大优游④矣。

【注释】①涅：可做黑色染料的矾石。缁：黑色染料。②蓝：蓼科一年生草本植物。叶形似蓼而味不辛，干后变暗蓝色，可加工成靛青，作染料。青：靛蓝色。③母：这里指涅和蓝。④优游：高诱注"饶多也"。

【译文】现在使用涅石制成黑色的染料，而这染料的黑色程度比原来的涅石更甚；使用蓼蓝制成靛青的染料，而这染料的青色程度比原来的蓼蓝更甚。但是涅石不是黑色，青色也不是蓼蓝。现在它们即使再遇到原来的本色，也不可能转变成原来的样子了。这是为什么呢？因为这两者经过制作和加工使得质量比原来的母体更加稀薄，更何况那些不曾经过涅石、蓼蓝染化的情况呢！它们千变万化，即使雕刻在金石上，书写在竹帛上，又如何能列举出其完整的数量呢？由此看来，没有物体不是从已经存在的有形物体之中产生的，而这样大大小小的物体尤其繁多。

夫秋毫①之末，沦于无间②，而复归于大矣；芦苻③之厚，通于无垫④，而复反于敦庞⑤。若夫无秋毫之微、芦苻之厚，四达无境，通于无垠，而莫之要御夭遏⑥者，其袭微重妙⑦，挺挏万物，揣丸⑧变化，天地之间何足以论之！夫疾风㪬木⑨，而不能拔毛发；云台之高，堕者折脊碎脑，而蚊虻适足以翱翔。夫与蚑蛲同乘天机，夫受形于一圈，飞轻微细者，犹足以脱其命，又况未有类⑩也？由此观之，无形而生有形亦明矣。

【注释】①秋毫：鸟兽在秋天所生的细毛。后比喻微细的事物。②间：缝隙，空隙。③芦苻：即芦苇，芦苇内壁薄膜。④垫：同"垠"。⑤敦庞：厚大；壮大。⑥要御夭遏：要御，拦阻、控制。夭遏：受阻折而中断。亦指早死。⑦袭：重复。妙：通"眇"，细微。⑧揣丸：和调。揣，通"抟"。⑨㪬木：拔掉树木。㪬：高诱注："㪬亦拔也。"⑩类：原注作："形象也。未有形象，道所尚也。"

【译文】像鸟兽秋生的毫毛这样微小的东西，可以插入没有缝隙的空间，但是相对于道来说还是太大了；芦苇内壁里的薄膜，可以飘向无边无际的空间，但是相对于道来说还是太厚了。道既没有秋毫那样细小，也没有芦苇那样轻薄，它却能够畅行四方到达无边无际的地方，贯通于广阔无垠的空间，而没有什么可以遏制住它。它能够比微小还微小，变化出清微奇妙的事物来，引导万物生长，协调万物变化，因而天地之间还有什么东西是可以和它相提并论的呢！迅疾的大风可以轻易地拔掉大树，却不能吹掉长在身上的毛发；如果人从高耸入云的高台上摔下来，必定会脊骨折断，脑浆迸裂，但蚊虻却能在上面自由飞舞。它们和微小的虫物一样，凭借自然的造化在自己的领域里获得了形体。这些微小的虫物，尚且能够靠着造化之功获得形体以寄托生命，又何况是没有形体的物体呢？由此看来，是无形的"道"产生了有形的万物，这个道理不言而喻了。

是故圣人托其神于灵府①，而归于万物之初。视于冥冥，听于无声。冥冥之中，独见晓焉，寂漠之中，独有照焉。其用之也以不用，其不用也而后能用之；其知也乃不知，其不知也而后能知之也。

【注释】①灵府：灵性的发源处，指内心。
【译文】因此圣人将他的精神寄托于内心之中，而慢慢地回归到万物初始的状态。能够在幽暗玄冥之中看得清楚，在无声无响中听得清晰。但是就在这晦暗之中，却能清楚地看到光明，在这清静寂寥之中，能够听到和音回应。它的"用"在于"不用"，是因为"不用"之后才能"用"；它的"知"在于"不知"，只有"不知"之后才能"知"。

夫天不定，日月无所载①；地不定，草木无所植②；所立于身者不宁，是非无所形③。是故有真人然后有真知④，其所持者不明，庸讵(jù)⑤知吾所谓知之非不知欤？今夫积惠重厚，累爱袭恩，以声华呕苻姁(yù)掩⑥万民百姓，使知之欣欣然，人乐其性者，仁也；举大功，立显名，体君臣，正上下，明亲疏，等贵贱，存危国，继绝世，决挐⑦治烦，兴毁宗，立无后者，义也；闭九窍⑧，藏心志，弃聪明，反无识，芒然仿佯于尘埃之外，而消摇于无事之业，含阴吐阳，而万物和同者，德也。是故道散而为德，德溢而为仁义，仁义立而道德废矣。

【注释】①载：运行，运动。②植：高诱注："植立也。"即树立，这里指繁殖。③形：出现，显露。④真知：真正的知晓。⑤庸讵：怎么，岂能。⑥声华：声誉，名誉。呕符：抚爱。呕，通"煦"。妪掩：怜爱。⑦决挈：解决纷乱。挈：纷乱，纷扰。⑧九窍：即人的九孔。指耳、目、口、鼻及尿道、肛门的九个孔道。这里指物欲、情欲。

【译文】上天如果不稳定，日月就无法运行；大地如果不稳定，草木就无法生长；人立身的环境如果不安宁，是非对错就无法分明。因此有真人才能有真知。如果你坚持的标准不明确，又怎么知道自己所认为的"知"不是"不知"呢？现在积聚宽厚的恩德，把慈爱和恩惠普及他人，用声誉和荣誉去怜惜和抚爱天下百姓，使他们欢欣鼓舞，人人都乐于享受生活的快乐，这就是"仁"；建立伟大的功业，树立显耀的威名，体察君臣之礼仪，摆正上下关系，明确亲疏远近、等次贵贱的差别，挽救危亡的国家，继承灭绝的朝代，决断纷扰烦杂之事，复兴被毁坏的宗庙，为没有后代者选立继承人，这就是"义"；关闭人的九窍，禁绝各种欲望，藏匿心志，抛弃聪明，回到无知质朴的状态，茫然游荡在尘世之外，能够在无为的初始之境中逍遥自在，呼吸阴阳二气，与万物和光同尘融为一体，这就是"德"。因此，当"道"四处分散时，就要依靠"德"，当"德"流溢四方时，就要推行"仁义"，当"仁义"被树立起来，就表示"道"与"德"被废弃了。

百围①之木，斩而为牺尊②，镂之以剞劂（jī jué）③，杂之以青黄④，华藻镈鲜⑤，龙蛇虎豹，曲成文章。然其断在沟中，壹比牺尊，沟中之断，则丑美有间⑥矣，然而失木性钧⑦也。是故神越⑧者其言华，德荡者其行伪。至精⑨亡于中，而言行观于外，此不免以身役物⑩矣。夫趋舍行伪者，为精求于外也。精有湫（qiū）尽⑪，而行无穷极，则滑心浊神而惑乱其本矣。其所守者不定，而外淫于世俗之风。所断差(chà)跌⑫者,而内以浊其清明,是故踌躇以终,而不得须臾恬澹矣。

【注释】①百围:言树木粗大。围:两手合抱的周长。②牺尊:古代的一种酒器。牺牛形,背凿孔以盛酒。③剞劂:雕刻用的曲刀。④青黄:泛指色彩。⑤华藻:华美的藻饰。镈鲜:鲜艳的金樽。镈:高诱注:"今之金尊也。"⑥间:表示存在一定的空间,这里表示遥远。⑦性钧:本质相同。钧:通"均",相同,相等。⑧神越:精神散失。越:分散,不集中。⑨至精:我国古代哲学家指一种极其精微神妙而不见形迹的存在。⑩以身役物:身体被外界驱使。役:被……驱使,劳役。⑪湫尽:指穷尽。⑫差跌:失足跌倒,喻失误。差:通"蹉"。

【译文】百围粗的树木,被砍断制成牺牛形的酒器,用雕刀加以雕凿,用青黄之色杂糅其间,变成有华丽纹饰的物品,配上龙蛇虎豹等动物形像,变成斑斓美丽的图案。然而再拿起另一块砍断后丢弃在水沟里的木头,同这块雕成的美丽牺尊相比,两者之间的虽然美丑相去甚远,但这两段木头都失去了它们原本质朴的本质,所以它们还是一样的。因此,精神分散的人言语是华而不实的,品德放纵的人行为是虚伪诡诈的。纯粹微妙的精气如果从心中消散,那么他的言行就会浮现在人们眼前,这使得身体不免受到外界事物的驱使。人的言行举止表现比较虚伪,是因为他的精神在寻求外部的表现。人的精神会有消亡穷尽的一天,但行为却是无止境的,如果心志变得狡猾、精神变得污浊,就会惑乱其根基。假使他内心所坚守的精神不够安定,那他就会沉迷于外部的世俗风气之中。一旦失足误入其中,就会使得内心本来的"清明"之土变得污浊。所以这种人就会终生犹豫彷徨,不能得到片刻的恬淡安宁。

是故圣人内修道术,而不外饰仁义,不知耳目之宣,而游于精神之和。若然者,下揆(kuí)三泉①,上寻九天,横廓②六合,揲(dié)贯③万物,此圣人之游也。若夫真人,则动溶于至虚④,而游于灭亡之野,骑蜚廉⑤而从敦圄(yǔ)⑥,驰于方外⑦,休乎宇内,烛十日⑧而使风雨,臣雷公,役夸父,妾宓(fú)妃⑨,妻织女,天地之间何足以留其志?是故虚无者道之舍,平易者道之素。

【注释】①下揆三泉:向下可以测量地底的深处。揆:测量,度量。三泉:即三重泉,地底的深处。②廓:开拓、扩张。③揲贯:积累,迭加。④动溶:摇动,摇荡。至虚:极虚无的境界。⑤蜚廉:古时传说中长毛而有翅膀的神兽名。⑥敦圄:古时传说中的野兽,似虎而小。一说为仙人之名。⑦方外:一定的区域之外。⑧十日:古代神话传说天本有十日,尧命后羿射落九日。⑨宓妃:传说为伏羲之女,为洛水之神。

【译文】因此圣人注重内心的修养以巩固心志,而不追求用仁义来修饰外在,不放纵耳目声色来宣泄情感,而是追求遨游在精神的境界中。像这样,他就可以向下探寻三泉,向上找寻九天,横阔天地四方,贯通万物,这就是圣人的所作所为。至于真人,他们飘荡在极虚无的境界里,遨游在什么都没有的旷野中,蜚廉神兽成为他的坐骑,敦圄成为他的侍从,驰骋在尘世之外,休息在宇宙之内,让十个太阳来照耀,让风雨为他使唤,雷公为他臣服,夸父为他役使,宓妃成为他的妾妇,织女成为他的妻子,天地之间还有什么足以挽留他的志向呢?因此虚无是道的所在,平易是道的本色。

夫人之事其神而娆(rǎo)其精①,营慧②然而有求于外,此皆失其神明而离其宅也③。是故冻者假兼衣于春,而喝(yē)④者望冷风于秋。夫有病于内者,必有色于外矣。夫梣(chén)木色青翳⑤,而蠃(luǒ)瘉蜗睆(huǎn)⑥,此皆治目之药也。人无故求此物者，必有蔽其明者。圣人之所以骇天下者，真人未尝过焉；贤人之所以矫世俗者，圣人未尝观焉。夫牛蹄之涔(cén)⁷，无尺之鲤；块阜⁸之山，无丈之材。所以然者何也？皆其营宇⁹狭小，而不能容巨大也，又况乎以无裹⑩之者邪？此其为山渊之势亦远矣。夫人之拘于世也，必形系而神泄，故不免于虚⑪。使我可系羁者，必其有命在于外也。

【注释】①事：使用；役使。娆：烦忧，扰乱。②营慧：求索名利，利用计谋取得名利。③神明：指精神。宅：这里指精神之所在。④暍：中暑。⑤梣木：即白蜡树，树皮可入药，称秦皮。青翳：传说中鹥鸟的彩色毛羽。这里指角膜翳。⑥蠃：指蜗牛，其唾液可以解毒。蜗睆：类似于现在的眼部疾病，白内障。⑦涔：路上的积水，小水洼。⑧块阜：小土丘。⑨营宇：区域，宫室。⑩无裹：无形。⑪虚：原注作"虚疾"，由于身体亏虚而导致的疾病。

【译文】人们过度地劳累心志而扰乱了自己的精气，费尽心机地谋求外界名利，这些都会耗损他的精气而使它离开人的身心。因此得寒症的人即使在春天也要借助增加衣物来抵御寒冷，而中暑的人即使在秋天还希望有凉风来解热。身体内患有疾病的人，症状在外部一定表现在他的气色上。用秦皮浸水可以医治角膜翳，用蜗牛的唾液可以医治白内障，这些都是医治眼疾的良药。人们不会无缘无故地寻找使用这种药物，必定是眼睛被疾病遮住了。圣人用来惊动天下的作法，真人从未过问；贤人用来矫正不良世风的作法，圣人从未过问。牛蹄留下的小水洼，容不下一尺长的鲤鱼；土丘堆成的小山，不能长出一丈高的大树。这是什么原因造成的呢？这都是因为所处的空间狭小，不能容纳巨大的物体，更何况是容纳无形无边的东西呢？它们离高山深谷的气势还相去甚远呢！一旦人拘泥在世俗里，必定会使身形受到羁绊而精神衰竭，所以免不了会因亏虚而生病。假使我被外界所束缚、羁绊,那必定是我对命定的身外之物有了非分之想。

至德之世,甘瞑于溷澖(hùn xián)之域①,而徙倚于汗漫之宇②。提挈天地而委③万物,以鸿濛为景柱④,而浮扬乎无眕(zhěn)崖之际⑤。是故圣人呼吸阴阳之气,而群生莫不颙颙(yóng)然⑥,仰其德以和顺。当此之时,莫之领理⑦决离,隐密⑧而自成,浑浑苍苍⑨,纯朴未散,旁薄⑩为一,而万物大优⑪。是故虽有羿之知而无所用之。

【注释】①甘瞑:酣睡。溷澖:浑然无边貌。②徙倚:徘徊,流连不去。汗漫:广大,漫无边际。③委:抛弃,放弃。④鸿濛:原注:"东方之野,日所出,故以为景柱。"景柱:古代测日影的标竿。⑤浮扬:翱翔。眕崖:界岸,边际。⑥颙颙:仰慕的样子,钦佩的样子。⑦领理:治理,管理。⑧隐密:不知不觉,自然而然。⑨浑浑苍苍:原注作"混沌大貌。"⑩旁薄:同"磅礴"。⑪优:富饶,宽裕。

【译文】在至德的时代里,人们情愿酣睡在混沌虚无的空间里,自由地遨游在浩瀚广阔的天地。他们可以一手擎天、一手提地,将万事万物带来的羁绊委弃一边,以东方之野,日出之处作为测日影的标竿,任意漂浮在没有边际的地方。因此,圣人自然呼吸着阴阳二气,而众生没有不对其产生钦佩之情的,因仰慕其德而归依。在那个时候,不用人为地治理引导,天下万物便悄然按照规律形成、生长,一片混沌不清的样子,纯朴的本质还没有消散,天下以磅礴之势浑然一体,万物丰足。所以,即使拥有后羿的智慧也没有什么用处。

及世之衰也,至伏羲氏,其道昧昧芒芒①然,吟德怀和,被施颇烈②，而知乃始昧昧琳琳(lín)③，皆欲离其童蒙④之心，而觉视于天地之间，是故其德烦而不能一。乃至神农、黄帝，剖判大宗⑤，窍⑥领天地，袭九窽(kuǎn)⑦，重九垠(yín)⑧，提挈阴阳，嫥挽(zhuān wán)⑨刚柔，枝解叶贯⑩，万物百族，使各有经纪条贯。于此万民睢(huī)睢盱盱⑪然，莫不竦身而载听视，是故治而不能和。下栖迟至于昆吾、夏后⑫之世，嗜欲连于物，聪明诱于外，而性命失其得⑬。施及周室之衰，浇淳散朴⑭，杂道以伪，俭德以行，而巧故萌生。

【注释】①昧昧：纯厚浑朴的样子。芒芒：同"茫茫"，广大辽阔的样子。②吟：王念孙认为此字是"含"的异体字。烈：气势盛大。③昧昧：似明未明之状。琳琳：求知貌。④童蒙：幼稚愚昧。⑤乃：应作"及"。大宗：指事物的本源。⑥窍：贯通。⑦九窽：九天之法。窽，法，大自然的法则。⑧九垠：九地之形。垠，同"垠"，形。⑨嫥挽：调和，协调。⑩解：剖开，分开。贯：连贯。⑪睢睢盱盱：恭敬听视。⑫栖迟：游息，滞留。昆吾：夏商间古部落名。夏后：指夏桀。⑬得：通"德"，根本。⑭浇淳：指浮薄的风气破坏了淳厚的风气。散朴：失去质朴。

【译文】等到世道开始衰落，到了伏羲氏的时候，治理天下之道仍旧纯厚宽广，他蕴含德性，怀藏中和之气，广布盛恩。这时人们的智慧开始萌生，处在似明未明的状态，开始向外求索，这些行为都是想离开自己幼稚朦胧的心理，从而能够早日醒来以观察天地间的运行规律，因此伏羲氏的德治方法繁多而不能统一。等到神农氏、黄帝的时候，人们开始分离、剖析道统，逐渐通晓天地之间的规律，承袭九天法则，重视九地边界，掌握阴阳二气的运行，调和阳刚和阴柔之间的关系，细致分解，紧密贯通，让万物百族都脉络清晰、条理分明。在这时,天下万民都张目直视,踮起脚跟,仰起头颅,恭敬地倾听君王的垂训。所以,神农、黄帝虽然能治理好天下,却不能使百姓和谐。渐渐延续到昆吾、夏桀的时候,人们的嗜好和欲望被外物所牵,聪明的本质被外部所迷惑,因而性命也丧失了赖以生存的根本。延续到周室衰亡的时候,敦厚纯朴的风俗已经散失,处事离经叛道,行为偏离德性,因此伪诈之风就产生了。

周室衰而王道废,儒墨乃始列道而议,分徒而讼。于是博学以疑①圣,华诬②以胁众,弦歌鼓舞,缘饰《诗》《书》,以买名誉于天下。繁登降③之礼,饰绂(fú)冕④之服,聚众不足以极其变,积财不足以赡其费。于是万民乃始懑(mán)觟(huà)离跂⑤,各欲行其知伪,以求凿(záo)枘(ruì)于世而错择名利⑥。是故百姓曼衍⑦于淫荒之陂(bēi),而失其大宗之本。夫世之所以丧性命,有衰渐以然,所由来者久矣!

【注释】①疑:通"拟",比拟。②华诬:以巧言诬陷他人。③登降:进退。指登阶下阶进退揖让之礼。④绂冕:古时系官印的丝带及大夫以上的礼冠。引申为官服、礼服。⑤懑觟:不明正道。离跂:踮起脚跟,喻指用力的样子。⑥凿枘:喻指彼此相合,这里指迎合。凿:榫眼。枘,榫头。错:施展,利用。⑦曼衍:分布,扩散。

【译文】周室衰微,王道废弛,儒家、墨家开始分裂并摆出自己的观点进行争论,他们分别招收门徒争辩是非。在这时,各家学说都以博学多闻比拟圣人,利用华而不实的言语来欺骗胁迫众人相信他们的主张,他们演奏礼乐歌舞,用《诗经》《尚书》来粉饰门面,借此向天下博取名声。他们推行烦琐的进退礼节,实行等级森严的服饰制度,即使聚集众人也不能穷究他们礼节的变化,积累大量的财富也不能满足他们巨额的消费。于是百姓被他们引领得昏头转向不明正路，又企图吃力地理解他们所倡导的，因而各自想玩弄自己的聪明伪诈，以追逐迎合世俗的眼光，施展他们的手段捞取名利。因此，百姓都匆忙地奔波在歪门邪道之上，却丧失了道的根本。世人之所以丧失纯朴本性的原因，是由逐渐衰落而导致的，这已经由来已久了！

是故圣人之学也，欲以返性于初，而游心于虚①也。达人②之学也，欲以通性于辽廓，而觉于寂漠也。若夫俗世之学也，则不然，擢（zhuó）德搴（qiān）性③，内愁五藏，外劳耳目，乃始招蛲（náo）振缱物之豪芒④，摇消掉捎⑤仁义礼乐，暴行越⑥智于天下，以招号名声于世，此我所羞而不为也。是故与其有天下也，不若有说⑦也；与其有说也，不若尚羊⑧物之终始也，而条达有无之际。是故举世而誉之不加劝，举世而非之不加沮。定于死生之境，而通于荣辱之理。虽有炎火洪水弥靡于天下，神无亏缺于胸臆之中矣。若然者，视天下之间，犹飞羽、浮芥⑨也，孰肯分分⑩然以物为事也？

【注释】①游心于虚：原注作："言无欲也。"②达人：通达事理、明德辨义的人。③擢：拔取、抽取。搴：拔取。④招蛲：这里有纠缠之义。振缱：情意缠绵，感情好得离不开。豪芒：毫毛的尖端。比喻极细微。豪，通"毫"。⑤摇消：动，摇动。掉捎：摇动。⑥暴：显露。行：行为。越：显示、夸耀。⑦说：通"悦"。⑧尚羊：同"倘佯"。⑨浮芥：浮游的芥子。喻指细小的东西。⑩分分然：忙乱的样子。分分，同"纷纷"。

【译文】因此圣人学习，是想让心性返回到人最初质朴本真的状态，让心神遨游在无欲的虚无之间。达人学习，是想让心志通达到辽阔广大的空间,能在寂寥清净之中觉醒。那些俗世之人的学习则不是这样,他们抛去人的道德和天性,胡思乱想,使体内五脏愁闷,使体外耳目劳困,于是开始纠缠追逐事物的微小利益,为推行仁义礼乐而奔波劳碌,在天下显露自己的伪诈和智巧,以求在世间为自己招揽声誉。这种行为是我所不齿也不会去做的。因此与其这样独占天下,倒不如让大家同乐;与其让大家同乐,倒不如在万物的初始状态逍遥徜徉,在"有无"的空间里通达相连。因此全天下的人都来称誉我,我也不会因此而感到被激励,全天下的人都来非议我,我也不会因此而感到沮丧。对生死境遇泰然处之,对荣辱之事通达处置。即使面临大火在天下蔓延、洪水在天下泛滥,我内心的精神也不会有任何亏损。如果像这样的话,人们看待天下的事物,就犹如轻飞的羽毛、浮游的芥子,谁还肯去为追求外物而忙碌奔波呢?

水之性真清,而土汩①之;人性安静,而嗜欲乱之。夫人之所受于天者,耳目之于声色也,口鼻之于芳臭(xiù)②也,肌肤之于寒燠(yù)③,其情一也。或通于神明,或不免于痴狂者,何也?其所为制者异也。是故神者智之渊也,渊清④则智明矣;智者心之府也,智公则心平矣。人莫鉴于流沫⑤,而鉴于止水者,以其静也;莫窥形于生铁,而窥于明镜者,以睹其易也。夫唯易且静,形⑥物之性也。由此观之,用也必假之于弗用也。是故虚室生白,吉祥止也⑦。

【注释】①汩:弄乱;扰乱。②臭:通"嗅",气味的总称。③寒燠:指冷热。④渊清:神清。⑤流沫:水流激起的泡沫。⑥形:表现,显现,显露。⑦"虚室"二句:原注作:"能虚其心以生于道,道性无欲,吉祥来止舍也。"

【译文】水的本性是清澈纯净的,而泥土渗入其中就会使它浑浊;人的本性是安宁清静的,然而嗜欲贪婪就会使本性迷乱。人的本性是上天赋予的,耳朵可以听到声音,眼睛可以看到色彩,嘴巴可以品尝味道,鼻子可以闻到气味,肌肤可以感觉冷热,这些功能,所有人都是一样的。但有的人能保持神志清醒,有的人不免痴傻癫狂,这是为什么呢?这是因为制约他们的精神不同。因此说精神是智慧的渊源,精神的渊源清澈则智慧就会明朗;智慧是心灵的所在,智虑公正心灵就会平静。人们不会用水流激起的泡沫作镜子,而是用静止的水面作镜子,是因为水面平静的缘故;人们不会用生铁来察看自身的形象,而是用明镜来察看,是因为它平正。只有平正又宁静,才能显现物体的本性。由此看来,"用"必定借助于"不用"。因此,人只有清虚身心,才能产生道,吉祥才会停留在他身上。

夫鉴明①者,尘垢弗能薶(wō)②。神清者,嗜欲弗能乱。精神已越③于外,而事复返之,是失之于本而求之于末也。外内无符而欲与物接,弊其玄光④,而求知之于耳目,是释其炤炤(zhāo)而道其冥冥也,是之谓失道。心有所至,而神喟(kuì)然在之,反之于虚,则消铄灭息,此圣人之游也。故古之治天下也,必达乎性命之情;其举错未必同也,其合于道一也。

【注释】①鉴明:镜面明净。②薶:沾污,弄脏。③越:消散。④玄光:原注作:"内明也。一曰:玄,天也。"

【译文】镜子如果清明光亮,尘垢就不能玷污它。精神清明纯净,嗜欲就不能扰乱它。如果精神已经散布在外,再去想方设法让它回归,这实际上是失去了根本,而去追求它的末节。外在行为与内在精神不符,却想同外界事物交接,这就遮蔽了内心的聪慧,听任耳目的感觉来获得智慧,这是抛弃光明走向黑暗,这就是所谓的失道。如果心志已经有了向往的地方,精神也欣然跟随,精神返回虚无的状态之中,嗜欲就会销声匿迹,这就是圣人的行为。所以古时圣人治理天下,必定通达性命之情;即使在具体的行为举措上存在着不同,但是他们在"道"的原则上都是一致的。

夫夏日之不被裘者,非爱之也,燠有余于身也;冬日之不用翣(shà)①者,非简②之也,清有余于适也。夫圣人量腹而食,度形而衣,节于己而已,贪污之心,奚由生哉? 故能有天下者,必无以天下为也;能有名誉者,必无以趋行求者也。圣人有所于达,达则嗜欲之心外矣。孔、墨之弟子,皆以仁义之术教导于世,然而不免于儡③,身犹不能行也,又况所教乎? 是何则? 其道外也。

【注释】①翣:古代帝王仪仗中的大掌扇。这里指扇子。②简:轻视,轻慢。③儡:疲惫,疲困。

【译文】人们在夏天不穿皮衣,并不是爱惜它,而是这时的温度对于身体来说已经太高了;在冬天不使用扇子,不是轻贱它,而是对于身体来说寒气太重了。圣人估计自己的食量来进食,估摸自己的身形而裁衣,这只是对自己的欲望进行节制罢了,贪婪的想法,又怎么会产生呢? 所以,能够占有天下的人,一定不把天下作为自己所求的目标;能够享有名誉的人,一定是不以钻营谋求而得到的人。圣人明理通达,因此嗜欲的心理就会排斥在外了。孔子、墨子两派的弟子,都以仁义来教导世人,然而自身却不免疲困不堪,他们自身尚且不能身体力行,又何况是他们所教导的世人呢? 这是为什么呢? 因为他们施行的是大道以外的细枝末节。

夫以末求返于本，许由不能行也，又况齐民乎？诚达于性命之情，而仁义固附矣，趋舍何足以滑心？若夫神无所掩，心无所载，通洞条达，恬漠无事，无所凝滞，虚寂以待，势利不能诱也，辩者不能说也，声色不能淫也，美者不能滥也，智者不能动也，勇者不能恐也，此真人之道也。

【译文】利用末节来谋求回归根本，即使是许由都不能做到，又何况是平民百姓呢？假如真的能通达本性和生命的情理，仁义就会自然来依附，那么取舍又怎会扰乱心志呢？如果精神不被遮掩，心志没有负担，那么人就会通达明晓，宁静淡泊，心中没有什么凝滞郁结的烦恼，清静无为对待外物，名利权禄就不能诱惑他，善辩的人不能说服他，声色不能使他迷乱，美人不能使他丧失本性，智者不能使他动摇，勇者不能使他恐惧，这才是真人的道。

若然者，陶冶万物，与造化者为①人，天地之间，宇宙之内，莫能夭遏。夫化生者②不死，而化物者③不化。神经于骊山④、太行而不能难，入于四海、九江而不能濡，处小隘而不塞，横肩⑤天地之间而不窕。不通此者，虽目数千羊之群，耳分八风之调，足蹀《阳阿》之舞⑥，而手会《绿水》之趋⑦，智终天地，明照日月，辩解连环，泽润玉石，犹无益于治天下也。

【注释】①为：治理，管理。②化生者：指天、自然、宇宙。③化物者：指德行，道德。④骊山：位于陕西省临潼县东南。⑤横肩：横贯，充盈。⑥蹀：蹈，踏。《阳阿》：乐曲名。古之名倡阳阿善舞，后因以称舞名。⑦会：合。《绿水》：古时舞曲名。

【译文】如果能像这样，就能教导培育万物，和大自然一起管理人类，那么天地之间、宇宙之内，就没有什么能阻挡他了。天地宇宙不消亡，道德就不会消散。他的神灵路过高耸的骊山、太行山而不会受到阻拦，潜入深邃的四海、九江却不被濡湿，身处狭窄之地却感觉不到堵塞，横贯天地之间却不留空隙。如果不通晓这些，即使眼睛能数清上千只羊，耳朵能分清来自八方之风的声音，脚踏着《阳阿》的舞蹈，手合着《绿水》的节奏，智慧能通晓天地，眼睛像日月般明亮，辩才能说明白复杂的难题，言辞像玉石般动听，这对于治理天下而言，依然没什么益处。

静漠恬澹，所以养性也；和愉虚无，所以养德也。外不滑内，则性得其宜；性不动和，则德安其位。养生以经世，抱德以终年，可谓能体道矣。若然者，血脉无郁滞，五藏无蔚气①，祸福弗能挠滑，非誉弗能尘垢，故能致其极。非有其世，孰能济焉？有其人，不遇其时，身犹不能脱，又况无道乎？且人之情，耳目应感动，心志知忧乐，手足之攂（fèi）疾痒②、辟寒暑，所以与物接也。蜂虿（chài）螫（shì）③指而神不能憺，蚊虻噆（zǎn）④肤而知不能平。夫忧患之来撄（yīng）⑤人心也，非直蜂虿之螫毒，而蚊虻之惨怛（dá）⑥也，而欲静漠虚无，奈之何哉？

【注释】①蔚气：病气。②攂：搔抓。③虿：古书上说的蝎子一类的毒虫。螫：有毒腺的虫子刺人或动物。④噆：叮咬。⑤撄：扰乱，纠缠。⑥惨怛：悲痛忧伤。

【译文】静漠恬淡，是用来养性的；和愉虚无，是用来养德的。外物不扰乱内心，本性就有适宜的寓所；本性不干扰内心的平和，德行就有安定之所。人们能够养性处世，怀德而安享天年，可以说是能体察道的根本了。如果真是这样，人们的血脉就不会郁结凝滞，五脏就不会有病气侵扰,祸福不能扰乱,毁誉不能玷污,所以能够达到最高的境界。若是没有遇到清平的时代,谁又能做到这样呢?即使真有这样的人,却生不逢时,自身尚不能摆脱俗世的干扰,更何况那些没有得道的人呢?而且人的常情,耳目等感官是感应外部而做出反应的,心志天生就能知晓忧乐,手脚生来就可以搔痒、躲避寒暑带来的困扰,这是器官和外物发生接触的缘故。被蜂蝎毒虫蜇伤了手指,人的精神受到影响就不能平定,被蚊虻叮咬了皮肤,人的心神久久不能平复。如果忧患干扰人的心志,不是直接被蜂蝎毒虫蜇伤、被蚊虻叮咬皮肤那样的痒痛可以相比的,这样却想要静漠虚无,怎么能做到呢?

夫目察秋毫之末,耳不闻雷霆之声;耳调玉石之声,目不见太山之高。何则?小有所志①而大有所忘也。今万物之来,擢拔吾性,攓(qiān)取②吾情,有若泉源,虽欲勿禀③,其可得邪?今夫树木者,灌以潦(fán)④水,畴⑤以肥壤,一人养之,十人拔之,则必无余蘖⑥,又况与一国同伐之哉?虽欲久生,岂可得乎?今盆水在庭,清之终日,未能见眉睫;浊之不过一挠,而不能察方员。人神易浊而难清,犹盆水之类也。况一世而挠滑之,曷得须臾平乎!

【注释】①志:记住。②攓取:拔取。③禀:承受。④潦:水暴涨。⑤畴:壅土。⑥蘖:树木砍去后从残存茎根上长出的新芽,泛指植物近根处长出的分枝。

【译文】眼睛可以察看细小的事物,耳朵却不能接受雷霆的巨响;耳朵能听到玉石般动听的声音,眼睛却不能看到泰山的极高处。这是为什么呢?人们常专注于细微之处,却遗忘了大的方面。现在万物纷至沓来,企图干扰、牵拉我的性情,就像从泉水的源头流出的水流一样,即使河流溪谷不想接受,又怎么能做到呢?如今种树的人,给树苗浇灌足够的水分,覆上肥沃的土壤,如果只有一个人种植树木,却有十个人去拔掉它,那么必定连新生的枝条也留不下了,更何况是一国的人共同去砍伐它呢?即使想要它长久地生长,又怎么能做到呢?现在把一盆浑水放在庭院里,经过一整天才让它沉淀清澈,但这个清澈度还是不能照清眉毛睫毛,可是要使它变得浑浊,只需轻轻一搅,就连方圆形状都看不清了。人的精神很容易变得浑浊却难以回复清明,就像这盆水一样。何况扰乱人精神的是整个世俗社会,又怎能得到片刻的安宁、平静呢?

古者至德之世,贾便其肆①,农乐其业,大夫安其职,而处士②修其道。当此之时,风雨不毁折,草木不夭,九鼎重味,珠玉润泽,洛出《丹书》③,河出《绿图》④。故许由、方回、善卷、披衣⑤得达其道。何则?世之主有欲利天下之心,是以人得自乐其间。四子之才,非能尽善,盖今之世也。然莫能与之同光者,遇唐、虞之时。逮至夏桀、殷纣,燔(fán)⑥生人,辜⑦谏者,为炮烙⑧,铸金柱,剖贤人⑨之心,析才士之胫,醢(hǎi)鬼侯⑩之女,菹(zū)梅伯⑪之骸。

【注释】①肆:店铺。②处士:指有才德而隐居不仕的人,后亦泛指未做过官的士人。③《丹书》:指《洛书》。相传夏禹治水时,洛水神龟背之而出。④《绿图》:指《河图》。相传伏羲氏见龙马负图出于河,遂据其文,以画八卦,称为"河图"。又因河图字呈绿色,故也称"绿图"。⑤许由、方回、善卷、披衣:传说四人均为尧时的隐士。⑥燔:焚烧。⑦辜:罪。⑧炮烙:原作"炮格",古时的一种酷刑。把人绑在烧红的铜柱上烫死。⑨贤人:指比干。相传他被纣王挖心。⑩醢:古代的一种酷刑,把人杀死后剁成肉酱。鬼侯:殷诸侯名。⑪菹:剁成肉酱。梅伯:传说为商纣臣,因多次劝谏,被纣王杀害。

【译文】在古代至德的时代,商人在方便的地方开店做买卖,农民乐于耕种,大夫安于职守,处士遵循志向。在那个时候,没有狂风暴雨毁坏、折损农作物,草木繁茂,九鼎贵重,珠玉润滑光泽,洛水神龟背负《洛书》而出,黄河水面浮出《河图》。所以这个时代的许由、方回、善卷、披衣等贤士能够达成他们的志向。为什么会这样呢?当世的君主怀有想利益天下人的愿望,想让人们在他的治理下自得其乐。许由等四人的才能,虽然没有达到尽善尽美的境界,但已能冠绝当世了。当今没有人能和他们相媲美的原因,是因为他们遇到了唐尧、虞舜这样好世道的缘故。等到夏桀、殷纣的时候,他们火烧活人,怪罪敢于劝谏的大臣,制作炮烙酷刑,铸造金柱刑具,剖开比干的心脏,肢解有才士人的脚骨,把鬼侯的女儿剁成肉酱,把梅伯的骨骸砍碎。

当此之时,崤山崩,三川涸①,飞鸟铩(shā)翼②,走兽挤脚。当此之时,岂独无圣人哉?然而不能通其道者,不遇其世。夫鸟飞千仞之上,兽走丛薄③之中,祸犹及之,又况编户齐民乎?由此观之,体道者不专在于我,亦有系于世矣。

【注释】①崤山崩,三川涸:崤山崩塌,三川干涸,喻指国家将亡。崤山:山名。在今陕西蓝田县南二十里。三川:为泾河、渭河、汧河的合称。②铩翼:折翅。③丛薄:草木丛杂的地方。

【译文】在这个时候,崤山崩塌,三川干涸,飞鸟折翼断羽,走兽四肢毁坏。在这个时候,难道没有圣人吗?然而这时的人们不理解圣人们的"道",也没有遇到好的时代。鸟类飞到千仞之高,兽类行走在茂密的草木之中,灾祸依然能波及到它们身上,又何况是被编户管理的一般平民呢？由此看来，躬行大道不只系于一人之身，也和整个社会相关。

夫历阳①之都，一夕反②而为湖，勇力圣知与罢怯不肖者同命；巫山之上，顺风纵火，膏夏、紫芝与萧艾③俱死。故河鱼不得明目，稚稼不得育时，其所生者然也。故世治则愚者不能独乱，世乱则智者不能独治。身蹈于浊世之中，而责道之不行也，是犹两绊骐骥，而求其致千里也。置猿槛中，则与豚同，非不巧捷也，无所肆其能也。舜之耕陶也，不能利其里；南面王，则德施乎四海。仁非能益也，处便而势利也。

【注释】①历阳：位于今安徽和县、含山一带。②反：倾覆。③膏夏：大木。紫芝：真菌的一种。也称木芝，似灵芝。萧艾：艾蒿，臭草。

【译文】那古时的历阳城，一夜之间便倾陷成了湖泊，这座城里拥有勇气、力量、聪明、睿智的人和软弱、畏怯、品性不良者拥有同样被淹没的命运；在巫山上顺风放火，生长在这里的膏夏、紫芝和艾蒿同样被烧死。因此，黄河水浑浊，鱼类便不能张眼远视，迟期种植的稻谷不能按时生长，这是它们生长的自然条件所决定的。所以世道安定，愚钝的人便不能独自作乱，而世道混乱时，聪明的人也不能独自将乱世理顺。身陷污浊之世，却责怪大道不能施行，这就像用两个套索锁住一匹千里马，却要求它日行千里一样。将猿猴放置笼中，那么它和猪一样蠢笨，并不是它不够机灵敏捷，而是无法施展它的才能。舜在耕田、制陶时，他不能利益乡里；当他南面称王后，便将德泽广布于四海之内。他原有的仁义之心并没有因此而增加，只不过他所处的地位利于他施行德泽罢了。

古之圣人，其和愉宁静，性也；其志得道行，命也。是故性遭命而后能行，命得性而后能明。乌号之弓，溪子①之弩，不能无弦而射；越舲蜀艇②，不能无水而浮。今矰（zēng）缴机而在上，网罟张而在下，虽欲翱翔，其势焉得？故《诗》云："采采卷耳，不盈倾筐。嗟我怀人，寘彼周行。"③以言慕远世也。

【注释】①溪子：国名。以出产弓弩而著名。②舲、艇：均指小船。③"《诗》云"句：出自《诗经·国风·周南》。

【译文】古代的圣人，拥有和愉宁静的天性；他的志向和主张得以施行，要取决于命运。因此，天性遇到好的命运才能通行，时运要依靠天性才能清明。乌号这样的强弓，溪子这样的劲弩，不能没有弓弦就发射；越地、蜀地的小船，不能没有水就浮起来。现在，在上面架好了弓箭，在地面张开了罗网，飞鸟虽然想要翱翔，这样的情势下又如何做得到？所以《诗经》说："采呀采呀采卷耳，半天也没采满筐。我啊思念远方人，筐子弃在大路旁。"以此来表达思慕远古清明治世的心情。

卷三　天文训

【题解】"天文",东汉高诱注曰:"文者,象也,天先垂文象,日月五星及彗孛皆谓以谴告一人,故曰天文。"《天文训》主要说明了天文、历法、气象、音乐这几方面的产生与变化规律,而又强调了"道"的总领性,也强调了阴阳二气是万物的来源。天文方面说明了日月星辰、风雷雨电等气象的成因。历法方面完整的阐述了二十四节气名称和确定方法,并介绍了岁阴、岁阳纪年法等。气象方面说明了"八风"和天体运行相关的气候物象等变化规律。音乐方面说明了"五音""十二律"的产生演变。

天地未形,冯冯翼翼,洞洞灟(zhú)灟①,故曰太昭。道始于虚廓,虚廓生宇宙②,宇宙生气,气有涯垠③,清阳者薄靡④而为天,重浊者凝滞而为地。清妙⑤之合专⑥易,重浊之凝竭⑦难,故天先成而地后定。天地之袭精⑧为阴阳,阴阳之专精为四时,四时之散精为万物。积阳之热气生火,火气之精者为日;积阴之寒气为水,水气之精者为月。日月之淫为⑨精者为星辰。天受日月星辰,地受水潦⑩尘埃。昔者共工与颛顼⑪争为帝,怒而触不周之山，天柱折，地维绝。天倾西北，故日月星辰移焉；地不满东南，故水潦尘埃归焉。

【注释】①冯冯翼翼，洞洞灟灟：指混沌未分无形象的状态。②宇宙：指时间和空间。③涯垠：指有了一定的质量和形态。④薄靡：轻微发散的样子。⑤清妙：轻微。⑥专：通"抟"，与"合"同义。⑦竭：一作"结"，竭和结同义。⑧袭精：袭，原注作"结"。精，"气"中细微精良者。⑨淫为：应作"淫气"，过甚的气。⑩潦：积水。⑪颛顼：上古部落联盟首领，"五帝"之一，姬姓，号高阳氏，黄帝之孙，昌意之子。

【译文】在天地还没有形成的时候，宇宙处于一片混沌状态，没有一定的形也没有一定的象，因此被称作太昭。道最初的状态是太虚，后来太虚又生成时间和空间，时间和空间生出元气，元气是有边际的，其中清轻的气往上升腾就形成天，沉重浑浊的气聚集下沉就形成地，清轻的气容易汇聚到一起，沉重浑浊的气很难融合在一起，所以先形成天，后形成地。天和地的精气相结合，于是孕育出阴阳二气，阴阳二气的精华融合在一起产生了四季，四季的精气分散之后产生万物。阳气聚集在一起，其中的热气便生成了火，火气的精华部分产生太阳；阴气聚集在一起，其中的寒气便生成了水，水气的精华部分产生月亮。太阳、月亮过甚的精气发散后便产生了星辰。天空承载着日月星辰，大地承载着水流尘埃。从前共工和颛顼争相为帝，共工在愤怒之下用头撞不周山，把擎天的柱子撞断了，把系地的绳子也扯断了。天向西北方倾斜，所以日月星辰也都移向西北方；地陷下去偏向东南，所以水流尘埃都归向东南方了。

天道曰圆，地道曰方；方者主①幽，圆者主明。明者吐气②者也，是故火曰外景③；幽者含气④者也，是故水曰内景⑤。吐气者施，含气者化，是故阳施阴化。天之偏气⑥，怒者为风；天地之含气,和者为雨。阴阳相薄⑦,感而为雷,激⑧而为霆,乱而为雾。阳气胜则散而为雨露,阴气胜则凝而为霜雪。

【注释】①主:主掌。②吐气:放出气体。③火日外景:日,当作"曰",下句同。外景,光芒在外,代指火和太阳。④含气:吸收气体。⑤内景:光芒在内,代指水和月亮。⑥偏气:不正之气。⑦薄:迫近。⑧激:激烈动荡。

【译文】天的构成是圆的,地的构成是方的;方的地主掌幽暗,圆的天主掌光明。光明的天发散出来的是阳气,所以火和太阳的光芒就映射在外;幽暗的地吸收的是阴气,所以水和月亮的光芒隐藏在内。吐散阳气的主给予,吸收阴气的主孕育,所以阴阳二气分别掌管给予和孕育。阴阳二气偏离就形成怒气,怒气产生风;阴阳二气相互融汇,便形成雨。阴阳二气相互靠近,振动就生成了雷,激烈动荡就生成闪电,杂乱的散开就形成雾。如果阳气胜于阴气就会散开形成雨露,如果阴气胜于阳气就会凝结形成霜雪。

毛羽①者,飞行之类也,故属于阳;介鳞②者,蛰伏之类也,故属于阴。日者,阳之主也,是故春夏则群兽除,日至而麋鹿解;月者,阴之宗也,是以月虚而鱼脑减,月死而蠃(luǒ)蚌③膲(jiāo)④。火上荨⑤,水下流,故鸟飞而高,鱼动而下。

【注释】①毛羽:鸟类动物。②介鳞:介,通"甲",指龟、蛇类。③蠃蚌:即螺蚌。④膲:肉不满。⑤荨:通"覃",蔓延。

【译文】鸟类长着羽毛,能够飞翔,所以它们属于阳类;龟蛇长着鳞甲,能够冬眠,所以它们属于阴类。太阳是阳类动物的主宰,因此在春夏两季兽类都要换掉旧毛,夏至和冬至时麋鹿的旧角都会脱落；月亮是阴类动物的主宰，因此月缺时鱼的脑髓就会减少，月晦时，螺蚌的肉就变少。火是向上蔓延的，水是往低处流的，所以鸟能往高处飞，鱼能在深渊中遨游。

物类相动，本标①相应。故阳燧②见日，则燃而为火；方诸③见月，则津④而为水。虎啸而谷风至，龙举而景云属⑤，麒麟斗而日月食，鲸鱼死而彗星出，蚕珥⑥丝而商弦绝，贲星⑦坠而勃海决⑧。人主之情上通于天，故诛暴则多飘风⑨，枉法令则多虫螟，杀不辜则国赤地，令不收则多淫雨⑩。四时者，天之吏也；日月者，天之使也；星辰者，天之期⑪也；虹蜺彗星者，天之忌也。

【注释】①标：末端。②阳燧：利用凹透镜聚光原理做成的取火器。③方诸，大蚌壳做成的月下承露取水的器具。④津：生津，即化气。⑤景云属：景云，即祥云；属，聚集。⑥珥：通"咡"，吐。⑦贲星：流星。⑧决：溢出。⑨飘风：疾风。⑩淫雨：持续过久的雨；湿热霉雨。⑪期：指聚会。

【译文】万物中属于同类的能够相互感应，本和末是相互呼应的。所以把阳燧放在阳光下，就能聚集热量形成火；将方诸放在月光下，就会生津成水。老虎吼叫时东风就会来，蛟龙腾空时就有祥云聚集，麒麟争斗时就会发生日食和月食，鲸鱼死掉彗星就会出现，蚕吐丝时，商弦容易折断，流星坠落时，海水就开始溢出。人间君主的性情是和上天相通的，所以施行暴政暴风就多，法律苛繁虫灾就多，杀害无辜之人国家会发生旱灾，政令不合时宜就会多暴雨。四季，是上天的官吏；日月，是上天的使节；星辰是上天聚会的场所；虹霓彗星的出现，是上天的禁忌。

天有九野,九千九百九十九隅①,去地五亿万里。五星,八风,二十八宿,五官,六府,紫宫,太微,轩辕,咸池,四守,天阿。

【注释】①隅:角落。

【译文】上天一共分成九个大的区域,然后又分为九千九百九十九个小区,距离大地有五亿万里。上天又分五星,八风,二十八宿,五官,六府,紫宫,太微,轩辕,咸池,四守,天阿等。

何谓九野?中央曰钧天,其星角、亢、氐。东方曰苍天,其星房、心、尾。东北曰变天,其星箕、斗、牵牛。北方曰玄天,其星须女、虚、危、营室。西北方曰幽天,其星东壁、奎、娄。西方曰颢天,其星胃、昴、毕。西南方曰朱天,其星觜(zī)巂(xī)①、参、东井。南方曰炎天,其星舆鬼、柳、七星。东南方曰阳天,其星张、翼、轸。

【注释】①觜巂:星座名,"觜宿"的早期名称。

【译文】什么叫九天?中央的区域叫钧天,角宿、亢宿和氐宿都位于这一区域。东方叫苍天,房宿、心宿和尾宿都位于这一区域。东北区域叫变天,箕宿、斗宿和牵牛宿都位于这一区域。北方区域叫玄天,须女宿、虚宿、危宿和营室宿都位于这一区域。西北区域叫幽天,东壁宿、奎宿、娄宿都位于这一区域。西方区域叫颢天,胃宿、昴宿和毕宿都位于这一区域。西南区域叫朱天,觜巂宿、参宿和东井宿都位于这一区域。南方区域叫炎天,舆鬼宿、柳宿和七星宿都位于这一区域。东南区域叫阳天,张宿、翼宿和轸宿都位于这一区域。

何谓五星？东方，木也，其帝太皞，其佐句芒①，执规②而治春，其神为岁星，其兽苍龙，其音角，其日甲乙。南方，火也，其帝炎帝，其佐朱明③，执衡④而治夏，其神为荧惑，其兽朱鸟，其音徵，其日丙丁。中央，土也，其帝黄帝，其佐后土，执绳而制四方，其神为镇星，其兽黄龙，其音宫，其日戊己。西方，金也，其帝少昊，其佐蓐收，执矩而治秋，其神为太白，其兽白虎，其音商，其日庚辛。北方，水也，其帝颛顼，其佐玄冥，执权而治冬，其神为辰星，其兽玄武，其音羽，其日壬癸。

【注释】①句芒：木神。句：同"勾"。②规：画圆形的工具。③朱明：旧注为"祝融"，火神。④衡：测量水平的工具。

【译文】什么是五星？东方是木星，它的主宰者是太皞，辅佐大臣是句芒，句芒拿规尺来管理春天，东方的保护神是岁星，苍龙是它的代表兽，它在五音中属角音，日干用甲乙。南方是火星，它的主宰者是炎帝，辅佐大臣是朱明，朱明手拿衡器管理夏天，南方的保护神是荧惑，朱鸟是它的代表兽，它在五音中属徵音，日干用丙丁。中央是土星，黄帝是它的主宰者，辅佐大臣是后土，后土手拿绳墨管理四面八方的事物，中央的保护神是镇星，黄龙是它的代表兽，它在五音中属宫音，日干用戊己。西方是金星，少昊是它的主宰者，辅佐大臣的是蓐收，蓐收拿矩尺管理秋天，西方的保护神是太白，白虎是它的代表兽，它在五音中属商音，日干用庚辛。北方是水星，颛顼是它的主宰者，辅佐大臣是玄冥，玄冥拿权器管理冬天，北方的保护神是辰星，玄武是它的代表兽，它在五音中属羽音，日干用壬癸。

太阴①在四仲②，则岁星③行三宿。太阴在四钩④，则岁星行二宿。二八十六，三四十二，故十二岁而行二十八宿。日行十二分度之一，岁行三十度十六分度之七，十二岁而周⑤。荧惑常以十月入太微，受制⑥而出行列宿，司⑦无道之国，为乱为贼，为疾为丧，为饥为兵，出入无常，辩⑧变其色，时见时匿。镇星以甲寅元始建斗，岁镇⑨行一宿，当居而弗居，其国亡土。未当居而居之，其国益地，岁熟。日行二十八分度之一，岁行十三度百一十二分度之五，二十八岁而周。太白元始以正月甲寅，与荧惑晨出东方，二百四十日而入，入百二十日而夕出西方，二百四十日而入，入三十五日而复出东方。出以辰戌，入以丑未；当出而不出，未当入而入，天下偃⑩兵；当入而不入，当出而不出，天下兴兵。辰星正⑪四时，常以二月春分效⑫奎、娄，以五月夏至效东井、舆鬼，以八月秋分效角、亢，以十一月冬至效斗、牵牛。出以辰戌，入以丑未，出二旬而入，晨候之东方，夕候之西方。一时不出，其时不和，四时不出，天下大饥。

【注释】①太阴：即太岁，岁阴。②四仲：古代天文学名词。指十二辰的卯、酉、子、午。仲，中。③岁星：即木星。④四钩：即四角之处，也称四维。⑤"日行"三句：一周天定为365度，木星每天行度，每年行×365=30度，十二年约行12×30=365度。所以说"十二岁为周"。周，走完一圈。⑥制：裁断，令。⑦司：主掌。⑧辩：通"辨"，辨别。⑨镇：镇守。⑩偃：止息。⑪正：规定。⑫效：见。

【译文】太阴处在子、午、卯、酉四辰次的时候，岁星每辰次就会经过二十八宿中的三宿。太阴处在丑寅、辰巳、未申、戌亥四角相连的辰次时，岁星每辰次经过其中的二宿。二乘以八等于十六，三乘以四等于十二，所以十二年就会行完二十八宿。太阴一天运行十二分之一度，一年运行三十又十六分之七度，十二年行三百六十五又四分之一度，即一周天。荧惑星进入太微垣的时间一般在十月，接受天帝命令，巡查各星宿，主管无道的国家，让这些国家出现动乱、灾害、疾疫、丧亡、饥荒和战争等灾害。荧惑星没有一定的出入轨迹，它的亮度颜色是不断改变的，时出时没。镇星在甲寅年正月于斗宿部位启程，每年镇守巡行一个星宿。如果它应该处在某一星宿，但是却没有位于这个位置时，那么这一星宿所分野的国家就要失去土地；要是不应该处于某一星宿，但是却运行到那里时，那么这一星宿所代表的国家就会增加土地，粮食丰收。镇星一天运行二十八分之一度，一年运行十三又十二分之五度，环绕一周天所需要的时间是二十八年。太白金星开始运行的时间是甲寅年正月早晨，和荧惑星一起出现在东方。经过二百四十天便被遮住，等一百二十天后在傍晚时又在西方出现，二百四十天后再次不见，等三十五天后又在东方出现。它出现时位于辰位或戌位，消失时的位置是丑位或未位。如果它应该出现却没有出现、不该消失却消失不见，那么天下就会没有战事。如果当它应该消失时却还存在，不该存在时却出现了，那么天下就会战乱不止。一年四季可以根据辰星的运行来定，辰星一般在二月春分时运行在奎宿、娄宿之间，五月夏至时处于东井宿、舆鬼宿之间，在八月秋分时位于角宿、亢宿之间，在十一月冬至时出现于斗宿、牵牛宿之间。它在辰、戌方位出现，在丑、未方位消失，出现二十天后就不见了。清晨在东方等候，傍晚在西方守护。如果有一季它出现反常，那么这一季就会发生不协调的事情；如果一年四季它都是不出现，那么意味着要有大饥荒了。

何谓八风①？距日冬至四十五日，条风②至；条风至四十五日，明庶风③至；明庶风至四十五日，清明风④至；清明风至四十五日，景风⑤至；景风至四十五日，凉风⑥至；凉风至四十五日，阊阖风⑦至；阊阖风至四十五日，不周风⑧至；不周风至四十五日,广莫风⑨至。条风至,则出轻系⑩,去稽留⑪;明庶风至,则正封疆,修田畴;清明风至,则出币帛,使诸侯;景风至,则爵有位,赏有功;凉风至,则报地德,祀四郊;阊阖风至,则收县垂⑫,琴瑟不张;不周风至,则修宫室,缮边城;广莫风至,则闭关梁,决刑罚。

【注释】①八风:统指四时气候变化而言,一说为八方之风。②条风:本为立春时所吹的东北风,后多指春风。③明庶风:春分时节使万物萌发生长的东风。④清明风:立夏时节温热的东南风。⑤景风:夏至时南方来的炎热的大风。⑥凉风:立秋时来自西南方的清凉风。⑦阊阖风:秋分时的西风。⑧不周风:立冬时来自西北方的凛冽的寒风。⑨广莫风:冬至时来自北方大漠的寒风。⑩轻系:轻刑。⑪稽留:被拘留的人。⑫县垂:钟磬等悬挂的乐器。

【译文】什么是八风呢?距离冬至四十五天,在立春时到来的是条风;在条风来到后四十五天,春分时来到的是明庶风;在明庶风到来后四十五天,立夏时来到的是清明风;在清明风来到后四十五天,夏至时来到的是景风;在景风来到后四十五天,立秋时来到的是凉风;在凉风到来后四十五天,秋分时来到的是阊阖风;在阊阖风来到后四十五天,立冬时来到的是不周风;在不周风到来后四十五天,冬至时来到的是广莫风。条风来临时,就要减轻刑罚,释放监狱中的轻刑犯人;明庶风来到时,要修治疆界田地;清明风来到时,天子要拿出币帛慰问诸侯;景风来到时,要封爵奖赏;凉风来到时,要报答土地之德,并祭祀四方之神;阊阖风来到时,要把悬挂的钟磬等乐器收起来,并且停止弹奏琴瑟;不周风到来时,就要维修宫室,整治边城;广莫风来到时,就要关闭关卡和桥梁,判决案件并处罚有罪的人。

何谓五官①？东方为田②，南方为司马，西方为理，北方为司空，中央为都。

【注释】①五官：即"五星"分别担任的官职。②田：指农官，又叫司农。

【译文】什么是五官？东方的木星是主管农业的司农，南方的火星是主管军事的司马，西方的金星是主管刑法的理官，北方的水星是主管土木建筑的司空，中央的土星是所有官员的总管。

何谓六府？子午、丑未、寅申、卯酉、辰戌、巳亥是也。

【译文】什么是六府？就是十二辰中的子午、丑未、寅申、卯酉、辰戌和巳亥两两相合的六种府库。

太微者，太一①之庭也。紫宫者，太一之居也。轩辕者，帝妃之舍也。咸池者，水鱼之囿也。天阿者，群神之阙②也。四宫者，所以为司赏罚。太微者主朱雀。紫宫执斗而左旋，日行一度，以周于天，日冬至峻狼之山③；日移一度，凡行百八十二度八分度之五，而夏至牛首之山④。反覆三百六十五度四分度之一，而成一岁。天一元始，正月建寅，日月俱入营室五度。天一以始建七十六岁，日月复以正月入营室五度无余分，名曰一纪，凡二十纪，一千五百二十岁大终⑤，日月星辰复始甲寅元。日行一度，而岁有奇四分度之一，故四岁而积千四百六十一日，而复合故舍，八十岁而复故曰。

【注释】①太一：天子，一说是"五帝"。②阙：门关。③峻狼之山:指北斗星至冬至时斗柄指向的南极之山。④牛首之山:指夏至时斗柄指向的北极之山。⑤大终:即一个周期。

【译文】太微垣,是天帝的宫廷。紫微宫,是天帝的居室。轩辕,是嫔妃的宫室。咸池,是天神的苑囿。天阿,是群神进入天庭的门户。四宫是主管奖赏惩罚的。太微掌管朱雀。紫微宫掌管北斗让它向左旋转,每天运行一度,每年环绕一周天,到了冬至斗柄位于峻狼山处;每天移动一度,六月共运行一百八十二又八分之五度时,夏至日正好到了牛首山处。然后又返回三百六十五又四分之一度,正好是一年的时间。在斗柄指向寅的正月初一晨旦便开始了太岁纪年,日月同时在营室宿五度的时间呈现。从太岁纪年开始再过七十六年,在正月初一晨旦,日月同现于营室宿五度的部位,这时又到了历元的开始,运行的时间没有余数,这就是"一纪"。运行二十纪,即一千五百二十年是一个周期,这时,日月和星辰又回到以甲寅年作为纪年的元年位置。北斗每天一度,一年就有四分之一的余数,所以四年的时间就积累一千四百六十一天,北斗星就可以到达原来的宿位,经过八十年,又回复到最初的日子。

子午、卯酉为二绳^①,丑寅、辰巳、未申、戌亥为四钩。东北为报德之维^②也,西南为背阳之维^③,东南为常羊之维^④,西北为蹄通之维^⑤。

【注释】①二绳:即经纬两条直线。②报德之维:阴气极于北方,阳气发于东方,自阴复阳,所以称为报德之维。③背阳之维:阳气在此开始变阴,故称背阳之维。④常羊之维:东南纯阳用事,不进不退,不盛不衰,常如此,因此叫常羊之维。常羊,即倘佯。⑤蹄通之维:高诱注:"西北纯阳,阳气闭结,阳气将萌,蹄始通之,故曰蹄通之维。""蹄"应为"号"的误字。

【译文】子午和卯酉四个星辰组成两条相互垂直的线,丑寅、辰巳、未申、戌亥分别组成东北、东南、西南、西北四方,被称为"四钩"。东北是由阴恢复到阳的方向,所以叫报德之维,西南是由阳到阴的方向,所以叫背阳之维,东南阳气不盛不衰,所以叫常羊之维,西北纯阴闭结,号呼才能通天,所以叫蹄通之维。

日冬至则斗北中①绳,阴气极,阳气萌,故曰冬至为德②。日夏至则斗南中绳,阳气极,阴气萌,故曰夏至为刑③。阴气极,则北至北极,下至黄泉,故不可以凿地穿井。万物闭藏,蛰虫首穴,故曰德在室。阳气极,则南至南极,上至朱天,故不可以夷丘上屋。万物蕃息,五谷兆④长,故曰德在野。

【注释】①中:正好合上。②德:始生的旺气。③刑:肃杀之气。④兆:开始。

【译文】冬至时北斗的斗柄向北指向子辰部位,与子午经线重合,这时阴气极为兴盛,阳气开始萌发,所以说冬至是给万物带来兴盛的节气。夏至时北斗斗柄向南指向午辰部位,与子午经线重合,这时阳气极为旺盛,阴气开始萌发,所以说夏至给万物带来的是肃杀之气。阴气达到极盛时,向北可以到达北极、向下可以到达黄泉,所以这时不适合凿地打井。万物都隐藏起来,有的藏到地穴进行冬眠,所以说阳德之气在室内。阳气到了极盛时,向南可以到达南极、向上可以到达朱天,所以这时不可以平整山丘、修理屋顶。这时万物开始繁衍生息,五谷开始生长,因此说这时兴旺之气在郊外。

日冬至则水从之,日夏至则火从之,故五月火正①而水漏②,十一月水正而阴胜。阳气为火,阴气为水。水胜,故夏至湿;火胜,故冬至燥。燥故炭轻,湿故炭重。日冬至,井水盛,盆水溢,羊脱毛,麋角解,鹊始巢。八尺之修③,日中而景丈三尺。日夏至而流黄泽④,石精出,蝉始鸣,半夏⑤生,蚊虻不食驹犊,鸷鸟不搏黄口⑥,八尺之景,修径尺五寸。景修则阴气胜,景短则阳气胜。阴气胜则为水,阳气胜则为旱。

【注释】①正:旺。②漏:渗漏。③修:长。④流黄泽:流黄,即"硫磺"。泽,同"释",释出。⑤半夏:植物名。⑥黄口:指雏鸟。

【译文】冬至时虽然阴水旺盛,但阳火也随之而来,夏至时虽然阳火旺盛,但阴水也相伴而来。所以五月火旺,也是有水渗漏的,十一月水旺,火气也随之上升。阳气为火,阴气为水。水气上升,所以夏至时空气湿润;火气上升,所以冬至时天气干燥。天气干燥,木炭没有吸水就变轻,空气潮湿,木炭吸水多就变重。到了冬至,井水水位上升,盆水溢出,羊开始脱毛,麋鹿开始长新角,乌鹊开始筑巢。立八尺长的圭表,中午测出的日影有一丈三尺长。夏至时硫磺透出湿气,五色石冒出水气,蝉开始鸣叫,半夏长成。蚊虻不叮马驹牛犊,猛禽不捕杀雏鸟。立八尺长的圭表,中午所测出的日影长是一尺五寸。日影长意味着阴气旺盛,并且太阳离地远,日影短意味着阳气旺盛并且太阳离地近。阴气占上风意味着雨水就多,阳气占上风意味着容易出现干旱。

阴阳刑德①有七舍。何谓七舍?室、堂、庭、门、巷、术②、野③。十二月德居室三十日,先日至十五日,后日至十五日,而徙所居各三十日。德在室则刑在野,德在堂则刑在术,德在庭则刑在巷。阴阳相德则刑德合门。八月、二月,阴阳气均,日夜分平,故曰刑德合门。德南则生,刑南则杀,故曰二月会④而万物生,八月会而草木死。

【注释】①阴阳刑德：气象的阴气和阳气，阴气主刑杀，故又称"刑"。阳气主生长，故又称"德"。②术：古代城市中的道路。③野：郊外。④会：聚合，交集。

【译文】阴气掌管刑杀，阳气掌管生长，它们一共有七处居留的地方。什么是七处居留之所呢？就是指内室、厅堂、庭院、大门、里巷、大路、郊外。十一月阳气在室内停留三十天，也就是说冬至前后在室内各留十五天，然后依次转移至其他几舍，在每一舍都停留三十天。阳气位于内室时阴气便处于郊外，阳气位于厅堂时阴气便位于大路，阳气位于庭院时阴气便位于巷子里。阳气和阴气平衡时，它们同时聚集在大门。每年八月秋分和二月春分时，阴阳二气达到了平衡，那么这一天昼夜时间相等，所以说阴阳二气聚集在大门。阳气向南时，万物就开始繁殖生长，而当阴气向南时，万物就遭到肃杀而凋零。所以说在二月春分时阴阳聚合，万物就会生长，八月秋分时阴阳二气聚合，草木就会开始枯萎。

两维之间，九十一度十六分度之五而升①，日行一度，十五日为一节②，以生二十四时之变。斗指子则冬至，音比黄钟③。加十五日指癸则小寒，音比应钟。加十五日指丑则大寒，音比无射。加十五日指报德之维，则越阴在地，故曰距日冬至四十六日而立春，阳气冻解，音比南吕。加十五日指寅则雨水，音比夷则。十五日指甲则雷惊蛰，音比林钟。加十五日指卯中绳，故曰春分则雷行，音比蕤宾。加十五日指乙则清明风至，音比仲吕。加十五日指辰则谷雨，音比姑洗。加十五日指常羊之维则春分尽，故曰有四十六日而立夏，大风济，音比夹钟。加十五日指巳则小满，音比太蔟。加十五日指丙则芒种,音比大吕。加十五日指午则阳气极,故曰有四十六日而夏至,音比黄钟。加十五日指丁则小暑,音比大吕。加十五日指未则大暑,音比太蔟。加十五日指背阳之维则夏分尽,故曰有四十六日而立秋,凉风至,音比夹钟。加十五日指申则处暑,音比姑洗。加十五日指庚则白露降,音比仲吕。加十五日指酉中绳,故曰秋分。雷戒,蛰虫北乡④,音比蕤宾。加十五日指辛则寒露,音比林钟。加十五日指戌则霜降,音比夷则。加十五日指蹄通之维则秋分尽,故曰有四十六日而立冬,草木毕死,音比南吕。加十五日指亥则小雪,音比无射。加十五日指壬则大雪,音比应钟。加十五日指子,故曰阳生于子,阴生于午。阳生于子,故十一月日冬至,鹊始加巢,人气钟⑤首。阴生于午,故五月为小刑⑥,荠、麦、亭历⑦枯,冬生草木必死。

【注释】①升:王念孙认为应作"斗","而斗"也应属下一句,即"而斗日行一度"。②节:节气。③黄钟:原注作:"黄钟,十一月也。"古人认为音律的特色和相应的季节气象物候特征相通,就拿十二律同历法比配。这里与二十四节气相配,方法略有不同。十二律顺序依次是黄钟、太蔟、姑洗、蕤宾、夷则、无射(yì)(此为六"阳律")、大吕、夹钟、仲吕、林钟、南吕、应钟(此为六"阴律")。本文从夏至到大雪,是阳律阴律交错顺向排列;从冬至到次年的芒种是阴律阳律交错逆向排列,所以出现了原注对音律的解释月份和实际月份不吻合的情况。④乡:向。⑤钟:集中,聚合。⑥小刑:轻微的阴气。⑦亭历:即葶苈,一年生草本植物。

【译文】东北和东南两维之间,各是九十一又十六分之五度,北斗每天运行一度,运行十五日是一个节气,运行一周就形成一年二十四节气。斗柄指向子位时就是冬至,与此时相匹配的音律是黄钟。过了十五天斗柄指向癸位时就是小寒，与此时相匹配的音律是应钟。又过了十五天斗柄指向丑位时就是大寒，与此时相匹配的音律是无射。过了十五天斗柄指向报德之维的丑寅之间，这时表示阴气已扩散到地下，所以说距离冬至四十六天就是立春，阳气融化冰冻，与此时相匹配的音律是南吕。经过十五天斗柄指向寅位时就是雨水，与此时相匹配的音律是夷则。过了十五天斗柄指向甲位时雷声惊醒洞里的虫子，与此时相匹配的音律是林钟。过了十五天斗柄指向卯辰，与卯酉纬线重合，这是春分并有雷鸣发生，与此时相匹配的音律是蕤宾。过了十五天斗柄指向乙位时，清明之风吹来，与此时相匹配的音律是仲吕。过了十五天斗柄指向辰位时就是谷雨，与此时相匹配的音律是姑洗。过了十五天斗柄指向常羊之维的辰巳之间，这时表示春天的时令已经结束，所以说春分过后四十六天就是立夏，大风停止，与此时相匹配的音律是夹钟。过了十五天斗柄指向巳位时就是小满，与此时相匹配的音律是太蔟。过了十五天斗柄指向丙位时就是芒种，与此时相匹配的音律是大吕。过了十五天斗柄指向午位时，这时阳气极盛，所以说立夏以后四十六天就是夏至，与此时相匹配的音律是黄钟。过了十五天斗柄指向丁位时就是小暑，与此时相匹配的音律是大吕。过了十五天斗柄指向未位时就是大暑，与此时相匹配的音律是太蔟。经过十五天斗柄指向背阳之维的未申之间，这时表示夏季的时令都已结束，所以说夏至以后四十六天就是立秋，凉风吹来，与此时相匹配的音律是夹钟。过了十五天斗柄指向申位时就是处暑，与此时相匹配的音律是姑洗。过了十五天斗柄指向庚位时就是白露，露水到来，与此时相匹配的音律是仲吕。过了十五天斗柄指向酉辰时，与酉卯纬线重合，这是秋分而雷声收藏，冬眠动物开始钻进面南方向的洞穴，与此时相匹配的音律是蕤宾。过了十五天斗柄指向辛位就是寒露，与此时相匹配的音律是林钟。过了十五天斗柄指向戌位时就是霜降，与此时相匹配的音律是夷则。过了十五天斗柄指向蹄通之维的戌亥之间，这时表示秋天的时令全部结束，所以说秋分以后四十六天就是立冬，草木衰败，与此时相匹配的音律是南吕。过了十五天斗柄指向亥位时就是小雪，与此时相匹配的音律是无射。过了十五天斗柄指向壬位时就是大雪，与此时相匹配的音律是应钟。过了十五天斗柄指向子位时表示一年二十四个节气全部运转完成。所以说阳气生于子辰，阴气生于午辰。阳气生于子辰，所以冬至十一月，喜鹊开始修筑巢穴，人的阳气也运行聚集到头部。阴气生于午辰，所以五月有轻微的肃杀之风，荠、麦、葶苈这时开始枯萎，冬天生长的草木这时一定衰亡。

斗杓(sháo)为小岁①，正月建寅，月②从左行③十二辰。咸池为太岁④，二月建卯，月从右行四仲，终而复始。太岁迎⑤者辱，背⑥者强；左者衰，右者昌。小岁东南则生，西北则杀⑦，不可迎也，而可背也；不可左也，而可右也，其此之谓⑧也。大时者，咸池也；小时者，月建也⑨。天维建元，常以寅始起，右徙一岁而移，十二岁而大周天，终而复始。淮南元年冬，太一在丙子，冬至甲午，立春丙子。二阴一阳成气二，二阳一阴成气三。合气而为音，合阴而为阳，合阳而为律，故曰五音六律。音自倍而为日，律自倍而为辰，故日十而辰十二⑩。月日行十三度七十六分度之二十六，二十九日九百四十分日之四百九十九而为月，而以十二月为岁。岁有余十日九百四十分之八百二十七，故十九岁而七闰⑪。

【注释】①斗杓，即斗柄。小岁，斗柄三星确定的小时。后面的大岁指太岁。二者运行对应参见下表：

月 岁	大岁、小岁运行对照表											
辰	正月	二月	三月	四月	五月	六月	七月	八月	九月	十月	十一月	十二月
大岁	午	卯	子	酉	午	卯	子	酉	午	卯	子	酉
小岁	寅	卯	辰	巳	午	未	申	酉	戌	亥	子	丑

②月：每月。③左行：相当于顺时针旋转，下面的右行相当于逆时针旋转。④太岁：即大岁。⑤迎：逆着。⑥背：顺着。⑦"小岁"二句所说为斗柄指向东南在春夏之际为"生"，指向西北在秋冬之际为"杀"。⑧其此之谓：其，上面的话。此之谓，宾语前置，即谓此，指"不可"四句话。⑨大时：即四季。小时：即月。月建：以斗柄所指确定月份。⑩音自倍：即五音的倍数十。律自倍：即六律的倍数十二。日：计日的十天干。辰：十二地支。古人用五音六律的倍数来说明天干地支的来源，也有反过来说的。⑪十九岁而七闰：农历十九年中有七个闰年。

【译文】北斗七星的斗柄三星被称作小岁，在正月从寅辰开始运行，每月从左至右运行十二辰，十二个月一周期。咸池三星被称作大岁，在二月从卯位开始运行，每月从右至左运行四仲，四个月一周期，周而复始。就大岁而说，如果违逆它就会受辱、顺从它就会强盛；在它左边就会衰落、在它右边就会兴盛。同样小岁指向东南时万物生长，指向西北时万物凋零；不可违背它，只能顺从它；不可左行，只能右行。上面说的就是这个意思。用来明确四季的是大岁的运行；用来明确月份的是小岁的运行。以太岁来确定年份，通常是从寅辰部位开始的，从右运行一年后移动到下一辰次，历经十二年走完一周天，周而复始。淮南王元年冬天，太岁在丙子位，甲午日是冬至，丙子日是立春。二阴一阳形成阴气二；二阳一阴形成阳气三。阴气二阳气三合成五行之气，五行之气形成五音，二阴合一阳便得阳数三，合二阳数便得六，从而形成六律，所以阴、阳之气产生五音六律。而五音的倍数就是十日干数，六律的倍数就是十二地支数。所以天干是十而地支是十二。月亮每天运行十三又七十六分之二十八度，二十九又九百四十分之四百九十九天为一个月，十二个月为一年。这样一年有余数十又九百四十分之八百二十七天，所以十九年有七次闰年。

口冬至子午，夏至卯酉。冬至加三口，则夏至之口也。岁迁六日，终而复始。壬午冬至，甲子受制，木用事，火烟青。七十二日，丙子受制，火用事，火烟赤。七十二日，戊子受制，土用事，火烟黄。七十二日，庚子受制，金用事，火烟白。七十二日，壬子受制，水用事，火烟黑。七十二日而岁终，庚子受制。岁迁六日，以数推之，七十岁而复至甲子。甲子受制，则行柔惠，挺①群禁，开阖扇②，通障塞，毋伐木。丙子受制，则举贤良，赏有功，立封侯，出货财。戊子受制，则养老鳏(guān)寡，行粰(fū)鬻(yù)③，施恩泽。庚子受制，则缮墙垣，修城郭，审群禁，饰兵甲，儆百官，诛不法。壬子受制，则闭门闾，大搜客，断刑罚，杀当罪，息关梁，禁外徙。

【注释】①挺：宽缓。②阖扇：泛指门。③粰鬻：粥。
【译文】冬至一般在子日或午日，夏至一般在卯日或酉日。冬至的日子加上三天，就是第二年夏至的日期。而从夏至到后年的冬至，日子迁移六天。这种加三迁六的现象一年一循环，周而复始。如果冬至是壬午日，那么甲子受命行动主管春季，这时木气为主宰，火烟是青色。从冬至过后七十二天，丙子受命行动主管夏季，这时火气为主宰，火烟是红色。再过七十二天后，戊子受命行动主管夏季，这时土气为主宰，火烟是黄色。再过七十二天后，庚子受命行动主管秋季，这时金气为主宰，火烟是白色。再过七十二天后，壬子受命行动主管冬季，这时水气为主宰，火烟是黑色。再过七十二天那么一年就结束了，下一年庚子受命行动主管春。每年移动变化六天，按这个数字来推算，七十年又回到冬至甲子受命主管春季。甲子受命主管春季的年份，开始广施恩德，放宽各种禁令，打开城门，除去路障关卡，不砍伐树木。丙子受命主管春季的年份，开始推荐良才，奖赏有功的大臣，册封王侯，发放财物。戊子受命主管春季的年份，对老人进行赡养，对寡妇鳏夫进行抚恤，广泛施行救济活动，使恩泽广布。庚子受命主管春季的年份，应对城郭进行修缮，对各种禁令进行审查，整治兵器盔甲，警告各级官员，惩罚罪犯。壬子受命主管春季的年份，应当把城门、闾门关闭，对外来流动人员进行大规模的搜索检查，审判罪犯，处决当杀之人，封锁关卡桥梁，禁止人员向外迁徙。

甲子气燥浊[1]，丙子气燥阳[2]，戊子气湿浊，庚子气燥寒，壬子气清寒。丙子干[3]甲子，蛰虫早出，故雷早行。戊子干甲子，胎夭卵毈，鸟虫多伤。庚子干甲子，有兵。壬子干甲子，春有霜。戊子干丙子，霆。庚子干丙子，夷[4]。壬子干丙子，雹。甲子干丙子，地动。庚子干戊子，五谷有殃。壬子干戊子，夏寒雨霜。甲子干戊子，介虫不为[5]。丙子干戊子，大旱，苽（gū）封熯（hàn）[6]。壬子干庚子，大刚[7]鱼不为。甲子干庚子，草木再死再生。丙子干庚子，草木复荣。戊子干庚子，岁或存或亡[8]。甲子干壬子，冬乃不藏[9]。丙子干壬子，星坠。戊子干壬子，蛰虫冬出其乡。庚子干壬子，冬雷其乡。

【注释】①燥浊：干燥、混浊。②燥阳：干燥、温暖。③干：冲犯。

④夷：通"痍"，伤。一说应作"电"。⑤为：成。⑥苽封熯：苽封，茭白的根。熯，干涸。⑦大刚：王引之认为大刚义不通，"大"应是衍文，刚当为"则"。⑧或存或亡：指收成有丰有歉。⑨冬乃不藏：即地气向上散发，冬天转暖。

【译文】甲子之气的本性是干燥混浊的，丙子之气的本性是干燥温热的，戊子之气的本性是潮湿混浊的，庚子之气的本性是干燥寒冷的，壬子之气的本性是清冽寒冷的。如果丙子之气侵犯了甲子之气，那么冬眠的动物就会提前活跃起来，雷声提前到来。如果戊子之气侵犯了甲子之气，那么动物就会有死胎，禽卵不会全部孵化，虫鸟会受到伤害。如果庚子之气侵犯了甲子之气，就会出现战争。如果壬子之气侵犯了甲子之气，那么春天就会有霜冻的灾害。如果戊子之气侵犯了丙子之气，雷声就会大作。如果庚子之气侵犯了丙子之气，会出现闪电。如果壬子之气侵犯了丙子之气，那么就会有冰雹。如果甲子之气侵犯了丙子之气，就会有地震。如果庚子之气侵犯了戊子之气，那么就会五谷歉收。如果壬子之气侵犯了戊子之气，那么夏天就会变得寒冷甚至出现霜降的反常天气。如果甲子之气侵犯了戊子之气，那么长有甲壳的动物就不能正常成长。如果丙子之气侵犯了戊子之气，就会产生旱灾，水生的茭白就会枯败而死。如果壬子之气侵犯了庚子之气，那么鱼类就不能正常生长。如果甲子之气侵犯了庚子之气，那么就会出现死木复生的奇怪现象。如果丙子之气侵犯了庚子之气，那么草木一年之内会再次繁盛。如果戊子之气侵犯了庚子之气，那么庄稼的收成就有丰有歉。如果甲子之气侵犯了壬子之气，那么就会出现暖冬现象，不利于收藏。如果丙子之气侵犯了壬子之气，就会出现流星坠落。如果戊子之气侵犯了壬子之气，那么冬眠的动物会在冬天就离开洞穴。如果庚子之气侵犯了壬子之气，那么会出现冬天响雷的异常现象。

季春三月，丰隆①乃出，以将其雨。至秋三月，地气不藏，乃收其杀，百虫蛰伏，静居闭户，青女②乃出，以降霜雪。行十二时之气，以至于促春二月之夕，乃收其藏而闭其寒。女夷③鼓歌，以司天和④，以长百谷禽鸟草木。孟夏之月，以熟谷禾，雄鸠长鸣，为帝⑤候岁。是故天不发其阴，则万物不生；地不发其阳，则万物不成。天圆地方，道在中央。日为德，月为刑。月归⑥而万物死，日至⑦而万物生。远山则山气藏，远水则水虫蛰，远木则木叶槁。日五日不见，失其位也，圣人不与⑧也。

【注释】①丰隆：即雨师或雷师。②青女：天神青霄玉女，主霜雪。③女夷：主春夏长养之神。④天和：自然祥和之气。⑤帝：天帝。⑥月归：阴气归来。⑦日至：阳气归来。⑧与：通"豫"，快乐。

【译文】季春三月，雨师出现，开始降雨。季秋三月，地气开始下侵，大自然收起了萧瑟凋零之气，各种昆虫都躲避起来，把洞门遮上，静静地待在洞穴里，这时主管霜雪的青女出现，降下霜雪，行使十二时令之气，直到第二年春天的二月下旬，阳气才刚刚能够释放，禁止寒气外放。女夷出来奏鼓放歌，主管着春夏万物的生长，使自然充满暖和的气息，百谷、禽鸟、草木一片繁荣。孟夏到来，温和的阳气帮助庄稼成熟，布谷鸟开始鸣叫，为天帝传递节气的信息。因此，天如果不产生阴气，那么万物就不能生长；地如果不发散温暖的阳气，那么万物就不会成熟。天圆地方，道位于正中央的位置。太阳代表的是阳气，月亮代表的是阴气。阴气到来时万物衰亡，阳气到来时万物生长。阳气如果距离山较远，那么山上的云就会躲藏起来，如果远离水那么水里的鱼就会隐藏起来，如果远离了树木那么树木就会枯萎凋零。要是五天看不到太阳，那太阳就失职了，连圣人都不会愉快。

日出于旸谷①，浴于咸池，拂②于扶桑③，是谓晨明④。登⑤于扶桑，爰⑥始将行，是谓朏（fěi）明。至于曲阿，是谓旦明。至于曾泉，是谓蚤食。至于桑野，是谓晏食。至于衡阳，是谓隅中。至于昆吾，是谓正中。至于鸟次，是谓小还。至于悲谷，是谓铺时。至于女纪，是谓大还。至于渊虞，是谓高舂。至于连石，是谓下舂。至于悲泉，爰止其女，爰息其马，是谓县车。至于虞渊，是谓黄昏。至于蒙谷，是谓定昏。日入于虞渊之氾，曙于蒙谷之浦，行九州七舍，有五亿万七千三百九里，禹⑦以为朝、昼、昏、夜。夏日至则阴乘阳，是以万物就而死；冬日至则阳乘阴，是以万物仰⑧而生。昼者阳之分，夜者阴之分。是以阳气胜则日修而夜短，阴气胜则日短而夜修。

【注释】①旸谷：日出之地，又名汤谷。下文的曲阿（山名）、衡阳（山名）、曾泉（东方多水之地）、桑野（东方之地）、昆吾（太阳正午所经之处）、鸟次（高诱注："鸟次，西南之山名也。鸟所宿止。"）、悲谷（西南方的大沟）、女纪（西北阴地）、渊虞（日于申时所经之地）、连石（西北山名）、悲泉（古代传说的水名）、虞渊（日落之处）、蒙谷（北方山名），都是太阳运行一昼夜经过的地方②拂：经过，轻轻擦过。③扶桑：又名扶木，也是日出之地。④晨明：晨昏朦胧之时。下文的朏明（即黎明）、旦明（天亮时）、蚤食（早饭时）、晏食（稍晚于早饭的时间）、隅中（将近中午时）、正中（中午时）、小还（时过中午，太阳略向西偏）、铺时（申时）、大还（太阳行至女纪之时）、高舂（傍晚时分）、下舂（天将黑）、县车（日落之时）、黄昏（天将黑时）、定昏（天已黑时），都是指时间的同类词。⑤登：升上。⑥爰：助词，相当于"于是"。⑦禹：王念孙认为当作"离"，划分。⑧仰：古同"昂"，情绪高。

【译文】太阳在旸谷起行,在咸池洗浴过后,从扶桑树下经过,这时是晨明。升上扶桑树顶,便开始一天的行程,这时是黎明。到达曲阿山时,这时是旦明。到达水泽曾泉,正是吃早饭的时候。而到达桑野则是吃午餐的时间。到达衡阳山的顶部,正好接近中午时间。到达昆吾山时,这时是正中午。到达鸟次时,已过中午,太阳偏西。到了悲谷正是申时,到了该吃晚饭的时间。再到西北的女纪,太阳更是偏向西方。到达渊虞后,就到了傍晚时分。再到连石山时,太阳也就快要消失不见了。而到了悲泉,全天的行程即将结束,于是让御手卸车让马休息,这叫县车。到了虞渊,已经到了黄昏时分。再到蒙谷,天已经黑了,这是黄昏之后的定昏。这时太阳到虞渊的水边休息,阳光的余辉照在蒙谷之畔。太阳每天经过九州、七舍,行程达五亿万七千三百零九里,可将此分为早晨、白天、黄昏和夜晚四个阶段。夏至时阳气降阴气升,所以万物趋向衰亡;冬至时阴气落阳气升,所以万物都繁荣生长。白昼由阳气管理,夜晚由阴气掌管。因此阳气为主时白天时间长而夜晚时间短,阴气为主时白天时间短暂而夜晚时间长。

帝张四维^①,运之以斗,月徙一辰,复反其所。正月指寅,十二月指丑,一岁而匝,终而复始。指寅,则万物螾螾也,律受^②太蔟;太蔟者,簇而未出也。指卯,卯则茂茂然,律受夹钟;夹钟者,种始莢也。指辰,辰则振之也,律受姑洗;姑洗者,陈去而新来也。指巳,巳则生已定也,律受仲吕;仲吕者,中充大也。指午,午者忤也,律受蕤宾;蕤宾者,安而服也。指未,未昧也,律受林钟;林钟者,引而止也。指申,申者,呻之也,律受夷则;夷则者,易其则也,德以去矣。指酉,酉者饱也,律受南吕;南吕者,任包大也。指戌，戌者灭也，律受无射；无射，入无厌也。指亥，亥者阂也，律受应钟；应钟者，应其钟也。指子，子者兹也，律受黄钟；黄钟者，钟已黄也。指丑，丑者纽也，律受大吕；大吕者，旅旅而去也，其加卯酉，则阴阳分，日夜平矣。故曰：规生矩杀，衡长权藏，绳居中央，为四时根。

【注释】①四维：指东南、东北、西南和西北四角。②受：适合。

【译文】天帝张开天下的四维，执掌北斗循着四维旋转，每月移动距离是一辰，运行十二个月又返回到原来出发的地方。正月时斗柄朝向寅辰，十一月时斗柄朝向子辰，一年环绕一周，周而复始。正月斗柄朝向寅位，寅是万物复苏萌动的意思，音律适合太蔟；太蔟的意思是万物集聚力量但尚未破土而出。二月斗柄朝向卯位，卯是草木茂盛的意思，音律适合夹钟；夹钟的意思是种子开始破土而出。三月斗柄朝向辰位，辰是振动万物的意思，音律适合姑洗；姑洗的意思是去旧迎新。四月斗柄朝向巳位，巳是万物生长定型的意思，音律适合仲吕；仲吕的意思是万物充斥大地。五月斗柄朝向午位，午是阴阳交争的意思，音律适合蕤宾；蕤宾的意思是阴气即将为主、阳气即将为宾。六月斗柄朝向未位，未是阴气已长万物渐渐衰落的意思，音律适合林钟；林钟的意思是阳气即将终止，万物即将衰败。七月斗柄朝向申位，申是万物萧杀的意思，音律适合夷则，夷则的意思是改变阳气极盛的规则，阳德离开而阴刑取而代之。八月斗柄朝向酉位，酉是成熟饱满的意思，音律适合南吕；南吕的意思是阳气包裹阴气，是丰收的时机。九月斗柄朝向戌位，戌是阳气稀薄万物即将灭亡的意思，音律适合无射；无射的意思是万物衰落，阳气消失。十月斗柄朝向亥位，亥是阳气隐藏地下的意思，音律适合应钟；应钟的意思是万物应该立即聚藏。十一月斗柄朝向子位，子是万物发育生长的意思，音律适合黄钟；黄钟的意思是阳气聚集在黄泉之下。十二月斗柄朝向丑位，丑是阳气纽结等待消解的意思，音律适合大吕；大吕的意思是帮助阳气升腾发散。而当斗柄朝向卯、酉时，正好阴阳平分、春分秋分时日夜等长。所以说，规使万物生存，矩使万物凋零，衡使万物生长，权使万物收藏，绳处在天地中央，成为确定四季的依据。

道曰规始于一^①，一而^②不生，故分而为阴阳，阴阳合和而万物生。故曰："一生二，二生三，三生万物。"天地三月而为一时，故祭祀三饭^③以为礼，丧纪三踊^④以为节，兵重三罕^⑤以为制。以三参^⑥物，三三如^⑦九，故黄钟之律九寸而宫音调。因而九之，九九八十一，故黄钟之数立焉。黄者，土德之色，钟者，气之所种也。日冬至，德气为土，土色黄，故曰黄钟。律之数六，分为雌雄，故曰十二钟，以副^⑧十二月。十二各以三成，故置一而十一三之，为积分十七万七千一百四十七，黄钟大数立焉。

【注释】①一：混沌不分。②而：通"如"，如果。③三饭：古代礼制，祭祀时用"尸"，尸代表祭祀时的鬼神。尸含一口饭叫一饭，土礼用三饭。④三踊：古代丧礼，向死者跳脚号哭，以示哀痛。⑤三罕：三令，反复告诫。⑥参：通"叁"，三倍。⑦如：为。⑧副：配合。

【译文】道最初形成于混沌不分的一，如果一直是这种状态，就不能生成天地万物。从混沌不分的一中平分出阴阳二气，阴阳二气交和生成万物。所以说："一生二，二生三，三生万物。"天地运行三个月称为一季，所以祭祀时要以"三饭"作为仪式，丧事要以"三踊"作为礼数，军事上要用"三令"作为政策。以"三"来参考计算数量，三三得九，所以黄钟的律管是九寸长，以此来调正宫音。然后乘以九，九九八十一，这样便确定了黄钟律管的粗细和长短。土德的颜色是黄色,钟是聚集气的意思。到了冬至,土气旺盛,而土的颜色呈现黄色,所以音律就称作黄钟。音律数是六,分成阴阳两大类,所以一共是十二律,用十二律配十二个月。十二律的积数各自都可用三相乘取得,所以设置首律为一,其余十一律逐一用三乘之,得到积数是十七万七千一百四十七,这样,就确定了黄钟十二律管的积数。

凡十二律,黄钟为宫,太蔟为商,姑洗为角,林钟为徵,南吕为羽。物以三成,音以五①立,三与②五如八,故卵生者八窍。律之初生也,写③凤之音,故音以八生④。黄钟为宫,宫者,音之君⑤也。故黄钟位子,其数八十一,主⑥十一月,下生林钟。林钟之数五十四,主六月,上生太蔟。太蔟之数七十二,主正月,下生南吕。南吕之数四十八,主八月,上生姑洗。姑洗之数六十四,主三月,下生应钟。应钟之数四十二,主十月,上生蕤宾。蕤宾之数五十七,主五月,上生大吕。大吕之数七十六,主十二月,下生夷则。夷则之数五十一,主七月,上生夹钟。夹钟之数六十八,主二月,下生无射。无射之数四十五,主九月,上生仲吕。仲吕之数六十,主四月,极不生。徵生宫,宫生商,商生羽,羽生角,角生姑洗,姑洗生应钟,比于正音,故为和。应钟生蕤宾,不比正音,故为缪。日冬至,音比林钟,浸⑦以浊⑧;日夏至,音比黄钟,浸以清⑨。以十二律应二十四时之变:甲子,仲吕之徵也;丙子,夹钟之羽也;戊子,黄钟之宫也;庚子,无射之商也;壬子,夷则之角也。

【注释】①五:五行。②与:加。③写:模仿。④八生:隔八相生法。⑤君:主宰。⑥主:相配。⑦浸:逐渐。⑧浊:变浊,更浊。浊一般指低音。⑨清:变清,更清。清一般指高音。

【译文】在所有的十二律与五音搭配中,黄钟搭配宫音,太蔟搭配商音，姑洗搭配角音，林钟搭配徵音，南吕搭配羽音。万物由三所生成，乐音由五行之气所产生，三加五等于八，所以卵生动物都有八窍。音律最初产生，是古人模仿凤凰的声音来制作的，所以规定音律隔八相生。黄钟确定宫音，宫音又是五音中的主音。所以黄钟位于子位，其律管的粗细和长度是八十一，掌管十一月，黄钟从下向上生出林钟，林钟的数是五十四，掌管六月，林钟从上向下生出太蔟。太蔟的律管粗细和长度是七十二，掌管正月，太蔟从下向上生出南吕。南吕的律管粗细和长度是四十八，掌管八月，南吕从上向下生出姑洗。姑洗的律管粗细和长度是六十四，掌管三月，姑洗从下向上生出应钟，应钟的律管粗细和长度是四十二，掌管十月，应钟从上向下生出蕤宾。蕤宾的律管粗细和长度数是五十七，掌管五月，蕤宾从上向下生出大吕。大吕的律管粗细和长度是七十六，掌管十二月，大吕从下向上生出夷则。夷则的律管粗细和长度是五十一，掌管七月，夷则从上向下生出夹钟。夹钟的律管粗细和长度是六十八，掌管二月，夹钟从下向上生出无射。无射的律管粗细和长度是四十五，掌管九月，无射从上向下生成仲吕。仲吕的律管粗细和长度是六十，掌管四月，到了仲吕，十二律也就到此为止，不再相生了。宫音生成徵音，徵音生成商音，商音生成羽音，羽音生成角音，角音以姑洗作主导来确定音高，姑洗又生成应钟，它不与正音相似，因此称它为和音。应钟产生蕤宾，它也不与正音相似，因此称它为缪音。冬至起音律接近林钟，所以声音逐渐混浊；夏至起音律接近黄钟，所以声音逐渐清亮。用十二律的顺逆排序配合二十四节气阴阳盛衰的变化顺序：甲子在仲吕之徵时，丙子在夹钟之羽，戊子在黄钟之宫，庚子在无射之商，壬子在夷则之角。

古之为①度量轻重，生乎天道。黄钟之律修九寸，物以三生，三九二十七，故幅广二尺七寸。音以八相生，故人修八尺，寻②自倍,故八尺而为寻。有形则有声。音之数五,以五乘八,五八四十,故四丈而为匹。匹者,中人之度也,一匹而为制。秋分藨(biāo)定③,藨定而禾熟。律之数十二,故十二藨而当一粟,十二粟而当一寸。律以当辰,音以当日。日之数十,故十寸而为尺,十尺而为丈。其以为量,十二粟而当一分,十二分而当一铢,十二铢而当半两。衡有左右④,因倍之,故二十四铢为一两。天有四时,以成一岁,因而四之,四四十六,故十六两而为一斤。三月而为一时,三十日为一月,故三十斤为一钧。四时而为一岁,故四钧为一石。其以为音也,一律而生五音,十二律而为六十音。因而六之,六六三十六,故三百六十音以当一岁之日。故律历之数,天地之道也。下生者倍,以三除之;上生者四,以三除之。

【注释】①为:制作,制定。②寻:古代长度单位,一寻等于八尺。③藨定:藨,禾穗上的芒。定,成熟。④左右:分左右两侧。

【译文】古代制定度量衡,是在自然运动的法则中生成的。黄钟的律管长九寸,万物从三产生,三九二十七,所以定布帛的宽度为二尺七寸。音是隔八相生,所以人身高一般是八尺,"寻"等于人的身高长度,所以一"寻"定为八尺。事物有了形也就有了声音。音的数量是五,用五乘八,五八四十,所以四丈为一匹。匹是指一般人制作衣服所用的布量,所以制作衣服以一匹为"制"。秋分时节谷子、稻子的芒尖已长成,芒尖长成意味着谷子、稻子成熟。音律的数目是十二,所以十二根禾芒等于一粟,十二粒粟的长度等于一寸。十二音律与十二辰搭配,五音与记日天干搭配。日干数是十,所以十寸是一尺,十尺是一丈。用这种相似法定下重量的标准,十二粒粟的重量定为一分,十二分定为一铢,十二铢定为半两。衡器分为左右两侧,将十二铢加倍,于是二十四铢等于一两。天有四季,形成一年,因此乘以四，四四十六，所以十六两是一斤。三个月成为一季，三十天成为一个月，所以三十斤为一钧。四季形成一年，所以四钧是一石。就音律来说，一个音律可以产生五音，十二音律就可以生成六十旋宫音调。因此乘以六，六六三十六，所以有三百六十音，相当于一年的天数。所以说音律历法的制定以及生成，符合天地运行的规律。十二律相生时，下生是原律数乘二再除以三，即三分之二；上生是原律数乘以四再除以三，即三分之四。

太阴元始，建于甲寅，一终①而建甲戌，二终②而建甲午，三终③而复得甲寅之元。岁徙一辰，立春之后，得其辰而迁其所顺，前三后五，百事可举④。太阴所建，蛰虫首穴而处，鹊巢乡而为户⑤。太阴在寅，朱鸟在卯，句陈在子，玄武在戌，白虎在酉，苍龙在辰。寅为建，卯为除⑥，辰为满，巳为平，主生；午为定，未为执，主陷⑦；申为破，主衡⑧；酉为危，主杓⑨；戌为成，主少德；亥为收，主大德；子为开，主太岁；丑为闭，主太阴⑩。

【注释】①一终：约为1520年。②二终：3040年。③三终：4560年。④举：做。⑤为户：堵住巢洞口。⑥建、除：又叫建除十二辰。古代术数家以为天文中的十二辰，分别象征人事上的建、除、满、平、定、执、破、危、成、收、开、闭十二种情况。后因以"建除"指根据天象占测人事吉凶祸福的方法。⑦陷：攻克。⑧衡：平衡。⑨杓：小岁。⑩太阴：王引之认为"太阴"是衍文，原文已佚。下文不译。

【译文】太阴纪年从甲寅开始，历经一千五百二十年走向结束，又从甲戌年开始重新运转，历经三千零四十年第二次结束，再开始的纪年就是甲午年，再历经四千五百六十年第三次结束。最后又回到了甲寅年开始建元。它每年移动一辰，立春之后处在新的一辰，顺次运行到相对应的的辰次上。当它运行到某一辰的前三天或后五天时，所有事情都可以施行。太阴建元期间，冬眠的动物藏于洞穴之中，鹊鸟回归巢穴并向着门户。当太阴处在寅辰时，朱鸟运行到卯辰，句陈星位于子辰位置，玄武位于戌辰，白虎位于酉辰，苍龙位于辰辰。太阴运行到寅辰时，这个月就是建月，运行到卯辰时，这个月就是除月，运行到辰辰时，这个月就是满月，运行到巳辰时，这个月就是平月，掌管着万物的生长发育；太阴运行到午辰时，这个月就是定月，运行到未辰时，这个月就是执月，主攻陷；太阴运行到申辰时，这个月就是破月，主平衡；太阴运行到酉辰时，这个月就是危月，主小岁；太阴运行到戌辰时，这个月就是成月，主美德；太阴运行到亥辰时，这个月就是收月，主大德；太阴运行到子辰时，这个月就是开月，主咸池；太阴运行到丑辰时，这个月是闭月，主……。

太阴在寅，岁名曰摄提格①，其雄②为岁星，舍斗、牵牛，以③十一月与之晨出东方，东井、舆鬼为对④。太阴在卯，岁名曰单阏，岁星舍须女、虚、危，以十二月与之晨出东方，柳、七星、张为对。太阴在辰，岁名曰执除，岁星舍营室、东壁，以正月与之晨出东方，翼、轸为对。太阴在巳，岁名曰大荒落，岁星舍奎、娄，以二月与之晨出东方，角、亢为对。太阴在午，岁名曰敦牂（zāng）⑤，岁星舍胃、昴、毕，以三月与之晨出东方，氐、房、心为对。太阴在未，岁名曰协洽，岁星舍觜巂、参，以四月与之晨出东方，尾、箕为对。太阴在申，岁名曰涒滩，岁星舍东井、舆鬼，以五月与之晨出东方，斗、牵牛为对。太阴在酉，岁名曰作鄂⑥，岁星舍柳、七星、张，以六月与之晨出东方，须女、虚、危为对。太阴在戌，岁名曰阉茂，岁星舍翼、轸，以七月与之晨出东方，营室、东壁为对。太阴在亥，岁名曰大渊献，岁星舍角、亢，以八月与之晨出东方、奎、娄为对。太阴在子，岁名曰困敦⑦，岁星舍氐、房、心，以九月与之晨出东方，胃、昴、毕为对。太阴在丑，岁名曰赤奋若，岁星舍尾、箕，以十月与之晨出东方，觜嶲、参为对。太阴在甲子，刑德合东方宫，常徙所不胜⑧，合四岁而离，离十六岁而复合。所以离者，刑不得入中宫，而徙于木。太阴所居曰⑨德，辰为刑；德，纲日自倍因，柔日徙所不胜。刑，水辰之木，木辰之水，金火立其处。凡徙诸神，朱鸟在太阴前一，钩陈在后三，玄武在前五，白虎在后六，虚星乘钩陈，而天地袭⑩矣。

【注释】①摄提格：岁阴名。古代岁星纪年法中的十二辰之一。相当于干支纪年法中的寅年。②雄：指岁星是太岁的"雄星"。③以：在。④为对：相对应，指在西方。⑤敦牂：万物茂盛强壮的样子。⑥作鄂：万物陨落的样子。⑦困敦：即混沌。⑧所不胜：不能被某宫之神制服。⑨曰：钱塘《天文训补注》认为曰当作"日"，为字误。⑩袭：合。

【译文】太阴位于寅辰时，就将这一年称作摄提格，和它所对应的雄星是岁星，岁星行经斗宿和牵牛宿，岁星在十一月的早晨与斗宿、牵牛宿一起出现在东方，东井宿、舆鬼宿和它们遥遥对望。太阴位于卯辰时，将这一年称作单阏，岁星位于须女宿、虚宿、危宿之间，在十二月和须女、虚、危三宿于早晨一起出现在东方，柳宿、七星宿、张宿和它们遥相呼应。太阴位于辰时，把这一年称作执除，岁星处于营室宿和东壁宿之间，在正月和营室、东壁二宿于早晨一起出现在东方，翼宿、轸宿和它们相对。太阴位于巳辰时，将这一年称作大荒落，岁星处于奎宿和娄宿之间，在二月和奎、娄二宿于早晨一起出现在东方，角宿、亢宿与它们相对。太阴在午辰时，把这一年称作敦牂，岁星位于胃宿、昴宿、毕宿之间，在三月里与胃、昴、毕三宿于早晨一同出现在东方，氐宿、房宿、心宿和它们遥相呼应。太阴位于未辰时，把这一年叫作协洽，岁星正好位于觜嶲宿、参宿之间，于四月和觜嶲、参二宿于早晨一起出现在东方，尾宿、箕宿和它们遥相呼应。太阴位于申辰时，把这一年命名为涒滩，岁星位于东井宿、舆鬼宿之间，在五月的时候与东井、舆鬼二宿于早晨同现于东方，斗宿、牵牛宿和它们相对。太阴位于酉辰时，把这一年叫做鄂，岁星位于柳宿、七星宿、张宿之间，在六月的时候与柳、七星、张三宿于早晨一起出现在东方，须女宿、虚宿、危宿和它们遥相呼应。太阴位于戌辰时，把这一年叫做阉茂，岁星位于翼宿、轸宿之间，在七月和翼、轸二宿于早晨一起出现在东方，营室宿、东壁宿和它们远远相望。太阴位于亥辰时，把这一年称为大渊献，岁星位于角宿、亢宿之间，在八月的时候与角、亢二宿于早晨同时出现在东方，奎宿、娄宿和它们远远相对。太阴处在子辰时，把这一年叫做困敦，岁星位于氐宿、房宿、心宿之间，在九月的时候和氐、房、心三宿于早晨同时出现在东方，胃宿、昴宿、毕宿和它们远远呼应。太阴位于丑辰时，把这一年称为赤奋若，岁星位于尾宿、箕宿之间，在十月的时候与尾、箕二宿于早晨同时出现在东方，觜嶲宿、参宿和它们遥相呼应。太阴在甲子年时，刑与德在东方宫会合，按照规律运行到它不能驾驭的方位，从东方宫到北方宫，从西到南，从南到北，从北到东，如此一来，"刑"和"德"会合四年后便开始出现分离，分离十六年后又回到了原位。分离的原因，是由于"刑"不可以进入属土的中宫，而只能转移到属木的东宫。太阴所居的方位，记日天干是德，表月地支是刑。德在刚日可以运行到各宫，在柔日运行到不能制服的各宫。"刑"运行到属"水"的北方、属"木"的东方，会使属"水"的冬季变成属"木"的春季，"刑"运行到属"水"的北方、属"金"的西方，会使属"木"的春季变成属"水"的冬季，而金、火则处于原位。太阴处在寅位，各神的运行情况是：朱鸟在太阴前居第一的位置，钩陈位于太阴后位居第三，玄武在太阴前位居第五，白虎在太阴后位居第六。虚星位于钩陈之上，这时天地出现一派祥和的景象。

凡日，甲刚乙柔，丙刚丁柔，以至于癸①。木生于亥，壮于卯，死于未，三辰皆木也。火生于寅，壮于午，死于戌，三辰皆火也。土生于午，壮于戌，死于寅，三辰皆土也。金生于巳，壮于酉，死于丑，三辰皆金也。水生于申，壮于子，死于辰，三辰皆水也。故五胜②，生一，壮五，终九③，五九四十五，故神④四十五日而一徙。以三⑤应五⑥，故八徙而岁终。凡用太阴⑦，左前刑，右背德，击钩陈之冲辰，以战必胜，以攻必克。欲知天道，以日为主，六月当心，左周而行，分而为十二月，与日相当，天地重袭⑧，后必无殃。

【注释】①癸：癸为柔日，前面当有"壬"。②五胜：五行相克。③"生一"等三句：指的是五行之气第一个月生，第五个月壮，第九个月死。④神：北斗之神。⑤三：三辰。⑥五：五行。⑦太阴：常指月亮。⑧重袭：调和。

【译文】十日天干中，甲是刚乙是柔，丙是刚丁是柔，依次类推，一直到壬是刚癸是柔。五行中的木生在亥月，壮于卯月，死于未月，亥、卯、未三辰都属木。五行中的火生于寅月，壮于午月，死于戌月，寅、午、戌三辰都属于火。五行中的土生于午月，壮于戌月，死于寅月，午、戌、寅三辰都属于土。五行中的金生于巳月，壮于酉月，死于丑月，巳、酉、丑三辰都属于金。五行中的水生于申月，壮于子月，死于辰月，申、子、丑三辰都属于水。所以五行生于第一个月，壮于第五个月，死于第九个月。五九四十五，所以北斗天神四十五天会变化一次。用三辰对五行，所以北斗天神变化八个时段恰好是一年终结。凡是利用月亮推断做事，行事取左前方不吉，取右后方吉利，当钩陈星攻击其他星辰时，一定能打胜仗，一定能攻克强敌。要想了解天道,应以太阳为主,太阳六月时正好对着天中的心宿,它从左开始环绕而行,将一年分成了十二个月,如果月亮的运行和太阳的运行重合,这样天地会阴阳和谐,之后人间定没有任何灾祸。

星①,正月建营室,二月建奎、娄,三月建胃,四月建毕,五月建东井,六月建张,七月建翼,八月建亢,九月建房,十月建尾,十一月建牵牛,十二月建虚。

【注释】①星:当为"日"。
【译文】太阳的运行,正月在营室宿,二月在奎宿或娄宿,三月在胃宿,四月在毕宿,五月在东井宿,六月在张宿,七月在翼宿,八月在亢宿,九月在房宿,十月在尾宿,十一月在牵牛宿,十二月在虚宿。

星①分度②:角十二,亢九,氐十五,房五,心五,尾十八,箕十一四分一,斗二十六,牵牛八,须女十二,虚十,危十七,营室十六,东壁九,奎十六,娄十二,胃十四,卯十一,毕十六,觜巂二,参九,东井三十三,舆鬼四,柳十五,七星,张、翼各十八,轸十七。凡二十八宿也。

【注释】①星:二十八宿。②分度:二十八宿和天球赤道所成的度数。
【译文】二十八宿与天球赤道所形成的度数分别是:角宿是十二度,亢宿是九度,氐宿是十五度,房宿是五度,心宿是五度,尾宿是十八度,箕宿是十一又四分之一度,斗宿是二十六度,牵牛宿是八度,须女宿是十二度,虚宿是十度,危宿是十七度,营室宿是十六度,东壁宿是九度,奎宿是十六度,娄宿是十二度,胃宿是十四度,昴宿是十一度，毕宿是十六度，觜巂宿是二度，参宿是九度，东井宿是三十三度，舆鬼宿是四度，柳宿是十五度，星宿是七度，张宿、翼宿各是十八度，轸宿是十七度。二十八宿总计是三百六十五又四分之一度。

星部①地名：角、亢，郑；氐、房、心，宋；尾、箕，燕；斗、牵牛，越；须女，吴；虚、危，齐；营室、东壁，卫；奎、娄，鲁；胃、昴、毕，魏；觜巂、参，赵；东井、舆鬼，秦；柳、七星、张，周；翼、轸，楚。岁星之所居，五谷丰昌②，其对为冲③，岁乃有殃。当居而不居，越而之他处，主死国亡。

【注释】①部：古代区域单位，与"野"义近。②丰昌：丰足盛多。③冲：冲犯的星。

【译文】二十八宿所在天区和各诸侯国所在地区的对应关系是：角宿、亢宿相应的诸侯国是郑国；氐宿、房宿、心宿相应的诸侯国是宋国；尾宿、箕宿相应的诸侯国是燕国；斗宿、牵牛宿相应的诸侯国是越国；须女宿相应的诸侯国是吴国；虚宿、危宿相应的诸侯国是齐国；营室宿、东壁宿相应的诸侯国是卫国；奎宿、娄宿相应的诸侯国是鲁国；胃宿、昴宿、毕宿相应的诸侯国是魏国；觜巂宿、参宿相应的诸侯国是赵国；东井宿、舆鬼宿相应的诸侯国是秦国；柳宿、七星宿、张宿相应的诸侯国是周王室；翼宿、轸宿相应的诸侯国是楚国。岁星留居某一星宿的年份，其对应的诸侯国就会五谷丰登，如果诸侯国所对应的是犯冲的星宿，那么当年就会有灾殃。如果岁星原本应该到某星宿但没有按时留居，反而往别的星宿去了，那就意味着这个星宿的诸侯国将会面临君死国亡的情况。

太阴治春,则欲行柔惠①温凉②;太阴治夏,则欲布施宣明③;太阴治秋,则欲修备缮兵;太阴治冬,则欲猛毅刚强。三岁而改节,六岁而易常④,故三岁而一饥,六岁而一衰⑤,十二岁一康⑥。

【注释】①柔惠:温顺柔和。②凉:俞樾认为当作"良"。③宣明:公开表明,毫无隐瞒。④改节:指气候反常。易常:改变常规。⑤衰:这里指疾疫。⑥康:荒。康、荒二字古通,这里指大饥荒。

【译文】太阴治理春季的时候,就应该施行柔惠温和的法令;太阴治理夏季的时候,就应该广加布施,宣明意旨;太阴治理秋季的时候,就应修缮兵器加固城防;太阴管理冬季的时候,就应该施行严厉刚强的法令。太阴每三年改变一次季节,六年改变一次常规,所以人间每三年发生一次饥荒,六年有一次疾病灾害,十二年发生一次可怕的大饥荒。

甲齐,乙东夷,丙楚,丁南夷,戊魏,己韩,庚秦,辛西夷,壬卫,癸越①。子周,丑翟,寅楚,卯郑,辰晋,巳卫,午秦,未宋,申齐,酉鲁,戌赵,亥燕。

【注释】①越:王念孙认为当作"赵",南夷已包含越,不该重复。

【译文】甲代表的是齐国,乙代表的是东夷,丙代表的是楚国,丁代表的是南夷,戊代表的是魏国,己代表的是韩国,庚代表的是秦国,辛代表的是西夷,壬代表的是卫国,癸代表的是赵国。子代表的是周朝,丑代表的是北翟,寅代表的是楚国,卯代表的是郑国,辰代表的是晋国,巳代表的是卫国,午代表的是秦国,未代表的是宋国,申代表的是齐国,酉代表的是鲁国,戌代表的是赵国,亥代表的是燕国。

甲乙、寅卯，木也；丙丁、巳午，火也；戊己，四季①，土也；庚辛、申酉，金也；壬癸、亥子，水也。水生木，木生火，火生土，土生金，金生水。子生母曰义，母生子曰保，子母相得②曰专，母胜子曰制，子胜母曰困。以胜③击杀，胜而无报；以专从事而有功；以义行理名立而不堕④；以保畜养，万物蕃昌；以困举事，破灭死亡。

【注释】①戊己，四季：戊己配土，土居中央，所以主四季。②得：投合。③胜：王念孙认为当作"制"。④堕：古同"隳"，毁坏。

【译文】甲乙、寅卯，都属木；丙丁、巳午，都属火；戊己主四季，属土；庚辛、申酉，都属金；壬癸、亥子，都属水。它们之间的关系是：水生木，木生火，火生土，土生金，金生水。子生母的日子被称为义日，母生子的日子被叫做保日，子和母投合的日子被叫做专日，母克子的日子被叫做制日，子克母的日子被叫做困日。在制日去打仗作战，就算胜利了也不可能得到什么回报。在专日用心去做事就能获得成功。在义日去实施治理就会取得名望而不会失去。在保日去畜养，万物就定繁荣昌盛。在困日去做事就会失败甚至灭亡。

北斗之神有雌雄，十一月始建于子，月从①一辰，雄左行，雌右行。五月合午，谋刑；十一月合子，谋德。太阴所居辰为厌日，厌日不可以举百事。堪舆②徐行，雄以音知雌，故为奇辰③。数从甲子始，子母④相求，所合之处为合。十日十二辰，周六十日，凡八合。合于岁前则死亡，合于岁后则无殃。

【注释】①从：王念孙认为当作"徙"。②堪舆：天地之间。③奇

（jī）辰：阳性星辰。④子母：子，十二地支；母，十天干。

【译文】北斗之神分雌雄两种，十一月从子辰开始运行，每月只移动一辰，雄神向左运行，雌神向右运行。它们在五月重合于午辰，谋划阴刑，在十一月重合于子辰，谋划阳德。将雌神行宿之辰代表的日称为厌日，在厌日里不适合做任何事情。雌雄两神在天地间缓缓而行，雄神根据声音可以知道雌神的轨迹位置，因此将雄神称为奇辰。记数从甲子开始，天干地支相配成对好像母子，雌雄两神所对的天干地支互相配合，叫做"合"。十天干、十二地支相配成六十干支表示六十日，周而复始，一年总共有八合，合于太岁之前，主灭亡，合于太岁之后，就没有灾难。

甲戌，燕也；乙酉，齐也；丙午，越也；丁巳，楚也；庚申①，秦也；辛卯，戎也；壬子，代也；癸亥，胡也；戊戌、己亥，韩也；己酉、己卯，魏也；戊午、戊子。八合天下也。

【注释】①庚申：钱大昕认为应作庚辰。

【译文】甲戌之合配燕地；乙酉之合配齐地；丙午之合配越地；丁巳之合配楚地；庚辰之合配秦地；辛卯之合配西戎；壬子之合配代地；癸亥之合配胡地（此为八次大会）；戊戌、己亥之合配韩地；己酉、己卯之合配魏地；戊午、戊子之合配某地（此为八次小会），这就是八合划分所对应的天下各个区域。

太阴、小岁、星、日、辰五神皆合，其日有云气风雨，国君当之。天神之贵者，莫贵于青龙①，或曰天一，或曰太阴。太阴所居，不可背而可乡②。北斗所击，不可与敌③。

【注释】①青龙：王引之认为即"太岁"。②乡：通"向"，顺着。

③敌：对抗。

【译文】太阴、斗杓三星、岁星、太阳、北辰五神聚集的时候，那一天就会出现云气风雨，国君应注意应对这种异常之象。天神中最尊贵的，没有超过青龙的，有的人称其为天一，有的人称其为太阴。太阴所在的地方，对应区域的人不能违背它，只能顺应它的意思。北斗斗柄指向所对应的国家，不可以和它对抗。

天地以①设，分而为阴阳。阳生于阴，阴生于阳，阴阳相错②，四维乃通③，或死或生，万物乃成。蚑行喙息④，莫贵于人，孔窍⑤肢体，皆通于天。天有九重，人亦有九窍；天有四时以制十二月，人亦有四肢以使十二节；天有十二月以制三百六十日，人亦有十二肢以使三百六十节。故举事而不顺天者，逆其生者也。以日冬至数来岁正月朔日，五十日者，民食足；不满五十日，日减一斗；有余日，日益一升。有其岁司也。

【注释】①以：通"已"，已经。②错：交错。③通：畅通。④喙息：有口能呼吸者，代指人和一切动物。⑤孔窍：洞孔，常指眼、耳、口、鼻等器官。

【译文】天地已经确立之后，分成阴和阳。阳产生于阴，阴产生于阳。阴阳交错，天地四方才能畅通，有的生有的死，万物才能形成。在用脚行走用嘴呼吸的动物之中，没有比人类更高贵的，人的孔窍和肢体都与天地自然相通。天有九重，人也有九窍；天有四季来控制十二个月，人也有四条主脉来控制十二经脉；天有十二个月来控制三百六十天，人也有十二经脉来控制三百六十条小经络。所以做事情不顺应天时，就是违背自然的生存原则。从冬至那天开始数到下一年的正月初一，假如满五十天，百姓的粮食就丰收；假如不够五十天，那么每天的粮食就要减少一升；假如超过五十天，那么每天的粮食就会增加一升。这都是由岁星主管的。

摄提格之岁，岁早水晚旱，稻疾，蚕不登①，菽麦昌，民食四升。寅。在甲曰阏蓬②。单阏之岁，岁和，稻菽麦蚕昌，民食五升。卯。在乙曰旃蒙。执徐之岁，岁早旱晚水，小饥，蚕闭，麦熟，民食三升。辰。在丙曰柔兆。大荒落之岁，岁有小兵，蚕小登，麦昌，菽疾，民食二升。巳。在丁曰强圉。敦牂之岁，岁大旱，蚕登，稻疾，菽麦昌，禾不为，民食二升。午。在戊曰著雍。协洽之岁，岁有小兵，蚕登，稻昌，菽麦不为，民食三升。未。在己曰屠维。涒滩之岁，岁和，小雨行，蚕登，菽麦昌，民食三升。申。在庚曰上章。作鄂之岁，岁有大兵，民疾，蚕不登，菽麦不为，禾虫，民食五升。酉。在辛曰重光。掩茂之岁，岁小饥，有兵，蚕不登，麦不为，菽昌，民食七升。戌。在壬曰玄黓（yì）。大渊献之岁，岁有大兵，大饥，蚕开，菽麦不为，禾虫③，民食三升。困敦之岁，岁大雾起，大水出，蚕稻麦昌，民食三斗④。子。在癸曰昭阳。赤奋若之岁，岁有小兵，早水，蚕不出，稻疾，菽不为，麦昌，民食一升。

【注释】①登：原注作"成也"。②阏蓬：原注说的是正月初春景象，下文同类词都是对应月份景象的概括名词。③禾虫：稻苗生虫。④斗：王念孙认为当作"升"。

【译文】岁名叫摄提格的年份，雨水来得早，秋季又干旱，稻子有病害，养蚕没有收获，而豆类和麦类长得却很茂盛，百姓口粮有四升。处于十二辰的寅位。在十干甲位时叫阏蓬。指向卯辰叫单阏的年份，全年气候平和，稻子、豆类、麦子和蚕都长得很茂盛。百姓口粮有五升。处于十二辰的卯位。在十干乙位时叫旃蒙。指向辰叫执徐的年份，春季旱、秋季涝，有小的饥荒，蚕孵化不出，而麦子倒能成熟，百姓口粮有三升。处于十二辰的辰位。在十干丙位时叫柔兆。指向辰叫大荒落的年份，会有小规模的战争，蚕有小的收成，麦子长得茂盛而豆类有病害，百姓口粮有二升。处于十二辰的巳位。在十干丁位时叫强圉。指向午叫敦牂的年份，当年大旱，蚕有收成，稻子有病害，豆类和麦子倒长得茂盛，禾苗没有长成，百姓口粮有二升。处于十二辰的午位。在十干戊位时叫著雍。指向未的年份，会有小规模的战争，蚕丰收，稻子长得茂盛而豆类和麦子没有成熟，百姓口粮有三升。处于十二辰的未位。在十干己位时叫屠维。指向申位叫涒滩的年份，全年气候和顺，常有小雨，蚕丰收，豆类和麦子长得茂盛，百姓口粮有三升。处于十二辰的申位。在十干庚位时叫上章。指向酉位叫作鄂的年份，会有大规模的战争，闹疾病瘟疫，蚕没有收成，豆类和麦子不能成熟，禾苗受虫害侵袭，百姓口粮有五升。处于十二辰的酉位。在十干辛位时叫重光。指向戌位叫掩茂的年份，全年会有小的饥荒，并会发生小规模的战争，蚕没有收获，麦子不能成熟，而豆类长得茂盛，百姓口粮有七升。处于十二辰的戌位。在十干壬位时叫玄默。指向亥位叫大渊献的年份，当年会有大规模的战争和大的饥荒，蚕能孵化出来，但豆类和麦子生长不好，禾苗受虫害侵袭，百姓口粮有三升。指向子位叫困敦的年份，年中有大雾，发洪水，但蚕、稻子、麦子却丰收，百姓口粮有三升。处于十二辰的子位，在十干癸位时叫昭阳。指向丑位叫赤奋若的年份，当年会有小规模的战争，雨水早到，蚕孵化不出，稻子有病害，豆类生长不好，麦子倒长得茂盛，百姓口粮有一升。

正①朝夕：先树一表②东方，操③一表却去④前表十步，以参⑤望，日始出北廉，日直入⑥。又树一表于东方，因⑦西方之表以参望，日方入北廉⑧，则定东方⑨。两表之中，与⑩西方之表，则东西之正也。日冬至，日出东南维，入西南维；至春、秋分，日出东中，入西中。夏至，出东北维，入西北维，至则正南。

【注释】①正：校定，确定。②表：圭表，古代测日影的工具。③操：持，拿。④却：后退。去，离。⑤参：参照，配合。⑥直入：指圭表一、圭表二、太阳在同一直线上。⑦因：顺着，沿着。⑧北廉：指圭表三的北侧。廉，侧面。⑨定东方：指表一表三连线的中点。⑩与：正对着，正合。

【译文】以朝夕确定东、西方向的方法是：先在早晨于东面树立一圭表作为观察基点，然后手持另一圭表在第一圭表后十步处再立一圭表，用来互相参照观测，当太阳从第一个圭表北部升起时，调整手中的圭表，使两圭表和太阳位于同一条直线上，当两圭表的重叠日影投向西南方时，就可将手中的圭表固定下来。等日落时，持一圭表立在第一圭表的南面，与西面第二圭表互为参照点观察，当太阳处在第二圭表和第三圭表的北侧，两圭表的重叠日影投向东南方时，将手中的第三圭表固定，这样就可以测定出正东、正西方向了，即第二、第三圭表间的垂直线的中点与西面第一圭表的连接线的两端分别指向正东和正西。冬至时，太阳从东南方升起，在西南方落下，到了春分和秋分时，太阳从正东升起，正西落下。夏至时，太阳从东北方升起，向西北方落下。冬至和夏至时，太阳在正午的轨道则正好是正南和正北方向。

欲知东西、南北广袤①之数者，立四表以为方一里距（jù）②。先春分、若③秋分十余日，从距北表参望日始出及旦④，以候相应⑤，相应则此与日直也。辄以南表参望之，以入前表数为法，除举广，除立表袤，以知从此东西之数也。假使视日出，入前表中一寸，是寸得一里也。一里积万八千寸，得从此东万八千里。视日方入，入前表半寸，则半寸得一里。半寸而除一里，积寸得三万六千里，除则从此西里数也。并之，东西里数也，则极径⑥也。未春分而直，已秋分而不直，此处南也。未秋分而直，已春分而不直，此处北也。分至而直，此处南北中也。从中处欲知中南也，未秋分而不直，此处南北中也。从中处欲知南北极远近，从西南表参望日，日夏至始出，与北表参，则是东与东北表等也。正东万八千里，则从中北亦万八千里也。倍之，南北之里数也。其不从中之数也，以出入前表之数益损之。表入一寸，寸减日⑦近一里，表出一寸，寸益⑧远一里。

【注释】①广袤：东西为广，南北为袤。②矩：同"矩"，正方形。③若：或者。④始出及旦：从开始出现到升临地平线。⑤相应：两表和日影重合。⑥极径：东极到西极的直径长度。⑦日：当为衍文。⑧益：反过来加一里。

【译文】要想知道大地东西南北的宽广度，可以树四根圭表组成每边长一里的正方形。在春分或秋分之前的十多天，从正方形北边的前后两根圭表配合观测太阳，从刚出现到升临地平线，等着它和背面两表互相对应，互相对应则前后两根圭表与太阳处在同一条直线上，然后立即用南边前后两根圭表配合着观测太阳，用太阳与南后圭表连线和南北前圭表连线相交的有关数值作为除数，去除南前后圭表的距离，除南北后圭表的距离，从而知道从此地到大地东极的距离了。假定测出的日出时入前表数为一寸，这一寸就相当于一里，一里合一万八千寸，这样便可知道从观测点到大地东极的距离是一万八千里。用同样的方法观测太阳西落时的入前表数，假定为半寸，那么半寸就相当于一里。用半寸除一里，得三万六千里。此数就是从观测点到大地西极的距离。将东西两极的距离加起来，也就是大地东极到西极的距离了。如果还没有到春分时圭表与太阳成直线，或已到秋分时圭表与太阳不成直线，这说明观测点偏南。如果还没有到秋分时圭表与太阳成直线，或已到春分时圭表与太阳不成直线，这说明观测点偏北。如果春分、秋分时圭表与太阳成直线，说明观测点处在南北正中点上。如果处在南北正中点来测南北极的距离，可以从南后圭表朝北前圭表观测太阳。夏至那天当太阳初升时，当南后圭表与北前圭表和太阳三者成一条直线时，观测的结果和从北后圭表经北前圭表向东观测日成直线时测得的结果相同。测得的正东方距离是一万八千里，那么从南北正中点到北极的距离也是一万八千里。这个数增加一倍，也就是南北极的相距数，即是三万六千里。假如不是处南北正中点来测量，而是处中点偏南或偏北来测量，那就可以根据太阳出入前竿的数据，增加或减少来获得。如两连线相交点入一寸，入一寸则距离减少一里；如两连线相交点出一寸，超出一寸则距离增加一里。

欲知天之高，树表高一丈，正南北相去千里，同日度其阴。北表一尺①，南表尺九寸，是南千里阴短寸。南二万里则无景，是直日下②也。阴二尺而得高一丈者，南一而高五也③，则置从此④南至日下里数，因而五之⑤，为十万里，则天高也。若使景与表等，则高与远等也。

【注释】①一尺：应作"二尺"。②是直日下：是，此。指南二万里处；直，同"值"，正当；日下，太阳正下方，日光垂直照射。③南：即下文的"远"。高：日高，即日地距离。④此：圭表所立的地方。⑤五之：乘五。

【译文】要想测量出天的高度，可以树立两根一丈高的圭表在南北相距各一千里的地方，在同一天测量它们的日影长度。北圭表日影长度为二尺，南圭表日影长度为一尺九寸，由此可以知道向南一千里日影就会短一寸,向南二万里就没有日影了,也就是位于太阳的正下方。现在知道一丈高的圭表得到二尺长的日影,它的比例是一比五,用观测点以南到太阳正下方的里数乘以五,得十万里,这就是天的高度。如果圭表的高度与太阳影子长度相等,那么天的高度与北边圭表至南边太阳下的距离相等。

卷四　地形训

【题解】"地形",东汉高诱注曰:"纪东西南北山川薮泽,地之所载,万物形兆所化育也,故曰地形。"《地形训》以天圆地方说为根据,描绘了古代中国及其周围的地形。以九州为中心将大地划分为九州、八纮、八极、八殥;九州之内又有九山、九塞、九薮、六水和数十条大河。在气候方面用"八风"来阐释,还指明了各种物产与地形、气候、土质的关系。又说明了水土、气候和河山对风俗的影响以及海外三十六国居民的特征。最后又讨论了五行相应的物质及它们之间的转换关系。

地形之所载,六合①之间,四极②之内,昭之以日月,经之以星辰,纪之以四时,要之以太岁。天地之间,九州八极。土有九山,山有九塞,泽有九薮(sǒu),风有八等,水有六品。

【注释】①六合:指上下和四方,泛指天地或宇宙。②四极:四方极远的地方。

【译文】大地承载的范围,包含在六合之间和四极之内。用日月照耀它,用星辰协调它,用四季治理它,用太岁来正天时。天地之间,有九州、八极。大地上有九座大山,大山中有九处要塞,九个湖泽,风有八类,水有六系。

何谓九州?东南神州曰农土①,正南次州曰沃土②,西南戎州曰滔土③,正西弇(yǎn)州曰并土④,正中冀州曰中土⑤,西北台州曰肥土⑥,正北济州曰成土⑦,东北薄州曰隐土⑧,正东阳州曰申土⑨。

【注释】①神州:指东南方区域。农土:方位为辰,时值三月,农事开始,遂称农土。②次州:指正南方区域。沃土:方位为午,时值五月,稼穑生长,故称沃土。③戎州:指西南方区域。滔土:方位为申,时值七月,五谷长大,故称滔土。④弇州:指正西方区域。并土:方位为酉,时值八月,百谷成熟,故称并土。⑤冀州:指中央区域。中土:四方之中,故称中土。⑥台州:指西北方区域。肥土:方位为亥,时值十月,谷物收成,故称肥土。⑦济州:指北方区域。成土:方位为子,时值十一月,大地敛藏已成,故称成土。⑧薄州:指东北方区域。隐土:方位为寅,时值正月,阳气隐藏,故称隐土。⑨阳州:指正东方区域。申土:方位为卯,时值二月,阳气复起,故称申土。

【译文】什么是九州?东南神州叫农土,正南次州叫沃土,西南戎州叫滔土,正西弇州叫并土,正中冀州叫中土,西北台州叫肥土,正北济州叫成土,东北薄州叫隐土,正东阳州叫申土。

何谓九山?会稽①、泰山、王屋②、首山③、太华④、岐山⑤、太行⑥、羊肠⑦、孟门⑧。

【注释】①会稽:此山位于今浙江省中部。②王屋:此山位于今山西阳城、垣曲、河南济源之间。③首山:指今山西永济市南的首阳山。④太华:即西岳华山,又称太华山。⑤岐山:位于今陕西岐山县东北。⑥太行:即今所言太行山。⑦羊肠:即今山西交城东的羊肠山。⑧孟门:位于今陕西宜川东北、山西吉县西。

【译文】什么是九山?指的是会稽、泰山、王屋、首山、太华、岐山、太行、羊肠、孟门等大山。

何谓九塞?曰大汾①、渑阨(miǎn è)②、荆阮③、方城④、殽阪(yáo bǎn)⑤、井陉(xíng)⑥、令疵(cī)⑦、句注⑧、居庸⑨。

【注释】①大汾:指太岳山与汾河结合处的险要之地。②渑阨:在今河南渑池县西。③荆阮:在今湖北武当山东南、汉水西岸。④方城:春秋时楚北的长城。由今之河南省方城县,循伏牛山,北至今邓县。为古九塞之一。⑤殽阪:古关塞名。指今陕西潼关以东至河南新安一带。⑥井陉:太行支脉。在今河北省井陉县境内。⑦令疵:在今河北滦县与迁安市之间,同辽西相接。⑧句注:山名。在今山西代县北。⑨居庸:山名。在今北京市昌平县。

【译文】什么是九塞?指的是大汾、渑阨、荆阮、方城、殽阪、井陉、令疵、句注和居庸。

何谓九薮?曰:越之具区①,楚之云梦②,秦之阳纡(yū)③,晋之大陆④,郑之圃田⑤,宋之孟诸⑥,齐之海隅⑦,赵之钜鹿⑧,燕之昭馀⑨。

【注释】①具区:今江苏太湖。②云梦:西汉时指湖北潜江市西南、监利县北,处在长江以北。③阳纡:在今陕西泾阳。也有说在今陕西凤翔附近。④大陆:此地分歧颇多,有说在今河南获嘉县西北。

⑤圃田：故址在今河南中牟西，现已为平地。⑥孟诸：在今河南商丘东北、虞城西北。⑦海隅：指今山东蓬莱、莱州以西，至沾化、无棣以北，共千余里的沿海地区。⑧钜鹿：今河北隆尧、巨鹿、任县之间地区。现已为平地。⑨昭馀：在今山西省祁县西南、介休东北。

【译文】什么是九薮？也就是越国的具区，楚国的云梦，秦国的阳纡，晋国的大陆，郑国的圃田，宋国的孟诸，齐国的海隅，赵国的钜鹿，还有燕国的昭馀。

何谓八风①？东北曰炎风②，东方曰条风③，东南曰景风④，南方曰巨风⑤，西南曰凉风⑥，西方曰飂(liù)风⑦，西北曰丽风⑧，北方曰寒风⑨。

【注释】①八风：八方吹来的风。是古代研究八方、四季风向、气候等的重要资料。②炎风：又名融风，指立春时从东北方向吹来的风。③条风：又名明庶风，指春分时从东方吹来的暖风。④景风：又名清明风，立夏时从东南方吹来的热风。⑤巨风：又名凯风，夏至时从南方吹来的炎热之风。⑥凉风：立秋时西南方吹来的凉爽之风。⑦飂风：秋分时西方吹来的凉风。⑧丽风：又名阊阖风，立冬时西北方吹来的寒风。⑨寒风：又名广莫风，冬至时北方吹来的寒风。

【译文】什么是八风？东北方吹来的叫炎风，东方吹来的叫条风，东南方吹来的叫景风，南方吹来的叫巨风，西南方吹来的叫凉风，西方吹来的叫飂风，西北方吹来的叫丽风，北方吹来的叫寒风。

何谓六水？曰：河水①、赤水②、辽水③、黑水④、江水⑤、淮水⑥。

【注释】①河水：即黄河。②赤水：分歧较多。一说在今青海湖一带。一说即今雅砻江。③辽水：即流经吉林、辽宁的辽河。④黑水：指甘肃、青海及内蒙古黑河流域。⑤江水：即长江。⑥淮水：即淮河。

【译文】什么是六水？指的是黄河、赤水、辽河、黑河、长江和淮河。

阖①四海之内，东西二万八千里，南北二万六千里；水道八千里，通谷②其名川六百；陆径③三千里。禹乃使太章步④自东极，至于西极，二亿三万三千五百里七十五步；使竖亥步自北极，至于南极，二亿三万三千五百里七十五步。凡鸿水渊薮，自三百仞以上，二亿三万三千五百五十里有九渊。禹乃以息土⑤填洪水以为名山⑥，掘昆仑虚⑦以下地。中有增城⑧九重，其高万一千里百一十四步二尺六寸。上有木禾⑨，其修五寻⑩。珠树、玉树、璇树⑪、不死树在其西，沙棠、琅玕（láng gān）⑫在其东，绛树⑬在其南，碧树⑭、瑶树在其北。旁有四百四十门，门间四里，里间九纯⑮，纯丈五尺。旁有九井⑯玉横，维其西北之隅。北门开以内不周之风。倾宫⑰、旋室⑱、县圃、凉风、樊桐⑲，在昆仑阊阖⑳之中，是其疏圃㉑。疏圃之池，浸之黄水，黄水三周复其原，是谓丹水㉒，饮之不死。

【注释】①阖：全，合，总共。②通谷：指大的山谷。③陆径：指内陆河。④太章：与下面的"竖亥"皆为禹的臣子。步：推算。⑤息土：能变化增多的土。⑥名山：大山。⑦虚：大山。⑧增城：重叠的城池。增，通"层"，重叠。⑨木禾：山上生长的谷类植物。⑩修：长。寻：有说一寻七尺，有说一寻八尺，说法不一。⑪璇树：美玉之树。⑫沙棠、琅玕：此处说法不一。一说皆为玉名，一说沙棠，为木名。⑬绛树：赤色玉树。⑭碧树：青色玉树。⑮纯：长度名称。一纯是一丈五尺。⑯九井：

九大泉水。也有说九大瀑布。⑰倾宫：满一顷之宫。⑱旋室：用璇玉装饰之室。一说可旋转之室。⑲县圃、凉风、樊桐：皆为昆仑之山名。⑳阊阖：昆仑山之虚门。㉑疏圃：传说中昆仑山上的池名。㉒丹水：王念孙认为当作"白水"。白色的水。源出昆仑，饮之不死。

【译文】总计四海之内，东西长二万八千里，南北长二万六千里，其中水路有八千里，大峡谷有六处，大河流有六百条，内陆河有三千条。禹派太章从东极走到西极，推算测量，长达二亿三万三千五百七十五步；又派竖亥从北极走到南极，推算度量，长达二亿三万三千五百七十五步。总计大的湖泊深潭，深度在三百仞以上的，就有二亿三万三千五百五十九个。禹用神奇的息土填平深潭，这样就造出了很多大山。禹在挖掘昆仑山来填平地上的低洼处时，发现昆仑山中有九重层叠的城池，城高一万一千里一百一十四步二尺六寸。山上生长着木禾，它的长度是三十五尺。珠树、玉树、琁树、不死树在木禾的西边；沙棠、琅玕在木禾的东边；绛树在木禾的南边；碧树、瑶树在木禾的北边。昆仑山旁有四百四十座入山门户，每门相距四里，每门九纯长，一纯是一丈五尺。旁边还有九个用玉做栏杆的深井，环绕在山的西北角。昆仑山的北门敞开着以接纳西北方的不周之风。倾宫、旋室、县圃、凉风、樊桐都在昆仑山的阊阖门里面，那是昆仑山的天池。天池里的水是从黄泉里渗透出来的，黄泉之水绕行三圈后又回到它的源头。这就是所说的白水，喝了它可以使人长生不老。

河水出昆仑东北陬（zōu）①，贯渤海②，入禹所导积石山③。赤水出其东南陬，西南注南海。丹泽④之东，赤水之东，弱水⑤出自穷石⑥，至于合黎⑦，余波入于流沙。绝⑧流沙，南至南海。洋水⑨出其西北陬，入于南海羽民⑩之南。凡四水者，帝之神泉，以和百药，以润万物。

【注释】①陬:角落、山脚。②渤海:即大海。③积石山:即阿尼玛卿山。在青海省东南部,延伸至甘肃省南部边境。为昆仑山脉中支,黄河绕流东南侧。④丹泽:因靠近丹水,故称丹泽。⑤弱水:今名额纳济河,在甘肃西北部。⑥穷石:山名,在张掖北部塞外。⑦合黎:山名,在甘肃张掖黑河北。⑧绝:横穿、横渡。⑨洋水:即今西汉水。⑩羽民:传说中的南方国名。

【译文】黄河发源于昆仑山的东北麓,流经大海,进入禹所疏通的积石山。赤水发源于昆仑山的东南麓,向西南流入南海。在丹泽的东面,弱水发源于穷石山,流经合黎时,余波流进了沙漠。横穿过流沙,向南到达南海。洋水发源于昆仑山的西北麓,流入南海羽民国之南。这四条大河是天帝的神泉,用它来调和各种药物,滋润万物。

昆仑之丘,或①上倍之,是谓凉风之山,登之而不死。或上倍之,是谓悬圃,登之乃灵,能使风雨。或上倍之,乃维上天,登之乃神,是谓太帝②之居。

【注释】①或:假设,假令。②太帝:天帝。

【译文】昆仑山上的大丘,假设比它再高一倍,就是凉风山,登上它就可以长生不老。假设再往上比它高一倍,就是悬圃山,登上悬圃山,就有了神灵,可以呼风唤雨。假设再往上比它高一倍,就到达天庭,登上它,就可成为神人,这就是天帝的居所。

扶木①在阳州,日之所曊(fèi)②。建木③在都广④,众帝所自上下,日中无景,呼而无响,盖天地之中也。若木⑤在建木西,末有十日,其华照下地。

【注释】①扶木：东方神木名，即扶桑，日出的地方。②曝：古同"晞"，暴晒、晒干。此处为照耀义。③建木：南方神木名。④都广：南方山名。⑤若木：西方神木名。

【译文】扶桑木在东方的阳州，太阳从这里开始照耀天下。建木在南方的都广，众神从那里上下天庭，那里正午时的太阳照不出影子来，呼喊时也没有回音，这大概就是天地的正中央。若木在建木的西边，其末端有十个太阳，光芒照耀着大地。

九州之大，纯①方千里。九州之外，乃有八殥（yín）②，亦方千里。自东北方曰大泽，曰无通；东方曰大渚③，曰少海④；东南方曰具区⑤，曰元泽；南方曰大梦，曰浩泽；西南方曰渚资，曰丹泽；西方曰九区，曰泉泽；西北方曰大夏，曰海泽；北方曰大冥，曰寒泽。凡八殥。八泽之云，是雨九州。

【注释】①纯：边缘。②殥：通"埏"，远。③大渚：东方海岛。④少海：因为东方多水，所以叫少海。⑤具区：即今太湖。又名震泽、笠泽。

【译文】九州之大，四边各有千里。九州之外，还有八殥，也是四边各有千里。从东北方起叫大泽，叫无通；东方的叫大渚，叫少海；东南方的叫具区，叫元泽；南方的叫大梦，叫浩泽；西南方的叫渚资，叫丹泽；西方的叫九区，叫泉泽；西北方的叫大夏，叫海泽；北方的叫大冥，叫寒泽。一共是八殥。八泽的云气凝成雨水，滋润九州。

八殥之外，而有八纮①，亦方千里。自东北方曰和丘，曰荒土②；东方曰棘林，曰桑野；东南方曰大穷，曰众女③；南方曰都广,曰反户④;西南方曰焦侥(yáo)⑤,曰炎土;西方曰金丘⑥,曰沃野⑦;西北方曰一目⑧,曰沙所⑨;北方曰积冰⑩,曰委羽⑪。凡八纮之气,是出寒暑,以合八正⑫,必以风雨。

【注释】①纮:维。此处有包含、包裹之义。指包在八殥周边的更远的地区。②和丘、荒土:传说中凤歌鸾舞的地方。③众女:其国民男少女多。④都广、反户:传说中南方国名。⑤焦侥:矮人国,人长不满三尺。⑥金丘:西方属金,所以为金丘。⑦沃野:即白野。一说沃民之野。⑧一目:传说中西方国名,其国人只有一目。⑨沙所:传说中西方国名,流沙所出的地方。⑩积冰:北方寒冰所积的地方。⑪委羽:山名。在北极之阴,见不到日光。⑫八正:八风的方位。

【译文】八殥之外还有八纮,也是边缘四方各有千里。从东北方开始叫和丘,叫荒土。东方叫棘林,叫桑野;东南方叫大穷,叫众女;南方叫都广,叫反户;西南方叫焦侥,叫炎土;西方叫金丘,叫沃野;西北方叫一目,叫沙所;北方叫积冰,叫委羽。这八纮的气流汇聚成气候的寒冷暑热,和八风的风向相吻合,因此必然使风雨相随。

八纮之外,乃有八极。自东北方曰方土之山,曰苍门①;东方曰东极之山,曰开明之门②;东南方曰波母之山,曰阳门③;南方曰南极之山,曰暑门④;西南方曰编驹之山,曰白门⑤;西方曰西极之山,曰阊阖之门⑥;西北方曰不周之山,曰幽都之门⑦;北方曰北极之山,曰寒门⑧。凡八极之云,是雨天下;八门之风,是节寒暑;八纮、八殥、八泽之云,以雨九州而和中土⑨。

【注释】①苍门:东北方属木,为青色之始,故称苍门。"门"当为山谷的风口。东北方之门。②开明之门：太阳所出之门。东方之门。③阳门：东南方之门。④暑门：南方之门。⑤白门：西南方金气用事，金色白，故称白门。西南方之门。⑥阊阖之门：指高大能聚万物且关闭之门。西方之门。⑦幽都之门：西北方之门。⑧寒门：寒气聚积之门。北方之门。⑨中土：中原地区。

【译文】八纮之外，还有八极。从东北方开始叫方土之山，叫苍门；东方叫东极之山，叫开明之门；东南方叫波母之山，叫阳门；南方叫南极之山，叫暑门；西南方叫编驹之山，叫白门；西方叫西极之山，叫阊阖之门；西北方叫不周山，叫幽都之门；北方叫北极之山，叫寒门。这八极的云气凝成雨水洒遍天下；这八门所吹来的八方之风调节着四季的寒暑变化；八纮、八殥、八泽的云气都凝成雨水降落九州，滋润中土大地。

东方之美者，有医毋闾^①之珣（xún）玗（gān）琪^②焉；东南方之美者，有会稽之竹箭^③焉；南方之美者，有梁山之犀象^④焉；西南方之美者，有华山之金石焉；西方之美者，有霍山^⑤之珠玉焉；西北方之美者，有昆仑之球琳、琅玕^⑥焉；北方之美者，有幽都之筋角焉；东北方之美者，有斥山^⑦之文皮^⑧焉；中央之美者，有岱岳^⑨以生五谷桑麻，鱼盐出焉。

【注释】①医毋闾：在今辽宁北镇市北，或称广宁山。原注作"医毋闾，山名，在辽东属国"。②珣玗琪：玉名，又称夷玉。③竹箭：又叫箭竹。一种坚硬的竹子，可为箭。④梁山：在今湖南衡山。这里泛指南方一带。⑤霍山：在今山西霍县东南。⑥球琳、琅玕：都是美玉。⑦斥山：在山东荣成石岛。⑧文皮：指虎豹之皮。⑨岱岳：即泰山。

【译文】东方出产的珍贵物产，有医毋闾山上的美玉；东南方出产的珍贵物产，有会稽山的箭竹；南方出产的珍贵物产，有梁山的犀角和象牙；西南方出产的宝物，有华山的黄金和玉石；西方出产的珍贵物产，有霍山的珍珠和宝玉；西北方出产的珍贵物产，有昆仑山上的各种美玉；北方出产的好物，有幽都的筋角硬弓；东北方出产的珍贵物产，有斥山的虎豹毛皮；中部地区出产的珍贵物产，有泰山附近的五谷、桑麻、鱼类和食盐。

凡地形，东西为纬，南北为经。山为积德，川为积刑①。高者为生，下者为死。丘陵为牡，溪谷为牝②。水员折③者有珠，方折④者有玉。清水有黄金，龙渊有玉英⑤。

土地各以其类生。是故山气⑥多男，泽气⑦多女；障气⑧多喑⑨，风气⑩多聋；林气⑪多癃（lóng）⑫，木气多伛（yǔ）⑬；岸下气⑭多肿⑮，石气⑯多力；险阻气多瘿（yǐng）⑰；暑气⑱多夭，寒气多寿；谷气⑲多痹⑳，丘气㉑多狂㉒；衍气㉓多仁，陵气㉔多贪。轻土㉕多利，重土㉖多迟；清水音小，浊水音大；湍水人轻，迟水人重；中土多圣人。皆象其气，皆应其类。故南方有不死之草，北方有不释之冰；东方有君子之国，西方有形残之尸㉗。寝居直梦㉘，人死为鬼；磁石上飞，云母㉙来水；土龙㉚致雨，燕雁代飞；蛤蟹珠龟，与月盛衰。

【注释】①川为积刑：原注作"川水智，智制断，故为积刑也。《论语》曰'仁者乐山，智者乐水'，是也。"②牡：即雄性。牝：即雌性。③员折：圆形而有波折。④方折：方形而有波折。⑤玉英：玉的精华。⑥山气：山中云气。⑦泽气：水泽的雾气。⑧障气：障，同"瘴"。障气指南方丛林中的湿热之气。⑨喑：哑。⑩风气：风邪之气。⑪林气：森林里的湿润寒凉之气。⑫癃：中医指小便不通或淋沥点滴而出。⑬伛：驼背。⑭岸下气：岸边潮湿之气。⑮肿：脚肿之类的疾病。⑯石气:大山区的一种气体。⑰瘿:类似粗脖子的疾病。⑱暑气:暑热之气。⑲谷气:深山峡谷中的阴冷之气。⑳痹:中医指由风、寒、湿等引起的肢体疼痛或麻木的病。㉑丘气:丘陵地带的气体。㉒狂:类似于现在的鸡胸症。㉓衍气:平原洼地的一种气体。㉔陵气:山陵之气。㉕轻土:质地疏松的土壤。㉖重土:质地板结的土壤。㉗形残之尸:有说为刑天的尸体。㉘直梦:所梦的内容得到验证。㉙云母:矿石名。古人以此石为云之根,故得此名。㉚土龙:古代天旱时扎制的求雨工具。

【译文】大凡地形位置,东西方向的叫纬线,南北方向的叫经线。山高大沉稳象征着仁爱宽厚的美德,水流动不居象征着智慧、决断。高而朝阳处促使万物生长;低而阴暗处加速生物衰亡;丘陵山峰因雄伟而透露阳刚之气,溪谷低洼因幽深而显出阴柔之情。水波圆转的区域藏有珍珠,方正的区域藏有玉石。清澈的水域含有黄金,浑浊的龙潭藏有玉的精华。

土地以它们不同的品类,影响着人性。因此,山中云气多而使人生男孩儿,水泽雾气多而使人生女孩儿;南方湿热瘴气使人喑哑,风邪之气使人耳聋;森林寒湿之气使人尿滞,朽木之气使人背驼;河岸湿气使人脚肿,居岩石地区的人力气大;深山峡谷之气使人易患粗脖子病;暑热之气使人命短,寒冷之气助人长寿;山谷阴冷之气使人肢体麻痹,丘陵之气使人骨骼弯曲;平原之气教人仁爱,山陵之气诱人贪婪;生活在沃土上的人行动敏捷,生活在贫瘠土地上的人行动迟缓;生活在水流清澈之地的人声音细柔,生活在水流浑浊之地的人声音粗重;生活在湍流岸边的人身体轻盈,生活在缓流边上的人身体笨重;九州中心多出圣贤之人。以上这些人大多和他们所处的地形气候相像,都和各自的自然环境相应。正因为这样,南方会有常绿不衰的草木,北方会有长年不化的冰雪,东方会有君子之国,西方会有如刑天一般被残杀的尸体。睡觉时做梦会有应验,人死后灵魂会变成鬼;磁石能吸引金属物,云母可以引来露水;求雨的土龙可以使旱天降雨,燕子、大雁可以按节气南来北往;蛤蚌、螃蟹、珍珠、龟类可以随着月亮盈亏而变化。

是故坚土①人刚,弱土②人肥;垆(lú)土③人大,沙土人细;息土④人美,耗土⑤人丑。食水者⑥善游能寒,食土者⑦无心而慧,食木者⑧多力而奰(bì)⑨,食草者⑩善走而愚,食叶者⑪有丝而蛾,食肉者⑫勇敢而悍,食气者⑬神明而寿,食谷者⑭知慧而夭,不食者⑮不死而神。凡人民禽兽万物贞虫⑯,各有以生,或奇或偶,或飞或走,莫知其情,唯知⑰通道者,能原本之。

【注释】①坚土:坚硬的土质。②弱土:地力弱的土地。③垆土:黑色的土壤。④息土:肥沃的土地。⑤耗土:贫瘠的土地。⑥食水者:指鱼及水鸟之类。⑦食土者:指蚯蚓之类。⑧食木者:指熊罴之类。⑨奰:暴怒。⑩食草者:指鹿、麋之类。⑪食叶者:即蚕类。⑫食肉者:指虎豹鹰雕之类。⑬食气者:指赤松子等练气的神仙家。一说是龟类。⑭食谷者:指人类。⑮不食者:古代指用于占卜的蓍草。⑯贞虫:细腰蜂之类的昆虫。⑰知:当为衍文。

【译文】所以在土质坚硬地区生活的人性格刚强,在松软土地上生活的人性格柔弱;黑土地上生活的人身材高大,沙土地上生活的人体形瘦小;沃土上生活的人长得漂亮,贫瘠之地生活的人长得丑陋。食水的鱼及水鸟类善于游水而且耐寒,食土的蚯蚓类无心却聪慧,食木的熊罴类力大而爱发怒,食草的鹿类善于奔跑但愚蠢,食叶的蚕类抽丝作茧,最后化为飞蛾,食肉的虎豹鹰雕勇敢而且强悍,食气的龟类神明而且长寿,食五谷的人类聪明但短命,什么都不吃的蓍草不死而有神灵。大凡人类、飞禽走兽、昆虫乃至一切生物体,各自都有适应环境的生存本领,有的奇蹄有的偶蹄、有的飞有的跑,没有人能够其中的奥妙,只有通晓大道的人,才能探寻出这里的本原。

天一地二人三,三三而九,九九八十一。一主日,日数十①,日主人,人故十月而生。八九七十二,二主偶,偶以承奇,奇主辰,辰主月②,月主马,马故十二月而生。七九六十三,三主斗,斗主犬,犬故三月生。六九五十四,四主时③,时主豦(jī)④,豦故四月而生。五九四十五,五主音⑤,音主猿,猿故五月而生。四九三十六,六主律⑥,律主麋鹿,麋鹿故六月而生。三九二十七,七主星⑦,星主虎,虎故七月而生。二九十八,八主风,风主虫,虫故八月⑧而化。

鸟鱼皆生于阴,阴属于阳⑨,故鸟鱼皆卵生,鱼游于水,鸟飞于云,故立冬燕雀入海化为蛤。万物之生而各异类,蚕食而不饮,蝉饮而不食,蜉蝣(fú yóu)⑩不饮不食,介鳞者⑪夏食而冬蛰,龁(hé)吞者⑫八窍而卵生,嚼咽者⑬九窍而胎生。四足者无羽翼,戴角者无上齿,无角者膏⑭而无前,有角者指而无后。昼生者类父,夜生者似母。至阴生牝,至阳生牡。夫熊罴(pí)⑮蛰藏,飞鸟时移。

【注释】①日数十:指记日用十个天干表示。②辰主月:指十二个月用十二辰表示。③时:四时,即春夏秋冬。④豦:猪。⑤音:五音。⑥律:律吕,共十二律,六阳六阴。⑦星:星辰。二十八宿分配四方,每方七宿,故称七七星。⑧八月:应为"八日"。⑨阴属于阳:"阴"为衍文。卢辩注:"生于阴",是指卵生;"属于阳"指鸟在天空飞,鱼在水里游。⑩蜉蝣:一种昆虫,生存时间极短。⑪介鳞者:指鱼鳖之类。⑫龁吞者:鸟鱼之类。⑬嚼咽者:指哺乳动物,包含人类和兽类。⑭膏:脂肪。⑮罴:熊的一种,即棕熊,又叫马熊,毛棕褐色,能爬树,会游泳。

【译文】天为阳是一,地为阴是二,人生于天地,是三,三三得九,九九八十一。一主宰太阳,天干数是十,天干又主管着人类,所以人怀胎十月而出生。八九七十二,二主管偶数,偶数又承接奇数,奇数主管十二辰,十二辰主管十二月,月主管马,所以马怀胎十二月而出生。七九六十三,三主管北斗,北斗主管犬,所以犬怀胎三月而出生。六九五十四,四主管春夏秋冬四时,四时主管猪,所以猪怀胎四月而出生。五九四十五,五主管五音,五音主管猿猴,所以猿猴怀胎五月而出生。四九三十六,六主管六律,六律主管麋鹿,所以麋鹿怀胎六月而出生。三九二十七,七主管星宿,星宿主管老虎,所以老虎怀胎七月而出生。二九十八,八主管八风,八风主管虫类,所以虫类八天孵化出幼虫。

鸟类和鱼类都是卵生,却属于阳性。所以鱼类和鸟类虽然是卵生,但鱼在水里游,鸟在空中飞,所以立冬的时候,燕雀进入大海变成蚌蛤。万物的生活习性是各不相同的,蚕只吃桑叶而不饮水,蝉却只喝水而不吃食物,蜉蝣不吃也不喝,长有甲壳的龟类和覆盖鳞片的鱼类,夏天觅食而冬天伏藏,吞吃食物的鸟类和鱼类生有八窍且是卵生,而靠咀嚼进食的哺乳类却生有九窍且是胎生。四足的兽类和一部分两栖类的动物没有翅膀,而长角动物却不生上齿,无角的动物脂肪稀松并从前半部分长起,有角的动物脂肪紧凑并从后半部分长起。白天出生的孩子像父亲,晚上出生的孩子像母亲。阴气极盛的生雌性,阳气极盛的生雄性。熊罴冬眠伏藏,候鸟按照不同时令迁徙住地。

是故白水宜玉,黑水宜砥^①,青水宜碧,赤水宜丹^②,黄水宜金,清水宜龟。汾水^③濛浊而宜麻,济水通和而宜麦,河水中浊而宜菽(shū)^④,雒(luò)^⑤水轻利而宜禾,渭水^⑥多力而宜黍,汉水重安而宜竹,江水肥仁而宜稻。平土^⑦之人慧而宜五谷。

【注释】①砥:质地细的磨刀石,黑青色。②丹:丹砂,味甘微寒。主身体五藏百病,养精神,安魂魄,益气明目。③汾水:发源于山西省宁武县管涔山,入黄河。④菽:豆类的总称⑤雒:即洛水。⑥渭水:发源于甘肃渭源县鸟鼠山,进入陕西,入黄河。⑦平土:平原,指中原。

【译文】所以白色的水适宜产美玉,黑色的水适宜产磨石,青色的水适宜产碧玉,赤色的水适宜生丹砂,黄色的水适宜产黄金,清澈的水适宜龟类生存。汾水混浊适宜麻类生长,济水平和适宜麦类作物,黄河水适中适宜豆类生长,洛水水流轻畅适宜谷类生长,渭水汹涌适宜黍子生长,汉水平和厚重适宜竹子生长,长江水仁厚适宜水稻生长。平原上的人聪慧,那里适宜五谷生长。

东方川谷之所注,日月之所出,其人兑①形小头,隆鼻大口,鸢肩②企行③,窍通于目,筋气属焉。苍色主肝,长大早知而不寿。其地宜麦,多虎豹。

【注释】①兑:通"锐",上小下大。②鸢肩:像鸢一样的肩膀。即两肩上耸,像鸥鸟栖止时的样子。③企行:踮起脚跟走路。

【译文】东方是大川深谷水流所汇聚的地方,也是日月升起的地方。居住在那里的人体形尖细,小脑袋,高鼻子,大嘴巴,肩膀像鸢一样耸起,走路踮着脚,身体的各个孔窍与眼睛相通,身上的筋络气血也连缀着眼球。东方属青色,主管肝脏,那里的人身材高大、早熟但寿命不长。那里的土质适宜种麦子,但虎豹很多。

南方阳气之所积,暑湿居之。其人修形兑上,大口决眦(zì)①,窍通于耳,血脉属焉。赤色主心,早壮而夭。其地宜稻,多兕(sì)②

象。

【注释】①决眦：指眼珠突出。眦：眼眶。②兕：雌性犀牛。

【译文】南方是阳气聚集之地，也是暑热潮气停留的地方。居住在那里的人形体修长上部尖瘦，嘴大眼珠突出，身体的各个孔窍与耳相通，血液经脉也连着耳朵。南方属火，主管心脏，那里的人成熟得早但也短命。那里的土质适宜种稻，有很多犀牛、大象。

西方高土川谷出焉，日月入焉。其人面末偻①，修颈卬②行，窍通于鼻，皮革属焉。白色主肺，勇敢不仁。其地宜黍，多旄（máo）犀③。

【注释】①末偻：驼背。②卬：通"昂"。③旄犀：牦牛、犀牛。

【译文】西方是高山大川发源和产生的地方，也是太阳月亮落下的地方。居住在那里的人脊背弯曲，脖子细长，走路昂着头，身体的各个孔窍与鼻腔相通，身上的皮肤也连通着鼻子。西方属金，白色主管肺。那里的人勇敢强悍但不仁爱。那里的土质适宜种黍子，牦牛犀牛很多。

北方幽晦不明，天之所闭也，寒冰之所积也，蛰虫之所伏也。其人翕（xī）形①短颈，大肩下尻（kāo）②，窍通于阴，骨干属焉。黑色主肾，其人蠢愚，禽兽而寿。其地宜菽（shū），多犬马。

【注释】①翕形：身体萎缩。②尻：脊骨的末端。

【译文】北方昏暗不见阳光，是天地闭合、寒冰积聚，动物蛰藏的地方。那里的人身体萎缩，脖子短，肩膀宽而尾椎骨向下突出，身体的各个孔窍与阴部相通，骨骼的发育也与阴部功能相关；北方属黑色，主管肾脏。那里的人愚笨但长寿。那里的土质适宜种植豆类，狗、马很多。

中央四达，风气之所通，雨露之所会也。其人大面短颈①，美须恶②肥，窍通于口，肤肉属焉。黄色主胃，慧圣而好治；其地宜禾，多牛羊及六畜。

【注释】①颈：此处指下巴、面颊。②恶：过，过多。
【译文】中部地区四通八达，八风、云气相通，是雨露汇聚的好地方。居住在那里的人大脸盘，短面颊，胡须很美，但过于肥胖，身体的各个孔窍与口相通，身上的肌肉与口的作用密切相关。中土属黄色，主管胃，那里的人聪明仁慧且善于治理国家。那个地方适宜种植谷类，并有很多牛羊及家畜。

木胜土，土胜水，水胜火，火胜金，金胜木。故禾春生秋死，菽夏生冬死，麦秋生夏死，荠冬生中夏①死。木壮，水老，火生，金囚②，土死；火壮，木老，土生，水囚，金死；土壮，火老，金生，木囚，水死；金壮，土老，水生，火囚，木死；水壮，金老，木生，土囚，火死。

【注释】①中夏：盛夏。②囚：被限制，被制服。
【译文】在五行的关系中，木胜过土，土胜过水，水胜过火，火胜过金，金胜过木。所以禾苗春生秋亡，豆类夏生冬枯，麦类秋生夏亡，荠菜冬生夏死。木旺盛的时间，水处于衰竭阶段，火处于生长时期，金就处于被抑制阶段，而土就会死亡；火旺盛的时间，木处于衰竭阶段，土处于生长时期，水就处于被抑制阶段，而金就会死亡；土旺盛的时间,火处于衰竭阶段,金处于生长时期,木就处于被抑制阶段,而水就会死亡;金旺盛的时间,土处于衰竭阶段,水处于生长时期,火就处于被抑制阶段,而木就会死亡。水旺盛的时间,金处于衰竭阶段,木处于生长时期,土就处于被抑制阶段,而火就会死亡。

音有五声①,宫其主也。色有五章②,黄其主也。味有五变③,甘其主也。位有五材④,土其主也。是故炼⑤土生木,炼木生火,炼火生云⑥,炼云生水,炼水反土;炼甘生酸,炼酸生辛,炼辛生苦,炼苦生咸,炼咸反甘。变宫生徵,变徵生商,变商生羽,变羽生角,变角生宫。是故以水和土,以土和火,以火化金,以金治木,木复反土,五行相治,所以成器用。

【注释】①五声:宫、商、角、徵、羽。②五章:红、黄、蓝、白、黑。章,指色彩。③五变:酸、苦、甘、辛、咸。④五材:金、木、水、火、土。⑤炼:冶炼。这里兼有处置、提炼、调和等多种具体含义。⑥云:原注作"金气所生也",这里指金。

【译文】乐音有"宫商角徵羽"五种,其中"宫"是主音。色彩有"红黄黑白蓝"五种,其中"黄"是主色。味有"酸辛甘苦咸"五种,其中"甘"是主味。方位有"东西南北中"五种(配"金木水土火"),其中"土"是主位。因此,冶炼土可生木,冶炼木可生火,冶炼火可生金,冶炼金可生水,水又可返回到土。同样,提炼甘可生酸,提炼酸可生辛,提炼辛可生苦,提炼苦可生咸,咸又可返回到甘。变化宫音可生成"徵",变化徵音可生成"商",变化商音可生成"羽",变化羽音可生成"角",变化角音又可生成"宫"。所以,用水可以调和土,用土可以调和火,用火可以熔化金,用金可以制服木,木又能返回到土。金木水火土五行相生相克,人们根据这些来制作各种器物。

凡海外三十六国，自西北至西南方，有修股民①、天民②、肃慎民③、白民④、沃民⑤、女子民⑥、丈夫民⑦、奇股民⑧、一臂民⑨、三身民⑩。自西南至东南方，结胸民⑪、羽民⑫、欢头国民⑬、裸国民⑭、三苗民⑮、交股民⑯、不死民⑰、穿胸民⑱、反舌民⑲、豕喙民⑳、凿齿民㉑、三头民㉒、修臂民㉓。自东南至东北方，有大人国㉔、君子国㉕、黑齿民㉖、玄股民㉗、毛民㉘、劳民㉙。自东北至西北方，有跂（qí）踵民㉚、句婴民㉛、深目民㉜、无肠民㉝、柔利民㉞、一目民㉟、无继民㊱。

【注释】①修股民：《山海经·海外西经》："长股之国在雄常北，被发。一曰长脚。"修：长。股：脚。②天民：《山海经·大荒西经》："西北海之外，赤水之西，有先民之国。食谷，使四鸟。"③肃慎民：《左传·昭公九年》杜预注："肃慎北夷，在玄菟北三千餘里。"④白民：高诱注："白身民。被发，发亦白。"⑤沃民：《山海经·大荒西经》："有沃之国，沃民是处。沃之野，凤鸟之卵是食，甘露是饮。凡其所欲，其味尽存。"⑥女子民：《山海经·海外西经》中记载："女子国在巫咸北，两女子居，水周之。"⑦丈夫民：《山海经·海外西经》："丈夫国在维鸟北，其为人衣冠带剑。"郭璞注："其国无妇人也。"⑧奇股民：《山海经·海外西经》："奇肱之国在其北，其人一臂三目，有阴有阳，乘文马。有鸟焉，赤黄色，在其旁。"袁珂认为"奇肱"应为"奇股"，即独脚民。⑨一臂民：高诱注："其人一臂一手一鼻孔也。"⑩三身民：高诱注："盖一头有三身。"⑪结胸民：指其国人胸部突起。⑫羽民：《山海经·海外南经》："其为人长头，身生羽。"⑬欢头国民：《山海经·海外南经》记载："其为人，人面有翼，鸟喙，方捕鱼。"⑭裸国民：《吕览·求人》高诱注："裸民，不衣衣裳也。"⑮三苗民：高诱注："三苗，国名也。在豫章之彭蠡。"即今江西鄱阳湖一带。⑯交股民：《山海经·海外南经》："交胫国在其东，其为人交胫"。股，作"胫"。

⑰不死民：《山海经·海外南经》："其为人黑色，寿，不死。"⑱穿胸民：高诱注："胸前穿孔达背。"⑲反舌民：《吕览·功名》高诱注一说："南方有反舌国，舌本在前，末倒向喉，故曰反舌。"⑳豕喙民：高诱注："其喙如豕。"㉑凿齿民：高诱注："吐一齿出口下，长三尺也。"㉒三头民：高诱注："身有三头也。"㉓修臂民：高诱注："一国民皆长臂，臂长于身。"㉔大人国：高诱注："东南垆土，故人大也。"㉕君子国：《山海经·大荒东经》中记载："有君子之国，其人衣冠带剑。"㉖黑齿民：高诱注："其人黑齿，食稻啖蛇，在汤谷上。"㉗玄股民：《山海经·海外东经》中记载："玄股之国，其为人衣鱼，食鸥，使两鸟夹之。"郭璞注："髀以下尽黑，故云。"㉘毛民：高诱注："其人体半生毛，若矢镞也。"㉙劳民：《山海经·海外东经》中记载："劳民国在其北，其为人黑。或曰教民。"㉚跂踵民：高诱注："民踵不至地，以五指行也。"㉛句婴民：《山海经·海外北经》中记载："拘缨之国在其东，一手把缨。一曰利缨之国。"㉜深目民：《山海经·大荒北经》中记载："有人方食鱼，名曰深目民之国。"㉝无肠民：《山海经·海外北经》："无肠之国，在深目东，其为人长而无肠。"郭璞注："为人长大，腹内无肠，所食之物直通过。"㉞柔利民：《山海经·海外北经》："柔利国在一目东，为人一手一足，反膝，曲足居上。"㉟一目民：《山海经·海外北经》："一目民，一目中其面而居。"㊱无继民：原注作："其人盖无嗣也。"

【译文】海外共有三十六国：从西北到西南方，有修股民、天民、肃慎民、白民、沃民、女子民、丈夫民、奇股民、一臂民、三身民。从西南到东南方，有结胸民、羽民、欢头国民、裸国民、三苗民、交股民、不死民、穿胸民、反舌民、豕喙民、凿齿民、三头民、修臂民。从东南到东北方，有大人国、君子国、黑齿民、玄股民、毛民、劳民。从东北到西北方，有跂踵民、句婴民、深目民、无肠民、柔利民、一目民、无继民。

雒(luò)棠、武人①在西北陬,磞(bàng)鱼②在其南。有神二人,连臂为帝候夜③,在其西南方。三珠树④在其东北方。有玉树在赤水之上。昆仑、华丘在其东南方。爰有遗玉⑤、青马⑥、视肉⑦、杨桃、甘樝(zhā)⑧、甘华⑨,百果所生。和丘⑩在其东北陬,三桑⑪无枝在其西,夸父⑫、耽耳⑬在其北方。夸父弃其策,是为邓林⑭。昆吾⑮丘在南方,轩辕⑯丘在西方,巫咸⑰在其北方。立登保之山⑱,旸(yáng)谷⑲、榑(fú)桑⑳在东方。有娀(sōng)㉑在不周之北,长女简翟,少女建疵㉒。西王母在流沙之濒。乐民、拏闾(ná lǘ)㉓在昆仑、弱水之洲。三危㉔在乐民西。宵明、烛光㉕在河洲,所照方千里。龙门㉖在河渊。湍池㉗在昆仑。玄耀㉘、不周、申池在海隅。孟诸㉙在沛㉚。少室、太室㉛在冀州。烛龙㉜在雁门北,蔽于委羽之山㉝,不见日。其神人面龙身而无足。后稷㉞垅(lǒng)㉟在建木西,其人死复苏,其半鱼,在其间。流黄、沃民,在其北方三百里。狗国㊱在其东。雷泽㊲有神,龙身人头,鼓其腹而熙㊳。

【注释】①雒棠、武人:山名。传说皆是太阳所入之山。②磞鱼:鱼名。状如鲤鱼。③候夜:在夜间放哨。④三珠树:神木名。在厌火北,生于赤水之上,与柏树相似,但叶都为珠状。⑤遗玉:宝玉名。⑥青马:神马名。⑦视肉:郭璞注:"聚肉,形如牛肝,有两目也;食之无尽,寻更生如故。"⑧甘樝:即甘楂。⑨甘华:神木。⑩和丘:鸾歌凤舞之地。⑪三桑:传说中的三株桑树。其木长百仞,无枝。⑫夸父:炎帝后裔。传说为了与太阳追逐竞走,渴死在途中。⑬耽耳:耳垂于肩,以两手摄耳,居于海中。⑭邓林:即桃林。⑮昆吾:颛顼的后人,夏朝人,楚人的祖先。陶器的发明者。⑯轩辕:黄帝的名号。⑰巫咸:传说中古代的神巫。⑱登保之山：登天的阶梯之一。⑲旸谷：古称日出之处。⑳榑桑：即扶桑。太阳所出之地。㉑有娀：古国名，在西北。㉒简翟、建疵：有娀国国君的两个女儿。帝喾之妃。㉓乐民、拏闾：西方国名。㉔三危：原注作"西极之山名也。"㉕宵明、烛光：此二女为舜妻登比氏所生。㉖龙门：山名，在今陕西韩城与山西河津县之间。㉗湍池：池名。㉘玄耀：水名，一说山名。㉙孟诸：位于河南商丘东北的大泽。已堙没。㉚沛：汉初郡名。㉛少室、太室：河南嵩高山两座山峰的名字。㉜烛龙：古代神话中的神名。传说其张目（也有说其驾日、衔烛或珠）能照耀天下。㉝委羽之山：在北极之阴，不见太阳。㉞后稷：名弃，周人始祖。㉟垅：冢，坟墓。㊱狗国：即狗封国。㊲雷泽：大泽。即今太湖。㊳熙：嬉戏。

【译文】雒棠山和武人山在西北角，磃鱼在无继国南边。有两位神人，手臂相连为天帝在无继国的西南方值夜放哨。三珠树就在它的东北方。有玉树在赤水边上。昆仑山和华丘在它的东南方，那里有宝玉、青马、视肉、杨桃、甘楂、甘华等神异之物，是各种果树生长的地方。和丘在它的东北角，无枝的三桑树在它西边，夸父山、耽耳国就在它的北边。那里有夸父丢掉的拐杖化成的桃林。昆吾山在南方，轩辕丘在西方，巫咸在它的北面。站在登天的登保山顶，旸谷、榑桑在东方。有娀国在不周山的北面，国君的公主大的叫简翟，小的叫建疵，就居住在这里。西王母住在流沙边的昆仑山中。乐民、拏闾在昆仑、弱水的小岛之上。三危山在乐民国的西边。宵明、烛光两位女神在黄河的小岛之上，光明照耀千里。龙门山处在黄河之渊，湍池在昆仑中，玄耀、不周、申池在海边。孟诸泽在沛郡，少室和太室两座山峰在冀州。烛龙在雁门山北边，被委羽山遮蔽，终年不见太阳。那里的神是人面龙身，没有脚。后稷的坟墓在建木的西边。那里的人死了，能够复苏，有一半身体化为鱼，处在建木中间。流黄、沃民在它的北边三百里。狗国在它的东面。雷泽中有一种神，龙身人头，拍打着自己的肚子嬉戏玩耍。

江出岷山①,东流绝汉②入海。左还北流,至于开母③之北。右还东流,至于东极④。河出积石。睢⑤出荆山⑥。淮出桐柏山⑦。雎⑧出羽山⑨。清漳⑩出揭(jiē)戾⑪,浊漳⑫出发包⑬。济⑭出王屋⑮。时⑯、泗⑰、沂、出臺(tái)、台、术⑱。洛⑲出猎山⑳,汶(wèn)㉑出弗其,西流合于济。汉㉒出嶓(bō)冢㉓,泾㉔出薄落之山㉕。渭㉖出鸟鼠同穴㉗。伊㉘出上魏㉙,雒㉚出熊耳。浚㉛出华窍。维㉜出覆舟㉝。汾㉞出燕京㉟。衽出溃熊。淄㊱出目饴。丹水㊲出高褚㊳。股出蟭山。镐出鲜于。凉出茅庐、石梁。汝出猛山。淇㊴出大号㊵。晋㊶出龙山㊷、结绐。合㊸出封羊。辽㊹出砥石。釜㊺出景㊻。歧㊼出石桥。呼沱㊽出鲁平。泥涂渊出樠(mán)山,维湿北流出于燕㊾。

【注释】①岷山:黄河、长江的分水岭,是昆仑山南支巴颜喀拉山的分支。②绝汉:经过汉水。③开母:即开母山,在东海中。④东极:东方极远处。⑤睢:应为"雎",今石川河的一部分,发源于陕西宜君县。⑥荆山:即北条荆山。在今陕西省富平县境内。⑦桐柏山:位于河南、湖北交界处。⑧雎:水名。在河南,流入泪水,早已堙没。⑨羽山:地理位置不详。今江苏连云港、山东临沂等地均有"羽山"。⑩清漳:有两处发源地。东发源于今山西昔阳西南,西发源于山西和顺县八赋岭。⑪揭戾:山名。在今山西长治市一带。⑫浊漳:有三源。北面源出晋中市榆社县的柳树沟;南面源出山西长子县西南发鸠山;西面源出山西沁县西北千峰岭。⑬发包:又名发鸠山,为太行山分支。⑭济:即济水。分黄河南北两部分。⑮王屋:位于今河南济源、山西阳城、垣曲之间。⑯时:时水。发源于山东临淄西南的乌河。⑰泗:发源于山东泗水县东蒙山。⑱臺、台、术:均为山名。⑲洛:指陕西北部北洛河。⑳猎山:今山西北部白于山一带。㉑汶:在山东省,也称"大汶河"。㉒汉:

即西汉水。㉓嶓冢：在今甘肃礼县、天水一带。㉔泾：水名，有两源。南源出自甘肃华亭县，北源出自甘肃平凉，至泾川合于渭水。㉕薄落之山：又称笄头山、崆峒山。在甘肃平凉西。㉖渭：发源于今甘肃渭源县鸟鼠山。㉗鸟鼠同穴：古山名，因鸟鼠同穴而得名。位于甘肃省渭源县西，是渭河的发源之地。㉘伊：伊水。发源于河南熊耳山。㉙上魏：山名，应为熊耳山一峰。㉚雒：今称洛河。发源于陕西洛南县，沿熊耳山东南流入黄河。㉛浚：古浚水在今河南省，现已埋没。㉜维：即潍河。发源于今山东箕屋山。㉝覆舟：地理位置不明，有说即箕屋山。㉞汾：即汾水。发源于山西宁武县管涔山。㉟燕京：即管涔山。㊱淄：即淄水。发源于山东莱芜市鲁山。㊲丹水：发源于今陕西商洛市冢领山。㊳高褚：一名冢领山。㊴淇：即淇水。出自今湖南辉县淇山。㊵大号：即淇山。㊶晋：晋水。发源于山西太原市西南，流入汾河。㊷龙山：一名悬瓮山，又名结绌山。位于晋阳县西北。㊸合：合水。发源于陕西合阳县，东南流入黄河。㊹辽：即辽河。有两处发源地。东辽河发源于吉林东辽县萨哈岭，西辽河发源于内蒙古克什克腾旗。㊺釜：即今滏阳河。发源于河北磁县西北釜山。㊻景：即釜山。㊼歧：即岐水。发源于今陕西凤翔一带。㊽呼沱：即滹沱河。发源于山西繁峙县东的泰戏山。㊾燕：即燕山。

【译文】长江发源于岷山，向东流经汉水而入海。途中左转向北流，到达开母山以北，右转再向东流，到达东方极远之处。黄河从积石山流出。雎水出自荆山。淮水发源于桐柏山。睢水发源于羽山。清漳河发源于褐戾山。浊漳河发源于发包山。济水出自王屋山。时水、泗水、沂水发源于臺、台、术三地。北洛河发源于猎山。大汶河发源于弗其山，向西与济水汇合。西汉水发源于嶓冢山。泾水北源于薄落之山。渭河发源于鸟鼠同穴山。伊水发源于上魏山，雒水出自熊耳山。浚水出自华窍，维水发源于覆舟山。汾水发源于燕京山，衭水出自渍熊山。淄水出自目饴，丹水发源于高褚山。股水出自嶕山，镐水出自鲜于。凉水发源于茅卢、石梁。汝水发源于猛山,淇水发源于大号山。晋水发源于结纽山。合水发源于封羊山。辽水出自砥石山。釜河出自景山。岐水出自石桥。呼池出自鲁平山。泥涂河发源于樠山。维湿河自燕山向北流出。

诸稽、摄提①,条风之所生也;通视②,明庶风之所生也;赤奋若③,清明风之所生也;共工④,景风之所生也;诸比⑤,凉风之所生也;皋稽⑥,阊阖风之所生也;隅强⑦,不周风之所生也;穷奇⑧,广莫风之所生也。

【注释】①诸稽、摄提:分管东北方的天神。②通视:分管东方的天神。③赤奋若:分管东南方的天神。④共工:分管南方的天神,人面蛇身。⑤诸比:分管西南方的天神。⑥皋稽:分管西方的天神。⑦隅强:分管西北方的天神。⑧穷奇:分管北方的天神。

【译文】东北方天神诸稽、摄提,是主管条风的神;东方天神通视,是主管明庶风的神;东南方天神赤奋若,是主管清明风的神;南方天神共工,是主管景风的神;西南方天神诸比,是主管凉风的神;西方天神皋稽,是主管阊阖风的神;西北方天神隅强,是主管不周风的神;北方天神穷奇,是主管广莫风的神。

突①生海人,海人生若菌,若菌生圣人,圣人生庶人:凡突者生于庶人。羽嘉②生飞龙③,飞龙生凤凰,凤凰生鸾鸟,鸾鸟生庶鸟:凡羽者生于庶鸟。毛犊④生应龙,应龙生建马,建马生麒麟,麒麟生庶兽:凡毛者生于庶兽。介鳞⑤生蛟龙,蛟龙生鲲鲠,鲲鲠生建邪,建邪生庶鱼:凡鳞者生于庶鱼。介潭⑥生先龙,先龙生玄鼋(yuán)⑦,玄鼋生灵龟,灵龟生庶龟:凡介者生于庶龟。

煖(nuǎn)⁸湿生容⁹,煖湿生于毛风,毛风生于湿玄⑩,湿玄生羽风,羽风生煗(nuǎn)介⑪,煗介生鳞薄,鳞薄生煖介⑫。五类⑬杂种兴乎外,肖形而蕃⑭。

【注释】①突:此处指人类之祖。②羽嘉:古代传说中飞行动物的远祖。③飞龙:有翼的龙。④毛犊:古代传说中兽类之祖。⑤介鳞:从下文内容看,应作"鳞薄"。古代传说中的鱼类祖先。⑥介潭:龟类的祖先。⑦玄鼋:神鳖。亦有说为蜥蜴。⑧煖:通"暖"。⑨容:陈广忠认为是"胲"之误。⑩湿玄:动物类的共同祖先。⑪煗介:即为煖介。⑫煖介:以文义推之,此处当为"介潭"。⑬五类:指上面所说的人类、兽类、鸟类、鱼类、龟类。⑭蕃:繁殖。

【译文】突生出海人,海人生出若菌,若菌生圣人,圣人生出庶人,但凡人类都是从上述几个阶段演化而来的。羽嘉生出飞龙,飞龙生出凤凰,凤凰生出鸾鸟,鸾鸟生出庶鸟,但凡鸟类都是由上述几个阶段演化而来的。毛犊生出应龙,应龙生出建马,建马生出麒麟,麒麟生出庶兽,但凡兽类都是由上述几个阶段演化而来的。鳞薄生出蛟龙,蛟龙生出鲲鲠,鲲鲠生出建邪,建邪生出庶鱼,但凡鱼类都是由上述几个阶段演化而来的。介潭生出先龙,先龙生出玄鼋,玄鼋生出灵龟,灵龟生出庶龟,但凡龟类都是由上述几个阶段演化而来的。暖湿之气生出了胲,而暖湿之气又是从毛风中产生,毛风又是从湿玄中产生,湿玄又产生了羽风,羽风生出煗介,煗介生出鳞薄,鳞薄生出介潭。以上五类复杂繁多的物种在外界自然环境下兴盛起来,并保留各自的外形生态特征而繁衍发展。

日冯①生阳阏,阳阏生乔如,乔如生干木,干木生庶木,凡根拔②木者生于庶木。根拔生程若,程若生玄玉,玄玉生醴泉,醴泉生皇辜,皇辜生庶草,凡根茇草者生于庶草。海闾③生屈龙,屈龙生容华④,容华生薰(biāo)⑤,薰生萍藻,萍藻生浮草,凡浮生不根茇者生于萍藻。

【注释】①日冯:木类祖先。②根拔:根生之草的祖先。王念孙认为是衍文。③海闾:藻类的祖先。④容华:即芙蓉草花。⑤薰:水中没有根的草。

【译文】日冯生出阳阏,阳阏生出乔如,乔如生出干木,干木生出庶木,但凡木类都是由上述几个阶段发展来的。根茇生出程若,程若生出玄玉,玄玉生出醴泉,醴泉生出皇辜,皇辜生出庶草,但凡草类都是由上述几个阶段发展来的。海闾生出屈龙,屈龙生出容华,容华生出薰,薰生出萍藻,萍藻生出浮草,但凡浮生水面无根的植物都是由上述几个阶段发展来的。

正土①之气也,御乎埃天②。埃天五百岁生砄③,砄五百岁生黄埃,黄埃五百岁生黄澒④,黄澒五百岁生黄金⑤,黄金千岁生黄龙,黄龙入藏生黄泉。黄泉之埃,上为黄云,阴阳相薄为雷,激扬为电,上者就下,流水就通而合于黄海。

【注释】①正土:"正土"与下文的偏土、牡土、弱土、牝土,分别代表五方之土中的中央、东、南、西、北各方之土。②埃天:与下文的清、赤、白、玄各天,均指五方之土所产生的气。③砄:通"砄",与下文的青曾、赤丹、白礜、玄砥,均为秦汉炼丹家常用的五种矿物。④黄澒:与下文中青、赤、白、玄各澒,指不同颜色的"汞"。⑤黄金:及下文的青、赤、白、玄各金,分别指汞与金矿石发生化学反应后产生的不同颜色。

【译文】中央正土之气上升形成埃天,这种云气经五百年化育生成砄,砄经五百年化育生成黄埃,黄埃经五百年化育生成黄澒,黄濆经五百年化育生成黄金,黄金经千年化育生成黄龙,黄龙潜藏地下生成黄泉。黄泉的精微之气上升成为黄云,阴气和阳气接触形成雷,剧烈碰撞形成闪电,高处云气与低处云气相遇、冷热气流相交形成雨水,雨水聚集成河流,汇合到黄海。

偏土之气,御乎青天。青天八百岁生青曾,青曾八百岁生青濆,青濆八百岁生青金,青金八百岁生青龙,青龙入藏生青泉。青泉之埃,上为青云,阴阳相薄为雷,激扬为电,上者就下,流水就通而合于青海。

【译文】东方偏土之气上升形成青天。青天经过八百年化育生成青曾,青曾经过八百年化育生成青濆,青濆经过八百年化育生成青金,青金经过八百年化育生成青龙,青龙潜藏地下形成青泉。青泉的精微之气上升成为青云,阴阳二气接触相迫形成雷,激烈撞击形成闪电,高处云气与低处云气相遇、冷热气流相交形成雨水,雨水聚集成河流,汇合到青海。

牡土之气,御于赤天。赤天七百岁生赤丹,赤丹七百岁生赤濆,赤濆七百岁生赤金,赤金千岁生赤龙,赤龙入藏生赤泉。赤泉之埃,上为赤云,阴阳相薄为雷,激扬为电,上者就下,流水就通而合于赤海。

【译文】南方牡土之气上升形成赤天。赤天经过七百年化育生成赤丹,赤丹经过七百年化育生成赤濆,赤濆经过七百年化育生成赤金,赤金经一千年化育生成赤龙,赤龙潜藏地下形成赤泉。赤泉的精微之气上升成为赤云,阴阳二气接触相迫形成雷,激烈撞击形成闪电,高处云气与低处云气相遇、冷热气流相交形成雨水,雨水聚集成河流,汇合到赤海。

弱土之气,御于白天,白天九百岁生白礜(yù),白礜九百岁生白澒,白澒九百岁生白金,白金千岁生白龙,白龙入藏生白泉。白泉之埃,上为白云,阴阳相薄为雷,激扬为电,上者就下,流水就通而合于白海。

【译文】西方弱土之气上升形成白天。白天经过九百年化育生成白礜,白礜经过九百年化育生成白澒,白澒经过九百年化育生成白金,白金经过千年化育生成白龙,白龙潜藏地下形成白泉。白泉的精微之气上升成为白云,阴阳二气接触相迫形成雷,激烈撞击形成闪电,高处云气与低处云气相遇、冷热气流相交形成雨水,雨水聚集成河流,汇合到白海。

牝(pìn)土之气,御于玄天。玄天六百岁生玄砥,玄砥六百岁生玄澒,玄澒六百岁生玄金,玄金千岁生玄龙,玄龙入藏生玄泉。玄泉之埃,上为玄云,阴阳相薄为雷,激扬为电,上者就下,流水就通而合于玄海。

【译文】北方牝土之气上升形成玄天。玄天经过六百年化育生成玄砥,玄砥经过六百年化育生成玄澒,玄澒经过六百年化育生成玄金,玄金经过千年化育生成玄龙,玄龙潜藏地下形成玄泉。玄泉的精微之气上升成为玄云,阴阳二气接触相迫形成雷鸣,激烈撞击形成闪电,高处云气与低处云气相遇、冷热气流相交形成雨水,雨水聚集成河流,汇合到玄海。

卷五 时则训

【题解】"时则",东汉高诱注曰:"则,法也,四时、寒暑、十二月之常法也,故曰时则。"时则就是四季变化的规律。《时则训》是在《天文》《地形》的基础上进行拓展,叙述了四季的变化规律以及不同时节统治者应该实行的政令。全篇以顺天而行为主旨,首先按时间顺序记述"时则",对古代以农业为中心的生产活动进行了总结。其次是将四季的正确政令归结于神的旨意,并对此作出了近乎哲理的描述,最后将其归结到"道"。

孟春之月,招摇①指寅,昏参中②,旦尾中。其位东方,其日甲乙,盛德在木,其虫鳞,其音角,律中太蔟,其数八,其味酸,其臭(xiù)膻(shān),其祀户,祭先脾。东风解冻,蛰虫始振苏,鱼上负冰,獭(tǎ)祭鱼③,候雁北。

【注释】①招摇:北斗杓端的第七星。②中:指正南方中天。③獭:水獭,吃鱼类。祭鱼:高诱注:"蛰伏之类始动生,出由户,故祀户。"

【译文】孟春正月,招摇星正指向十二星辰的寅位,黄昏时,参星位于南天的正中央,黎明时,尾星位于南天正中央。这个月的方位是在东方,天干用甲乙,它宽厚的德泽属木。代表的动物是鳞甲类,代表的音阶是角音,这个月所相配的音律是太蔟,所代表的数字是八,所属的味道是酸味,所属的气味是膻味,这个月祭祀门户,祭祀时要先放上动物的脾脏。温暖的东风融化了冰冻,冬眠的动物也开始复苏,鱼儿向上靠近残冰游弋,水獭开始捕鱼吃,大雁随着季节向北方飞去。

天子衣青衣,乘苍龙①,服苍玉,建青旗,食麦与羊,服八风水,爨(cuàn)萁(qí)燧火②。东宫御女青色,衣青采,鼓琴瑟,其兵矛,其畜羊,朝于青阳左个③,以出春令④。布德施惠,行庆赏,省徭赋。

【注释】①苍龙:八尺以上的青色马。下文的苍也指青色。②爨:烧火做饭。萁:豆秸。燧:上古取火的器具,燧石。③青阳:明堂名。明堂有五室,位于左面东方的叫青阳,为帝王祭祀、布政之所。左个:指左边的偏室。④春令:春季所行的政令。多指宽和的政令。

【译文】天子身穿青色的衣服,骑着青色的苍龙马,佩带着青色的玉制饰品,树立起深青色的旗帜。吃的是麦制品和羊肉,饮用八方之风吹来的露水,用豆萁烧火做饭,用燧石取火。东宫的侍女也身着青衣,衣服上绣有青色的花绣,弹琴鼓瑟。这个月的代表兵器是矛,代表家畜是羊。天子在明堂东边的青阳左偏室朝见群臣,颁布春季宽和的政令,广布德泽,施行奖赏,减省徭役赋税。

立春之日,天子亲率三公、九卿、大夫以迎岁①于东郊,修除祠位,币②祷鬼神,牺牲用牡,禁伐木,毋覆巢、杀胎夭,毋麛（mí）毋卵,毋聚众、置城郭,掩骼埋骴（cī）③。

【注释】①迎岁：古代迎接春天的祭礼。②币：指圭璧,古代帝王、诸侯祭祀或朝聘时所用的一种玉器。③骼：枯骨。骴：尸骨。

【译文】立春的那一天,天子亲自率领三公、九卿和大夫等官员到东郊八里迎接春天的到来,修整祭祀的神坛,清扫台阶和神位,献上圭璧来祈祷鬼神降福消灾,祭祀时用的牺牲是公畜。严禁砍伐树木,不准捣毁鸟巢,不许猎杀怀胎的母兽及刚出生或幼小的动物,不可以猎取禽卵,也不允许聚集民众修筑城墙,要掩埋暴露在野外的尸骨。

孟春行夏令,则风雨不时,草木早落,国乃有恐。行秋令,则其民大疫,飘风暴雨总至①,黎莠（yǒu）②蓬蒿（hāo）并兴。行冬令,则水潦（lǎo）为败,雨霜大雹,首稼不入。正月官司空③,其树杨。

【注释】①总至：骤然而至。②莠：一年生草本植物,穗有毛,很像谷子,亦称"狗尾草"。③司空：古代官名。管理工程事项。

【译文】孟春时就实行夏季的政令,那么就会出现风雨不按时到来,花草树木提早枯萎凋落的现象,国家就会出现恐慌。孟春时就实行秋季的政令,那么百姓就会遭受瘟疫,狂风暴雨会骤然而至,各类杂草疯狂生长。孟春时实施冬季的政令,那么洪水就会成灾,寒霜冰雹一起倾盆而至,头茬的庄稼不可能会有收成。正月的代表官是司空,代表树是杨树。

仲春之月,招摇指卯,昏弧①中,旦建星②中。其位东方,其日甲乙，其虫鳞，其音角，律中夹钟，其数八，其味酸，其臭膻，其祀户，祭先脾。始雨水，桃李始华，苍庚鸣，鹰化为鸠③。

【注释】①弧：又叫弧矢，共有九颗星，与天狼星相对。因似弓状，故名。②建星：古星座名。亦省称"建"。凡六星。在黄道北。与南斗六星同属斗宿。③苍庚：即黄莺。鹰化为鸠：原注作："喙正直不鸷搏也。鸠谓布谷也。"

【译文】仲春二月，招摇星指向十二星辰的卯位，黄昏时弧矢星位于南天正中央，黎明时建星位于南天正中央。这个月所代表的方位是东方，天干用甲乙，所代表的动物是鳞片类，代表的音阶是角音，相配的音律是夹钟，代表的数字是八，所属的味道是酸味，所属的气味是膻味，这个月祭祀的是户神，祭祀时要先放上动物的脾脏。这个时候雨水开始多起来，桃李开始开花，黄莺开始鸣叫，老鹰化为布谷鸟。

天子衣青衣，乘苍龙，服苍玉，建青旗，食麦与羊，服八风水，爨萁燧火。东宫御女青色，衣青采，鼓琴瑟，其兵矛，其畜羊，朝于青阳太庙①。命有司，省囹圄，去桎梏，毋笞掠，止狱讼。养幼小，存孤独，以通句萌②。择元日，令民社③。

【注释】①太庙：原注作："东向堂，中央室。"②句萌：草木初生的嫩芽、幼苗。拳曲者称为"句"，有芒而直者称为"萌"，合称"句萌"。③社：古代指土地神和祭祀土地神的地方、日子以及祭礼。这里指祭祀土地神。

【译文】天子身穿青色的衣服，骑着青色马，佩带着深青色的玉制饰品，树立起深青色的旗帜。吃的是麦类和羊肉，饮用八方之风吹来的露水，用豆萁烧火做饭，用燧石取火。东宫的侍女也身着青衣，衣服上绣有青色的花绣,弹琴鼓瑟。代表这个月的兵器是矛,代表这个月的家畜是羊。天子在明堂东向堂中央室召见群臣。命令有关部门赦免在牢狱中的轻罪囚犯,去除他们的手铐脚镣,停止鞭打和刑罚,停止牢狱中的诉讼。抚养年幼的孩子,照顾孤儿和年老无子女的人,以使万物在春天都能够萌发生长。选择一个吉利的日子,让百姓们去祭祀土地神。

是月也,日夜分,雷始发声,蛰虫咸动苏。先雷三日,振铎(duó)①以令于兆民,曰:"雷且发声,有不戒其容止者,生子不备,必有凶灾。"令官市,同度量,钧衡石,角斗称。毋竭川泽,毋漉②陂池,毋焚山林,毋作大事③,以妨农功。祭不用牺牲,用圭璧,更皮币④。

【注释】①铎:大铃,形如铙、钲而有舌,古代宣布政教法令用的,亦为古代乐器。盛行于中国春秋至汉代。②漉:液体慢慢地渗下。这里指使干涸。③大事:指征伐、戍边、修建等劳民伤财的大事。④皮币:毛皮和缯帛,古代用作聘享的贵重礼物。

【译文】在这个月里,春分那天昼夜长短相同,春雷开始轰鸣,冬眠的动物全都复苏。在将要打雷的前三天,通过摇动铎铃来告知百姓:"雷要响了,如果有谁不注意自己的仪表举止,所生出来的孩子就会身体残疾,一定会有灾难。"命令官府管理集市,统一度量标准,用公平的尺、斗、秤等进行称量。不要使山川湖泽里的水枯竭,不要用完池塘内的水,不要焚烧山上的林木,不可以让百姓进行大规模的征伐、建造、戍边等大的事情,以免妨碍农事。祭祀时不要用牲畜,用圭璧、毛皮和缯帛来代替。

仲春行秋令,则其国大水,寒气总至,寇戎来征。行冬令,则阳气不胜,麦乃不熟,民多相残。行夏令,则其国大旱,暖气早来,虫螟①为害。二月官仓②,其树杏。

【注释】①虫螟:指危害庄稼的虫类。②仓:即仓人,官名。负责主管粮仓。

【译文】仲春时节实行秋季的政令,那么的国家就会发生大水灾,寒冷的天气总是会骤然袭来,贼寇和敌国士兵也会乘机进犯。仲春时节实行冬季的政令,那么阳气就不能抵挡阴气,麦子就难以成熟,百姓则大多因为饥饿而互相残杀。仲春时节施行夏季的政令,就会使国家的暖气流提早到来,虫类会危害庄稼。二月的代表官是仓人,代表树是杏树。

季春之月,招摇指辰,昏七星中,旦牵牛中。其位东方,其日甲乙。其虫鳞。其音角,律中姑洗。其数八,其味酸,其臭膻,其祀户,祭先脾。桐始华,田鼠化为鴽(rú)①,虹始见,萍始生。

【注释】①鴽:古书上指鹌鹑类的小鸟。

【译文】季春三月,招摇星指向十二星辰中的辰位,黄昏时七星位于南天正中央,黎明时牵牛星位于南天正中央。这个月所代表的方位是东方,天干用甲乙,所属的动物是鳞甲类,代表的音阶是角音,相配的音律是姑洗,所代表的数字是八,所代表的味道是酸味,所代表的气味是膻味,这个月祭祀的是户神,祭祀时要先放上动物的脾脏。这个时候梧桐树开始变得繁茂,田鼠变成了鹌鹑,彩虹开始出现,浮萍类植物开始生长。

天子衣青衣,乘苍龙,服苍玉,建青旗,食麦与羊,服八风水,爨萁燧火,东宫御女青色,衣青采,鼓琴瑟。其兵矛,其畜羊。朝于青阳右个^①。舟牧覆舟,五覆五反^②,乃言具于天子。天子乌^③始乘舟,荐鲔(wěi)^④于寝庙,乃为麦祈实。

【注释】①右个:指右侧的偏室,西厢。②五覆五反:原注作:"是月天子将乘舟而渔,故反覆而视之,恐有穿漏也。五覆五反,慎之至也。"③乌:当作"焉",于是。④鲔:古书上指鲟鱼。

【译文】天子身穿青色的衣服,骑着青色马,佩带着深青色的玉制饰品,树立起深青色的旗帜。吃的是麦类和羊肉,饮用八方之风吹来的露水,用豆萁烧火做饭,用燧石取火。东宫的侍女也身着青衣,衣服上绣有青色的花绣,弹琴鼓瑟。代表这个月的兵器是矛,代表这个月的家畜是羊。天子在东向堂右室接见群臣。负责管理船只的官员将船反复地检查多遍,才向天子禀报船只已备好,这时天子才乘船出发,进献鲟鱼给宗庙祭祀,是为了祈求麦子丰收。

是月也,生气方盛,阳气发泄,句者毕出,萌者尽达,不可以内^①。天子命有司,发囷(qūn)仓^②,助贫穷,振乏绝,开府库,出币帛,使诸侯,聘名士,礼贤者。命司空,时雨将降,下水上腾,循行国邑,周视原野,修利堤防,导通沟渎,达路除道,从国始,至境止。

【注释】①内:同"纳",收藏。此处为抑制,阻挡的意思。②囷仓:指粮仓。囷:圆形的谷仓。

【译文】在这个月里,万物生长旺盛而有朝气,阳气开始迸发出来,散泄于四面八方,弯曲的新芽全部长出,直木用力向上生长,以不可阻挡的速度呈现出一片生机。天子命令主管官员打开粮仓,资助那些贫困不堪的百姓。又下令打开财库,拿出财物来出使诸侯国,聘请各方名士,礼待贤能之人。天子又命令司空,告诫他雨季将至,地下水将翻腾上升,要有序地巡视国都城镇,以及四周的平原旷野,兴修水利,加固堤防疏导水道,开通沟渠,清除道路上的屏障,要保证从国都开始,通往边境的道路都要畅行无阻。

田猎毕弋①,罝罦(jū fú)②罗网,喂毒之药,毋出九门③。乃禁野虞④,毋伐桑柘。鸣鸠奋其羽,戴鵀(rén)⑤降于桑,具扑曲⑥筥(jǔ)筐。后妃斋戒⑦,东乡亲桑。省妇使,劝蚕事。命五库,令百工,审金铁、皮革、筋角、箭干、脂胶、丹漆,无有不良。

【注释】①毕弋:毕为捕兽所用之网,弋为射鸟所用的系绳之箭。泛指打猎活动。②罝罦:捕捉鸟兽的网。③九门:禁城中的九种门。古官室制度,天子设九门。④野虞:古代掌管山林薮泽的官。⑤鵀:戴胜鸟。⑥扑曲:蚕箔。即曲簿。⑦斋戒:古人祭祀之前,必沐浴更衣,不喝酒,不吃荤,不与妻妾同寝,以示虔诚庄敬,称为斋戒。

【译文】打猎用的罗网和弓箭,喂给兽物的有毒药物,一律不准携带出城。同时又命令掌管山林的官员,不许砍伐桑树、柘树。这段时间,鸣叫的斑鸠振翅而飞,戴胜鸟降落桑林,这时要准备好蚕箔和箩筐。皇后妃嫔虔诚斋戒,然后亲自去东方采摘桑叶。要减少妇女们的其它杂务,勉励她们致力于养蚕的工作。又命令掌管五库的官员,督促各类工匠仔细核查金铁、皮革、筋角、箭杆、脂胶、丹漆等材料,不能有劣质物品。

择下旬吉日,大合乐,致欢欣。乃合①犙(léi)牛、腾马②、游牝于牧。令国傩(nuó)③,九门磔(zhé)攘④,以毕春气。行是月令,甘雨至三旬。

【注释】①合:交合。②犙牛:公牛。腾马:公马。③傩:古代腊月驱逐疫鬼的仪式。④磔攘：亦作"磔禳"，分裂牲体祭神以除不祥。

【译文】选择这个月下旬的吉日，大规模的演奏各种音乐，来让大家欢欣鼓舞。于是让公牛、公马在牧场上与母牛、母马交配。下令国都举行驱逐疫鬼的仪式，在都城的九座城门宰杀牲畜，以此来结束春季未尽的妖邪之气。如果能在这个春季实行上述政令，那么甘雨就会连续降临。

季春行冬令，则寒气时发，草木皆肃①，国有大恐。行夏令，则民多疾疫，时雨不降，山陵不登②。行秋令，则天多沈阴③，淫雨早降，兵革并起。三月官乡④，其树李。

【注释】①肃：萧疏。②登：收成。③沈阴：亦作"沉阴"，指云层厚密。④乡：一乡所属官吏的总称，即乡官。

【译文】如果在季春时节实行冬季的政令，那么寒气就会不定时出现，草木会因此凋零，国内就会出现大恐慌。季春时节实行夏季的政令，那么百姓就会多有疾疫，雨水也不会按时降临，山上生长的农作物就没有收成。季春时节实施秋季的政令，那么就会经常出现阴沉的天气，连绵的雨水便会提早降临，战争四起。三月的代表官是乡官，代表树是李树。

孟夏之月，招摇指巳，昏翼中，旦婺女中。其位南方，其日丙丁，盛德在火。其虫羽，其音徵，律中仲吕。其数七，其味苦，其臭焦。其祀灶，祭先肺。蝼蝈①鸣，丘蚓出，王瓜②生，苦菜秀。

【注释】①蝼蝈：郑玄注："蝼蝈，蛙也。"②王瓜：植物名。一名土瓜。葫芦科多年生攀援草本。叶互生，多毛茸。夏季开花，瓣缘细裂成丝状。果椭圆，熟时呈红色。

【译文】孟夏四月,招摇星指向十二星辰的巳位,黄昏时翼星位于南天正中央,黎明时婺女星位于南天正中央。这个月代表的方位是南方,天干用丙丁,这个月炽盛的德泽属火。其所属的动物是羽类,所代表的音阶是徵音,相配的音律是仲吕。它所代表的数字是七,所属的味道是苦味,所属的气味是焦味。这个月祭祀的是灶神,祭祀的时候要先放上动物的肺脏。这个时间青蛙开始鸣叫,蚯蚓从地底钻出,土瓜长出来,苦菜也开始吐穗开花。

天子衣赤衣,乘赤骝①,服赤玉,建赤旗。食菽与鸡,服八风水,爨柘燧火。南宫御女赤色,衣赤采,吹竽笙。其兵戟,其畜鸡,朝于明堂左个,以出夏令。立夏之日,天子亲率三公、九卿、大夫以迎岁于南郊。

【注释】①赤骝:黑鬃黑尾巴的红马。
【译文】天子身穿着红色的衣服,骑着红马,佩带着赤红色的玉制饰品,树起赤红色的旗帜,吃的是豆类和鸡肉,饮用八方之风吹来的露水,用落叶灌木或乔木烧火做饭,用燧石取火。南宫里的侍女穿着赤红色的衣服,衣裳绣有赤红色的花纹,吹奏竽笙等乐器。代表这个月的兵器是戟,代表这个月的家畜是鸡。天子在明堂南向堂东室接见群臣,发布夏季的政令。立夏一天,天子亲自率领三公、九卿和大夫等官员到南边的郊野去迎接夏天的到来。

还,乃赏赐,封诸侯,修礼乐,飨左右。命太尉,赞①杰俊,选贤良,举孝悌,行爵出禄,佐天长养,继修增高,无有隳②坏。毋兴土功,毋伐大树,令野虞,行田原,劝农事,驱兽畜,勿令害谷。天子以彘尝麦,先荐寝庙③。聚畜百药,靡草死,麦秋至,决小罪，断薄刑。

【注释】①赞：选举，举荐。②隳：指毁坏；崩毁。③寝庙：古代宗庙的正殿称庙，后殿称寝，合称寝庙。

【译文】等到返回之后，就按功劳大小进行赏赐，分封诸侯，修治礼乐，宴请群臣。命令掌管军政的太尉，选拔才智出众的俊杰人才，选拔有才能有德行的贤良之士，推举孝顺父母、友爱兄弟的人士，授予他们相应的爵位并赐给他们俸禄。要帮助上天养育万物，使万物生生不息，不要出现毁坏、夭折的情况。不可大兴土木工，不可以砍伐大树。命令掌管田野山林的官员，到田间原野去巡察，鼓励农事，驱逐田地里的野兽和牲畜，不要让它们损害谷物。天子让猪先品尝过成熟的麦子后，先进献给宗庙。然后采集、存储各种药材，这个时候像靡草之类的植物开始枯萎死亡，而麦子成熟，判决轻罪的犯人，处以轻微的刑罚。

孟夏行秋令，则苦雨数来，五谷不滋，四邻入保。行冬令，则草木早枯，后乃大水，败坏城郭。行春令，则螽（zhōng）①蝗为败，暴风来格，秀草不实。四月官田②，其树桃。

【注释】①螽：昆虫，身体绿色或褐色，善跳跃，对农作物有害。②田：古代管理农事的官。

【译文】如果孟夏时节实施秋季政令，就会阴雨连绵，粮食不能很好地生长，四面八方的百姓就涌入城内以保全性命。如果实施冬季政令，草木就会过早枯死，不久还会发生洪涝灾害，毁坏城廓。孟夏时节如果实行春季的政令，蝗虫就会损害庄稼，暴风就会来临，茂盛的植物不能结出果实。四月的代表官是田官，代表树是桃树。

仲夏之月,招摇指午,昏亢中,旦危中。其位南方,其日丙丁。其虫羽,其音徵,律中蕤宾。其数七,其味苦,其臭焦,其祀灶,祭先肺。小暑至,螳螂生,䴗(jú)^①始鸣,反舌^②无声。

【注释】①䴗:伯劳鸟。②反舌:鸟名,即百舌鸟。

【译文】仲夏五月,招摇星指向十二星辰的午位,黄昏时亢星位于南天正中央,黎明时危星位于南天正中央,这个月代表的方位是南方,天干用丙丁,所代表的动物是羽类,代表的音阶是徵音,相配的音律是蕤宾。它所代表的数字是七,所代表的味道是苦味,所属的气味是焦味。这个月祭祀的是灶神,祭祀的时候要先放上动物的肺脏。小暑节气在此月到来,螳螂生出,伯劳鸟开始鸣啼,百舌鸟却没有发出声响。

天子衣赤衣,乘赤骝,服赤玉,载赤旗,食菽与鸡,服八风水,爨柘燧火。南宫御女赤色,衣赤采,吹竽笙。其兵戟,其畜鸡,朝于明堂太庙。命乐师,修鼗鞞(táo pí)^①、琴瑟、管箫,调竽篪(chí)^②,饰钟磬,执干戚戈羽^③。命有司,为民祈祀山川百源,大雩^④帝,用盛乐。

【注释】①鼗鞞:乐器,鼗鼓与鞞鼓,二者均为小鼓。②篪:古代一种用竹管制成像笛子一样的乐器,有八孔。③干戚戈羽:干,盾,古代抵御刀枪的兵器;戚,古代兵器,像斧;戈,古代的一种兵器,横刃,用青铜或铁制成,装有长柄;羽,指挥乐舞的旗棍。④大雩:古求雨祭名。

【译文】天子身穿赤色衣服,骑着赤色马,佩带着赤红色的玉制饰品,树立起赤红色的旗帜。吃的是豆类和鸡肉,饮用八方之风吹来的露水,用落叶灌木或乔木烧火做饭,用燧石取火。南宫里的侍女穿着赤红色的衣服，衣裳绣有赤红色的花纹，吹奏竽笙等乐器。代表这个月的兵器是戟，代表这个月的家畜是鸡。天子在明堂太庙召见群臣，命令乐师修整好鞉鼓、鼙鼓、琴瑟、管箫，并调配好竽、篪，装饰好钟、磬，拿好盾、斧、戈和羽。命令有关官员，为百姓祈祷、祭祀山川江河和众水之源，举行大雩祭来祈求上天降雨，并演奏规模盛大的音乐。

天子以雏①尝黍，羞以含桃②，先荐寝庙。禁民无刈③蓝以染，毋烧灰，毋暴④布，门闾无闭⑤，关市无索⑥。挺⑦重囚，益其食。存鳏寡，振死事，游牝别其群，执腾驹，班马政⑧。

【注释】①雏：当作"雏"，小鸡。②羞：进献。含桃：即樱桃。③刈：割。④暴：通"曝"，晒。⑤门闾：原注作："门，城门也。闾，里门也。民顺阳气，散布在外，当出入，故不闭也。"⑥索：征税。⑦挺：缓刑。⑧班：通"颁"，颁布。马政：指我国历代政府对官用马匹的牧养、训练、使用和采购等的管理制度。

【译文】天子用小鸡品尝过黍米，进献樱桃，首先献祭给宗庙的祖先。禁止百姓割取未成熟的蓼蓝去生产染料，不可以把草木烧成灰当作肥料，不要将布暴晒在太阳底下。城门及里门不必关闭，不要在关塞、市集征索税赋。减轻重罪囚犯的刑罚，并改善他们的饮食。体恤老弱孤苦者，救济为国捐躯的士兵家属。将已经怀孕的母畜和畜群分开喂养，给雄健的小马套上马笼头进行调教，颁布养马条令。

日长至，阴阳争①，死生分。君子斋戒，慎身无躁，节声色，薄滋味，百官静，事无径②，以定晏阴③之所成。鹿角解，蝉始鸣，半夏④生，木堇⑤荣。禁民无发火，可以居高明，远眺望，登丘陵，处台榭。

【注释】①时长至：是说夏至日白天最长。阴阳争：阴气始生，阳气压之，故称"争"。②径：急燥，急速。③晏阴：微阴。阴气将始，故曰微阴。借指夏至。④半夏：药草名。多年生草本植物，叶子有长柄，初夏开黄绿色花。地下有白色小块茎，可入药，生用有毒。⑤木堇：堇通"槿"。木名，锦葵科，落叶灌木。

【译文】夏至这一天白天最长，逐渐上升的阴气和正当兴盛的阳气互相斗争，这种情况使得一些草木生长旺盛、一些草木濒临死亡。这时君子就要实行斋戒，做到自身谨言慎行不要性急，节制歌舞美女之欲，并使自己的饮食清淡，让各个器官安静，遇事舒缓不急躁，以便促成微阴之时事情的成功。这个时候雄鹿的鹿角开始脱落，蝉开始鸣唱，半夏应时生长，木槿树欣欣向荣。这个时候要发放禁令，让百姓小心使用火烛，以免引起火灾。可以选择居住在高而明亮的地方，这样可以远眺，可以登上山丘，置身在高高的台榭之中。

仲夏行冬令，则雹霰（xiàn）①伤谷，道路不通，暴兵来至。行春令，则五谷不孰，百螣②时起，其国乃饥。行秋令，则草木零落，果实蚤成，民殃于疫。五月官相，其树榆。

【注释】①雹霰：指冰雹。②百螣：各种害虫。
【译文】如果在仲夏时节实行冬季的政令，就会出现冰雹损害庄稼的情况，并会导致道路不通，凶暴不义之师随时都会到来。仲夏时节如果实行春季的政令，五谷就不会成熟，各种害虫就会乘机兴起，这时国家就要闹饥荒。仲夏时节如果实行秋季的政令，那么草木就会凋落，果实就会提早长成，百姓就要遭受瘟疫的危害。五月的代表官是相，代表树是榆树。

季夏之月，招摇指未，昏心中，旦奎中。其位中央，其日戊己，盛德在土，其虫蠃①，其音宫，律中百钟，其数五，其味甘，其臭香。其祀中霤②，祭先心。凉风始至，蟋蟀居奥③，鹰乃学习，腐草化为蚈（qiān）④。

【注释】①蠃：原注作："羽落而为蠃，蠃虫麟为之长。"②中霤（liū）：古代五祀所祭对象之一，即后土之神。③奥：室内的西南角，泛指房屋及其他深处隐蔽的地方。④蚈：马陆。一种节肢动物，有很多对腿。一说为萤火虫。

【译文】季夏六月，招摇星指向十二星辰中的未位，黄昏时心星位于南天正中央，黎明时奎星位于南天正中央。这个月所在的方位是中央，天干用戊己。这个月盛德属土，所属的动物是倮虫中的麒麟。所代表的音阶是宫音，相配的音律是林钟。它所代表的数字是五，所属的味道是甜味，所属的气味是香味。这个月祭祀后土之神，祭祀的时候要先放上心脏。这个时候凉爽的风开始吹来，蟋蟀居住在房屋西南角的墙缝等隐蔽之处，雏鹰开始学习在天空中翱翔，腐草中变化出萤火虫来。

天子衣黄衣，乘黄骝，服黄玉，建黄旗。食稷与牛，服八风水，爨柘燧火。中宫御女黄色，衣黄采。其兵剑，其畜牛，朝于中宫。乃命渔人①，伐蛟取鼍（tuó），登龟取鼋（yuán）②。令泽人③，入材苇。

【注释】①渔人：原指以捕鱼为业的人，文中指掌渔之官。②鼍：爬行动物，吻短，体长二米多，背部、尾部均有鳞甲。穴居江河岸边，皮可以蒙鼓。鼋：大鳖。③泽人：原注作："掌池泽官也。"

【译文】天子身穿黄色的衣服,骑着黄色的骏马,佩带着黄色的玉制饰品,树立起黄色的旗帜。吃的是谷类食品和牛肉,饮用八方之风吹来的露水,用落叶灌木或乔木烧火做饭,用燧石取火。中宫的侍女身穿黄色的衣服,衣服上绣有黄色的花纹。代表这个月的兵器是剑,代表这个月的牲畜是牛。天子在中宫召见群臣。命令掌管渔业的官员去猎取蛟龙和鼍龙,去捉拿神龟和大鳖。又命令掌管池泽的官员收缴木料和芦苇。

命四监大夫①,令百县之秩刍②以养牺牲,以供皇天上帝、名山大川、四方之神、宗庙社稷,为民祈福。行惠令,吊死问疾,存视长老,行稃(fū)鬻(yù)③,厚席蓐(rù),以送万物归也。命妇官染采,黼黻(fǔ fú)文章④,青黄白黑,莫不质良,以给宗庙之服,必宣⑤以明。

【注释】①四监大夫:监管四个郡的县大夫。②秩刍:收集草料。③稃:谷壳,粗糠,麦稃。鬻:粥。④黼黻:绣有华美花纹的礼服,高诱注:"白与黑为黼,青与赤为黻,皆文衣也。"多指帝王和高官所穿之服。文章:文中指花纹色彩。⑤宣:原注作"遍也",这里指染色均匀。

【译文】命令四监大夫,命令他们收集各自所分管之地的草料,用来喂养祭祀用的牲畜,以便可以用这些牲畜来供皇天上帝、名山大川、四方的神灵、祖先、土神和谷神,为百姓祈求福泽。实行宽和的政令,吊唁死者,慰问有疾病的人,看望年长的老人,施舍麦粥,厚葬死者,以使万物都有一个好的归宿。命令宫中女官染制彩帛。礼服的布帛染上白与黑、青与黄等色彩,使其两两搭配,全部都要质地优良,因为是祭祀宗庙时所穿的礼服,所以颜色必须染均匀。

是月也,树木方盛,勿敢斩伐。不可以合诸侯。起土功,动众兴兵,必有天殃。土润溽暑,大雨时行,利以杀草粪田畴,以肥土疆①。

【注释】①土疆:领土;疆界,文中指土地。

【译文】在这个月里,树木生长茂盛,所以不允许砍伐。这个月不适合聚集诸侯。本月倘若大兴土木,劳师动众,必有天灾。这个月土地湿润、温度很高,大雨会骤然而降,这就有利于除草并给田地施肥,以便使土地肥沃。

季夏行春令,则谷实解落,多风咳,民乃迁徙。行秋令,则丘隰(xí)①水潦,稼穑不孰,乃多女灾②。行冬令,则风寒不时,鹰隼③蚤挚,四鄙入保。六月官少内④,其树梓。

【注释】①隰:低湿的地方。②女灾:原注作:"生子不育也。"③鹰隼:两种猛禽;泛指凶猛的鸟。④少内:汉大内属官,掌府藏。

【译文】如果在季夏时节实行春季政令,那么谷物的果实就会散落凋零,人们多因风寒而咳嗽不止,百姓就被迫迁移。季夏时节如果实行秋季政令,那么不论是山丘还是低湿的地方都会受到水涝灾害,庄稼不易成熟,还容易出现妇女怀胎不能正常生产的情况。季夏时节如果实行冬季政令,那么就会导致风寒不按时令到来,猛禽就会提早攫取食物,四面八方偏远地区的百姓就会涌入城中以保全性命。六月的代表官是少内,代表树是梓树。

孟秋之月,招摇指申,昏斗中,旦毕中。其位西方,其日庚辛,盛德在金。其虫毛,其音商,律中夷则。其数九,其味辛,其臭腥。其祀门,祭先肝。凉风至,白露降,寒蝉鸣,鹰乃祭鸟,用始行戮①。

【注释】①祭:此处当"杀"讲。行戮:原注作:"用是时,乃始行杀戮刑罚,顺秋气也。"犹行刑。特指执行死刑。

【译文】孟秋七月,招摇星指向十二星辰中的申位,黄昏时斗宿位于南天正中央,黎明时毕宿位于南天正中央。这个月所代表的方位是西方,天干用庚辛,这个月的四时之盛气属金。它所代表的动物是毛类动物。代表的音阶是商音,所属的音律是夷则。这个月所代表的数字是九,所代表的味道是辛辣味,所代表的气味是腥味。这个月祭祀的是门神,祭祀时要先放上动物的肝脏。这个时候凉爽的风已经到来,秋天的露水已经降落在大地上,寒蝉尚且能够鸣叫,老鹰开始捕捉鸟类,官府开始执行死刑。

天子衣白衣,乘白骆①,服白玉,建白旗。食麻与犬,服八风水,爨柘燧火。西宫御女白色,衣白采,撞白钟,其兵戈。其畜狗。朝于总章左个,以出秋令。求不孝不悌,戮暴傲悍而罚之,以助损气②。

【注释】①白骆:黑鬃的白马。②损气:阴气,秋日肃杀之气。

【译文】天子身穿白色的衣裳,骑着黑鬃的白马,佩带白色的玉制饰品,树立起白色的旗帜。食用的是麻籽和狗肉,饮用八方之风吹来的露水,用落叶灌木或乔木烧火做饭,用燧石取火。西宫的侍女身穿白色衣服,衣裳上绣有白色的花纹,敲击白钟。代表这个月的兵器是戈,代表这个月的家畜是狗。天子在西向堂的南头室接见群臣,颁布秋季政令。寻找那些不孝敬父母、不友爱兄弟、残暴傲慢、凶悍之人加以处罚,来帮助秋天肃杀阴气的到来。

立秋之日，天子亲率三公、九卿、大夫以迎秋于西郊。还，乃赏军率武人于朝。命将率①，选卒厉兵②，简练桀③俊，专任有功，以征不义，诘诛暴慢，顺彼四方。命有司，修法制，缮囹圄，禁奸塞邪，审决狱，平词讼。天地始肃，不可以赢④。

【注释】①将率：即"将帅"，泛指军队的高级指挥官。②厉兵：磨砺兵器，使其锋利。③桀：古同"杰"，指杰出的人。④赢：高诱注："盛也。"

【译文】立秋的那一天，天子亲自率领三公、九卿和大夫等官员到西郊去迎接秋天的到来。返回以后，就在朝堂上奖赏军中英武有功的官兵。命令军队的将帅，选拔出色的士兵，磨砺兵器，精选杰出的人才，重用那些作战有功的人，去征讨那些不讲道义的诸侯，诘问并惩罚那些凶暴傲慢的人，整治四方来安定天下。命令有关部门的官员，修订法律，修缮牢狱，惩治奸邪之人，审理案件判决狱讼，处理诉状。这时，天地间到处充满肃杀、收敛之气，不能允许邪气盛行。

是月农始升谷，天子尝新，先荐寝庙。命百官，始收敛①，完堤防，谨障塞，以备水潦，修城郭，缮宫室。毋以封侯，立大官，行重币，出大使。行是月令，凉风至三旬。

【注释】①收敛：征收租税。
【译文】在这个月里农夫开始进献谷物，天子可以品尝到新鲜的谷物，再将新谷进献给寝庙。命令各级官吏，开始征收租税，加固堤岸，兴修水利，谨防障碍物阻塞水道，防备发生水患灾害，修整城墙，修缮房屋宫室。不要封拜侯爵、任命高官以及赏赐贵重物品，不外派使节。这个月倘若实行这些政令,那么凉风便会不停吹来。

孟秋行冬令,则阴气大胜,介虫^①败谷,戎兵乃来。行春令,则其国乃旱,阳气复还,五谷无实。行夏令,则冬多火灾,寒暑不节,民多疟疾。七月官库^②,其树楝(liàn)。

【注释】①介虫:有甲壳的虫类。②库:掌管、守卫兵器库的官。
【译文】孟秋时节如果实行冬季的政令,那么阴气就会过盛,有甲壳的虫类就会伤害谷物庄稼,敌兵就会来犯。孟秋时节如果实行春季的政令,国家就会发生旱灾,阳气就会卷土重来,五谷就不能结实。孟秋时节如果实施夏季的政令,那么到了冬天就会经常发生火灾,冷热失调,百姓会多发疟疾。七月的代表官是库官,代表树是楝树。

仲秋之月,招摇指西,昏牵牛中,旦觜巂中。其位西方,其日庚。其虫毛,其音商,律中南吕。其数九,其味辛,其臭腥。其祀门,祭先肝。凉风至,候雁来,玄鸟^①归,群鸟翔。

【注释】①玄鸟:燕子。
【译文】仲秋八月,招摇星指向十二星辰的酉位,黄昏时牵牛星位于南天正中央,黎明时觜巂星位于南天正中央。这个月的方位是西方,天干用庚辛,所代表的动物是毛类的动物,代表的音阶是商音,所代表的音律是南吕,所代表的数字是九,所代表的味道是辛味,所属的气味是腥味,这个月祭祀的是门神,祭祀时要先放上动物的肝脏。这个时候凉爽的风已经兴起,候雁飞来,燕子归去,群鸟在天空中翱翔。

天子衣白衣，乘白骆，服白玉，建白旗。食麻与犬，服八风水，爨柘燧火。西宫御女白色，衣白采，撞白钟。其兵戈，其畜犬。朝于总章太庙。命有司，申严百刑，斩杀必当，无或枉挠①。决狱不当，反受其殃。

【注释】①枉挠：即"枉桡"，违法曲断，偏私不公。
【译文】天子身穿白色的衣裳，骑着黑鬃的白马，佩带着白色的玉制饰品，树立起白色的旗帜。食用的是麻籽和狗肉，饮用八方之风吹来的露水，用落叶灌木或乔木烧火做饭，用燧石取火。西宫的侍女身穿白色的衣服，衣服上绣有白色的花纹，敲击白钟。代表这个月的兵器是戈，代表这个月的家畜是狗。天子在总章宫太庙召见群臣。命令有关部门的官员，严格审核各种刑罚，处决犯人必须依法定罪，不可出现违法曲断、偏私不公的现象。如果判决罪案不适当，必将会受到上天的惩罚。

是月也，养长老，授几杖，行糜鬻饮食。乃命宰祝①，行牺牲，案刍豢②，视肥膌（wò）全粹，察物色，课比类，量小大，视少长，莫不中度。天子乃傩，以御秋气。以犬尝麻，先荐寝庙。是月可以筑城郭，建都邑，穿窦③窖，修囷仓。乃命有司，趣④民收敛，畜采，多积聚，劝种宿麦。若或失时，行罪无疑。

【注释】①宰祝：太宰与太祝的并称。主祭祀之官。②刍豢：刍，吃草的牲口。豢，食谷的牲口。刍豢指牛、羊与犬、猪等。③窦：洞，引申为水道。④趣：通"驱"，驱使，引申为督促。
【译文】在这个月里，要赡养好老人，送给他们几案和手杖，赐予小麦粥来保障他们的饮食。还要命令主管祭祀的官员，巡视那些准备用来祭祀的牲畜,按照饲养情况,察看肥瘦,是否完好无缺,毛色是否纯正,是否符合类别,体形大小是否符合要求,重量齿龄是否符合规定标准,所有的这些是否有不合适的。合乎标准,天子将举行驱疫仪式,以抵御秋天里的阴气。让狗品尝过麻籽,先进献给寝庙。在这个月里可以修筑城墙,修建城邑,疏通水道,挖好地窖,修筑好粮仓。又命令有关部门的官员,要督促百姓搞好收割、畜养和采摘工作,多多积累,并勉励老百姓种好越冬的麦子。如果此时有人耽误了农时,那么就要定罪惩处,不容迟疑。

是月也,雷乃始收,蛰虫培户,杀气浸盛,阳气日衰,水始涸。日夜分,一度量,平权衡,正钧石,角斗称,理关市,来商旅,入货财,以便民事。四方来集,远方皆至,财物不匮,上无乏用,百事乃遂。

【译文】在这个月里,雷鸣开始结束,冬眠的动物开始准备它们要居住的洞穴。肃杀的阴气渐渐兴盛,阳气日益衰落,江河等水资源也开始干涸。秋分这一天昼夜长短均等,要统一、校正度、量、衡等标准,检查各种称量器具,管理关卡集市,使客商之间自由来往交易,引进货物和财物,以方便百姓生活。如此一来,四面八方的人都会聚集到这里,远方财物也随之而来,财物不匮乏,天子不缺乏用度,各种事情也就能够顺遂。

仲秋行春令,则秋雨不降,草木生荣,国有大恐。行夏令,则其国乃旱,蛰虫不藏,五谷皆复生。行冬令,则风灾数起,收雷先行,草木蚤死。八月官尉,其树柘。

【译文】仲秋时节如果实施春季政令,那么秋雨就不会降落,草木依然欣欣向荣,国家就会发生大的恐慌。仲秋时节如果实施夏季政令,那么国家就会发生旱灾,本应潜伏洞穴的蛇虫反倒不伏藏,庄稼又长出新苗。仲秋时节如果实施冬季政令,那么风灾就会时常发生,雷鸣提前收停,草木过早的衰亡。八月的代表官是尉官,代表树是柘树。

季秋之月,招摇指戌,昏虚中,旦柳中,其位西方,其日庚辛,其虫毛,其音商,律中无射。其数九,其味辛,其臭腥。其祀门,祭先肝。候雁来,宾雀①入大水为蛤,菊有黄华②,豺乃祭兽戮禽。

【注释】①宾雀:老雀,泛指家雀。②华:通"花",花朵。
【译文】季秋九月,招摇星指向十二星辰的戌位,黄昏时虚星位于南天正中央,黎明时柳星位于南天正中央。这个月代表的方位是西方,天干用庚辛,所属的动物是毛类的白虎,代表的音阶是商音,所属的音律是无射,所代表的数字是九,所代表的味道是辛味,所属的气味是腥味。这个月祭祀的是门神,祭祀时要先放上动物的肝脏。这时候大雁从北方飞来,家雀飞入大海而变成了蛤蜊,菊花开出了黄灿灿的花朵,豺在这个时候开始捕杀飞禽走兽。

天子衣白衣,乘白骆,服白玉,建白旗。食麻与犬,服八风水,爨柘燧火,西宫御女白色,衣白采,撞白钟,其兵戈,其畜犬,朝于总章右个。命有司,申严号令,百官贵贱,无不务入,以会①天地之藏,无有宣出②。乃命冢宰③,农事备收,举五谷之要,藏帝籍④之收于神仓⑤。

【注释】①会：顺应。②宣出：谓宣露散出。宣：散失，泄露。③冢宰：周官名。为六卿之首，亦称太宰。后世称吏部尚书为冢宰。④帝籍：天子籍田所收的谷物。⑤神仓：古时藏祭祀用谷物的处所。

【译文】天子身穿白色的衣裳，骑着黑鬃的白马，佩带着白色的玉制饰品，树立起白色的旗帜。食用的是麻籽和狗肉，饮用八方之风吹来的露水，用落叶灌木或乔木烧火做饭，用燧石取火。西宫的侍女身穿白色的衣服，衣服上绣有白色的花纹，敲击白钟。代表这个月的兵器是戈，代表这个月的家畜是狗。天子在西向堂北头室召见群臣。命令有关部门的官员，严明法令，官员无论级别高低，都要致力于秋收，以顺应秋季里天地收藏万物的时令，不可以有所宣露散失。还要命令太宰，在农事全都结束后，要统计粮食的成收状况并记录在册，并将天子所收籍田之谷藏入神仓之中。

是月也，霜始降，百工休。乃命有司曰：寒气总至，民力不堪，其皆入室。上丁①入学习吹。大飨帝②，尝牺牲。合诸侯，制③百县。为来岁受④朔日，与诸侯所税于民，轻重之法，贡岁之数，以远近土地所宜为度。

【注释】①上丁：原注作："是月上旬丁日。"②飨帝：祭祀天帝。③制：规定制度。④受：古同"授"。

【译文】这个月，霜降开始，各种工匠停止工作。又命令有关官员说：寒气将要来临，百姓忍受不了这样的寒冷，应全都进入室内避寒。在这个月的上旬丁日组织大家入宫学习吹奏乐器。举行大飨祭祀天帝，用牺牲做祭品以供天帝品尝。召集诸侯，制定各县制度，颁布来年每月的朔日，以及确定各诸侯国百姓税收的轻重，进贡物品的多少，按照距离远近和土地的肥沃程度来确定。

乃教于田猎，以习五戎①。命太仆及七驺②，咸驾戴莅③，授车以级，皆正设于屏外。司徒搢(jìn)朴④，北向以赞⑤之。天子乃厉服⑥广饰，执弓矢以猎，命主祠，祭禽四方。

【注释】①五戎：即、刀、剑、矛、戟、矢等五种兵器。②七驺：七个驾御车马的吏役。驺，通"趋"。③戴莅：戴，通"载"。莅，刘绩认为是"旌"字之误。载旌即插旗帜。④搢朴：插鞭子。朴：通"扑"，马鞭。⑤赞：告诫。⑥厉服：服猛厉之服，穿戎装。

【译文】还要教百姓打猎，学习使用五种兵器。命令太仆和七个驾御车马的吏役全都驾好猎车，插好各种旗帜，天子按不同的级别分发这些猎车，然后让他们在天子营帐外面有秩排开。司徒腰插鞭杖，面向北方告诫众官。天子穿着戎装并佩带各种打猎时所需的饰物，手里拿着弓箭开始打猎。命令掌管祭祀的官吏，将所猎之物拿去祭祀四方神灵。

是月草木黄落，乃伐薪为炭。蛰虫咸俯。乃趋①狱刑，毋留有罪，收录秩之不当，供养之不宜者。通路除道，从境始，至国而后已。是月，天子乃以犬尝麻，先荐寝庙。

【注释】①趋：督促。
【译文】这个月草木开始枯黄凋落，这时可以砍伐树木烧制木炭。冬眠的动物也开始伏藏。于是督促主管刑狱的官员，不要留下死罪的囚犯，没收那些无功受禄，不讲孝道，不供养老人的官员的俸禄。疏通道路和清除障碍，以使从边境开始到国都的道路都可以畅通无阻。这个月，天子让狗尝过黍子，然后首先进献给宗庙的神灵。

季秋行夏令,则其国大水,冬藏殃败,民多鼽(qiú)窒①。行冬令,则国多盗贼,边竟②不宁,土地分裂。行春令,则暖风来至,民气解惰,师旅并兴。九月官候③,其树槐。

【注释】①鼽:鼻塞不通。②竟:古同"境"。③候:负责守备的官员。

【译文】如果在季秋时节实施夏季政令,那么国家就会发大水,原本准备贮藏过冬的物品就会受到损害,百姓大多会患鼻塞不通的病。季秋时节如果实施冬天的政令,国内就会多盗贼,边境不得安宁,国土会被分裂。季秋时节如果实施春季政令,那么就会不断刮来和暖的风,民众的精神、气概松懈怠惰,战事就会到处兴起。九月的代表官是负责守备的候官,所代表的树是槐树。

孟冬之月,招摇指亥,昏危中,旦七星中。其位北方,其日壬癸,盛德在水。其虫介,其音羽,律中应钟,其数六。其味咸,其臭腐。其祀井,祭先肾。水始冰,地始冻,雉入大水为蜃,虹藏不见。

【译文】孟冬十月,招摇星指向十二星辰的亥位,黄昏时危星位于南天正中央,黎明时七星位于南天正中央。这个月的方位是北方,天干用壬癸,这个月里四时之盛气属水,代表的虫类是甲壳类,代表的音阶是羽音,所属的音律是应钟,所代表的数字是六。所属的味道是咸味,所属的气味是腐臭味。这个月祭祀的是井神,祭祀时先放上动物的肾脏。这时水开始结冰,大地开始冰冻。雉鸟进入淮河变成蛤蜊,彩虹在这个时候隐藏起来不再出现。

天子衣黑衣,乘玄骊①,服玄玉,建玄旗。食黍与彘,服八风水,爨松燧火。北宫御女黑色,衣黑采,击磬石,其兵铩②,其畜彘。朝于玄堂左个③,以出冬令。命有司,修群禁,禁外徙,闭门闾,大搜客,断罚刑,杀当罪,阿上乱法者诛。

【注释】①骊:纯黑色的马。②铩:古代的一种长矛。③玄堂:原注作"北向堂"。

【译文】天子身穿黑色的衣服,骑着纯黑色的马,佩带着黑色的玉制饰品,树立起黑色的旗帜。吃黍和猪肉,饮用八方之风吹来的露水,用松木烧火做饭,用燧石取火。北宫的侍女身穿黑衣,衣裳绣有黑色的花纹,敲击用美石制作的磬。代表这个月的兵器是铩,代表这个月的牲畜是猪。天子在北向堂的西头室召见群臣,颁布冬季的政令。命令有关部门的官员,修订各种禁令,禁止居民向外迁徙,关闭城门和里门,全面搜查外来人员,判决罪犯,执行刑罚,处决那些犯死罪的犯人,逢迎上司扰乱法律的人也要被责罚。

立冬之日,天子亲率三公、九卿、大夫以迎岁于北郊①。还,乃赏死事,存孤寡。是月,命太祝②祷祀神位,占龟策,审卦兆,以察吉凶。于是天子始裘,命百官谨盖藏,命司徒行积聚,修城郭,警门闾,修楗闭③,慎管籥(yuè)④,固封玺⑤,修边境,完要塞,绝蹊径,饬丧纪,审棺椁衣衾之薄厚,营丘垄之小大高痹⑥,使贵贱卑尊各有等级。

【注释】①北郊:古代帝王郊祀的处所之一。周制在北门外六里处,汉制在北门外四里。夏至日于此祭地,冬至日于此迎冬。②太祝:

职官名。为祝官之长,掌管祭祀祈祷的事情。③楗闭:这里指门闩。④管籥:锁钥。⑤封玺:封缄的印信。⑥痺:通"庳",低。

【译文】立冬的那天,天子亲率三公、九卿及大夫等官员到北郊迎接冬天的来临。返回宫后,奖赏那些死于国事的烈士家属,抚恤孤儿寡妇。在这个月内,命令太祝祈祷、祭祀神灵,用龟和蓍草占卜,审视卦象考察吉凶。这时天子开始穿上皮裘,命令百官贮藏好过冬的物品。命令司徒巡视人力、财力的积聚情况,修缮城墙,加强对城门与里门的警戒,修理好门闩,保管好锁匙,加固封缄的印信;整治边境,完备要塞,堵塞旁径小路;修订丧事的礼数,检查内棺外椁和随葬衣被的薄厚,测定坟墓的大小高低,使它们的规格符合贵贱尊卑的不同等级。

是月也,工师效功,陈祭器,案度程,坚致为上。工事苦慢①,作为淫巧②,必行其罪。是月也,大饮蒸③,天子祈来年于天宗④,大祷祭于公社⑤,毕,飨先祖。劳农夫,以休息之。命将率讲武,肄射御,角力劲。乃命水虞⑥、渔师,收水泉池泽之赋,毋或侵牟⑦。

【注释】①苦慢:谓器物粗劣,不坚实。②淫巧:谓过于精巧而无益的技艺与制品。③饮蒸:也作"饮烝",古礼之一。农事完毕,君臣会宴于太学。④天宗:指各类天神。⑤公社:原注作"后土之祭也"。⑥水虞:古代官名。掌管川泽的政令。⑦侵牟:侵害掠夺。

【译文】在这个月里,主管工匠的官员献上工匠们的成品,陈列出祭器,并察看它们的规格质量,将那些坚固精致的列为上品。如果工匠制作的器物质量粗劣不结实,或者过于精巧却华而不实,一定要追究他们的罪责。在这个月中,将举行盛大的蒸祭,天子向日月星辰及各方天神祈求来年的福泽,还将在公社举行隆重的祭典,祭祀后土,完毕后,再祭祀祖宗神灵。要慰劳辛勤的农夫,让他们休养生息。命令将领操练武艺,练习射箭和驾御之术,并进行比武。还命令掌管川泽和渔业的官员,收取河水泉流池沼湖泽的赋税,不可以出现侵占百姓利益的事情。

孟冬行春令,则冻闭不密,地气发泄,民多流亡。行夏令,则多暴风,方冬不寒,蛰虫复出。行秋令,则雪霜不时,小兵时起,土地侵削。十月官司马,其树檀。

【译文】如果在孟冬时节实行春季政令,那么冰冻封闭就不严实,地气就会向上发散外泄,百姓大多被迫流亡他乡。如果在孟冬时节实施夏季政令,就会常有暴风出现,正值冬天却不寒冷,冬眠的动物又会出来活动。如果在孟冬时节实施秋季政令,那么霜雪就会不合时宜地降落,小规模的战争兵乱时有发生,国土会被侵占剥削。十月的代表官是司马,代表树是檀树。

仲冬之月,招摇指子,昏壁中,旦轸中。其位北方,其日壬癸。其虫介,其音羽,律中黄钟。其数六,其味咸,其臭腐。其祀井,祭先肾。冰益壮,地始坼(chè)①,鹖鴠(gān dàn)②不鸣,虎始交。

【注释】①坼:裂开。②鹖鴠:鸟名。似鸡,冬无毛,昼夜常鸣。
【译文】仲冬十一月,招摇星指向十二星辰的子位,黄昏时壁星位于南天正中央,黎明时轸星位于南天正中央。这个月代表的方位是北方,天干用壬癸。这个月所代表的动物是甲壳类。代表的音阶是羽音,所属的音律是黄钟。这个月所代表的数字是六,所属的味道是咸味,所属的气味是腐味,这个月祭祀的是井神,祭祀时要先放上动物的肾脏。这时冰更加坚硬,大地开始被冻的开裂,鸦鸣也不鸣叫了,老虎开始交配。

天子衣黑衣,乘铁骊①,服玄玉,建玄旗,食黍与彘,服八风水,爨松燧火。北宫御女黑色,衣黑采,击磬石。其兵铩,其畜彘。朝于玄堂太庙。命有司曰:土事无作,无发室居,及起大众。

【注释】①铁骊:黑色的马。

【译文】天子身穿黑色的衣服,骑着黑色的马,佩带着黑色的玉制饰品,树立起黑色的旗帜。吃黍和猪肉,饮用八方之风吹来的露水,用松木烧火做饭,用燧石取火。北宫的侍女身穿黑衣,衣裳上绣有黑色的花纹,敲击用美石制作的磬。代表这个月的兵器是铩,代表这个月的牲畜是猪。天子在北向堂中央室召见群臣。命令有关部门的官员说:不要大兴土木,不要发掘房舍内收藏的越冬之物,更不可调动大量的民众服劳役。

是谓发天地之藏,诸蛰则死,民必疾疫,有随以丧。急捕盗贼,诛淫佚(yì)①诈伪之人。命曰畅(chàng)月②。命奄尹③,申宫令,审门闾,谨房室,必重闭,省妇事。乃命大酋④,秫稻必齐,曲蘖(niè)⑤必时,湛饎⑥必洁,水泉必香,陶器必良,火齐必得,无有差忒。天子乃命有司,祀四海大川名泽。

【注释】①淫佚:亦作"淫泆",纵欲放荡。②畅月:农历十一月。畅,通"畅"。③奄尹:官名。即周代的内宰。后指主管宫廷事务的宦官头目。亦泛指宦官。④大酋:古代酒官之长。⑤曲蘖:酿酒或制酱时引起发酵的东西,酿酒的曲。⑥湛熺:即"湛炽"。指酿酒时浸渍、蒸煮米曲之事。

【译文】如果大兴土木就开启了天地的闭藏,将会使各种冬眠动物死亡,百姓必将会染上疾病,又会随之发生丧亡。这时应尽快追捕盗贼,严惩那些放荡、虚伪狡诈之人,所以本月命名为"畅月"。命令主管宫廷事务的宦官头目,申明宫中禁令,仔细查看宫中各种门户,谨慎守护宫中各居室,关闭各重门户都,以减少后宫妃嫔侍寝承欢之事。还命令掌管酿酒的官员,酿酒用的秫和稻谷一定要备齐,酒曲投放一定要合时宜,酿酒时浸渍、蒸煮米曲之事一定要洁净,酿酒用的泉水必须散发着清香,选择的陶瓦器具一定要精致优良,火候必须掌握得恰到好处,所有这些都要符合规定,不能有差错。天子还命令主管祭祀的官员,祭祀天下所有大川名泽。

是月也,农有不收藏积聚、牛马畜兽有放失者,取之不诘①。山林薮泽,有能取疏食②、田猎禽兽者,野虞教导之。其有相侵夺,罪之不赦。是月也,日短至,阴阳争,君子斋戒,处必掩,身欲静,去声色,禁嗜欲,宁身体,安形性。是月也,荔③挺出,芸④始生,荓蚓结,麋角解,水泉动,则伐树木,取竹箭。罢官之无事、器之无用者,涂阙庭门闾,筑囹圄,所以助天地之闭。

【注释】①诘:谴责,问罪。②疏食:即草食。③荔:马荔草,又名马蔺。④芸:又称"芸香""芸草"。芸香科芸香属,多年生草本。茎高二、三尺,下部成木质,叶互生羽状,花色黄绿。果实为蒴果。花、叶有香气,供药用,有驱虫、通经的作用。

【译文】在这个月里,如果有农夫不收藏聚积物品,有饲养的牛马等牲畜走失,失主可以将牲畜领回,但不追究农夫的责任。而对那些在山林湖泽中,采摘草食、猎取禽兽的,主管山林湖泽的官员必须对其加以教导。如果发生相互侵占争夺的事情,有关部门就必须要追究罪责加以惩处而不能赦免。在这个月里,因冬至日白天最短,阴阳二气开始抗争转化,所以君子必须实行斋戒,居住的地方要隐蔽,身心要清静平和,还要远离歌舞美色、禁止贪图身体感官方面的欲望,使身心得以安宁平静。在这个月里,马荔草破土而出,芸香开始生长,蚯蚓开始屈结蠕动,麋鹿脱角,河水泉流开始涌动流淌,这时可以砍伐树木,制作竹箭。罢免那些无所事事的庸官并丢弃那些无用的器具,修补宫门、厅堂、院门和里门,加固监狱,以顺应天地闭藏的时令。

仲冬行夏令,则其国乃旱,氛雾①冥冥,雷乃发声。行秋令,则其时雨水,瓜瓠不成,国有大兵。行春令,则虫螟为败,水泉咸竭,民多疾疠(lì)②。十一月官都尉③,其树枣。

【注释】①氛雾:雾气。②疾疠:瘟疫。流行性急性传染病。③都尉:掌管军事之官。

【译文】如果在仲冬时节实施夏季政令,那么国家就会出现旱灾,弥漫的雾气使天地变得昏沉,雷声也会轰鸣起来。如果在仲冬时节实施秋季政令,这时就会雨水过多,导致瓜类作物不能成熟,国家还会发生大的战争兵乱。如果在仲冬时节实施春季政令,虫类就会危害庄稼,水源枯竭,百姓多有瘟疫发生。十一月的代表官是都尉,代表树是枣树。

季冬之月,招摇指丑,昏娄中,旦氐中。其位北方,其日壬癸。其虫介,其音羽,律中大吕。其数六,其味咸,其臭腐。其祀井,祭先肾。雁北乡,鹊加巢,雉雊(gòu)①,鸡呼卵。

【注释】①雉雊：即野鸡叫。

【译文】季冬十二月，招摇星指向十二星辰的丑位，黄昏时娄星位于南天正中央，黎明时氐星位于南天正中央。这个月的代表方位是北方，天干用壬癸。这个月所代表的动物是甲壳类的神龟，代表的音阶是羽音，所属的音律是大吕。它所代表的数字是六，所属的味道是咸味，所属的气味是腐味。这个月祭祀的是井神，祭祀时要先放上动物的肾脏。这时大雁向北方飞去，喜鹊开始加筑巢穴，野鸡鸣叫着求偶，母鸡咯咯叫着要下蛋。

天子衣黑衣，乘铁骊，服玄玉，建玄旗。食麦与彘，服八风水，爨松燧火。北宫御女黑色，衣黑采，击磬石。其兵铩，其畜彘。朝于玄堂右个。命有司，大傩旁磔(zhé)①，出土牛。命渔师始渔，天子亲往射渔，先荐寝庙。令民出五种②，令农计耦耕③事，修耒耜，具田器。命乐师大合吹而罢。乃命四监，收秩薪④，以供寝庙及百祀之薪燎⑤。

【注释】①旁磔：谓于四方之门宰牲禳祭。②五种：即五谷的种子。③耦耕：二人并耕。后亦泛指农事或务农。④秩薪：按规定数量交给官家的木柴。⑤薪燎：祭天时用的柴和照明火炬。

【译文】天子身穿黑色的衣服，骑着黑色的马，佩带着黑色的玉制饰品，竖起黑色的旗帜。吃麦和猪肉，饮用八方之风吹来的露水，用松木烧火做饭，用燧石取火。北宫的侍女身穿黑衣，佩戴黑色彩饰，敲击磬石。代表这个月的兵器是铩，代表这个月的牲畜是猪。天子在北向堂东室朝见群臣。命令有关官员在此月举行盛大的驱除疫鬼仪式，被分割杀死的牺牲陈放在城门旁以祭神驱赶邪气，并放出用泥土制作的牛，劝勉百姓开始耕种。命令主管渔业的官员开始捕鱼，天子也将亲自前往射鱼，将射猎到的鱼先进献给寝庙。下令农民取出收藏的五谷种子,开始筹划好春耕播种的农事,并修理准备好耒耜和耕田用具。还命令乐师举行这一年最后一次音乐盛典,以招待皇亲国戚。又命令四监官员,收集各自分管地区的柴薪,以供给宗庙及各种祭祀时的燃料和照明之需。

是月也,日穷于次①,月穷于纪②,星③周于天,岁将更始。令静农民,无有所使。天子乃与公卿大夫饬④国典,论时令,以待嗣岁⑤之宜。乃命太史⑥,次⑦诸侯之列,赋⑧之牺牲,以供皇天上帝⑨社稷之飨。乃命同姓之国,供寝庙之刍豢,卿士大夫至于庶民,供山林名川之祀。

【注释】①次:宿。②纪:日月相会。③星:指二十八宿。④饰:通"饬",修治。⑤嗣岁:来年,新的一年。⑥太史:西周、春秋时执掌起草文书,策命诸侯、卿大夫等的官职。⑦次:排序。⑧赋:贡赋。⑨皇天上帝:指五帝。

【译文】在这个月里,太阳走完了一年十二次的行程,月亮也完成了和太阳的最后一次相会,二十八宿也绕天运行了一周,新的一年也将开始。这时要下令百官让农民安静下来,为了来年的农事,不要再给他们增加任何负担。天子和公卿大夫们一起讨论修订国家的法律制度,研究讨论时令变化,以便制定适合来年的新政令。还要下令太史官,排定异姓诸侯的等级,并按照等级次序向他们征收祭祀用的牺牲,以供五帝、社稷之神享用。又命令那些与天子同姓的诸侯,向天子供奉进献祭祀宗庙所需要的牛、羊、犬、豕,诸侯国内上至卿、士、大夫,下至普通百姓都要供奉祭祀山林名川的祭品。

季冬行秋令,则白露早降,介虫为妖,四鄙入保。行春令,则胎夭伤,国多痼疾,命之曰逆①。行夏令,则水潦败国,时雪不降,冰冻消释。十二月官狱,其树栎。

【注释】①逆:气候大变。

【译文】如果在季冬时节实施秋季政令,那么白露就会提早降落,甲壳类的虫子就会兴妖作怪,四方边远地方的百姓就会涌入都城以求保全自己的性命。季冬时节如果实施春季政令,那么正在怀胎的动物腹中的胎儿就会夭折损伤,国家就会出现许多难以治愈的疾病,这种反常的现象称之为"逆"。季冬时节如果实施夏季政令,那么水涝灾害就会危害国家,大雪不按时降落,本该冰冻的却消化融解。十二月的代表官是狱官,代表树木是栎树。

五位,东方之极,自碣石山过朝鲜①,贯大人之国②,东至日出之次,榑木③之地,青土④树木之野,太皞、句芒之所司者,万二千里。其令曰:挺群禁,开闭阖,通穷室,达障塞,行优游,弃怨恶,解役罪,免忧患,休罚刑,开关梁,宣出财,和外怨,抚四方,行柔惠,止刚强。

【注释】①碣石山:位于河北昌黎县。朝鲜:汉武帝时设乐浪郡,以古朝鲜为中心,相当于今朝鲜平安南道、平安北道及黄海北道一部分。②大人之国:原说在朝鲜之东。③榑木:也称扶桑,日出之所。④青土:王引之认为应作"青丘"。

【译文】东南西北中的五个方位是这样的:东方最远的范围,是从碣石山经过朝鲜,贯穿大人国,往东一直到太阳暂住和升起的地方,即扶桑和青丘树木之野,是太皞、句芒所管辖的区域,一共一万二千里。他们的政令是:"放宽各种禁令,打开关闭的门户,疏通堵塞的地方,让万物优游自在,抛弃怨恨憎恶,解放役夫和罪犯,除去忧愁祸患,停止惩处和刑罚,开放关口和桥梁,散发仓库中的财物,缓和与周边国家的仇怨,安抚四方万民,实施仁爱宽松的政策,制止恃强凌弱的行为。"

南方之极,自北户孙①之外,贯颛顼之国②,南至委火③炎风之野,赤帝④、祝融之所司者,万二千里。其令曰:爵⑤有德,赏有功,惠贤良,救饥渴,举力农,振贫穷,惠孤寡,忧罢疾,出大禄,行大赏,起毁宗,立无后,封建侯,立贤辅。

【注释】①北户孙:根据原注,应无"孙"字。古国名。亦借指南方边远地区。②颛顼之国:远古传说中的南方国家。③委火:南方地名。④赤帝:即炎帝神农氏。⑤爵:赐爵。

【译文】南方极远之地,从北户国以外,贯穿颛顼国,向南到委火炎风的郊野,那是炎帝、祝融所管辖的地方,共一万二千里。他们的政令是:赐爵位给有德行的人,赏赐那些有功之臣,优待贤良之士,救济饥渴之人,举荐致力于农事的人,赈济贫穷百姓,关心孤儿寡妇,忧心那些疲弱患病的人,实行高俸禄及重赏,振兴那些即将濒临毁灭的宗族,选定将绝后无嗣国家的继承者,分封建立诸侯国,选择贤能的辅助大臣。

中央之极,自昆仑东绝两恒山①,日月之所道,江汉之所出,众民之野,五谷之所宜,龙门、河、济相贯,以息壤堙(yīn)洪水之州,东至于碣石,黄帝、后土之所司者,万二千里。其令曰:平而不阿,明而不苛,包裹覆露②,无不囊怀,溥氾③无私,正静以和,行稃鬻,养老衰,吊死问疾,以送万物之归。

【注释】①两恒山:"两"字疑是衍文,恒山即北岳恒山。②覆露:荫庇,养育。③溥氾:广泛,普遍。

【译文】中央这块广阔的土地范围是,从昆仑山以东一直越过恒山,到达日月所经之路,这是长江、汉水的发源地,又是人口稠密的地区,这里的土地适宜五谷生长,龙门、黄河、济水从这里穿过,是大禹用息壤堵塞洪水造出的陆地,它东到碣石山,是黄帝、后土所管辖的地域,共一万二千里。他们的政令是:处事公正不阿,明察秋毫而不苛刻,能包容、荫庇、养育万物,万事万物无不放在心上,博大而不偏私,平静温和,施舍汤粥赈济贫困,赡养年老体衰之人,哀悼死者,慰问有疾病的人,使万物都有一个好的归宿。

西方之极,自昆仑绝流沙①、沉羽②,西至三危之国,石城金室,饮气③之民,不死之野,少皞④、蓐收⑤之所司者,万二千里。其令曰:审用法,诛必辜,备盗贼,禁奸邪,饰群牧⑥,谨著聚,修城郭,补决窦⑦,塞蹊径,遏沟渎,止流水,邕溪谷,守门闾,陈兵甲,选百官,诛不法。

【注释】①流沙:西部沙漠地区。②沉羽:弱水。③饮气:食气。④少皞:传说中古代东夷首领,名挚(一作质),号金天氏。东夷曾以鸟为图腾,相传少皞曾以鸟名为官名。传说少皞死后为西方之神。⑤蓐收:古代掌理西方的神,相传为少皞氏之子,名该,负责掌管秋天。西方于五行中属金,故又为主金之神。⑥牧:古代治民之官。⑦决窦:即"决渎",疏浚水道。

【译文】西方极远之地,是从昆仑山穿过流沙、弱水,向西直到三危国,那里有石筑的城墙、黄金建造的屋室,居民以气为食而长生不死,是少皞、蓐收所管辖的地方,共一万二千里。他们的政令是:审慎地使用法律,被诛杀者必是死有余辜,防备盗贼,禁绝奸诈邪恶之行,整治地方地方官员,小心积聚收藏,修建城郭,填塞河道决口及河堤漏洞之处,阻塞旁径小道,遏止泛滥的洪水,控制溪谷水流,严密防守城门及里门,陈列各种兵甲,选任百官,诛杀不法之徒。"

北方之极,自九泽①穷夏晦②之极,北至令正之谷③,有冻寒积冰、雪雹霜霰、漂润群水之野,颛顼、玄冥④之所司者,万二千里。其令曰:申群禁,固闭藏,修障塞,缮关梁,禁外徙,断罚刑,杀当罪,闭关闾,大搜客,止交游,禁夜乐,蚤闭晏开,以塞奸人,已德,执之必固。天节⑤已几⑥,刑杀无赦,虽有盛尊以亲,断以法度。毋行水,毋发藏,毋释罪。

【注释】①九泽:北方泽名。②夏晦:大暝之地。③令正之谷:庄奎吉认为应作"令止之谷"。谷名,在今河北滦县,迁安之间。④玄冥:神名。水神。北方之神。⑤天节:一年的节令。⑥几:终,尽。

【译文】北方极远之地,从九泽一直到大暝之地的边际,北至令止山谷,那里常年冰天雪地,雪雹霜霰不断,为流淌、滋润群水之处,是颛顼、玄冥所管辖的地域,共一万二千里。他们的政令是:反复申明各种禁令,加强储藏,修筑设立障碍关卡,修缮关口桥梁,禁止百姓向外流徙,判定有罪之人,处决那些罪大恶极的人,关闭城门里门,全面搜捕外来的犯罪人员,禁止交游,不准在夜间寻欢作乐,要提早关闭门户,以便搜寻查找奸邪之徒,如果抓获了这些奸邪之徒,必须严加看管。这时一年的节令已经结束,一定要严厉执行刑罚,判定死刑不能宽免,即使是势力庞大地位尊贵的亲族犯罪,也要依法判决。这时不可扰动水源,不要打开封藏之物,不可以释放罪犯。

六合①：孟春与孟秋为合，仲春与仲秋为合，季春与季秋为合，孟夏与孟冬为合，仲夏与仲冬为合，季夏与季冬为合。孟春始赢②，孟秋始缩③；仲春始出④，仲秋始内⑤；季春大出，季秋大内；孟夏始缓⑥，孟冬始急⑦；仲夏至修，仲冬至短；季夏德毕⑧，季冬刑毕⑨。

【注释】①合：相互制约影响。②赢：生长。③缩：萎缩。④出：二月播种。⑤内：收敛，收纳。⑥缓：舒缓，舒松。⑦急：寒气肃杀。⑧德毕：夏至时阳气至极点。⑨刑毕：冬至时阴气到极点。

【译文】所谓的"六合"是指：孟春一月与孟秋七月互相对应，仲春二月与仲秋八月互相对应，季春三月与季秋九月互相对应，孟夏四月与孟冬十月互相对应，仲夏五月与仲冬十一月互相对应，季夏六月与季冬十二月互相对应。孟春时节万物开始生长，孟秋时节万物开始衰败；仲春时节开始播种，仲秋时节开始收藏；季春时节是春耕播种的时候，季秋时节是万物纳藏的高潮；孟夏时节阳气平和舒缓，孟冬时节阴气肃杀急迫；仲夏时节夏至前白日渐长，到夏至时长到极点，仲冬时节白日渐短，到冬至时短到极点；季夏时节阳气即将穷尽，季冬时节阴气即将结束。

故正月失政，七月凉风不至；二月失政，八月雷不藏；三月失政，九月不下霜；四月失政，十月不冻；五月失政，十一月蛰虫冬出其乡；六月失政，十二月草木不脱①；七月失政，正月大寒不解②；八月失政，二月雷不发③；九月失政，三月春风不济④；十月失政，四月草木不实；十一月失政，五月下雹霜；十二月失政，六月五谷疾狂⑤。

【注释】①不脱：不凋落。②不解：不能解冻。③不发：不能发声。④济：止，停。⑤疾狂：原注作："不华而实也。"因气候反常，作物该成熟结果时却继续生长，以至子实不饱满。

【译文】所以，如果正月政令不当，七月凉爽的微风就不会到来；二月政令不当，八月的雷鸣就不会停息；三月政令不当，九月的霜降就不至；四月政令不当，十月天地将不冰冻；五月政令不当，十一月本该冬眠的动物就会钻出洞穴；六月政令不当，十二月的草木就不会凋落；七月政令不当，正月的严寒就不散去；八月政令不当，二月的春雷就会不响；九月政令不当，三月就会春风不停；十月政令不当，四月里草木不会结出子实；十一月政令不当，五月里就会有冰雹霜降；十二月政令不当，六月里五谷便不开花，结出的都是虚瘪的子实。

春行夏令，泄①；行秋令，水；行冬令，肃。夏行春令，风；行秋令，芜；行冬令，格②。秋行夏令，华③；行春令，荣④；行冬令，耗⑤。冬行春令，泄；行夏令，旱；行秋令，雾。

【注释】①泄：发散，泄散。②格：王念孙认为当作"落"，谓夏行冬令，则草木零落。③华：木开花。④荣：草开花。⑤耗：零落。

【译文】如果春季实施夏季的政令，春气就会发泄失散；如果春季实施秋季的政令，就会多有水灾；如果春季实施冬季的政令，就会充斥着肃杀之气。如果夏季实施春季的政令，就会刮风不止；如果夏季实施秋季的政令，就会使田地荒芜；如果夏季实施冬季的政令，草木就会零落。如果秋季实施夏季的政令，草木就会依然繁茂；如果秋季实施春季的政令，草木就会持续茂盛；如果秋季实施冬季的政令，草木就会过早零落。如果冬季实施春季的政令，阴气就会发散；如果冬季实施夏季的政令，便会出现旱灾；如果冬季实施秋季的政令，就会大雾弥漫。

制度①阴阳,大制②有六度:天为绳③,地为准,春为规,夏为衡,秋为矩,冬为权。绳者,所以绳万物也;准者,所以准万物也;规者,所以员万物也;衡者,所以平万物也;矩者,所以方万物也;权者,所以权万物也。

【注释】①制度:法令礼俗的总称。②大制:主要的基本准则。③绳:这里比喻准则。

【译文】规定阴阳二气的规则制度,主要有六种:天作为绳,地作为准,春天为规,夏天为衡,秋天为矩,冬天为权。"绳"就是用来度量万物曲直的;"准"就是用来衡量万物水平的;"规"是用来衡量万物圆度的;"衡"是用来度量万物平衡的;"矩"是用来度量万物方正的;"权"是用来衡量万物权变的。

绳之为度也,直而不争①,修而不穷,久而不弊②,远而不忘;与天合德,与神合明;所欲则得,所恶则亡;自古及今,不可移匡③;厥德孔密④,广大以容。是故上帝以为物宗。

【注释】①争:通"绑",弯曲。②弊:破败。③移匡:移动枉曲。④厥:其。孔密:特别周密。

【译文】"绳"作为一种测量制度,正直而不弯曲,修长而无穷,经久而不弊败,久远而不被遗忘;它与天合德,与神合明;它所想的便能得到,它所厌恶的便会消亡;从古至今,都没有改变它的框架尺度;它的德行特别周密,广大而可以包容万物。所以上帝把它作为万物的根本。

准之为度也，平而不险，均而不阿；广大以容，宽裕以和；柔而不刚，锐而不挫；流而不滞，易而不秽①；发通②而有纪，周密而不泄，准平而不失。万物皆平，民无险谋，怨恶不生。是故上帝以为物平。

【注释】①秽：本意为荒芜，这里引申为繁杂。②发通：散发。

【译文】"准"作为一种计量和检验用的测量器具，它是平整而不起伏，均等而不弯曲的；它广大包容，宽裕平和；柔顺而不刚强，锐利而不折损；流畅而不滞塞，简易而不繁杂；散发而有制约，周密而不泄露，平稳而不失衡。万物全都处于平和状态，百姓就没有险恶心机和阴谋，怨恨也就不会发生。所以上帝把它作为平正万物的标准。

规之为度也，转而不复，员而不垸（huán）①，优而不纵，广大以宽，感动②有理，发通有纪；优优简简，百怨不起。规度不失，生气乃理③。

【注释】①垸：本义为用漆和灰涂抹器物，引申为转动义。②感动：受外物影响而动。③理：顺，通。

【译文】"规"作为一种量具，它是转动而不重复，圆滚而不乱转；优闲而不放纵，广大而宽容；感奋万物而有条理，发动万物而有纪律；宽大而又舒展，各种怨恨都无从生起。有这种"规"度存在，那么万物的生气就顺理通达。

衡之为度也，缓而不后，平而不怨；施而不德，吊①而不责；当平民禄，以继不足；勃勃阳阳②，唯德是行；养长化育，万物蕃昌；以成五谷，以实封疆。其政不失，天地乃明。

【注释】①吊：体恤。②勃勃：形容旺盛的生命力。阳阳：清明和暖的样子。

【译文】"衡"作为一种计量和检验用的器具，它是舒缓而不落后，公平而无怨；施予而不图回报，恤问而不责备；恰当公平地平衡百姓收入，用来救济那些收入不足的人；它旺盛蓬勃、清明和暖，只以施行善德为出发点；养育生长，使万物繁荣昌盛；使五谷丰收，使国家丰裕富足。它的政令公正不偏，天地万物得以清明。

矩之为度也，肃而不悖，刚而不愦；取而无怨，内而无害；威厉而不慑，令行而不废；杀伐既得，仇敌乃克；矩正不失，百诛乃服。

【译文】"矩"作为一种计量和检验的器具，它是严肃而不悖乱，刚正而不昏愦的；向它索取而不生怨恨，接纳而没有伤害；威严而不使人害怕，令行而不废止；征伐就会成功，仇敌必定被消灭。有这种不失公正的"矩"存在，所以使得诸多本该被诛灭的国家才来归附。

权之为度也，急而不赢①，杀而不割②；充满以实，周密而不泄；败物而弗取，罪杀而不赦；诚信以必，坚悫（què）③以固；粪除苛慝，不可以曲。故冬正④将行，必弱以强，必柔以刚，权正而不失，万物乃藏。

【注释】①赢：增长。②杀而不割：指的是战争的目的在于惩罚而不是侵夺领土人口。③坚悫：至诚，坚毅恭谨。悫：诚实，谨慎。④正：通"政"。

【译文】"权"作为一种计量和检验的器具，急切而不过度，杀伐而不侵夺；充满诚信，周密而不发散；使其失败而不索取，诛杀罪犯而不赦免；诚实守信，坚毅恭谨而不动摇；清除残暴凶恶之人，绝不歪曲事实。所以冬季政令一旦实施推行，定会使弱小逐渐变强，柔弱必定变得刚强。有这种公正之"权"的存在，万物才得以收敛保藏。

明堂之制①，静而法准，动而法绳；春治以规，秋治以矩，冬治以权，夏治以衡。是故燥、湿、寒、暑以节至，甘雨膏露②以时降。

【注释】①明堂之制：明堂是古代帝王宣明政教、举行大典的地方，随四时变化而有所不同，故曰明堂之制。②膏露：即甘露。

【译文】明堂的制度，从静的方面以"准"为法度，从动的方面以"绳"为法度；春天用"规"来治理，秋天用"矩"来治理，冬天用"权"来治理，夏天用"衡"来治理。因此无论是干燥、潮湿、寒冷、暑热都会按节令出现，及时雨和甘露也会按照时令适时降临。

卷六　览冥训

【题解】览冥，即览观幽冥变化，以达无极。本卷探讨了世间万物和人类之间的关系。万事万物都产生于阴阳二气，阴阳二气又来自"道"。万物之间相互影响又彼此制约。只有遵循自然规律，"使万物各复归其根"，才能安邦治国。

昔者，师旷①奏《白雪》之音，而神物②为之下降，风雨暴至，平公癃（lóng）病③，晋国赤地④。庶女叫天⑤，雷电下击，景公⑥台陨，支体伤折，海水大出。夫瞽（gǔ）师⑦、庶女，位贱尚蒙（xǐ）⑧，权轻飞羽，然而专精厉意⑨，委务积神，上通九天，激厉至精。由此观之，上天之诛⑩也，虽在圹虚幽间，辽远隐匿，重袭⑪石室，界障险阻，其无所逃之，亦明矣。武王伐纣，渡于孟津，阳侯⑫之波，逆流而击，疾风晦冥，人马不相见。于是武王左操黄钺（yuè）⑬，右秉白旄（máo）⑭，瞋目而撝（huī）⑮之，曰："余任天下，谁敢害吾意者！"于是，风济而波罢。鲁阳公与韩构难，战酣日暮，援戈而撝之，日为之反三舍。夫全性保真，不亏其身，遭急迫难，精通于天。若乃未始出其宗者，何为而不成！夫死生同域，不可胁凌⑯，勇武一人，为三军雄。彼直求名耳，而能自要者尚犹若此，又况夫宫天地，怀万物，而友造化，含至和，直偶于人形，观九钻一，知之所不知，而心未尝死者乎！

【注释】①师旷：春秋时晋国乐师。善于辨音。②神物：原注作："即神化之物，谓玄鹤之属来至，无头鬼类操戈以舞也。"③平公（？—前532年）：春秋时晋国国君。姬姓，名彪，前557—前532年在位。癃病：衰弱疲病。④赤地：旱灾、虫灾后，地面寸草不生。⑤庶女叫天：是说春秋时齐国一民女负冤申诉，仰天呼号的事情。⑥景公：即齐景公。⑦瞽师：乐师。古代常以盲人担任乐师。⑧位贱尚萘：原注作："尚，主也。萘者，萘耳，菜名也。幽、冀谓之檀菜，洛下谓之胡萘。主是官者，至微贱也。瞽师、庶女复贱于主萘之官，故曰'权轻飞羽也'"⑨专精厉意：形容全身心致力于某事。⑩诛：惩罚。⑪重袭：一层又一层，重叠。⑫阳侯：传说中的水神。能兴风作浪，造成灾害。⑬黄钺：饰以黄金的长柄斧子。天子仪仗，亦用以征伐。⑭白旄：古代的一种军旗。以牦牛尾置于竿首，用以指挥全军。⑮撝：指挥，挥动。⑯胁凌：胁迫欺凌。

【译文】从前，晋国乐师师旷演奏《白雪》这一乐曲，天上的神物玄鹤因乐声从天而降，狂风暴雨突然来临，晋平公患了重病，晋国遭遇旱灾寸草不生。齐国的一位民女呼天告地、申诉冤屈，突然电闪雷鸣，毁坏了齐景公的楼台，景公的身体受伤骨折，海水也泛滥成灾。那瞎眼的乐师、贫贱的民女，地位比尚萘还要低贱，权利轻于飞散的羽毛，然而他们却专心致志，聚精会神，摒弃外界所有的干扰，所以能够通达九天，感化神灵。由此看来，上天想要实行惩罚，即使他们身处幽静的荒地，隐藏在遥远的地方，躲藏在重叠的石室里面，受到层层阻碍，也无法逃脱上天的惩罚，这是显而易见的事。周武王讨伐商纣，在孟津渡河时，水神掀起了风浪，迎着水流发起了攻击，狂风大作，天地一片昏暗，连人马都分辨不清。这时，周武王左手举着黄钺，右手拿着白旄，瞪大眼睛挥喊道："我身负统领天下的重任，谁敢违抗我的意志？"这时，忽然就风平浪静了。鲁阳公与韩国交战，战斗正激烈的时候，太阳却开始西沉，鲁阳公手持刀戈挥向太阳，太阳竟也为他退避三舍。那些保全天性和本真，没有损害身体的人，当他们遇到紧急危难的事情时，他们精诚所至就能和上天相通。如果一个人的性情从未偏离道这个根本，又有什么是不能成功的呢！把生死等同看待的人，没有什么东西可以威胁欺凌到他，一个勇敢威武的人可以称霸三军。而这些人只不过是为了求取名利罢了，而求取名利的人尚能如此，又何况那些以天地为宫室，心怀万物而与造化为友，蕴含着天地间祥和之气，把人的形体只看作暂时的寄托之处，认真钻研占卜，知道那些别人所不知道的事情，而且心从未曾偏离道的人呢！

昔雍门子①以哭见于孟尝君②，已而陈辞通意，抚心发声，孟尝君为之增欷（xī）歍唈（wū yì）③，流涕狼戾④不可止。精神形于内，而外谕哀于人心，此不传之道。使俗人不得其君形者而效其容，必为人笑。故蒲且子⑤之连鸟于百仞之上，而詹何之鹜鱼⑥于大渊之中，此皆得清净之道、太浩⑦之和也。

【注释】①雍门子：战国时齐国琴师，名周，居住在齐国的首都西门，当时称"雍门"，故以为号，亦称雍门或雍门子周。②孟尝君：即田文，战国时齐国贵族，为战国四公子之一，以善养士著称。③欷：抽泣。歍：呜咽。④狼戾：散乱堆积。⑤蒲且子：相传是古代善于射鸟的人。⑥詹何：战国时道家，哲学家，楚国术士。鹜鱼：原注作："言其善钓，令鱼驰鹜来趋钩饵，故曰'鹜鱼'。"⑦太浩：天，大自然。

【译文】从前，雍门子因善于悲歌而受到孟尝君的接见，之后又陈述了人之所以会被悲歌打动，是因为沉浸在悲愁之中，然后抚着胸口发出悲怆的声音，孟尝君为之呜咽抽泣，泪流满面而不能自已。人悲伤的情绪形成于内心，而能通过外在的歌曲或者语言表现出来，并且会引起他人的共鸣，这不是通过口耳相传就可以得到的。假使那些平庸的人不懂得精神主宰外在的作用，而只是去模仿他人的音容相貌，必定会被人嘲笑。所以蒲且子能在百仞的高空中一举射中两只飞鸟，而詹何能够让深渊中的鱼儿自己跑到钩上来，这是因为他们都懂得了清净、平和、自然的道理。

夫物类之相应，玄妙深微，知不能论，辩不能解。故东风至而酒湛溢，蚕呓(ěr)丝①而商弦绝，或感之也。画随灰而月运阙②，鲸鱼死而彗星出，或动之也。

【注释】①呓丝：谓蚕口上下吐丝。②阙：同"缺"。
【译文】世间万物之间是相互感应的，非常玄妙而精微，有智慧的人不能说明白，善辩的人也不能解释清楚，东风吹过而酒涨溢，蚕吐丝而商弦断绝，或许他们之间是相互感应的。用芦苇的灰烬画月亮的圆缺，将圆缺的一面对着月光，月亮会随之缺损，鲸鱼死去而彗星出现，或许他们之间是相互感应的。

故圣人在位，怀道而不言，泽及万民。君臣乖心，则背谲(jué)①见于天，神气相应，征矣。故山云草莽，水云鱼鳞，旱云烟火，涔云②波水，各象其形类，所以感之。夫阳燧取火于日，方诸取露于月。天地之间，巧历不能举其数；手征忽怳(huǎng)③，不能览其光。然以掌握之中，引类于太极之上，而水火可立致者，阴阳同气相动也。此傅说④之所以骑辰尾⑤也。

【注释】①背谲：太阳周围的云气。②涔云：含雨的浓云。阳燧：古人用来向日取火的铜制火镜。③忽怳：细微、微小的样子。④傅说：殷高宗的贤相。初隐居于傅岩，高宗梦到他，往访而知其贤，于是举他为相，国家大治。⑤辰尾：即心宿和尾宿。

【译文】圣人在位时，怀着无为之道而无需多言说教，恩泽遍及所有百姓。君臣如果离心，天相就会出现异常，云气也会有所感应。所以山中的云气如同草莽，水中的云气如同鱼鳞，旱天的时候云气如烟火一般，雨天时云气像水中的波痕一样，各自和他们的形类相像，这就是相互感应。阳燧可以从日光那里取火，方诸可以从月亮那里提取露水。天地之间，再精妙的历术家都难以算清这神奇的感应现象到底有多少。用手可以抓取到微小的事物，但不能得到日月的光辉。然而放在手掌中的阳燧、方诸，却可以从日光中取火，从月亮里提取露水，水火便可立即得到，这表明阴阳同气是可以相互感化的，这也就是傅说死后骑着心宿和尾宿飞升九天的原因。

故至阴飂飂(liù)①，至阳赫赫②，两者交接成和而万物生焉。众雄而无雌，又何化之所能造乎？所谓不言之辩，不道之道也。故召远者使无为焉，亲近者使无事焉，惟夜行者为能有之。故却走马以粪，而车轨不接于远方之外，是谓坐驰陆沈③，昼冥宵明，以冬铄④胶，以夏造冰。

【注释】①飂飂：风高吹的样子。②赫赫：炎热干旱的样子。③坐驰：谓安坐而行教化。陆沈：沉于陆，喻隐遁。④铄：熔化。

【译文】所以到了冬至时寒气逼人，到了夏至时炽热难当，只有两者交接相互融合时，万物都生长。如果都是雄性而没有雌性，又怎能造化万物？这就是所说的无需言语的辩论，不能说的道。安抚边远的国家应该使用无为的方法,亲附中原的诸侯应该采取无事的方法,只有阴行无形之道才可以统一天下。所以卸下战马,让它们去运田粪,车马就不会去往边远的地方,就像是安坐而行教化,跟随自然沉浮,那么即使是白昼昏暗黑夜光明,在冬天熬熔化胶,在夏天制造冰,也是可以成功的。

天道者,无私就也,无私去也;能者有余,拙者不足;顺之者利,逆之者凶。譬如隋侯之珠①,和氏之璧,得之者富,失之者贫;得失之度,深微窈冥②,难以知论,不可以辩说也。何以知其然?今夫地黄③主属骨,而甘草主生肉之药也,以其属骨,责其生肉,以其生肉,论其属骨,是犹王孙绰之欲倍偏枯之药而欲以生殊死之人,亦可谓失论矣。若夫以火能焦木也,因使销金,则道行矣。若以慈石④之能连铁也,而求其引瓦,则难矣。物固不可以轻重论也。

【注释】①隋侯之珠:传说汉时隋侯见大蛇受伤,用药为其敷治,蛇伤愈后,由江中衔来大明珠,以报答隋侯恩情。后泛指珍贵的物品或称誉人具有智慧、才能。②窈冥:深邃的样子。③地黄:植物名。黄色根,中医入药、补血、强心。④慈石:磁石、吸铁石。

【译文】天道,它不会怀有私心地去亲近谁,也不会远离谁;能掌握天道的就会功德有余,不能掌握天道的就会功德不足;顺应天道的就会有利,违逆它的就会遭殃。比如随侯珠,和氏璧,得到它们就会富有,失去它们就会贫穷;判别得与失的尺度,非常的精微深妙,难以用智慧来论说,不可以用言语来辩证,怎么知道是这样呢?现如今,地黄主要用来健骨,甘草主要用来生长肌肉,让有健骨功效的药物去生肌,让有生肌功效的药物去健骨,这就犹如王孙绰想以治疗半身不遂的加倍药量去救那些将死之人,这可以称作是脱离了常理。如果说凭借着火可以烧焦木头的缘由，去用火熔化金属，这是可以说得通的；但如果用能够吸铁的磁石，让它吸瓦，那就很困难了，所以，万物不能仅靠它们的轻重来论定性能。

夫燧之取火于日，慈石之引铁，蟹之败漆，葵之向日，虽有明智，弗能然也。故耳目之察，不足以分物理；心意之论，不足以定是非。故以智为治者，难以持国，唯通于太和而持自然之应者，为能有之。故峣山崩而薄落之水涸①，区冶②生而淳钧③之剑成；纣为无道，左强在侧；大公并世，故武王之功立。由是观之，利害之路，祸福之门，不可求而得也。

【注释】①峣山：在今陕西蓝田县南二十里。薄落之水：这里应指发源于甘肃平凉县西薄落山的泾水。②区冶：春秋时善于铸剑的人。③淳钧：亦称"淳钩"，古剑名。

【译文】阳燧能从太阳中取火，吸铁石能吸铁，螃蟹能败坏生漆，向日葵向阳而生，即使有明晰的智慧，也不能解释这些现象。所以只是用眼睛看耳朵听，是没有办法分清事物的常理的；仅凭内心的猜想，是没有办法论是非的。所以只凭借聪明是很难治理一个国家的，唯有通晓阴阳变化，而又能掌握自然感应规律的人，才能治理好国家。所以峣山崩塌而薄落河随之干枯，区冶出现才带来淳钧剑的成功铸就，商纣无道，奸臣左强便出现在君侧，姜太公与周武王一起出世，所以周武王能够立功建业。这样看来，利害祸福不是妄求就可以得到的。

夫道之与德，若韦之与革①，远之则迩②，近之则远；不得其道，若观鲦鱼③。故圣若镜，不将不迎，应而不藏，故万化而无伤。其得之乃失之，其失之非乃得之也。

【注释】①韦：经去毛加工制成的柔皮。革：去了毛经过加工的兽皮。②迩：近。③"不得"二句：原注作："鯈鱼，小鱼也，在水中可观见，见而不可得，道亦如之。"

【译文】"道"与"德"，就像是韦与革，你觉得离它很远时它又在你眼前，它在你眼前时你又感觉它很远；如果不能得到其中的道，就像看深水中的鯈鱼一样，虽然能够看见它在水里，却又见而不可得。所以圣人就像是镜子，不送走也不迎接，只是真实地映照出物像却不私藏，所以即使事物千变万化，对自己也没有造成一点儿损伤。其得到的，正是要失去的，而其失去的，不正是要得到的吗？

今夫调弦者，叩宫宫应，弹角角动，此同声相和者也。夫有改调一弦，其于五音无所比，鼓之而二十五弦皆应，此未始异于声，而音之君已形也。故通于太和者，惽若纯醉而甘卧，以游其中，而不知其所由至也。纯温以沦，钝闷①以终，若未始出其宗，是谓大通。

【注释】①钝闷：无情无绪貌。

【译文】那些调瑟音的人，他叩击这一宫的宫弦，另瑟上的宫弦也会随之应和，他弹奏一个角弦，另一瑟上的角弦也会感应震动，这是同声相应的情况。如果改动一个弦，它的声音就与五音不合了，如果弹奏它，却可以引起二十五根弦都会应和震动，其音色和音调和之前没有什么不同，所以它可以成为很多音乐的主音。所以，能通达太和之道的人，昏昏沉沉的就像喝醉后酣睡一般，遨游在大道中，但不知道怎么到达这种大道的。他纯朴温和地隐没在这世间，无情无绪地始终与道同在，就好像从未偏离过道宗，这就是所说的大彻大悟的通透。

今夫赤螭(chī)、青虬(qiú)①之游冀州也，天清地定，毒兽不作，飞鸟不骇，入榛薄，食荐梅②，嚼(cǎn)味含甘，步不出顷亩之区，而蛇鳝轻之，以为不能与之争于江海之中。若乃至于玄云之素朝，阴阳交争，降扶风，杂冻雨③，扶摇④而登之，威动天地，声震海内，蛇鳣⑤着泥百仞之中，熊罴匍匐丘山磛(chán)岩⑥，虎豹袭穴而不敢咆，猨狖(yòu)颠蹶⑦而失木枝，又况直蛇鳝之类乎！凤皇之翔至德也，雷霆不作，风雨不兴，川谷不澹，草木不摇，而燕雀佼之，以为不能与之争于宇宙⑧之间；还至其曾逝万仞之上，翱翔四海之外，过昆仑之疏圃，饮砥柱之湍濑，邅(zhān)回蒙汜⑨之渚，尚佯冀州之际，径蹑都广，入日抑节⑩，羽翼弱水，暮宿风穴。当此之时，鸿鹄鸧(cāng)鹤(hè)⑪，莫不惮惊伏窜，注喙江裔，又况直燕雀之类乎！此明于小动之迹，而不知大节之所由者也。

【注释】①赤螭、青虬：传说中的龙类。②荐梅：原注作："草实也。状如桑椹，其色赤，生江滨也。"③冻雨：原注作"暴雨也"。④扶摇：自下直上的样子。⑤蛇鳣：即鼋鼍。⑥磛岩：积石高峻的样子。⑦狖：古书上说的一种猴，黄黑色，尾巴很长。颠蹶：倒仆；跌落。⑧宇宙：原注作："宇，屋檐也。宙，栋梁也。"⑨邅回：徘徊、行走困难的样子。蒙汜：日出之处。⑩抑节：为日入之地。⑪鸧鹤：即鸧鹤。鹤类。

【译文】赤螭、青虬游荡在冀州大地的时候，天气晴朗大地安宁，猛兽不来入侵，飞鸟在天空自由翱翔毫不惊恐。它们飞入丛林，寻找荐梅，品尝世间的美味，在不超过百亩的地方飞行，而蛇与黄鳝却轻视它们，认为赤螭、青虬不能和它们在江河湖海之中相争。但是到了乌云布满天空、阴阳之气相争、暴风骤雨袭来的时候，赤螭、青虬便盘旋升空，其威力震天动地，声振四海，这就使鼋鼍隐藏在百仞泥层之中，黑熊蝟匐在山峦岩石之间，豺狼虎豹躲进洞穴而不敢咆哮，猿狖吓得惊慌失措从树枝上跌下，又何况是小小的蛇与黄鳝之类呢？凤凰飞翔在充满至德的国度时，雷霆不作，风雨不兴，河流川谷不起浪，草木不摇动，但是燕雀却轻视它，认为它们无法同自己在屋檐梁柱间相争。等到凤凰盘旋直上万仞高空，遨游在四海之外，穿过昆仑山的疏圃，饮用砥柱山的湍流，在日出之地的小洲上走走停停，徜徉在冀州大地，途经都广山岭，送夕阳回日落之地后，在弱水清洗羽翼，在风穴处休息。这个时候，鸿鹄、鸧鹪没有不害怕逃脱的，藏于江滨不敢轻举妄动，又何况燕子、麻雀之类呢？它们只懂得小的举动，哪里明白壮举是如何产生的呢？

昔者，王良、造父①之御也，上车摄辔，马为整齐而敛谐②，投足调均，劳逸若一，心怡气和，体便轻毕，安劳乐进，驰骛若灭，左右若鞭，周旋若环，世皆以为巧，然未见其贵者也。

【注释】①王良：原注作："晋大夫邮无邮子良也，所谓御良也。一名孙无政。为赵简子御，死而托精于天驷星，天文有王良星是也。"造父：周穆王时善御之人，王使造父御，西游忘返。及徐偃王反，王日驰千里马攻徐偃王，大破之，乃赐造父以赵城，自此为赵氏。天文有星名造父。②敛谐：聚精会神，动作协调。

【译文】从前，王良、造父善于驾驭车马，上车之后就控制缰绳，马就随着他们的控制而开始整齐行进，步伐变得协调而均匀，奔跑和休息时都一样，心态平和，体态轻盈，行动敏捷，安于劳苦，乐于驰骋。奔跑起来速度很快，左右转换就如有鞭子驱使一般灵活敏捷,像圆环一样灵巧的绕圈,世人都认为他们技艺精巧,但是,他们却没有看到真正值得尊崇的御术。

若夫钳且、大丙①之御,除辔衔,去鞭弃策,车莫动而自举,马莫使而自走也。日行月动,星耀而玄运,电奔而鬼腾,进退屈伸,不见朕垠②。故不招指,不咄叱(duō chì),过归雁于碣石,轶军(kūn)鸡于姑余③。骋若飞,骛若绝,纵矢蹑风,追猋(biāo)④归忽,朝发榑桑,日入落棠。此假弗用而能以成其用者也。非虑思之察,手爪之巧也,嗜欲形于胸中,而精神踰(yú)⑤于六马,此以弗御御之者也。

【注释】①钳且、大丙:原注作:"古得道之人,以神气御阴阳也。"②朕垠:征兆、迹象。③军鸡:凤凰的别称。姑余:山名。即姑苏山。④猋:同"飙",暴风,旋风。⑤踰:协调。

【译文】像钳且、大丙这样的御手,除掉缰绳马衔,无需使用马鞭,车子没有拉动就自己运转,马匹没有使唤就自己奔跑,就像日月转动,繁星闪耀,天体运行,又如电光石火,鬼神奔腾,进退屈伸,完全看不到形迹,所以不用指挥,不用喝斥,在碣石山超越北归的大雁,在姑苏山越过南来的军鸡,驰骋起来像骤风,奔跑起来如断弦。就像踩着飞箭,就如踏着疾风,日出从扶桑出发,日落到达落棠。这是借着"不用"而成就了他的"有用"。这并不是因为他们深思熟虑,手脚灵巧,而是他们将嗜欲之形隐藏在心中,而精神自然深化于六马之中,这就是用不御的道术去驾驭它们。

昔者,黄帝治天下,而力牧、太山稽①辅之,以治日月之行律,治阴阳之气,节四时之度,正律历之数,别男女,异雌雄,明上下，等贵贱，使强不掩弱，众不暴寡。人民保命而不夭，岁时孰而不凶；百官正而无私，上下调而无尤；法令明而不暗，辅佐公而不阿；田者不侵畔，渔者不争隈；道不拾遗，市不豫贾②；城郭不关，邑无盗贼；鄙旅之人相让以财，狗彘(zhì)吐菽(shū)粟于路，而无忿争之心。于是日月精明，星辰不失其行，风雨时节，五谷登孰；虎狼不妄噬，鸷鸟不妄搏；凤凰翔于庭，麒麟游于郊；青龙进驾，飞黄伏皂③，诸北、儋(dān)耳④之国，莫不献其贡职。然犹未及虙(fú)戏氏⑤之道也。

【注释】①力牧、太山稽：原注作"黄帝师"。②豫贾：虚定高价以欺骗顾客。③皂：马槽。④诸北、儋耳：原注作"皆北极夷国也"。⑤虙戏氏：即伏羲氏。

【译文】从前，黄帝治理天下时，有贤臣力牧、太山稽辅佐他，因而能遵循日月运行及阴阳变化的规律来调节四季的法度，更正律历标准，区分男女、雌雄的不同职责，明确上下等级关系，分出高低贵贱，使强者不再欺凌弱者，人多的一方不能欺负人少的一方。百姓能够颐养天年而不会过早夭折，庄稼年年丰收而不遭遇灾害；百官公正而无私心，上下关系和谐而没有怨言；法令严明而不黑暗，辅佐的官员刚正不阿；种田的人不越田界，打渔的人不争抢鱼多的港湾。丢失在道路上的东西没有人拾起来占为己有，商人不故意抬高物价欺骗顾客；城门日夜不关闭，城镇中没有盗贼；边远地区的人在财物上相互谦让，就连猪狗都将粟米等粮食吐在道路上，毫无争抢之心。因此日月明亮，星辰没有偏离运行的轨道；风调雨顺，五谷丰登，虎狼不胡乱扑咬，凶猛的鸟类不随意捕杀弱小；凤凰在庭院中飞翔，麒麟在郊外游玩，青龙为皇帝进献车驾，神马安居于马槽，边远的国家没有不进献贡品的。但是这些还是赶不上伏羲氏的治国之术。

往古之时，四极废，九州裂，天不兼覆，地不周载，火爁（làn）炎①而不灭，水浩洋而不息，猛兽食颛（zhuān）②民，鸷鸟攫老弱。于是女娲炼五色石以补苍天，断鳌足以立四极。杀黑龙③以济冀州，积芦灰以止淫水。苍天补，四极正，淫水涸，冀州平，狡虫死，颛民生。背方州，抱圆天，和春阳夏，杀秋约冬，枕方寝绳④。阴阳之所壅沈不通者，窍理之；逆气戾物，伤民厚积者，绝止之。当此之时，卧倨（jù）倨，兴眄（miǎn）眄⑤；一自以为马，一自以为牛；其行蹎（diān）蹎，其视瞑瞑⑥；侗然皆得其和，莫知所由生；浮游⑦不知所求，魍（wǎng）魉（liǎng）⑧不知所往。当此之时，禽兽蝮蛇，无不匿其爪牙，藏其螫（shì）毒，无有攫噬之心。考其功烈，上际九天，下契黄垆⑨，名声被后世，光晖重万物。乘雷车，服驾应龙，骖（cān）青虬，援绝瑞⑩，席萝图⑪，黄云络，前白螭，后奔蛇⑫，浮游消摇，道鬼神，登九天，朝帝于灵门，宓（mì）穆休于太祖⑬之下。然而不彰其功，不扬其声，隐真人之道，以从天地之固然。何则？道德上通，而智故消灭也。

【注释】①爁炎：火势蔓延。②颛：善良。③黑龙：原注作"水精也"。④枕方寝绳：枕方石，睡绳床。这里指严格依照阴阳变化的规律行事。⑤倨倨：无思虑的样子。眄眄：无智巧的样子。⑥蹎蹎：稳重缓慢的样子。瞑瞑：昏暗迷乱的样子。⑦浮游：随意而游。⑧魍魉：飘忽之状。⑨黄垆：地下。⑩援：执，持。绝瑞：高诱注："殊绝之瑞应。"⑪萝图：原注作"车上席"。⑫奔蛇：传说中一种能飞的神蛇。⑬宓穆：安宁静穆。太祖：原注作"道之太宗也"。

【译文】上古时期，四根撑天柱倾折，九州大地塌陷，天空不能将大地全部覆盖，大地也不能遍载万物，烈火不断蔓延而不熄灭，洪水浩渺无边而不消退，猛兽吞食着善良的人们，凶猛的鸟类抓住年老弱者。于是女娲炼就了五色石来补天，斩断鳌足做擎天柱。杀掉黑龙来救助冀州，堆积芦苇的灰烬使洪水消退。天空补好了，四根擎天柱挺立，洪水消退，冀州开始安定，凶猛的鸟兽都死了，善良的百姓得以存活下来。女娲背靠着大地，怀抱着天空，使春天暖和，夏天炎热，秋天肃杀，冬天寒冷。她头枕矩尺，睡在墨绳上，阴阳之气阻塞不通时，她就疏通治理；当邪恶之气危害万物，阻碍民众积聚财物时，她就制止消除。在这个时候，人们睡觉时无所思虑，清醒时平静安定，一会儿认为自己是马，一会儿又认为自己是牛。人们的行动和缓沉稳，看东西若明若暗；天真单纯与万物相和谐，没有人知道自己从何处而来；随意遨游不知道自己在追求什么，随意行走不知道该去往哪里。就在这时，野兽毒蛇，没有不隐藏起自己的爪牙，藏匿起自己的毒刺的，已经没了抓捕吞噬的心思。考察女娲的功劳，上至九天，下达黄泉下的垆土，美名流传后世，功德惠及万物。她以雷电为车，应龙在中间驾辕，两旁伴着青虬，手里拿着稀有的瑞玉，铺着带图案的车垫，黄云环绕在身边，前边有白螭开路，后边有腾蛇追随，悠闲遨游，在鬼神的引导下，登上九天，在灵门朝见天帝，安静肃穆地在大道始祖那里休息。但是她并不彰显自己的功绩，不宣扬自己的名声，她隐藏起真人之道，只是要遵循天地间的规律。为什么要这样做呢？因为道德可以上通九天，而那些智巧奸诈也就消失无踪了。

逮至夏桀之时，主暗晦而不明，道澜漫①而不修，弃捐②五帝之恩刑，推蹷③三王之法籍。是以至德灭而不扬，帝道掩而不兴，举事戾④苍天，发号逆四时；春秋缩⑤其和，天地除其德；仁君处位而不安，大夫隐道而不言；群臣准⑥上意而怀当，疏骨肉而自容⑦；邪人参(cān)耦比周⑧而阴谋，居君臣父子之间而竞载；骄主而像其意，乱人以成其事。是故君臣乖而不亲，骨肉疏而不附；植社槁而零(yú)⑨裂，容台⑩振而掩覆；犬群嗥而入渊⑪，豕衔蓐而席澳⑫；美人挐(ná)首⑬墨面而不容，曼声吞炭⑭内闭而不歌；丧不尽其哀，猎不听其乐；西老⑮折胜，黄神啸吟；飞鸟铩翼，走兽废脚；山无峻干，泽无洼水⑯；狐狸首穴，马牛放失；田无立禾，路无莎薠(fán)⑰；金积折廉，璧袭无理；磬⑱龟无腹，蓍(shī)策⑲日施。

【注释】①澜漫：杂乱分散的样子。②弃捐：弃置不用。③推蹶：推倒。④戾：违背，违反。⑤缩：藏匿。⑥准：揣测，揣度。⑦自容：求得自己能够立足君前。⑧参耦：即三三两两。比周：结党营私。⑨零：应为"堮"，裂开的意思。⑩容台：原注作："行礼容之台。方不能行礼，故天文振动而败也。"⑪"犬群"句：原注作："言将灭坏，犬失其主，故嗥而入渊也。一说：言犬祸也。"⑫"豕衔"句：原注作："豕衔其蓐席入于澳，言豕祸也。一说：衔蓐自藏。"⑬挐首：蓬头乱发。⑭"曼声"句：原注作："曼声，善歌也。见世乱衰将灭，故吞炭自败音声，闭气不复动也。"⑮西老：西王母。⑯洼水：停止不动的水。⑰莎：多年生草本植物，地下的块根称"香附子"，可入药。薠：古书上说的一种似莎而比莎大的草。⑱"磬龟"二句：原注作："磬，空也。像磬，数钻以卜，故空尽无腹也。言桀为无道，不修仁德，但数占龟，莫得吉兆也。"⑲蓍策：用蓍草占卜。

【译文】到了夏桀统治的时代，君主昏庸而不明世事，政道混乱而不加整治，舍弃了五帝的治政措施，推翻了三王时期清明的法令制度。因此，使得最高的德性被淹没而无人宣扬，先帝的道统被掩盖而没有发扬光大，所有的事情都违背天理，发号施令违逆四时的规律；春天秋天藏匿起它们的和顺之气，天地不再施予仁德；仁义的君主身处政位而心神不宁，大夫也隐藏起自己的正道而不进谏；群臣靠猜测君主的意图来投其所好，疏离骨肉亲情以求自保；奸佞之人相互勾结施展阴谋诡计，竞相奔走于君臣父子之间；使得君主骄奢淫逸而又随心所欲，奸佞之人在混乱之中谋取私利。因此君臣之间背离而不亲近，骨肉亲人疏离而不相互依附；社主因长期无人祭祀而干裂，礼仪之台因震荡而倾倒毁灭；成群的野犬哀嚎着跳进深渊，猪嘴里衔着垫草移居水边；美女蓬头垢面不再梳洗打扮，歌女宁愿吞炭致哑而不肯再歌唱；丧葬之家不能尽情流露自己的悲哀，打猎者也不能尽情欢乐；西王母折断美丽的头饰，黄帝之神也长啸吟叹；飞鸟折翼，走兽脚残；山上的良材被砍尽，河水干涸可以见底；死了的狐狸头朝着穴口，牛马不知逃到何处；田地里没有活着的禾苗，连路旁都没有茂盛的野草；府库里堆积的金银器皿生锈且折断了棱角，玉璧上的纹理也消失不见了；占卜用的龟壳被钻得烂掉，却还在不停的拿着蓍草求鬼神保佑。

晚世之时，七国异族①，诸侯制法，各殊习俗，纵横间之，举兵而相角。攻城滥杀，覆高危安；掘坟墓，扬人骸；大冲车，高重京；除战道，便死路；犯严敌，残不义。百往一反，名声苟盛也。是故质壮轻足者，为甲卒千里之外，家老羸弱，凄怆于内；斯徒马圉(yǔ)②，輒(rǒng)③车奉饷，道路辽远，霜雪亟集，短褐不完，人羸车弊，泥涂至膝，相携于道，奋首④于路，身枕格而死。所谓兼国有地者，伏尸数十万，破车以千百数，伤弓弩、矛戟、矢石之创者，扶举于路。故世至于枕人头，食人肉，菹人肝，饮人血，甘之于刍豢。

【注释】①七国：指战国末期的秦、楚、燕、齐、韩、赵、魏七国。

异族：异姓、不同姓的人。②马圉：养马的人。③軵：推。④奋首：原注作："民疲于役，顿仆于路，仅能摇头耳。"

【译文】 到了战国时期，天下分成了七个不同姓氏的国家。各个诸侯国制定自己的法令，各自有着不同的习俗。合纵与连横两派从中离间，各个国家便发兵相互争斗，他们攻占城邑、滥杀无辜，高城被夷为平地，安稳变成危险；他们挖掘坟墓，扬弃已逝之人的骸骨；冲车越造越大，城墙越筑越高；修整战道，疏通阻碍；向强劲的对手进攻，杀掉不义之人。百人出征只有一人归还，姑且才使得盛名永存。那些身体健壮、行动灵敏的人被征为士卒，到千里之外的战场作战，那些老弱病残的人，在家中悲怆凄凉。那些服役的奴仆马夫，推车运送粮饷，路途遥远，霜雪交加，破衣烂衫难以蔽体，人劳车损，到了泥泞深达膝盖的道路，人们相互搀扶，一路挣扎着仰头向前，经常有人身子倒在挽车的横木上直接死去。所谓的兼并别的国家占有领土的诸侯，总要使数十万人横尸郊野，破损的战车数以千计，被弓箭、矛戟、滚石击伤的人，互相扶持、抬着的，在路上随处可见。以致这些人竟到了枕人头、吃人肉、脍人肝、喝人血，比吃家畜肉都甜美的地步。

故自三代以后者，天下未尝得安其情性，而乐其习俗，保其修命，天而不夭于人虐也。所以然者何也？诸侯力征，天下不合而为一家。

【译文】 所以从三代之后的时代里，天下的百姓就不能安定他们的性情，不再以纯朴之风为乐，不能颐养天年而夭死于人祸之中。造成这种局面的原因是什么呢？是因为各诸侯国之间长年征战，而天下不能统一合为一家的缘故。

逮至当今之时,天子在上位,持以道德,辅以仁义,近者献其智,远者怀其德,拱揖指麾①而四海宾服,春秋冬夏皆献其贡职,天下混而为一,子孙相代,此五帝之所以迎天德②也。

【注释】①拱揖指麾:指从容安舒,指挥若定。②天德:上天化育万物的恩泽。

【译文】直到当今之时,天子居于最高位,以德治国,用仁义作为辅佐,所以天子身边的人都贡献出他们的智慧,远方的百姓都感恩天子的仁德,天子从容指挥而四海之内就容易归服,无论春夏秋冬都按时奉上贡品,天下由混乱变为统一,子孙代代相传,这就是五帝要顺应上天意旨的缘故。

夫圣人者,不能生时,时至而弗失也。辅佐有能,黜谗佞之端,息巧辩之说,除刻削之法,去烦苛之事,屏流言之迹,塞朋党之门;消知能,修太常,隳(huī)①肢体,绌聪明,大通混冥,解意释神,漠然若无魂魄,使万物各复归其根,则是所修伏牺氏之迹,而反五帝之道也。

【注释】①隳:毁坏,崩毁。

【译文】圣人,也不能创造出时运,只是时运到了不让它流逝罢了。辅佐他的是贤德之人,就能摒退谗佞之徒的歪门邪道,平息巧辩者的花言巧语,去除严苛的法令,抛却繁杂的事务,堵塞流言蜚语的传播途径,塞住朋党相互勾结的门路;消除智巧之能,修治礼法,禁绝贪念,抛弃小聪明,与原始混沌的境界相通达,解放意念心神,淡然如没有魂魄一般,使世间万物还归其本性,这就是走上了伏羲氏所开辟的道路,从而返归到五帝所遵循的大道。

夫钳且、大丙不施辔衔，而以善御闻于天下。伏戏、女娲不设法度，而以至德遗于后世。何则？至虚无纯一，而不喋（zá）喋①苛事也。《周书》曰："掩雉不得，更顺其风。"今若夫申、韩、商鞅之为治也，挬（bó）②拔其根，芜弃其本，而不穷究其所由生，何以至此也？凿五刑③，为刻削，乃背道德之本，而争于锥刀之末，斩艾（yì）④百姓，殚（dān）尽太半，而忻忻然常自以为治，是犹抱薪而救火，凿窦而出水。夫井植生梓而不容瓮，沟植生条而不容舟，不过三月必死。所以然者何也？皆狂生而无其本者也。河九折注于海，而不绝者，昆仑之输也。潦水不泄，瀇瀁（wǎng yǎng）⑤极望，旬月不雨则涸而枯泽，受溢（yì）⑥而无源者。譬若羿请不死之药于西王母，姮娥⑦窃以奔月，怅然有丧，无以续之。何则？不知不死之药所由生也。是故乞火⑧不若取燧，寄汲不若凿井。

【注释】①喋喋：犹深算也。②挬：拔。③五刑：我国古代的五种刑罚，通常指墨、劓、宫、大辟，也指笞、杖、徒、流、死。④艾：通"刈"，刈割，斩除。⑤瀇瀁：水深广阔无涯的样子。⑥溢：雨后地面的积水。⑦姮娥：同"恒娥"，指嫦娥。⑧乞火：借取火种。

【译文】钳且、大丙不用控制缰绳和马衔，而以擅长驾驭闻名天下。伏羲、女娲不设置法令制度，而因至高的品德流传后世。为什么会这样呢？因为他们虚静纯朴心无外物，而不忙于烦琐的事务。《周书》上说："如果没能得到雉鸡，就要顺着它飞走的那个风向去寻找。"如今像申不害、韩非、商鞅等人治理国家的方法，就像拔掉了事物的根，抛弃了事物的本源，而不追究社会弊病的来源，以及为什么会变成这样，他们制定五种刑罚，施行苛刻的法令，这样就违背了道德的根本，一心争夺那些像刀尖锥末一样微小的利益，宰割百姓，使百姓大半的钱财消耗殆尽，却还自鸣得意地认为天下治理得很好，这就像是抱着柴去救火，凿开洞穴制止流水一样荒诞。那些在井边长出来的枝干容不得汲水瓦瓮的频繁磕碰，沿着河流长出的枝条容不得船只的来回挤压，否则不出三月这些枝干必死无疑。为什么会这样呢？是因为这些枝干疯狂生长而没有考虑到它本身的地势。黄河九曲蜿蜒才注入大海，而没有断绝，是因为有昆仑山给它源源不断地输送水源的缘故；洼地积水没有流散开来，广阔无垠，一眼望不到边，可是只要十天半月不下雨，积水就会干涸枯竭，是因为积水没有可以补充供给的水源。比如，后羿向西王母求得长生不老神药，他的妻子嫦娥偷吃后奔向了月亮，后羿怅然若失，再也没有办法得到长生不老药了。为什么会这样呢？因为他不知道长生不老药是如何炼制出来的。因此向别人求取火种不如自己取燧打火；依靠他人取水不如自己凿井。

卷七　精神训

【题解】本篇研究了精神和形体的关系，全面论述了生命来源、生命要素、生命价值以及养生之道等重大问题，是《淮南子》养生论的核心，提出"人大怒破阴，大喜坠阳，大忧内崩，大怖生狂。除秽去累，莫若未始出其宗，乃为大通"的观点，只有做到"轻天下，细万物，齐生死，同变化"，才是真正的"无累之人"，才算是懂得了人生的真谛。

古未有天地之时，惟①像无形，窈窈冥冥②，芒芠（wén）漠闵（mǐn）③，鸿（hòng）濛鸿洞④，莫知其门。有二神⑤混生，经天营地⑥，孔⑦乎莫知其所终极，滔⑧乎莫知其所止息，于是乃别为阴阳，离为八极⑨，刚柔相成，万物乃形，烦气⑩为虫，精气⑪为人。

【注释】①惟：只有。②窈窈冥冥：渺茫恍忽的样子。③芒芠漠闵：混沌不分的样子。④鸿濛鸿洞：虚空混沌、漫无涯际的样子。⑤二神：指阴阳二神。⑥经天营地：筹划营造天地。⑦孔：深的样子。⑧滔：广大的样子。⑨八极：八方极远之地。⑩烦气：指浊乱之气。

⑪精气：指元气最精微的部分，是生命的根源。

【译文】远古还没有天地的时候，只是一种无形的状态。这种状态深远昏暗、茫茫无边、混混沌沌，没有人知道它的大门。有阴阳二神同时生成，开天辟地。深远得没有人知道它的尽头，广大得没有人知道它的止境。这时阴阳二神就把混沌状态分为天地，离散为八方。阴阳二气互相作用，形成了万物。其中浊乱之气形成鱼、虫、鸟、兽等虫类动物，精纯之气就形成了人类。

是故精神①，天之有也；而骨骸者，地之有也。精神入其门，而骨骸反其根，我尚何存？是故圣人法天顺情②，不拘于俗，不诱于人，以天为父，以地为母，阴阳为纲，四时为纪③。天静以清，地定以宁，万物失之者死，法之者生。夫静漠④者，神明之宅也；虚无⑤者，道之所居也。是故或求之于外者，失之于内；有守之于内者，失之于外。譬犹本与末也，从本引之，千枝万叶，莫不随也。

【注释】①精神：人的意识、思维活动和一般心理状态。②情：天地的本性。③纲、纪：法度，纲常。④静漠：恬静淡漠；寂静冷漠。⑤虚无：指道的空灵本体。

【译文】因此，人的精神归属上天，形骸归属大地。人死之后，精神回归上天，形骸回归大地，我还有什么存留的呢？所以圣人遵循天地间的运行规律，不受世俗的约束，不被他人诱惑，以天为父，以地为母，以阴阳变化、四季的运行规律作为准则规范。上天安静而清明，大地安定而宁静，万物失掉天地之情就会死去，效法天地之情就能生存。静漠，是阴阳二气的住所，虚无，是道的居处。所以有的人只追求外在的形体健康，而忽视内在的精神；有的人注重坚守内在的精神,就会失去外在的形体健康。譬如树根与树梢,如果拉动树根,千枝万叶没有不跟随着摇动的。

夫精神者,所受于天也;而形体者,所禀于地也。故曰:一生二,二生三,三生万物。万物背阴而抱阳,冲气以为和。故曰:一月而膏,二月而胅(dié)^①,三月而胎,四月而肌,五月而筋,六月而骨,七月而成,八月而动,九月而躁,十月而生。形体以成,五藏乃形。是故肺主目,肾主鼻,胆主口,肝主耳,外为表而内为里,开闭张歙^②,各有经纪^③。故头之圆也象天,足之方也象地。天有四时、五行、九解^④、三百六十六日,人亦有四支、五藏、九窍、三百六十六节。天有风雨寒暑,人亦有取与喜怒。故胆为云,肺为气,肝为风,肾为雨,脾为雷,以与天地相参也,而心为之主。是故耳目者,日月也;血气者,风雨也。日中有踆(cūn)乌^⑤,而月中有蟾蜍。日月失其行,薄蚀^⑥无光;风雨非其时,毁折生灾;五星失其行,州国受殃。

【注释】①胅:肿大。②歙:通"翕",收缩,敛息。③经纪:纲纪、条理。④解:高诱注:"九解谓九十为一解。一说,九解六一之所解合也。一说,八方中央,故曰'九解'。"⑤踆乌:古代传说中太阳里的三足乌。⑥薄蚀:即薄食,指日月相掩食。

【译文】人的精神是上天授予的,而形体则是大地所给予的。所以说:"一产生二(天、地),二产生三(阴气、阳气、中和之气),三产生万物。万物背着阴抱着阳,阴阳二气相互冲击形成中和之气。"所以说生命孕育的过程是:一个月呈现膏脂状态,二个月变成肿块隆起,三个月形成胚胎,四个月生肌肉,五个月长筋,六个月长骨骼,七个月成人形,八个月胎儿会在腹中活动,九个月则在腹中躁动,十个月就降生了。形体全部长成后,内在的五脏也随之形成。所以是肺主管眼睛,肾主管鼻子,胆主管嘴巴,肝主管耳朵。外面的五官是表,内部的五脏是里,开闭张合,各自有一定的准则。所以人的脑袋呈圆形,取象天穹,脚呈方形,取象大地。天有四季、五行、九野、三百六十六天,人也有四肢、五脏、九窍和三百六十六个关节。天有风雨寒暑,人则有取与喜怒。所以五脏中胆配云,肺配气,肝配风,肾配雨,脾配雷,以此来与天地相配合,而心是五脏之主。因此人的耳目如同天上的日月,气血如同天上的风雨。日中有三足乌,月中有蟾蜍。日月如果脱离运行轨道,就会互相掩映从而昏淡无光;风雨如果不按照时令降临,就会毁折万物造成灾害;五星如果违背运行规律,相应的州国就会遭受灾殃。

夫天地之道,至纮①以大,尚犹节其章光②,爱其神明,人之耳目曷(hé)③能久熏劳④而不息乎?精神何能久驰骋⑤而不既⑥乎?是故血气者,人之华也,而五藏者,人之精也。夫血气能专于五藏而不外越,则胸腹充而嗜欲省矣。胸腹充而嗜欲省,则耳目清,听视达矣。耳目清,听视达,谓之明。五藏能属于心而乖,则勃志胜⑦而行不僻⑧矣;勃志胜而行之不僻,则精神盛而气不散矣。精神盛而气不散则理,理则均,均则通,通则神,神则以视无不见,以听无不闻也,以为无不成也。是故忧患不能入也,而邪气不能袭。

【注释】①纮:通"宏",宏大。②章:文采,光华。③曷:何,什么。④熏劳:辛苦劳累。⑤驰骋:游走散涣。⑥既:尽。⑦勃志:旺盛之志。⑧僻:邪僻。

【译文】天地之道极其深远宏大,尚且还要节制它们的光辉,爱惜它们的精神的清明,人的耳目又怎能长久辛苦劳累而不休息呢？人的精神又怎能长久游走散涣而不耗尽呢？所以说气血,是人的精华,而五脏,是人体的精髓。血气如果能专一运行于五脏而不外溢,那么这胸腹里就会充实而且嗜欲减少。胸腹里充实而嗜欲减少,就能使耳目清晰明亮,视觉与听觉就会畅达了。耳目清晰明亮,视觉与听觉畅达,这就叫做"明"。五脏能归属于心而不违逆,这样旺盛之志占上风,行为不邪辟,那么人的精神就会旺盛而精气就不会泄散。精神旺盛而精气不泄散,则生命的运动就有条理,有条理就心气平和,心气平和就通达顺畅,通达顺畅就能通达神明的境界。通达神明的境界用它来观察能使人什么都能看见,用它来倾听能使人什么都能听见,用它来做事就会没有不成功的。这样的话,忧患祸害就不能近身,邪气歪风也无法侵袭。

故事有求之于四海之外而不能遇,或守之于形骸^①之内而不见也。故所求多者所得少,所见大者所知小。夫孔窍^②者,精神之户牖（yǒu）^③也,而气志者,五藏之使候也。耳目淫于声色之乐,则五藏摇动而不定矣；五藏摇动而不定,则血气滔荡^④而不休矣；血气滔荡而不休,则精神驰骋于外而不守矣；精神驰骋于外而不守,则祸福之至,虽如丘山,无由识之矣。使耳目精明玄达^⑤而无诱慕^⑥,气志虚静恬愉而省嗜欲,五藏定宁充盈而不泄,精神内守形骸而不外越,则望于往世之前,而视于来事之后,犹未足为也,岂直祸福之间哉? 故曰：其出弥远者,其知弥少。以言夫精神之不可使外淫也。是故五色^⑦乱目,使目不明；五声^⑧哗耳,使耳不聪；五味^⑨乱口,使口爽伤；趣舍滑心^⑩,使行飞扬。此四者,天下之所养性也,然皆人累也。故曰：嗜欲者,使人之气越；而好憎者,使人之心劳；弗疾去,则志气日耗。

【注释】①形骸：人的躯体。②孔窍：指洞孔，常指眼、耳、口、鼻等器官。③户牖：门窗，借指家。④滔荡：激荡，波动。⑤玄达：畅达，通达。⑥诱慕：被诱惑而贪恋。⑦五色：指青、黄、赤、白、黑五色，也泛指各种色彩。⑧五声：古代音乐中的五种音阶，即宫、商、角、徵（zhǐ）、羽。⑨五味：指酸、甘、苦、辛、咸五种味道。⑩滑心：扰乱心情。

【译文】所以有的事情到四海之外去寻求却不能得到，有时守持在身体之内却不能发现。因此贪求多的人反而得到的少，看见大的反而知道的就少。五官七窍是精神的窗户，而气血则是五脏的使者。如果耳目沉溺在声色的欢乐当中，那么五脏就会动荡不安。五脏动荡不安，那么血气就会激荡不休。血气激荡不休，那么精神就会驰骋在形骸之外而不能内守。精神驰骋在形骸之外而不能持守，那么灾祸就会来临，即使祸患像山丘一样大，也没法去识别它。如果能使耳目清明通达而不受外界的诱惑，血气虚静恬愉而减少嗜欲，五脏安宁充盈而不外泄，精神内守形骸而不散失，那么可以回望往事之前，并瞻望未世之后，尚且能够做到，更何况只是觉察眼前一些祸福之事呢！所以说："精神离内心越远，所知道的道就越少。"这说的就是精神不能过分向外泄散的道理。所以，五色能够迷乱眼睛，使双目昏暗不明；五声能够搅乱听觉，使双耳堵塞不聪；五味扰乱口舌，使口舌麻木无味；追逐名利惑乱心神，使行为离经叛道。这四个方面，都是世人用来养生的，但实际上都成了人的牵累。所以说，追求嗜欲使人血气散失，而爱憎之情则使人的心力疲惫，假如不赶快抛弃它们，就会使人的气血日益消耗殆尽。

夫人之所以不能终其寿命，而中道夭于刑戮者，何也？以其生生①之厚。夫惟能无以生为者，则所以脩②得生也。夫天地运而相通,万物总而为一。能知一,则无一之不知也;不能知一,则无一之能知也。譬吾处于天下也,亦为一物矣,不识天下之以我备其物与?且惟无我而物无不备者乎?然则我亦物也,物亦物也,物之与物也,又何以相物也?虽然,其生我也,将以何益?其杀我也,将以何损?

【注释】①生生:养生,生活。②侑:通"修",长、久、远。

【译文】人之所以不能享尽天年而中途死在刑戮之下,这是为什么呢?是因为他们追求养生的条件过于优越。只有那些不过分追求优越生活条件的人,才能长久地得到养生。天地运行互相连通,万物归合而统一于道。能通晓道的人,也就能无所不懂;不通晓道的人,也就什么都不懂。譬如我处在天地之间,实际上也是万物中的一物。不知天下万物是因为我才准备的呢?还是因为没有我而万物就不能齐备呢?既然如此,那么我也是"物",万物也是"物",同样是物,又为什么要互称对方为"物"呢?虽然如此,那么造物主生下我,将能增加什么呢?它们杀死我,又将会减少什么呢?

夫造化①者既以我为坏②矣,将无所违之矣。吾安知夫刺灸③而欲生者之非惑也?又安知夫绞经④而求死者之非福也?或者生乃徭役也,而死乃休息也?天下茫茫,孰知之哉?其生我也不强求已,其杀我也不强求止。欲生而不事,憎死而不辞,贱之而弗憎,贵之而弗喜,随其天资而安之不极。吾生也有七尺之形,吾死也有一棺之土。吾生之比于有形之类,犹吾死之沦于无形之中也。然则吾生也物不以益众,吾死也土不以加厚,吾又安知所喜憎利害其间者乎?夫造化者之攫(jué)⑤援物也,譬犹陶人之埏(shān)埴⑥也,其取之地而已为盆盎也,与其未离于地也无以异,其已成器而破碎漫澜⑦,而复归其故也,与其为盆盎,亦无以异矣。夫临江之乡,居人汲水以浸其园,江水弗憎也;苦洿(wū)⑧之家,决洿而注之江,洿水弗乐也。是故其在江也,无以异其浸园也;其在洿也,亦无以异其江也。是故圣人因时以安其位,当世而乐其业。夫悲乐者,德之邪也;而喜怒者,道之过也;好憎者,心之暴也。故曰:其生也,天行;其死也,物化。静则与阴俱闭,动则与阳俱开。精神澹然⑨无极,不与物散,而天下自服。故心者,形之主也;而神者,心之宝也。形劳而不休则蹶(jué)⑩,精用而不已则竭。是故圣人贵而尊之,不敢越也。

【注释】①造化:化育万物的大自然。②坯:没有烧过的砖瓦、陶器。此指人的形貌。③刺灸:即针灸。④绞经:即缢死。⑤攫:抓取。⑥埏埴:指用水和泥来制作陶器。⑦漫澜:分散的样子。⑧洿:不流动的浊水。⑨澹然:安静的样子。⑩蹶:倒下,跌倒。

【译文】造物主既然将我造成人身,那么我将没什么能违逆它的。我又怎么知道用针灸治疗而想生存下来的人,不是糊涂了呢?又怎么知道悬梁求死的人,不是他的福气呢?也许人活着就是在服苦役,而死去才是休息吧。天下之道,宽广幽深,谁能明白这其中的奥秘呢?所以,大自然生下我,我不强求死去;大自然灭杀我,我也不强求活着。企盼活命,不必致力追求;厌恶死亡,也不必推脱逃避;受到鄙视,不必怀恨在心,受到重视,也不必沾沾自喜。顺应天意的安排,泰然处之不必着急。我活着有七尺的身躯,死后能占一棺大小的土地。我活着与有形的万物并列,就像死后沦落于无形之中一样。既然如此,那么我活着,万物也不会因此而增多;我死去,土地也不会因此而加厚,我又哪里知道其中有什么欢喜憎恨利害的事情呢?造化主创造万物的时候,就像陶匠和泥制作陶器一样,从地里取土做成陶器，和黏土还在地里时没有什么不同。黏土已经制成器具，又让它们破碎散乱重新回到泥土里，和做成的陶器也没有什么不同。临江的地区，百姓打水灌溉菜园，江水不会因此而憎恨；苦于浊水困扰的人家，疏通浊水而引入江里，浊水也不会因此而高兴。这是因为浊水在江中，与用来灌溉菜园的水没有什么区别；同样的，浊水在污水池里和在江中时，也没有什么差别。所以圣人顺应时势而安处其位，适宜时世而乐于职守。悲哀与欢乐，是对德的偏离；喜悦与愤怒，是对道的过错；爱好与憎恶，是对心的损害。所以说："人活着就像天地自然运行，死去就如同外物的变化，静止的时候和阴气一样闭合，行动的时候和阳气一起开启。"精神安静而没有穷尽，不随物质世界相杂乱，这样天下自然会归服于德。所以心是形体的主宰，而精神又是心的珍宝。形体劳累不休就会倒下，精神使用过度就会枯竭。因此，圣人重视并遵循这一原则，不敢超越它们的承受能力。

夫有夏后氏①之璜（huáng）②者，匦匵而藏之，宝之至也。夫精神之可宝也，非直夏后氏之璜也。是故圣人以无应有，必究其理；以虚受实，必穷其节；恬愉虚静，以终其命。是故无所甚疏，而无所甚亲。抱德炀（yáng）和③，以顺于天。与道为际，与德为邻，不为福始，不为祸先，魂魄处其宅，而精神守其根，死生无变于己，故曰至神。

【注释】①夏后氏：为我国第一个世袭王朝——夏朝君主的氏称，夏朝王族以国为氏，为夏后氏，简称夏。②璜：半璧形的玉。③炀和：融和，温和。

【译文】得到夏后氏的宝玉，用匣子珍藏起来，因为它是最珍贵的珍宝。而精神的宝贵之处，不是夏后氏的宝玉所能相比的。所以圣人用虚无的精神来应对有形的物质，一定探究有形物质的规律；以虚无来接受实有，必定穷尽它的节度；以安适恬静，来终结自己的生命。因此他对一切外界事物没有过分的疏远，也没有过分的亲近；他只是持守天德熏陶着中和之气，来顺应天意，与道合为一体，和德比邻相伴；既不成为幸福的开始，也不作为祸患的先导，魂魄安处于形骸之内，而精神守护着它的根本，或生或死都无法改变自己，所以说他达到了至高的精神境界。

所谓真人者，性合于道也。故有而若无，实而若虚；处其一不知其二，治其内不识其外。明白太素①，无为复朴，体本抱神，以游于天地之樊②。芒然③仿佯④于尘垢之外，而消摇⑤于无事之业。浩浩荡荡乎，机械知巧，弗载于心。是故死生亦大矣，而不为变。虽天地覆育，亦不与之掺（zhěn）抱⑥矣。审乎无瑕，而不与物糅⑦；见事之乱，而能守其宗。若然者，正肝胆，遗耳目，心志专于内，通达耦（ǒu）⑧于一，居不知所为，行不知所之，浑然而往，逯（lù）然⑨而来，形若槁木，心若死灰。忘其五藏，损其形骸，不学而知，不视而见，不为而成，不治而辩，感而应，迫而动，不得已而往，如光之耀，如景之放，以道为紃（xún）⑩，有待而然。抱其太清⑪之本，而无所容与，而物无能营。廓惝⑫而虚，清靖⑬而无思虑。大泽焚而不能热，河、汉涸而不能寒也。大雷毁山而不能惊也，大风晦日而不能伤也。

【注释】①太素：朴素，质朴。②樊：藩篱。③芒然：完全不知道的样子。④仿佯：游荡，遨游。⑤消摇：逍遥。悠闲自得的样子。消，通"逍"。⑥掺抱：意为转移、改变。⑦糅：混杂糅合、掺杂混合。⑧耦：合。⑨逯然：随意行走的样子。⑩紃：通"训"，法则、准则。⑪太清：天道，自然。⑫廓惝：宽阔。⑬清靖：清净；清静。

【译文】所说的真人，是本性与道相结合的人。所以他既像有形而又像无形，既像充实而又像虚无；他居于一，不知其二，谨守内在的精神而不清楚外在好憎；洁白朴素，淡泊无为，恢复真朴，把握根本坚守精神，在天地之间遨游，茫然徘徊于尘世之外，自由自在地把无为作为自己的事业。心胸宽广浩大无边，机巧奸诈不藏在心里。所以就算是生死这样的大事也不能使他变化；即使是天翻地覆也都不能使他转移。他审慎持守自己无瑕的本性，不与外物相互杂糅，面对世事的纷乱而能够持守根本。像这样的人，忘记肝胆之情，抛弃耳目的欲望，心志专注于内心修养，通达万物和道融为一体。居住时不知自己在做什么，行动时不知自己去向哪里，糊里糊涂地前往，随随便便地回来。形如槁木，心如死灰，忘掉了五脏，抛开了形骸；不用学习就能知道，不用观察就能见到，不用做就能成功，不用研究就能辩说清楚。他受感触才反应，受逼迫才行动，不得已才前往，如光耀一样迅速，如影效仿形体一样精准。以道为准绳，像道对待万物那样。抱守天道这个根本而不放纵欲念，因而外物无法扰乱他的心神。心胸开阔，清静无欲。即使大泽焚烧也不能使他感到热气，河水冰冻也不能使他感到寒冷，雷炸山峰也不能使他受惊，狂风刮得天昏地暗也不能使他受到伤害。

是故视珍宝珠玉，犹石砾也；视至尊穷宠，犹行客也；视毛嫱①、西施②，犹颠（qī）丑③也。以死生为一化，以万物为一方，同精于太清之本，而游于忽区④之旁。有精而不使，有神而不行，契大浑⑤之朴，而立至清之中。是故其寝不梦，其智不萌，其魄不抑，其魂不腾。反覆终始，不知其端绪，甘暝⑥太宵⑦之宅，而觉视于昭昭之宇，休息于无委曲之隅，而游敖于无形埒（liè）⑧之野。居而无容，处而无所，其动无形，其静无体，存而若亡，生而若死，出入无间，役使鬼神。沦于不测，入于无间，以不同形相嬗(shàn)⑨也，终始若环，莫得其伦。此精神之所以能登假于道也。是故真人之所游。若吹呴⑩呼吸，吐故内新，熊经鸟伸，凫(fú)⑪浴猿躩(jué)⑫，鸱(chī)⑬视虎顾，是养形之人也，不以滑心。使神滔荡而不失其充，日夜无伤而与物为春，则是合而生时于心也。

【注释】①毛嫱：古代的美女，为越王嬖妾，与西施并称。②西施：亦称"西子"，春秋末年越国苎萝(今浙江诸暨南)人，为春秋时越王勾践献给吴王夫差的美女。③嫫丑：即嫫母，古代用以求雨的土偶，一般用以比喻相貌奇丑的人。④忽区：似有似无，模糊不分明。⑤大浑：指元气未剖的原始状态。⑥甘暝：酣睡。⑦太宵：长夜。⑧埒：涯际，界限。⑨嬗：更替，变迁。⑩吹呴：呼吸吐纳之术。⑪凫：野鸭。⑫躩：跳跃。⑬鸱：古书上指鹞鹰。

【译文】因此，他视珍宝珠玉如石块，看至尊帝王像过客，视毛嫱、西施如同求雨的土偶那样丑陋。只将死生看作一种自然变化，将万物看作同一种类的事物，让自己的精神合于天道，遨游在无边无际的境界中。有精气而不使用，有神明而不劳施行，与混沌质朴的大道融合，立足于清静太虚的境界中。所以真人睡觉不做梦，智慧不萌发，阴魄不受抑制，阳魂也不飞腾。周而复始，没有所谓的开端和终结。尽管安睡在漫漫长夜之中，清醒时却能看见光明的天宇；能够在无边无际的太空中休息，在没有边界的区域里遨游。居处时没有具体的形体，也没有具体的居所；行动不留痕迹，静止不见踪影；似乎存在又似乎消亡，好像活着又好像死了；能出入没有间隙的地方，也能役使鬼神；既能进入深不可测的地方，也能处身于狭小的空隙当中。他就是这样以不同的形态幻化着，从开始到结束像圆环转动，没有人能弄清这其中的道理。这就是真人的精神能够通达于"道"的原因,以上就是真人的行止。至于吐纳呼吸,吐出浊气,吸进新鲜空气,像熊一样攀树而悬,像鸟一样伸展双翅,如鸭浮水,如猿跳跃,像鹰环视,像虎回顾,这些只是保养形体的人所作的导引之术,而真人却不会被这些扰乱心神。对于真人而言,即使他的精神飞扬激荡也不会丧失充实于体内的精气,昼夜的变化也不会伤害他,与万物一起滋生,这是合于道而内心产生了感应四时变化的能力。

且人有戒形而无损于心,有缀宅^①而无耗精。夫癞者趋不变,狂者形不亏,神将有所远徙,孰暇知其所为!故形有摩而神未尝化者,以不化应化,千变万抮^②,而未始有极。化者,复归于无形也;不化者,与天地俱生也。夫木之死也,青青去之也。夫使木生者岂木也?犹充形者之非形也。故生生者未尝死也,其所生则死矣;化物者未尝化也,其所化则化矣。轻天下,则神无累矣;细万物,则心不惑矣;齐死生,则志不慑矣;同变化,则明不眩矣。众人以为虚言,吾将举类而实之。

【注释】①缀宅:躯体。谓精神所依附。②抮:转,变化。
【译文】而且真人有形体的变化,但内在心神却没有损伤,有生命的终结,却没有精神的死亡。生有癞疮的人虽然形体受损但精神却无损,志向也不变;癫狂者虽然看上去外形完好,但他的精神却已远离躯体,谁有闲功夫去弄清这种人的心神干什么去了!所以,有时形体尽管磨灭但精神未曾变化,以不变的精神去应对外物的变化,哪怕是外物千变万化而变得没有终点,化灭了的形体最终又归于无形,不变的精神倒能与天地同存。树木死后,青青的绿色也随之褪去。但能让树木活下去的难道就是树木本身吗?这就像充实形体的气并不是形体本身一样。因此,产生生命的道是不会死的,而它所产生的生命却已经死了;化育万物的道是不会变化的,但它所化育的万物却会变化。轻视天下,精神就不会受到牵累;小看万物,心神就不会受到迷惑;把生死看得一样,心中就会无所畏惧;把变化等同,眼睛就不会昏花。众人都认为这都是虚言妄话,但是我将举例来证实。

人之所以乐为人主者,以其穷耳目之欲,而适躯体之便也。今高台层榭,人之所丽也;而尧朴桷(piáo jué)①不斫(zhuó),素题不枅(jī)②。珍怪奇异,人之所美也;而尧粝粢(lì zī)③之饭,藜藿④之羹。文绣狐白,人之所好也;而尧布衣掩形,鹿裘御寒。养性之具不加厚,而增之以任重之忧。故举天下而传之于舜,若解重负然。非直辞让,诚无以为也。此轻天下之具也。禹南省(xǐng),方济于江,黄龙负舟,舟中之人五色无主,禹乃熙笑而称曰:"我受命于天,竭力而劳万民,生寄也,死归也,何足以滑和?"视龙犹蝘蜓(yǎn tíng)⑤,颜色不变,龙乃弭耳⑥掉尾而逃。禹之视物亦细矣。郑之神巫相壶子林⑦,见其征,告列子⑧。列子行泣报壶子⑨。壶子持以天壤,名实不入,机发于踵(zhǒng)。壶子视死生亦齐矣。

【注释】①朴桷:柞木橡子。②素题:端额不加采饰的梁柱。枅:柱子上的支承大梁的方木,即枓(dōu)。③粝粢:粗糙的饭食。④藜:一种草本植物。藿:豆叶。⑤蝘蜓:守宫。俗称壁虎。古籍多与蜥蜴、蝾螈等相混。⑥弭耳:贴垂双耳。⑦壶子林:郑国的隐士,列子的老师。⑧列子:本名列御寇,周朝郑国圃田(今河南省郑州市)人,古帝王列山氏之后。先秦天下十豪之一,著名的道学者、思想家、哲学家、文学家、教育家。⑨壶子:即壶丘子,名林。战国郑人,老子后学,列子之师。是继老子之后,战国时期道家学派的代表人物之一。

【译文】人们热衷于做天子的原因,是因为天子可以满足耳目的欲望,并能得到适合自己的需要。现在高耸的楼台层叠的亭阁,是一般人都认为美丽的,但是尧的住所却用不加砍伐加工的木材做椽子,梁柱的横头也不加雕饰;那些珍奇非凡的食物,是一般人都认为的美味,但是尧吃的却是粗糙的饭菜,喝的是用野菜豆叶熬成的汤羹;那些绣有纹彩的丝帛和狐腋白皮制成的裘衣,是一般人都喜爱的珍品,但是尧却用麻布衣服遮裹身体,用鹿皮制成的裘衣御寒保暖。尧用来养生的东西并不比一般人优厚,却有着日益增加对国家大事的忧虑,所以他把天下禅让给舜,就像是卸下了重担一样,他这样做并非仅仅出于谦让,实在是因为君主之位在尧看来实在没有什么可留恋的。这便是轻视权势的事例。夏禹到南方巡察,乘船渡江时,一条黄龙游出水面并将夏禹他们所乘坐的船驮起来,船上的人个个都大惊失色。禹却怡然而笑说:"我受命于天,竭尽全力为民操劳。我活着是寄身于天地之间,死后是回归天地中去。你哪里值得我搅乱平静的心境?"在他眼里,那条黄龙就像一条小小的蜥蜴,神色毫无变化,而那黄龙最终耷拉着耳朵、摇着尾巴逃走了。禹认为庞然大物不过是很细小的东西。郑国的神巫给壶子林看相,看出壶子林脸上的凶兆,并将此事告诉了列子。列子边走边哭着前去告诉了壶子。谁知壶子却持以生死完全由天地所定的主张,名利全不放在心里,认为人的死亡就像弩箭的机关被脚踏动一样迅疾而发,壶子把生死等同看待。

子求行年五十有四,而病伛偻(yǔ lǚ)①,脊管高于顶,腸(yì)②下迫颐③,两髀在上,烛营④指天。匍匐自窥于井,曰:"伟哉!造化者其以我为此拘拘邪?"此其视变化亦同矣。故睹尧之道,乃知天下之轻也;观禹之志,乃知天下之细矣;原壶子之论,乃知死生之齐也；见子求之行，乃知变化之同也。

【注释】①伛偻：即腰背弯曲。②膈：胸前骨。③颐：面颊，腮。④烛营：男子的下体。

【译文】楚国的子求在五十四岁时，得了驼背，脊椎骨高出头顶，胸前骨贴近下巴，两条腿长在上方，下体朝天。他爬到井边照见自己的模样说："伟大啊！造物主怎么将我变成这么奇妙弯曲的样子？"这就是子求认为形体的变化是相同的。所以，看尧禅让帝位的做法，就可知道天子君位的轻微；观察禹的志向，就可知道万物的微小；探究壶子的言论，就可知道生死的等同；看子求的行为，就可知道变化是相同的。

夫至人倚不拔之柱①，行不关之途；禀不竭之府，学不死之师；无往而不遂，无至而不通；生不足以挂志，死不足以幽神；屈伸俯仰，抱命而婉转；祸福利害，千变万紾（zhěn）②，孰足以患心！若此人者，抱素守精，蝉蜕蛇解③，游于太清，轻举独往，忽然入冥；凤凰不能与之俪，而况斥鷃（yàn）④乎！势位爵禄，何足以概志也！晏子与崔杼（zhù）盟⑤，临死地而不易其义；殖、华⑥将战而死，莒（jǔ）君厚赂而止之，不改其行。故晏子可迫以仁，而不可劫以兵；殖、华可止以义，而不可县⑦以利。君子义死，而不可以富贵留也；义为，而不可以死亡恐也。彼则直为义耳，而尚犹不拘于物，又况无为者矣！

【注释】①不拔之柱：拔不动的柱子。比喻有坚固的根基。不拔，牢固不可拔除，即不可动摇。②紾：转化；变化。③蝉蜕蛇解：蝉脱壳，蛇换皮。比喻解脱而进入更高境界。蝉蜕，幼蝉化为成蝉时所脱下的皮。④斥鷃：即鷃雀。⑤晏子：字平仲，原名晏婴，夷维（今山东高密）人，春秋时齐国著名政治家、思想家、外交家。以有政治远见、外交才能和作风朴素闻名诸侯。崔杼：姜姓，崔氏，名杼，谥武，又称崔子、崔武子，春秋时齐国大夫，齐丁公的后代，后为齐国执政，骄横异常，先后立庄公、景公，在朝大肆杀戮，使齐政局动荡。⑥殖、华：殖即杞殖，华即华周，齐国勇士。齐庄公四年（前550年），先伐卫、晋，回师袭莒。殖、华二人进抵莒郊，被俘，不屈而死。⑦昷：通"眩"，迷惑。

【译文】至人倚靠在不可动摇的柱子上，行走在没有关隘的道路上；禀受着取之不尽的宝库，向长生不老的老师学习；不管走到哪里都顺心，不管走到哪里都通畅；活着不为生存而烦恼，不为死亡而伤神；屈伸俯仰，持守天命而不违逆；祸福利害，千变万化，都不能使他伤神忧虑！像这样的人，保持纯朴持守精神，如同蝉脱壳、蛇蜕皮那样脱离尘世，遨游在自然天道之中，轻盈飘举、独来独往，恍惚间进入幽深冥暗之中。凤凰都不能和这样的人相提并论，更何况是斥鷃这样的小鸟？权势地位、爵号俸禄哪里能够牵动他的心志！崔杼弑君，胁迫晏子和他在祖庙盟誓，晏子面对死亡的威胁也不肯改变他忠于社稷的大义。杞殖和华周替齐国攻打莒国，被包围而身陷绝境，莒国君主念及他们勇武，想出重金收买他们，希望停止战斗，但他们至死都不改变自己的操行。所以，晏子可以用仁义来迫使他屈服，但不可以用武力来胁迫他；杞殖和华周这样的人可以用道义来制约，但不可以用财物来诱惑他们。君子为道义而死，不能为富贵利禄而苟活；君子可以为道义而献身，无法用死亡来恐吓他们。他们这些人只是为了道义才这样，尚且都不受物欲的制约拘束，更何况那些清静无为的人呢？

尧不以有天下为贵，故授舜。公子札①不以有国为尊，故让位。子罕②不以玉为富，故不受宝。务光③不以生害义，故自投于渊。由此观之，至贵不待爵，至富不待财。天下至大矣，而以与佗人；身至亲矣，而弃之渊；外此，其余无足利矣。此之谓无累之人，无累之人，不以天下为贵矣！上观至人之论，深原道德之意，以下考世俗之行，乃足羞也。故通许由之意，《金縢(téng)》④《豹韬》⑤废矣；延陵季子不受吴国，而讼间田者惭矣；子罕不利宝玉，而争券契者愧矣；务光不污于世，而贪利偷生者闷矣。故不观大义者，不知生之不足贪也；不闻大言者，不知天下之不足利也。

【注释】①公子札：即季札，春秋时吴王寿梦第四子，封于延陵（今常州），后又封州来，传为避王位"弃其室而耕"常州天宁焦溪的舜过山下。②子罕：即乐喜，字子罕，春秋时宋国（今河南商丘）人，宋国贤臣。在宋平公时任司城，位列六卿。③务光：古代隐士。汤伐桀，让天下给务光，务光不但推辞不受，而且觉得羞耻，负石投渊而死。④《金縢》：当作《金縢(téng)》，《尚书·周书》中的篇目，记载的是周武王死后成王消除对周公误解的事件。⑤《豹韬》：古代兵书《六韬》篇名之一。相传为姜太公所撰。

【译文】尧不把占有天下看作显贵，所以把君位禅让给舜；公子季札不把拥有国家看作尊贵，所以坚决推让长兄让给他的王位；子罕不把拥有宝玉看作富贵，所以坚决不接受别人送他的宝物；务光不想用贪生损害忠义，所以情愿自投深渊而死。由此看来，最高的尊贵不是靠爵位，最大的富有不是以金钱来衡量。天下的权势是最大的了，但尧却将天下让给他人；身躯性命够珍贵的了，但务光却将自身投进深渊。除了天下和生命，还有什么比它们更珍贵而值得留恋，而尧和务光却不惜舍弃这些，真正做到不为物累。因为不为物累，所以他们也就不把天下权势看作是无上珍贵了。向上考察至人的言论，深入探究道德的意旨，向下衡量尘世间世俗之人的行为，才感觉这些世俗的所作所为太令人羞愧了。所以如果通晓许由让天下的意图，那么像《金縢》《豹韬》这样治国谋天下的典籍就可以废弃了；延陵季子不肯接受吴国君位的做法，那些为了得到封土而争讼不休的人就应该感到惭愧了；子罕不贪宝玉的行为，那些为了争夺券契的人就应该感到内疚了；务光不愿受到世俗的玷污，那些贪图财利苟且偷生的人就应该感到羞耻了。所以那些看不到高深道义的人，也就不知道人生是不值得贪求的；那些听不到重要言论的人，也就不知道天下的权势是不值得图谋的。

今夫穷鄙之社也，叩盆拊瓴（fǔ líng），相和而歌，自以为乐矣。尝试为之击建鼓①，撞巨钟，乃性仍仍然，知其盆瓴之足羞也。藏《诗》《书》，修文学，而不知至论之旨，则拊盆叩瓴之徒也。夫以天下为者，学之建鼓矣。尊势厚利，人之所贪也；使之左据天下图，而右手刎（wěn）其喉，愚夫不为。由此观之，生尊于天下也。圣人食足以接气，衣足以盖形，适情不求余，无天下不亏其性，有天下不羡其和。有天下，无天下，一实也。今赣人敖仓②，予人河水，饥而餐之，渴而饮之，其入腹者不过箪食（dān sì）③瓢浆，则身饱而敖仓不为之减也，腹满而河水不为之竭也。有之不加饱，无之不为之饥，与守其篅（chuán）④笚（dùn）⑤，有其井，一实也。人大怒破阴，大喜坠阳，大忧内崩，大怖生狂。除秽去累，莫若未始出其宗，乃为大通。清目而不以视，静耳而不以听，钳口⑥而不以言，委心而不以虑。弃聪明而反太素，休精神而弃知故，觉而若昧，以生而若死，终则反本未生之时，而与化为一体。死之与生，一体也。

【注释】①建鼓：古代乐器，流行于战国初期。②敖仓：古代重要粮仓,秦设置,在今河南荥阳东北敖山,地当黄河和济水分流处。中原漕粮由此输往关中和北部地区,汉魏仍在此设仓。后泛称粮仓为敖仓。③箪食:指装在箪笥里的饭食。④箪:一种盛粮食的圆形容器。⑤笛:用竹篾、荆条等编织成的或用席箔等围成的存放粮食等农产品的器物。⑥钳口:闭口。

【译文】现在那些穷乡僻壤的地方祭祀社神,当地人敲打瓦盆瓦罐而奏乐,应和着节奏而唱歌,自认为很快乐了。试着让这些人敲击建鼓、撞响大钟,他们就会感到不自在而茫然万分,并会认为自己敲打瓦盆瓦罐是多么的羞愧。那些收藏《诗》《书》,修治文学,却不懂得最精深道理的人,也不过是敲打瓦盆瓦罐一类的人物。那些不把天下权势当成一回事的人,才是学习敲击建鼓的人。尊贵的权势和丰厚的利禄,是一般人所求的东西;假若让人左手执掌天下的版图,而右手却拿着刀来刎颈自杀,那么即使是最愚蠢的人也是不会这么做的。由此可见,生命要比占有天下更重要。所以圣人饮食只求延续生命,衣着只求遮蔽身体,只要有适合自己性情的基本需要就不追求多余的东西。对他来说,不占有天下不会亏损他的天性,占有天下也不会扰乱他平和的本性,占有天下和不占有天下对圣人来说其实是一样的。假如现在赐给某人一座敖仓,再把黄河之水送给他,使他能在饿的时候去吃敖仓的粮食,渴的时候能喝黄河里的水,但是这吃进肚中,喝入腹内的,只不过是一竹筒饭和一瓢水而已,敖仓和河水也不因他吃饱喝足而减少涸竭。所以有无敖仓、黄河水与他的饥饱没有关系,有了敖仓、黄河水,他也不会因此吃得更饱、喝得更撑,没了敖仓、黄河水,他也不会挨饿、受渴,这和他守着自己的粮囤、水井,他的饭量、水量是一样的。人大怒就会破坏阴气,大喜就会损伤阳气,大忧就会摧残内脏,惊恐就会导致发狂。要想消除精神忧虑和杂念负担,最好的方法是守住道这个根本,如果能做到这点,就是彻底的通达了。所以,要使双眼明亮最好别贪看五光十色的东西,要使耳朵清静最好别听靡靡之音,紧闭嘴巴最好别多嘴多舌,要使内心坦荡最好是不滋生忧虑邪念。抛弃聪明智巧而返归到纯洁清净的境界中去,休养精神而摒弃智诈。醒着如同在梦中、活着就像死去,最终返回到自然当中,和造化者融为一体。因为生与死原本就存在于一个整体之中啊。

今夫徭者,揭钁(jué)臿(chā)①,负笼土,盐汗交流,喘息薄喉。当此之时,得茠(xiū)②越下,则脱然而喜矣。岩穴之间,非直越下之休也。病疵(cī)瘕(jiǎ)③者,捧心抑腹,膝上叩头,蜷跼而谛,通夕不寐。当此之时,哙④然得卧,则亲戚兄弟欢然而喜,夫修夜之宁,非直一哙之乐也。故知宇宙之大,则不可劫以死生;知养生之和,则不可县以天下;知未生之乐,则不可畏以死;知许由之贵于舜,则不贪物。墙之立,不若其偃(yǎn)⑤也,又况不为墙乎!冰之凝,不若其释也,又况不为冰乎?

【注释】①钁:大锄。臿:铁锹。②茠:庇荫。③疵瘕:腹中结块之疾。④哙:古同"快",畅快。⑤偃:仰面倒下,放倒。

【译文】现在那些服劳役的人,高举着锄头、铁锹挖土,背着土筐运土,汗流浃背,累得气喘吁吁,喉咙生烟干痛。在这个时候,如果能够在树荫下歇息片刻,就舒心欢喜极了。而要是能在岩穴里休息,那种快乐舒坦就不只是在树荫下休息片刻可以相比的了。患有腹痛病的人,痛得手捧着胸口按着肚子,弯着腰,膝盖和脑袋相碰,蜷缩着身子呼号呻吟,整夜不能入睡。在这种时候,如果能够舒心地安睡一小会儿,那么他的父母兄弟就会欢天喜地。而要是能够彻夜安睡,那种欢乐轻松就不只是舒心安睡一小会儿可以相比的。所以,知晓宇宙之广大的人,就不能用生死来胁迫他;掌握用中和之气来养生的人，就不能拿天下的权势利禄来引诱他；了解未出生时是快乐的人，就不能用死亡来吓唬他；明白许由比虞舜尊贵的人，就不会贪图物质享受了。土墙竖立着不如让它倒塌，更何况没有筑墙的时候呢？冰凝结了不如让它融化，更何况未冻结成冰的时候呢？

自无蹠(zhí)①有，自有蹠无，终始无端，莫知其所萌，非通于外内，孰能无好憎？无外之外，至大也；无内之内，至贵也；能知大贵，何往而不遂？衰世凑学，不知原心反本，直雕琢其性，矫拂其情，以与世交。故目虽欲之，禁之以度；心虽乐之，节之以礼。趋翔周旋，诎(qū)节②卑拜，肉凝而不食，酒澄而不饮，外束其形，内总其德，钳阴阳之和，而迫性命之情，故终身为悲人。达至道者则不然，理情性，治心术，养以和，持以适，乐道而忘贱，安德而忘贫。性有不欲，无欲而不得；心有不乐，无乐而不为。无益情者不以累德，而便性者不以滑和。故纵体肆意，而度制可以为天下仪。

【注释】①蹠：到。②诎节：指屈己下人，降心相从。
【译文】从无形到有形，从有形到无形，它的终始变化没有头绪，也没有人知道它是怎样产生的。不通晓自然界和道的变化的人，怎能做到没有爱憎之情呢？没有边界的外面，是极其广大无边的；没有内界的内部，是极其珍贵微妙的。如果能够懂得最微妙的大道，哪里不能通达呢？道德衰败之世的趋时末学，不知道推究原意，返回根本，只是刻意雕琢、掩饰违逆他们的本性，以此来与流俗世人相交接。所以，他们的眼睛虽然想观看五颜六色，却因为有法度禁止而不敢；内心虽然有所爱好，却因为有礼仪的制约而不能；趋行有节、上下周旋应酬，卑躬屈膝行礼。肉凝冻了不敢食，酒澄清了不敢喝。

外面约束自己的形体，内心捆束自己的德性，钳制阴阳二气、压抑生命的本性，所以这种人一辈子都是悲哀的角色。而通达大道的人就不是这样了，他们调理自己的本性，整理修治自己的心术，用平和之气来保养心性，以闲适安宁来控制行为。以得道为乐而忘记卑贱，以有德为安而忘掉贫穷；他们生性没有贪欲，因而没有什么欲望不能满足；他们不去追求邪淫之乐，因而没有什么快乐不为他所有；那些无益于本性的东西，不因此损伤德性，那些不利于纯洁本性的东西，不让它扰乱内心的平和。所以即使通达大道的人放纵行为肆意行事，他们树立的法规制度也能够成为天下人的行为准则。

今夫儒者不本其所以欲，而禁其所欲；不原其所以乐，而闭其所乐。是犹决江河之源，而障之以手也。夫牧民①者，犹畜禽兽也，不塞其囿(yòu)垣(yuán)②，使有野心，系绊其足，以禁其动，而欲修生寿终，岂可得乎？夫颜回③、季路④、子夏⑤、冉伯牛⑥，孔子之通学也，然颜渊夭死，季路菹(zū)⑦于卫，子夏失明，冉伯牛为厉⑧。此皆迫性拂情，而不得其和也。故子夏见曾子⑨，一臞(qú)⑩一肥。曾子问其故，曰："出见富贵之乐而欲之，入见先王之道又说之。两者心战，故臞；先王之道胜，故肥。"推其志，非能贪富贵之位，不便侈靡之乐，直宜迫性闭欲，以义自防也。虽情心郁殪⑪，形性屈竭，犹不得已自强也，故莫能终其天年。

【注释】①牧民：治民。②囿：养动物的园子。垣：矮墙，墙。③颜回：字子渊，鲁国人，居陋巷（今山东省曲阜市旧城内的陋巷街），尊称复圣颜子，春秋末期鲁国思想家，孔门七十二贤之首。④季路：字子路，又字季路，鲁国卞之野（今山东省临沂市平邑县仲村镇）人。"孔门十哲"之一、"二十四孝"之一，"孔门七十二贤"之一。⑤子夏：即卜商,字子夏,尊称卜子(夏),南阳温邑(今河南温县黄庄镇卜杨门村)人。春秋末期思想家、教育家,"孔门十哲"之一,"孔门七十二贤"之一。⑥冉伯牛:即冉耕,字伯牛,春秋末年鲁国郓城(今山东省菏泽市定陶区)人。孔子弟子,为孔门四科"德行"代表人物之一,名列"孔门十哲"。⑦菹:剁成肉酱,切碎。⑧疠:古同"疠",恶疮。⑨曾子:名参,字子舆,鲁国南武城(一说为山东嘉祥县,一说为平邑县郑城镇)人。春秋末年思想家,孔子晚年弟子之一,儒家学派的重要代表人物,夏禹后代。后世尊为"宗圣",成为配享孔庙的四配之一,仅次于"复圣"颜渊。⑩臞:瘦。⑪郁殪:忧闷,不舒畅。

【译文】现在那些儒生,不探究人们产生欲望的根本,而只是一昧禁止人们的贪欲;不考察人们追求享乐的根源,而只是一昧阻止人们的享乐。这种做法就像挖开了江河的源头,却又用手掌去阻挡江流一样。管理百姓,就像畜养禽兽一样,不好好地去堵塞墙垣的缺口,让禽兽产生了逃走的野心,然后却又去羁绊这些禽兽的腿脚,不让它们乱动,这样却想使它们修身养性安享天年,这怎么能做到呢?尽管颜回、季路、子夏、冉伯牛都是孔子的高徒,通晓圣人的学说,可是颜回早死,季路在卫国被剁成肉酱,子夏哭瞎了眼睛,冉伯牛身上长了恶疮,他们之所以这样不得善终,是因为逼迫自己违逆性情强迫本性,而损伤了中和之气造成的。所以,子夏见到曾子,一时瘦一时胖,曾子问子夏是什么原因,子夏回答说:"我外出见到富贵人家有很多快乐,所以也想得到富贵;回家后学习先王之道,又喜欢上了先王之道。这二者在内心世界经常交锋,所以我瘦了;最后还是先王之道取得胜利,所以我又胖了。"分析子夏的志向,就可知道他并非不贪图富贵、不喜欢侈靡享受,只是在压抑自己真实的情感、用道义来防范自己的欲望。这样心情忧闷压抑,本性扭曲畸形,即使如此还是不停地强制压抑自我,所以不能尽享天年。

若夫至人,量腹而食,度形而衣,容身而游,适情而行,余天下而不贪,委万物而不利,处大廓①之宇,游无极之野,登太皇②,冯太一③,玩天地于掌握之中。夫岂为贫富肥臞哉!故儒者非能使人弗欲,而能止之;非能使人勿乐,而能禁之。夫使天下畏刑而不敢盗,岂若能使无有盗心哉?越人得髯(rán)蛇④,以为上肴,中国得之而弃之无用。故知其无所用,贪者能辞之;不知其无所用,廉者不能让也。夫人主之所以残亡其国家,损弃其社稷,身死于人手,为天下笑,未尝非为非欲也。夫仇由⑤贪大钟之赂而亡其国,虞⑥君利垂棘⑦之璧而禽⑧其身。

【注释】①大廓:空虚寥廓。②太皇:亦作"大皇",天也。③冯:古同"凭",凭借,依靠。太一:即道家所称的"道",古指宇宙万物的本原。④髯蛇:亦作"髯蛇"。岭南所产大蛇,可入药。⑤仇由:春秋时狄国国君。⑥虞:周朝国名,在今山西平陆东北。⑦垂棘:古地名。春秋晋地,以出美玉著称,确址无考。⑧禽:古通"擒",捉拿。

【译文】像通达大道的至德之人就不是这样了,他们是根据饭量来进食,衡量体形来穿衣,到能安身的地方去游玩,顺遂性情的事情才去干,占据天下的权势而不贪求,抛弃万物而不求利,身处空旷无垠的天宇,遨游在无边无际的区域,登临上天、凭借天道,玩赏天地于手掌之中,哪里还会为贫富而伤神得一会儿瘦一会儿胖呢!所以儒家并非是能使人没有欲念,而只是禁止人的欲念;不能使人抛弃享乐的念头,而只是制止人的享乐。这种让天下人只是因畏惧刑罚才不敢偷盗的行为,哪比得上教育人从根本上没有偷盗念头的做法呢?南方的越人捕捉到一条大蛇,会把它当成一顿上等的佳肴,而中原地区的人得到后,会因为没有吃蛇的习惯而将其扔到一边。因此,如果知道一种东西没有用处,即使是贪婪的人也会推辞不要的;如果不知道一种东西没有用处，即使是一位廉洁的人也不能谦让给他人。有些国君之所以国破家亡，抛弃祖宗社稷，身死于他人之手，而被天下人耻笑，没有不是因为过分追求贪欲。仇由因贪得晋国的大钟而使自己国家灭亡，虞国国君贪得晋国的垂棘之璧而被晋军活捉。

献公①艳骊姬②之美而乱四世，桓公③甘易牙④之和而不以时葬，胡王⑤淫女乐之娱而亡上地。使此五君者适情辞余，以己为度，不随物而动，岂有此大患哉？

故射者非矢不中也，学射者不治矢也；御者非辔（pèi）⑥不行，学御者不为辔也。知冬日之箑（shà）⑦、夏日之裘，无用于己，则万物之变为尘埃矣。故以汤止沸，沸乃不止，诚知其本，则去火而已矣。

【注释】①献公：姬姓，名诡诸，晋武公之子，春秋时期晋国君主，在位26年。②骊姬：春秋时期骊戎国君之女，晋献公妃子，晋君奚齐的生母。③桓公：春秋五霸之首，先秦五霸之一，春秋时齐国第十五位国君，姜姓，吕氏，名"小白"。④易牙：齐桓公宠幸的近臣，用为雍人，好调味，很善于做菜，被厨师们称作祖师。⑤胡王：春秋时西戎之君。⑥辔：驾驭牲口的嚼子和缰绳。⑦箑：扇子。

【译文】晋献公因贪恋骊姬的体貌之美而导致晋国四世动乱；齐桓公贪食易牙烹调的美味佳肴而导致死后尸体腐烂不能按时下葬；西戎胡王沉溺于美女而丢失了大片上好的土地。假如这五位君主，都能做到适从天性，抛弃贪欲，以自己正常的需要为限度，不随外界物质的诱惑而动贪心，哪里会有这样大的灾祸呢？

所以说，射击者没有箭头是射不中目标的，但学射箭的人的根本不在于制造箭头；驾车的人没有缰绳就不能驾马，但学驾车的人的根本不在于制造缰绳。知道冬天的扇子、夏天的皮衣,对自己没有用处,那么对待万物的变化就像尘埃一样微不足道了。所以添加滚水来停息滚水,水会仍然沸腾不止;假如真的知道水沸腾的根本道理,那么只需抽去火源水沸就会停止了。

卷八　本经训

【题解】"本经",东汉高诱注曰:"本,始也。经,常也。本经造化出于道,治乱之由,得失之常,故曰本经。""本经"指根本性的、永远起决定作用的治国平天下的原则。本篇阐明只有实行道治方能实现天下长治久安。文中以远古时期清净无为之治的美妙功效同五帝三王的仁义之治、末世昏君的乱世胡这作了层次鲜明的对照,对上述主旨进行了有力论证。同时提出要想实现礼乐治国,必须先从根本上恢复淳厚之风、节俭之德。

太清之始①也,和顺以寂漠②,质真而素朴;闲静而不躁,推移而无故③;在内而合乎道,出外而调于义;发动而成于文,行快而便于物;其言略而循理,其行侻(tuō)④而顺情;其心愉而不伪,其事素而不饰。是以不择时日,不占卦兆;不谋所始,不议所终;安则止,激则行;通体于天地,同精于阴阳,一和于四时,明照于日月,与造化者相雌雄⑤。是以天覆以德,地载以乐⑥;四时不失其叙,风雨不降其虐;日月淑清而扬光,五星⑦循轨而不失其行。当此之时,玄元至砀而运照,凤麟至,著龟兆,甘露下,竹实满,流黄⑧出,而朱草⑨生,机械诈伪莫藏于心。

【注释】①始:王念孙认为应作"治"。②寂漠:原注作"不扰民"。③故:原注作"常也"。④佻:原注作"简易也"。⑤雌雄:原注作"犹合适也"。⑥乐:原注释为"生",指生存,生长。⑦五星:古指水星、金星、火星、木星、土星五星。这五颗星最初分别叫辰星、太白、荧惑、岁星、镇星,这也是古代对这五颗星的通常称法。⑧流黄:玉名。⑨朱草:一种红色的草。

【译文】远古时代圣人以无为之道治理天下,顺应事物的本性,清静无为,让万物和顺而安适,使人性纯真而朴素;处事闲净而不浮躁,任凭事物自然发展变化而不加以限制;他内在的心志与大道相符,外在的行为与义协调一致;他的每一个举措都成为法度,行动快速而有利外物;他的语言简明扼要又合乎事理,行为洒脱简单而又随顺常情;他心胸开阔而不伪作,行事朴实而不巧饰。因此,他们做什么事情都不必选择良时吉日,不必占卦问卜,不谋划考虑如何开头,也不会讨论会有什么样的结果;事物安静不动时,就让它安然静止,事物激发变化时,则让它自然行动变化;他的形体和天地自然相通,精神和阴阳二气相互交融,中和之气与四时相适应,光辉与日月相相映,身心与自然相合。正因如此,苍天才把德泽施与万物,大地以乐土承载养育众生;四时将不失其序,风雨将不再暴虐;日月清朗放射光芒,五星循轨正常运行。在这种情况下,大道之光浩然普照,凤凰、麒麟降临人间,蓍草、龟甲显示吉兆,甘露飘洒,竹实饱满,流黄宝玉显露,朱草生于庭院,而机巧伪诈无法钻进人们的心田。

逮至衰世,镌山石,锲①金玉,擿(tī)②蚌蜃,消铜铁,而万物不滋。刳胎杀夭③,麒麟不游;覆巢毁卵,凤凰不翔;钻燧取火,构木为台;焚林而田,竭泽而渔;人械不足,畜藏有余:而万物不繁兆④,萌牙、卵、胎而不成者,处之太半矣。积壤而丘处,粪⑤田而种谷,掘地而井饮,疏川而为利,筑城而为固,拘兽以为畜,则阴阳缪戾⑥,四时失叙,雷霆毁折,雹霰⑦降虐,氛雾霜雪不霁⑧,而万物燋⑨夭。菑⑩榛(zhēn)秽,聚埒亩;芟野菼⑪,长苗秀;草木之句萌、衔华、戴实而死者,不可胜数。

【注释】①锲:雕刻,凿。②擿:开。③夭:幼小的动植物。此处指幼兽。④兆:多。⑤粪:施肥。⑥缪戾:错乱,违背。缪,通"谬"。⑦霰:在高空中的水蒸气遇到冷空气凝结成的小冰粒,多在下雪前或下雪时出现,着硬地常反跳,松脆易碎。⑧霁:雨雪停止,天放晴。⑨燋:通"憔",憔悴。⑩菑:除草。⑪菼:古书上指荻,似苇。

【译文】到了道德衰败的时代,统治者驱使百姓开凿山石来取金玉,雕刻金玉制成饰品,剖开蚌蛤摘取珍珠,熔铸铜铁制造器具,这样就消耗了大量的自然资源,使得万物不能正常繁衍滋生。剖开兽胎、杀死幼兽,吓得麒麟不敢来游;掀翻鸟巢、毁坏鸟卵,使得凤凰不愿飞翔;钻燧石取火,伐木造楼;焚毁林木猎杀禽兽,排干池泽捕捞鱼虾;百姓使用的器械不足,而统治者国库内的储存却聚积有余;各种物类不能繁衍,草木萌芽,鸟雀下蛋,兽类怀胎,新生命即将诞生却惨遭扼杀,这种中途夭折的情况占了大半。人们积土造山,施肥播种,掘井取水,疏通河道以求水利,修筑城墙作为屏障,捕捉野兽将其驯养成家畜,诸如此类使自然界阴阳错乱,四时失序,雷霆毁坏万物,雹霰降落肆虐成灾,大雾不散,霜雪不停,万物因此枯萎夭折。铲除丛木杂草,开荒耕种田地;割除野草,栽种禾苗。正处在萌芽、绽花和结果的草木被毁掉的不计其数。

乃至夏屋宫驾,县联①房植,橑檐榱(cuī)题②,雕琢刻镂,乔枝菱阿,夫容芰荷③,五采争胜,流漫陆离④,修㨆(yǎn)曲挍(jiào)⑤,夭矫曾挠⑥,芒繁纷挐,以相交持,公输⑦、王尔⑧无所错其剞(jī)劂(jué)⑨削锯,然犹未能澹人主之欲也。是以松柏箘露⑩夏槁,江、河、三川绝而不流;夷羊⑪在牧,飞蛩(qióng)满野,天旱地坼;凤皇不下,句爪、居牙、戴角、出距之兽,于是鸷矣。民之专室蓬庐,无所归宿,冻饿饥寒死者,相枕席也。及至分山川溪谷,使有壤界,计人多少众寡,使有分数,筑城掘池,设机械险阻以为备,饰职事,制服等⑫,异贵贱,差贤不肖,经诽誉,行赏罚,则兵革兴而分争生,民之灭抑夭隐,虐杀不辜而刑诛无罪,于是生矣。

【注释】①县联:王念孙认为当作"縣联",指屋檐板。②橑:屋椽。㮾题:屋椽的端头。通常伸出屋檐,因通称出檐。③芰荷:菱叶和荷花。④流漫陆离:流漫,彩色相杂的样子。陆离,分散的样子。⑤㨆:舒展。挍:纷杂。⑥曾挠:层叠弯曲。⑦公输:即公输般,春秋时鲁国的巧匠。⑧王尔:古时巧匠。⑨剞劂:刻镂的刀具。剞:曲刀。劂:曲凿。⑩箘露:箘、露均为竹名。⑪夷羊:古指神兽、怪兽。⑫服等:官吏服色的等级差别。

【译文】进而发展到修建高大的宫室,连屋檐板、房柱、椽子和椽子头都精心构造设计,处处绘刻着草木花纹图案,其枝条舒展修长、其枝节盘曲婉转,荷花、菱角各种花色争奇斗艳、交相辉映;各种建筑装饰参差错落、屈伸自如、层层叠叠、千姿百态、细密繁复的错杂牵扯,相互交错映衬。即使是公输、王尔那样的能工巧匠,面对如此精美的绝作也不知道如何使用他们的刀凿斧锯。然而这样还是不能满足统治者的贪欲。因此在冬季都能长青不衰的松柏翠竹竟在植物繁盛的盛夏枯死,原本川流不息的长江、黄河以及泾、渭、汧三川也开始干涸断流。神兽夷羊出现在商郊牧野之地，蝗虫遮天盖地，天旱地裂；凤凰不再降临，长有勾爪、尖牙、锐角、利距的凶猛禽兽，到处逞凶作恶。百姓拥挤在狭窄、简陋的茅屋草棚里，无处安居，饥寒交迫，以致饿冻而死者的尸体一个压着一个。等到后来，天子又划分山川溪谷，使得各诸侯国有了疆界，统计人口数量，修建城墙挖掘护城河，设置机关险隘以作守备，整治官吏制度，制订服饰等级，区分贵贱贤愚，明确功过是非，实施赏罚制度，然而却使战争兴起、纷争产生；百姓因此死亡夭折，而统治者滥杀无辜、诛杀无罪之人的惨象就从这个时候出现了。

天地之合和，阴阳之陶化万物，皆乘人气者也。是故上下离心，气乃上蒸；君臣不和，五谷不为。距日冬至四十六日①，天含和而未降，地怀气而未扬；阴阳储与②，呼吸浸潭③；包裹风俗，斟酌万殊，旁薄④众宜，以相呕咐⑤酝酿，而成育群生。是故春肃秋荣，冬雷夏霜，皆贼气⑥之所生。由此观之，天地宇宙，一人之身也；六合之内，一人之制也。是故明于性者，天地不能胁也；审于符者，怪物不能惑也。故圣人者，由近知远，而万殊为一。古之人同气于天地，与一世而优游。当此之时，无庆贺之利，刑罚之威，礼、义、廉、耻不设，毁、誉、仁鄙⑦不立，而万民莫相侵欺暴虐，犹在于混冥之中。逮至衰世，人众财寡，事力劳而养不足，于是忿争生，是以贵仁。仁鄙不齐，比周⑧朋党，设诈谞（xū）⑨，怀机械⑩巧故之心，而性失矣，是以贵义。阴阳之情，莫不有血气之感，男女群居杂处而无别，是以贵礼。性命之情，淫而相胁，以不得已则不和，是以贵乐。是故仁、义、礼、乐者，可以救败，而非通治之至也。夫仁者，所以救争也；义者，所以救失也；礼者，所以救淫也；乐者，所以救忧也。神明定于天下，而心反其初；心反其初,而民性善;民性善而天地阴阳从而包之,则财足;财足而人澹⑪矣;贪鄙忿争不得生焉。由此观之,则仁义不用矣。道德定于天下而民纯朴,则目不营于色,耳不淫于声;坐俳⑫而歌谣,被发而浮游,虽有毛嫱、西施之色,不知说也。《掉羽》⑬《武象》⑭不知乐也,淫泆无别,不得生焉。由此观之,礼乐不用也。是故德衰然后仁生,行沮然后义立,和失然后声调,礼淫然后容饰。是故知神明然后知道德之不足为也,知道德然后知仁义之不足行也,知仁义然后知礼乐之不足修也。今背其本而求其末,释其要而索之于详,未可与言至也。

【注释】①四十六日:指从立冬到冬至的时间。②储与:徘徊不定。③呼吸浸潭:吸收浸润扩散。④旁薄:靠近,有遍及的意思。⑤呕咐:抚养培育。⑥贼气:反常之气,邪气。⑦鄙:薄情。⑧比周:结党营私。⑨谞:机谋。⑩机械:本指灵巧的器具,引申指巧诈。⑪澹:安然的样子。⑫俳:这里有徘徊义。⑬《掉羽》:上古时代的《羽舞》。舞者持鸟羽而舞,故称。用于祭祀。⑭《武象》:周武王时的乐名。一说《武》乃武王之乐,《象》乃周公之乐。

【译文】天地间的气体互相融合,阴阳二气熏陶化育万物,全是凭借这纯一的精气。因此,如果上下离心离德,纯一的精气就会向上升腾;如果君臣不和,五谷便不能生长。从立冬到冬至的四十六天,上天含着阳气没有下降,大地怀有阴气没有上扬;此时阴阳二气尚未融合,在天地间徘徊徜徉,互相吸收又扩散,包含了所有的世俗风气,斟酌着各种不同的情形,混同万物,遍及众生使其适宜,对它们进行培育调和,从而化育众多的生命。因此,如果春天像秋天那样肃杀,秋天像春天那样繁茂,冬天响雷,夏天降霜,这些反常气候都是由阴阳二气失调之后产生出的有害邪气所造成的。由此看来,宇宙天地，就像一个人的身体一样，六合之内，就如同人的形体、生命一般。所以也可以说，明白天性大道的人，天地自然的变异不会使他感到恐惧；明察符验的人，天地自然的怪异不会使他感到迷惑。所以圣明的人能够由眼前的事推知遥远的事，把各种不同的事物看成是一样的，和天地同气相连，与时势的变化共同沉浮。在这样一个圣人治理的年代，既没有赏赐奖励的诱惑，也没有刑杀惩罚的威胁，礼、义、廉、耻的标准不曾设置，诋毁、赞誉、仁爱、贪鄙的观念也不曾确立，百姓之间不会互相侵犯、欺凌、残害，就像生活在混沌未开的至道之中。而到了社会道德衰败的时代，百姓众多而财物稀少，人们付出的多，获得的少，于是纷争便产生了，为了生活你争我夺，这时便要借助"仁"来制止纷争。同时，社会中仁与不仁参差不齐，不仁之人还结党营私，实行阴谋诡计，心怀机巧诈伪，失去纯朴的天性，这时便要借助"义"来制止私心。男女之间的情欲，相互吸引出现血气相诱的冲动，男女群居杂处而不分别，就会出现淫乱行为，这时便要借助"礼"来限制男女不正常的交往。人自身喜怒哀乐的性情如果过分宣泄就会威胁生命，不加控制就会血气不和，这就必须借助"乐"来调节疏导。所以说，仁、义、礼、乐这些规定，都是用来防范、制止某些方面的道德品行败坏，但不能说是治理天下最根本的办法。社会提倡"仁"，是用来防范纷争的；提倡"义"，是用来纠正狡诈不讲信用的；提倡"礼"，是用来规范男女淫乱的；提倡"乐"，是用来解除烦恼忧愁的。依靠道体神明来安宁天下，这样人心就会返回到人类初始的质朴境界；人心一旦返回到这种境界，民性就会变良善；民性善良就会被天地自然阴阳所包容，这样四时阴阳和谐有序，万物繁茂，财物充裕，百姓的需求得到满足，人心便会安定，贪婪鄙陋的思想和怨恨争斗的行为也就不会产生了。由此看来，用"道"来治理天下，仁义就没有用了。用"德"来安定天下，百姓就会纯真朴实，那么百姓的眼睛就不易受美色迷惑，耳朵就不会沉溺于五音，或坐或走随意歌唱，披着长发自在游荡；眼前即使有毛嫱、西施这样的美女，也不能引起他们的兴趣，演奏《掉羽》《武象》这样动人的乐舞，也不能使他们得到快乐，荒淫放荡、男女混杂的事情就根本不可能发生。由此看来，用"德"安定天下，礼乐就没有用了。所以，德衰以后才产生了仁，品行败坏后才确立了义，失去平和的性情才会用音乐来调节，礼法混乱才会对仪容行止进行整饬。因此，体察到道的微妙，就明白德不值得提倡；体察到德能净化人心，就明白仁义不值得推行；懂得仁义，就明白礼乐不值得修治。但如今却是相反：背弃了根本的道，而去追求仁义礼乐这些细枝末节，放弃简要易行的道，而去追求烦琐的仁义礼乐，这样的人是不能和他谈论最精妙的"道"的。

天地之大，可以矩表识也；星月之行，可以历推得也；雷震^①之声，可以鼓钟写^②也。风雨之变，可以音律知也。是故大可睹者，可得而量也；明可见者，可得而蔽也；声可闻者，可得而调也；色可察者，可得而别也。夫至大，天地弗能含也；至微，神明弗能领^③也。及至建律历，别五色，异清浊^④，味甘苦，则朴^⑤散而为器矣。立仁义，修礼乐，则德迁而为伪矣。及伪之生也，饰智以惊愚，设诈以巧^⑥上，天下有能持之者，有能治之者也^⑦。昔者苍颉作书，而天雨粟，鬼夜哭；伯益^⑧作井，而龙登玄云，神栖昆仑。能愈多而德愈薄矣。故周鼎著倕（chuí）^⑨，使衔其指，以明大巧之不可为也。

【注释】①震：王念孙认为当作"霆"。②写：仿效。③领：领会，理解。④清浊：指音的高低。⑤朴：未加工的树木，借喻本色。⑥巧：欺骗。⑦"有能"句：此句王念孙认为应作"未有能治之者也"。⑧伯益：舜时东夷部落的首领，为嬴姓各族的祖先。相传伯益助禹治水有功，禹欲让位于益，益避居箕山之北。⑨倕：相传为中国上古尧、舜时代的一名巧匠，善作弓、耒、耙等。

【译文】天地虽然宽广浩大，但也可以用矩尺和圭表来测量；星辰月亮的运行规律虽然复杂，但也可以用历法来推算；雷霆的声音虽然巨大，但也可以用钟鼓来模仿；风雨虽然变化多端，但也可以按音律来了解它。因此，那些庞大且能看到的东西，总能度量；能看清的明亮东西，总能把它遮蔽起来；能听到的声音，总能调节把握；能看到的颜色，总能区别分辨。但是，那大到没有极限的东西，天地不能包含；细到不能再细微的东西，神明都不能了解明白。等到制定律历，区分五色，辨别五音的清浊，品味甘苦以后，事物质朴的本色就被破坏而统统成为被使用的器物了；确立了仁义的标准，制定了礼乐的规范以后，"德"也就变质而表现的虚伪了。等到虚伪产生以后，就以智谋来愚弄百姓，使用伪诈来蒙骗君王。在这样的情况下，尽管有人能占有天下，却没有人能治理好天下。以前苍颉创造文字，上天担心以后没有人再种粮食而降下粟米，鬼神在夜里嚎哭；伯益掘地打井，龙担心河谷干涸而飞上云天，众神栖身在昆仑山上。这说明人的智能越多，德行就越薄。所以周朝所铸的鼎上铸着巧匠倕的像，让他嘴里衔着自己的手指，以说明过分的智巧是不可取的。

故至人之治也，心与神处，形与性调，静而体①德，动而理通。随自然之性而缘②不得已之化，洞然③无为而天下自和，憺然④无欲而民自朴，无機(jī)祥⑤而民不夭，不忿争而养足，兼包海内，泽及后世，不知为之者谁何。是故生无号，死无谥，实不聚而名不立，施者不德，受者不让，德交归焉而莫之充忍也。故德之所总，道⑥弗能害也；知之所不知，辩弗能解也。不言之辩，不道⑦

之道,若或通焉,谓之天府⑧。取焉而不损,酌焉而不竭,莫知其所由出,是谓瑶光⑨。瑶光者,资粮⑩万物者也。

【注释】①体:依照。②缘:循,顺着。③洞然:空空洞洞的样子。④憺然:淡泊,恬静的样子。⑤禨祥:祈禳求福之事。⑥道:说。⑦道:同⑥。⑧天府:原注释为"天之府藏。"⑨瑶光:北斗七星的第七星名。古代以为象征祥瑞。⑩资粮:提供粮食。相当于养育。

【译文】所以,至德之人治理天下,心灵与精神相依处,形体与性情相协调;静处时体物得道,行动时合于情理;随顺事物的自然本性,遵循事物自身的变化规律;他混沌得好像无所作为,而天下却自然和顺;他恬憺安静得没有一点儿欲望,而百姓却纯朴自然。他不用求神祈福,百姓也不会夭折;人们不必互相争斗,生活给养充足;他的德泽遍及海内外,并延及后世,但人们却不知谁是施予恩德者。所以,这样的至德之人生前没有名号,死后没有谥号;他不聚敛财物,也不追求声名。施恩者不自以为有恩于人而求回报,受恩者也不刻意地谦让,因此德泽聚于一身,却不显盈满。所以,德行聚集的人,人们的言论不能伤害他;有智慧的人不能明了的事,能言善辩也无法解释清楚。不用言语的辩才,不用说出的的道,如果有人能达到这种境界,那就叫做进入了天府,这里面取之不尽,用之不竭,没有谁知道这些东西是哪里来的,这说的就是瑶光。所谓瑶光,就是给万物提供资粮的北斗天神。

振困穷,补不足,则名生;兴利除害,伐乱禁暴,则功成。世无灾害,虽神无所施其德;上下和辑,虽贤无所立其功。昔容成氏①之时,道路雁行列处②,托婴儿于巢上,置余粮于亩首③,虎豹可尾,虺(huǐ)蛇可蹍④,而不知其所由然。逮至尧之时,十日并出,焦禾稼,杀草木,而民无所食。猰貐(yà yǔ)、凿齿、九婴、大风、封豨（xī）、修蛇⑤皆为民害。尧乃使羿诛凿齿于畴华⑥之野，杀九婴于凶水⑦之上，缴大风于青丘之泽，上射十日而下杀猰貐，断修蛇于洞庭，禽⑧封豨于桑林，万民皆喜，置尧以为天子。于是天下广陕⑨、险易、远近，始有道里。

【注释】①容成氏：即容成，相传为黄帝大臣，发明历法。②雁行列处：指尊卑自然有序。③亩首：田头。④"虎豹"二句：原注作："虎豹扰人，无害人之心，故可牵尾。虺蛇不螫毒，故可躧履也。"⑤猰貐：原注作："兽名也。状若龙首。或曰似狸，善走而食人，在西方也。"凿齿：原注作："兽名。齿长三尺，其状如凿，下彻颔下，而持戈盾。"九婴：传说中的水火怪。亦用以喻邪恶凶残的人。大风：传说中一种凶恶的鸷鸟。封豨：野猪。修蛇：大蛇。⑥畴华：南方泽名。⑦凶水：原注作："北狄之地有凶水。"⑧禽：古同"擒"。捉拿。⑨陕：同"狭"，狭窄。

【译文】赈济生活贫困的人，补助食用不足的人，这样名声就会树立起来；兴办利民之业，消除社会弊病，讨伐叛乱，禁除暴行，这样功业就会成就。如果世上没有灾害，那么即使是天神也没有办法布施德泽；如果上下和睦融洽，那么即使贤人也没有办法建功立业。以前容成氏的时代，道路上的人们像大雁一样长幼有序地排列着行走，把婴儿放在鸟巢里也没有危险，余粮放在田头也不会丢失；可以牵着虎豹的尾巴，脚踩毒蛇而不受到它们的伤害，但是人们不知道形成这种情况的原因。等到了尧帝的时代，十个太阳同时出现在天上，烤焦了庄稼禾苗，晒死了树木花草，使百姓没有可吃的食物。猰貐、凿齿、九婴、大风、封豨、修蛇都一起出来残害百姓。于是尧帝派后羿在畴华杀死凿齿，在凶水杀掉九婴，在青丘之泽用缴箭射死了大风，又射落天上的九个太阳，在地上杀死猰貐，在洞庭湖斩断修蛇，在桑林擒获封豨。这样，普天下的百姓都欢天喜地，推举尧为天子。在那个时候，天下不管开阔狭窄、险峻平坦、远处近处，都开始修路。

舜之时，共工振滔洪水，以薄空桑①，龙门未开，吕梁②未发，江、淮通流，四海溟涬（xíng）③，民皆上丘陵，赴树木。舜乃使禹疏三江五湖，开伊阙④，导廛（chán）、涧⑤，平通沟陆，流注东海，鸿水漏，九州干，万民皆宁其性，是以称尧、舜以为圣。晚世之时，帝有桀、纣，为琁室、瑶台、象廊、玉床，纣为肉圃、酒池，燎焚⑥天下之财，罢苦万民之力，刳谏者，剔孕妇，攘天下，虐百姓。于是汤乃以革车三百乘，伐桀于南巢，放之夏台⑦，武王甲卒三千，破纣牧野，杀之于宣室，天下宁定，百姓和集⑧。是以称汤、武之贤。由此观之，有贤圣之名者，必遭乱世之患也。

【注释】①空桑：原注作："地名，在鲁也。"②吕梁：山名。在今山西省西部，位于黄河与汾河间。主峰在离石县东北。夏禹治水，凿吕梁以通黄河，即指此。③溟涬：天地未形成前，自然之气混混沌沌的样子。④伊阙：山名，位于洛阳西南九十里。⑤廛、涧：二水名。⑥燎焚：俞樾认为应作"撩聚"。⑦夏台：又名钧台，古台名，位于今河南禹县南。⑧集：止，安定。

【译文】舜帝的时代，共工掀起波涛发起大洪水，大水逼近东方的空桑，这时龙门尚未凿开，吕梁尚未挖通，长江、淮河合流汇通，四海之内大水茫茫，百姓都逃到山丘之上，爬上大树。于是舜派遣大禹疏通三江五湖，开辟伊阙，疏导廛水和涧水，整治疏通大小沟渠，使它们都流注到东海。洪水泄退，九州大地平静下来，百姓们都能安生了。因此人们都称颂尧、舜为圣人。晚世的时候，有夏桀、商纣两个暴君，夏桀修建了琁玉装饰的宫室、瑶玉镶砌的楼台、用象牙装点廊房、用美玉雕琢睡床；商纣设置了肉圃、开凿了酒池，搜刮天下的财物，使百姓耗尽心力，挖出比干的心脏，剖开孕妇的胎腹，侵扰天下，残害百姓。于是商汤率三百战车在南巢讨伐夏桀,最终将夏桀囚禁在夏台;周武王率三千甲士步卒在牧野打败纣王的军队,在宣室杀死了纣王。这样天下才得以安定,百姓得以和乐。因此他们都称商汤、武王为贤人。由此可见,获得贤圣名声的人,必定遭逢乱世之祸。

今至人生乱世之中,含德怀道,拘①无穷之智,钳口寝②说,遂不言而死者众矣,然天下莫知贵其不言也。故道可道,非常道;名可名,非常名③。著于竹帛,镂于金石,可传于人者,其粗④也。五帝三王,殊事而同指,异路而同归。晚世学者,不知道之所一体,德之所总要,取成⑤之迹,相与危坐而说之,鼓歌而舞之,故博学多闻,而不免于惑。《诗》云:"不敢暴虎,不敢冯河。⑥人知其一,不知其他。"此之谓也。

【注释】①拘:执持。②寝:停止,平息。③"道可道"四句:语出《老子》首章。④粗:粗略的,非精华的。⑤成:既成之事。⑥"《诗》云"句:语本《诗经·小雅·小旻》。意为不敢赤手空拳打老虎,不敢徒步渡河。暴虎:空手打虎。冯河:徒步渡河。

【译文】现在至德之人生活在乱世之中,他们含着德怀着道,胸中藏匿着无穷的智慧,却闭口不说,在沉默中死去,像这样的人有很多。然而天下却没有人懂得沉默不语的珍贵。所以说,可以言传的道,并不是永恒的道;可以称说的名,并不是永恒的名。而那些著录在竹帛上,刻镂在金石上,可以传给后人的仅仅是道的粗糙简单的内容罢了。五帝三王,他们做的事情不一样,但宗旨是一样的,所走的道路不同,但他们的归途却是一致的。晚世求学问的人,不懂得道是混元一体不可分割的,德是总括道的精髓要点的,只选取五帝三王一些已经成功了的事迹,相聚在一起,正襟危坐而津津乐道,奏着鼓乐、跳着古舞,彼此歌功颂德。所以尽管他们自称博学多闻,但却不免糊涂和困惑。《诗经》说:"不敢徒手打虎,不敢无舟渡河。人只知道眼前的这些事危险,却不知道其他的危险还有很多。"说的正是这类人。

帝者体太一,王者法阴阳,霸者则四时,君者用六律①。秉太一者,牢笼天地,弹压山川,含吐阴阳,伸曳②四时,纪纲③八极,经纬④六合,覆露照⑤导,普泛无私,蠉飞蠕动,莫不仰德而生。阴阳者,承天地之和,形⑥万殊之体,含气化物,以成埒类⑦;赢缩卷舒,沦于不测,终始虚满,转于无原⑧。四时者,春生夏长,秋收冬藏;取予有节,出入有时;开阖张歙,不失其叙;喜怒刚柔,不离其理。六律者,生之与杀也,赏之与罚也,予之与夺也,非此无道也。故谨于权衡准绳,审乎轻重,足以治其境内矣。

【注释】①"帝者"四句:帝者、王者、霸者、君者分别是指称帝者(天子一类)、称王者(以"王道治天下")、诸侯中称霸者(以"霸道"治天下)和未称王的小国君主。②伸曳:调和。③纪纲:治理,管理。④经纬:治理。⑤照:又作"昭",昭示,与导义近。⑥形:形成。⑦埒类:有形的物类。⑧无原:不可度量之境。

【译文】称帝者应遵循天道,无为而治;称王者应效法阴阳,实施仁义;诸侯中称霸的应以四季为准则,依法治理;而那些小国君则应以法治国。所谓天道,它以纯朴元气笼罩天地,控制山川,吞吐阴阳二气,调和四季,治理八方,经营六合,覆盖、显露、昭示、引导万物,广泛无私地遍施物类,各种生物无不仰仗它的德泽而生长发展。阴阳二气,禀承天地自然的中和之气,造就万物千差万别的形体,含蕴的和气化育成万物,使它们成为不同的物类,或伸或缩舒卷自如，进入到无法测度的境地，由虚到满周而复始地流转在无限的区域。所谓四时，春季主生育，夏季主生长，秋季主收敛，冬季主贮藏；取予要有一定的节度，出入要有一定的时期；或开或张或合或闭，不失去它们本来的次序，或喜或怒或刚或柔，不背离它们基本的原理。所谓六律，主管生存与杀戮、赏赐与刑罚、给予与夺取，除此之外，没有其他的办法。所以，谨慎地把握权衡准绳所规定的法度来规范行为，审慎地运用轻重刑律去处理事务，就足以治理好自己所管辖的国家了。

是故体太一者，明于天地之情，通于道德之伦；聪明耀于日月，精神通于万物；动静调于阴阳，喜怒和于四时；德泽施于方外，名声传于后世。法阴阳者，德与天地参，明与日月并，精与鬼神总；戴圆履方，抱表怀绳，内能治身，外能得人，发号施令，天下莫不从风。则四时者，柔而不脆，刚而不鞼①；宽而不肆，肃而不悖；优柔委从②，以养群类。其德含愚而容不肖，无所私爱。用六律者，伐乱禁暴，进贤而退不肖，扶拨③以为正，壤险以为平，矫枉以为直，明于禁舍开闭之道，乘时因势，以服役④人心也。帝者体阴阳则侵⑤，王者法四时则削，霸者节六律则辱，君者失准绳则废。故小而行大，则滔窕⑥而不亲；大而行小，则狭隘而不容。贵贱不失其体，则天下治矣。

【注释】①鞼：折断。②委从：松宽，对万物不加约束。③扶拨：扶治倾斜。④服役：使顺从，受役使。⑤侵：受到侵凌。⑥滔窕：空虚，不充实。

【译文】因此遵循天道、无为而治的人，则能明察天地性情，通晓道德伦理；他的聪明能辉映日月，精神与万物相通；动静与阴阳协调，喜怒与四时和谐；他的德泽施及四方以外的区域，名声流传到子孙后世。效法阴阳的人，他的德行和天地相配，英明与日月同辉，精气与鬼神相合；他头顶圆圆的苍穹、脚踏方正的大地，手握圭表，怀揣墨绳等法度，在内修养心性，在外获得人心，发号施令，天下全都闻风而动。效仿四季的人，柔顺而不脆弱，刚强而不折断；宽缓而不放肆，急速而不紊乱；以宽和温厚随顺自然的态度，长养万物。他的德行可以包容愚昧不贤之人，没有任何私心和偏爱。使用六律的人，能讨伐叛乱、禁止暴行，进用贤才而斥退不贤之人，把偏邪扶直使其变得端正，把险阻排除使其变得平坦，矫正弯曲使其变得笔直；懂得禁舍开合的道理，顺应时势以驾驭人心。假如称帝的人效法阴阳，就会受到侵侮；称王的人依循四季，就会被削弱；称霸的人以六律为节制，就会受到凌辱；那些小国君如果失去准绳法度，就会被废黜。所以，小国的统治者如果实施大国的治理方略，就会显得空泛不周密，不会使百姓亲附。大国的统治者如果实行小国的治理方略，就会显得狭隘有局限而无法包容天下。无论贵贱都不失各自的行事准则，那么天下就容易治理了。

天爱其精①，地爱其平，人爱其情。天之精，日月、星辰、雷电、风雨也；地之平，水火金木土也；人之情，思虑、聪明、喜怒也。故闭四关②，止五遁，则与道沦③。是故神明④藏于无形，精神反于至真，则目明而不以视，耳聪而不以听，心条达而不以思虑，委而弗为，和而弗矜，冥⑤性命之情，而智故不得杂焉。精泄于目，则其视明；在于耳，则其听聪；留于口，则其言当；集于心，则其虑通。故闭四关则身无患，百节莫苑⑥，莫死莫生，莫虚莫盈，是谓真人。

【注释】①精：精气。②四关：指耳、目、心、口。③沦：相合。④神明：此处指精神。⑤冥：此处指远离，抛弃。⑥苑：指枯萎之病。

【译文】上天爱惜它的精气，大地珍惜它的平正，人类珍爱他的感情。上天的精气，表现为日月、星辰、雷电、风雨；大地的平正，表现为水、火、金、木、土；人的感情表现为思虑、聪明、喜悦与愤怒等。所以闭塞耳目口心四关，防止精神从五种物质享受中散逸，这样就和道融为一体了。所以，将神明隐藏在静穆虚无的状态之中，精气就会返回到至真纯朴的本性内，就可以做到眼睛明亮却什么也不去看，耳朵灵敏却什么也不去听，言语恰当却什么也不去说，心思通达却什么也不去想，摒弃外物而什么都不做，保持平和不骄矜，抛掉那些人之常情，保持心体平静，这样智巧就难以混杂其中了。精气通到眼睛，视觉就明亮；通到耳朵，听觉就灵敏；滞于口中，言词就恰当；聚集在内心，思虑就通达。所以，闭塞目、耳、心、口这四道关口，就会终身没有祸患，身体各个部位就不会萎缩生病。无所谓生无所谓死，无所谓虚无所谓实，这就叫"真人"。

凡乱之所由生者，皆在流遁①。流遁之所生者五：大构驾，兴宫室；延楼栈道，鸡栖井干；标林槫（bó）栌②，以相支持；木巧之饰，盘纡刻俨③；蠃镂④雕琢，诡文回波；淌游瀷淢（yì yù）⑤，菱杼⑥绖抱⑦，芒繁乱泽，巧伪纷挐，以相摧错：此遁于木也。凿污池之深，肆畛崖之远；来溪谷之流，饰曲岸之际；积牒旋石，以纯修碕（qí）⑧；抑减怒濑，以扬激波；曲拂邅回，以像隅（yú）、浯⑨；益树莲菱，以食鳖鱼；鸿鹄鹔（sù）鹴（shuāng）⑩，稻梁饶余；龙舟鹢（yì）⑪首，浮吹以娱：此遁于水也。高筑城郭，设树险阻；崇台榭之隆，侈⑫苑囿之大，以穷要妙之望；魏阙⑬之高，上际青云；大厦曾加，拟于昆仑；修为墙垣，甬道相连；残高增下，积土为山；接径历远，直道夷险；终日驰骛，而无蹪蹈⑭之患：此遁于土也。大钟鼎，美重器；华虫疏镂，以相缪紾⑮；寝兕伏虎，蟠龙连组；焜昱⑯错眩，照耀辉煌；偃蹇寥纠⑰，曲成文章；雕琢之饰，锻锡文铙(náo)⑱；乍晦乍明，抑微灭瑕；霜文沈居⑲，若簟簏篨(qú chú)⑳；缠锦经冗㉑，似数而疏：此遁于金也。煎熬焚炙，调齐和之适，以穷荆、吴甘酸之变；焚林而猎，烧燎大木；鼓橐(tuó)吹埵(duǒ)㉒，以销铜铁，靡流坚锻，无厌足日；山无峻干，林无柘梓；燎木以为炭，燔草而为灰；野莽白素㉓，不得其时；上掩天光，下殄㉔地财：此遁于火也。此五者，一足以亡天下矣。

【注释】①流遁：放荡，淫逸。②樽栌：亦作"樽卢"，斗拱。③伥：指昂首的虎形。④赢镂：花纹刻镂。⑤澴减：水面的波纹。⑥菱杼：菱类水草。⑦紾抱：错杂缠绕。⑧碕：同"埼"。曲折的堤岸。⑨漹：番隅。浯：苍梧。⑩鹝鹝：鸟名。雁的一种。颈长，羽绿。⑪鹴：古书上说的一种似鹭的水鸟。⑫侈：扩大。⑬魏阙：指宫门上巍然高出的观楼。其下常悬挂法令，后用作朝廷的代称。⑭蹪蹈：王念孙认为应作"蹪陷"，仆倒落入坑凹中。⑮缪紾：相纠结。⑯焜昱：光辉灿烂。⑰偃蹇：形容委曲婉转的样子。寥纠：缠绕的样子。⑱铙：铁纹。⑲沈居：没入器身。沈，通"沉"。⑳簟：竹席。簏篨：一种粗的竹席，由竹或苇所编成。㉑经冗：如经线一般冗长。㉒橐：风箱。埵：风箱的通风管。㉓白素：草灰遍地。㉔殄：耗尽。

【译文】大凡祸乱产生的根源，都是由于贪图物质享受而丧失了本性。本性丧失表现在五个方面：大兴土木，营造宫室亭阁；高楼栈道相连，如同鸡舍和井栏；梁柱斗拱，互相支撑；木料上精细的装饰，有盘曲的神龙，昂首的卧虎；木料精雕细琢，奇异的花纹如同回旋的流水，有的舒缓游动，有的湍急奔流，其中有菱草缠绕；花纹光彩繁缛耀眼,奇巧纷乱,交错成一个整体:这就是使本性丧失在"木"方面的享受。挖掘深深的沟池,水面宽阔,无边无际;接通溪谷的水源,装饰起曲曲弯弯的堤岸;层层堆砌璇玉之石,沿着蜿蜒的渠道铺成;遏制着湍急的流水,激起水浪飞流,扬起高高的波澜;水流曲折回旋,以模仿水乡河渠纵横交错的情景;水池湖塘中,种植莲花和菱角,用来饲养鱼鳖;鸿鹄、鹔鹴在水边嬉戏,岸边水稻、高粱茂盛充裕;乘坐刻有龙形、鹢鸟的豪华舟船,浮行在水面,鼓乐齐鸣,无比欢乐:这就是使本性丧失在"水"方面的享受。筑起高高的城墙,设立重重的险阻;建起雄伟的楼台,修葺广大的苑囿,用来满足自己观赏神奇美景的愿望;魏阙高耸,向上和云天相接;高楼层层叠加,可以和昆仑一争高下;修筑起的城墙用甬道相连;掘平高丘,填高洼地,累积土石成为山峦;使危道变为平直,使险阻化为坦途;奔驰在大道上,通达到很远的地方;策马驰骋,不必担心颠覆跌落坑间:这就是使本性丧失在"土"方面的享受。铸造大型钟鼎,装饰华美的重器,雕饰花草鸟虫的图形,互相交织在一起;犀牛酣睡,老虎卧伏,苍龙盘旋,这些动物有机地组合在一起;光彩熠熠,相互交错,让人迷乱,明亮耀眼,辉煌灿烂;回环缠绕,巧妙组成华美的纹饰;雕琢、装饰、锻造的纹理,浑然天成,光滑细腻;隐隐约约,忽明忽暗,光洁得没有一点儿微小的斑点;如霜的纹理沉入器身,如同排列有致的席纹;缠绵冗长,像织锦的经线一样,使人看起来似乎细密,又好像疏松:这就是使本性丧失在"金"上的享受。煎煮烧烤美味佳肴,调剂合适的口味,尝遍楚、吴两地不同的风味;焚烧树林围猎,要烧掉无数参天大树;拉起风箱,冶炼铜铁;铁水涌流,铸造锤打,没有停息之日;山上不再有大树,林中也没有茁壮的幼苗;烧掉木材来作炭,焚毁野草来作灰;原野草木被烧得一片光秃,草木无法按天时生长;火光炎炎,使得日月无光,将大地的资财消耗殆尽。这就是使本性丧失在"火"方面的享受。以上五种使人精神散逸、丧失本性的物质享受,只要沾染上其中一种,就足以使天下灭亡。

是故古者明堂之制,下之润湿弗能及,上之雾露弗能入,四方之风弗能袭;土事不文,木工不斲,金器不镂;衣无隅差①之削,冠无觚(gū)②蠃(luǒ)之理;堂大足以周旋理文,静洁足以享上帝、礼鬼神:以示民知俭节。

【注释】①隅差:斜角。②觚:古代酒器,青铜制,盛行于商代和西周初期,喇叭形口,细腰,高圈足。

【译文】因此,古时候建立明堂,使下面的潮湿之气不能上达,使上面的浓雾寒露不能进入,四方之风不能侵袭;土建墙壁不加粉饰,木制构件也不作雕凿,使用的金属器皿不用刻画,衣服边角不加剪裁,冠冕平直,没有觚、螺那样的纹理;明堂的大小足够用来行礼和处理政事文书,安静、洁净,可以用来祭祀天帝,礼敬鬼神:这些都是在给百姓作出节俭的示范。

夫声色五味,远国珍怪,瑰异奇物,足以变心易志,摇荡精神,感动①血气者,不可胜计也。夫天地之生财也,本不过五,圣人节五行,则治不荒。凡人之性,心和欲得则乐;乐斯动,动斯蹈,蹈斯荡,荡斯歌,歌斯舞,歌舞节则禽兽跳矣。人之性,心有忧丧则悲,悲则哀,哀则愤,愤斯怒,怒斯动,动则手足不静。人之性,有侵犯则怒,怒则血充,血充则气激,气激则发怒,发怒则有所释憾矣。故钟鼓管箫,干戚羽旄,所以饰喜也;衰绖苴杖,哭踊有节,所以饰哀也;兵革羽旄,金鼓斧钺,所以饰怒也。必有其质,乃为之文。

【注释】①感动：感应而动。

【译文】声色五味、异国他乡的奇珍异品，这些足以使人改变心志，动摇人的精神、血气的东西，不可胜数。天地之间生出的财物，根本的东西不过金、木、水、火、土这五种，而圣人能够节制这五种物质享受，所以治国处事就不致荒废。大凡人的性情，心体平和欲望得到满足就能感到快乐；快乐就会激动，激动就会顿足动手，顿足就要全身震荡，震荡就要唱歌，唱歌就要舞蹈，手舞足蹈时就会像鸟兽一样活蹦乱跳。大凡人的性情，心中有忧虑、懊丧就会产生悲伤，悲伤聚集到一定程度便会哀痛，哀痛不上就会转化为愤懑，愤懑要发泄出去就会转化为恼怒，恼怒发作就会有所动作，有所动作就会使手脚不得安宁。大凡人的性情，被人侵凌冒犯就会产生怒气，怒气上升则血液上涌，血液上涌则会激动，激动的情绪郁积就会怒气冲天，这种情况下非得有所宣泄才能消除心中的愤懑。所以，演奏钟鼓、管箫，舞动干戚、羽旄，是用来表达喜悦之情的；穿着孝服，拄着孝杖，是丧礼的礼节，是用来显示哀痛之情的；手持武器，陈列斧钺，高举军旗，击鼓鸣金，是用来表达愤怒之情的。一定要有质朴的真情实感存在，才有与它对应的外在表现形式。

古者圣人在上，政教平，仁爱洽；上下同心，君臣辑睦；衣食有余，家给人足；父慈子孝，兄良弟顺；生者不怨，死者不恨；天下和洽，人得其愿。夫人相乐，无所发贶（kuàng）①，故圣人为之作乐以和节之。末世之政，田渔重税，关市急征；泽梁毕禁，网罟无所布，耒耜无以设；民力竭于徭役，财用殚于会赋；居者无食，行者无粮；老者不养，死者不葬；赘妻鬻子，以给上求，犹弗能澹；愚夫蠢妇皆有流连之心，凄怆之志。乃使始为之撞大钟，击鸣鼓，吹竽笙，弹琴瑟，失乐之本矣。

【注释】①贶：赠，赐。

【译文】古时候圣人在上位，政治教化清平，仁爱融洽；上下同心，君臣和睦；百姓衣食丰足，家家丰裕；父母慈爱，子女孝顺，兄长温良，弟弟恭顺；活着的人没有怨恨，死去的人也没有遗憾；天下和谐，人们都能够实现自己的愿望。每个人都充满快乐，但不会表达、抒发快乐之情。因此圣人替他们制订音乐来加以调节。末世国君的政治，农民以及渔夫承受着沉重的赋税，关卡集市紧急横征暴敛，水泽、山梁全部禁止捕捞、采摘，打渔的没有地方撒网，种地的没有地方使用农具；民力在繁重的徭役上被耗尽，财富被赋税收刮干净；居家的人没有食物，奔走在外的人没有干粮；年老的人得不到赡养，死去的人无法安葬；人们抵押妻子，卖掉儿女，来供给官府所需，但仍不能让他们满足；即使是愚蠢至极的夫妇，都有妻离子散的痛苦和悲凉的心情。在这种情况下，再给他们撞响大钟，敲打响鼓，吹奏竽笙，弹拨琴瑟，已经失去作乐的根本意义了。

古者上求薄而民用给，君施其德，臣尽其忠，父行其慈，子竭其孝，各致其爱而无憾恨其间。夫三年之丧，非强而致之，听乐不乐，食旨不甘，思慕之心，未能绝也。晚世风流①俗败，嗜欲多，礼义废，君臣相欺，父子相疑，怨尤充胸，思心尽亡②，被衰戴绖，戏笑其中，虽致之三年，失丧之本也。

【注释】①流：流失。②亡：通"无"。

【译文】古时候在上位的君主需求很少，而百姓财用丰足，国君广布德泽，臣下都能尽忠，父母施予他的慈爱，子女竭尽他的孝道，大家各自表达自己的爱心，彼此之间没有怨恨遗憾。为父母守孝三年，并不用勉强他去做，三年服丧期间，听音乐却不感到快乐，吃美味不觉得甘甜，是因为思慕先人的悲哀之心没有断绝。晚世这种美好的风气流失败坏，人们的欲望增多，礼义遭到废弃，君臣之间互相欺骗，父子之间互相猜疑，胸中充满怨恨，对死者的思慕之心全部丧失，虽然也披麻戴孝，却在居丧期间戏耍玩笑，虽然也为父母服丧三年，却失去了服丧的根本意义。

古者天子一畿①，诸侯一同②，各守其分，不得相侵。有不行王道者，暴虐万民，争地侵壤，乱政犯禁，召之不至，令之不行，禁之不止，诲之不变，乃举兵而伐之，戮其君，易其党，封其墓，类③其社，卜其子孙以代之。晚世务广地侵壤，并兼无已，举不义之兵，伐无罪之国，杀不辜之民，绝先圣之后，大国出攻，小国城守，驱人之牛马，僷(xī)④人之子女，毁人之宗庙，迁人之重宝，血流千里，暴骸满野，以澹贪主之欲，非兵之所为生也。

【注释】①畿：方圆千里为畿。②同：方圆百里为同。③类：一种祭祀名称。④僷：通"系"，拘系。

【译文】古时候天子的国土方圆千里，诸侯的领地方圆百里，各自守护自己的疆土，安守本分，互不侵扰。如果有不推行天子政令的诸侯，残暴百姓，争夺土地，侵犯他国，扰乱政治，破坏禁令，征召他来觐见他不来，颁布命令他不实行，有禁令他又不停止，教导他也不改过，这样天子不得不发兵来讨伐他，杀死作乱的国君，更换他们的党羽，修建被暴君残害的贤者之坟，祭祀社稷，占卜择立他们的贤德子孙来承袭爵位。晚世诸侯热衷于扩充地盘，侵占他国，无休止地扩张兼并。发动不义之战，讨伐无罪之国，杀死无辜的百姓，灭绝圣贤的后代，大的国家出兵进攻，小的国家被迫防守。驱逐别人的牛马，拘囚他人的子女，毁坏别国的宗庙，搬走他国的国宝，以致血流千里，尸横遍野，以此来满足贪婪国君的欲望，这些都不是发动战争的最初目的。

故兵者,所以讨暴,非所以为暴也;乐者,所以致和,非所以为淫也;丧者,所以尽哀,非所以为伪也。故事亲①有道矣,而爱为务;朝廷有容②矣,而敬为上;处丧有礼矣,而哀为主;用兵有术矣,而义为本。本立而道行,本伤而道废。

【注释】①事亲:侍奉父母。②容:礼仪,法度。
【译文】因此说军队是用来讨伐暴乱的,并不是用来制造暴乱的;音乐是用来陶冶情操的,不是用来助长淫乱的;丧礼是用来表达悲哀之情的,不是用来作摆设的。所以侍奉父母要有孝道,真心敬爱最为重要;朝廷君臣相见是有固定仪式法度的,恭敬君主最为重要;处理丧事讲求礼节,表达内心的哀思最为重要;用兵讲究一定的战略战术,坚持战争的正义性最为重要。根本确立后,大道才可以行得通,根本丧失了,大道也就被废弃了。

卷九　主术训

【题解】"主术",指君主统御臣下的权术。东汉高诱注曰:"主,君也。术,道也。君之宰国统御臣下,五帝三王以来,无不用道而兴,故曰主术也。"本卷全面论述了君主统治天下的方针、策略和方法,认为君有君道,臣有臣道,君道无为,臣道有为。君主应该抛开私心,树立公信,让百官有条不紊地围绕在君主身边,各尽其责,建功立业。治国要用法制,而立法的目的是制约天下所有人去邪守正,净化精神,从而达到天下太平无事。同时君主要以"道""德"为标准加强自身的修养,身教重于言教,事事做出表率。

人主之术,处无为之事,而行不言之教。清静而不动,一度而不摇;因循①而任下,责成而不劳。是故心知规而师傅谕导,口能言而行人②称辞,足能行而相者③先导,耳能听而执正进谏。是故虑无失策,谋无过事;言为文章,行为仪表于天下;进退应时,动静循理;不为丑美好憎,不为赏罚喜怒;名各自名,类各自类;事犹自然,莫出于己。故古之王者,冕而前旒(liú)④,所以蔽明也；黈(tǒu)纩(kuàng)⑤，塞耳所以掩聪；天子外屏⑥，所以自障。故所理者远，则所在者迩；所治者大，则所守者少。

【注释】①因循：原指遵循旧习而无所改动。这里只随顺事物原有状态，而不加干涉。②行人：职官名。掌朝觐聘问，接待宾客之事。③相者：引导宾客，传达命令，赞助行礼的人。④前旒：古代帝王冕冠前沿垂悬的玉串。旒：梳齿样条带装饰物。⑤黈纩：黄绵所制的小球。悬于冠冕之上，垂两耳旁，以示不欲妄听是非。⑥外屏：天子的门屏。屏，对着门的小墙，后称照壁。与内屏相对。

【译文】君主的治国之道，应该采用无为之治，用"不言"之教去感化百姓。君主内心清静而不浮躁，坚持自然法度而不动摇，随顺事物本有的状态而不加以人为干预，充分发挥百官的作用，督促他们各尽其责而自己不必亲自操劳。因此，君主内心早有谋划却让师傅来劝谕教导自己，能言善辩却让行人去陈述，腿脚灵活却让相者作引导，耳朵灵敏却要主持政务之人进谏转达。因而君主考虑问题时没有失策之处，谋划行事时没有过错；言论顺理成章，行为可作天下的表率；进退合乎时宜，动静依循规律，不因为事物的美丑而产生好憎之情，也不因赏赐惩罚而喜怒无常；不改变事物的名称，不重新划分事物的类别；一切事物都是自然本原的样子，没有哪一个是由君主的个人意志所决定的。所以古代的君主，冠冕前面垂悬着一排排的玉珠，这是用来遮挡视线的；冠冕的两侧垂悬着黄绵小球，这是用来掩蔽听觉的；天子居处前立着外屏，是用来阻隔自己远离奸邪的。因此君主管辖的地方越远，所考察的地方越近；治理的范围越大，所操持的范围却越小。

夫目妄视则淫，耳妄听则惑，口妄言则乱。夫三关者，不可不慎守也。若欲规之，乃是离之；若欲饰之，乃是贼之。天气为魂,地气为魄;反之玄房①,各处其宅。守而勿失,上通太一。太一之精,通于天道。天道玄默②,无容无则; 大不可极,深不可测;尚与人化,知不能得。

【注释】①玄房:指人体。②玄默:清静无为。
【译文】眼睛乱看就会淫邪,耳朵乱听就会迷惑,嘴巴乱说就会混乱。这三道关口,不可不谨慎把守。如果要规范三关,实际上是离散了它;如果要装饰三关,实际上是损害了它。天的阳气化为人的精魂,地的阴气化为人的气魄;魂魄返聚人的身体,各自安处其位。持守而不散失,人的精神就能上通太一。太一的精华,是与天道相通的。天道沉静玄妙、没有形貌也没有法则;大到没有边界,深到不可测量;天道和人一起变化,而人的智慧却无法把握它。

昔者神农之治天下也,神不驰于胸中,智不出于四域,怀其仁诚之心。甘雨时降,五谷蕃植,春生夏长,秋收冬藏。月省时考,岁终献功,以时尝谷,祀于明堂。明堂之制,有盖而无四方,风雨不能袭,寒暑不能伤,迁延而入之,养民以公。其民朴重端悫(què)①,不忿争而财足,不劳形而功成。因天地之资,而与之和同。是故威厉而不杀,刑错而不用,法省而不烦,故其化如神。其地南至交趾②,北至幽都,东至旸(yáng)谷,西至三危,莫不听从。当此之时,法宽刑缓,囹圄空虚,而天下一俗,莫怀奸心。末世之政则不然。上好取而无量,下贪狠而无让;民贫苦而忿争,事力劳而无功;智诈萌兴,盗贼滋彰;上下相怨,号令不行;执政有司,不务反道,矫拂③其本,而事修其末;削薄其德,曾累其刑:而欲以为治,无以异于执弹而来鸟,捭棁④而狎犬也,乱乃愈甚。夫水浊则鱼噞(yǎn)⑤,政苛则民乱。故夫养虎豹犀象者,为之圈槛,供其嗜欲,适其饥饱,违其怒恚(huì)。然而不能终其天年者,形有所劫也。是以上多故则下多诈,上多事则下多态,上烦扰则下不定,上多求则下交争。不直之于本,而事之于末,譬犹扬堁(kè)⑥而弭尘,抱薪以救火也。故圣人事省而易治,求寡而易澹;不施而仁,不言而信,不求而得,不为而成;块然⑦保真,抱德推诚;天下从之,如响之应声,景之像形:其所修者本也。刑罚不足以移风,杀戮不足以禁奸,唯神化为贵,至精为神。

【注释】①端悫:正直诚谨。②交趾:泛指广东、广西以南及越南北部地区。③矫拂:拂逆,违背。④捽抈:挥动棍棒。⑤噞:鱼在水面张口呼吸。⑥堁:尘埃。⑦块然:安然。

【译文】从前神农氏治理天下的时候,精神沉静而不躁动,智慧不用在外物上,只怀着一颗仁爱真诚的心。因而甘雨及时降落,五谷繁茂旺盛,春天播种夏天生长,秋季收获冬季贮藏。按照月、季考察民情,到年底向祖宗神灵汇报收获的喜讯;按时令品尝新谷,在明堂祭祀祖宗神灵。明堂的建筑形制,有圆形顶盖而没有四面墙壁,风雨不能侵袭,寒暑也不能伤害;每当祭祀祖宗神灵时,神农氏率领百官从容自在地进入明堂,因为他是以公心养育百姓。他的子民朴素、稳重、正直、诚谨,不用互相争夺也会财物充足,不必过分劳累身体也会成功。他凭借着天地的资助而与自然融为一体。因此,尽管威严却从不杀戮,制定法令却不去施行,法令简单而不烦杂,所以对民众的教化如同神助。他管辖的疆土范围南到交趾,北到幽都,东到旸谷,西到三危,没有哪个地方的人会不听从他的号令。当时,法律宽厚,刑罚轻缓,监狱空虚,而天下风俗统一,没有谁怀有奸诈之心。末世的政治教化就不是这样了。君主热衷于贪取而没有限度,官吏贪婪残暴不懂得谦让；百姓因贫困而互相怨恨争夺，辛苦劳作却没有成果；智巧奸诈盛行，盗贼明目张胆四处横行；君臣上下互相埋怨，律法号令不能施行；执政大臣和各部门官员不致力于返归正道，反而违逆治国的根本，只注意修饰细枝末节；不断削减德政，层层增加刑罚，而想通过这样的办法来治理好天下，这就像手拿弹弓却想让鸟雀飞来，挥动木棍逗弄狗玩耍一样，那样只会更加混乱。水混浊鱼儿就会浮出水面大口呼吸，政令烦琐苛刻百姓就会动乱不安。所以那些驯养老虎、豹子、犀牛、大象的人，为这些动物修建了栅栏和围墙，供给这些动物爱吃的食物，适当投喂不至于过分饥饱，并避开它们发怒的时候。然而，即使这样也不能使它们尽享天年，这是由于这些动物的身体受到了限制、胁迫而得不到自由。因此身处上位者诡计多端，那么臣民就多奸诈；身处上位者多事，那么臣民就多变故；身处上位者多烦扰，那么臣民必就不得安宁；身处上位者嗜欲过多，那么臣民就好争斗。不立足于根本，而去追求细枝末节，就好比扬起尘土去清除飞尘，抱着木柴去救火一样。所以，圣人简省事务而易于治理，欲求少而容易满足；无需布施而能自然显出仁爱，无需信誓旦旦反而更能显示出真诚，不需索取就能获得，无需有所作为反而能收到成效；他安然地保持着纯真的本性，胸怀道德而能开诚布公；天下人都归顺于他，就像音声相和，如影随形一般：这是圣人修养的根本。刑罚不足以移风易俗，杀戮不足以禁绝奸邪，唯有精神上的改变是最可贵的，最高的精神境界才具有最神奇的作用。

　　夫疾呼不过闻百步，志之所在，逾于千里。冬日之阳，夏日之阴，万物归之，而莫使之然。故至精之像，弗招而自来，不麾而自往；窈窈冥冥，不知为之者谁，而功自成；智者弗能诵，辩者弗能形。昔孙叔敖恬卧①，而郢②人无所害其锋；市南宜辽弄丸③，而两家之难无所关其辞。鞈(gé)④铁铠,瞋目扼腕,其于以御兵刃,县矣;券契束帛,刑罚斧钺,其于以解难,薄矣;待目而照见,待言而使令,其于为治,难矣。蘧(qú)伯玉⑤为相,子贡往观之,曰:"何以治国?"曰:"以弗治治之。"简子⑥欲伐卫,使史黯往觌(dí)⑦焉,还报曰:"蘧伯玉为相,未可以加兵。"固塞险阻,何足以致之!故皋陶(yáo)⑧喑而为大理,天下无虐刑,有贵于言者也;师旷瞽而为太宰,晋无乱政,有贵于见者也。故不言之令,不视之见,此伏羲、神农之所以为师也。

【注释】①孙叔敖:春秋时期楚国令尹,辅佐楚庄王成就霸业。历史上的治水名人。恬卧:安卧。②郢:楚国都城,在今湖北省江陵县附近。③宜辽:春秋时楚之勇士,姓熊,居于市南,因号曰市南子。弄丸:古代的一种技艺,两手上下抛接好多个弹丸,不使落地。④鞈:以绣革制成的甲。⑤蘧伯玉:春秋时卫国人,名瑗。相传他"年五十而知四十九年非",是一个求进甚急并善于改过的贤大夫,也是道家"无为而治"的开创者。⑥简子:原注作:"晋卿赵鞅也。"⑦史黯:春秋时晋国太史,姓蔡名墨,史是其职。觌:相见。⑧皋陶:相传为舜臣,掌刑狱之事。

【译文】高声疾呼只能使百步远的人听到,思想意志所能到达的地方,可以超越千里之外。万物在冬天都喜欢呆在阳光下,在夏天则喜欢躲在荫凉处,它们自然归向这里,没有谁要求它们这样。所以那至精至高的无为之道,不用招引它就会自然到来,不去驱赶它就会自己离开;幽深玄妙广大无边,不知是谁在操纵指挥,事情在不知不觉中成功;有智慧的人无法说清楚它的特点,善辩的人又无法描绘它的形状。从前孙叔敖执掌楚国国政,他安然静卧推行无为之治,楚国刀枪无损却能声名远播;市南的勇士熊宜辽面对白公胜举剑威逼,心无恐惧泰然自若地转动着手中的球丸,使自己在白公胜和令尹子西两家之难中没有受到牵连。穿上坚固的铠甲,怒目圆睁,紧握双拳,情绪激愤,立马横刀来抵御敌兵的刀剑,以这种办法制止灾祸与以德服人相比差得太远;用券契束帛去笼络,用刑罚斧钺去震慑,以此来解决危难,其作用要比以德感化小得多;靠眼睛去观察事物,靠言辞去发号施令,这样治理天下比无为而治困难得多。蘧伯玉担任卫国的国相,子贡前去拜访他,问:"先生是如何治理国家的?"蘧伯玉回答说:"无为而治。"赵简子想要征伐卫国,先派史黯前去打探。史黯回来报告说:"蘧伯玉担任卫国国相,所以不可以出兵。"由此看来,坚固的要塞和险峻的关隘又怎么能起到这种功效呢?所以皋陶虽然聋哑,却当上了舜帝的司法官,天下没有暴虐的刑罚,哑巴却有着比能说会道之人更珍贵的地方;师旷双目失明而当上了晋国的太宰,晋国便没有混乱的政治,盲人有着比视力好的人更珍贵的地方。所以说,不说话就能实行政令,不用眼睛看就能明察秋毫,这就是伏羲和神农成为后世师表的原因。

故民之化也,不从其所言而从所行。故齐庄公^①好勇,不使斗争,而国家多难,其渐至于崔杼之乱。顷襄^②好色,不使风议,而民多昏乱,其积至昭奇^③之难。故至精之所动,若春气之生,秋气之杀也,虽驰传骛置^④,不若此其亟。故君人者,其犹射者乎!于此豪末,于彼寻常矣。故慎所以感之也。夫荣启期^⑤一弹,而孔子三日乐,感于和;邹忌一徽,而威王终夕悲,感于忧。动诸琴瑟,形诸音声,而能使人为之哀乐,县法设赏而不能移风易俗者,其诚心弗施也。宁戚商歌^⑥车下,桓公喟然而寤^⑦,至精入人深矣。

【注释】①齐庄公:春秋时齐国国君,在位六年。②顷襄:即楚顷襄王,战国时期楚国国君,楚怀王之子。③昭奇:楚国大夫。④驰传:驾驭驿站车马疾行。骛置:以马疾驰传递。骛,通"骛"。⑤荣启期:字昌伯,春秋时隐士,对孔子自言得三乐:为人,又为男子,又行年九十。后世常用为知足自乐之典。⑥宁戚:春秋卫人,齐大夫。商歌:悲凉的歌。商声凄凉悲切,故称。后遂以"宁戚商歌"指不遇之士自求用世。⑦桓公:春秋五霸之首,先秦五霸之一。寤:古同"悟",觉悟,认识到。

【译文】百姓接受君王的教化,不是听取君主的言传,而是效法君王的身教。所以,齐庄公好勇力,不听从臣子的劝谏,虽然他并没有要百姓互相争斗,但国家就是多灾多难,致使崔杼弑君作乱。楚顷襄王荒淫好色没有节制,不让别人议论,尽管他并没有公开宣传色欲,但民众却淫乱昏昧,最后造成了昭奇之难。所以最高的精神感化作用,就像春天的阳气使万物生长,秋天的阴气使万物肃杀一样,即使让驿马狂奔疾驰,都不如它迅疾快速。所以,治国的君主,就和射箭手一样吧?开始瞄准时极其微小的偏失,都会造成最后极大的误差。所以说要慎重地对待感化的作用。荣启期有一次弹奏了一支表达旷达之情的乐曲,孔子听后快乐了三天,这是因为孔子感受到了荣启期曲调里的平和之气;邹忌挥手弹拨了一支哀伤的曲子,齐威王听后整夜悲伤,这是因为齐威王感受到了曲调里的忧伤之情。感情流露在琴瑟上,通过乐音表现出来,让人听了产生悲伤和欢乐之情。颁布法令、设置奖赏,却不能移风易俗的原因,是由于实施赏罚制度的人没有用他的诚心。宁戚在牛车下唱起悲怆的商调歌曲,齐桓公听后喟然长叹,恍然大悟,明白了宁戚的苦心,最终任用他为官,这是因为至纯的感情已经深入到桓公的心里了。

故曰:乐听其音,则知其俗;见其俗,则知其化。孔子学鼓琴于师襄①,而谕文王②之志,见微以知明矣。延陵季子③听鲁乐,而知殷、夏之风,论近以识远也。作之上古,施(yì)④及千岁,而文不灭,况于并世化民乎!汤之时,七年旱,以身祷于桑林之际,而四海之云凑,千里之雨至。抱质效诚,感动天地,神谕方外。令行禁止,岂足为哉!古圣王至精形于内,而好憎忘于外,出言以副情,发号以明旨,陈之以礼乐,风之以歌谣,业贯万世而不壅,横扃(jiōng)⑤四方而不穷,禽兽昆虫与之陶化,又况于执法施令乎!

【注释】①师襄:孔子的老师之一,孔子曾向他学习弹琴。春秋时鲁国的乐官。擅击磬,也称击磬襄。也有一说是卫国乐官,亦称师襄子。②文王:姬姓,名昌,周太王之孙,季历之子,周朝奠基者,在位50年,是我国历史上的一代明君。③延陵季子:春秋时吴公子季札。④施:及、延及。⑤横扃:犹横贯,充盈。

【译文】所以说,能听懂音乐,就可以知道国家的风俗习惯;知道了风俗习惯,也就明白它所具有的教化作用。孔子向师襄学习鼓瑟弹琴,并从乐曲中明白了周文王的志趣,这是因为音乐可以使人见微知著。延陵季子到鲁国聆听周朝的传统音乐,从音乐中了解到殷商、夏朝的风俗习惯,这是说音乐可以使人透过近世而了解到遥远的过去。这些上古时代创作的乐章,流传千年而文采依然不灭,还能给人以启迪和影响,更何况这些音乐对当时百姓的感化呢!商汤的时候,连续七年大旱,他亲自到桑林向上天祈祷求雨,以自责来感化天神,因而四海之内很快乌云密布,大雨降临到千里之地。所以说,胸怀质朴,献出诚心,就能感动天地,影响到四方边远地区。所以依靠发布命令来强迫百姓的天子,能做到这些吗?古代圣王在内心形成最纯粹的精神,而好恶之情早已抛之于外;他的言论符合真情,发号施令只是为了表明自己仁慈的意旨;他通过礼乐来陶冶民性,用歌谣来讽喻自己;他的这种精神累积万世也不会阻塞,充盈四方而没有穷尽;

就连禽兽昆虫都受到熏陶驯化,更何况由这样的圣王执法施令,天下有谁不会听从呢?

故太上神化,其次使不得为非,其次赏贤而罚暴。衡之于左右,无私轻重,故可以为平;绳之于内外,无私曲直,故可以为正。人主之于用法,无私好憎,故可以为命。夫权轻重不差蟁(wén)^①首,扶拨枉桡(ráo)^②不失针锋,直施矫邪不私辟^③险。奸不能枉,谗不能乱,德无所立,怨无所藏,是任术而释人心者也。故为治者不与焉。

【注释】①蟁:古同"蚊"。②扶拨:扶治倾斜。有治理之义。枉桡:违法曲断,偏私不公,使有理不申。③辟:通"避"。

【译文】所以治理天下,最根本的是从精神上感化,其次是使他们不至于做错事,再其次是用奖赏贤才惩罚暴虐的方法来治理天下。秤对于所称量的物体来说,不会因为偏私而改变它们的轻重,所以能够成为公平的标准;墨绳对于所测量之物来说,不会因为自己的私心而改变它们的曲直,所以能够成为公正的准则。君主对于法律,不能因为喜好憎恶而改变执法的标准以及量刑的尺度,所以他能实施法令。秤锤的轻重,没有蚊头大小的差错;矫正枉屈,没有针尖大小的失误;纠正歪邪,不徇私情,不回避风险;奸邪小人不能使他枉法,谗佞之人不能使他乱法;恩德也没有地方树立,怨恨没有地方隐藏,这种只遵循法律治国而不重视人心的做法,真正治理天下的君主是不会采用它的。

夫舟浮于水,车转于陆,此势之自然也。木击折辖(wèi)^①,水戾破舟,不怨木石而罪巧拙者,知故不载焉。是故道有智则惑，德有心则险，心有目则眩。兵莫憯（cǎn）②于志，而莫邪为下；寇莫大于阴阳，而枹（bāo）鼓③为小。

【注释】①轊：车轴头，即套在车轴末端的金属筒状物。②憯：锋利。③枹鼓：鼓槌和鼓。

【译文】船在水中航行，车在陆地行走，这是自然的规律。陆地上的树木撞断了车轴，水中的暗礁撞破了船只，人们不抱怨树木和礁石，而责怪撑船和驾车的人技巧笨拙，这是因为木石本身没有智巧和心计，而撑船和驾车的人有智巧和心计。所以，人在遵道、循道中一旦掺杂了智巧就会使人迷惑，人在守德、行德中一旦加掺入了心计就会使人陷入危险，一个人心眼太多就会迷乱。作战的时候，心计智谋比兵器更锋利，像莫邪那样的宝剑也比不上；战争中充分运用智谋计策是最重要的，而击鼓进军反而是小事情了。

今夫权衡规矩，一定而不易，不为秦、楚变节，不为胡、越改容，常一而不邪，方行而不流，一日刑之，万世传之，而以无为为之。故国有亡主，而世无废道；人有困穷，而理无不通。由此观之，无为者，道之宗。故得道之宗，应物无穷；任人之才，难以至治。汤、武，圣主也，而不能与越人乘干舟而浮于江湖；伊尹①，贤相也，而不能与胡人骑騵（yuán）②马而服騊（táo）駼（tú）③；孔、墨博通，而不能与山居者入榛薄④险阻也。由此观之，则人知之于物也浅矣，而欲以遍照海内，存万方，不因道之数，而专己之能，则其穷不达矣。故智不足以治天下也。桀之力，制觡（gé）⑤伸钩，索铁歙（xī）⑥金，椎（zhuī）移⑦大牺，水杀鼋（yuán）鼍（tuó），陆捕熊罴；然汤革车三百乘，困之鸣条⑧，擒之焦门。由此观之，勇力不足以持天下矣。智不足以为治，勇不足以为强，则人材不足任，明也。而君人者不下庙堂之上，而知四海之外者，因物以识物，因人以知人也。故积力之所举，则无不胜也；众智之所为，则无不成也。坎井之无鼋鼍，隘也；园中之无修木，小也。夫举重鼎者，力少而不能胜也，及至其移徙之，不待其多力者。故千人之群无绝梁，万人之聚无废功。

【注释】①伊尹：商汤大臣，名伊，一名挚，尹是官名。②騹：赤毛白腹的马。③駃騠：为北方产的一种毛色以青为主的野马，一直为历代名马。④榛薄：丛杂的草木。引申指山野僻乡。⑤觡：有蹄兽类的骨质实心的角。⑥歙：合。⑦椎移：夏桀之臣。⑧鸣条：古地名。在今山西运城安邑镇北，相传商汤伐夏桀战于此地。

【译文】现在人们使用的那些权衡规矩，是标准统一不可更改的，不因为秦、楚的强权政治而改变节度，也不因胡、越的强悍而改变模样，永恒不变不会偏斜，方正直行而不随波逐流，一旦成为规范，便万世流传下去，而用无为来为之。所以国家有桀、纣这样的亡国之主，而世上却不会有弃之不用的"道"；人会有穷困潦倒的时候，而事理却不会有行不通的时候。由此看来，无为是道的根本。因此掌握了道这个根本，就能应对任何变化；只凭个人的才智，是难以实现天下大治的。商汤、周武王都是圣明的君主，但他们习惯在陆地上生活，所以不能像南方越人那样泛舟江湖；伊尹是贤明的宰相，但生活在中原地方的他却不能像北方胡人那样骑着骏马去驯服野马；孔子、墨子尽管博学多才，却不能像山民那样自由自在地出入草木丛林、高山峻岭。由此看来，人对于事物的认知，是非常肤浅的；却想以个人有限的认知照耀四海、存恤四方，而不去遵循道的规律，只凭一己之能，那么离穷途末路的日子也就不远了。所以只凭借才智是不足以治理天下的。夏桀算得上勇武有力，能徒手折断骨角、拉直铁钩、扭绞生铁、折叠金属；他手下的椎移能够推动很大的牺尊，在水中杀死鼋鼍,上山能搏击熊罴;但是商汤率领三百辆兵车,在鸣条围困夏桀,在南巢把他活捉。由此看来,只凭借个人的勇力是不能保有天下的。个人的才智不足以用来治理天下,勇力不足以成为豪强,那么个人的才力也不能完成重任,这是很明显的道理。作为君主,身居朝廷之中,却能知道天下大事,这是因为他能凭借身边的事物推知身外的事物,依靠身边的人去了解外界的人。这就是集聚集体的力量,集中众人的智慧,所以能战无不胜,事无不成。井里和小水坳内没有鼋鼍的原因,就因为它们太狭窄;园圃中没有参天大树的原因,是因为园圃的面积太有限。一个人举重鼎,力气小是不能举起来的,但等到众人合力将鼎举起平行移动时,就无需每个人都是大力士。所以上千人的群体中必有栋梁之材,万人聚集在一起就没有办不成的事情。

夫华骝(liú)、绿耳①,一日而至千里,然其使之搏兔,不如豺狼,伎能殊也。鸱(chī)夜撮蚤蚊,察分秋豪,昼日颠越②,不能见丘山,形性诡也。夫螣蛇游雾而动,应龙乘云而举,猿得木而捷,鱼得水而骛。故古之为车也,漆者不画,凿者不斫;工无二伎,士不兼官,各守其职,不得相奸;人得其宜,物得其安。是以器械不苦(gǔ)③,而职事不嫚④。夫责少者易偿,职寡者易守,任轻者易权。上操约省之分,下效易为之功,是以君臣弥久而不相厌。君人之道,其犹零星⑤之尸也,俨然玄默,而吉祥受福。是故得道者不为丑饰,不为伪善。一人被之而不褒,万人蒙之而不褊(biǎn)。是故重为惠,若重为暴,则治道通矣。为惠者,尚布施也。无功而厚赏,无劳而高爵,则守职者懈于官,而游居者亟于进矣。为暴者,妄诛也。无罪者而死亡,行直而被刑,则修身者不劝善,而为邪者轻犯上矣。故为惠者生奸,而为暴者生乱。

奸乱之俗,亡国之风。是故明主之治,国有诛者而主无怒焉,朝有赏者而君无与焉。诛者不怨君,罪之所当也;赏者不德上,功之所致也。民知诛赏之来,皆在于身也。故务功修业,不受赣于君。是故朝廷芜而无迹,田野辟而无草。故太上,下知有之。桥直^⑥植立而不动,俯仰取制焉;人主静漠而不躁,百官得修焉。譬而军之持麾者,妄指则乱矣。慧不足以大宁,智不足以安危,与其誉尧而毁桀也,不如掩聪明而反修其道也。

【注释】①华骝、绿耳:骏马名。周穆王八骏之一。②颠越:此处王引之疑为"瞑目"之误。③苦:粗劣。④嫚:通"慢",懈怠、迟缓。⑤零星:星名,主农事。⑥桥直植立:桥,即桔槔。直植,应为"植直"。植,即立柱。

【译文】华骝、绿耳这样的骏马,可以日行千里,但如果让它们去捕捉兔子,就不如豺狼了,这是因为它们的技能各不相同。猫头鹰晚上能抓住跳蚤和蚊虫,明察秋毫,但一到白天,即使两眼圆睁,却连山丘这样的庞大物体都看不清,这是由于猫头鹰的生理特性所决定的。腾蛇乘着雾气而升腾,应龙驾着云气上升,猿猴在树林里灵敏地穿梭,鱼儿在水中自在地畅游。所以古时候造车子,油漆工不负现画图案,雕刻师不管砍斫,各类工匠都只具备一种擅长的技能,就如同士人不能身兼几种官职一样,这样各司其职,不会互相干扰;人人各得其宜,万物各安其所。因此器具不会损伤,事情不会耽搁。债务少就容易偿还,职务少就容易尽责守职,职责轻就容易谋划。所以在上位的君主只需持守简明扼要的职分,在下的臣子就容易做好本职工作,这样君臣即使长时间相处,彼此也不会感到厌倦。君主统治百姓,应当像祭祀灵星时以人为尸那样:庄重严肃、缄默无言,却使人在不知不觉中受到吉祥福佑。因此得道的君主不掩饰人们的丑陋，不隐藏人们的美善。独自蒙受君主的恩惠，不会觉得太大；万人蒙受这种恩惠，也不会觉得太小。因此，君主慎重地施加恩惠就如同慎重地运用暴力惩处一样，他不轻易施予人恩惠也不轻易对人惩处，这就是通达治世之道了。施行恩惠，就是广泛布施给予。以致使无功的人得到奖赏，无劳者得到爵位，这样一来，尽守职责的人就会松垮懈怠、玩忽职守，而那些闲居游荡的士人也会极力谋取爵位官职。施行暴政，就会随意诛杀惩罚，以致使那些无罪的人含冤屈死，品行端正的人受到惩罚，这样一来，注重自我修养的人就不愿再努力为善，而那些行为不轨者倒反而敢于犯上作乱了。所以，轻易广施恩惠容易助长奸邪，轻易施行暴政就容易滋生动乱。奸邪动乱成风，就是亡国的根源。因此，英明的君主治理天下时，国中有人受惩罚，君主不因此发怒，朝中有人获得赏赐而不是君主的赐予。被惩罚的人对君主没有怨恨，是因为他们罪有应得；受奖赏的人也不对君主感恩戴德，这是因为赏赐是他们立功所得。百姓知道赏罚的依据，完全取决于自身的表现。所以就会努力建功立业，而不指望从君主那里得到什么恩赐。因此，朝廷反而人迹稀少，大家都去从事自己的工作，田地都得到开辟而不生杂草。所以，在远古时代，大家都知道无为而治的道理。桔槔上的立柱直立不动，却控制着横木上下运动汲水取物；君主庄重静漠不浮躁，百官就能得到修治了。这就好像军队中拿指挥旗帜的将领，如果他胡乱挥舞，部队的行动就会混乱。所以，君主利用小恩小惠来治理国家，是不足以使天下得到安宁的，凭借个人才智也难以使国家转危为安，与其赞誉尧而诋毁桀，不如放弃所谓的聪明而归返到无为而治之道。

清静无为，则天与之时；廉俭守节，则地生之财；处愚称德，则圣人为之谋。是故下者万物归之，虚者天下遗(wèi)①之。

夫人主之听治也，清明而不暗，虚心而弱志。是故群臣辐凑②并进，无愚智贤不肖，莫不尽其能。于是乃始陈其礼，建以为基。是乘众势以为车，御众智以为马。虽幽野险途，则无由惑矣。

【注释】①遗：给予。②辐凑：形容人或物聚集像车辐集中于车毂一样。

【译文】君主若清静无为，上天就会赐给他时运；君主若廉俭守节，大地都会为他生出财物；君主若守朴处愚、办事合乎情理，圣人也会为他出谋划策。所以说处于低处、谦卑自居的人，万物都会归附他，天下也会为他所有。君主治理天下，若能头脑清明而不昏昧，心胸开阔又心志平和，群臣就会像车辐聚集到车轴一样紧紧围绕在君主身边，无论愚笨还是聪明、贤能还是不肖，没有不竭尽全力的。达到这种君臣和谐的境界，才能谈得上君臣之礼，才能打下治理天下的基础。这是凭借众人的力量把它作为车，利用众人的智慧把它作为马，即使走在幽暗险要的路途上，也不会使人迷失方向。

人主深居隐处以避燥湿，闱门①重袭以避奸贼，内不知闾里之情，外不知山泽之形，帷幕之外，目不能见十里之前，耳不能闻百步之外，天下之物，无不通者，其灌输之者大，而斟酌之者众也。是故不出户而知天下，不窥牖而知天道。乘众人之智，则天下之不足有也；专用其心，则独身不能保也。是故人主覆之以德，不行其智，而因万人之所利，夫举踵天下而得所利。故百姓载之上，弗重也，错之前，弗害也，举之而弗高也，推之而弗厌。

【注释】①闱门：官苑、内室的门。
【译文】君主深居隐处，用以避开燥热寒湿，让重门紧闭以防奸臣来干扰，对内不知道乡里民情，对外不知道山川湖泽的形貌，宫室帷幕以外的地方，他两眼只能看到十里以内的东西，两耳只能听到百步之内的声音；可是对于天下事物却无所不知、无所不通，这是因为向君主传送信息的渠道众多，而与君主一起斟酌并出谋划策的人也有很多。所以他足不出户便知天下事，不看窗子而能知天象变化。充分发挥众人的才智，那天下也不够他治理了；若是只凭借个人的才智，那么君主自己都会自身难保了。所以君主要用道德来治理天下，而不只是运用个人的才智，只需遵循对众人有利的事即去做的原则，因而他稍微抬脚便能让天下人获益。所以百姓即使将君主顶在头上，也不会觉得沉重，把君主放在面前，也不会觉得有所妨碍，把君主举起，也不会觉得他高高在上，推着君主向前，也不觉得厌恶。

主道员者，运转而无端，化育如神，虚无因循，常后而不先也；臣道员者，运转而无方者①，论是而处当，为事先倡，守职分明，以立成功也。是故君臣异道则治，同道则乱。各得其宜，处其当，则上下有以相使也。夫人主之听治也，虚心而弱志，清明而不暗。是故群臣辐凑并进，无愚智贤不肖，莫不尽其能者，则君得所以制臣，臣得所以事君，治国之道明矣。文王智而好问，故圣；武王勇而好问，故胜。夫乘众人之智，则无不任也；用众人之力，则无不胜也。千钧之重，乌获不能举也；众人相一，则百人有余力矣。是故任一人之力者，则乌获不足恃；乘众人之制者，则天下不足有也。

【注释】①"臣道"二句：王念孙认为应作"臣道方者"，其他六字为衍文。

【译文】君主的治国之道是圆融的，便会周而复始地运转而没有尽头,化育万物有如神助;虚静无为而遵循事物本性,经常处后而不争先。臣子办事方正,言谈得体,处事恰当,遇事先行,坚守本职,以此来建立功业。所以君臣虽然所行的"道"不同,却使天下大治;君臣同道,则天下大乱。君臣各自奉行适宜之道,安守本分,这样上下之间就能默契合作,既相互制约,又互相补充。如果君主处理政务,心胸开阔而心志平和,头脑清明而不昏昧,群臣就会像车辐聚集到车轴一样紧密围绕在君主身边,不管是愚笨的还是聪明的、贤能的还是不肖的,没有不竭尽全力的,这样君主能充分驾驭臣属,臣属也全心侍奉君主,治国之道就明确了。周文王聪明且勤学好问,所以他很圣明;周武王英勇而且好向他人讨教,所以他能战胜纣王。所以说借助众人的智慧就没有什么不能承担的重任;利用众人的力量就没有什么不能胜任的事情。千钧的重量,大力士乌获不能举起来;众人齐心协力,只需上百人的力量就绰绰有余。所以只凭借一个人的力量,即使像乌获这样的大力士也不足以依恃;而依靠众人的智慧,那么天下也就小得不够你治理了。

禹决江疏河,以为天下兴利,而不能使水西流;稷辟土垦草,以为百姓力农,然不能使禾冬生。岂其人事不至哉?其势不可也。夫推而不可为之势,而不修道理之数,虽神圣人不能以成其功,而况当世之主乎!夫载重而马羸,虽造父不能以致远;车轻马良,虽中工可使追速。是故圣人举事也,岂能拂道理之数,诡自然之性,以曲为直,以屈为伸哉!未尝不因其资而用之也。是以积力之所举,无不胜也;而众智之所为,无不成也。聋者可令嚼①筋,而不可使有闻也;喑者可使守圉,而不可使言也。形有所不周,而能有所不容也。是故有一形者处一位,有一能者服一事。力胜其任,则举之者不重也;能称其事,则为之者不难也。

毋小大修短，各得其宜，则天下一齐，无以相过也。圣人兼而用之，故无弃才。

【注释】①唲：指嚼牛筋使其熟。

【译文】大禹疏通长江引导黄河，替天下人兴修水利，然而他却不能使江河水西流；后稷开垦荒地，引导百姓致力于农业生产，然而他却不能让禾苗冬天生长。这难道是他们还没有将自己的本事全部发挥出来吗？是因为自然的发展规律不可改变。妄图推行自然规律不允许的事情，不遵循事物发展的客观规律，即使是圣人神仙也是无法成就功业，更何况只是当今的君主呢！车载重物而马又瘦弱，即使是造父那样有名的御手也不能驾车到达远方；如果车辆轻便马儿健壮，即使是一般人也可以驾车疾驰。所以圣人行事怎么能违背事物的规律，改变自然的属性，将生来弯曲的变为笔直的，将原本卷曲的变为伸展的呢？他没有不依循事物的本性而加以利用的。因此积聚众力来行事，没有什么不能取胜的；利用众人的智慧来做事，没有什么不能成功的。聋人可以让他去嚼牛筋，而不能派他去听声音；哑巴可以叫他去看守牢狱，而不能派他去传话。这是因为他们生理存有缺陷，因而在某些能力上就有所欠缺。所以有哪种功能的人就让他处于与之相适的岗位，有哪种技能就让他干适合这种技能的工作。他的能力能胜任这项工作，那么就是举起重物他也不会感到沉重；他的能力和他做的这项事情相称，那么他就不会觉得困难了。无论能力大小、水平高低，让他们去做与自己能力水平相适宜的事情，那么天下人都可以同样发挥各自的作用，就不会出现因无法胜任工作而出现过失的事情了。这就是圣君兼容并蓄地任用各种人才，所以天下也就没有无用的人了。

人主贵正而尚忠，忠正在上位，执正营事，则谗佞奸邪无由进矣。譬犹方员之不相盖,而曲直之不相入。夫鸟兽之不可同群者,其类异也;虎鹿之不同游者,力不敌也。是故圣人得志而在上位,谗佞奸邪而欲犯主者,譬犹雀之见鹯(zhān)①而鼠之遇狸也,亦必无余命也。

【注释】①鹯:鹞类猛禽,亦称"晨风"。
【译文】君主如果看重推崇忠直之人,让他们身居高位,执政理事,那么谗佞奸邪的小人就没有机会进来了。这就好比方形和圆形不能相合,曲线和直线不能相应一样。鸟兽不能同群,是因为他们不是同类;虎鹿不能同游,是因为他们的力量不对等。所以圣人得志而处在高位,谗佞奸邪的小人如果想要干扰破坏,那就好比雀鸟碰到鹯鹰,老鼠遇到狸猫一样,必然会丧命。

是故人主之一举也,不可不慎也。所任者得其人,则国家治,上下和,群臣亲,百姓附;所任非其人,则国家危,上下乖,群臣怨,百姓乱。故一举而不当,终身伤。得失之道,权要在主。是绳正于上,木直于下,非有事焉,所缘以修者然也。故人主诚正,则直士任事,而奸人伏匿矣;人主不正,则邪人得志,忠者隐蔽矣。夫人之所以莫抓①玉石而抓瓜瓠(hù)②者,何也?无得于玉石,弗犯也。使人主执正持平,如从绳准高下,则群臣以邪来者,犹以卵投石,以火投水。故灵王③好细要,而民有杀食④自饥也;越王好勇,而民皆处危争死。由此观之,权势之柄,其以移风易俗矣。尧为匹夫,不能仁化一里;桀在上位,令行禁止。由此观之,贤不足以为治,而势可以易俗明矣。《书》曰:"一人有庆,万民赖之。"此之谓也。

【注释】①抌:击,振。②瓠:一年生草本植物。茎蔓生,夏天开白花,果实长圆形,嫩时可食。③灵王:即楚灵王。楚国国君,是春秋时有名的穷奢极欲、昏暴之君。④杀食:减食。

【译文】所以君主选拔人才,不可不慎重。如果君主用人得当,天下就会太平,上下和睦融洽,群臣亲和,百姓归附;如果君主用人不当,国家就会有危险,上下乖戾背离,群臣互相怨恨,百姓动乱。所以君主一次用人失误,便会终身受损。国政的得失,关键在于君主。这就好比上面的绳墨取得正,下面的木材就必定能取直,这并不需要工匠花费多少力气,只要按拉直的绳墨顺势修整就可以了。君主如果诚信正直,那么正直之士就能担任要职,谗佞奸邪的小人就会隐藏起来;君主如果不诚信正直,那么谗佞奸邪的小人就会得志,忠贞之士就隐退藏匿了。人们不去剖开玉石而去剖开瓠瓜做瓢,这是什么原因呢?因为剖开玉石也不会有所得,玉石坚硬不容侵犯。如果君主公平正直,就像用绳墨测定曲直高低一样,那么大臣中尽管有人用歪门邪道来干扰,但这结果必定如以卵击石、以火投水那样。所以楚灵王喜欢细腰的美女,楚国百姓就纷纷效仿减少食量将自己饿瘦;越王勾践崇尚勇武,越国百姓就纷纷奔赴险地争先拼死。由此看来,依靠权势这个关键来移风易俗是很容易的事。当尧帝还是一个平民百姓时,他的仁慈感化不了一个巷子里的邻居;而夏桀当了君主,便能在全国令行禁止。由此看来,光凭贤德不足以将天下治理好,而权势却可以改变社会风气和习俗,这是很明显的事实。《尚书》说:"天子一人为善,万民都能得到他的好处。"说的就是这种情况。

天下多眩于名声,而寡察其实。是故处人①以誉尊,而游者以辩显。察其所尊显,无他故焉,人主不明分(fèn)数②利害之地,而贤众口之辩也。治国则不然,言事者必究于法,而为行者必治于官;上操其名以责其实,臣守其业以效其功;言不得过其实,行不得逾其法;群臣辐凑,莫敢专君。事不在法律中,而可以便国佐治,必参五③行之。阴考以观其归,并用周听,以察其化;不偏一曲,不党一事。是以中立而遍,运照海内;群臣公正,莫敢为邪;百官述职,务致其公迹也。主精明于上,官劝力于下,奸邪灭迹,庶功日进。是以勇者尽于军。

【注释】①处人:隐士。②分数:才干,本领。③参五:反复比较检验。

【译文】天下人常被一些表面的名声所迷惑,而很少去考察这些名声的实际内容。那些隐士因为人们对他的称誉而获得尊贵,游士凭借着自己的辩才而被重用。考察他们能够尊贵、显达的原因,其实没有什么其他的缘由,只是由于君主没有很好地明察他们的真实能力以及他们言辞的利害,而认为大家对他们的溢美之词没有偏差。但治理好一个国家却不是这样的,谈论国事的人必须要对律法有所研究,对那些士人一定要放在官职上来考量他们是否具有真才实干;君主也一定要以官职的名分来要求下属百官必须名实相符,臣子遵守自己的本职奉献自己的功绩;言论一定要符合实际,行为一定要符合法规;这样才能使群臣像车辐条一样紧密围绕在君主身边,没有人敢挟制君主。如果下面官吏所做所为不符合常规,但只要有利于国家治理,能辅佐国政,就必须加以反复检验,考校后再推行。君主在暗中对官吏进行考查,以此来观察他们的意向,并且全面听取多方意见,以此来观察他们的变化;不偏听一面之辞,也不只凭一件事情便擅作决定。因此君主立于中正而不偏私,身处高位而能遍观天下;群臣都公平正直,没有人敢行歪门邪道;百官都忠于职守,务求取得好的政绩。在上的君主精明,在下的百官勤勉,奸佞的小人绝迹,众人的功业日益长进。因此勇武的人在军事中大显身手。

乱国则不然。有众咸誉者无功而赏,守职者无罪而诛;主上暗而不明,群臣党而不忠;说谈者游于辩,修行者竞于住;主上出令,则非之以与,法令所禁,则犯之以邪;为智者务于巧诈,为勇者务于斗争;大臣专权,下吏持势,朋党周比,以弄其上。国虽若存,古之人曰亡矣。且夫不治官职,而被甲兵,不随南亩,而有贤圣之声者,非所以都于国也。骐骥、騄駬(lù ěr)^①,天下之疾马也,驱之不前,引之不止,虽愚者不加体焉。今治乱之机,辙迹可见也,而世主莫之能察,此治道之所以塞。权势者,人主之车舆;爵禄者,人臣之辔(pèi)衔^②也。是故人主处权势之要,而持爵禄之柄,审缓急之度,而适取予之节。是以天下尽力而不倦。

【注释】①騄駬:亦作騄耳,良马名。周穆王八骏之一。②辔衔:控制马匹的缰绳和衔勒。

【译文】混乱的国家就不是这样了。众口赞誉的人没有功劳却加以奖赏,恪尽职守的人没有罪过却被诛杀;君主昏庸糊涂,群臣结党营私没有忠心;说客们凭口舌之辩四处招摇撞骗,那些自诩为修行者的人争先恐后地奔向朝廷追逐名利;君主发布政令,下属官员就开始非议诽谤;法令明令禁止的事情,下属官员就用歪门邪道加以违抗;靠智谋为生的人热衷于巧诈,依靠武力的人就全力以赴争斗不休;大臣专权独断,下吏仗势欺人,群臣拉帮结派,专门愚弄君主。国家虽然表面上还掌握在君主手里,但按古人的说法早已名存实亡了。至于那些不能恪守官职,不能披甲上阵,不懂农业艰难,而徒有圣贤之名的人,是不能依靠他们为国实施教化的。骐骥、騄駬,是闻名天下的千里马,但如果驱赶它而不向前,牵拉它而不停止,那么这种情况下,即使是愚蠢的人也知道不能去骑它。现在国家治乱的关键,就像车辙的印迹那样清楚地显现出来,可是当世的君主却丝毫没有察觉,这就是治国之道阻塞不通的缘故。权力地位,好比是君主的车子;爵位俸禄,是君主驾驭人臣的缰绳和衔勒。因此,君主掌握着权势的要害,控制着爵禄封赏的权柄,审慎地把握处事缓急的分寸,而采取适当取予的规定。因而天下人都能竭尽全力而不感到倦怠。

夫臣主之相与也,非有父子之厚,骨肉之亲也,而竭力殊死,不辞其躯者,何也?势有使之然也。昔者豫让①,中行文子②之臣。智伯③伐中行氏,并吞其地,豫让背其主而臣智伯。智伯与赵襄子战于晋阳之下,身死为戮,国分为三。豫让欲报赵襄子,漆身为厉④,吞炭变音,擿(tī)⑤齿易貌。夫以一人之心而事两主,或背而去,或欲身徇之,岂其趋舍厚薄之势异哉?人之恩泽使之然也。纣兼天下,朝诸侯,人迹所及,舟楫所通,莫不宾服。然而武王甲卒三千人,禽之于牧野。岂周民死节,而殷民背叛哉?其主之德义厚而号令行也。夫疾风而波兴,木茂而鸟集,相生之气也。是故臣不得其所欲于君者,君亦不能得其所求于臣也。君臣之施者,相报之势也。是故臣尽力死节以与君,君计功垂爵以与臣。是故君不能赏无功之臣,臣亦不能死无德之君。君德不下流于民,而欲用之,如鞭蹄马矣,是犹不待雨而熟稼,必不可之数也。

【注释】①豫让:战国时晋人。初事范中行氏,不为重用,又事知伯,知伯以国士待之。后知伯为赵襄子所灭,让漆身为癞,吞炭为哑,使人不复识其形状,欲刺赵襄子,为知伯复仇,事不成而死。②中行文子:即荀寅,春秋时晋卿。晋国六卿之一。③智伯:又称智襄子,春秋末年晋国四卿之一。④厉:古同"疠""癞",恶疮。⑤擿:这里指敲掉。

【译文】君臣相处,没有像父子那样亲厚的关系,也没有骨肉之间的亲情,但大臣们却能竭尽全力,不惜为君主牺牲生命,这是为什么呢?是权势导致他们这样。从前的豫让,原本是晋国中行文子的家臣。智伯攻打中行氏,吞并了他的领地。豫让背叛了原先的主人而投奔智伯。后来智伯为争夺土地与赵襄子在晋阳城下交战,智伯惨败被杀,晋国因此分为韩、赵、魏三国。豫让想向赵襄子报杀主之仇,于是用油漆涂满全身,让身上生出恶疮,吞下木炭让声音嘶哑,又敲掉门牙,改变容貌以便能行刺赵襄子。豫让用同一颗心,所用的是同样的心意而侍奉两个主人,对先前的主人背离而去,而对后来的主人却以身相殉,难道豫让是根据主人的权势大小来决定取舍的吗?是主人的恩泽使他这样做的。商纣王兼并了整个天下,使诸侯都来朝拜他,凡是人迹所到的地方,车船通达的区域,没有不对他臣服的。然而周武王率领三千甲卒,在牧野擒获了纣王。难道是周朝的百姓天生就能为君主效命,而殷商的民众生来就反叛的个性所决定的吗?这是周武王对民众德义深厚才使百姓能听从号令啊。劲风吹来,波浪自然兴起,树木繁茂,鸟雀自来聚集,这都是"气"在相生相联。臣子如果不能从君主身上获得自己想要的,那么君主也不能从臣子那里获得自己想要的。君臣之间的施予,就是这样相互报答的。所以臣子竭尽全力不惜牺牲生命来侍奉君主,君主也应该按功赐爵封赏臣子。因此君主不能赏赐无功之臣,臣子也不能为无德的君主而死。君主的恩泽如果不能遍布百姓,却想使用他们,这就像用鞭子去降服踢人的烈马一样,就好比不靠下雨就指望庄稼成熟丰收,必定行不通。

君人之道,处静以修身,俭约以率下。静则下不扰矣,俭则民不怨矣。下扰则政乱,民怨则德薄。政乱则贤者不为谋,德薄则勇者不为死。是故人主好鸷鸟猛兽,珍怪奇物,狡躁康荒①,

不爱民力,驰骋田猎,出入不时,如此,则百官务乱,事勤财匮,万民愁苦,生业不修矣。人主好高台深池、雕琢刻镂、黼黻文章、絺(chī)绤(xì)绮绣②、宝玩珠玉,则赋敛无度,而万民力竭矣。尧之有天下也,非贪万民之富而安人主之位也,以为百姓力征,强凌弱,众暴寡,于是尧乃身服节俭之行,而明相爱之仁,以和辑之。是故茅茨不翦,采椽不斲;大路不画,越席③不缘;大羹④不和,粢(zī)食不毇(huǐ)⑤;巡狩行教,勤劳天下,周流五岳。岂其奉养不足乐哉!举天下而以为社稷,非有利焉。年衰志悯,举天下而传之舜,犹却行而脱屣也。衰世则不然。一日而有天下之富,处人主之势,则竭百姓之力,以奉耳目之欲,志专在宫室台榭、陂池苑囿、猛兽熊罴、玩好珍怪。是故贫民糟糠不接于口,而虎狼熊罴厌刍豢;百姓短褐不完,而宫室衣锦绣。人主急兹无用之功,百姓黎民憔悴于天下。是故使天下不安其性。

【注释】①狡躁:凶暴。康荒:淫逸迷乱。②絺绤:葛布的统称。葛之细者曰絺,粗者曰绤。绮绣:有纹饰的丝织衣服。③越席:结蒲草为席。④大羹:指用于祭祀的肉汁。⑤粢食:指古代祭祀时用的以黍、稷所作的饭食。毇:将糙米春细。

【译文】国君统治百姓的方法,应该保持清净以修养身心,勤俭节约为臣子作出表率。君主清心寡欲臣下就不受骚扰,勤俭节约百姓就不抱怨。百姓躁动不安政局就会混乱,民众怨声载道对君主就不会感恩戴德;政治混乱贤人就不会为君主出谋划策,君主恩德浅薄勇武之人就不会为君主出力效命。所以君主若是喜好凶禽猛兽,珍奇异物,就会性情暴躁,淫乐昏乱,不爱惜民力,恣意驰骋打猎,出入不按时节,这样,就会使百官跟着一起忙乱,精疲力尽,财钱匮乏,百姓愁苦,产业荒废。君主如果喜好修筑高楼深池,雕琢刻镂宫室器物，穿着色彩绚丽的服饰，使用各种精美的织物，把玩珍宝珠玉，那么就会敛财无度，民众就会被弄得财穷力尽，疲惫不堪。尧治理天下的时候，不是为了贪求百姓的财富而安居君主之位，而是为了改变连年征战、以强凌弱，以多欺少的混乱局面，于是尧亲自带头力行节俭，表明人与人之间相爱的仁慈之心，使人们和睦团结。因此他的茅草屋不加修剪，用不加砍削的木头为梁；乘坐的车子不画纹饰，蒲草席垫不修边缘；祭祀祖先神灵的汤汁不和五味，吃的主食不舂捣细致；出外巡视狩猎只为推行教化，为了天下辛勤劳作，奔波于五岳之间。难道是他所应得的奉养不够自己享乐吗？让整个天下去奉养他，是非常不利的。到他年老体衰精力不济的时候，便将整个天下禅让给了舜，他不以天下为贵，禅让后就好像倒退着走路，脱去鞋子一样轻松。到了衰落的时代就不是这个样子了。一旦拥有了天下巨大的财富，处在君主的高位，便竭尽全力来消耗百姓的财力和精力，来满足自己的声色之欲，一心专注建造宫殿楼阁，池塘苑囿，畜养猛兽熊罴，收藏奇珍异宝。所以贫苦百姓连糟糠之食都不吃不上，而皇宫里畜养的虎狼熊罴却吃厌了猪羊牛犬；百姓的粗布短衣破烂不全，宫室里的人穿的却是锦衣华服。君主忙于对社计民生无用之事，而天下的黎民百姓却疲于奔命面容憔悴，所以致使整个天下百姓都无法安生。

人主之居也，如日月之明也。天下之所同侧目而视，侧耳而听，延颈举踵而望也。是故非澹薄无以明德，非宁静无以致远，非宽大无以兼覆，非慈厚无以怀众，非平正无以制断。是故贤主之用人也，犹巧工之制木也：大者以为舟航柱梁，小者以为楫楔（xiè）[1]，修者以为榱（yán）榱（cuī）[2]，短者以为朱儒枅（jī）栌（lú）[3]；无小大修短，各得其所宜，规矩方圆，各有所施。天下之物,莫凶于鸡毒,然而良医橐(tuó)而藏之,有所用也。是故林莽之材,犹无可弃者,而况人乎? 今夫朝廷之所不举,乡曲之所不誉,非其人不肖也,其所以官之者非其职也。鹿之上山,獐不能跂也,及其下,牧竖能追之,才有所修短也。是故有大略者,不可责以捷巧;有小智者,不可任以大功。人有其才,物有其形,有任一而太重,或任百而尚轻。是故审豪厘计者,必遗天下之大数;不失小物之选者,惑于大数之举。譬犹狸之不可使搏牛,虎之不可使捕鼠也。今人之才,或欲平九州,并方外,存危国,继绝世,志在直道正邪,决烦理挐,而乃责之以闺阁之礼,奥窔(yào)④之间;或佞巧小具,诌进愉说,随乡曲之俗,卑下众人之耳目,而乃任之以天下之权,治乱之机:是犹以斧劗(zuān)⑤毛,以刀抵木也,皆失其宜矣。

【注释】①楔:上平厚、下尖扁的木块。塞在榫头缝隙中,使之固定。②櫚:古同"檐",屋檐。榱:椽子。③朱儒:蹲跪在梁上短柱上的小木人。枅栌:柱上的方木。④奥窔:室隅深处,亦泛指堂室之内。⑤劗:同"剪"。

【译文】君主处在高位,就像挂在天上散发着光辉的日月一样,天底下的人都侧目仰视,侧耳恭听,伸长脖子、踮起脚跟仰望着他。所以君主如果不恬淡寡欲就没有办法彰显美德,不安静平和就不能维持久远,不宽宏大量就不能容纳天下,不慈爱宽厚就不能安抚民众,不公平正直就不能明断是非。因此贤明的君主任用人才,就像精巧的工匠裁取木料一样,大的用来做舟船柱梁,小的用来做船桨木楔,长的用来做屋檐椽条,短的用来做短柱斗拱。无论大小长短,各自都有合适的用场,不论方圆,各自都能发挥应有的用途。天下万物,没有比乌头更毒的了,然而良医用口袋把它装好收藏起来,是因为有用得着的地方。因此，森林中的野草树木，尚且没有可抛弃的，更何况是人呢？现在朝廷不举荐，乡里不赞誉的，并不是因为这些人没有才能，而是这些人被授予的官职与他们的能力不相称。鹿往山上跑时，快得连獐子都赶不上，但等到它下山时，牧童都可以追上它，这是才能长短不同的缘故。所以有雄才大略的人，不可苛求他们做轻捷灵巧的事情；有小聪明的人，不能使他们担当大任。人有不同的才能，物有各自不同的形态，有人承担一件事却觉得太重，有人承担百件事尚且觉得轻松。所以只斤斤计较、审慎地对待毫厘小数的人，一定弄不清天下的大数；盘算精明到小数目都不会出差错的人，一定会在大事上糊涂困惑。就好比不能让狸猫去和牛搏斗，不能让老虎去捕捉老鼠一样。如今有些人的才能，能够平定九州、降服异域，挽救危国，复兴即将灭绝的世族，这些人的志向在于弘扬正气制止邪恶，处理烦难杂乱的问题，而现在却只是让他们去主持一些繁琐的礼节，主管内室事务；有些人只具备一些小的才智技能，却机巧奸诈，善于奉承谄媚，追随浅陋的习俗，在众人面前卑微地哗众取宠，却被委任天下大权，参与治国的机要大事。这就好像是用斧头去剃毛发，用剃刀去砍树木一样，都失去了它们适当的用处。

人主者，以天下之目视，以天下之耳听，以天下之智虑，以天下之力争。是故号令能下究，而臣情得上闻；百官修通，群臣辐凑；喜不以赏赐，怒不以罪诛。是故威立而不废，聪明先而不蔽①；法令察而不苛，耳目达而不暗；善否②之情，日陈于前而无所逆。是故贤者尽其智，而不肖者竭其力；德泽兼覆而不偏，群臣劝务而不怠；近者安其性，远者怀其德。所以然者何也？得用人之道，而不任己之才者也。故假舆马者，足不劳而致千里；乘舟楫者，不能游而绝江海。夫人主之情，莫不欲总海内之智，尽众人之力,然而群臣志达③效忠者,希不困其身。使言之而是,虽在褐夫刍荛④,犹不可弃也;使言之而非也,虽在卿相人君,揄⑤策于庙堂之上,未必可用。是非之所在,不可以贵贱尊卑论也。是明主之听于群臣,其计乃⑥可用,不羞其位;其言可行,而不责其辩。暗主则不然。所爱习亲近者,虽邪枉不正,不能见也;疏远卑贱者,竭力尽忠,不能知也。有言者穷之以辞,有谏者诛之以罪。如此而欲照海内,存万方,是犹塞耳而听清浊,掩目而视青黄也,其离聪明则亦远矣!

【注释】①樊:蔽,遮蔽。②否:坏,恶。③志达:王念孙认为当作"达志"。④褐夫:穿粗布衣服的人,古代用以指贫贱者。刍荛:割草打柴的人。⑤揄:拉出,抽出。⑥乃:通"若",如果。

【译文】为人君主者,用天下人的眼光观察事物,用天下人的耳朵倾听声音,用天下人的智慧思考问题,用天下人的力量争取胜利。因此,君主发布的号令能够向下贯彻,群臣的情况能够上达;百官同心协力,群臣就像车辐一样紧密围绕在君主周围;君主不凭一时的喜怒而实施赏赐或诛罚。所以君主树立起来的威严不会丧失,眼光远大而不被蒙蔽;法令明察而不苛刻,耳目通达而不闭塞;善恶是非每天呈现在眼前而没有什么差错。因此,贤能的人能充分地发挥他们的智慧,能力差的也会竭尽全力;君主恩德广布而毫无偏私,群臣勤勉政务而不懈怠;。境内百姓安居乐业,边远民众归服其德。能够把国家治理得如此井井有条的原因是什么呢?这是由于君主采用了正确的用人方法,而不是只凭借自己一个人的才能。所以借助车马的人,腿脚无需辛苦就能到达千里之外;乘坐舟船的人,不会游泳而能横渡江河大海。君主的主观愿望,没有不想汇集整个天下人的智慧,充分发挥众人的力量的,然而那些对君主表达忠心的人,却很少有不使自己陷于危困之地的。因此,君主对那些正确的言论,即使是地位低下的役民樵夫所提出,也不能弃之不用,拒之千里;对那些错误的言论,即使是常给朝廷出谋划策、身居高位的王公大臣,也不一定要采用。是非曲直,不是按说话人的贵贱尊卑来确定的。所以英明的君主在听取群臣意见时,如果他的计策可用,就没有必要因他地位卑微而羞于采纳;如果他的意见可行,就没有必要责备他不具备善辩之才。但是,昏庸的君主却不是这样。对于喜爱、熟悉、亲近的人,即使行为不正派,也会视而不见;而对于那些被他疏远、看不起、地位低贱的人,即使为他竭力效忠,也只是当作不知道。或者将那些进善言的人驳斥得哑口无言,或者对直言进谏的人强加罪名无辜诛杀。像这样的昏君却还想光耀四海,抚慰万方,这就像把耳朵堵住去听音乐,蒙上双眼去看颜色一样,这样的人距离耳聪目明也差得太远了!

法者,天下之度量,而人主之准绳也。县^①法者,法^②不法也;设赏者,赏当赏也。法定之后,中程者赏,缺绳^③者诛;尊贵者不轻其罚,而卑贱者不重其刑;犯法者虽贤必诛,中度者虽不肖必无罪。是故公道通而私道塞矣。古之置有司也,所以禁民,使不得自恣也。其立君也,所以剬(zhì)^④有司,使无专行也。法籍礼仪者,所以禁君,使无擅断也。人莫得自恣,则道胜,道胜而理达矣,故反于无为。无为者,非谓其凝滞而不动也,以其言^⑤莫从己出也。夫寸生于粟^⑥,粟生于日,日生于形,形生于景,此度之本也。乐生于音,音生于律,律生于风,此声之宗也。法生于义,义生于众适,众适合于人心,此治之要也。故通于本者不乱于末,睹于要者不惑于详。法者,非天堕,非地生,发于人间,而反以自正。是故有诸己不非诸人,无诸己不求诸人;所立于下者，不废于上；所禁于民者，不行于身。所谓亡国，非无君也，无法也；变法者，非无法也，有法者而不用，与无法等。是故人主之立法，先自为检式仪表⁷，故令行于天下。孔子曰："其身正，不令而行；其身不正，虽令不从。"故禁胜于身，则令行于民矣。

【注释】①县：这里指制定公布。②法：按刑律治罪。③缺绳：触犯刑法。④劀：古同"制"，制约，节制。⑤以其言：王念孙认为当作"以言其"。⑥粟：王念孙认为当为"穮"字之误。⑦检式仪表：榜样表率。检式：法度，标准。

【译文】律法，是天下的度量标准，也是君主执政的准绳。制定并颁布律法，是为了依法惩处不守法之人；设立奖赏制度，是为了赏赐那些有功劳的人。律法和制度一经制定，符合奖赏制度的就要嘉奖，触犯律法的就要惩处；尊贵者犯法不得减轻处罚，卑贱者犯法也不会加重处罚；犯法者尽管贤能也一定严惩，守法者虽然无能也不可无故治罪。所以秉公执法的风气一旦盛行，徇私枉法之路就被堵塞。古代设置各级主管官员，是用来制止民众，不让他们恣意放纵的。设立君主，是为了控制各级主管官员，不让他们独断专行的。制定法典礼义，是用来限制君主，不让他独断专行的。如此一来，没有人可以不受限制恣肆专行，那么道就取得胜利，道取得胜利，事理就会通达，这样便可以回到无为而治的境界。这里所说的无为，并不是凝滞不动，而是说那些律法规章不要任由君主一个人擅自决定。"寸"的长度是根据禾穗的芒长产生，有穗的芒从有形的植物中产生，有形植物的生长离不开阳光，这就是长度单位"寸"产生的本原。音乐从五音中产生，五音从十二律中产生，十二律从八风中产生，这就是声音产生的根本。律法从民众的道义产生，道义从民众生活的需要产生，并符合广大民众的心愿，这就是法治的关键。所以，通晓了事物的根本，就不会被细枝末节扰乱，掌握了事物的关键，就不会被烦琐的现象迷惑。律法，既不是从天上掉下来的，也不是从地下长出来的，而是产生于人间社会又反过来制约人们，使人们端正品行。所以，自己身上有缺点，就不要非难他人身上有同样的缺点；对于自身所没有的优点，就不要要求别人必须具备这种优点。国君为下民所立的法律，要求下层民众遵守，那么处于上位的君主也不能废弃，必须遵守；禁止民众去做的事，那么君主也不能做。所谓国家灭亡，不是说这个国家没有君主，而是说这个国家没有律法；现在说改变法制，并不是因为起初没有律法，而是有律法不用，这就等于没有律法。因此，君主立法，首先要以身作则，作为执法守法的楷模，这样法令就能通行于天下。孔子说："自身品行端正，不发号施令，百姓也会照着去做；自身品行不端，即使发号施令，百姓也不会听从。"所以，君主如果能够用禁令严格约束自身，那么政令就能在百姓中顺利实行了。

圣主之治也，其犹造父之御：齐辑之于辔衔之际，而急缓之于唇吻之和①；正度于胸臆之中，而执节②于掌握之间；内得于心中，外合于马志。是故能进退履绳，而旋曲中规，取道致远，而气力有余，诚得其术也。是故权势者，人主之车舆也；大臣者，人主之驷马也。体离车舆之安，而手失驷马之心，而能不危者，古今未有也。是故舆马不调，王良不足以取道；君臣不和，唐、虞不能以为治。执术而御之，则管、晏之智尽矣；明分以示之，则跖、蹻③之奸止矣。

【注释】①唇吻之和：这里指驾驭马车时平和的吆喝声。唇吻：比喻言辞、谈吐。②节：竹鞭。③跖、蹻：指盗跖与庄蹻，古代传说中的两个大盗。

【译文】圣明的君主治理天下,就好像造父驾驭马车一样:善于控制缰绳,调节辔头来使马儿步伐整齐和谐,通过他平和的吆喝来调节车辆的快慢;驾车的方法早已熟谙于胸,而竹鞭却紧握手中;那缰绳的松紧,吆喝声的高低,竹鞭的使用等无不传达他的意旨,而马儿对他的意思也能心领神会。所以马车的进退、转弯都能符合规矩,驱车上路直达远方,人、马都不会感到精疲力尽,这都归功于神奇的御术。所以说,王位和权力就是君主的车辆;而大臣就是君主驾车的马匹。如果身体还没在车上坐稳,马儿又不听使唤,在这种情况下却不发生危险的,从古到今都还没有过。所以车、马如果不协调,即使是王良那样的好驭手也不敢驱车上路;君、臣如果不和谐,即使是唐尧、虞舜也不能治理好天下。掌握了道术并用来驾驭群臣,那么管仲、晏婴的才智将得到最大限度的发挥;明确君臣的职分并认真落实,那么盗跖、庄蹻这样的大盗也不会作奸犯科了。

夫据除^①而窥井底,虽达视犹不能见其睛^②;借明于鉴以照之,则寸分可得而察也。是故明主之耳目不劳,精神不竭,物至而观其象,事来而应其化,近者不乱,远者治也。是故不用适然^③之数,而行必然之道,故万举而无遗策矣。

【注释】①除:王引之认为当为"干"字之误。②睛:眼珠。③适然:偶然。

【译文】伏在井栏上看井底,即使视力再好也看不清自己的眼珠;如果借助明亮的镜子来照,那么脸上寸分的毫毛都能看得一清二楚。所以圣明的君主耳目无需劳累,精力无需衰竭,物体来到时能看清它们的形象,事情发生里能应对它们的变化,近的地方不混乱、远的地方也能治理得井井有条。因此圣明的君主不靠偶然的机会,而是遵循必然的规律,所以无论做什么事,都不会有失误。

今夫御者，马体调于车，御心和于马，则历险致远，进退周游，莫不如志。虽有骐骥騄駬之良，臧（zāng）获①御之，则马反自恣，而人弗能制矣。故治者不贵其自是，而贵其不得为非也。故曰：勿使可欲，毋曰弗求；勿使可夺，毋曰不争。"如此，则人材释②而公道行矣。美者正于度，而不足者逮于用③，故海内可一也。

【注释】①臧获：古代不能驾车的愚钝之人。②释：指心情愉悦。③逮于用：发挥其应有的作用。

【译文】现在那些优秀的御手，能使马儿的体形动作和车子协调一致，御手的心思又和马儿和谐一致，那么无论是历经险阻到达远方，还是进退转圈，没有不称心如意的。即使有骐骥、騄駬这样的良马，让不懂驾驭之术的愚人去驾驭，那良马也会变得任性放肆起来，人就没法控制它了。所以处理政务的官吏，不贵在其自以为是，可贵的是他不去做坏事。所以说："不要助长人的贪欲，但也不要压抑人的正常需求；不要鼓励人争名夺利，但也不要让人放弃合理的权利。"像这样恰到好处，人才就能被解放出来，公正合理之道才能得以实行。德才兼备的人用法度限制他，德才欠佳的人也应放在适当的位置使用，这样，整个天下就可以协调一致了。

夫释职事而听非誉，弃公劳而用朋党，则奇材佻①长而干次②，守官者雍遏而不进。如此，则民俗乱于国，而功臣争于朝。故法律度量者，人主之所以执下，释之而不用，是犹无辔衔而驰也，群君百姓反弄其上。是故有术则制人，无术则制于人。吞舟之鱼，荡③而失水④，则制于蝼蚁，离其居也；猿狖失木，而擒于狐狸,非其处也。君人者释所守而与臣下争,则有司以无为持位,守职者以从君取容。是以人臣藏智而弗用,反以事转任其上矣。

【注释】①佻:轻浮。此处指树木不结实。②干次:超越官职等级。③荡:不小心。④失水:指蹦到岸上。

【译文】如果不问是否称职,而只是听信他人的非议或者赞誉来评定一个人的优劣,抛弃勤于公务的人而任用结党营私、拉帮结派之人,那么就会使得投机取巧而看似贤明的人担任与他才能不相称的职位,忠于职守之人反而仕途被堵不被提升。这样一来,国家的风气就会混乱,功臣也因得不到提升而在朝廷上相互争功。所以法律准则,是君主用来控制群臣及百姓的,如果放弃不用,就好像不用缰绳嚼子而骑马奔驰一样,群臣、百姓反过来还会捉弄君主。所以说君主有手段谋略就可制服众臣及百姓,没有手段谋略就要被众臣及百姓制约。能够吞舟的大鱼,离开水面来到岸上,就会被蝼蛄、蚂蚁欺侮,这是因为它离开了赖以生存的水域;猿猴离开树林,就会被狐狸擒获,这是因为它来到了错误的地方。统御臣民的君主如果放弃君主的职责,去干涉臣属分内的事情,那么相关官员就会在自己的职位上闲置;而那些恪尽职守的官员也只能附和君主的意愿来为自己争取容身之所;他们隐藏自己的才智不加运用,反而把自己该做的事全都推到君主身上。

夫富贵者之于劳也,达事者之于察也,骄恣者之于恭也,势①不及君。君人者不任能而好自为之,则智日困而自负其责也。数穷于下,则不能伸理;行堕于国,则不能专制。智不足以为治,威不足以行诛,则无以与天下②交也。喜怒形于心者,欲见于外,则守职者离正而阿上,有司枉法而从风,赏不当功,诛不应罪,上下离心,而君臣相怨也。是以执政阿主,而有过则无以责之;有罪而不诛,则百官烦乱,智弗能解也;毁誉萌生,而明不能照也。不正本而反自然,则人主逾劳,人臣逾逸,是犹代庖宰③剥牲,而为大匠斫也。与马竞走,筋绝而弗能及;上车执辔,则马死于衡下。故伯乐相之,王良御之,明主乘之,无御相之劳而致千里者,乘于人资以为羽翼也。

【注释】①势:势必。②天下:王念孙认为当作"下",指臣下。③庖宰:厨工。

【译文】在这种君主凡事必亲力亲为,大包大揽的情况下,那些尊贵的王公大臣对于勤于政事,通达事理的官员对于考察政事,骄纵的官员对于恭谨守职,在情势上看一定赶不上君主。君主不能很好地任用贤能之人,而凡事都喜欢亲力亲为,那么他的智力就会日益匮乏,并且要独自承担沉重的责任。这样一来,君主原本有限的御臣之术就在日常事务中被用尽,陷于国事操劳之中,就不再能合理有效地控制局面。君主的智慧不足以治理天下,君主的威严不足以施行惩罚,这样就没有办法与下臣正常交往。如果君主的内心生出喜怒之情,在外就会表现在神态、言语上,那么忠于职守的人就会偏离正道而逢迎阿附君主,有些官吏就会出于私心歪曲法律而顺从君主的旨意,于是奖赏与功劳不相符,处罚与罪行不相称,君臣上下离心离德,彼此互相埋怨。所以执政官员如果对君主阿附逢迎,那么当他们有过失时,君主就没有办法责备他们;如果有罪的人得不到惩处,群臣就会心生烦乱之情,这时君主再有智慧也无法解决这些思想问题;一旦诽谤、吹捧之风滋生,君主再英明也不能辨清对错。如果不端正根本返归自然,那么君主越是辛劳下臣就会越闲散放逸,这就像代替厨师宰杀牺牲，代替高明的木匠斫削木料一样。御手与马赛跑，跑断了筋骨也追不上马；但坐在马车上操纵缰绳，马就不得不听从使唤，在车辕下面拼死奔跑。所以让伯乐去相马，由王良来驾驭，而英明的君主只须安坐于车厢里，无须亲手驾驭就能到达千里之外，这就是充分利用他人的特长来作为自己驰骋的羽翼。

是故君人者，无为而有守也，有为而无好也。有为则谗生，有好则谀起。昔者齐桓公好味，而易牙烹其首子而饵之；虞君好宝，而晋献以璧马钓之；胡王好音，而秦穆公以女乐诱之。是皆以利见制于人也。故善建者不拔。夫火热而水灭之，金刚而火销之，木强而斧伐之，水流而土遏之，唯造化者，物莫能胜也。故中欲不出谓之扃①，外邪不入谓之塞。中扃外闭，何事之不节！外闭中扃，何事之不成？弗用而后能用之，弗为而后能为之。精神劳则越，耳目淫则竭。故有道之主，灭想去意，清虚以待；不伐②之言，不夺之事；循名责实，使有司。任而弗诏，责而弗教，以不知为道，以奈何为宝。如此，则百官之事，各有所守矣。

【注释】①中：内心。扃：关闭。②伐：王念孙认为应作"代"。
【译文】所以统御民众的君主就应该施行清静无为之道而谨守本分，有治国之志而没有个人的贪欲偏好。如果君主插手杂事，那么谗佞的小人就会出现；如果君主有个人偏好贪欲，那么阿谀之风就会兴起。从前齐桓公喜爱美食，易牙就把自己的长子做成肉羹进献给齐桓公以骗取宠信；虞国国君贪好璧玉良马，晋献公就用璧玉良马来满足他的欲望以便借道进军；西戎国王爱好音乐，秦穆公就用女乐诱惑他上当使他丢失土地。这三个君主都是因为好利贪欲而被人算计。所以善于于无形之处有所建树的人，只要他自我不改变，外界是没有力量能动摇他的。烈火熊熊热气灼人，但水能浇灭它；金属坚硬无比，但火能熔化它；树木虽然结实，但利斧能砍伐它；水流不断，但土能堵遏它；只有造化万物的大自然，才没有什么东西能战胜它。所以心中的欲念不表露出来，就叫把住了门户，外界的邪气不能入侵攻心，就叫守住了关卡。欲念不表露，邪气不侵入，还有什么事情不能节制？什么事情不能成功呢？那才是不用而用，无为而为。人的精神劳累就会泄散，耳目沉溺于声色，精气就会衰竭。所以有道的君主熄灭内心的欲望，抛弃杂念，用清静虚无来对待一切；不用言语自夸，不将他人的事务揽于手中；只是按照各种名分来落实实际事务，让臣下各自完成自己分内的事情。任用他们而不需发号施令，提出责职要求而不具体教他们怎么做；以无所知晓为准则、以无形的"道"作为法宝，这样百官就能各守其职而尽心尽力了。

摄权势之柄，其于化民易矣。卫君①役子路，权重也；景、桓公臣管、晏，位尊也。怯服勇而愚制智，其所托势者胜也。故枝不得大于干，末不得强于本，则轻重大小，有以相制也。若五指之属于臂，搏援攫捷，莫不如志。言以小属于大也。是故得势之利者，所持甚小，其存甚大；所守甚约，所制甚广。是故十围之木，持千钧之屋；五寸之键，制开阖之门。岂其材之巨小②足哉？所居要也。孔丘、墨翟，修先圣之术，通六艺之论，口道其言，身行其志，慕义从风，而为之服役者不过数十人。使居天子之位，则天下遍为儒、墨矣。楚庄王伤文无畏③之死于宋也，奋袂而起，衣冠相连于道，遂成军宋城之下，权柄重也。楚文王④好服獬（xiè）冠⑤，楚国效之，赵武灵王贝带⑥鵔（jùn）鸃（chóu）⑦而朝，赵国化之。使在匹夫布衣，虽冠獬冠，带贝带、鵔鸃而朝，则不免为人笑也。

【注释】①卫君：即春秋时的卫出公。姬姓，名辄。卫国第29代国君。②巨小：大小粗细，此处指尺寸。③文无畏：即申舟，芈姓，名无畏，字子舟，因被封于申，以邑为氏，别为申氏，又被称为文之无畏、毋畏、文无畏。楚文王的后代，春秋时期楚国左司马。④楚文王：春秋时期楚君，楚武王之子。⑤獬冠：古代执法官吏所戴的帽子。獬：古代传说中的异兽，能辨曲直，见有人争斗就用角去顶坏人。⑥贝带：以贝壳为饰的腰带。⑦鵕鸃：指用野鸡尾部羽毛装饰的冠。

【译文】如果掌握了权柄，那么教化百姓就非常容易了。过去，怯懦的卫出公能役使勇武的子路，就在于他位高权重；而平庸的齐桓公和齐景公能让精明能干的管仲和晏婴做他们的辅臣，也是因为景、桓两公地位尊贵的缘故。怯懦的制服勇武的，愚笨平庸的驾驭聪明的，是因为他们依托手中的权势才取得胜利。所以树枝不能粗于树干，树梢不能强于树根，这说的是大的、重的能够制约小的、轻的；就像手指受手臂控制一样，手指的搏拉、抓取分敏捷灵巧，随心所欲，这说的就是小的受制于大的。正因为这样，获得重要位置、有利形势就显得很重要，这样尽管掌握的很小，但所能胜任的却很大；尽管守持的很简约，但所能掌握的却很宽广。因此，十围粗的木柱，却能支撑起千钧重的房屋；五寸长的门闩，却能控制大门的开关。这难道是木柱和门闩足以胜任房屋的重量或大门的开关吗？并不是这样的，而是因为它们处于关键位置。孔丘和墨翟学习、研究先圣的学问，精通六艺的理论，但是继承传播他们的思想言论，亲身实践他们的志向，仰慕追随他们的道义，遵从他们的教化，为他们奔走效劳的信徒只不过数十人。假使孔丘和墨翟处在天子的位置，那么天下人就都成为儒、墨的信徒了。楚庄王因为文无畏在宋国被害而感到悲伤，挥袖而起，率兵攻宋，一路上追随者络绎不绝，浩浩荡荡攻向宋都，最终取得了胜利，这是因为权势的重要。楚文王喜欢戴獬冠，整个楚国人都效仿他；赵武灵王系着用贝壳装饰的腰带，戴着骏䴙冠上朝，整个赵国人都被他同化。假如楚文王、赵武灵王只是一介平民百姓，即使戴着獬冠，系着贝带、戴着骏䴙冠上朝，也不免要被人耻笑了。

夫民之好善乐正，不待禁诛而自中法度者，万无一也。下必行之令，从之者利，逆之者凶，日阴未移，而海内莫不被绳矣。故握剑锋，以离北宫子①、司马蒯（kuǎi）蒉（kuì）②不使应敌；操其觚③，招其末，则庸人能以制胜。今使乌获、藉蕃④从后牵牛尾，尾绝而不从者，逆也；若指之桑条以贯其鼻，则五尺童子，牵而周四海者，顺也。夫七尺之桡⑤而制船之左右者，以水为资；天子发号，令行禁止，以众为势也。夫防民之所害，开民之所利，威行也，若发城⑥决唐。故循流而下易以至，背风而驰易以远。桓公立政，去食肉之兽，食粟之鸟，系罝⑦之网，三举而百姓说；纣杀王子比干而骨肉怨，斲（zhuó）⑧朝涉者之胫而万民叛，再举而天下失矣。故义者，非能遍利天下之民也，利一人而天下从风；暴者，非尽害海内之众也，害一人而天下离叛。故桓公三举而九合诸侯，纣再举而不得为匹夫。故举错不可不审。

【注释】①北宫子：战国时齐国勇士。②蒯蒉：战国时赵国善击剑者。③觚：剑柄。这里指棱形剑托。④藉蕃：古时大力士。⑤桡：固定在船两侧的桨。⑥城：堤岸。⑦罝：本指捕兔网，引申为捕捉。⑧斲：古同"斫"，斩断。

【译文】百姓中能够自觉地喜好善行，乐于正直，不靠禁令惩罚就能遵守法规的，大概万人当中也很难有一个。君主下达必须执行的法令，服从法令的人就会得到好处，违逆法令的人就会遭受凶险，那么在太阳的影子还没来得及移动的转瞬之间，天下就没有不遵守法纪的了。所以如果用手攥着剑尖，即使是北宫子这样的勇士、司马蒯蒉这样的击剑家恐怕也难以与敌人应战；若是手握剑柄、扬起剑锋对准敌人，即使是武力平庸之人也能战胜敌人。如果让乌获、藉蕃这样的大力士从后面去牵拉牛尾巴，即使把牛尾巴拉断了，牛还是不会跟从，原因是违逆了牛的本性；如果用手指粗细的桑树枝穿着牛的鼻孔，那么就算是弱小的五尺牧童也能牵着牛周游四海，原因是顺应了牛的本性。七尺长的船桨能够控制船只左右行走的方向，这是依凭了水的作用力；天子发号施令，能够令行禁止，这是得到了众人的拥护。如果君主能防止对百姓造成危害，推行有益于百姓的事情，君主的威信，就会如挖开堤坝决口灌溉一样不可阻挡地树立起来。所以顺流而下很容易到达目的地，背对着风奔跑就很容易跑远。齐桓公登基执政后，下令驱赶食肉的猛兽以及吃粮食的鸟雀，撤除捕捉鸟兽的罗网，只是实施了这三项措施就使百姓心悦诚服；而殷纣王残杀叔叔王子比干就使得骨肉相怨，斩断早晨趟水过河之人的小腿就引起万民叛乱，只这两项暴行就使他丢掉了天下。所以君主的义行，无需使天下所有人都同时获利，但只要使一人获益，天下人就会从中受到教化；君主的暴行，并没有使天下人同时受害，但只要残害了一人，天下人就会离心背叛。所以齐桓公只做了三件事便九次会合诸侯；殷纣王只做了两件蠢事，就连普通百姓都做不成了。所以君主的一言一行不可不慎重啊。

人主租敛于民也。必先计岁收，量民积聚，知饥馑有余不足之数，然后取车舆衣食供养其欲。高台层榭，接屋连阁，非不丽也，然民有掘①穴狭庐所以托身者，明主弗乐也。肥浓甘脆，非不美也，然民有糟糠菽粟不接于口者，则明主弗甘也。匡床蒻（ruò）席②，非不宁也，然民有处边城，犯危难、泽死暴骸者，明主弗安也。故古之君人者，其憯怛（dá）③于民也。国有饥者，食不重味；民有寒者，而冬不被裘。岁登民丰，乃始县钟鼓，陈干戚，君臣上下，同心而乐之，国无哀人。故古之为金石管弦者，所以宣乐也；兵革斧钺者，所以饰④怒也；觞酌俎（zǔ）豆⑤，酬酢⑥之礼，所以效善也；衰绖菅屦⑦，辟踊哭泣，所以谕哀也。此皆有充于内而成像于外。及至乱主，取民则不裁其力，求于下则不量其积，男女不得事耕织之业，以供上之求，力勤财匮，君臣相疾也。故民至于焦唇沸肝，有今无储，而乃始撞大钟，击鸣鼓，吹竽笙，弹琴瑟，是犹贯甲胄而入宗庙，被罗纨而从军旅，失乐之所由生矣。

【注释】①掘：王念孙认为当作"堀"，指土窟。②匽：原注作"安也"。蒻：原指嫩的香蒲。这里有细软之义。③憯怛：忧伤、哀痛。④饰：表明。⑤俎豆：俎和豆。古代祭祀、宴飨时，用来盛祭品的两种礼器。亦泛指各种礼器。⑥酬酢：宾主互相敬酒（酬：向客人敬酒，酢：向主人敬酒），泛指交际应酬。⑦菅屦：用菅草编织的鞋，草鞋。古代服丧时穿。

【译文】君主向百姓征收赋税，一定要事先盘算好一年的收成好坏，估量百姓手中的积蓄，弄清百姓的饥饱，知道有余还是不足，然后才按具体情况征收供君王车马衣食所需的赋税。高阁楼台、层叠的亭榭和连绵不断的宫室，十分壮观华丽，但是百姓还有挤在地窖或窄屋里栖身，那么英明的君主就不会以住在这华丽之所而感到快乐；肥腴醇厚、甘甜酥脆的酒食，十分味美可口，但是百姓还过着糟糠粗粮都吃不上的日子，那么英明的君主就不会以认为美味佳肴是甜美的；舒服的床榻、细软的席垫，睡在上面十分安宁，但是百姓还有身处边城、遭受危难、死于大泽、暴尸荒野的，那么英明的君主躺在舒适的床榻上也不会安心。所以古时候统治天下的君主，他时刻为百姓的痛苦而忧愁、悲伤,只要国家有挨饿的人,他的食物就不会增加花样;只要百姓中还有挨冻的人,他就不会身穿裘皮衣服;只有当年成丰收百姓富足时,君主才悬起钟鼓、陈设干戚,君臣上下与民同乐,国家因此没有哀愁的人。所以,古代制造铜钟、石磬、箫琴这些乐器,是用来表达欢乐之情的;制造兵器、铠甲、斧钺,是用来表明愤怒之情的;规定祭祀、饮宴应酬的礼节,是用来表达喜悦之情的;而披麻戴孝、捶胸顿足地号啕痛哭,是为了表述哀悼之情的。这些喜怒哀乐都是发自内心的真情实感,通过外在的形式表现出来。到了乱世昏君的时候,搜刮民脂民膏全然不顾百姓的承受能力,聚敛财富不考虑百姓的家底积蓄,百姓无法从事男耕女织的本业来满足君主的奢求,这样导致民力疲乏,财源枯竭,君臣之间互相怨恨。因此百姓被弄得唇干舌燥、心急火燎,甚至到了今日有吃的而明天就没有存储的地步,在这种情况下君主却撞击大钟、擂击响鼓、吹奏竽笙、弹拨琴瑟,这就好像是披戴盔甲进入宗庙祭祀神灵,穿着细软华丽的锦衣从军作战一样,完全失去了制定音乐的本来意义。

夫民之为生也,一人跖耒而耕,不过十亩,中田之获,卒岁之收,不过亩四石,妻子老弱,仰而食之,时有涝旱灾害之患,无以给上之征赋车马兵革之费。由此观之,则人之生,悯矣!夫天地之大,计三年耕而余一年之食,率九年而有三年之畜,十八年而有六年之积,二十七年而有九年之储,虽涝旱灾害之殃,民莫困穷流亡也。故国无九年之畜,谓之不足;无六年之积,谓之悯急①;无三年之畜,谓之穷乏。故有仁君明王,其取下有节,自养有度,则得承受于天地,而不离饥寒之患矣。若贪主暴君,挠于其下,侵渔其民,以适无穷之欲,则百姓无以被天和而履地德矣。

【注释】①悯急：忧虑窘迫。

【译文】百姓维持生计主要靠农业生产，一个男性劳动力所耕种的土地不过十亩，中等土质的田地每亩一年的收获不过四石。妻儿老小全都依靠这些收获过日子，还会经常遭遇水旱虫灾，又要缴纳赋税供给君主征收的车马军队的费用。由此看来，百姓的生活真够令人忧怜的了。全国可耕种的土地面积，按三年耕种能够积余一年粮食来计算，大致要九年才有三年的积蓄，十八年则有六年的储备，二十七年就有九年的储备积累。这样即使遭遇水旱虫灾，百姓也不至于陷入困境而四处流亡逃荒。所以，一个国家如果没有九年的储备积累，就叫国力不足；如果没有六年的积蓄储备，就叫忧患危急；如果没有三年的积蓄储备，就叫穷困匮乏。因此，如果是圣明仁慈的君主，取用民财知道节制，自己消费知道限制，这样，举国上下都能承受天地的施予和奉养，而百姓也不至于遭受饥寒之灾了。反过来，如果是贪婪残暴的君主，那么他会不停骚扰百姓，侵夺百姓的财物以满足自己无尽的贪欲，这时，百姓就无法承受天地的恩赐了。

食者，民之本也；民者，国之本也；国者，君之本也。是故人君者，上因天时，下尽地财，中用人力，是以群生遂长，五谷蕃殖。教民养育六畜，以时种树，务修田畴，滋植桑麻，肥墝高下，各因其宜。丘陵阪险不生五谷者，以树竹木。春伐枯槁，夏取果蓏（luǒ），秋畜疏食，冬伐薪蒸，以为民资。是故生无乏用，死无转尸①。故先王之法，畋不掩群，不取麛夭，不涸泽而渔，不焚林而猎。豺未祭兽②，罝（jū）罦（fú）不得布于野；獭（tǎ）未祭鱼③，网罟不得入于水；鹰隼未挚，罗网不得张于溪谷；草木未落，斤斧不得入山林；昆虫未蛰④，不得以火烧田。孕育不得杀，鷇（kū）⑤卵不得探，鱼不长尺不得取，彘不期年不得食。是故草木之发若蒸气,禽兽之归若流泉,飞鸟之归若烟云,有所以致之也。故先王之政,四海之云至⑥,而修封疆;虾蟆鸣⑦、燕降而达路除道;阴降百泉⑧,则修桥梁;昏张中,则务种谷;大火中,则种黍菽;虚中,则种宿麦;昴中,则收敛畜积,伐薪木。上告于天,下布之民。先王之所以应时修备,富国利民,实旷来远者,其道备矣。非能目见而足行之也,欲利之也。欲利之也,不忘于心,则官自备矣。心之于九窍四支也,不能一事焉。然而动静听视皆以为主者,不忘于欲利之也。故尧为善而众善至矣,桀为非而众非来矣。善积则功成,非积则祸极。

【注释】①转尸:弃置尸体。谓无安葬之地。②貙未祭兽:原注作:"十月之时,貙杀兽,四面陈之,世谓之祭兽也。"祭用作"杀"更显合理,后面的"獭祭鱼"的"祭"同此。③獭未祭鱼:指孟春之时。④昆虫未蛰:指十月时。⑤鷇:指鸟卵或正在孵化的鸟卵。亦指须母鸟哺食的雏鸟,此时读(kòu)音。⑥四海之云至:原注作:"立春之后,四海出云。"这里有雨季来临之义。⑦"虾蟆"句:指三月份。⑧阴降百泉:指十月份。

【译文】粮食,是百姓的根本;百姓,是国家的根本;国家,是君主的根本。所以,统治国家的君主,能够做到对上顺应天时,对下充分发挥地利,中间合理使用民力,这样万物就能顺利生长,五谷就能繁殖茂盛,教导百姓蓄养六畜,按季节栽种各种树木植物,致力于农业耕种,发展桑麻业,按土质的肥沃、贫瘠,以及高原、山地等地势不同来种植相宜的农作物。对那些丘陵险地及不能种植五谷的地域,则种以竹木,春季可以砍伐枯林,夏季可以摘收瓜果,秋季可以积蓄蔬粮,冬季可以砍伐薪柴,以此作为百姓的生活物资。这样,活着的人不会缺少乏生活用度,死后不至于弃尸荒野,无处安葬。所以，先王治国的方法是，狩猎时不得把兽群捕尽，不捕捉幼小的麋鹿，不排干河泽之水而捕鱼，不焚烧森林打猎。没到豺捕杀兽类的十月，罗网不能在野外张布；没到水獭捕捉鱼群的初春之时，不得在水中撒网；没到老鹰隼鸟捕杀食物的立秋之际，不得在山谷中设网；草木开始凋零的九月之前，不准进到山林砍伐；昆虫开始蛰伏的十月之前，不准放火烧荒。不准捕杀怀胎的母兽，不准掏取正在孵化的鸟蛋，不许捕捞长不足一尺的鱼，不得宰杀不满一年的幼猪。正因为这些规定，使自然环境得到保护，所以草木如蒸汽升腾一样蓬勃生长，禽兽归山如同涌泉一般飞奔，飞鸟入林如烟云一般聚集，所有这些均归功于君主保护生物的措施得当。所以先王执政理事，雨季即将到来的仲春时节，就要发动农民修整田界；蛤蟆鸣叫、燕子归来的三月阳春，就组织百姓修整道路；阴气降临百川的初冬时节，就发动民众修筑桥梁；黄昏时张星位于正南方中天的三月，就要种植五谷；大火星在黄昏时位于正南方中天的四月，就要播种黍豆；虚星在黄昏时位于正南方中天的八月，就要种植越冬的麦子；昴星在黄昏时位于正南方中天的九月，就要做好收敛储藏、砍伐薪柴以便过冬。这一系列的政令，上告苍天，下达万民。先王能顺应天时，修治完整，富国利民，充实空虚的国库，使远方的异族都归顺，这是因为他的治国之道十分完备。这治国之道虽然不能亲自察看，但能付之履行，有想为天下谋利的愿望。想使百姓得利获益的愿望时时不忘，那么百官自然就能完备自己的职能了。心脏对于人体的四肢九窍来说，它不能代替四肢九窍中任一一个具体器官的功能，但是人的动静、视听都以心为主宰，而心脏也没有忘记给予它们好处。所以尧帝行善施德，众人也会跟着行善施德；夏桀心狠手辣胡作非为，众人也就跟着胡作非为。积累善行就可以达成功业，积非成恶就会大祸临头。

凡人之论：心欲小而志欲大；智欲员而行欲方；能欲多而

事欲鲜。所以心欲小①者，虑患未生，备祸未发，戒过慎微，不敢纵其欲也；志欲大者，兼包万国，一齐殊俗，并覆百姓，若合一族，是非辐凑而为之毂；智欲员②者，环复转运，终始无端，旁流四达，渊泉而不竭，万物并兴，莫不响应也；行欲方者，直立而不挠，素白而不污，穷不易操，通不肆志；能欲多者，文武备具，动静中仪，举动废置，曲得其宜，无所击戾③，无不毕宜也；事欲鲜者，执柄持术，得要以应众，执约以治广，处静持中④，运于璇枢，以一合万，若合符者也。故心小者，禁于微也；志大者，无不怀也；智员者，无不知也；行方者，有不为也；能多者，无不治也；事鲜者，约所持也。

【注释】①心欲小：即小心。指考虑问题小心谨慎。②员：通"圆"，指灵活圆通。③击戾：指有才能的人的一举一动都无阻碍。击，通"隔"。戾，背叛。④持中：保持中正平稳。

【译文】评定圣明之人的标准有三个：心思要细密，处事要谨慎，同时胸襟要开阔，志向要远大；智谋要圆通，而品行要端正；才能要广泛，同时处事要简单。所谓心思细密，是说要在忧患尚未发生之前就要有所预见并提前加以防备，警惕防备可能会出现的任何微小过失，不敢放纵自己的欲望；所谓胸襟开阔，志向远大，是说能同时兼容所有的诸侯国，统一四方边远的异邦，庇护恩及天下百姓，让他们亲密无间，就如同一宗族之人；不管是正确还是犯错的人，都将他们团结在身边，就像车辐聚合在车毂周围一样。所谓智谋圆通，是说智慧如那圆环一样反复运转、没有停息之时，像那江河四处奔流，四面畅达，又如深渊泉水那样永不枯竭，万物因此兴盛，没有不响应附和的。所谓品行端正，就是直立而不弯腰屈服，朴素洁白而不受污染，穷困时不改变操守，通达时不放纵自满；所谓才能广泛，是说文武兼具,动静符合法度,举止恰如其分,没有阻碍抵触,没有不适之处。所谓处事简约,是说掌握权柄、运用权术,以简驭繁、以少制多,以静制动,平和虚静,如同璇枢掌握斗柄运转,以一人之身,聚合万众,就像符节相合一样。所以心思细密,就能将错误杜绝在萌芽状态;胸襟开阔、志向远大,就可以容纳万物;智谋圆通,就会无所不知;品行端正,必定有所不为;能力全面,将会无事不成;处事简约,就会把握事情的关键。

古者天子听朝,公卿正谏,博士①诵诗,瞽箴师②诵,庶人传语,史书其过,宰彻③其膳,犹以为未足也。故尧置敢谏之鼓,舜立诽谤之木,汤有司直④之人,武王立戒慎之鞀(táo)⑤,过若豪厘,而既已备之矣。夫圣人之于善也,无小而不举;其于过也,无微而不改。尧、舜、禹、汤、文、武,皆坦然天下而南面⑥焉。当此之时,馨(gāo)鼓⑦而食,奏《雍》而彻,已饭而祭灶,行不用巫祝,鬼神弗敢祟,山川弗敢祸:可谓至贵矣。然而战战栗栗,日慎一日。由此观之,则圣人之心小矣。《诗》云:"惟此文王,小心翼翼,昭事上帝,聿怀多福。"其斯之谓欤! 武王伐纣,发巨桥⑧之粟,散鹿台之钱,封比干之墓,表商容⑨之闾,朝成汤之庙,解箕子之囚。使各处其宅,田其田,无故无新,惟贤是亲,用非其有,使非其人,安然若故有之。由此观之,则圣人之志大也。文王周观得失,遍览是非,尧、舜所以昌,桀、纣所以亡者,皆著于明堂。于是略智博问,以应无方。由此观之,则圣人之智员矣。成、康继文、武之业,守明堂之制,观存亡之迹,见成败之变,非道不言,非义不行,言不苟出,行不苟为,择善而后从事焉。由此观之,则圣人之行方矣。孔子之通,智过于苌弘,勇服于孟贲,足蹑郊菟,力招城关,能亦多矣。然而勇力不闻,伎巧不知,专行教道,以成素王⑩,事亦鲜矣。春秋二百四十二年,亡国五十二,弑君三十六,采善鉏⑪丑,以成王道,论⑫亦博矣。然而围于匡⑬,颜色不变,弦歌不辍,临死亡之地,犯患难之危,据义行理而志不慑,分亦明矣。然为鲁司寇⑭,听狱必为断,作为《春秋》,不道鬼神,不敢专已。夫圣人之智,固已多矣。其所守者约,故举而必荣;愚人之智,固已少矣,其所事者多,故动而必穷矣。吴起、张仪,智不若孔、墨,而争万乘之君,此其所以车裂支解也。

【注释】①博士:职官名。起源于战国,秦、汉时设置。因其掌通古今,以备咨询,为学术顾问的性质。这里指诗赋博士。②师:指乐师。③宰彻:宰,掌管膳食之官。彻,通"撤",撤下,撤除。④司直:职官名。⑤鞀:古同"鼗",有柄小鼓。⑥南面:面朝南。古代以面朝南为尊位,君主临朝南面而坐。⑦鼖鼓:大鼓。⑧巨桥:商纣王用于存储粮食的仓库。仓址在今河北省曲周县东北。⑨商容:商末殷纣王时期主掌礼乐的大臣,著名贤者,因为不满纣王的荒唐暴虐,多次进谏而被黜;一说他曾经试图用礼乐教化纣王而失败,逃入太行山隐居。周武王胜殷之后,欲封其为三公,辞不受,武王遂表商容之间以示对忠臣贤者的尊敬。⑩素王:指有帝王之德而未居其位的人。后世以素王多称孔子。⑪鉏:即"锄"。⑫论:指孔子修《春秋》。⑬匡:春秋宋邑。位于今河南省陈留。⑭鲁:指鲁定公,姬姓,名宋,为春秋诸侯国鲁国君主之一,是鲁国第二十五任君主,在位15年。司寇:掌管司法、纠察之官。

【译文】古代天子上朝听政,公卿直言进谏,博士朗诵诗歌,乐师规劝告诫,平民百姓在街头巷尾议论国事,史官记录天子之过,宰官撤去天子的膳食。尽管这样,天子对这些监督仍嫌不足,所以尧帝设置供进谏者敲击的大鼓,舜帝树立供人们书写意见的谤木,商汤王设立主管监察过失的官员,周武王设置警戒自己谨慎的鼖鼓,哪怕对于毫厘大小的过失，他们都已做好了防备措施。圣人明主，对于善事，无论多小也定会去做；对于过失，不管多小也定会改正。所以，尧、舜、禹、汤、周文王、周武王，都能心胸坦荡地南面称王。在那个时候，君主饭前要先敲击大鼓，然后才进食，饭毕要演奏《雍》乐时才撤席，撤席后还要祭祀灶神；他们做事不用巫祝占卜祈福，而鬼神却不敢作祟，山川之神也不敢为祸作乱，这可以称得上最为宝贵的德政了。但是他们仍然战战兢兢，一天比一天小心谨慎。由此看来，圣人的心思是多么细密啊。《诗经》说："这位周文王，言行谨慎小心翼翼，光明磊落地事奉上帝，给国家百姓带来很多福利。"说的大概就是这回事吧！武王讨伐纣王后，发放巨桥粮仓的粮食给百姓，分发鹿台府库里的钱财给民众；同时修整忠臣比干的坟墓，在贤人商容的故里表彰他的贤德，朝拜商汤的宗庙以示敬仰，并解除对箕子的囚禁；让人们各自返回家园，耕种自己的田地；没有故旧、新人之分，只要是贤才就亲近他们，使用的物品并不是他原有，任命的也不都是他自己原有的亲信旧臣，但他安然平静地就如本来就有一样。由此看来，圣人的志向是多么地远大啊。周文王全面考察先王施政的得失，广泛研究以往治国的是非，尧、舜之所以昌盛，桀、纣之所以灭亡的教训，都记录在册存放于明堂以供借鉴。然后广泛求教，集思广益，以便应对、处理所遇到的各种问题。由此看来，圣人的智谋是多么圆通啊。周成王、周康王继承文王、武王的事业，恪守祖宗留下的制度法典，观察前人存亡的轨迹，明白了成败变化的规律，不合乎道的话不说，不符合义的事不做，一言一行都不随便，选择美善的，然后才去实行。由此看来，圣人的品行是多么地端正啊。孔子算得上通才，他的智慧超过苌弘，勇力能制服孟贲，腿脚灵敏能追上狡兔，力气大得能举起城门城门的门杠，他的才能已经够多了。然而孔子的勇力并不为常人所知，技艺也并不为人们所了解，他专心致志地推行教化事业，从而被人们尊称为"素王"，可见他的处事原则是很简约的。

春秋二百四十二年中，被灭亡的国家有五十二个，被臣下杀掉的国君有三十六人，孔子收集善事、隐去丑闻，编写《春秋》以弘扬王道，其中阐述的理论也很广博。然而当孔子在宋国被匡人围困，却面不改色、弦歌不辍，身临死亡境地、遭受危险时，仍能依据道义行事，心中毫无畏惧，这说明孔子对命运的理解也是相当透彻了。当孔子担任鲁国司寇时，审理诉讼总能谨慎决断。编著《春秋》一书，不言鬼神，也不敢专任己意。圣人的智慧本来已经够多了，再加上他所持守的又很简约，所以他的事业必会繁荣兴旺；而那些愚蠢的人，智慧本来就少，却又喜欢卷入过多的繁琐事务，处事又不简约，所以他们的行动必然不会成功。吴起和张仪的智慧不如孔子和墨子，却要在万乘之国的君主面前互相争斗，结果导致自己被车裂、肢解。

夫以正教化者，易而必成；以邪巧世者，难而必败。凡将设行立趣于天下，舍其易成者，而从事难而必败者，愚惑之所致也。凡此六反者，不可不察也。遍知万物而不知人道，不可谓智；遍爱群生而不爱人类，不可谓仁。仁者，爱其类也；智者，不可惑也。仁者，虽在断割之中，其所不忍之色可见也；智者，虽烦难之事，其不暗之效可见也。内恕①反情，心之所欲②，其不加诸人，由近知远，由己知人，此仁智之所合而行也。小有教而大有存也，小有诛而大有宁也，唯恻隐推而行之，此智者之所独断也。故仁智错③，有时合，合者为正，错者为权。其义一也。

【注释】①内恕：心地宽厚。②心之所欲：此处应作"心之所不欲"。③错：不合，不一样。

【译文】所以，用正道实施教化，就会很容易而且一定能成功；以歪门邪道欺骗世人，就会因难重重而且必定失败。但凡想在天下实现自己的志向,却舍弃轻而易举就能成功的简约方法,去选择繁琐困难且必定要失败的方法的人,这都是愚昧糊涂导致的。以上所说的六种相反的处事原则,不可不明察呀。对万物普遍了解而不懂得人情世故,就不能叫有智慧;对众生普遍爱护而不爱护人类本身,就不能称为仁爱。所谓仁,就是要爱护自己的同类;所谓智,就是遇事不糊涂。仁慈的人,虽然有时不得不裁断,但他那不忍心神色还是会流露出来。聪慧的人,虽然有时碰到烦难之事,但他那智慧的光辉还是会不停闪耀。心地宽厚的人能经常反躬自省,自己心里不想做的事情,也不会强加给别人;做到由近而知远,由己而知人,这就是把仁、智结合运用的做法。对小的毛病加以教导,是为了使他能有大的出息,对小的错误加以责罚,是为了使他能得到大的安宁,只是出于恻隐之心才推行这种做法的,这就是智者的决断。而一味讲仁的人是难以做到这一点的。所以仁和智有时不合,有时又相合。仁和智相合,就是正道,仁和智不合,就是权变。这两者的根本目的则是一样的,都是出于知人爱人。

府吏守法,君子制义,法而无义,亦府吏也,不足以为政。耕之为事也劳,织之为事也扰。扰劳之事而民不舍者,知其可以衣食也。人之情不能无衣食,衣食之道,必始于耕织,万民之所公见也。物之若耕织者,始初甚劳,终必利也,众愚人之所见者寡;事可权者多,愚之所权者少,此愚者之所多患也。物之可备者,智者尽备之;可权者,尽权之;此智者所以寡患也。故智者先忤①而后合,愚者始于乐而终于哀。今日何为而荣乎?旦日何为而义乎?此易言也。今日何为而义,旦日何为而荣,此难知也。问瞽师曰:"白素何如?"曰:"缟然。"曰:"黑何若?"曰:"黮(dǎn)②然。"授白黑而示之,则不处焉。人之视白黑以目,言白黑以口,瞽师有以言白黑，无以知白黑，故言白黑与人同，其别白黑与人异。

【注释】①忤：指身处逆境。②黮：黑色。

【译文】官吏遵守法度，而君子则受道义制约。如果只是遵守法度而不讲道义，就像官吏那样，是没有资格主持国家大政的。耕种农田是相当辛苦的事情，纺纱织布也是很麻烦，这种又辛苦又麻烦的事情老百姓却不放弃，是因为他们知道只有靠耕织才能为他们提供衣食。吃饭穿衣是人之常情，而要获得衣食的途径只能从事耕织，这道理平民百姓都很明白。其他事物也像耕田织布一样，刚开始时辛苦麻烦，但最终是会获利的，然而愚蠢之人能明白这一点的却很少。事情可以灵活变通的方法很多，然而愚蠢的人能灵活权变的却很少，这也就是愚蠢之人灾难多的原因。事物所具备的，聪明人也都具备；事物可以权变的，聪明人也都能灵活变通，这也就是聪明人灾祸少的原因。所以聪明人往往是先处逆境而后顺利圆满，愚蠢的人常常是开始得意而最终却悲哀痛苦。所以你告诉他眼下怎么能过上荣华富贵的日子，将来再考虑怎样做才会合乎道义，这容易给他说清楚并让他接受；但你告诉他眼下应该怎么做才符合道义，以后再考虑享受荣华富贵，这就很难让他弄清楚并接受你的话了。若问盲乐师："洁白的颜色是什么样的？"他会说："就像洁白的丝绸那样。"又问："黑色是什么样的？"他会说："就像熟透的黑色桑葚那样。"但你真的拿出白与黑两种颜色的东西叫他分辨，他就分辨不出来了。这是因为分辨黑白靠的是眼睛，而描述黑白则靠嘴巴，盲乐师可以用嘴巴来描述黑白，但却无法用眼睛辨别黑白，所以当他用嘴巴描述黑白时，其能力与常人一样；但当他用眼睛辨别黑白时，其能力就与常人不一样了。

入孝于亲，出忠于君，无愚智贤不肖，皆知其为义也，使陈忠孝行而知所出者，鲜矣！凡人思虑，莫不先以为可而后行之，其是或非，此愚智之所以异。凡人之性，莫贵于仁，莫急于智。仁以为质，智以行之，两者为本，而加之以勇力、辩慧、捷疾、劬录①、巧敏、迟利②、聪明、审察，尽众益也。身材未修，伎艺曲备，而无仁智以为表干，而加之以众美，则益其损。故不仁而有勇力果敢，则狂而操利剑；不智而辩慧③怀给④，则弃骥而不式。虽有材能，其施之不当，其处之不宜，适足以辅伪饰非，伎艺之众，不如其寡也。故有野心者，不可借便势；有愚质者，不可与利器⑤。鱼得水而游焉则乐，塘决水涸，则为蝼蚁所食。有掌修其堤防，补其缺漏，则鱼得而利之，国有以存，人有以生。国之所以存者，仁义是也；人之所以生者，行善是也。国无义，虽大必亡；人无善志，虽勇必伤。治国上使不得与焉。孝于父母，弟⑥于兄嫂，信于朋友，不得上令而可得为也。释己之所得为，而责于其所不得制⑦，悖矣。士处卑隐，欲上达，必先反诸己。上达有道，名誉不起，而不能上达矣；取誉有道，不信于友，不能得誉；信于友有道，事亲不说，不信于友；说亲有道，修身不诚，不能事亲矣；诚身有道，心不专一，不能专诚⑧。道在易而求之难，验在近而求之远，故弗得也。

【注释】①劬录：勤劳。②迟利：王念孙认为迟为"犀"之误，应为犀利，即锐利。③辩慧：好口才。④怀给：王念孙认为怀是"儇"之误，儇有奸佞义，又有迅速义。给，有敏捷义。所以怀给为敏捷之义。⑤利器：比喻国家权力。⑥弟：古同"悌"，孝悌。⑦责：要求。其：指自己。⑧专诚：王念孙认为当作"诚身"。

【译文】在家孝顺父母，在外为官忠于君主，这道理无论是聪明、愚蠢、贤德、不肖者都知道是合乎道义的，但如果要他们讲清楚怎样尽孝尽忠，为何要尽孝尽忠，能说出来的人就很少了。大凡人们考虑问题，没有谁不事先认为可行然后才去实施，但最后有人收到预期的效果，有人却没有收到预期效果，这种差异是由聪明和愚蠢所决定的。大凡人的性情，没有什么比仁更珍贵的，没有什么比智更让人迫切需要的。将仁作为本体，用智去实施它；这样以智、仁作为基础，再加上勇力、辩才、迅捷、勤快、灵敏、锐利、聪慧、明察，这样就具备了所有的长处。如果自身的才能没有多少，却掌握了一些雕虫小技，又没有仁和智来作为标准和基础，再加上外部许多美好事物的干扰，那就只会增加它对人的危害。所以不仁却勇武果敢，就像疯子挥舞利剑一样危险，后果难以预测；没有大智却能言善辩、机敏乖巧，就会像漫无目的地骑着骏马驰骋。所以虽然有才能，若是使用不当，处理不适宜，那就只被用来助长虚伪，掩饰过错。这样看来，所具有的才艺多还不如少些好。所以不仁爱且有野心的人，不能让他获得有利地位。而那些天资愚钝的人，不能让他掌握国家大权。鱼得到水并在里面自由遨游就会快乐；如果池塘决堤，塘水干涸，脱离了水的鱼就会被蝼蚁吃掉。如果有人负责修理池塘堤防，补好缺口，这样鱼就能继续在水里自由畅游了。国家有赖以存在的东西，人也有赖以生存的东西。国家赖以存在的东西是仁义，而人赖以生存的东西则是行善。一个国家一旦不讲仁义，即使是大国也必亡无疑；一个人一旦没有了善心，即使再勇武有力也必定会受伤害。治理国家是君主的事，一般人难以随便参与；而在家孝敬父母，顺从兄嫂，对朋友守信，这些事不用君主发布命令就能做到。撇弃自己能做、应做的事，而责求自己去做那些自己无法把控、不应做的事，这实际上是违背了事理。士人位卑而隐逸时，想要出仕进取为官，必须先从自我修养做起。所以进取为官是有途径的，如果不能树立好的名声，就不能有进取显达的机会。获取好的名声也是有途径的，如果不能获得朋友的信任，就不能取得好的声誉。取信于朋友也是有途径的，如果侍奉父母却不能让他们高兴，就不能取信于朋友。能让父母高兴也是有途径的，如果自身的修养不是出自真诚，就不能侍奉好父母。修身真诚也是有途径的，如果心不专一，就不能使自己心性真诚。"道"就在唾手可得的地方却到困难之处去寻找，效验就在眼前，却要到遥远的地方去寻觅，所以总是不能得到。

卷十　缪称训

【题解】本篇可以看作是《主术训》的续篇，进一步对君子的自身修养展开讨论。缪称训的意思是"缪异之论，称物假类，同之神明，以知所贵。"即引述、列举儒家和道家的各种思想学说，借助各种现象、事例来论述道德，区分仁义，了解祸福、德怨的转化，说明"患生于多欲，害生于弗备"，只有"正身直行，众邪自息"方可。

道至高无上，至深无下，平乎准，直乎绳，圆乎规，方乎矩，包裹宇宙而无表里，洞同覆载而无所碍。是故体道者，不哀不乐，不喜不怒，其坐无虑，其寝无梦，物来而名，事来而应。主者，国之心，心治则百节皆安，心扰则百节皆乱。故其心治者，支体相遗也；其国治者，君臣相忘也。黄帝曰："芒芒昧昧，从天之道，与元同气。"故至德者，言同略，事同指，上下一心，无岐道旁见者，遏障之于邪，开道之于善，而民向方矣。故《易》曰："同人于野，利涉大川。"道者，物之所导也；德者，性之所扶也；仁者，积恩之见证也；义者，比于人心而合于众适者也。故道灭而德用，德衰而仁义生。故上世体道而不德，中世守德而弗坏也，末世绳绳乎唯恐失仁义。君子非仁义无以生，失仁义则失其所以生；小人非嗜欲无以活，失嗜欲则失其所以活。故君子惧失仁义，小人惧失利。观其所惧，知各殊矣。《易》曰："即鹿无虞^①，惟入于林中，君子几不如舍，往吝^②。"其施厚者其报美，其怨大者其祸深。薄施而厚望，畜怨而无患者，古今未之有也。是故圣人察其所以往，则知其所以来者。圣人之道，犹中衢(qú)^③而致尊邪：过者斟酌，多少不同，各得其所宜。是故得一人，所以得百人也。人以其所愿于上以交其下，谁弗戴？以其所欲于下以事其上，谁弗喜？《诗》云："媚兹一人，应侯慎德。"慎德大矣，一人小矣。能善小，其能善大矣。

【注释】①虞：古代掌管山泽的官。②吝：占断用语。遗憾，麻烦，艰难。③衢：四通八达的大路。

【译文】道高到没有顶点，深到没有底部，它同水准一样平，和墨绳一样直，和规一样圆，和矩一样方；包裹整个宇宙没有内外之分，贯通覆载万物没有阻碍。所以领悟道的人能不哀不乐，不喜不怒，坐着无忧无虑，睡着不做梦，万物来到时能叫得出名称，事物发生能应对自如。国君是国家的心脏，内心安宁，全身各处就平安畅通，内心紊乱，全身各处也随之紊乱。所以，一个人的内心如果安宁，肢体就一定各安其位；如果一个国家治理得好，君臣之间就各守其位，各司其职。黄帝说："浑厚广大啊，顺从上天的道理，与上天的元气相通。"所以，至德君主说的话与臣民同一方略，办事的旨意与臣民的心意相同，这样君主与臣民同心同德，没有意见上的分歧和偏邪见解，也就能堵塞歪门邪道，开启行善之道，那么百姓都能走上正道。所以《易经》上说："君主在郊外聚集众人准备出征，上下同心同德，就一定能跋涉山川渡过难关而取得胜利。"道是万物的先导；德是对人性情的扶助；仁是积聚恩德的表现；义是心心相连并适合大家意愿的行为准则。所以道被泯灭就以德来取代，德衰微了就产生了仁义。因此，远古上世的圣人是依靠道来处事而不靠德，中古的圣王之治是谨守德而不用仁义来使人归附。近代末世的君王治国是小心谨慎抱持仁义而唯恐失去仁义。君子没有了仁义就无法生存，丧失了仁义就等于丧失了生存的条件；小人没有了嗜欲就无法生存，丧失了嗜欲就等于失去了生存的条件。所以君子害怕失掉仁义，小人则害怕失去利益。观察他们各自所害怕什么，就知道了君子与小人之间的差异了。《周易·屯卦》说："追逐野鹿而没有向导的帮助，即使追进深山老林也无济于事。君子知道追逐不到的不如舍弃，因为继续追逐深入，会有危险出现。"如果对别人的施予丰厚，那么得到的回报也丰厚；如果结怨深重，那么招致的祸害也必然深重。施予别人相当少而希望得到厚报，积怨深厚而没有灾患，从古到今还没有过这样的事。所以圣人体察事情的结果，也就知道事情的起因。圣人为人处事的方法，就像在四通八达的道路中央设置酒樽，以酒款待行人，行人喝酒多少，按自己的酒量来决定，喝多喝少以适量为标准。所以能够赢得一人之心，也就能因此赢得百人的拥戴。如果一个人能够用他希望上司对待他的态度来对待自己的下属，那么他的下属谁不爱戴他呢？如果一个人能够用他要求下属对待他的态度来对待自己的上司，那么他的上司又有哪个不喜欢呢？《诗经》说："武王慈爱天下的每个人，所以能积累崇高的德行。"成就祖先功业的德行是伟大的，关爱一人的善举是微不足道的，但正是因为能从积累每一个小的善行开始，才能成就崇高的美德。

君子见过忘罚，故能谏；见贤忘贱，故能让；见不足忘贫，故能施。情系于中，行形于外。凡行戴情，虽过无怨；不戴其情，虽忠来恶。后稷①广利天下，犹不自矜；禹无废功，无废财，自视犹觖(jué)②如也。满如陷，实如虚，尽之者也。凡人各贤其所说，而说其所快。世莫不举贤，或以治，或以乱，非自遁，求同乎己者也。己未必得贤，而求与己同者，而欲得贤，亦不几矣！使尧度舜则可，使桀度尧，是犹以升量石也。今谓狐狸，则必不知狐，又不知狸。非未尝见狐者，必未尝见狸也。狐、狸非异，同类也。而谓狐狸，则不知狐、狸。是故谓不肖者贤，则必不知贤；谓贤者不肖，则必不知不肖者矣。

【注释】①后稷：姬姓，名弃，帝喾之子，尧舜时期掌管农业之官，周朝始祖。后稷出生于稷山(今山西省稷山县)，被称为稷王(也做稷神或者农神)。②觖：不满。

【译文】君子看到君主的过失就忘掉了进谏可能会招致的责罚，所以他敢于直言进谏；君子看到贤才便忘记举荐贤才可能会使别人的地位超过自己，所以他乐意退避让贤；君子看到衣食不足的人会忘记接济别人会使自己穷困，所以他能慷慨解囊给予施舍。内心维系着真情，就会在外在的行动中表现出来。凡是言行饱含真情、流露真意，即使有过失，别人也不会怨恨；言不由衷、行为虚假，即使装出一付忠诚的样子，也会招人讨厌、憎恶。后稷为天下人广泛的谋取利益，但却从来不自我夸耀；夏禹治水没有白费民力也没有白用钱财，但他从不自满。他们对待完美如同缺陷，对待充实如同虚空，所以他们能使自己尽善尽美。所有的人都把自己所喜欢的人认为是贤人，喜欢对方能让自己感到愉快。世人都会举荐贤才，但所举荐的人，有的能把事办理好，有的却把事做失败了；这并不是举荐人自己欺骗自己，而是举荐与自己志趣相同的人。可是当自己的水平并不是很高的情况下，按自己的水平去寻求人才时，所得到的人才并不一定是真正的贤才。这就好比,让尧去鉴别舜,当然是可以的;但如果让桀去鉴别尧,这就好像用升去衡量石一样的。现在我们都在说狐狸,实际上我们既不知道狐是什么,也不知道狸是何物;他们不是未曾见过狐,就是还没有见过狸。狐与狸不是不同物种,而属同类。可是日常人们混称狐狸,可见他们根本不知什么是狐,什么是狸。所以,把不贤的人称为贤人,就足见他一定不明白什么叫贤;反过来将贤才说成是不贤,那也能知道他一定不明白什么叫不贤。

圣人在上,则民乐其治;在下,则民慕其意。小人在上位,如寝关曝(pù)纩(kuàng)①,不得须臾宁。故《易》曰:"乘马班如②,泣血涟如。"言小人处非其位,不可长也。

【注释】①寝关曝纩:人睡在关隘之上,蚕茧晒在日光之下。②班如:盘桓不进貌。

【译文】如果圣明的人处在上位,那么百姓就会乐意接受他的治理;圣人即使不在位上,百姓也会仰慕他的思想和志向。如果小人处于统治地位,那么百姓就像躺在发射的机关上,又像是茧中的蚕蛹在烈日下暴晒一样,没有片刻的安宁。所以《易经》说:"面临险境,骑着马徘徊不安,心中忧伤,以至于血泪涟涟。"说的是小人处在他不该处的位置,导致百姓日子难过,小人也一定不能长久地处在这种统治的地位。

物莫无所不用,天雄①乌喙②,药之凶毒也,良医以活人。侏儒鼓师,人之困慰③者也,人主以备乐。是故圣人制其剟(duō)材④,无所不用矣。

【注释】①天雄:毛茛科植物乌头子根的加工品。主产于四川、湖北、湖南等省。《神农本草经》：主风寒咳逆邪气，温中，金疮，破症坚积聚，血瘕，寒湿，拘挛膝痛，不能行步。②乌喙：中药附子的别称。以其块茎形似得名。③困慰：犹困怨，困病。④剡：削，删除。

【译文】天下没有无用的东西，天雄和乌头尽管是有剧毒的草药，但良医却能用它们来治病救人。侏儒和盲人，是困窘愁苦的两种残疾人，但君主却用他们作乐官和乐师。所以圣人对待人和物就像巧匠裁取砍削木材一样，没有什么木材是不能派上用场的。

勇士一呼，三军皆辟①，其出之也诚。故倡而不和，意而不戴，中心必有不合者也。故舜不降席②而王天下者，求诸己也。故上多故则民多诈矣，身曲而景直者，未之闻也。说之所不至者，容貌至焉；容貌之所不至者，感忽至焉。感乎心，明乎智，发而成形，精之至也。可以形势接，而不可以照誋（jì）③。

【注释】①辟：古同"避"，躲，设法躲开。②降席：座席的西头。古代宾主相见，以西为尊，主东而宾西。③照誋：明白的告知。

【译文】勇士一声大吼，三军为之退避，这是因为他的呼喊是发自肺腑的。所以，有人领唱却没有人应和，君主有此意图，却没有人领会执行，这些必定是因为双方的内心有不融洽的地方。所以，舜不离开坐席就能匡正天下，这是因为他自身正直。所以，在上的君主大臣喜爱玩弄权术，那么下面的人也必定跟着玩弄智巧，变得狡诈。身子弯曲而影子却正直，这是从来没有听说过的事情。用言辞不能达到目的，却可以依靠表情动作达到；用表情动作所不能达到目的，却能用至诚的精神来感化别人。用真心去感化，用智慧去显明，最后必定在行为举止上流露出来，这就是至诚的精神所至；人正是用这种至诚的精神来影响、感化别人，而不是用一种苍白空洞的说教来告诫别人。

戎、翟之马,皆可以驰驱,或近或远,唯造父能尽其力;三苗①之民,皆可使忠信,或贤或不肖,唯唐、虞能齐其美,必有不传者。中行缪伯手搏虎,而不能生也,盖力优而克不能及也。用百人之所能,则得百人之力;举千人之所爱,则得千人之心。辟若②伐树而引其本,千枝万叶则莫得弗从也。

【注释】①三苗:姜姓,与讙兜、共工、鲧合称为"四罪"。中国传说中黄帝至尧舜禹时代的古部落名。又叫"苗民""有苗"。②辟若:譬如。辟,通"譬"。

【译文】戎、翟出产的良马,都是善于奔驰的,不论跑的远近,只有像造父这样的驾驭高手才能让马儿充分发挥出它们全部的能力;三苗族的百姓,都是可以让他们忠诚有信,不论贤愚,但只有像尧舜这样的圣主才能使他们具有这样的品德,这中间一定有着不可言传的教化方法。中行缪伯能徒手搏杀老虎,但是不能驯养老虎,这是因为他只是力气大而不具备驯养老虎的技能。能够运用百人的才能,就能得到百人的力量;办理千人所关爱的事情,就能得到千人的拥戴;这就好比砍伐大树,撼动大树的根部,树的千枝万叶也不得不随着摇动。

慈父之爱子,非为报也,不可内解于心;圣人之养民,非求用也,性不能已。若火之自热,冰之自寒,夫有何修焉!及恃其力赖其功者,若失火舟中。故君子见始,其知终矣。媒妁誉人,而莫之德也;取庸而强饭之,莫之爱也。虽亲父慈母,不加于此,有以为,则恩不接矣。故送往者,非所以迎来也;施死者,非专为生也。诚出于己,则所动者远矣。

【译文】慈父关爱子女,并不是为了获得子女的报答,而是因为无法抛开内心的那颗爱子之心。同样,圣人养育百姓,并非是想役使百姓,而是在尽爱民的天职。这就如同火的本性是热,冰的本性是寒的一样,哪里用得着特地修养呢?等到需要依靠子女赡养,百姓出力的时候,他们也会自然而然的尽孝尽忠,这就像江中之舟失火一样,全体船员和乘客都会一起尽力灭火。所以君子在事物开始的时候就能知道事物的结果了。媒人花言巧语地撮合婚事,男女双方都不会感激媒人,媒人称誉双方撮合婚事,只是为了钱财,所以当事人不会感恩媒人;雇佣农工的东家劝佣工吃饱,不会使佣工感激东家,因为知道东家劝他们吃饱只是为了让他们以后多卖力气多做事情。即使是亲生父母亲,如果在关爱子女过程中充斥了某种私心而不是出自真诚的爱心,那么,作为子女也不会牢记养育之恩。所以,赠送厚礼给客人,不能怀有企盼客人某天回赠的想法;同样,安置死者加以厚葬,不应只求死者在天之灵能保佑现在活着的人。如果的确是出自一颗至诚的心,那么它的感化作用就会相当深远了。

锦绣登庙,贵文①也;圭璋②在前,尚质也。文不胜质之谓君子。故终年为车,无三寸之辖(xiá)③不可以驱驰;匠人斫户,无一尺之楗(jiàn)④不可以闭藏。故君子行斯乎其所结。心之精者,可以神化,而不可以导人。目之精者,可以消泽,而不可以昭誋。在混冥之中,不可谕于人。故舜不降席而天下治,桀不下陛⑤而天下乱,盖情甚乎叫呼也。无诸己,求诸人,古今未之闻也。

【注释】①文:指华美的形式。②圭璋:两种贵重的玉制礼器。③辖:插在轴端孔内的车键,使轮不脱落。④楗:竖插在门闩上使闩拨不开的木棍。⑤陛：宫殿的台阶。

【译文】锦绣一类的丝织品供到庙堂上，是表示注重美好的形式，把圭璋一类物品摆在祭品的前头，是表示崇尚质朴的真情。外在形式不盖过淳朴真情，这才称得上君子。所以用一年的时间来打造一辆车子，如果没有一根三寸长的车辖，那么车就无法正常运行；木匠做门，如果没有一根一尺长的门闩，那么门就无法关闭。所以君子做事就一定要考虑到事情的最终结局。精诚的真心可以用来神妙地感化他人，但不可以用来说教；明亮精粹的眼睛可以察知无形之象，但无法用来告诫他人。心和眼的这种功能既没有形迹，也无法把握，不能使人知道这其中的奥妙。所以舜不离开坐席就能让天下大治，桀不下台阶却使得天下大乱，这些都是由于感情所致要远远要超过大呼大叫的作用。自己无法做到的事，却要求别人做到，从古至今都是闻所未闻的事。

同言而民信，信在言前也；同令而民化，诚在令外也。圣人在上，民迁而化，情以先之也。动于上，不应于下者，情与令殊也。故《易》曰："亢龙①有悔。"三月婴儿，未知利害也，而慈母之爱谕焉者，情也。故言之用者，昭昭乎小哉！不言之用者，旷旷乎大哉！身君子之言，信也；中君子之意，忠也。忠信形于内，感动应于外，故禹执干戚②，舞于两阶之间，而三苗服。鹰翔川，鱼鳖沈③，飞鸟扬，必远害也。子之死父也，臣之死君也，世有行之者矣，非出死以要名也，恩心之藏于中，而不能违其难也。故人之甘甘，非正为蹠也，而蹠焉往。君子之惨怛（dá）④，非正为伪形也，谕乎人心。非从外入，自中出者也。义正乎君，仁亲乎父。故君之于臣也，能死生之，不能使为苟简易；父之于子也，能发起之，不能使无忧寻。故义胜君，仁胜父，则君尊而臣忠，父慈而子孝。圣人在上，化育如神。太上曰："我其性与！"其次曰："微彼，其如此乎！"故《诗》曰："执辔如组。"《易》曰："含章⑤可贞。"运于近，成文于远。

【注释】①亢龙：飞到天边无法飞回来的龙。②干戚：干，盾牌；戚，大斧。③沈：意同"沉"。④惨怛：悲痛，忧伤。惨，同"懰"。⑤含章：包藏美质。

【译文】百姓赞同你的言论并且有诚信，是由于你在对百姓说教之前一向有诚信；百姓服从你的命令并且被教化，是由于你发号施令也同样出于真诚。圣人处于上位，百姓归顺并被感化，是由于圣人对百姓动之以情的缘故。反过来，君王处在高位发布政令而下面百姓不响应，这是由于君王的内心与政令不一致。所以《易经》中说："君主高高在上，对自己的行为有所悔恨。"出生刚三个月大的婴儿，还不知利害关系，但慈母的爱心却能使他感受到，这是由于母子间的感情相通。由此看来，言教的作用真是微乎其微的啊，而不言之教的功效却是广大无边的！能够亲身践履君子的言论，叫作信；能够符合君子的意向，这叫忠。忠和信在内心形成之后，就会对外界产生感化作用。所以大禹手执盾牌和大斧在宫廷的台阶前起舞，使作乱的三苗很快就臣服。就像老鹰在江河上空盘旋飞翔的时候，鱼鳖慌忙沉入水底，鸟也高飞远走，这是因为它们知道要远离老鹰的危害。子女能为父亲去死，大臣能为君主舍命，这些事情每个朝代都有，这当然不是为了以死来博取名声，而实在是由于他们内心怀有感恩之情。所以在关键时刻不怕也不想躲避这种死难。人们情愿去做一件自己想做的事情，这并非是为了实现某种意愿和目的，可这种意愿常常会实现；同样，君子的忧伤悲痛，也并非只是做做样子，因而能被人们理解。这些并非受外界影响而作为，而是完全出于真心。义的重要性要超过君王的重要性，同样，仁的位置应在父亲之上。所以，君王对臣下，有权力决定他们的生死，但不能让重义的臣下为迎合君主的心思而改变道义；父亲对儿子，可以呼来唤去役使他们，但不能让讲仁行孝道的儿子不为父母亲忧虑挂念。所以，我们将义和仁放在高于君主与父亲的位置上，就会使君尊而臣忠，父慈而子孝。圣人处在上位，教化百姓应验如神灵。远古时代的明主说："我只是顺应了自然，无为而治治理天下。"以后的德治社会中的五帝说："没有百姓的拥护，天下哪能治理得如此太平。"所以《诗经》说："手里拉着缰绳，就像编织丝帛一样有条不紊。"《易经》上说："怀有高尚情操，行为就能走上正道。"能够注重自身的修养，就能影响深远并获得美好结果。

夫察所夜行，周公惭乎景^①，故君子慎其独也。释近斯远，塞矣。闻善易，以正身难。夫子见禾之三变^②也，滔滔然曰："狐乡丘而死，我其首禾乎！"故君子见善则痛其身焉。身苟正，怀远易矣。故《诗》曰："弗躬弗亲，庶民弗信。"小人之从事也，曰苟得，君子曰苟义。所求者同，所期者异乎！击舟水中，鱼沉而鸟扬，同闻而殊事，其情一也。僖负羁^③以壶餐表其间。赵宣孟^④以束脯免其躯，礼不隆而德有余，仁心之感，恩接而憯（cǎn）^⑤怛生。故其入人深。俱之叫呼也，在家老则为恩厚，其在责人则生争斗。故曰：兵莫憯于意志，莫邪^⑥为下；寇莫大于阴阳，桴（fú）鼓^⑦为小。圣人为善，非以求名而名从之。名不与利期而利归之。故人之忧喜，非为蹍（lù）^⑧，蹍焉往生也。故至人不容，故若眯而抚，若跌而据。圣人之为治，漠然不见贤焉，终而后知其可大也。若日之行，骐骥^⑨不能与之争远。

【注释】①景：古同"影"，影子。"惭"应为"不惭"。②三变：

三种变化。指禾苗生长始于粟,生于苗,成于穗。③僖负羁:亦作厘负羁,春秋时期曹国大夫,今山东菏泽人。晋文公重耳流亡过曹国时,曹共公无礼,他独具慧眼接待了晋文公。晋国伐曹之时下令军队不得侵犯僖负羁及其家人,以报答过境时的款待。④赵宣孟:即赵盾,嬴姓赵氏,谥号"宣",时人尊称其赵孟或宣孟。春秋中前期晋国卿大夫,赵衰之子,杰出的政治家、战略指挥家。晋文公之后,晋国出现的第一位权臣,集军政大权于一身,担任执政,号称正卿,法治晋国。赵氏孤儿赵武的祖父。⑤憯:本意是凄惨、残暴,引申义是锋利,竟然,忧伤,速疾之意。⑥莫邪:莫邪是古代传说的一把剑,十大名剑之一。干将、莫邪是干将、莫邪铸的两把剑。干将是雄剑,莫邪是雌剑。⑦桴鼓:鼓槌和鼓。也在指报警之鼓。可喻指军旅。⑧踧:恭。⑨骐骥:千里马的别称。

【译文】周公能在黑夜里省察自己的行为,做到身正影正毫不愧色。所以君子在独处时要谨慎不苟且。放弃自身的修养,却期望远大的目标能够实现,这是行不通的。懂得什么是善的道理是容易的,用善规范自身就困难了。孔夫子看到庄稼由种子变成禾苗,又长出穗谷的生长过程后,感慨地说:"狐狸头朝着住着的山丘而死,我们大概也要像麦穗一样头朝着庄稼的根吧?"所以君子看到善事,就感到自身也应从善去恶。自身如果正直,让远方的人归附就容易了。所以《诗经》说:"君主如果不能亲自行正道,那么百姓就不可能信赖他。"小人处事急于求得结果,君子办事则只求符合道义。他们在追求这一点上是相同的,但期望得到的目标则是不一样的。船只摇桨击水的响声导致鱼沉入水底,鸟往高处飞,在这里听到的响声是一样的,作出的反应则是不同的,但鱼鸟害怕的心情是一样的。春秋时期曹国的僖负羁送给逃亡的晋公子重耳一壶饭食,而被重耳在同里立表旌表彰他的功德;赵盾因送一束干肉救济过灵辄,后来遇难时受到灵辄的保护,而免遭杀身之祸。僖负羁和赵盾所赠送给他人的物品当时并不丰厚,但得到的回报却相当厚重,这是因为他们的行为出于仁爱之心,以恩德待人,怜悯之情油然而生,所以使受恩的人牢牢地记在心底,永不忘记。同样是大呼小叫,如是表现在家中长辈对晚辈身上,会被认为是对晚辈的真心爱护;如果用这种呼喊对待陌生的外人,则有可能会引起争吵进而发生殴斗。兵器的锋利比不上意志力的强大,即使是莫邪宝剑也比不上,在受到的侵扰中没有比谋略的作用更大的了,而击鼓进军的武力攻伐作用反而是小的。圣人为善行善,并不是为了求取名望,但名望会随之而来,求名也并不是为了利禄,但利禄又会自然归于他。圣人发自内心的忧与喜,产生和表现出来后并不希望能感染别人,但感染的作用却会自然产生。所以至德的人从来不必修饰自己的外表,所以他的行为就像灰尘糊了眼睛,用手下意识地揉搓眼睛,又像快要跌倒时自然地用手支撑地一样。但就是这样,圣人的无为而治,淡漠的看不出有什么贤明之处,但到后来人们就知道了他的伟大。就像太阳的运行一样,骏马都无法快过它。

今夫夜有求,与瞽师并,东方开,斯照矣。动而有益,则损随之。故《易》曰:"剥之不可遂尽也。故受之以复。"积薄为厚,积卑为高,故君子日孳(zī)孳①以成辉,小人日怏(yàng)怏②以至辱。其消息也,离朱弗能见也。文王闻善如不及,宿不善如不祥。非为日不足也,其忧寻推之也。故《诗》曰:"周虽旧邦,其命维新③。"怀情抱质,天弗能杀,地弗能埋也。声扬天地之间,配日月之光,甘乐之者也。苟乡善,虽过无怨;苟不向善,虽忠来患。故怨人不如自怨,求诸人不如求诸己,得也。声自召也,貌自示也,名自命也,文自官也,无非己者。操锐以刺,操刃以击,何怨乎人?故管子文锦④也,虽丑登庙;子产⑤练染也,美而不尊。

虚而能满，淡而有味，被褐怀玉者。故两心不可以得一人，一心可以得百人。男子树兰，美而不芳，继子得食，肥而不泽，情不相与往来也。

【注释】①孳孳：通"孜孜"，勤勉，努力不懈。②怏怏：不高兴，不满意。③其命维新：承受的天命是新的。比喻国运昌盛，气象一新。④文锦：文彩斑斓的织锦。⑤子产：春秋时期著名政治家、思想家。姬姓，公孙氏，名侨，字子产，又字子美，谥成。他是郑穆公之孙，先后辅佐郑简公、郑定公。

【译文】人们在暗夜里寻找东西就像盲人一样，但等到东方旭日升起，就将一切照得清清楚楚。任何会带来利益的举动，那么也会随之带来损失。所以《易经》说："事物的衰败剥落不是无尽头的，到了极限就会复生，所以用代表复生的《复卦》来承接《剥卦》。"薄的积累多了就可以变成厚的，低的积累多了可以变成高的。所以君子每天勤勉地行善以成就光辉的美德，小人每天因贪心不足而怏怏不乐，以致品德败坏而受辱，这其中消长的情况，即使是像离朱那样的人也看不清楚。周文王听到善事可行，唯恐自己来不及做，而对自己的不善之处，如果在身上存在一宿都好像是遇到了灾难，他这样做并不是偶然对自己的不足感到不满意，而是深深忧虑如果不善的事发展下去将变得一发不可收拾。所以《诗经》说："周国虽然是历史悠久的古老之邦，但它承受天命的国运却正在新盛。"君子做到心怀真情，谨守质朴，则上天不能扼杀他，大地无法埋没他，声威传播于天地之间，可与太阳、月亮的光辉相比，这是美好而又快乐的事啊。如果能向善从善，即使有过错，别人也不会埋怨；如果不能向善从善，即使忠诚也会招致祸患。所以埋怨别人不如反省自己，把原因推到别人身上不如在自己身上找原因。声音是自己发出来的，容貌模样是自己显现出来的，名字由自己命名，文辞是自己效仿的，这些事情都是取决于自己。拿着矛去刺伤别人,拿着刀去攻击别人,做下这样的错事怎么还能埋怨别人呢?所以管子像华丽的织锦,尽管平时有不少不拘小节的丑行,但他的政绩被记载在齐国的宗庙里;子产像温暖的丝绢,尽管平时仁慈宽厚,但也不是宗庙之服。虚空才能装载东西,清淡才能回味无穷,就像那些身着粗布短衣却怀揣宝玉的人。所以,三心二意的人不能得到一个贤人,而那些诚心专一的人却能得到上百个贤人。男子种植的兰草,看似美丽却无芳香;由后娘养育的小孩,看似壮实但脸上却没有光泽,这是因为双方的感情不能相互沟通和培育滋润。

生所假也,死所归也。故弘演直仁而立死,王子闾^①张掖^②而受刃,不以所托害所归也。故世治则以义卫身,世乱则以身卫义。死之日,行之终也,故君子慎一用之。无勇者,非先慑也,难至而失其守也;贪婪者,非先欲也,见利而忘其害也。虞公见垂棘之璧,而不知虢(guó)祸^③之及己也。故至道之人,不可遏夺也。人之欲荣也,以为己也,于彼何益?圣人之行义也,其忧寻出乎中也,于己何以利?故帝王者多矣,而三王^④独称;贫贱者多矣,而伯夷^⑤独举。以贵为圣乎?则圣者众矣;以贱为仁乎?则贱者多矣。何圣、仁之寡也。独专之意乐哉!忽乎日滔滔以自新,忘老之及己也。始乎叔季,归乎伯孟^⑥,必此积也。不身遁,斯亦不遁人。故若行独梁,不为无人,不兢其容。故使人信己者易,而蒙衣自信者难。情先动,动无不得;无不得,则无莙(jūn)^⑦,发莙而后快。故唐、虞之举错也,非以偕情也,快己而天下治;桀、纣非正贼之也,快己而百事废。喜憎议而治乱分矣。

【注释】①子闾:芈姓,名启,字子闾,楚平王之子,楚昭王之兄。

②掖：古同"腋"，旁边。③虢祸：即假道伐虢，假道，是借路的意思。伐，是攻占的意思。虢，是春秋时的一个小国。④三王：指夏、商、周三代之君。⑤伯夷：商末孤竹国人，商纣王末期孤竹国第八任君主亚微的长子，弟亚凭、叔齐。子姓，名允，是殷商时期契的后代。初，孤竹君欲以三子叔齐为继承人，至父死，叔齐让位于伯夷。伯夷以父命为尊，遂逃之⑥叔季、伯孟：兄弟姊妹的长幼顺序，"孟"为最长，"季"为最幼。⑦箸：阻碍。

【译文】生存只是生命在人世间的一种寄寓，死亡才是生命的必然的归宿。所以弘演为了报答国君的恩情而毫不犹豫地牺牲自己，王子闾为扶助正义而毫无惧色地接受刀砍剑刺，他们都不为了生命的寄托而妨碍生命的归宿。所以世道太平就用正义来维护自己，世道混乱则用自身来捍卫正义，乃至不惜牺牲生命。死亡的时候，不过是行事的终结，所以君子要谨慎的对待它。没有勇气的人，并不是生来就胆怯恐惧的，只是到灾难来临时才丧失了应有的操守；贪婪的人，也并不是生来就欲壑难填，只是看到了利益的时候就忘掉了贪利的危害。虞国国君只看到晋国送上的垂棘玉璧，而不知道虢国亡国的灾难很快会降临到自己头上。所以只有达到至道境界的人，不能用利益来改变他的信念。一般人都想得到荣耀，也都是为了自己，对别人是没有什么好处的。圣人做善事行义事，这些忧虑百姓的想法出自圣人的内心，并没有考虑他自己。因此自古以来帝王很多，但只有夏禹、汤王、文王受人称颂；社会上贫贱的人很多，但只有伯夷被推崇。地位尊贵的人都等同于圣人吗？那么天下的圣人就该多得不得了了；地位贫贱者都等同于仁人吗？那么天下的仁人就该多得不得了了。但实际上圣人、仁人少之又少，这是什么原因呢？是因为圣人、仁人具有专心致志行善的品质，如滔滔奔流的江河，每天都不停的改过自新，甚至忘记衰老在逼近自己，开始的时候收获不大，而最终的成果很大很多，必然是这样积累的，不欺骗自己，就不会欺骗别人。就像过独木桥,不会因为没有旁人就不显出谨慎小心的表情。所以,能让人相信自己容易,而蒙住眼睛欺骗自己的就难了。君主要先用真情去打动别人,用真情打动别人就能尽得人心,尽得人心做事就会没有阻碍,阻碍扫除后心情就畅快。所以,唐尧虞舜的言行举措,并非用来背离感情,他们在使自己快乐的同时使得天下大治。夏桀商纣并不是要做伤天害理的事,但是他们在使自己快乐的同时使得百事荒废。所以说君主帝王情感的善恶,决定着天下的治理和混乱。

圣人之行,无所合,无所离,譬若鼓,无所与调,无所不比。丝管金石,小大修短有叙,异声而和。君臣上下,官职有差,殊事而调。夫织者日以进,耕者日以却,事相反,成功一也。申喜①闻乞人之歌而悲,出而视之,其母也。艾陵之战②也,夫差③曰:"夷声阳,句吴其庶乎!"同是声而取信焉异,有诸情也。故心哀而歌不乐,心乐而哭不哀。夫子曰:"弦则是也,其声非也。"文者,所以接物也,情系于中而欲发外者也。以文灭情,则失情;以情灭文,则失文。文情理通,则凤麟极矣,言至德之怀远也。输子阳谓其子曰:"良工渐乎矩凿之中。"矩凿之中,固无物而不周。圣王以治民,造父以治马,医骆以治病。同材而各自取焉。上意而民载,诚中者也。未言而信,弗召而至,或先之也,伋(jí)④于不已知者,不自知也。矜怛生于不足,华诬生于矜。诚中之人,乐而不伋,如鸮(xiāo)⑤好声,熊之好经,夫有谁为矜?春女思,秋士悲,而知物化矣。号而哭,叽而哀,而知声动矣;容貌颜色,理诎侻倨佝,知情伪矣。故圣人栗栗乎其内,而至乎至极矣。

【注释】①申喜:周朝人,有母子感应的故事。②艾陵之战:春秋时期吴国在艾陵地区打败齐国军队的一次著名战役。③夫差:姬姓,吴氏,春秋时期吴国末代国君,阖闾之子,于夫椒之战大败越国,攻破越都(今浙江绍兴),使越屈服。此后,又于艾陵之战打败齐国,全歼十万齐军。④伋:古同"急"。⑤鸮:见"鸱"。中国古代对猫头鹰一类鸟的总称,亦称鸱鸮、鸱鸺、土枭、山鸮、鸟等。因声音凄厉,古人也以猫头鹰为恶鸟。

【译文】圣人君主的所作所为,无所迎合,也无所分离。好比是鼓,作为一种调节节奏的打击乐器,虽然不能像其他乐器那样演奏曲调,但鼓可以与任何乐器一起配合,琴瑟箫笛、金钟石磬,大大小小、长长短短的各种乐器井然有序的发声,虽然它们的音质不同,但能够互相协调应和,奏出美妙的乐曲。君主身处上位,群臣自处下位,尽管官职各不相同,事务也各有区别,但能够相互配合协调一致。这就像织布是不断向前延伸的,耕地是不断往后倒退的,劳动的方式不一样,但获得成功的目的是相同的。申喜听到门外乞丐的歌声,心里产生了悲哀,出门一看,歌唱者竟然是失散多年的母亲。吴国联合鲁国与齐国在艾陵作战的时候,吴王夫差说:"我们吴军的士气高昂、呼喊声激昂喜悦,准能打胜仗。"同样是声音,但从中获得的信息各不相同,这是因为声音中含有不同的情感。所以心中哀伤,这歌声就不欢乐;内心快乐,那么即使哭泣,声音也不哀痛。也正因为这样,所以当闵子骞在守完三年孝后拿琴弹奏时,孔子会说这样的话:"琴还是这把琴,但弹出的声音却不一样了。"所谓外在形式是用来接人待物的,情感是由内心产生而通过外在形式抒发出来。如果只讲外在形式而忽视内在的情感,就会表现得无情虚伪;如果只讲内在情感而忽略外在形式,就会显得文雅不足。如果以恰当外在形式来表达内在的真情实感,那么凤凰和麒麟都会降临,这是说怀有善德的情感能感化远方的人。输子阳对他的儿子说:"优良的工匠是在矩尺和凿子的使用过程中逐步熟习技艺的"。掌握矩尺和凿子的技艺,就无论什么材料都能雕凿的符合要求了。圣王就是用这种方法来管理民众，造父就是靠这种方法来驾驭车马，医骆就是根据这种方法来诊治疾病的，他们均是从工匠运用矩尺和凿子的方法中得到自己所需的方法和治术。君王的意愿使下面的百姓能接受并执行，这是因为君王发自内心的真诚之情感化了百姓。不用太多言语说教，就取得了百姓的信任；也没有发什么号召，就使百姓主动前来，这是因为事先就有了感应和默契。有些人总是埋怨别人不了解自己，实际上是缺乏自知之明。之所以骄傲，实际上是因为自身的见识不够；之所以浮夸虚华是由于自傲骄横。内心真诚的人，他的快乐发自内心而不虚伪，如同鹍鸟喜欢歌唱、熊类喜欢树上攀援一样，它们又哪里故作姿态保持矜持？少女到了春天就产生思情，士人到了秋季就感到悲伤，从中也能知道季节物候的变化。有时嚎啕大哭，有时悲叹而哀，从中也能知道其人的声音和心态间的关系。而某人容颜及身体动作，从中也能反映其心态的卑亢。正因为这样，所以圣人内心总是战战兢兢、小心翼翼、毫不松懈，因而能使自己的修养达到极高的境界。

功名遂成，天也；循理受顺，人也。太公望、周公旦，天非为武王造之也；崇侯①、恶来②，天非为纣生之也；有其世，有其人也。教本乎君子，小人被③其泽；利本乎小人，君子享其功。昔东户季子④之世，道路不拾遗，耒（lěi）耜（sì）⑤余粮宿诸亩（mǔ）⑥首，使君子小人各得其宜也。故一人有庆，兆民赖之。凡高者贵其左，故下之于上曰左之，臣辞也；下者贵其右，故上之于下曰右之，君让也。故上左迁，则失其所尊也；臣右还，则失其所贵矣。小快害道，斯须害仪。子产腾辞，狱繁而无邪。失诸情者，则塞于辞矣。成国之道，工无伪事，农无遗力，士无隐行，官无失法。譬若设网者，引其纲而万目开矣。舜、禹不再受命，尧、舜传大焉，先形乎小也。刑于寡妻，至于兄弟，禅于家国，而天下从风。故戎兵以大知小，人以小知大。君子之道，近而不可以至，卑而不可以登，无载焉而不胜，大而章，远而隆，知此之道，不可求于人，斯得诸己也。释己而求诸人，去之远矣。

【注释】①崇侯：为崇城(今陕西户县)国君，侯爵，名虎。曾向纣王告发周文王。②恶来：一作"恶来革"，商纣王的大臣，飞廉(又作蜚廉)之子，以勇力而闻名。武王伐纣之时，他被周武王处死。③被：亦作"披"，承受。④东户季子：传说中的上古君主。⑤耒耜：古代一种像犁的翻土农具，也用做农具的统称。耜用于起土，耒是耜上的弯木柄。⑥畮：古同"亩"。

【译文】功成名就，取决于天命；遵循事理，则靠人力。姜太公吕望、周公姬旦，并非上天特意为武王造就的；崇侯虎、恶来，也不是上天特意为纣王而产生的。有什么样的世道，便有什么样的人物产生。君子的本分是实行教化，小人承蒙他的恩泽；小人的职责则是提供物质利益，君子也能享用他们的成果。过去君王东户季子统治的时代，路不拾遗，耒耜等农具以及没有运回家的粮食放在地头上过夜也不会遗失，这是在于东户季子让君子、小人各守自己的职责。所以说一国国君秉有美德，亿万国民也就有了依靠。凡是高居君位的人把左边看作是尊贵的位置，所以臣下对君上来说是"辅佐"，这是臣下对君上尊敬的谦辞；居于下位的人把右边看作是尊贵的位置，所以君上对臣下来说就是"佑助"，这是君上的谦让之辞。所以，如果君上从左位迁离，就会失去他的尊崇；臣下从右位迁离，就会失去他的贵重。贪图一时的痛快会伤害道义，只图眼前利益会损害原则。子产颁布新法而受到不少流言的责难，但是实行新法尽管案件刑狱增多，却禁止了奸邪。如果在治理国家的措施中不顾及人情民意，就会受到舆论的抵制而无法实施。实现治国之道的举措，使得工匠不偷工减料、弄虚作假，农夫不辞辛劳、努力耕种，士人不隐居避世，官吏不徇私枉法。这就好比渔夫撒网，抓住了渔网的总绳就能张开所有的网眼。舜、禹不再受天命而登基，是由于尧禅位给舜，舜再传位给禹；尧、舜创立大德基业。都是从小的方面慢慢积累起来的。首先他们在家里用美好的德行来影响妻子，又示范于兄弟，再推及到整个国家，这样天下也就形成了良好的风气习俗。所以，战争可以通过对比双方国家形势的好坏可以推知小的战事的成败，对人来说则是从他德行的细微之处就可推知他以后的发展结果。君子治世的方法，看似近处的目标也无法达到，看似矮小的困难也迈不过去，可是却无所不能容载，无事不能胜任，时间越长越显示出伟大，年代越久远越显示出崇高。要掌握这种治世的方法，不能指望从别人身上求取，而只能从自身做起。离开自己的主观努力而向别人求取，那就离它太远了。

君子者，乐有余而名不足，小人乐不足而名有余。观于有余不足之相去，昭然远矣。含而弗吐，在情而不萌者，未之闻也。君子思义而不虑利，小人贪利而不顾义。子曰："钧之哭也。曰：'子予奈何兮乘我何！其哀则同，其所以哀则异。'"故哀乐之袭人情也深矣。凿地漂池，非止以劳苦民也，各从其蹠而乱生焉。其载情一也，施人则异矣。故唐、虞日孳孳①以致于王，桀、纣日快快以致于死，不知后世之讥己也。凡人情，说其所苦即乐，失其所乐则哀。故知生之乐，必知死之哀。有义者不可欺以利，有勇者不可劫以惧，如饥渴者不可欺以虚器也。人多欲亏义，多忧害智，多惧害勇。嫚②生乎小人，蛮夷皆能之；善生乎君子，诱然与日月争光，天下弗能遏夺。故治国乐其所以存，亡国亦乐其所以亡也。金锡不消释则不流刑③，上忧寻不诚则不法民。忧寻不在民，则是绝民之系也。君反本，而民系固也。至德小节备，大节举。齐桓举而不密，晋文密而不举。晋文得之乎闺内，失之乎境外；齐桓失之乎闺内，而得之乎本朝。

【注释】①孳孳：勤勉不息。②嫚：假借为"慢"，傲慢。③刑：通"型"，模型。

【译文】君子大多时候快乐有余而名气不足，而小人往往快乐不足而名气有余。观察他们之间的有余和不足，就能知道他们之间差距甚远。内心怀有情感而不吐露、有真情而不萌发滋长，这种情况还没听说过。君子考虑的是义而忽略利，小人贪求利而不顾义。孔子说："子予说同样是哀哭，有什么不一样呢？我对他说：'子予，你怎么可以钻空子而试图难倒我呢？尽管他们的悲哀是一样的，但悲哀的原因却是不一样的呀。'"所以悲哀和快乐对人感情的侵袭也是十分深刻的。有些人想让百姓凿池，另外一些人又想让百姓将池子填上，这些人不一定是存心折腾百姓、劳役民众，只是按照各自的意愿去做而产生了混乱，这说明他们所表达的意愿和情感是一样的，但给别人造成的影响却是不一样的。所以尧、舜每天都孜孜不倦地修养德行，终于达到天下大治；桀、纣终日放纵欲望，却因贪欲不能满足而闷闷不乐，最终导致灭亡，还不知后世之人在讥笑自己。大凡人之常情都如此，脱离了使自己痛苦的事便快乐，失去了使自己快乐的事就感到哀伤。所以如果知道生的欢乐，就一定知道死的悲哀。坚守道义的人不能用利益去引诱他，拥有勇力的人不能用恐惧来胁迫他，就像对饥渴的人不能用空器皿来蒙骗他一样。人的欲望多了就会亏损道义，忧虑多了就会损害智慧，畏惧多了就会伤害勇气。傲慢无礼产生于小人身上，蛮夷之民生性如此；善良仁慈产生于君子身上，美好的品德可以与日月争辉，天下没有什么东西能遏止改变他们的志向。所以治国者喜欢能使国家长治久安的美德，亡国者喜爱的是导致国家灭亡的东西。金锡不熔化成液态，就不能灌注到模型里，君主的忧思不诚恳就不能规范百姓。君主的忧思不在百姓身上，就是切断了和百姓的联系。君主如果能返归到治国的根本上来，那么与百姓的联接纽带就牢固了。至德的人既具备小节又注重大节。齐桓公注重大节，却对小节考虑不周，晋文公对小节考虑周全，却在大节上有疏漏。所以晋文公对宫内的事务处理得很好，但与境外各国关系却处理不好；齐桓公内宫的事处理不好，但对本朝朝政却治理得很好。

水下流而广大，君下臣而聪明。君不与臣争功，而治道通矣。管夷吾、百里奚经而成之，齐桓、秦穆受而听之。照惑者以东为西，惑也，见日而寤矣。卫武侯①谓其臣曰："小子无谓我老而羸我，有过必谒之。"是武侯如弗羸之必得羸。故老而弗舍，通乎存亡之论者也。人无能作也，有能为也；有能为也，而无能成也。人之为，天成之。终身为善，非天不行；终身为不善，非天不亡。故善否，我也；祸福，非我也。故君子顺其在己者而已矣。性者，所受于天也；命者，所遭于时也。有其材，不遇其世，天也。太公何力？比干何罪？循性而行指，或害或利，求之有道，得之在命。故君子能为善，而不能必其得福；不忍为非，而未能必免其祸。君，根本也；臣，枝叶也。根本不美，枝叶茂者，未之闻也。有道之世，以人与国；无道之世，以国与人。尧王天下而忧不解，授舜而忧释。忧而守之，而乐与贤终，不私其利矣。

【注释】①卫武侯：春秋时卫君，在位五十三年。

【译文】水向低处流才能汇聚广阔的大海，君王如果能谦恭下问就会耳聪目明。君王不去争抢臣子分内之责，那么治国的道路就通畅了。管夷吾和百里奚为国家筹划并成就大事，是由于齐桓公和秦穆公能采纳他们的意见。夜晚在给迷路人指路时,把东说成西,说明指路人自己还没弄清楚方位,等到早晨见到太阳出来才醒悟过来。卫武侯年迈时对他的臣属们说:"你们这些年青人不要看我年老而认为我不中用了,我如果有什么过失请你们一定给我指出来。"这说明卫武侯虽然自己不服老,但大家普遍认为他已是年老体衰了,可见他虽然年老却不放弃修养自己的德行,可以称得上是通达存亡之道的人了。人没有能力创造什么,但却有能力去做力所能及的事情;有能力去做力所能及的事情,但不能保证最后一定可以成功。人的所作所为,能否成功要由天来决定。人一辈子行善事,若没有适宜的天时条件也是行不通的;人一辈子为非行恶,但没有适宜的天时条件也不会灭亡。所以行善行恶,是由自我决定的;但结果是福是祸,则不取决于自己。因此君子只是非常谨慎地对待自己力所能及的事情。人的禀性,是上天赋予的;人的命运,是由遇到的天时所决定的。有才能却生不逢时,这是天命。姜太公有什么力量?比干又有什么罪过?他们都遵循自己的禀性去实现自己的志向,一个获利,另一个却遇害。追求实现自己的志向是各有方法,而能否实现理想则在于天命。所以君子能力行善事,却不一定获得幸福;不忍心做坏事,也未必就能避免灾祸。君主是根本,群臣是枝叶。根本不健壮而枝叶却繁茂的,这是从来没听过的事。有道之世,君主选拔贤人交给国家;无道之世,君主把国家拿来送与他人。尧帝治理天下时无法排解忧虑,后来把国家禅让给舜,这才使忧虑消解。虽然忧虑重重,但尧仍能坚守君位,最后又乐于将君位禅让给贤人,始终不将天下利益据为己有。

凡万物有所施之,无小不可;为无所用之,碧瑜粪土也。人之情,于害之中争取小焉,于利之中争取大焉。故同味而嗜厚脯①

者，必其甘之者也；同师而超群者，必其乐之者也。弗甘弗乐，而能为表者，未之闻也。君子时则进，得之以义，何幸之有！不时则退，让之以义，何不幸之有！故伯夷饿死首阳之下，犹不自悔，弃其所贱，得其所贵也。福之萌也绵绵，祸之生也分分。祸福之始萌微，故民嫚之。唯圣人见其始而知其终。故传曰："鲁酒薄而邯郸围②，羊羹不斟而宋国危③。"明主之赏罚，非以为己也，以为国也。适于己而无功于国者，不施赏焉；逆于己便于国者，不加罚焉。故楚庄谓共雍④曰："有德者受吾爵禄，有功者受吾田宅。是二者，女无一焉，吾无以与女。"可谓不逾于理乎！其谢之也，犹未之莫与。周政至，殷政善，夏政行。行政善，善未必至也。至至⑤之人，不慕乎行，不惭乎善。含德履道，而上下相乐也，不知其所由然。有国者多矣，而齐桓、晋文独名；泰山之上有七十坛焉，而三王独道。君不求诸臣，臣不假之君，修近弥远，而后世称其大。不越邻而成章，而莫能至焉。故孝己⑥之礼可为也，而莫能夺之名也，必不得其所怀也。

【注释】①脾：切成块的肉。②"鲁酒薄"句：许慎注："鲁与赵俱朝楚，献酒于楚，鲁酒薄而赵酒厚，楚之主酒吏求酒于赵，不允。楚吏怒，以赵所献酒于楚王，易鲁薄酒，楚王以为赵酒薄而围邯郸。"比喻无端蒙祸或莫名其妙遭受牵累。③"羊羹"句：许慎注："宋将华元与郑战，杀羊食士，不及其御。及战，御驰马入郑军，华元以获也。"④共雍：楚臣。⑤至至：达到道的最高境地。⑥孝己：传说为殷高宗武丁之子，以孝行著称，因遭后母谗言，被放逐而死。后用作孝子的典范。

【译文】万物均有用处，没有什么东西是因为小而不能被利用；如果不懂得它的利用价值，那么碧玉也会成为粪土。人之常情，对于有害的事情力求少一些，而对有益的事情总是力图多一些。所以对于味道相同的肉食,人们总是喜欢吃肥厚大块的,一定是认为它的味道更好;同拜一个老师而超群的学生,一定是特别爱学习的。如果一个人不是心甘情愿地去做一件事,却能收到立竿见影的效果,这是从来没有听说过的事。君子处世,碰到好的时机就积极进取,凭着道义得到重用,这有什么值得庆幸的!世道不好时就隐退,退让避世也是符合道义,又有什么不幸可言呢!所以伯夷饿死在首阳山下,仍然不感到后悔,他抛弃了自认为鄙贱的行为,而保持了自认为珍贵的东西。幸福萌发时如游丝般细微,灾祸初发时也是相当微弱,如同尘埃。因为祸福萌发之时细微不明显,所以百姓对它们没有重视。只有圣人才能做到见微知著,预见事物的最终结局。所以《传》中记载到:"鲁国进献给楚王的酒没有赵国进献的酒醇厚,可赵国的邯郸城反被楚军围攻;华元宰羊犒劳军队,没有分给御手一份,结果被御手出卖,遭郑军擒捉最后导致了宋国的危难。"英明的君主实行赏罚,不是为了自己,而是为了国家利益。合乎自己的心意但对国家无功劳的人,便不给予赏赐;违背自己的心意但对国家有贡献的人,便不加惩罚。所以楚庄王对共雍说:"有德的人享受我赐封的爵禄,有功的人接受我赏赐的田宅。而这两者,你却没有一样符合,所以我没有办法赏赐你。"楚庄王的这些话可说道是不违背常理啊!楚庄王婉辞了共雍,未尝不是一种赏赐。周朝的政治达到了至道的标准,殷商的政治只能说还好,夏朝的政治只能说行得通。行得通的政治又未必能说好,好的政治未必达到至道的标准。具有至德水平的圣王,不满足于行得通的政治,也不会只限于问心无愧的好的政治,他是蕴怀着德而遵循着道,能使君民融洽愉快,而且臣民却不知这快乐的原因。拥有国的诸侯有很多,但只有齐桓公、晋文公出名;泰山上留有的古代七十二位帝王的祭坛,但其中只有三王为后人所称颂。君主不对臣子提出繁苛的要求,臣子也不假借君王之威,从自己身边的每件小事做起,便能产生深远的影响,而且后世的人也会称颂他的伟大。无需越过邻里之地便能彰显光明,很少有人能达到这种崇高的境界。所以孝己在被放逐中仍不失礼仪,一般人虽然也能做到这点,但却无法超过他的美名,必然是无法拥有像孝己这样的胸怀和境界。

义载乎宜之谓君子,宜遗乎义之谓小人。通智得而不劳,其次劳而不病,其下病而不劳。古人味而弗贪也,今人贪而弗味。歌之修其音也,音之不足于其美者也。金石丝竹,助而奏之,犹未足以至于极也。人能尊道行义,喜怒取予,欲如草之从风。召公①以桑蚕耕种之时,驰狱出拘,使百姓皆得反业修职;文王辞千里之地,而请去炮烙之刑。故圣人之举事也,进退不失时,若夏就絺綌,上车授绥②之谓也。老子学商容③,见舌而知守柔矣;列子学壶子,观景柱而知持后矣。故圣人不为物先,而常制之,其类若积薪樵,后者在上。人以义爱,以党群,以群强。是故德之所施者博,则威之所行者远;义之所加者浅,则武之所制者小矣。铎以声自毁,膏烛以明自铄,虎豹之文来射,猿狖之捷来措④。故子路以勇死,苌弘以智困。能以智知,而未能以智不知也。故行险者不得履绳,出林者不得直道,夜行瞑目而前其手,事有所至而明有所害。人能贯冥冥入于昭昭,可与言至矣。鹊巢知风之所起,獭穴知水之高下,晖目知晏⑤,阴谐⑥知雨,为是谓人智不如鸟兽,则不然。故通于一伎,察于一辞,可与曲说,未可与广应也。

【注释】①召公:姬姓,名奭,西周宗室、大臣,与周武王、周公旦同辈。②绥:古代指登车时手挽的索。③商容:商末殷纣王时期主掌礼乐的大臣,著名贤者。④措:刺杀。⑤晖目:鸩鸟的别名。晏:天青无云。⑥阴谐：鸟名，一说虫名。

【译文】充满大义且行为适宜的是君子，贪图私利而忘掉大义的是小人。具有大智慧的人有所得却不感到劳苦，次一等的人虽然劳苦但却不忧虑，最下等的是终日忧虑而又不愿意辛劳的人。古人懂得品味却不贪食，今人贪食而不懂品味。制作歌乐来修饰普通的声音，是因为普通的声音不够优美，难有教化之功，但是配上金、石、丝、竹等乐器协奏，还是不足以达到教化的最高境界。若能使人们尊道行义，那么要改变他们的喜怒、取予，就会像草随风倒一样容易了。召公在养蚕耕种的季节里放出狱中的罪犯，使百姓都能返回家园从事农业生产；周文王让出千里封地，请求纣王废除炮烙之刑。所以圣人处事，均能做到进退不失时机，这就如同夏天换穿葛衣，上车拉绳索一样顺理成章。老子向商容学习，商容张开嘴吐出舌，使老子从中领悟到"守柔"之道；列子向壶子学习，见到影柱后懂得了处后而不争的道理。所以圣人没处在万物之前，却常能控制万物，这有就像堆积柴薪，后放的总是压在先放的上面一样。人应该从道义出发去爱护他人，以美言善行去团结众人，依靠群体来获得强大的力量。所以若能广布德泽，威力就能遍及远方；如果道义浅薄，想用武力制服人的作用就很小了。吴国产的铃铎因为发音响亮而最终自我毁灭，蜡烛因为能照明而将自己熔化，虎豹因有美丽的皮毛而被射杀，猿猴因身形敏捷而被刺伤。所以子路因为骁勇而死，苌弘因为聪慧而被杀害。这些人都能依靠智能处事，却不能做到大智若愚。所以走在险道上的人是不能走如绳般笔直的路，穿过深山老林的人不可能走直道，夜间行走时眼睛看不清，只得伸出双手摸索着行进。事物各有其适宜之处，明目有时也未必有用处。人如果能通过黑暗而进入光明，就可以和他谈论最高的道了。鸟鹊筑巢时知道风从哪里吹来而选择合适的位置，水獭建穴时会根据水位的高低来决定，鸠鸟鸣叫将预报天要放晴，阴谐鸣唱将预报天要下雨，如果因为这些就说人的智慧不如鸟兽,那就不对了。因此,只是通晓一种技艺、只能分辨清楚只言片语,这样的人只能与他谈论局部浅显的道理,而要他们万事皆通,有问必答就不可能了。

宁戚击牛角而歌,桓公举以大政;雍门子以哭见孟尝君,涕流沾缨。歌哭,众人之所能为也;一发声,入人耳,感人心,情之至者也。故唐、虞之法可效也。其谕人心,不可及也。简公①以懦杀,子阳以猛劫,皆不得其道者也。故歌而不比于律者,其清浊一也;绳之外与绳之内,皆失直者也。纣为象箸而箕子叽②,鲁以偶人③葬而孔子叹。见所始则知所终。故水出于山,入于海;稼生乎野,而藏乎仓。圣人见其所生,则知其所归矣。

【注释】①简公:齐国国君,齐悼公之子,被田恒的追兵杀死。②象箸:象牙制成的筷子。叽:悲叹。③偶人:一种制成人形的雕像或塑像。

【译文】宁戚敲击牛角唱起悲歌,感动了齐桓公,齐桓公任命他为大田官;雍门子以哀歌求见孟尝君,孟尝君感动地流下眼泪以至打湿了帽带。悲歌痛哭,对一般人来说都能做到;但一发悲声就能入人耳,动人心,那就要精诚所至才行。所以唐尧、虞舜的治国之法是可以仿效的,但他们用精诚之情感化人心的效果是常人不可企及的。齐简公因为生性懦弱而被杀害,子阳因为施行厉政而遭劫难,这些都是因为他们不懂真正的治国之道。所以唱歌如果不合音律,就会变得清浊不分;墨绳无论画在里面还是外面,都不能取直。纣王用象牙筷子进食,箕子因此哀叹不已,预感到国家将要迎来灭亡之日;鲁国用偶人殉葬,孔子为此心痛叹息。圣人看到事情的开端就能预见结局。因此,水从山上流出,必定要注入大海;庄稼长在田野,最终会收入粮仓。圣人看到事物生于何处,就知道它最终将归向何方。

水浊者^①鱼噞（yǎn），令苛者民乱，城峭者必崩，岸崝（zhēng）者必陀^②。故商鞅立法而支解，吴起^③刻削而车裂。治国譬若张瑟，大弦絚（gēng）^④，则小弦绝矣。故急辔数策者，非千里之御也。有声之声，不过百里；无声之声，施于四海。是故禄过其功者损，名过其实者蔽。情行合而名副之，祸福不虚至矣。身有丑梦，不胜正行；国有妖祥^⑤，不胜善政。是故前有轩冕^⑥之赏，不可以无功取也；后有斧钺（yuè）之禁，不可以无罪蒙也。素修正者，弗离道也。君子不谓小善不足为也而舍之，小善积而为大善；不谓小不善为无伤也而为之，小不善积而为大不善。是故积羽沈舟，群轻折轴^⑦。故君子禁于微。壹快不足以成善，积快而为德；壹恨不足以成非，积恨而成怨。故三代之善，千岁之积誉也；桀、纣之谤，千岁之积毁也。

【注释】①者：则。后面三句中的"者"字用法相同。②崝：古同"峥"，高峻。陀：崩塌。③吴起：战国初期军事家、政治家、改革家，兵家代表人物。在楚国时，辅佐楚悼王主持变法。周安王二十一年（公元前381年），因变法得罪守旧贵族，惨遭杀害。④絚：王念孙认为应为"緪"，紧。⑤妖祥：显示灾异的凶兆。⑥轩冕：古代卿大夫的车服。后借指官位爵禄或显贵的人。⑦群轻折轴：分量轻的东西积多了，能压断车轴。比喻小问题太多，也会酿成大的灾祸。

【译文】水若混浊，鱼儿就会露出水面喘气，法令苛繁百姓就会发生变乱，城墙高耸必会崩塌，堤岸高峻必会塌落。所以商鞅制定严苛的法令而自己终被肢解，吴起施行残酷的法令终遭车裂。治理国家就好比调瑟，如果大弦绷得太紧，小弦就会断绝。所以一味勒紧缰绳不断挥动鞭子的人，不是一个能驾驭千里马的好御手。能够听得见的声音，传播范围不过百里；而听不到的声音，却可以传遍四海。因此，得到的俸禄远远超过贡献，这样的人就会受损。名过其实的人定会受到蒙蔽。如果贡献和品德与实际相符，再加上与之相适的名誉，祸患就不会无缘无故降临到他的头上。一个人即使噩梦缠身，也不能胜过他正直的品行；一个国家出现凶兆，也不能抵过它美好的政治。因此，前面即使有高官厚禄的赏赐，也不可以无功而获；后面即使有严刑峻法的禁止，也不可能因无罪而蒙受诛罚。平时修身养性保持正直纯洁的品德，就不会偏离大道。君子不认为小的善事不值得做就舍弃它，因为他知道小善累积起来就会成为大善；也不认为小的坏事没有什么损害就去做，因为他知道小恶累积起来就会成为大恶。所以说羽毛堆积到一定程度也能将船压沉，很多轻东西放在车上也能将车轴压断。所以，君子是绝对禁止自己做任何微小的坏事的。做一件令人愉悦的好事不足以形成美德，好事积累多了就能形成高尚的品德；做一件令人悔恨的坏事不足以酿成大错，坏事做多了就会罪孽深重。因此夏禹、商汤、周文王、周武王的德政，是千秋万代的称颂积累而成；夏桀、殷纣王的暴政，是千年万世的唾骂指责而成。

天有四时，人有四用。何谓四用？视而形之，莫明于目；听而精之，莫聪于耳；重而闭之，莫固于口；含而藏之，莫深于心。目见其形，耳听其声，口言其诚，而心致之精，则万物之化咸有极矣。地以德广，君以德尊，上也；地以义广，君以义尊，次也；地以强广，君以强尊，下也。故粹者王，驳①者霸，无一焉者亡。昔二皇凤皇至于庭，三代至乎门，周室至乎泽。德弥粗，所至弥远；德弥精，所至弥近。君子诚仁，施亦仁，不施亦仁；小人诚不仁，施亦不仁，不施亦不仁。善之由我，与其由人若，仁德之盛者也，故情胜欲者昌,欲胜情者亡。欲知天道,察其数②;欲知地道,物其树;欲知人道,从其欲。勿惊勿骇,万物将自理;勿挠勿撄③,万物将自清。

【注释】①驳:杂。②数:律历之数。③撄:纠缠。

【译文】上天有春夏秋冬四个季节,人有眼耳口心四种有用的器官。何谓四种有用的器官呢?睹物见形,没有什么能像眼睛那样明察秋毫;听声辨音,没有什么能像耳朵那样听得精细;紧闭不言,没有什么能像嘴巴那样闭守牢靠;深藏不露,没有什么能像心那样高深莫测。眼睛能看清事物的形状,耳朵能听清万物的声响,嘴巴能描述事物的真实,心灵能聚集万物的精华,那么万物的变化,便在掌握之中了。国家的领土是靠德政来扩展的,君主是靠德行得到尊重的,这是上等的治国之道;国家的领土是靠义来扩展的,君主是靠义得到尊重的,这是次一等的治国之道;国家的领土是靠武力强权来扩张的,君主是靠武力强权得到尊重的,这是下等的治国之道。所以,治国之道纯粹的,就可以为王;治国之道驳杂的,就可以称霸;任何方面都不具备的,就只能灭亡了。过去伏羲、神农两位圣王治理天下时,凤凰飞临皇室的庭院;夏禹、商汤、周文王治理天下时,凤凰飞临皇室门口;周朝统治时,凤凰飞落到郊外的湖泽中。君主的德行越粗疏,凤凰飞临的地方越远;君主的德行越精粹,凤凰飞临的地方越近。君子内心充满仁爱,施与仁政时是仁爱的,就是没有施行仁政时也是仁爱的;小人内心根本不具备仁爱,即使施予小恩小惠也是不仁爱的,如果连小恩小惠都不施予就更不仁爱了。君子的善德在自己身上,如同在他人身上一样,他的善德随时影响到他人,这是仁德盛大的人。所以,以高尚的情操战胜私欲的人,可以使国家昌盛;私欲战胜高尚情操的人,将使国家灭亡。要想懂得天道,就要观察律历的变化规律;要想懂得地道,就要观察大地上物类的生长情况;要想知道人道,就要考察人们不同的欲望。不必惊慌也不用恐惧,万物会自然生息;不去打扰也不要纠缠,万物自会清静安宁。

察一曲①者,不可与言化;审一时者,不可与言大。日不知夜,月不知昼,日月为明而弗能兼也,唯天地能函之。能包天地,曰唯无形者也。骄溢之君无忠臣,口慧②之人无必信;交拱③之木,无把之枝;寻常之沟,无吞舟之鱼。根浅则末短,本伤则枝枯。福生于无为,患生于多欲,害生于弗备,秽生于弗耨(nòu)④。圣人为善若恐不及,备祸若恐不免。蒙尘而欲毋眯,涉水而欲无濡,不可得也。是故知己者不怨人,知命者不怨天。福由己发,祸由己生。

【注释】①一曲:一隅、一端。②口慧:同"口惠",口头上答应给人好处,却并不兑现。③交拱:缠绕,环绕。④秽:杂草,荒草。耨:除草。

【译文】观察事物时,只看到一角一隅的人,不能和他探讨万物的变化;只关注一段短暂时间的人,不能和他谈论天地之大。就像太阳不知道黑夜,月亮不知道白天;日月同辉,二者不可兼顾,只有天地才能包容它们。而能包裹天地的,说来只能是那无形的道了。骄横自满的君主不会有忠臣,空口许诺却不践行的人没有信用;缠绕而生的树木,长不出一握粗的枝干;寻常的小水沟里,不会生有可以吞舟的大鱼。根浅的树木,枝干就短;树根受伤,枝叶就会枯萎。福气来自于无为,祸患产生于多欲,灾害来自于不加防备,荒草是因为不勤于耕耘。圣人为善唯恐赶不及,防备祸患唯恐避不开。灰尘蒙脸而不想眯眼,涉水过河却不想打湿衣物,这是不可能的事。所以,有自知之明的人不埋怨别人,知天命者,不怨天。福气由自己创造,灾祸由自己产生。

圣人不求誉，不辟诽，正身直行，众邪自息。今释正而追曲，倍是而从众，是与俗俪①走，而内无绳，故圣人反己而弗由也。道之有篇章形埒者，非至者也。尝之而无味，视之而无形，不可传于人。大戟②去水，亭历③愈张，用之不节，乃反为病。物多类之而非，唯圣人知其微。善御者不忘其马，善射者不忘其弩，善为人上者不忘其下。诚能爱而利之，天下可从也。弗爱弗利，亲子叛父。天下有至贵而非势位也，有至富而非金玉也，有至寿而非千岁也。原心反性，则贵矣；适情知足，则富矣；明死生之分，则寿矣。言无常是，行无常宜者，小人也；察于一事，通于一伎者，中人也；兼覆盖而并有之，度伎能而裁使之者，圣人也。

【注释】①俪：并，并列。②大戟：草本植物，有毒，根可入药。③亭历：又写作"葶苈"，草木植物，籽味苦，可入药。原心：使心回归本原。

【译文】圣人不追求赞誉，也不逃避非议和诽谤，他立身正道，所以各种奸邪自然平息。如果抛弃正道而追求邪路，背离真理而随波逐流，就是与世俗同流合污，内心缺少了行动的准则，所以圣人是返朴归真而不随俗同流的。道如果加上篇章内容并显出形迹，就不是纯粹的道。最纯粹的道，品尝起来清淡无味，看上去没有形体，并且不能将其传授给他人。大戟可以消除腹中积水，亭历可以消除肿胀，如果不加节制地使用，反而会使病情加重。万物中有很多东西看上去表面相似而实际却大不相同，只有圣人才能分辨出其中的细微差别。善于驾车的人不会忘记他的马，善于射箭的人不会忘记他的弓弩，善于为人君者不会忘记他的臣民。诚心诚意地爱护臣民，并且为他们谋取利益,那么天下人都会归顺追随。如果既不能爱护臣民又不能为他们带来利益,即使是亲生儿子也会背叛他的父亲。天底下有最为珍贵的东西,但却不是权势和地位;有最大的财富,但却不是金玉;有最长的寿命,但却不是活到千岁。使心回归本原、返归天性,就是最珍贵的;懂得适情知足,就是最富有的;明了生死之别,就是最长寿的。说话常出错,做事总不妥,这就是小人;能明察一件事情,精通某种技艺,这是中等人;恩泽广覆、无所遗漏而拥有一切美德,能度量人的技能然后加以任用,这就是圣人了。

卷十一　齐俗训

【题解】"齐俗",东汉许慎注曰:"齐,一也。四宇之风,世之众理,皆混其俗,令为一道也。"不同时代、国家、地域、民族都有不同的礼俗,但任何礼俗都由一定的客观环境所决定,因此"世异则事变,时移则俗易",所以"圣人论世而立法,随时而举事"。只有制定礼法时因时因地制宜,不妨害人的天性,才能让天下人"体道返性",这样纯朴的风俗便会形成,天下便能大治。

率性①而行谓之道,得其天性谓之德。性失然后贵仁,道失然后贵义。是故仁义立而道德迁矣,礼乐饰则纯朴散矣,是非形则百姓眩矣,珠玉尊则天下争矣。凡此四者,衰世之造也,末世之用也。

【注释】①率性:顺着本性。
【译文】遵循着天性行事叫作道,得到天性叫作德。失去天性才重视仁,丧失大道才重视义。所以仁义建立,道德也就离散了;礼乐兴起,诚实朴素也就消失了;是非形成,百姓们也就迷乱了;重视珠宝,天下人也就开始互相争夺了。所以仁义、礼乐、是非、珠玉这四者的产生,是衰落的世道制造出的,是末世所用的东西。

夫礼者,所以别尊卑,异贵贱;义者,所以合君臣、父子、兄弟、夫妻、朋友之际也。今世之为礼者,恭敬而忮(zhì)①;为义者,布施而德。君臣以相非,骨肉以生怨,则失礼义之本也。故构而多责。夫水积则生相食之鱼,土积则生自穴②之兽,礼义饰则生伪匿之本。夫吹灰而欲无眯,涉水而欲无濡(rú)③,不可得也。

【注释】①忮:嫉妒;忌恨。②穴:当为宍,古同"肉"。③濡:沾湿,润泽。

【译文】礼,是区别尊卑、贵贱的;义,是协调君臣、父子、兄弟、夫妻、朋友之间关系的。当今推行礼的人,表面恭敬而内心嫉恨;讲义的人,施予恩德却希望得到回报。君与臣之间互相责难,亲人之间互生怨恨,这就失去了原本提倡礼和义的根本,所以使人结怨而多责难。所以水积聚起来就会产生互相吞食的大鱼,土堆积成山就会产生互相食肉的猛兽,礼和义的制定和施行就会产生虚伪奸诈之人。如果风吹起灰尘却不想眯起眼来,步行过河却不想被沾湿衣服,这是不可能的。

古者,民童蒙不知东西,貌不羡乎情,而言不溢乎行。其衣致暖而无文,其兵戈铢(zhū)①而无刃,其歌乐而无转,其哭哀而无声。凿井而饮,耕田而食。无所施其美,亦不求得。亲戚不相毁誉,朋友不相怨德。及至礼义之生,货财之贵,而诈伪萌兴,非誉相纷,怨德并行。于是乃有曾参、孝己之美,而生盗跖

(zhí)、庄蹻(qiāo)之邪。故有大路龙旂②,羽盖垂緌(ruí)③,结驷连骑,则必有穿窬(yú)拊楗④,抽箕逾备⑤之奸;有诡文繁绣,弱緆(xī)罗纨⑥,必有菅蒯(juē)跐䟡(cī jī)⑦,短褐⑧不完者。故高下之相倾也,短修之相形也,亦明矣。

【注释】①铢:钝,不锋利。②大路:天子乘坐的车驾。龙旂:画有两龙蟠结的旗帜。天子仪仗之一。③緌:似缨饰的下垂物。④穿窬:指翻墙头或钻墙洞的盗窃行为,亦指进行这种行为的窃贼。拊楗:亦作"拊键",击断门户的插闩,这里指入内偷盗。⑤逾备:跳越后墙。⑥弱緆:亦作"弱析",细布名。罗纨:泛指精美的丝织品。⑦菅蒯:以菅所编的草鞋,居丧者所用。跐䟡:参差不齐,意谓不配对。⑧短褐:古时穷苦人所穿的粗布袄。

【译文】古时候人们愚昧无知不知道"东南西北",面貌憨厚淳朴没有虚伪的表情,言词诚实不超过自己的行事。他们衣着朴素只求保暖而没有花纹,他们的兵器不锋利而没有刀刃,他们的歌声欢乐而不需婉转修饰,他们的哭泣只是为了表达哀伤无需故意放声。挖井喝水,耕耘田地而食。大家无需互相馈赠美物来增进感情,也不想从别人那里得到回报。亲戚间不互相诋毁或赞誉,朋友间不互相埋怨或感激。但到了礼义产生时,财货变得贵重起来,欺诈伪善的行为萌生,诋毁和赞誉纷纷兴起,怨恨和感激结伴而行,于是有了曾参和孝己的"美德",又产生了盗跖、庄蹻的"邪恶"。路上就出现了绣有龙的旌旗、垂着缨伞盖的大车和四马并驾齐驱的马车,那必定会有翻越墙壁、撬门入室、盗墓翻墙的偷窃行为发生;有穿奇异繁多的花纹的衣服和穿精美的细布丝织品的人,也有穿草鞋不整、衣冠破烂不堪的人。这就是我们平时说的高低长短互相依存的道理,这是很明白的。

夫虾蟆为鹑,水虿(chài)①为螣蟊(máo wáng)②,皆生非其类,唯圣人知其化。夫胡人见麖(fén)③,不知其可以为布也;越人见毳(cuì)④,不知其可以为旃(zhān)⑤也。故不通于物者,难与言化。

【注释】①水虿:蜻蜓的幼虫,生活在水中。②螣蟊:蜻蜓。③麖:粗麻布。④毳:鸟兽的细毛。⑤旃:通"毡",毛织品。

【译文】所以虾蟆变成了鹌鹑,水虿变成了蜻蜓,这些都是不同种类之间的变化。也只有圣人知道它们变化的道理。所以胡人看到粗麻布,不知道用它可以织布;越人见到鸟兽的细毛,不知道用它可以制作毛毡。所以不通晓万物的人,就很难和他谈论变化。

昔太公望、周公旦受封而相见。太公问周公曰:"何以治鲁?"周公曰:"尊尊亲亲①。"太公曰:"鲁从此弱矣。"周公问太公曰:"何以治齐?"太公曰:"举贤而上功。"周公曰:"后世必有劫杀之君。"其后,齐日以大,至于霸,二十四世而田氏代之。鲁日以削,至三十二世而亡。故《易》曰:"履霜,坚冰至。"圣人之见,终始微言。故糟丘②生乎象箸,炮烙生乎热斗。

【注释】①尊尊亲亲:尊重应该尊重的人,亲近应该亲近的人。②糟丘:积糟成丘。极言酿酒之多,沉湎之甚。

【译文】以前姜太公吕望、周公姬旦受到封赏后在宫廷见面,姜太公问周公说:"你打算怎样来治理鲁国?"周公回答说:"尊重应该尊重的人,亲近应该亲近的人。"太公说:"鲁国从这之后就要衰弱了。"周公问太公说:"那你又打算怎样来治理齐国呢?"太公说:"我要推举贤士,崇尚功德。"周公说:"齐国的后代一定有杀害君主争夺权力的人。"从那以后,齐国一天天强大起来,一直到了齐桓公称霸诸侯,果然传到第二十四代时,国政被田氏篡夺取代;而鲁国一天天被削弱,一直到第三十二代亡国。所以《易经》上说:"站在深秋的薄霜里,就知道结冰的寒冬就快到来了。圣人能从开始的细微变化预知事物发展的结局。所以,积糟成丘产生于象牙筷子,炮烙之刑产生于滚烫的熨斗。

子路撜(zhěng)溺①,而受牛谢。孔子曰:"鲁国必好救人于患。"子赣②赎人,而不受金于府,孔子曰:"鲁国不复赎人矣。"子路受而劝德,子赣让而止善。孔子之明,以小知大,以近知远,通于论者也。

【注释】①撜溺:救助溺水者。撜,古同"拯",拯救。②子赣:即孔子弟子子贡。

【译文】子路救起落水的人而接受主人答谢的牛,孔子说:"鲁国一定会兴起在患难中相助的好风气。"子赣用钱财赎回奴隶,却不接受官府的钱财,孔子说:"鲁国再也不会有自己掏钱财来赎救人的事了。"子路接受谢礼而劝勉人们修养善德,子赣推辞赏钱却阻止了人们行善。孔子之所以睿智,就是能由小及大,由近及远,在这个意义上说,孔子真是一位通晓大道的圣人。

由此观之,廉有所在,而不可公行也。故行齐于俗,可随也;事周于能,易为也。矜伪①以惑世,伉行②以违众,圣人不以为民俗。

广厦阔屋,连闼(tà)③通房,人之所安也,鸟入之而忧;高山险阻,深林丛薄,虎豹之所乐也,人入之而畏;川谷通原,积水重泉,鼋鼍(yuán tuó)④之所便也,人入之而死;《咸池》《承云》《九韶》《六英》⑤,人之所乐也,鸟兽闻之而惊;深溪峭岸,峻木寻枝,猨狖(yòu)⑥之所乐也,人上之而栗。

【注释】①矜伪:炫耀假象。②伉行:高尚的操行。③闼:小门。④鼋鼍:指大鳖和猪婆龙(扬子鳄)。⑤《咸池》:相传为尧乐。一说为黄帝之乐,尧增修沿用。《承云》:传说为黄帝时期的乐曲,一说为颛顼的乐曲。《九韶》:周朝雅乐之一,简称《韶》。为舜时的所作,另一说为喾时所作。《六英》:传为帝喾或颛顼之乐。⑥猨狖:泛指猿猴。

【译文】由此看来,廉洁也有它适用的范围,而不能不分场合的推行。如果行为合乎习俗,人们就可以追随它。同样,能力与行为更契合,这样办起事来可以更容易些。如果装出一副矜持、伪善的面孔来欺骗世人,行为上又自视高尚却违背众愿,圣人不认为能以此作为习俗。

高大开阔的房屋,门门相连,房房相通,这是人们安心的住所,但鸟儿飞入以后,就会感到忧虑不安;高山、险路、茂林、杂草,这是虎和豹所喜爱的地方,但人走入以后,就会产生畏惧;河川深谷、深潭瀑布,这是鼋鼍自由翔游的地方,但人一旦跌入其中就会被淹死;《咸池》《承云》《九韶》《六英》,这是人人所喜爱的,但鸟兽听到就会受到惊吓逃跑;深谷陡峭的水岸、峻拔的大树、长长的树枝,这是猿猴喜欢的地方,但人攀爬上去就会心惊胆战。

形殊性诡,所以为乐者,乃所以为哀;所以为安者,乃所以为危也。乃至天地之所覆载,日月之所照㠯(jì)①,使各便其性,安其居,处其宜,为其能。故愚者有所修,智者有所不足。柱不可以摘齿,筐②不可以持屋,马不可以服重,牛不可以追速,铅不可以为刀,铜不可以为弩,铁不可以为舟,木不可以为釜。各用之于其所适,施之于其所宜,即万物一齐,而无由相过。夫明镜便于照形,其于以函食,不如箪③;牺牛④粹毛,宜于庙牲,其于以致雨,不若黑蜧(lì)⑤。由此观之,物无贵贱。因其所贵而贵之,物无不贵也;因其所贱而贱之,物无不贱也。

【注释】①照晛:指照耀。②筐:高诱注:"筐,小簪也。"③箪:古代盛饭的圆竹器。④牺牛:古代称做祭品用的纯色牲畜。⑤黑蜧:传说中的神蛇。

【译文】这正是形不同天性不同,人类引以为快乐的,鸟兽则认为是悲哀的,鸟兽以为是安全的,人类则认为是危险的。好在上天覆盖、大地承载、日月普照,才使万物有各自的本性、各安其居、各处其宜、各为其能。所以,愚钝的人也有他的长处,睿智的人也有他的不足。木头柱子是不可以用来剔牙的,发簪是不可以用来支撑房屋的。马是不适宜驮物的,牛是难以提高速度的,铅不能用来铸刀具,铜不能用来制弓弩,铁不能用来造船只,木头不能用来制锅。这正好说明事物各有它所适合的特性,只有将它们放在适宜的地方,才能发挥它们的作用,而从它们的作用上看,它们又是一致的。所以对物不能说长道短、厚此薄彼。明镜方便照人的形体,但将它放在瓦器里来蒸食物,效果就不如箪;牺牛毛色纯一,适合用来作为祭祀的牺牲,但用它来求雨,就不如神蛇了。由此看来,事物无所谓高贵低贱,如果从它们可贵的一点来断定它们的贵重,那么就没有什么东西不是贵重的;如果凭借它们的无用性来判断它们的低贱,那么就没有什么不是低贱的。

夫玉璞不厌厚,角䚡(jiǎo)①不厌薄,漆不厌黑,粉不厌白。此四者相反也,所急则均,其用一也。今之裘与蓑,孰急?见雨则裘不用，升堂则蓑不御，此代为常者也。譬若舟、车、楯、肆、穷庐②，故有所宜也。故《老子》曰"不上贤"者，言不致鱼于木，沉鸟于渊。

【注释】①角觿：刀剑鞘外的角质装饰。②楯：通"輴"，古代行泥泞道路的一种交通工具。肆：沙中乘行的一种运输工具。穷庐：古代游牧民族住的毡帐。

【译文】对于璞玉，人们不嫌它厚；对于角觿，人们不嫌它薄；对于漆，人们不会嫌它黑；对于粉，人们不会嫌它白。这四样东西，人们对它们的要求完全相反，但当人们急需用到它们时，从它们的作用来说又是一样的。这就好比裘衣和蓑衣，对人来说哪一件更急需？这要视情况而定，下雨了用不上裘衣，一进房屋就用不到蓑衣。这是因为特殊的环境决定了它们的使用。这也就像在海上航行用船、在陆地上行走用车、穿过泥泞的地方用輴、过沙地用肆、草地居住用毡帐，因此各种环境都有自己适宜的工具。所以《老子》说："不要崇尚有贤能的人。"说的是不要将鱼赶到树木上、不要把鸟沉到深渊里。

故尧之治天下也，舜为司徒，契为司马，禹为司空，后稷为大田师①，奚仲为工②。其导万民也，水处者渔，山处者木，谷处者牧，陆处者农。地宜其事，事宜其械，械宜其用，用宜其人，泽皋③织网，陵阪④耕田，得以所有易所无，以所工易所拙。是故离叛者寡，而听从者众。譬若播棋丸于地，员者走泽，方者处高，各从其所安，夫有何上下焉？若风之遇箫⑤，忽然感之，各以清浊应矣。

【注释】①大田师:田官之长。师当在"工"字后。②奚仲:东夷薛国人(今山东省滕州市),夏朝时期工匠。相传其发明了两轮马车。工:即工师,掌管百工及手工业之官。上受司空领导,下为百工之长。③泽皋:沼泽。④陵阪:山坡。⑤箫:即排箫,许多管子排在一起制成。

【译文】所以尧帝治理天下时,任命舜为司徒,主管教化;任命契为司马,主管军务;任命禹为司空,主管工程建筑;任命后稷为大田,主管农业;任命奚仲为工师,掌管百工。他们引导万民的方法,让住水边的人从事渔业,让住山林的人从事林业,让住川谷的人从事牧业,让住平原的人从事农业。各种地域均有适合它的行业,各种行业又有适合它的机械工具,各种器物工具又均有它的适当用途,各种用途又有适合使用器械的人。湖泽地区的人编织鱼网,捕鱼捉虾;住在山坡的人耕种田地,种植农作物。这样就能用自己拥有的物品去换回自己没有的物品,用自己善于制作的物品去换自己不会制作的物品。因此,叛离的人少而听从的人多。这就像将棋子撒在地上,圆形的会滚入低洼处,方形的停留在高处,它们各自有了自己适宜的归宿,在这个意义上说,它们有什么高低贵贱之分呢?如同疾风吹过箫管,忽然受到振动,使长短不一的竹管发出清浊不同的乐音。

夫猿狖得茂木,不舍而穴,狟狢①得埵(duǒ)防②,弗去而缘。物莫避其所利,而就其所害。是故邻国相望,鸡狗之音相闻,而足迹不接诸侯之境,车轨不结千里之外者,皆各得其所安。

【注释】①狟:古同"貆",本意为幼小的貉或豪猪。狢:古同"貉",外形像狐,穴居河谷、山边和田野间,杂食鱼、鼠、蛙、虾、蟹和野果、杂草等。②埵防:堤防。

【译文】猿猴得到茂密的树林,就不愿舍弃而打洞居住,豪猪与貉得到了在堤防上挖的洞穴，就不愿意离开再去攀援树木建窝。万物都不会避开对自己有利的，而去靠近对自己有害的。所以会出现国与国之间互相张望，鸡犬之声互相听见，足迹无须踏进诸侯国家的边界，车辆不必连接到千里之外，都各自按照自己的本性舒适的生活。

故乱国若盛，治国若虚，亡国若不足，存国若有馀。虚者，非无人也，皆守其职也；盛者，非多人也，皆徵于末也；有馀者，非多财也，欲节事寡也；不足者，非无货也，民躁而费多也。故先王之法籍，非所作也，其所因也。其禁诛，非所为也，其所守也。

【译文】所以混乱的国家好像很兴盛，政治安宁的国家好像很空虚，将要灭亡的国家总感到不足，能长存的国家总觉得有剩余。空虚，并不是没有人烟，而是人们都在各自遵守着他们的本职；兴盛，并不是人口众多，而是人们都能离开本业去追求末业；觉得有余，并不是财物特别多，而是人们的欲望有节制，浪费的事也很少发生；感到不足，并不是说国家财物匮乏，而是人们贪婪多欲且无法控制浪费的事情发生。所以先王制定的法典，并不是他们凭主观创作出来的，而是他们遵循事物的规律制定出来的；他们制定禁止、惩罚的措施，也不是任意编造的，而是在严格遵守客观实际下制定的。

凡以物治物者不以物，以睦；治睦者不以睦，以人；治人者不以人，以君；治君者不以君，以欲；治欲者不以欲，以性；治性者不于性，以德；治德者不以德，以道。原人之性，芜濊（huì）① 不得清明者，物或堁（kè）之也。

羌、氐、僰(bó)、翟②,婴儿生皆同声,及其长也,虽重象狄鞮(tí)③,不能通其言,教俗殊也。今三月婴儿,生而徙国,则不能知其故俗。由此观之,衣服礼俗者,非人之性也,所受于外也。

【注释】①芜薉:污浊,污秽。薉,通"秽"。②羌:古代西部的民族。氐:古代的一个少数民族,居住在今西北一带。僰:古代西南地区少数民族名。翟:古同"狄",古代北方少数民族。③象、狄鞮:古代翻译西方民族语言的人。狄鞮,即狄鞮。

【译文】凡是万物的生存发展,不在于万物本身,而取决于土地;治理土地,又不在于土地本身,而取决于人;治理人本身不在于人,而在于君王;治理君王本身不在君王,而在于抵御欲念,而摒弃欲念不在于消极地压制欲念,是在于对性情的修养;修养性情不局限于性情本身,而是想达到"德"的境界;达到"德"的境地还不是最高的境界,能与道融合才是最高的境界。追究人性的发展变化,可以知道,人性变得杂乱污浊而不清净洁明,是受到外界灰尘的污蒙。

羌、氐、僰、翟等少数民族,他们生下来的婴儿哭声相同,但等到他们长大以后,虽然用象、狄鞮来翻译,也不能彼此沟通,这是由于他们从小受的教育和习俗不同。现在把三个月大的婴儿送到其他国家,那么等他们长大以后就不知道原来的习俗了。由此看来,衣饰、礼仪、风俗,不是人生而就有的,而是受到外界的影响后形成的。

夫竹之性浮,残以为牒(dié)①,束而投之水则沉,失其体也。金之性沉,托之于舟上则浮,势有所支也。夫素之质白,染之以涅^②则黑；缣（jiān）^③之性黄，染之以丹则赤。人之性无邪，久湛于俗则易，易而忘本，合于若性。故日月欲明，浮云盖之，河水欲清，沙石濊（huì）之。人性欲平，嗜欲害之，惟圣人能遗物而反己。

【注释】①牒：简札。②涅：可做黑色染料的矾石。③缣：双丝的细绢。

【译文】竹子的特性是能浮于水面，一旦被砍削成竹简，捆成一束扔入水中就会沉没，这是因为竹子失去了本身的特性。金属的特性是入水便会下沉，但将它们放在船上，有船依托就会飘浮在水面上，这是因为金属有了船的依撑。原本洁白的绢绸，用涅石染过会变黑，原本黄色的绢绸，用朱砂一染就变成红色。人的本性本来天真无邪，但长期处于坏的习俗中就会被传染而改变，一旦改变就会忘掉原来的本性，反而能和他周围的人群合拍了。所以说，日月总是想发光，但浮云遮盖了它；河水原本是清澈的，但泥沙搅浑了它；人的天性本是平和的，但嗜好与欲望却扰乱了它。只有圣人能抛开身外之物的诱惑而回归到自己的本性上。

夫乘舟而惑者，不知东西，见斗极^①则寤（wù）^②矣。夫性，亦人之斗极也。有以自见也，则不失物之情；无以自见，则动而惑营^③。譬若陇西^④之游，愈躁愈沉。孔子谓颜回曰："吾服汝也忘，而汝服于我也亦忘。虽然，汝虽忘乎，吾犹有不忘者存。"孔子知其本也。

【注释】①斗极：指北斗星和北极星。②寤：古同"悟"，理解，明白。③惑营：指迷惑。④陇西：在今甘肃天水以西。

【译文】乘船夜航而迷失了方向,分辨不清东西南北,在看到了北斗星和北极星后才醒悟了。人平和淡泊的本性,就像人心中的北斗星和北极星。能够发现自己平和、淡泊的本性,就不会丧失对事物常理的了解;不能发现自己平和淡泊的本性,就会被外物所迷惑。就好像周游陇西,心情越烦躁,脚步就越沉重。孔子对颜回说:"我以前的那些言行,你可以忘掉;你向我学到的那些言行,我也要忘掉。即便如此,你忘掉以前的我,我还有新的精神存在着呢!"这说明孔子是一个懂得回归根本之"道"的人。

夫纵欲而失性,动未尝正也,以治身则危,以治国则乱,以入军则破。是故不闻道者,无以反性。故古之圣王,能得诸己,故令行禁止,名传后世,德施四海。是故凡将举事,必先平意清神;神清①意平,物乃可正。若玺之抑埴②,正与之正,倾与之倾。故尧之举舜也,决之于目;桓公之取宁(nìng)戚也,断之于耳而已矣。为是释术数③而任耳目,其乱必甚矣。

【注释】①神清:心神清朗。②埴:细腻的黄黏土。③术数:以研究阴阳五行生克变化的道理,来推测人事吉凶的方法。

【译文】如果放纵自己的贪欲而丧失了本性,行为举止就不会正确。用这种贪欲来修养身心就更危险了,用这种贪欲来治国会使国家混乱,用这种贪欲来治理军队就会使军队失败。所以不明白"道"的人,是没办法返回本性的。所以古代的圣王,能持守道的本性,因此能够做到有令必行,有禁必止,名声传遍后世,恩惠德泽布施天下。所以办事处事,一定要意气平和。只有平心静气才能处事正确,这就好像用玉玺按印泥一样,按的端正了,留下的图形就是端正的,按的歪了,留下的图形就是歪斜的。所以,尧举荐舜,取决于自己的眼睛，齐桓公任用宁戚，取决于自己的耳朵罢了。如果仅从上述两件事中就得出可以放弃术数，仅凭耳朵和眼睛就能判断事物的是非对错，那么就会出大乱子的。

夫耳目之可以断也，反情性也；听失于诽誉，而目淫于采色，而欲得事正，则难矣。夫载哀者闻歌声而泣，载乐者见哭者而笑。哀可乐者，笑可哀者，载使然也。是故贵虚。

【译文】所以凭借耳朵和眼睛对事物作出判断，是违反了自己的本性。如果听觉被诬蔑和赞誉迷惑，眼睛沉浸于五颜六色的环境中，却还想着将事情办好，这是很难做到的。所以内心充满哀怨的人，听到歌声也会哭泣；而内心充满喜悦的人，即使看到别人哭泣也会发笑。面对欢歌仍然悲伤，看到痛哭还是高兴，这是因为内心的感情使人变成了这个样子。所以可以看出保持虚静平和的心态是多么可贵啊！

故水击则波兴，气乱则智昏①；智昏不可以为政，波水不可以为平。故圣王执一而勿失，万物之情既矣，四夷九州岛服矣。夫一者至贵，无适②于天下，圣人托于无适，故民命系矣。

【注释】①智昏：神智迷乱，胡涂。②适：通"敌"。
【译文】所以水流冲击就会兴起波浪，精气迷乱就会使得神智愚钝；神智迷乱的人不可能让他去治理国家，这就像波动的水面无法平定一样。所以圣王抓住这一根本而不会失去，于是万事万物的情理就都在他的掌握之中，四夷九州的百姓也就归顺了。这说明"道"是多么地珍贵，无敌于天下。正因为圣人依据这无敌的治国法宝，所以百姓们才肯将自己的命运交托给他。

为仁者必以哀乐论之，为义者必以取予明之。目所见不过十里，而欲遍照海内之民，哀乐弗能给也。无天下之委财①，而欲遍赡万民，利不能足也。且喜怒哀乐，有感而自然者也。故哭之发于口，涕之出于目，此皆愤于中而形于外者也。譬若水之下流，烟之上寻也，夫有孰推之者！

【注释】①委财：积贮的财货。

【译文】实施仁政的人一定是通过哀伤与喜乐之情去评判他人的，实施大义的人一定是通过取得与给予让人明白道理的。眼睛所能看到的范围不超过十里，而想用仁慈普照全天下的百姓，这仅用哀、乐之情是不能完成的。没有积聚天下所有的财富，而想兼顾天下百姓的需要，仅靠这些利益是满足不了的。况且喜怒哀乐之情，都是人们有了感触才自然显露出来的。所以哭泣的声音从口中发出、泪水从眼睛流出，这都是内心的悲愤之情而表现在外部的，这就好像水往低处流淌，烟往上冒一样，又有谁去推动它呢？

故强哭者虽病不哀，强亲者虽笑不和。情发于中而声应于外，故厘负羁之壶餐，愈于晋献公之垂棘；赵宣孟之束脯，贤于智伯之大钟。故礼丰不足以效爱，而诚心可以怀远。

【译文】所以勉强哭的人，即使哭到精疲力竭，也不会显得哀伤；勉强做出亲善友好的人，即使脸上充满笑容，也不会显得和善。这些都说明只有出自内心的真情，外在的声音和行为才会表现得真诚不虚伪。所以厘负羁赠送给晋文公的一壶餐饭，要远强过晋献公的垂棘美玉；赵盾的一束肉脯，要远胜过智伯的大钟。这都说明礼物的丰厚不足以反映爱心,而诚恳的心意足以使远方的人前来归顺。

故公西华之养亲也,若与朋友处;曾参之养亲也,若事严主烈君,其于养一也。故胡人弹骨①,越人契臂②,中国歃血也,所由各异,其于信一也。三苗髽(zhuā)首③,羌人括领④,中国冠笄⑤,越人劗鬋(zuān jiǎn)⑥,其于服一也。帝颛顼之法,妇人不辟男子于路者,拂之于四达之衢(qú)。

【注释】①弹骨:古代北方胡人盟约之法。置酒于人头骨中,互饮以示信守。②契臂:古代南方少数民族表示结盟的仪式,即刻臂沥血。③髽首:以麻束发。④括领:结扎领子。⑤冠笄:插簪戴帽。⑥劗鬋:即剪发。

【译文】所以公西华奉养他的亲生父母,如同和朋友相处那样随和;曾参侍奉他的亲生父母,就像侍奉威猛的国君那样小心翼翼,他们表现出的态度尽管不同,但在奉养父母上的孝心是一样的。所以,胡人订盟用头骨装酒,越人订盟刺臂流血,中原人则歃血为盟,表现的形式各有不同,但表达的诚信是一致的。三苗人以麻束发,羌人在领口处打结,中原人插簪戴冠,越国人剪短头发,他们的服饰打扮各异,但在服饰装扮上的实用性是一致的。古代颛顼帝有法规定,如果妇女在路上不回避行走的男子,就要在四通八达的大道上遭受击打。

今之国都,男女切踦①,肩摩于道,其于俗一也。故四夷之礼不同,皆尊其主而爱其亲、敬其兄;猃狁(xiǎn yǔn)②之俗相反,皆慈其子而严其上。夫鸟飞成行,兽处成群,有孰教之?

【注释】①切踦：厮磨偎倚。形容十分亲昵。②猃狁：古代北方少数民族，又叫犬戎，古代活跃于今陕、甘一带。

【译文】如今在国都里，街上行人如潮，男女肩碰着肩，在这里，古今礼节尽管不同，但其风俗习惯是一致的。所以四夷的礼节形式不同，但在尊崇君王、爱护亲人、敬重兄长方面却是一样的，而北方猃狁的习俗则相反，对儿子慈爱，对长辈却威严。那飞鸟成行、兽类群居，这又有谁教它们呢？

故鲁国服儒者之礼，行孔子之术。地削名卑，不能亲近来远。越王勾践劗（zuān）发文身，无皮弁（biàn）搢（jìn）笏①之服，拘罢拒折②之容，然而胜夫差于五湖，南面而霸天下，泗上③十二诸侯皆率九夷以朝。胡、貉（mò）④、匈奴之国，纵体⑤拖发，箕倨⑥反言，而国不亡者，未必无礼也。楚庄王裾衣博袍⑦，令行乎天下，遂霸诸侯。晋文君大布之衣，牂（zāng）羊⑧之裘，韦⑨以带剑，威立于海内，岂必邹、鲁⑩之礼之谓礼乎？

【注释】①皮弁：古冠名。用鹿皮制成的帽子，尊贵者才能戴用。搢笏：插笏。古代君臣朝见时均执笏，用以记事备忘，不用时插于腰带上。②拘罢：圆。拒折：方正。③泗上：泛指泗水北岸的地域。④貉：古代北方少数民族。⑤纵体：衣不约体。⑥箕倨：同"箕踞"，古人席地而坐，随意伸开两腿，像个簸箕，是一种不拘礼节、傲慢不敬的坐法。⑦裾衣：衣服宽大。博袍：宽大的长袍。⑧牂羊：母羊。⑨韦：熟皮，去毛熟治的皮革。⑩邹、鲁：指山东邹城和曲阜，为孟子和孔子的故乡。

【译文】因此鲁国采用的是儒家的礼节，施行的是孔子的学说，结果反而使国土被剥削，名声低落，不能使近者亲近，远者归服。越王勾践剪掉头发刺上文身，没有戴鹿皮帽、腰带不插笏板，也没有规规矩矩的仪态,但在太湖一带战胜吴王夫差后,面向南面而坐,称霸于天下,使泗水北岸的十二国诸侯都率各自管辖的小国来朝拜。北方的胡、貉和匈奴等国,衣服胡乱缠裹在身上,披头散发,席地而坐,两腿分开,说违反常体的文句,但国家不会灭亡,这是因为在我们看来是无礼,实质上他们有自己的礼节。楚庄王身穿宽衣长袍,照样在天下发号施令,并终于称霸诸侯。晋文公衣着粗布,身披母羊皮,腰上的皮带系着宝剑,但照样威名天下。由此看来,哪能说只有孔孟的礼节才称得上是礼节呢?

是故入其国者从其俗,入其家者避其讳,不犯禁而入,不忤逆而进,虽之夷狄徒倮(luǒ)①之国,结轨乎远方之外,而无所困矣。

礼者,实之文也;仁者,恩之效也。故礼因人情而为之节文②,而仁发怦(pēng)③以见容。礼不过实,仁不溢恩也,治世之道也。夫三年之丧,是强人所不及也,而以伪辅情也。三月之服,是绝哀而迫切之性也。夫儒、墨不原人情之终始,而务以行相反之制,五縗(cuī)④之服,悲哀抱于情,葬埋称于养,不强人之所不能为,不绝人之所能已,度量不失于适,诽誉无所由生。

【注释】①徒倮:指光身,不穿衣服。倮,通"裸"。②节文:制定礼仪,使行之有度。③怦:指脸色。④五縗:古代按居丧时间长短所分的五种丧服。

【译文】所以进入别的国家就应该顺从他们的习俗,到了别人的家里就应该回避人家的忌讳,不要触犯当地的禁令,也不要冒犯当地的习俗,即使你到了像夷狄那样赤足裸体的落后国家,车子到达荒远的地方,也不会感到困窘。

礼仪是现实生活中人际关系、感情的表现形式，仁慈则是内心恩惠的真实体现。所以礼仪是根据人的情感制定而行之有度，而仁慈的流露体现在内心仁爱之人的容颜上。正因为这样，礼仪形式不可能超出实际感情，而仁慈的行为不能超越内心仁德的范围，这是治理天下的一般道理。规定子女为父母服丧三年，这就是强迫人们去做很难做到的事，而人们为了做到这点，就只能带着虚假的感情来应付服丧的三年；子女为父母服丧三个月，这是断绝人的哀思，强迫切断人的感情。这正说明，儒墨两家不考虑人感情演变的全过程，硬是制定出违反常情的礼节制度，实行五缞的服丧规定，在感情上持悲哀态度，认为称颂埋葬比养生更重要。不强求别人做不能做到的事情，也不强行阻止人们做能做到的事情，法度恰如其分没有所失，这样诽谤和毁誉的事情就不会发生了。

古者非不知繁升降槃还①之礼也，蹀（dié）《采齐》《肆夏》②之容也，以为旷日烦民而无所用，故制礼足以佐实喻意而已矣。古者非不能陈钟鼓、盛管箫、扬干戚、奋羽旄③，以为费财乱政，制乐足以合欢宣意而已，喜不羡于音。非不能竭国縻民，虚府殚财，含珠鳞施④，纶组节束⑤，追送死也，以为穷民绝业而无益于槁骨腐肉也，故葬埋足以收敛盖藏而已。昔舜葬苍梧，市不变其肆；禹葬会稽之山，农不易其亩。明乎生死之分，通乎侈俭之适者也。

【注释】①槃还：古代行礼时回旋揖让的动作。②蹀：蹈、踏。《采齐》《肆夏》：古乐章名。③羽旄：乐舞时所执的雉羽和旄牛尾。④含珠：死者口中所含之珠。鳞施：古代贵族丧葬时给死者穿戴的玉衣。用玉片串缀而成，施于死者之体如鱼鳞状。⑤纶组：丝绳纽带。节束:逐节缠束。

【译文】古时候的人不是不知道增加回旋揖让的礼节,跳《采齐》《肆夏》那样的舞蹈,只是认识到用这种繁文缛节,长此以往会使百姓烦恼而且实在没有用处,所以制定礼节只要足够表明真实的情意就行了。古时候的人并不是不会陈设钟鼓、吹奏管箫乐器、舞动盾与斧、挥动羽旄,而是他们认识到这样太浪费财物、扰乱政务,所以制定的乐礼只要能抒发感情就行了,而不至于喜庆得沉溺于歌舞之中不能自拔。古人也并不是不会消耗国力、劳民伤财,为达官贵人举行葬礼,让死者口含珠玉、衣着玉衣,用绵丝裹束,以追悼死者,而是认识到这样做会使百姓更加穷困,断绝生业,而对于死者枯干的骨头和腐败的肉体毫无益处,所以埋葬死者只求能够收埋遮掩就行了。以前舜死在苍梧,就地埋葬,市集店家照样开门营业;禹巡视江南死后埋于会稽山,农民照常在田间耕作劳动。他们这些人是真的明白生死之分的道理,也通晓奢侈和节俭的适度。

乱国则不然,言与行相悖,情与貌相反,礼饰以烦,乐优以淫,崇死以害生,久丧以招行,是以风俗浊于世,而诽誉萌于朝。是故圣人废而不用也。

义者,循理而行宜也;礼者,体情制文者也。义者宜也,礼者体也。昔有扈氏①为义而亡,知义而不知宜也;鲁治礼而削,知礼而不知体也。

【注释】①有扈氏:夏初的一个部落名,和夏同姓,皆为姒姓部族,位于今河南原阳一带,另说在陕西户县一带,或说为东夷少昊族的九扈部落。

【译文】混乱的国家就不是这样了,他们说的和做的相互违背,内心情感和外部容貌表现不一样,礼仪形式繁琐,音乐花哨而失去节度,看重死去的人而伤害活着的人,规定长期服丧以孝行招摇,因此社会风俗变得日益混乱,毁谤和赞誉在朝廷中萌发,所以圣明的君主废弃而不用。

所谓"义",就是依循事理而且行为适宜;所谓"礼",就是为体现真实感情而制定的仪式。"义"本来的含意就是适宜,"礼"本来的含意就是得体。过去有扈氏就是为了"义"而被启杀死,这是因为他只知道"义"却不知道"义"还要适合时宜;鲁国以孔孟的儒家礼法来治国,但国家却日渐削弱,这是因为鲁国国君只知道礼节却不知道得体。

有虞氏①之祀,其社用土,祀中霤(liū)②,葬成亩,其乐《咸池》《承云》《九韶》,其服尚黄。夏后氏,其社用松,祀户,葬墙置翣(shà)③,其乐《夏籥(yuè)》《九成》《六佾》《六列》《六英》④,其服尚青。殷人之礼,其社用石,祀门,葬树松,其乐《大濩(hù)》⑤《晨露》,其服尚白。周人之礼,其社用栗,祀灶,葬树柏,其乐《大武》《三象》《棘下》⑥,其服尚赤。礼乐相诡,服制相反,然而皆不失亲疏之恩,上下之伦。今握一君之法籍,以非传代之俗,譬由胶柱而调瑟⑦也。

【注释】①有虞氏:古部落名。传说其首领舜受尧禅,都蒲阪。故址在今山西省永济县东南。②中霤:指宅神。古代五祀所祭对象之一,即后土之神。③翣:古代出殡时的棺饰。④《夏籥》:又名《大夏》,是一部歌颂夏禹治水有功的乐舞。《九成》:犹九阕。乐曲终止叫成。《六佾》:夏代天子之乐舞格局。⑤《大濩》:周代"六舞"之一。相传是伊尹所作,用以歌颂商汤伐桀,天下安宁。⑥《大武》:一种周代的乐舞。为六乐中的武舞,内容是歌颂武王伐纣的武功。《三象》《棘下》:周代之乐。⑦胶柱而调瑟:即胶柱调瑟,指用胶粘住瑟上用以调音的短木,不能再调整音的高低缓急。比喻拘泥死板,缺少变通。

【译文】有虞氏的礼法是:用土堆成社神,季夏六月祭祀后土之神,人死后埋在耕地之下,音乐用《咸池》《承云》《九韶》,他们的服饰崇尚黄色。夏后氏的礼法是:用松木做成社神,在春天祭祀户神,丧葬时灵车棺柩的四周围上帐幔,并装饰翚扇样的饰物,音乐则用《夏籥》《九成》《六佾》《六列》《六英》,他们的服饰崇尚青色。殷人的礼法是:用石头做成社神,在秋季祭祀门神,丧葬时在墓上种松树,音乐用《大濩》《晨露》,他们的服饰崇尚白色。周人的礼法是:用栗木做成社神,在夏季祭祀灶神,在墓上种柏树,音乐则用《大武》《三象》《棘下》,他们的服饰崇尚红色。这上述四代的礼乐因时代的变迁而发生很大变化,服饰的制度也各不相同,但是他们的礼法都体现了亲疏的感情和君臣之间的道德关系。现在如果仅掌握一代国君的法律典籍,用它来否定世代传下来的礼俗,这就好像是胶粘住瑟上的弦柱而想调节音调高低一样。

故明主制礼义而为衣,分节行而为带。衣足以覆形,从《典》《坟》①,虚循挠②,便身体,适行步,不务于奇丽之容,隅眦(yú zì)③之削;带足以结纽收衽,束牢连固,不亟于为文句(gōu)④疏短之鞢(xié)。故制礼义,行至德,而不拘于儒、墨。

所谓明者,非谓其见彼也,自见而已;所谓聪者,非谓闻彼也,自闻而已;所谓达者,非谓知彼也,自知而已。是故身者,道之所托,身得则道得矣。道之得也,以视则明,以听则聪,以言则公,以行则从。故圣人裁财制物也,犹工匠之斫削凿枘(ruì)⑤也,宰庖之切割分别也,曲得其宜而不折伤。

【注释】①《典》《坟》：《五典》《三坟》的省称，指各种古代文籍。②循挠：遵照实行或执行。③隅眦：亦作"隅眥"，衣服的斜角。④文句：圆形花纹。⑤凿枘：也说枘凿。圆凿方枘的略语。圆榫眼，方榫头，两下里合不起来。比喻格格不入。

【译文】所以圣明的君主制定礼仪就像制作衣饰一样，规定节操品行就像制作衣带一样。衣服能够遮住身体就行，遵从《五典》《三坟》的规定，只能间断性的取用，而不能全部顺从，只求宽松适体，方便行走，不追求奇异、华丽的容饰，而特意裁剪。衣带能够打成纽结、收紧衣襟就行，不需要讲究绣上别致的花纹图案。所以制定礼义的根本要求，是在推行最高的道，而没有必要拘束于儒家、墨家的道理。

所谓的"明"，不是说眼睛能看清别人，而是说能认识反省自己；所谓的"聪"，不是说耳朵能听见声音，而是说能倾听自己的心声；所谓的"达"，不是说能了解别人，而是说能有自知之明。所以人的身心才是"道"所依托的地方，身心修养得通体透明，那么道也就能得到了。"道"如果与你的身心相融合，那么凭借它就能审察清楚，听觉灵敏，言论公正，行动顺利。所以圣人处理事物，就如同巧匠用刀、斧劈削榫眼与榫头，良厨分解牲畜一样，砍削得恰到好处而不损伤刀斧。

拙工则不然，大则塞而不入，小则窕而不周。动于心，枝^①于手，而愈丑。夫圣人之斫削物也，剖之判之，离之散之。已淫已失，复揆（kuí）^②以一；既出其根，复归其门；已雕已琢，还反于朴。合而为道德，离而为仪表。其转入玄冥^③，其散应无形。礼仪节行，又何以穷至治之本哉？

世之明事者，多离道德之本，曰："礼义足以治天下。"此未可与言术也。所谓礼义者,五帝三王之法籍风俗,一世之迹也。

【注释】①枝:分散。②揆:估量,揣测。③玄冥:深远幽寂。

【译文】但笨拙的工匠就不是这样了,要么是榫头大榫眼小安不进去,要么是榫头小榫眼大安上去空空的不严实。心神不宁,手脚忙乱,越折腾越糟糕。圣人处事物就像砍削事物,能判断自如,处置有序。分散了也有办法使它们整合,离开了则有办法使它们复归,雕琢过的使它们返回质朴。归合起来成为道德,分离开来可用作法则。这样就能转入昏暗当中,可以应付一切不留痕迹。靠礼义约束人们的行为,又怎么能从根本上治理好天下呢?

社会上有很多所谓明事理的人,实际上大多是背离"道德"品质这一根本的,说"礼义足够用来治理天下",这种人是不可以和他谈论治国方略的。所谓的礼义,实际上是五帝三王制定的法令制度和风尚习俗,只是适用于他们的时代而已。

譬若刍狗①土龙②之始成,文以青黄,绢以绮绣,缠以朱丝,尸祝袀袨③,大夫端冕④,以送迎之。及其已用之后,则壤土草蓟(jì)⑤而已,夫有孰贵之?故当舜之时,有苗不服,于是舜修政偃兵,执干戚而舞之。禹之时,天下大雨,禹令民聚土积薪,择丘陵而处之。武王伐纣,载尸而行,海内未定,故不为三年之丧始。

【注释】①刍狗:古代祭祀时用草扎成的狗。②土龙:用土制成的龙。古代用以乞雨。③尸祝:古代祭祀时对神主掌祝的人,主祭人。袀袨:纯一黑色祭服。④端冕:玄衣和大冠。古代帝王、贵族的礼服。⑤蓟:即"芥"。

【译文】这就好像是祭祀时用草扎成的狗和祈雨时用土制成的龙一样,开始扎塑它们的时候,用青黄的色彩涂上装饰,然后用华美的丝帛镶边,再用红色的丝线缠扎起来,主祭的人穿上黑色的祭服,大夫穿着玄衣戴着礼帽,非常庄重地迎接和送别它们。但等使用过以后,就如同泥土草芥而已,还有谁去珍惜它们呢?所以,在舜的时代,有三苗不归服,于是舜修治德政,并停止战争讨伐,将盾牌和大斧用于歌舞之中。在大禹的时代,天下发大水,大禹命令百姓储存土和柴草,选择丘陵居住。武王讨伐商纣的时候,载着尸体前行进军,天下还未平定,所以才有了丧期三年的礼节。

禹遭洪水之患,陂(bēi)塘①之事,故朝死而暮葬。此皆圣人之所以应时耦变,见形而施宜者也。今之修干戚而笑镢(jué)插②,知三年非一日,是从牛非马,以徵笑羽也。以此应化,无以异于弹一弦而会《棘下》。夫以一世之变,欲以耦化应时,譬犹冬被葛而夏被裘。

【注释】①陂塘:池塘。②镢插:大锄和铁锹。
【译文】大禹时天下洪水泛滥成灾,忙于修筑池塘水库,所以早上死去的人而晚上就被安葬。这些都是圣人为了顺应时事的变化,而采取符合实际情况的措施。现在如果只赞美盾斧之舞而嘲笑大锄铁锹之舞,只知道三年服丧而责备一日丧期,这就好像只赞美牛而批评马,用音律的徵音来取笑羽音一样。以一种呆板的礼法来应对时刻变化的社会,和用一根琴弦就想弹奏出《棘下》的乐曲没有什么不同。而根据一世的变化而制定的礼法,想要用于变化了的时代,就像冬天穿着葛布的单衣、夏天穿着裘皮大衣。

夫一仪不可以百发,一衣不可以出岁。仪必应乎高下,衣必适乎寒暑。是故世异则事变,时移则俗易。故圣人论世而立法,随时而举事。尚古之王,封于泰山,禅于梁父①,七十馀圣,法度不同,非务相反也,时事异也。

【注释】①梁父:山名,别名映佛山,迎福山。位于今山东省泰安市徂徕山南麓。

【译文】所以调整一次弓弩上的瞄准器是不能用它来发射一百次箭的,同样一件衣服也不能一年穿到头。这说明瞄准器必须根据目标的高低不断调整,人穿的衣服也必须根据寒暑变化不断更换。所以世道不同那么行事也要不同,时代改变则习俗也会改变。所以圣人是根据世道来建立法规的,随应时代发展来治理国家。古代帝王在泰山上祭天,在梁父山上祭地,有七十多位圣明的君王,他们订立的法度各不相同,并不是务求相反,而是因为时代变了。

是故不法其已成之法,而法其所以为法。所以为法者,与化推移者也。夫能与化推移为人者,至贵在焉尔。故狐梁①之歌可随也,其所以歌者,不可为也;圣人之法可观也,其所以作法,不可原也;辩士之言可听也,其所以言,不可形也;淳均之剑②不可爱也,而欧冶③之巧,可贵也。今夫王乔、赤诵子④,吹呕呼吸,吐故内新,遗形去智,抱素反真,以游玄眇⑤,上通云天。

【注释】①狐梁:古善歌者。②淳均之剑:古代名剑。相传为欧冶子所炼。③欧冶:即欧冶子。春秋时著名铸剑工。④王乔:传说中的仙人。指武阳食肉芝登仙的王乔。赤诵子:高诱注:"赤诵子,上谷人,病疠入山,导引轻举。"⑤玄眇:道家形容道的虚无渺茫,亦以指道。

【译文】因此,不能效法那些现已成文的法令,而应该效法他们制定法令的原则。他们制定法令的原则,就是根据变化的时世而不断改变发展的。能够根据时世变化而不断变法,这就是最可贵的精神。所以,古代的狐梁之歌是可以学着唱的,但他作歌的巧妙之处却是难以掌握的;古代圣人的法规是可以观摩的,但他们制定法规的原因却是难以探究的;古代辩论之士的辩词是可以模仿的,但他们如此善辩的内在原因却是难以表达的;淳均之剑是不值得爱怜的,但欧冶铸剑的巧妙技术就很可贵了。如今王乔和赤诵子吹嘘呼吸,吐故纳新,忘掉身形,抛弃智虑,抱守朴素,返回纯真,遨游于虚无缥缈之境,向上直达云天。

今欲学其道,不得其养气处神,而放其一吐一吸,时诎时伸,其不能乘云升假亦明矣。五帝三王,轻天下,细万物,齐死生,同变化,抱大圣①之心,以镜万物之情,上与神明为友,下与造化为人。今欲学其道,不得其清明玄圣,而守其法籍宪令,不能为治亦明矣。故曰:"得十利剑,不若得欧冶之巧;得百走马,不若得伯乐之数。"

【注释】①大圣:古谓道德最完善、智能最超绝、通晓万物之道的人。

【译文】现在如果有人想学习他们的成仙之道,没有掌握他们涵养元气、修炼精神的奥秘,而只是随意学习一吐一吸、时伸时屈的动作,要想腾云升天是绝对不可能的。古代五帝三王轻视天下权势,把万物看得很微小,看齐生死等同变化,他们怀着通晓万物的圣明之心来观察世间万物的真谛,在上与神明做朋友,在下和自然界作伴。今天如果有人想学到他们的治世之道,不懂得他们清净明朗的崇高精神,只死守着他们的法令籍文,要想治理天下是不可能的。所以说,得到十把利剑,不如掌握欧冶子的铸剑技术;得到百匹品种优良的千里马,不如掌握伯乐的相马技术。

朴①至大者无形状,道至眇②者无度量。故天之圆也不得规,地之方也不得矩。往古来今谓之宙,四方上下谓之宇,道在其间,而莫知其所。故其见不远者,不可与语大;其智不闳者,不可与论至。昔者冯夷③得道,以潜大川;钳且得道,以处昆仑;扁鹊以治病,造父④以御马;羿以之射,倕(chuí)⑤以之斫(zhuó)。所为者各异,而所道者一也。夫禀道以通物者,无以相非也。

【注释】①朴:没有细加工的木料,喻不加修饰。②至眇:极其微妙。③冯夷:传说中的黄河之神,即河伯。泛指水神。④造父:周穆王时善御的人。王使造父御,西游忘返。及徐偃王反,王日驰千里马攻徐偃王,大破之,乃赐造父以赵城,自此为赵氏。⑤倕:人名。相传为上古尧舜时代的一名巧匠,善作弓、耒、耜等。

【译文】最大的"朴"是没有形状的,最微妙的"道"是无法界定限度的。天是圆的,却没有什么圆规能测量;地是方的,却没有什么方矩能丈量。古往今来叫做宙,四方上下叫做宇。道在宇宙之间,但不知它具体处在什么地方。所以目光不远大的人,是不可以和他谈论大道;智慧不宏大的人,是不能和他谈论最高的道。以前冯夷参透了道法后,便潜入大河中成了河神;钳且参透了道法后,便去昆仑山成了仙人;扁鹊靠着道来治病,造父凭着道来驾驭车马,后羿凭着道成了神射手,倕靠着道成了能工巧匠。在这里,他们所做的具体事情不同,但得道的规律却是一致的。秉承了道而通晓万物的人,彼此间是没有什么可非议的。

譬若同陂而溉田,其受水均也。今屠牛而烹其肉,或以为酸,或以为甘,煎熬燎炙,齐味①万方,其本一牛之体。伐楩(pián)楠②豫樟而剖梨③之,或为棺椁,或为柱梁,披断拨㯃④,所用万方,然一木之朴也。故百家之言,指奏⑤相反,其合道一体也。譬若丝、竹、金、石之会乐同也,其曲家异而不失于体;伯乐、韩风、秦牙、管青⑥,所相各异,其知马一也。故三皇五帝,法籍殊方,其得民心均也。故汤入夏而用其法,武王入殷而行其礼,桀、纣之所以亡,而汤、武之所以为治。

【注释】①齐味:使食物的滋味调和适口。②楩楠:指黄楩木与楠木,皆大木。③梨:分离、分割。④㯃:指古书上说的一种树,果实像梨而较小,味酸。⑤指奏:旨趣,宗旨。⑥韩风、秦牙、管青:都是古代善于相马的人。

【译文】这就好像用一个水塘里的水来灌溉田地,水源是相同的。如今宰牛烹饪,有的制作成酸的,有的制作成甜的,煎熬烧烤,做出各种各样的美味,它们其实都来自于同一头牛的身体。砍下楩木、楠木、豫樟,剖开进行加工,有的做成棺材,有的做成梁柱,剖开锯断,做出各式各样的木器,它们的原料其实都出自于同一个木头。所以百家的言论,旨趣相反,但合乎道是一致的。这就好比丝、竹、金、石各种乐器合奏乐曲,曲谱怎样变换,它们都不可能脱离曲谱和乐曲本身。伯乐、韩风、秦牙、管青,他们观察马的优劣方法不同,但了解马的特性是一致的。所以三皇五帝的法令典籍尽管有不同,但他们得民心的目的是一致的。所以商汤推翻夏朝以后用夏朝的基本法规,武王推翻殷朝以后用殷朝的基本法礼,但是夏桀和商纣用这些礼法而导致灭亡,然而商汤和武王却凭着这些礼法治理好了天下。

故剞劂(jī jué)销锯陈①,非良工不能以制木;炉橐(tuó)埵

(duǒ)坊设②，非巧冶不能以治金。屠牛吐③一朝解九牛，而刀以剃毛；庖丁④用刀十九年，而刀如新剖硎(xíng)⑤。何则？游乎众虚之间。若夫规矩钩绳者，此巧之具也，而非所以巧也。故瑟无弦，虽师文⑥不能以成曲；徒弦，则不能悲。故弦，悲之具也，而非所以为悲也。

【注释】①刻剞：雕刻用的曲刀。削：通"削"。②炉橐：冶炉与风箱。埵：风箱的出风铁管。坊：铸造器物的土模。③屠牛吐：古齐国之善屠牛者。④庖丁：名丁的厨工。先秦古书往往以职业放在人名前。⑤硎：磨刀石。⑥师文：郑国乐师。

【译文】所以把各种各样的雕刻工具摆在那里，没有优秀的工匠是不能用它们加工木材的；有了各种冶炼铸造的设备，没有灵巧的工匠是不能铸炼器物的。屠牛吐一个早晨可以宰杀分解九头牛，可是他的刀还是锋利得可以剃下毛发；庖丁的刀用了十九年，可是刀刃还像刚从磨刀石上磨制的一样。这是为什么呢？这是由于他们使用刀能灵活自如的穿梭在牛体的空隙之间。至于那些规矩钩绳，只是发挥技巧的工具，而它们本身并不会产生技巧。所以说，瑟如果没有弦，即使是像师文这样的高明乐师也不可能弹奏出乐曲；但如果只有瑟弦，也不能弹出使人悲伤的音乐。所以，瑟和弦只是弹奏悲伤乐曲的工具，但它们本身并不能产生悲伤的乐曲。

若夫工匠之为连鑆(jī)①、运开、阴闭、眩错，入于冥冥之眇，神调之极，游乎心手众虚之间，而莫与物为际者，父不能以教子。瞽(gǔ)师之放意相物，写神愈舞，而形乎弦者，兄不能以喻弟。今夫为平者准也，为直者绳也。若夫不在于绳准之中，可以平直者，此不共之术也。故叩宫而宫应，弹角而角动，此同音之相应也。其于五音无所比,而二十五弦皆应,此不传之道也。故萧条者,形之君;而寂寞者,音之主也。

【注释】①连镦:即连弩。镦,通"机",机括。

【译文】至于像高明的工匠制造出各种机关可以连发,并可以自动关闭,使人眼花缭乱,这已进入到精妙深奥的境地,运用心神和手来使用工具,根本不须用眼睛去接触具体物件,这种出神入化的技巧就是父亲也无法传给儿子。盲人乐师随心所欲地模仿事物的声音,运用乐舞的形式来表达它们的神态,配合乐曲的节奏,这种出神入化的技术,即使是兄长也无法传授给弟弟。如今用作平正的工具是水准,勘察正直的是绳墨。假如不在水准、绳墨之中,而能够平直的,这是不与平常相同的道术。所以叩击宫音而另一只宫弦也就随之应和起来,叩击角音而另一只角弦也随着应和起来,这是同音律互相应和的例子。道术的应和和五音没有办法同等并列,然而二十五弦都能响应,这是无法用口耳相传的道理,其中的奥妙和道理是无法用言语解释的。所以虚静是形体的主宰,静漠是声音的主宰。

天下是非无所定,世各是其所是,而非其所非。所谓是与非各异,皆自是而非人。由此观之,事有合于己者,而未始有是也;有忤于心者,而未始有非也。故求是者,非求道理也,求合于己者也;去非者,非批邪施①也,去忤于心者也。忤于我,未必不合于人也;合于我,未必不非于俗也。

【注释】①邪施:斜行,亦喻不正当的言行。

【译文】天下的是与非没有固定的标准,世上的人把自己的是当成是,把自己的非当成非。他们所认为的是与非各自不同,都把自己当作是而把别人当作非。由此看来,事情符合自己心意的就是"是",这"是"未必是真正的"是";事情不合自己心意的就是"非",这"非"未必是真正的"非"。所以,追求"是"的人,不是真的追求真理,而只不过是在寻找符合自己观点的东西;寻找"非"的人,不是在剔除错误,而只不过是在排除违背自己的东西。所以说,违逆自己心意的,不一定不符合别人的心意;符合自己心意的,不一定不会遭遇世俗的批评责难。

至是之是无非,至非之非无是,此真是非也。若夫是于此而非于彼,非于此而是于彼者,此之谓一是一非也。此一是非,隅曲①也;夫一是非,宇宙也。今吾欲择是而居之,择非而去之,不知世之所谓是非者,不知孰是孰非。

【注释】①隅曲:指偏狭之见。
【译文】最正确的"是"是不会存在错误的,最不合情理的"非"是毫无正确可言的,这才是真正的"是"与"非"。如果"是"在这一方面是对的,而在另一方面则是"非"的;如果在这一方面是"非",而在另一方面则是"是",这就叫或是或非,是非相对。这种是与非,是一种狭隘的见解;而真正的"是"与"非",应该适用于整个宇宙。现在我想选择对的来遵循保持它,确定错的来回避抛弃它,可又不知道世人说的是与非,到底哪个是"是",哪个是"非"。

《老子》曰:"治大国若烹小鲜。"为宽裕者曰勿数挠①,为刻削者曰致其咸酸②而已矣。晋平公③出言而不当,师旷④举琴而撞之,跌衽⑤宫壁,左右欲涂之。平公曰:"舍之!以此为寡人失。"孔子闻之曰:"平公非不痛其体也,欲来谏者也。"韩子闻之曰："群臣失礼而弗诛，是纵过也。有以也夫，平公之不霸也。"故宾有见人于宓子⑥者，宾出，宓子曰："子之宾独有三过：望我而笑，是攓（qiān）⑦也；谈语而不称师，是返也；交浅而言深，是乱也。"

【注释】①挠：搅，搅动。②咸酸：泛指各种味道。③晋平公：姬姓，名彪，晋悼公之子，春秋时期晋国国君。在位期间，同宋、卫等国结盟，再度恢复晋国的霸业。在位后期由于大兴土木、不务政事，致使大权旁落至六卿。④师旷：春秋时期晋国乐师。⑤跌：越过。衽：衣襟。⑥宓子：即宓子贱，名不齐，字子贱，春秋末年鲁国人（一说宋国人），孔子的得意门生，孔门七十二贤之一。曾任单父（今山东省菏泽市单县）宰。⑦攓：傲慢、随便。

【译文】《老子》说："治理大国就像烹制小鱼一样。"宽容的人说不要老去翻搅，他懂得翻搅过多会搅烂小鱼；而为政苛刻的人说一定要做得咸酸符合自己的口味。晋平公说出的言论不恰当，师旷便举起琴来撞击平公，琴掠过平公的衣襟砸到墙上，平公身边的人准备将撞破的墙补上。平公说："留下它！留着它可以提醒寡人的过失。"孔子听到这件事情后，说："平公不是不爱惜自己的身体，而想要用这种宽宏大量的态度来鼓励群臣的进谏。"但后来韩非子听到后说："群臣失礼而不惩罚他们，这是在纵容错误。后来平公之所以不能称霸就是因为这个引起的。"有位门客给宓子贱引见一位宾客，宾客离开后，宓子贱对他的门客说："你引见的宾客有三条过失：第一他看到我就嘻笑，这是傲慢无礼；第二在谈话中不称呼我为老师，这是违背师道；第三他和我交情浅薄却无话不谈，这是说话没有分寸。"

宾曰："望君而笑，是公①也；谈语而不称师，是通也；交浅而言深,是忠也。"故宾之容,一体也,或以为君子,或以为小人,所自视之异也。故趣舍②合,即言忠而益亲;身疏,即谋当而见疑。亲母为其子治扢秃③,而血流至耳,见者以为其爱之至也;使在于继母,则过者以为嫉也。事之情一也,所从观者异也。从城上视牛如羊,视羊如豕,所居高也。

【注释】①公:通"容",恭敬而又从容。②趣舍:取舍。③扢秃:突起的头疮。扢,通"疙"。

【译文】但门客却说:"他看到你就笑,这是恭敬随和;谈话中不称你为老师,这说明他变通;交情浅却无所不谈,这说明他忠厚。"那位宾客的容貌举止是一样的,但有的人认为他是君子,而有的人认为他是小人,这是由于每个人都从自己不同的角度来看问题,由此引出不同的结论。所以,志趣投合,言语越忠恳而越亲近;关系疏远,计谋越严密就越被猜忌。亲生母亲为儿子治疗头疮,弄得鲜血流到耳朵上,看见的人认为这是母亲对儿子的关爱;若是继母做同样的事,看见的人就会认为这是继母在虐待儿子。事情原本是同一件,但由旁观者看来就有很大的不同。所以,从高处的城墙上看地上的牛只有羊那么大,而看羊只有小猪那么大,这是因为观察者是从高处往下看。

窥面于盘水则员,于杯则隋,面形不变其故,有所员、有所隋者,所自窥之异也。今吾虽欲正身而待物,庸遽①知世之所自窥我者乎? 若转化而与世竞走,譬犹逃雨也,无之而不濡。常欲在于虚,则有不能为虚矣。若夫不为虚而自虚者,此所慕而不能致也。

【注释】①庸遽:怎么。

【译文】在水盆中看面容是圆的,而在杯子里看脸则是椭圆形的。人的面容没有发生变化,而看起来有时是圆形,有时是椭圆形,这是由于用来照脸的工具不同所造成的。现在我想端正身心去处世待人,但不知道世人又是怎么看待我的呢?所以如果你想用不断改变自己处世态度的方法来依附世俗,这就好像躲避下雨,实际上哪都会被淋湿。你经常想保持清虚恬静的状态,可它并不是靠人为的力量就能达到的。那不是靠人为的力量,而是靠一种自然形成的宁静状态,是一般人所美慕而难以达到的清虚恬静的境界。

故通于道者如车轴,不运于己,而与毂(gǔ)致千里,转无穷之原也。不通于道者若迷惑,告以东西南北,所居聆聆①,一曲而辟,然忽不得,复迷惑也。故终身隶于人,辟若倪②之见风也,无须臾之间定矣。故圣人体道反性,不化以待化,则几于免矣。

【注释】①聆聆:明了,清楚。②倪:船上用以测风的羽毛。

【译文】所以通达"道"的人就好像车的轮轴,自己并不运转而是随车毂的转动运行千里,运转于无穷无尽的境地。而不通晓"道"的人就好像迷路的人,你告诉他东西南北,他在这个地方是能分辨方向的,但拐弯进入偏僻小路就又不认识路了,因此这种人一辈子为人所奴役,就像风标随风转动,没有片刻的宁静。所以圣人是与"道"融为一体,返归本性,以不变的"道体"对待不断变化的世界,这样也就达到了免受世俗奴役的高深境地了。

治世之体易守也,其事易为也,其礼易行也,其责易偿也。

是以人不兼官,官不兼事,士农工商,乡别州异,是故农与农言力,士与士言行,工与工言巧,商与商言数。是以士无遗行,农无废功,工无苦事,商无折货,各安其性,不得相干。故伊尹之兴土功也,修胫者使之跖锸①,强脊者使之负土,眇者②使之准,伛者使之涂,各有所宜,而人性齐矣。

【注释】①跖:踏,踩。锸:一种用来挖掘土地的农具。②眇者:独眼。

【译文】在太平盛世的时候,人们容易坚守自己的本职岗位,任务也容易完成,礼节和仪式也容易实行,相互之间的债务也容易偿还。所以,一个人不能兼任多种官职,一个官员也不能兼任多种事务,士农工商各行其职,在不同的领域都是区别开的。因此,农民们在一起谈论劳动能力的强弱,士人们在一起讨论品德操行的高低,工匠们在一起研究工艺技术的精巧技艺,商人们在一起交流做生意的经验。因此士人没有做出丢失礼节的行为,农夫没有白费的劳动,工匠没有制出粗劣的产品,商人没有做亏损的买卖,各行各业都安于本性,互不干扰。所以伊尹在兴建土木工程时,腿长的被安排去踩锹,背力强的被安排去背土,独眼的被安排去测水准,驼背的被安排去铺抹地坪,各种生理特性都被用得恰到好处,而人的特性就得到了统一运用。

胡人便于马,越人便于舟,异形殊类,易事而悖,失处而贱,得势而贵。圣人总而用之,其数一也。夫先知远见,达视千里,人才之隆也,而治世不以责于民;博闻强志①,口辩辞给②,人智之美也,而明主不以求于下;敖世轻物③,不污于俗,士之伉行也,而治世不以为民化;神机阴闭,剖蹶无迹,人巧之妙也,而治世不以为民业。

【注释】①博闻强志：见闻广博，记忆力强。也说博闻强记。②辞给：有口才，言辞敏捷。敖，通"傲"。③敖世轻物：鄙弃世俗，看不起别人。也指高傲自大。

【译文】胡人善于骑马，越人便于乘船，不同的形体，不同的类别，如果给他们安排不熟悉的工作，就会乱套；丧失他们应处的地位和优势，他们的优势就会变得毫无用处，而处于适当的位置，就会变得十分有用。圣人能根据他们的情况，全面地筹划安排，合理利用他们的优势，使每个人都能发挥出自己的才能。能够先知先觉、深谋远虑，这自然是人才中的杰出人物，但治理天下的君主不能用这样的标准去苛求百姓；知识丰富，记忆力强、能说会道，有辩才，这同样是聪明人中的精英，圣明的君主同样不能用这种标准去要求下属的百官；高傲自负，轻视外物，不和世俗同流合污，这是士人的高洁品行，但治理天下的君主却不能拿这样的品行去教化民众；神奇的机关，雕凿并没有留下痕迹，这就是能工巧匠中的高手，但治理天下的君主同样不能要求百姓人人掌握这种技巧。

故苌弘、师旷，先知祸福，言无遗策，而不可与众同职也；公孙龙折辩抗辞①，别同异，离坚白，不可与众同道也；北人无择非舜而自投清泠之渊②，不可以为世仪；鲁般、墨子以木为鸢③而飞之，三日不集，而不可使为工也。故高不可及者，不可以为人量；行不可逮者，不可以为国俗。

【注释】①公孙龙：字子秉，赵国邯郸人。"名家"离坚白派的代表人物，"诡变学"的祖师，提出过"白马非马"的著名逻辑名题。折辩：争辩，分辩。抗辞：高深的言论。②北人无择：相传为舜时人。与舜为友，舜欲以天下让之，不受，羞而自投于清泠之渊。清泠：指清凉的溪水。③鸢：老鹰。

【译文】所以苌弘、师旷，能预先知道祸福，提出的建议也没有失策的时候，然而他们不可能和普通人一样做同一种工作；公孙龙能说会道，有辩才，分辨相同和不同、分析"坚、白"的关系，然而他们不能和众人一样掌握同一种学说；北人无择指责舜的德行，于是自己投入清凉的深渊，他的榜样不能作为世人的榜样；鲁般、墨子用木料做成鸢鸟，并使鸢鸟在天空中飞行了三天三夜，但不能让他们和众人一样担任工匠。所以高不可及的要求，不能作为一般民众的衡量标准；高尚的品行，不能拿来作为整个国家民众的习俗。

夫挈(qiè)轻重不失铢两，圣人弗用，而县之乎铨衡①；视高下不差尺寸，明主弗任，而求之乎浣准②。何则？人才不可专用，而度量可世传也。故国治可与愚守也，而军制可与权用也。夫待騕褭(yǎo niǎo)、飞兔③而驾之，则世莫乘车；待西施、毛嫱④而为配，则终身不家矣。然非待古之英俊，而人自足者，因所有而并用之。

【注释】①铨衡：衡量轻重的器具。②浣准：管准。古代用以瞄测取平的器具。③騕褭、飞兔：古骏马名。④毛嫱：春秋时期越国的美女之一，大体与西施同时。

【译文】那些能用手测量出物体轻重不差铢两分量的人，圣人也不能任用他，而必定依靠秤来称量；那些能用眼睛目测物体高低丝毫不差的人，圣明的君主也无法任用他，而必定依靠管准来测量。这是为什么呢？因为这些有特殊才能的人不可能长期被人们使用，而准绳法度可以世代相传。所以国家得到治理可以与愚人一起守持，而军队治理好可以把权力交给别人使用。如果一定要等到像骐骥、飞兔这样的骏马才驾车,那么天下人就别想乘车了;如果一定要等到有西施、毛嫱这样的美女才结为配偶,那么一辈子也别想成家了。所以无需等待像古代那样才智卓越的人出现,人们就自我满足了,就是按照各自所具有的不同才能,来发挥各自的作用。

夫骐骥千里,一日而通;驽马十舍①,旬亦至之。由是观之,人材不足专恃,而道术可公行也。乱世之法,高为量而罪不及,重为任而罚不胜,危为禁而诛不敢。民困于三责,则饰智而诈上,犯邪而干免。故虽峭法严刑,不能禁其奸。何者?力不足也。故谚曰:"鸟穷则啄(zhuó),兽穷则触,人穷则诈。"此之谓也。

【注释】①驽马十舍:用马拉车,一天为一驾,十驾指十天路程。谓驽马奋力拉车,亦可至远。比喻能力低下的人只要奋勉从事,同样能达到目的。

【译文】骐骥日行千里,一日便可到达;驽马日行十舍,十天也能到达。由此看来,治理国家无须依靠专门的人才,而以"道"治理国家就可以普遍长期推行。而在乱世治理天下的方法就不是这样,它将标准提得极高,并要处罚那些达不到标准的人,它将任务布置得很重,并惩罚那些完不成任务的人,它将事情变得复杂化和困难化,并要诛杀那些不敢去做这些事情的人。百姓们被上述这三种不切实际的非难弄得窘迫万分,于是必然要百般巧饰欺诈君上,也必然用歪门邪道来逃避惩罚。所以即使有严厉的刑罚和严峻的法律也无法禁止这些邪门奸诈的事情发生。为什么呢?因为人的能力实在难以达到上述所定的标准和要求。所以谚语说:"鸟到了穷困的时候会用嘴乱啄,兽到了穷困的时候会用爪乱抓,人到了穷困的时候就会变得欺诈。"说得正是这个道理。

道德之论,譬犹日月也。江南河北,不能易其指;驰骛(wù)①千里,不能易其处。趋舍礼俗,犹室宅之居也,东家谓之西家,西家谓之东家,虽皋陶为之理,不能定其处。故趋舍同,诽誉在俗;意行钧②,穷达在时。汤、武之累行积善,可及也;其遭桀、纣之世,天授也。今有汤、武之意,而无桀、纣之时,而欲成霸王之业,亦不几矣。昔武王执戈秉钺③以伐纣胜殷,搢笏杖殳(shū)④以临朝。

【注释】①驰骛:疾驰;奔腾。②钧:通"均",平正。③秉钺:持斧。④搢笏:古代官员的官服,没有口袋,于是将笏直接插在腰带上。殳:古代的一种武器,用竹木做成,有棱无刃。

【译文】关于道德的学说,就好比日月。广阔遍布江南河北而不改变它的意愿,驰骋千里之外而不变更它的居所。礼节习俗的取舍,就好像选择居住的地方,东面的人家称它在西家,西边的人家称他在东家,即使是让皋陶来判断,也无法准确地确定它的方位。所以同样的一种取舍,得到诽谤污蔑还是赞誉夸赞,取决于习俗;而思想行为相同,是穷困潦倒还是腾达显赫,取决于时运。像商汤、周武王那样广泛积累善行,这是人们都能做到的事,但他们遇到夏桀、商纣的混乱世道,便是天赐的机遇。如果只有商汤、周武王的那种志向,没有夏桀、商纣王那样的混乱世道,要想成就天下大业,也只能是空想。过去武王手里拿着戈斧,凭借武力去讨伐商纣,并灭亡商朝建立了周朝,以后便让大臣插着笏板、手执木杖,当朝处理政事。

武王既没,殷民叛之。周公践东宫①,履乘石②,摄天子之位,负扆③而朝诸侯,放蔡叔,诛管叔④,克殷残商,祀文王于明堂,七年而致政成王。夫武王先武而后文,非意变也,以应时也;周公放兄诛弟,非不仁也,以匡乱也。故事周于世则功成,务合于时则名立。昔齐桓公合诸侯以乘车,退诛于国以斧钺;晋文公合诸侯以革车,退行于国以礼义。

【注释】①践东宫:指辅佐太子成王。②乘石:天子登车用的垫脚石。③负扆:背靠屏风。指皇帝临朝听政。④蔡叔、管叔:都是周武王的同母弟,周公摄政辅佐成王,蔡叔、管叔发动叛乱,被周公平息。

【译文】周武王病逝以后,殷朝的亡国之民乘机背叛周朝,周公旦辅佐太子成王,踩着乘石,行使天子的权利,背靠屏风,坐在天子的宝座上接受诸侯的朝拜,流放参与叛乱的蔡叔度,诛杀作乱的管叔鲜,降服商朝的残余势力,在明堂祭祀文王,并在七年后把政权交还给成王。周武王先是用武力治国而后用文治国,不是志向改变了,而是为了顺应时代的发展趋势;周公放逐兄长、诛杀弟弟,不是不仁,而是为了拯救危难中的国家。所以事情合于时代便能成功,行为符合时宜便能建立名声。过去齐桓公会合诸侯的时候用文车,回到国内又用斧钺来巩固政权;晋文公会合诸侯的时候用兵车,回到国内又用礼义来治理国家。

桓公前柔而后刚,文公前刚而后柔。然而令行乎天下,权制诸侯钧者,审于势之变也。颜阖①,鲁君欲相之而不肯,使人以币先焉,凿培②而遁之,为天下显武。使遇商鞅、申不害,刑及三族,又况身乎!

【注释】①颜阖:战国时鲁国人,隐者,辞币不仕。②凿培:凿穿墙壁。

【译文】齐桓公先柔和后刚强,而晋文公先刚强后柔和,可他们都能做到号令天下，权力都能制服诸侯，这是因为他们能观察分析时势和情况的变化。鲁国的隐士颜阖，鲁哀公想任用他作宰相，颜阖却不愿意，鲁哀公又送给他礼物想让他改变想法，但颜阖却凿穿后墙偷偷地逃走了，成为天下的高士。如果颜阖碰到像商鞅和申不害这样的法家人物，必定会遭受诛灭三族的惩罚，更何况自身呢！

世多称古之人而高其行，并世有与同者，而弗知贵也。非才下也，时弗宜也。故六骐骥、四駃騠（jué tí）①，以济江河，不若窾（kuǎn）木②便者，处然也。是故立功之人，简于行而谨于时。今世俗之人，以功成为贤，以胜患为智，以遭难为愚，以死节为戆③。吾以为各致其所极而已。王子比干，非不知箕子被发佯狂以免其身也，然而乐直行尽忠以死节，故不为也。

【注释】①駃騠：良马名。②窾木：当中挖空的木头。③戆：愚蠢。

【译文】世人都赞美古代的圣贤之人，并推崇他们的品德操行，而对同时代的这种圣贤之人却不知尊重。这倒不是现代的圣贤比不上古代的圣贤，而是他们的才能和德行不合时宜。所以驾六匹骐骥或四匹駃騠来渡过长江黄河，倒不如用一条独木舟合适，这是因为所处的形式不同所决定的。所以能建功立业的人，必定行事简约、而且对于时势很慎重。而如今的世俗之人，把成就功业与否作为判断贤能的标准，把战胜困难与否作为评判聪明的尺度，把遭遇灾祸当作愚笨，把为义行而死当作愚笨憨直。但我认为以上这些人都达到了自己所想达到的目的。王子比干不是不知道像箕子那样披头散发、装疯卖傻就可以保全自己的性命，但他就是乐意为节义而献身，所以他没有选择像箕子那样的办法。

伯夷、叔齐，非不能受禄任官以致其功也，然而乐离世伉行以绝众，故不务也。许由、善卷①，非不能抚天下、宁海内以德民也，然而羞以物滑和，故弗受也。豫让、要离②，非不知乐家室、安妻子以偷生也，然而乐推诚行，必以死主，故不留也。今从箕子视比干，则愚矣；从比干视箕子，则卑矣；从管、晏视伯夷，则戆矣；从伯夷视管、晏，则贪矣。

【注释】①善卷：相传为尧、舜时隐士。②豫让：姬姓，毕氏。春秋战国时期晋国人，是晋国正卿智伯瑶的家臣。要离：春秋末吴国刺客。相传吴王阖闾派专诸刺杀王僚后，又派要离谋刺出奔在卫的王子庆忌。

【译文】伯夷、叔齐不是不能接受俸禄、担任官职来建立功勋成就大业，但他们就是乐意用高尚的品行远离平庸的世俗，所以他们不受高官厚禄的诱惑。许由、善卷并不是没有能力安抚天下、平定四海、造福百姓，但他们羞于因外在的物质去扰乱自己平和的本性，所以不肯接受帝位。豫让、要离不是不知道享受家庭的乐趣、安抚妻儿来苟且求活，但他们就是乐意忠诚赤心，为主人献身，所以不留恋俗世的生活。现在如果从箕子的角度来看比干，那么比干就显得愚蠢了；但从比干的角度来看箕子，那么箕子就显得低俗卑微了；从管仲、晏子的角度来看伯夷，那么伯夷就显得愚笨了；从伯夷的角度来看管仲和晏子，那么管仲、晏子就显得贪婪了。

趋舍相非，嗜欲相反，而各乐其务，将谁使正之？曾子①曰："击舟水中，鸟闻之而高翔，鱼闻之而渊藏。"故所趋各异，而皆得所便。故惠子②从车百乘，以过孟诸，庄子见之，弃其馀鱼③。

鹈胡④饮水数斗而不足,鳝鲔(shàn wěi)⑤入口若露而死。智伯有三晋而欲不澹,林类、荣启期⑥,衣若县鹑而意不慊⑦。由此观之,则趣行各异,何以相非也!

【注释】①曾子:即曾参,字子舆,孔子晚年弟子之一,儒家学派的重要代表人物,夏禹后代。②惠子:名施,战国中期宋国(今河南商丘)人。著名的政治家、哲学家,名家学派的开山鼻祖和主要代表人物,也是庄子的至交好友。③弃其馀鱼:比喻节欲知足。④鹈胡:水鸟名。好群飞,沉水食鱼。⑤鳝鲔:许慎注"鱼名"。⑥林类、荣启期:隐士。⑦衰:通"蓑",蓑衣。慊:不满,怨恨。

【译文】人们的取舍各不相同,嗜好与欲望恰恰相反,而各自都以自己所做的事为乐,又有谁能使他们端正呢?所以曾子说:"同是因敲击船板而发出的声音,鸟听了立刻向高处飞,鱼听了躲藏到深渊中。"这说明各自的行动是不同的,而目的都是为了使自己便利。所以惠施带着百辆车子,经过孟诸的水泽时,正在钓鱼的庄子看到惠施的那副脸色,便把自己钓到的鱼都倒回水里了。鹈胡喝几斗水都不够,而鳝鲔口中进入像露珠那样多的水就会死去。智伯拥有三晋之地还不满足,林类和荣启期衣衫破烂得像蓑衣一样都毫无抱怨。由此看来,人们各自的取舍各不相同,又怎么能互相非议呢?

夫重生者不以利害己,立节者见难不苟免,贪禄者见利不顾身,而好名者非义不苟得。此相为论,譬犹冰炭、钩绳也,何时而合?若以圣人为之中,则兼覆而并之,未有可是非者也。夫飞鸟主巢,狐狸主穴;巢者巢成而得栖焉,穴者穴成而得宿焉。趋舍行义,亦人之所栖宿也。各乐其所安,致其所蹠(zhí),谓之成人①。故以道论者,总而齐之。

【注释】①成人：完美无缺的人。

【译文】珍视生命的人，不会为了利益而损害自己；看重名节的人，不会因看到危难就苟且逃避；贪心不满足的人，看到利益就会不顾一切；重视名声的人，是不会随便取得不合道义的好处。将这些相比较而论，好比是炭和冰、钩曲和绳直，它们什么时候才能互相契合包容呢？如果让圣人来对他们进行裁定，就有可能无所遗漏而兼容并蓄为一体，便没有是非分别了。会飞的鸟类习惯筑巢栖息，狐狸习惯居住在洞穴里；无论是筑巢栖息还是打洞栖息，都是为了找到一个好的归宿。而社会中取舍品行、道义，也是人们所栖息归宿的地方。每个人都有自己所喜欢的安居之处，能够实现自己的愿望，这就是完人了。所以，从"道"的角度来看世间的万事万物，就会将它们一视同仁，认为它们的本质是一样的。

治国之道，上无苛令，官无烦治，士无伪行，工无淫巧，其事经而不扰，其器完而不饰。乱世则不然，为行者相揭①以高，为礼者相矜以伪；车舆极于雕琢，器用逐于刻镂；求货者争难得以为宝，诋文者处烦挠以为慧。争为佹辩，久稽而不诀，无益于治；工为奇器，历岁而后成，不周于用。

【注释】①揭：举，高举。

【译文】治理国家的方法，是君王没有制定苛刻的法令，官员没有烦琐的政务，士人没有伪善的品性行为，工匠没有制作过于精巧而无益的制品，事务合乎平常的规范而不纷乱，器物完整而不加雕饰。乱世就不是这样了，重视品行的人互相吹捧来抬高身价，施行礼节仁义的人互相傲视而认为对方是虚伪造作；车辆过分地修饰，器物竞相刻镂；求取财物的人争抢难得的物品，并把它们当作宝贝；用文章的词句形式互相诋毁，纠缠于烦琐的事情之中还自以为很聪明。互相争吵无理诡辩，长久积累而不处理，这些对治理国家一点用处都没有；工匠们处心积虑制作出奇巧的器具，许多年后才完成，却不适合在现实中使用。

故神农之法曰："丈夫丁壮而不耕，天下有受其饥者；妇人当年而不织，天下有受其寒者。"故身自耕，妻亲织，以为天下先。其导民也，不贵难得之货，不器无用之物。是故其耕不强者，无以养生；其织不强者，无以掩形；有余不足，各归其身；衣食饶溢，奸邪不生，安乐无事，而天下均平。故孔丘、曾参无所施其善，孟贲、成荆①无所行其威。

【注释】①成荆：勇士。
【译文】所以神农制定的法令中说："已经成年的男子如果不从事耕地，那么天下就会有人因此遭受饥饿；年轻的妇女如果不从事纺织工作，那么天下就会有人因此遭受冻害。"因此神农自己亲自耕种庄稼，他的妻子亲自纺织，为天下人作榜样。神农教导百姓，不要有意去珍视难以得到的货物，不要过分看重无用的物件。所以那个时代的男子努力耕地播种，否则就要饿肚子；女子勤奋织布，否则将无法遮挡自己的身体；有多余和不足的，都直接关系到自身；穿的吃的都很丰富充足，邪奸之人就不会产生了，百姓安定愉快地生活和劳动，没有什么祸事，天下也没有什么欺凌现象。所以孔子和曾参那样的人就没有地方施行善政，孟贲和成荆这样的勇士就没有地方展现威武。

衰世之俗，以其知巧诈伪，饰众无用，贵远方之货，珍难得之财，不积于养生之具；浇①天下之淳，析天下之朴，牿服②马牛以为牢；滑乱万民，以清为浊，性命飞扬，皆乱以营；贞信漫澜，人失其情性。于是乃有翡翠犀象、黼黻文章③以乱其目；刍豢黍粱、荆吴芬馨，以嚂（làn）④其口；钟鼓管箫、丝竹金石，以淫其耳；趋舍行义、礼节谤议，以营其心。于是百姓糜沸豪乱⑤，暮行逐利，烦挐浇浅⑥，法与义相非，行与利相反，虽十管仲，弗能治也。

【注释】①浇：浮薄，浅薄。②牿服：指圈禁，制伏。③黼黻文章：古代礼服上所绣的色彩绚丽的花纹。泛指华美鲜艳的色彩。④嚂：贪求。⑤糜沸：比喻世事混乱之甚。豪乱：即混乱。豪：通"耗"。⑥烦挐：牵缠，纷乱。浇浅：指风尚浮薄。

【译文】衰败之世的社会风俗，人们凭着机谋巧诈弄虚作假，故意粉饰各种无用的器物，把远方的奇货当作珍宝，珍惜难以得到的财宝，却不储存生活必需品；淳朴厚道的民风被破坏，使人纯净朴素的天赋本性消失干净，像牛马被关进栏圈一样；扰乱万民的天性，把清净当浑浊，人们的性情就像风中没有根须的蓬草，恣意放纵，全都处在混乱迷惑的境地；忠诚信义的品德消失殆尽了，人也失去了善良的本性。于是社会就出现了另一幅情景，用翡翠、犀牛角、象牙和美丽的花纹图案迷惑人的眼睛；用牛羊犬猪、面米细粮和各种风味小吃来满足人的食欲；用钟鼓管箫、丝竹金石等乐器来迷惑人的耳朵；又用取舍行义、礼节谤议来搅乱人的心神。这样，百姓被搅得像粥飞毛乱一样，日夜为了追逐利益而忙碌地奔走，变得烦躁浅薄无知，礼法和道义相互违背，品行和利益完全相反。这样的社会，即使有十个管仲也不可能治理好。

且富人则车舆衣纂①锦,马饰傅旄象,帷幕茵席②,绮绣绦组,青黄相错,不可为象。贫人则夏被褐带索③,含菽饮水以充肠,以支暑热;冬则羊裘解札④,短褐不掩形,而炀⑤灶口。故其为编户齐民无以异,然贫富之相去也,犹人君与仆虏,不足以论之。

【注释】①纂:彩绣。②茵席:指褥垫,草席。③被褐:穿着粗布短袄。谓处境贫困。带索:以绳索为衣带。形容贫寒清苦。④解札:谓衣脱线露口。⑤炀:烤火。

【译文】况且富人的车辆用彩绣车衣包裹,马则用旄牛尾和象牙装饰,车上的帷幕和褥垫,都配用彩绘的丝带,青黄色彩交叉纵横,无法用言语来形容它的华美秀丽。而穷人夏天则穿着用粗布做的短衣,把粗麻绳当作腰带,吃的是粗食,靠喝凉水填饱肚子,以便熬过这极热的夏天;冬天则穿着破破烂烂的皮羊裘,衣袍没有办法遮蔽自己的身体,只能蹲在灶炉口处取暖。所以同样是编入户籍的人,出现如此大的贫富差别,就像君主和奴仆的差别,让人无法比较和评论。

夫乘奇技、伪邪施者,自足乎一世之间;守正修理,不苟得者,不免乎饥寒之患,而欲民之去末反本,由是发其原而壅其流也。夫雕琢刻镂,伤农事者也;锦绣纂组,害女工者也。农事废,女工伤,则饥之本而寒之原也。夫饥寒并至,能不犯法干诛者,古今之未闻也。

【译文】那些凭借奇异技巧、虚伪从事邪门歪道的人,却能自我满足安稳地度过一生;而那些品行正直、不肯苟且得到利益的人,却免不了饥饿和寒冷的威胁,在这种社会不公平的情况下,要想使百姓抛弃末业、返归根本,这就像是挖开了水源而却堵住了水流一样。雕琢刻镂的发展,必然逼迫农民放弃农业而从事工业,妨碍了农业生产;丝带刺上花纹,彩带描绘图案,必然妨碍女工的纺织。农事荒废、纺织受损,必然会有饥饿和贫寒出现。饥寒一旦降临,人们不触犯法令和禁令,这是从古到今还从没有听说过的事情。

故仁鄙在时不在行,利害在命不在智。夫败军之卒,勇武遁逃,将不能止也;胜军之陈,怯者死行,惧不能走也。故江河决,沉一乡,父子兄弟相遗而走,争升陵阪,上高丘,轻足先升,不能相顾也。世乐志平,见邻国之人溺,尚犹哀之,又况亲戚乎?故身安则恩及邻国,志为之灭;身危则忘其亲戚,而人不能解也。

【译文】所以仁爱或卑鄙取决于时代的发展,而不取决于品行;利益或伤害取决于上天的意志,而不取决于人的智慧。败军的士兵,一旦败下阵来,就连勇敢的人也会跟着一起落荒而逃,将帅怎么制止都制止不了;胜军的队伍,一旦获胜,连胆怯的人也会跟着作战勇猛,拼死前进。所以长江、黄河沿岸被水淹没,父子兄弟互相丢弃自己的亲人而不顾,各自逃命,争先恐后地跑上高坡山丘,腿脚灵活的先上去,不能互相顾及。而盛世太平的时候,人们心平气和,看到邻国的人溺水,尚且还会同情哀痛,更何况是自己的亲人溺水呢!由此可见,个人安定,恩情就会涉及邻国,邻国有事,也会尽心尽力去帮助;反之如果自身处在危难当中,就会连亲人都不顾,外人就更不可能去帮助了。

游者不能拯溺,手足有所急也;灼者不能救火,身体有所痛也。夫民有馀即让,不足则争。让则礼义生,争则暴乱起。扣门求水,莫弗与者,所饶足也;林中不卖薪,湖上不鬻鱼,所有馀也。故物丰则欲省,求澹则争止。秦王之时,或人菹子,利不足也;刘氏持政,独夫收孤,财有馀也。故世治则小人守政,而利不能诱也;世乱则君子为奸,而法弗能禁也。

【译文】游水的人不可能去解救溺水的人,是因为他自己的手脚都忙着在划水;被火烧伤的人不可能去救火,因为他自己已经疼痛万分。由此可以看出,百姓如果穿的吃的都很充足就会互相礼让,而百姓衣食不足就会互相争抢。互相谦让则礼义就会产生了,互相争抢则暴乱就会兴起。过路人敲门讨水喝,主人没有不给的,是因为有的是水;在山林中柴火难以卖出,在湖边鱼虾不易出让,是因为在这里这类东西有富余。所以物质丰富了,人们贪婪的欲望就会减少;当要求得到满足时,争夺的事情就会停息。秦始皇统治时期,有人剁碎自己的儿女,这是因为财物不足;汉朝天子掌管国家政事,独身的老人也能收养孤儿,这是因为财物富裕。所以,在天下太平的情况下,小人也能持守正理,而物质利益也不能诱惑他;在混乱的世道,君子也会做出虚伪狡诈之事,法律禁令也无法阻止他。

淮南子（下）

全注全译

[西汉] 刘安 撰
谦德书院 注译

卷十二　道应训

【题解】"道应",东汉许慎注曰:"道之所行,物动而应,考之祸福,以知验符也。"作者意在说明作为万物本原、自然界和人类社会发生发展总规律的"道",已被古往今来的无数事实所验证,它经得住实践的检验。本篇回顾古人走过的道路,考察祸福利害互相转化的现象,用来印证得失变化的趋势。

太清问于无穷曰①:"子知道②乎?"无穷曰:"吾弗知也。"又问于无为曰:"子知道乎?"无为曰:"吾知道。""子之知道,亦有数③乎?"无为曰:"吾知道有数。"曰:"其数奈何?"无为曰:"吾知道之可以弱,可以强;可以柔,可以刚;可以阴,可以阳;可以窈④,可以明;可以包裹天地,可以应待无方⑤。此吾所以知道之数也。"

【注释】①太清:太清及下面的无穷、无为、无始均为虚构的人物。以下为许慎对四个名词的注释:太清,元气之清者也;无穷,无形也;无为,有形而不为也;无始,未始有之气也。②道:自然规律。③数:规律,特性,道理。④窈:通"幽",暗,昏暗。⑤无方:无限,无极。

【译文】太清问无穷道:"你了解'道'吗?"无穷说:"我不了解。"太清又向无为问道:"你解了'道'吗?"无为说:"我了解'道'。""你了解的'道'有什么特性呢?"无为回答:"我了解的道是有一定特性的。""它的特性是怎样的呢?"无为答:"我所理解的'道'可以是弱的,也可以是强的;可以是柔的,也可以是刚的;可以是阴的,也可以是阳的;可以是暗的,也可以是明的;它可以将天地包裹,也可以应对无极的变化。这就是我对'道'的理解。"

太清又问于无始曰:"乡者①,吾问道于无穷,无穷曰:'吾弗知之。'又问于无为,无为曰:'吾知道。'曰:'子之知道,亦有数乎?'无为曰:'吾知道有数。'曰:'其数奈何?'无为曰:'吾知道之可以弱,可以强;可以柔,可以刚;可以阴,可以阳;可以窈,可以明;可以包裹天地,可以应待无方,吾所以知道之数也。'若是,则无为知与无穷之弗知,孰是孰非?"无始曰:"弗知之深,而知之浅;弗知内,而知之外;弗知精,而知之粗。"

【注释】①乡者:以往,从前。乡,通"向"。
【译文】太清又问无始说:"之前我问无穷道是什么,无穷说:'我不了解道。'我又问了无为同样的问题,无为说:'我了解道。'我又问:'你所理解的道,它也有一定的特性吗?'无为说:'我理解的道有它自己的特性。'我说:'那它具备什么样的特性呢?'无为说:'它可以弱,可以强;可以柔,可以刚;可以阴,可以阳;可以暗,可以明;可以将天地包裹,又能应对一切,这就是我所理解的道。'如果是这样,你能说出无为的了解和无穷的不了解到底孰是孰非吗?"无始回答:"说自己不了解的,正是理解的深刻,说自己了解的,其实理解的很肤浅;说不了解的,已处于'道'中,说了解的,却在'道'外;

说不了解的,已经知道了它的精粹,说了解的,只是粗略知道了它的大概。"

太清仰而叹曰:"然则不知乃知邪?知乃不知邪?孰知知之为弗知,弗知之为知邪?"无始曰:"道不可闻,闻而非也;道不可见,见而非也;道不可言,言而非也。孰知形之不形①者乎?"故《老子》曰:"天下皆知善之为善,斯不善也②。"故"知者不言,言者不知③"也。

【注释】①形之不形:《庄子·知北游》作"形形之不形"。②"天下"句:引文见《老子》第二章。③"知者"句:引文见《老子》第五十六章。

【译文】太清听后仰天长叹,说:"这样看来,说自己不了解'道'的,却是已经了解了'道'吗?说自己了解'道'的,却还是不了解吗?谁又能弄清楚自称了解'道'的却是不了解,说不了解'道'的却已经了解了呢?"无始回答:"'道'是不能被听闻的,能听闻到的就不是'道';'道'是不能被看到的,能看到的就不是'道';'道'是无法用语言描述的,能用语言描述的就不是'道'。谁知道有形物体的形是从无形中产生的呢?"所以《老子》说:"天下人都理解善是善的,那么不善就显露出来了。"所以《老子》又说"智者不言,言者不智"。

白公①问于孔子曰:"人可以微言②?"孔子不应。白公曰:"若以石投水③中,何如?"曰:"吴、越之善没者④能取之矣。"曰:"若以水投水,何如?"孔子曰:"菑、渑(miǎn)⑤之水合,易牙⑥尝而知之。"白公曰:"然则人固不可与微言乎?"孔子曰:

"何谓不可?谁⁷知言之谓者乎!"夫知言之谓者,不以言言也。争鱼者濡⁸,逐兽者趋,非乐之也。故至言去言,至为无为,夫浅知之所争者,末矣。白公不得也,故死于洛室⁹。故《老子》曰:"言有宗,事有君。夫唯无知,是以不吾知也。"⁽¹⁰⁾白公之谓也。

【注释】①白公:名胜,号白公,楚平王之孙,太子建之子。太子建因遭费无极陷害,携家人出逃郑国,遭郑人杀害。父亲死后,白公胜便从郑国逃到吴国。后被召回,封为巢邑大夫。白公胜喜好用兵,礼贤下士,总想攻打郑国替父报仇。曾发动叛乱,杀死楚令尹子西及司马子期,自立为楚王。后被叶公打败,自缢而死。②微言:密谋,密言。③以石投水:如石头投入水里就沉没一样。比喻互相合得来。④善没者:善于潜水或游泳的人。⑤菑、渑:水名。菑水:位于今山东省境内。渑水:位于今山东省临淄市一带。⑥易牙:春秋时齐桓公内侍,擅烹调,善逢迎,甚得桓公宠爱。桓公死后,易牙与竖刁等谋乱,导致齐国大乱。⑦谁:王念孙《读书杂志》:"谁",当为"惟"。⑧濡:沾湿。⑨洛室:按许慎注,其为地名,白公事败自缢之地。一曰"浴室",指供洗澡的房间。⑩"《老子》曰"几句:引文见《老子》第七十章。

【译文】白公胜向孔子请教道:"人可以密谋吗?"孔子没有回答他。白公又问:"如果把石头投入水中,会怎么样?"孔子说:"吴越一带擅长游泳的人能把它捞上来。"白公又问:"如果把水倒入水中会怎么样?"孔子说:"将菑水和渑水汇合一起,辨味专家易牙通过品尝便可以分辨出它们的不同。"白公说:"这样看来,人不可以密谋了?"孔子说:"怎么能说不可以呢!你可以和理解你的人一起密谋啊!但是,那些理解你的人,你不用和他多说什么他就能明白你的意思了。争抢鱼的人一般都会把衣服弄湿,追赶野兽的人没有跑得慢的,他们并不是乐意这样做,而是被贪图利益的心所驱使。所以,最高明的话是不需要你说别人就已经理解了,最好的行为是你顺势而为就可以成功。那些肤浅之人才会去争夺枝末小利。"白公就是不理解这些道理，所以最后才在失败后因走投无路而死在了洛室。所以《老子》说："言论要有宗旨，做事要有依据，人们只是因为无知，所以才不能理解我说的道理。"说的就是白公这样的人。

惠子为惠王为国法①，已成而示诸先生，先生皆善之。奏之惠王，惠王甚说之，以示翟煎②，曰："善！"惠王曰："善，可行乎？"翟煎曰："不可！"惠王曰："善而不可行，何也？"翟煎对曰："今夫举大木者，前呼邪许（yé hǔ）③，后亦应之。此举重劝力之歌也，岂无郑、卫激楚④之音哉？然而不用者，不若此其宜也。治国有礼，不在文辩⑤。"故《老子》曰："法令滋彰，盗贼多有。"⑥此之谓也。

【注释】①惠子：即惠施，战国中期宋国人。著名政治家、哲学家，名家学派的开山鼻祖和主要代表人物，庄子的至交好友。惠王：即魏惠王，姬姓，魏氏，名罃（yīng），又称梁惠王，魏武侯之子，魏文侯之孙，在位五十一年。②翟煎：魏臣。③邪许：劳动时众人一齐用力所发出的呼声，即号子声。④激楚：形容音调高亢凄清。或指古乐名。⑤文辩：词藻华丽、漂亮。⑥"《老子》曰"句：引文见《老子》第五十七章。

【译文】惠施为魏惠王制定国法，法令完成后向德高望重的先生们请教，先生们都对该法赞不绝口，于是就将法令上呈给魏惠王，惠王很高兴，就把它拿给翟煎看。翟煎说："很好。"惠王说："既然都说好，就可以落实了？"翟煎说："不行。"惠王说："一致称赞却不能实施，这是为什么呢？"翟煎说："现在那些扛大木头的人，在前面的呼喊'邪许'的口号，后面的人也会学他们齐声应和。这是在扛重物时勉励人们用力的口号，现在难道没有比郑国、卫国更加高亢凄清的音乐了吗？其实是有的，只是人们不去用它，不用它是因为相比之下它不适合这个活动。治国也的道理与此相同，要注重礼法是否与实际相符，而不是看重制定法令的语言是否优美。"所以《老子》说："法令越分明、越面面俱到，就会有更多的盗贼出现。"说的就是这种情况。

田骈（pián）以道术说齐王①，王应之曰："寡人所有，齐国也。道术难以除患，愿闻国之政。"田骈对曰："臣之言无政，而可以为政。譬之若林木无材，而可以为材。愿王察其所谓，而自取齐国之政焉已。虽无除其患害，天地之间，六合②之内，可陶冶③而变化也。齐国之政，何足问哉？此老聃（dān）之所谓'无状之状，无物之象'者也④。若王之所问者，齐也；田骈所称者，材也。材不及林，林不及雨，雨不及阴阳，阴阳不及和，和不及道。"

【注释】①田骈：又称陈骈，战国时齐国思想家、教育家，先秦天下十豪之一。曾讲学稷下，雄于辩才，是稷下学宫中最具影响力的学者之一。代表作有《田子》二十五篇。齐王：即齐宣王。②六合：指上下和四方，泛指天地或宇宙。③陶冶：教化裁成。④"此老聃"句：引文见《老子》第十四章。

【译文】田骈向齐宣王游说他的道术，齐宣王回答："我所拥有的，是齐国。用你所说的道术去消除齐国当前的祸患是不太可能的，所以我想听到更好的治国安邦之道。"田骈说："我的道术从表面上看似乎和政治不沾边，但它却可以运用到政事里。这就像森林里现在没有成材的树木，但它日后却可以成材一样。希望大王能理解我的意思，自然可以从中领悟到一些治国的道理。虽然我提及的道术现在未涉及消除齐国祸患的内容，但是天地之间、六合之内都可以运用'道'来教化裁成，那齐国的政治就不言而喻了！这就是老子所说的'无状之状，无物之象'。只不过您所问的，是一个小小的齐国；而我所说的，是培育栋梁之材的问题。而实际上良材不如树林，树林不如雨水，雨水不如阴阳，阴阳不如中和之气，而中和之气不如这'道'！"

白公胜得荆国①，不能以府库分人。七日，石乞②入曰："不义得之，又不能布施③，患必至矣。不能予人，不若焚之，毋令人害我。"白公弗听也。九日，叶公入，乃发大府之货以予众，出高库之兵以赋民，因而致之④。十有九日而擒白公。夫国非其有也，而欲有之，可谓至贪也。不能为人，又无以自为，可谓至愚矣。譬白公之嗇也，何以异于枭之爱其子⑤也？故《老子》曰："持而盈之，不如其已；揣而锐之，不可长保也"⑥也。

【注释】①得荆国：指杀死令尹子西、司马子期，自立为楚王。②石乞：白公的党羽。另有版本作石乙。③布施：将金钱、实物布散施舍给别人。④叶公：楚叶邑大夫沈诸梁，芈姓，字子高。春秋末期楚国军事家、政治家。曾平定白公之乱，担任楚国宰相。因楚国封君皆称公，故称叶公。大府：朝廷的府库，这里指粮库。高库：高大的仓库，这里指兵库。⑤枭之爱其子：枭子长大后会食掉其母亲，被称为不孝鸟。这里枭子借指贪欲。⑥"故《老子》曰"句：引文出自《老子》第九章。

【译文】白公胜获得胜利、取得楚国政权后，不肯把府库里的财物分发给百姓。七天后，石乞觐见，说："这是不义之财，又不能布施给民众，一定会有灾难降临的。不能分发给他人，不如将这些东西焚烧掉，以免被别人利用来陷害我们。"白公胜不听。到了第九天，叶公子高攻入郢都，立即把大府的财物分给民众、取出高库的武器发给百姓，凭借民众的力量一起攻打白公胜。到了第十九天，白公胜被擒获。白公胜一直占有本不属于他的国家,可以说是十分贪婪了。不能帮助别人,又不能自己保有,可以说是十分愚蠢了。像白公胜这样吝啬的人,与枭鸟养其子但是到了最后被长大的枭子吃掉又有什么差别呢?所以《老子》说:"执持盈满,不如适时停止;锤尖太过锐利,难以保持长久。"

赵简子以襄子为后,董阏于曰:"无恤贱,今以为后,何也?"①简子曰:"是为人也,能为社稷忍羞。"异日,知伯②与襄子饮,而批襄子之首。大夫请杀之。襄子曰:"先君之立我也,曰能为社稷忍羞,岂曰能刺人哉!"处十月,知伯围襄子于晋阳,襄子疏队而击之,大败知伯,破其首以为饮器。故《老子》曰:"知其雄,守其雌,其为天下溪③。"

【注释】①赵简子:春秋时期晋国赵氏领袖,原名赵鞅,又名志父,亦称赵孟。杰出的政治家,军事家,外交家,改革家。战国时赵国基业的开创者,郡县制社会改革的积极推动者,先秦法家思想的实践者,对当时的历史发展起了推波助澜的作用,与其子赵无恤(即赵襄子)并称"简襄之烈"。襄子:是赵简子的庶子,名无恤,其母为从妾,又是狄人之女。后简子废太子伯鲁,立无恤为太子,父子二人被并称为"简襄之烈"。董阏于:春秋末晋国人,是晋卿赵鞅之心腹家臣,古晋阳城的始创者。在晋四卿争斗中,为保全赵氏而自缢身亡。②知伯:即荀瑶,荀首之子,智氏家族第二代宗主,春秋中期晋国杰出的军事家、政治家、外交家,晋悼公霸业复兴的最大功臣。③饮器:溺器。"故《老子》曰"句:引文出自《老子》第十章。

【译文】赵简子选中庶子无恤(也就是后来的赵襄子)为继承人,董阏于说:"无恤身份低微,把他作为继承人,这是为什么呢?"赵简子说:"以无恤的为人,日后一定可以为国家忍辱负重。"后来,智伯与赵襄子一起饮酒，智伯对着赵襄子的头部猛击一掌，赵襄子的侍卫想杀了智伯，赵襄子却说："之前先君立我时，说我可以为了国家忍辱负重，可没说我会杀人啊！"过了十个月，智伯联合韩、魏在晋阳围攻赵襄子，赵襄子分兵攻击智伯，大败智伯军，并且剖开智伯的头骨作溺器。所以《老子》说："虽然知道什么是刚强，但却谨守柔弱，甘愿做那天下谦卑的溪谷。"

啮缺问道于被衣①，被衣曰："正女形，壹②女视，天和③将至；摄④女知，正女度，神将来舍，德将来附若美，而道将为女居。惷（chǔn）⑤乎若新生之犊，而无求其故。"言未卒，啮缺继以雒夷⑥，被衣行歌而去，曰："形若槁骸，心如死灰，直实知，不以故自持；墨墨恢恢⑦，无心可与谋。彼何人哉？"故《老子》曰："明白四达，能无以知乎⑧？"

【注释】①啮缺、被衣：皆尧时老人。本节出自《庄子·外篇·知北游》。②壹：专一、集中。③天和：人的元气。④摄：收敛。⑤惷：通"蠢"。⑥雒夷：直视不言的样子。⑦墨墨恢恢：《庄子》作"媒媒晦晦"，昏暗不明、懵懵懂懂的样子。⑧"故《老子》曰"句：引文出自《老子》第十章。

【译文】啮缺向被衣问"道"，被衣说："端正你的形体，集中你的视线，这样元气才会降临；收敛你的智慧，端正你的思路，你的心就会有神明留宿，就有德依附你，使你显得更完美，道也会留居在你的身上。你会像新生的牛犊一样纯朴无邪，不去探究事物的本原。"被衣的话还没说完，啮缺依旧直视着他不说话，披衣唱着歌离开，说："形如枯骸，心如死灰；明白天道，却不故作矜持；一副懵懵懂懂纯真无邪的样子，不能同他密谋。那是怎样的人呢？"所以《老子》说："虽然将事理看得明白透彻，但是其中能不掺杂心机吗？"

赵襄子攻翟而胜之,取尤人、终人①。使者来谒之,襄子方将食,而有忧色。左右曰:"一朝而两城下,此人之所喜也。今君有忧色,何也?"襄子曰:"江、河之大也,不过三日。飘风暴雨,日中不须臾②。今赵氏之德行无所积,今一朝两城下,亡其及我乎!"孔子闻之,曰:"赵氏其昌乎?"夫忧,所以为昌也;而喜,所以为亡也。胜非其难也,持之者其难也。贤主以此持胜,故其福及后世。齐、楚、吴、越皆尝胜矣,然而卒取亡焉,不能乎持胜也。唯有道之主能持胜。孔子劲杓(biāo)③国门之关,而不肯以力闻。墨子为守攻,公输般服④,而不肯以兵知。善持胜者,以强为弱。故《老子》曰:"道冲,而用之又弗盈也⑤。"

【注释】①翟:古同"狄",指我国北方的民族。这里指北狄的一支"鲜虞"。尤人、终人:狄的二邑名。②飘风暴雨:《老子》第二十三章:"飘风不终朝,骤雨不终日。"飘风:暴风。日中不须臾:见《列子·说符》:"飘风暴雨不终朝,日中不须臾。"此句是说,太阳在头顶照射没多长时间便会西移。③杓:拉开。④墨子:名翟。春秋战国时期思想家、政治家,墨家的创始人。著作编入《墨子》。公输般:我国古代建筑工匠。姓公输名般,春秋时鲁国人,般与班同音,故称鲁班。后世尊奉他为木匠、泥瓦匠、铁匠、石匠的师祖,称他"鲁班爷"。⑤"故《老子》曰"句:引文出自《老子》第四章。

【译文】赵襄子派兵攻打北狄的分支鲜虞获胜,攻下了尤人和终人两座邑镇。使者前来面见赵襄子,赵襄子正打算吃饭,面露忧色。他的侍卫说:"只用一个早上就攻下了两座邑镇,这是值得高兴的事。现在您却很忧虑,这是为什么呢?"赵襄子说:"长江、黄河发大水,不到三天洪水就退却了;狂风暴雨,太阳当空,这都是瞬间的事情。如今我们的德行积累的不够,一个早上就攻取了两座城邑,随之而来的将会是衰亡吧？"孔子听到之后说："赵氏就要变得繁荣富强了吧？"胜利后反而知道忧虑，懂得反思，这预示着将要昌盛；而为了一点成就就沾沾自喜，随之而来的就是败亡了。最难的不是获胜，而是如何一直保持胜利成果。贤君明白这个道理，所以能保持胜利，所以他的福泽可以及于后代。纵观齐、楚、吴、越四国都曾获胜过，但最终都以衰亡告终，是因为他们不懂得保持胜利的道理。只有有"道"的君主才能保持胜利。孔子力气大得可以拉开城门的门栓，但他不愿意凭借力气大而闻名；墨子以擅长防守敌人的进攻而著名，就连公输般都佩服他，但是墨子不愿凭借他的军事才能出名。所以，能保住胜利的人，都会用柔弱去掩盖自己的强势。所以《老子》说："道体虚空，但它的作用却是无穷无尽的。"

惠孟见宋康王，蹀(dié)足謦(qǐng)欬①，疾言曰："寡人所说者，勇有功也，不说为仁义者也。客将何以教寡人？"惠孟对曰："臣有道于此：人虽勇，刺之不入；虽巧有力，击之不中。大王独无意邪？"宋王曰："善。此寡人之所欲闻也。"惠孟曰："夫刺之而不入，击之而不中，此犹辱也。臣有道于此：使人虽有勇弗敢刺，虽有力不敢击，夫不敢刺、不敢击，非无其意也。臣有道于此：使人本无其意也。夫无其意，未有爱利之心也。臣有道于此，使天下丈夫、女子，莫不欢然皆欲爱利之心。此其贤于勇有力也，四累②之上也。大王独无意邪！"宋王曰："此寡人所欲得也。"惠孟对曰："孔、墨是已。孔丘、墨翟，无地而为君，无官而为长。天下丈夫、女子，莫不延颈举踵(zhǒng)③，而愿安利④之者。今大王，万乘之主也。诚有其志，则四境之内皆得其利矣。此贤于孔、墨也远矣。"宋王无以应。惠孟出，宋王谓左右曰："辩矣！客之以说胜寡人也。"故《老子》曰："勇于不敢则活⑤。"由此观之，大勇反为不勇耳。

【注释】①惠孟：宋国人，惠施族人。孟，或作"盎"。宋康王：名偃，战国时期宋国最后一任国君。蹀足：踏足；顿脚。謦欬：咳嗽。欬同"咳"。②四累：指上面所指四种情况：刺不入，击不中；弗敢刺，弗敢击；无其意；欢然爱利。③延颈举踵：伸长脖子，踮起脚跟。形容殷切盼望的样子。④安利：平安与利益。⑤"故《老子》曰"句：引文出自《老子》第七十三章。

【译文】惠孟拜见宋康王，宋康王边蹀脚边咳嗽，急切而又大声地说："我所欣赏的是勇猛有力之人，而不是推行仁义之说的人。请问您要用什么来教导我呢？"惠孟回答说："我这里有道术，让人有这种能力：即使再勇猛的人也刺不进他的身体；即使力量再大也不能把他击中。大王难道对这种方法不感兴趣吗？"宋康王说："太好了。这是我很想知道的。"惠孟说："刺杀他人而不能刺入，打击他人而不能击中，但这样已使人受辱了。我有方法，能够让人有这种本领：没有任何一个凶猛的人敢刺杀他，没有任何一个有力的人敢击打他。但不敢刺杀、不敢击打，不代表他们没有这种想法。所以，我还有一种方法，能够让人拥有这种能力：让任何人都没有伤害他的想法。但是没有这种想法，不代表会爱他、拥护他，让他得利。所以，我还有一种方法，能够使人有这种德行：让天下的所有男女都爱他、拥护他，使他得到利益。这样优于有勇有力者，是四种情况中最好的。您对这种德行难道不感兴趣吗？"宋康王听了之后说："这正是我一直想要拥有的。"惠孟说："孔子、墨子就具备这种德行。因此，他们没有自己的领土却是人们心里的君王，他们没有在官场任职却能成为人们心中的领导和尊长。天下的男女无不伸长脖子踮起脚跟仰望他们，而且祈祷他们平安幸福。如今大王您是万乘之君，如果您有孔、墨一样的志向，那么，四境之内的利益都将归您所有，这不比孔、墨都厉害吗？"听了此话，宋康王无言以对。惠盂离开后，宋康王对左右之人说："真是一位辩才啊！这位客人说的话很有信服力，让我敬佩。"所以《老子》说："如果不想陷入死地，就要学会柔弱。"由此看来，大勇看起来倒像不勇了。

昔尧之佐九人，舜之佐七人，武王之佐五人①。尧、舜、武王于九、七、五者，不能一事焉。然而垂拱②受成功者，善乘人之资也。故人与骥逐走，则不胜骥；托于车上，则骥不能胜人。北方有兽，其名曰蹶（jué），鼠前而菟后，趋则顿，走则颠，常为蛩蛩（qióng）驱驉（jù xū）取甘草以与之③。蹶有患害，蛩蛩驱驉必负而走。此以其能，托其所不能。故《老子》曰："夫代大匠斫（zhuó）者，希不伤其手④。"

【注释】①尧之佐九人：禹、皋陶、稷、契、伯夷、倕、益、夔、龙。舜之佐七人：禹、皋陶、稷、契、益、夔、龙。武王之佐五人：周公、召公、太公、毕公、毛公。②垂拱：垂衣拱手，表示不做什么事，形容不用花什么气力。③蹶：兽名，又叫蹶鼠。相传前足短，后足长。菟：同"兔"。蛩蛩：传说中的一种怪兽。驱驉：兽名。似骡，可供乘骑。④"故《老子》曰"句：引文出自《老子》第七十四章。

【译文】从前辅佐尧帝的大臣有九个，辅佐舜帝的大臣有七个，辅佐武王的大臣有五个。尧、舜、武王与他们各自的辅佐之臣相比，他们不具备任意一位大臣的本领。即使这样，他们都轻松地获得了成功，这是因为他们善于依靠大臣的帮助，让他们发挥自己的长处。所以人和千里马赛跑，人会输；但坐在千里马拉的车子上，马被人驾驭，那结果就变了。北方有一种兽，名叫"蹶"，前足短如鼠，后足长如兔，快走便会头触地，跑起来就会跌倒，常为善走不善觅食的蛩蛩驱驉采摘甘草。但是当"蹶"有难时，蛩蛩驱驉就会背着"蹶"逃跑。这两种兽都以各自的长处去弥补对方的短处。所以《老子》说："那些代替高明的工匠去砍伐树木的人，很少有不伤到手的。"

薄疑说卫嗣君以王术①。嗣君应之曰："予所有者，千乘也。愿以受教。"薄疑对曰："乌获举千钧，又况一斤乎②？"杜赫以安天下说周昭文君③，文君谓杜赫曰："愿学所以安周。"赫对曰："臣之所言不可，则不能安周；臣之所言可，则周自安矣。"此所谓弗安而安者也。故《老子》曰："大制无割④"，"故致数舆无舆也⑤。"

【注释】①薄疑：战国时期卫人。有"贤人"之名。卫嗣君：卫平侯之子，战国时期卫国第四十一任国君。王术：王者治理天下的方略。②千钧：三万斤。这里以千钧比喻王术，以一斤比喻千乘之国。③杜赫：战国时周人，游说之士。周昭文君：东周国第二任君主。④大制无割：语出自《老子》第二十八章。⑤"故致数"句：语出自《老子》第三十九章。

【译文】薄疑以王术游说卫嗣君，卫嗣君对他说："我所拥有的，只是一个千乘小国，希望您能教给我治理千乘小国的方法。"薄疑说："乌获可以举起千钧重物，又何况仅重一斤的东西呢？"杜赫用安定天下的治术来游说周昭文君，周昭文君对杜赫说："我只想学习能够使周朝安邦立国的方法。"杜赫回答说："如果我所说的安邦定国的方法都不能用，那就没有什么方法能安定周朝了；如果你认可我的方法，那周朝自然可以兴盛了。"这就是杜赫所认为的，不说安定周朝，而周朝却自然安定了。所以《老子》说："用大道来治理天下则无害"，"所以急切地求取荣誉反而没有荣誉。"

鲁国之法，鲁人为人妾①于诸侯，有能赎之者，取金于府。子赣②赎鲁人于诸侯。来而辞不受金。孔子曰："赐失之矣。夫圣人之举事也，可以移风易俗，而受教顺③可施后世，非独以适身之行也。今国之富者寡而贫者众，赎而受金，则为不廉；不受金，则不复赎人。自今以来，鲁人不复赎人于诸侯矣。"孔子亦可谓知礼矣。故《老子》曰："见小曰明④。"

【注释】①妾：王念孙认为此处当作"臣妾"为好。称服贱役的男女。②子赣：复姓端木，字子贡（古同子赣）。孔子的得意门生，孔门十哲之一。善于经商之道，为孔子弟子中的首富。③教顺：教训、教化。④"故《老子》曰"句：引文出自《老子》第五十二章。

【译文】鲁国法律规定：鲁国人给诸侯作奴仆的，若有人能将她们赎身为平民，国家会从国库支付所需赎金。子贡在诸侯国赎回了鲁国人，回来却推辞不受国库的赎钱。孔子说："赐这样做不对啊。圣人做事情，有移风易俗的作用，他的做法对后世会产生教化作用，并不是只要适应自己的品性就是好的。现在我们鲁国富人少而贫者多，赎人而接受赎金，就是不廉洁；但是，如果大家赎回了人都不接受赎金，那谁还愿意这样去做呢？从今以后，鲁国就不会再有人到诸侯国那里去赎人了。"孔子可以说是一个知礼的人了。所以《老子》说："能够观察入微，就是'明'。"

魏武侯问于李克①曰："吴之所以亡者，何也？"李克对曰："数战而数胜。"武侯曰："数战数胜，国之福。其独以亡，何故也？"对曰："数战则民罢，数胜则主骄②。以骄主使罢民，而国不亡者，天下鲜矣！骄则恣，恣则极物；罢则怨，怨则极虑。上下俱极，吴之亡犹晚矣！夫差之所以自到于干遂③也。"故《老子》曰：

"功成名遂,身退,天之道也④。"

【注释】①魏武侯:名击,魏文侯之子,战国初期魏国国君,前395—前370年在位。李克:孔子弟子子夏的学生。②恔:同"骄"。③干遂:春秋时吴邑。④"故《老子》曰"句:引文出自《老子》第九章。

【译文】魏武侯问李克说:"吴国为什么会灭亡呢?"李克回答说:"屡战屡胜。"武侯问:"屡战屡胜,这是国家的福分。吴国却独独因为这个而灭亡,是什么原因呢?"李克回答说:"频繁的战争,使百姓疲惫不堪;而一直取得胜利又使得君主心高气傲。让骄傲的君主去指挥疲惫的百姓,国家若不灭亡的还真是少见呢!君主骄傲就会放纵,放纵就会为所欲为;百姓疲惫就会怨恨战争,怨恨多了就会想办法摆脱这种痛苦,所以他们会选择叛乱。从上到下都在走极端,吴国的灭亡已经算是晚的了。吴王夫差就是因为这个原因败给越王勾践,才会在干遂自杀身亡的。所以《老子》说:"在功成名就时,选择远离尘世退隐,这才是符合天道的。"

宁越①欲干齐桓公,困穷无以自达,于是为商旅,将任车②,以商于齐,暮宿于郭门之外。桓公郊迎客,夜开门,辟任车,爝(jué)火甚盛,从者甚众③。宁越饭牛车下,望见桓公而悲。击牛角而疾商歌④。桓公闻之,抚其仆之手曰:"异哉!歌者非常人也。"命后车载之。桓公及至,从者以请。桓公赣⑤之衣冠而见,说以为天下。桓公大说,将任之。群臣争之曰:"客,卫人也。卫之去齐不远,君不若使人问之。问之而故贤者也,用之未晚。"桓公曰:"不然。问之,患其有小恶也。以人之小恶而忘人之大美,此人主之所以失天下之士也。"凡听必有验,一听而弗复问,合其所以也。且人固难合也，权而用其长者而已矣。当是举也，桓公得之矣。故《老子》曰："天大、地大、道大、王亦大，域中有四大，而王处其一焉⑥。"以言其能包裹之也。

【注释】①宁越：应为宁戚。春秋卫惠公时卫国人，早年怀经世济民之才而不得志，后长期任齐国大司田，为齐桓公主要辅佐者之一。②将：送。任车：装载货物的车。③辟：通"避"。爝火：火炬，火把。④商歌：悲凉的歌。商声凄凉悲切，故称。后以"商歌"比喻自荐求官。⑤赣：赐，赐给。⑥"故《老子》曰"句：引文出自《老子》第二十五章。

【译文】宁戚想向齐桓公求助以施展自己的才干去做官，因为穷困无法到齐国去见齐桓公。于是他帮齐国的商人赶车，晚上在齐国都城外停宿。正赶上齐桓公去郊外迎接客人，打开城门后，随从让宁戚赶的那辆牛车靠到一边回避，齐桓公带了很多侍从，他们的火把将黑夜照得如同白昼。在车旁给牛喂草料的宁戚看到这情景，悲伤之情油然而生，一边敲击牛角一边唱着悲凄的商曲，齐桓公听到这悲伤的乐曲，情不自禁地拍打着仆人的手说："真是奇妙啊！这个唱歌的一定是与众不同的人！"于是命令后面的车子载上宁戚返回。到了朝廷，随从人员就向齐桓公请示如何安置宁戚。齐桓公赐给宁戚衣冠并接见了他，宁戚就以治理天下之术来游说桓公。桓公非常高兴，准备让宁戚担任官职。大臣们纷纷劝谏说："这位客人，是卫国人，卫国离我们齐国很近，君王您不如派人去卫国查访一下，若他真是贤者，到时再任用也不迟。"桓公说："不应该这样。去卫国打听只能打听到他的小毛病；因为小的缺点而否定他大的长处，这就是贤明的君主失去天下士人的原因。"但凡听到别人说话，就要去验证，如与人只谈了一次话后，便不再去深究他的底细，这就说明他的想法正合听者的心意，产生了共鸣。而且，世界上没有十全十美的人，经过权衡后用他人的长处就可以了。在这件事上，齐桓公的做法是正确的，因此他确实得到了人才。所以《老子》说："天大、地大、道大、王亦大。天地间的四大，而王居其中之一。"这是说君王应有像天地大道那样的心胸，才能包容万物。

　　大(tài)王亶(dǎn)父居邠(bīn)①，翟人攻之。事之以皮帛、珠玉而弗受，曰：翟人之所求者地，无以财物为也。"大王亶父曰："与人之兄居而杀其弟，与人之父处而杀其子，吾弗为。皆勉处②矣！为吾臣，与翟人奚以异？且吾闻之也，不以其所养害其养。"杖策③而去。民相连而从之，遂成国于岐山④之下。大王亶父可谓能保生矣。虽富贵，不以养伤身；虽贫贱，不以利累形。今受其先人之爵禄，则必重失之；所自来者久矣，而轻失之，岂不惑哉！故《老子》曰："贵以身为天下，焉可以托天下；爱以身为天下，焉可以寄天下矣⑤。"

　　【注释】①大王亶父：即古公亶父，又称周太王。周朝第十三代先祖。周文王祖父，周王朝的奠基人。邠：同"豳"。位于今陕西彬县。②勉处：好好地住下去。③杖策：执马鞭。谓策马而行。④岐山：山名。在今陕西省岐山县境内，周的发源地。上古称"岐"。⑤"故《老子》曰"句：引文出自《老子》第十三章。
　　【译文】大王亶父住在邠地时，狄人经常来侵扰。大王亶父为了太平就把皮革、布帛和珍珠玉石等送给狄人，但狄人不接受，说其目的是疆土而不是财物。大王亶父对百姓说："和人家的兄长一起生活却杀死了他的弟弟，和人家的父亲一起生活却杀害了他的儿子，这样的事情我是不会做的。大家就安心生活吧！做我的臣民和狄人的臣民有什么区别呢？而且我听说，不要为了那些土地等养生之物而伤害了所养的臣民。"于是大王亶父策马离开了邠地，百姓们都成群结队地随他离开，后来在岐山下建立了周朝。大王亶父可以说是珍视生命的人。即使富贵，也不能因养生之物而伤害身体；即使贫贱，也不会让利益拖累自己的形体。如今有人从祖先那里接受了世代相传的爵禄，就畏惧失去它们；而从先人那里承续的生命已很久远了，但是却不珍惜，可以轻易抛弃，这难道不是糊涂吗？所以《老子》说："为天下而看重自身的人，才值得托付天下；为天下而爱惜自身，有这样美德的人可以将天下托付给他。"

中山公子牟谓詹子曰①："身处江海之上，心在魏阙②之下，为之奈何？"詹子曰："重生。重生则轻利。"中山公子牟曰："虽知之，犹不能自胜。"詹子曰："不能自胜则从之。从之，神无怨乎！不能自胜而强弗从者，此之谓重伤；重伤之人，无寿类③矣！"故《老子》曰："知和曰常，知常曰明，益生曰祥，心使气曰强。"是故"用其光，复归其明"④也。

【注释】①中山公子牟：即魏牟，战国时魏国公子。因封于中山，是中山国的王子，所以也叫中山公子牟。中山：国名。位于今河北省定县一带。战国时为魏所灭。詹子：即詹何。②魏阙：古代宫门外的阙门，为悬示法令的地方。后亦作为朝廷的代称。③寿类：享寿者，尽天年者。④"故《老子》曰"句：所引两处语句分别出自《老子》第五十五章及五十二章。

【译文】中山公子魏牟对詹何说："我虽然隐居江湖，远离喧闹，但心里却时常惦记着朝廷政务，对此，该怎么办呢？"詹何说："珍爱生命。要做到珍爱生命就会看轻利益。"中山公子魏牟说："即使我明白重生轻利的道理，但还是没有办法战胜自己。"詹何说："你不能克制欲念，那就顺应它吧。顺其自然，你的精神将会获得放松就不会有抱怨了!反过来,你既不能克制欲念,又要尽力压制它,这会造成双重伤害;受到双重伤害,生命就不会长久。"所以《老子》说:"懂得保持心平气和叫做'常',懂得这种'常'称为'明'。放纵欲望贪图享乐就会有灾祸,欲念支配了淳和之气就是逞强。"因此"运用内心涵养的智慧之光,返归到精微的明察之中"。

楚庄王①问詹何曰:"治国奈何?"对曰:"何明于治身,而不明于治国?"楚王曰:"寡人得立宗庙社稷,愿学所以守之。"詹何对曰:"臣未尝闻身治而国乱者也,未尝闻身乱而国治者也。故本任于身,不敢对以末。"楚王曰:"善。"故《老子》曰:"修之身,其德乃真也②。"

【注释】①楚庄王:应为楚顷襄王。②"故《老子》曰"句:引文出自《老子》第五十四章。

【译文】楚顷襄王问詹何说:"应该怎么治理国家呢?"詹何回答:"我不懂治理国家,只懂得修身。"楚顷襄王说:"我现在身处君位得以执掌朝政,想学习一些治国守天下的方法。"詹何回答说:"我还没听说过自身修养好了而国家却是一团糟的例子,也没听过不修养自身而国家却治理得井井有条的例子。所以治理国家的根本在于自身的修养,不敢对您说一些细枝末节的内容。"楚顷襄王说:"说得好。"所以《老子》说:"修养好自身,他的德就会纯真。"

桓公读书于堂,轮人①斫轮于堂下。释其椎凿②,而问桓公曰:"君之所读者,何书也?"桓公曰:"圣人之书。"轮扁③曰:"其人在焉?"桓公曰:"已死矣。"轮扁曰:"是直圣人之糟粕耳。"桓公悖然④作色而怒曰:"寡人读书,工人焉得而讥之哉!

有说则可，无说则死！"轮扁曰："然。有说。臣试以臣之斫轮语之：大疾则苦而不入⑤，大徐则甘⑥而不固，不甘不苦，应于手，厌于心，而可以至妙者，臣不能以教臣之子，而臣之子亦不能得之于臣。是以行年七十，老而为轮。今圣人之所言者，亦以怀其实，穷而死，独其糟粕在耳。"故《老子》曰："道可道，非常道；名可名，非常名⑦。"

【注释】①轮人：古代指制作车轮的工匠或职掌制作车轮及有关部件的官员。②椎凿：槌子和凿子。③轮扁：春秋时齐国人，名扁，善作轮。后指艺精的名匠。④悖然：因发怒或惊慌而变色之貌。⑤大疾：太急，很快。大，通"太"。苦：粗糙。⑥甘：光滑。⑦"故《老子》曰"句：引文出自《老子》第一章。

【译文】齐桓公在堂上读书，一位轮人在堂下做车轮，他放下椎子和凿子，问齐桓公："君王正在读什么书？"桓公说："是圣人的书。"轮扁又问："这位圣人还在世吗？"桓公回答说："已经去世了。"轮扁又说："这书只是圣人留下来的糟粕罢了。"桓公听了，脸色大变，怒道："我读的是圣人的书，你一个工匠凭什么讥笑我？如果你能说出原因就算了，如果说不出来，就等着受死吧。"轮扁不慌不忙地说："我可以说出来。我以我做车轮为例谈一下这其中的道理：如果干活时只图快，太过急躁，榫头、榫眼都做得很粗糙，就无法安插进去；如果过于缓慢，太过精细，榫头、榫眼只图光滑好看，就会因松弛而安插的不够牢固。不松不紧，得心应手，正好达到高妙的程度，这样的技艺，我没有办法传授给我的儿子，而我的儿子也无法从我这里学到这种方法。所以我尽管已经年迈，但还得亲自做车轮。由此可知，即使圣人的书中有很多精华，但由于不能言传身教，所以那些精华也就随着圣人的离去而离开了，留下来的只是其中的糟粕罢了。"所以《老子》说:"可以用言词表达的'道',并非是永恒的'道';可以用文字叙述的'名',并非是永恒的'名'。"

昔者,司城子罕相宋①,谓宋君曰:"夫国家之安危,百姓之治乱,在君行赏罚。夫爵赏赐予,民之所好也,君自行之;杀戮刑罚,民之所怨也,臣请当之。"宋君曰:"善。寡人当其美,子受其怨,寡人自知不为诸侯笑矣。"国人皆知杀戮之专,制在子罕也,大臣亲之,百姓畏之,居不至期年,子罕遂却宋君而专其政。故《老子》曰:"鱼不可脱于渊,国之利器,不可以示人。"②

【注释】①司城:职官名。春秋时宋国设置,掌水土之事。原称司空,因宋武公讳司空,故改为司城。子罕:此处指战国时的司城皇喜,字子罕,驱逐宋君而篡位。②"故《老子》曰"句:引文出自《老子》第三十六章。

【译文】从前,司城子罕辅佐宋君,对宋君说:"国家的安危,治理百姓的好坏,都是由君王施行赏罚决定的。爵禄的赏赐,是人民所追求的,就由您来亲自执掌;诛杀刑罚,是人民讨厌的,就由我来执行。"宋君听后说:"好。我受到百姓赞美,你却受到民众的怨恨,这样我就不会被诸侯们取笑了。"当宋国人都知道是由子罕掌控着生杀大权后,大臣们就都亲附子罕,百姓们都畏惧子罕,不到一年时间,子罕就驱逐宋君,夺取了宋朝的政权。所以《老子》说:"鱼不能离开深渊,治国的'利器'不能随便拿出来示人。"

王寿①负书而行,见徐冯②于周。徐冯曰:"事者应变而动,变生于时。故知时者无常行。书者言之所出也,言出于知者,知者藏书③。"于是王寿乃焚书而舞之。故《老子》曰:"多言数穷,不如守中。"④

【注释】①王寿：古时的好书之人。②徐冯：传说中周时的隐士。③知者藏书：据《韩非子·喻老》篇，此处当作"知者不藏书"。④"故《老子》曰"句：引文出自《老子》第五章。

【译文】王寿背着书走在路上，在周国碰到了隐士徐冯。徐冯说："人应该学会随机应变，变化产生在相应的时机。所以识时务的人没有一成不变的。书，是记载人的言论的，言论出于智者，而智者是不会藏书的。"王寿听了徐冯的话，把所有的书都烧了，感到很放松，手舞足蹈。所以《老子》说："说的多了，往往使自己陷入困境，所以不如持守虚静。"

令尹子佩请饮庄王，庄王许诺①。子佩疏揖②，北面立于殿下。曰："昔者君王许之，今不果往。意者臣有罪乎？"庄王曰："吾闻子具于强台。强台者，南望料山③，以临方皇④，左江而右淮，其乐忘死。若吾薄德之人，不可以当此乐也。恐留而不能反。"故《老子》曰："不见可欲，使心不乱。"⑤

【注释】①令尹：春秋战国时楚国执政官名，相当于宰相。子佩：人名，时为楚令尹。"庄王许诺"下应有"子佩具于京台，庄王不往，明日"等字脱去，今应补之。②疏揖：古时请罪的礼节。疏：赤足。揖：拱手礼。③料山：山名。又作"猎山"。④方皇：水名。⑤"故《老子》曰"句：引文出自《老子》第三章。

【译文】令尹子佩置酒宴请庄王，庄王同意了。于是子佩在强台备好了酒宴，但是庄王却没有去。到了第二天，子佩赤足拱手在北面殿下拜见庄王。说："之前君王答应了赴宴，但是没有去，我想一定是我什么地方做得不够好吧？"庄王回答："我听说你在强台设宴。这强台是南望料山，邻近方皇湖，长江在其左边，淮水在其右边，这样好的环境会使人快乐得忘掉死亡的威胁。像我这样德行浅薄的人，是没有办法享受这种快乐的。恐怕我去了以后就不想回来了！"所以《老子》说："不去接触那些能勾起人欲望的东西，使心思不致混乱。"

晋公子重耳①出亡，过曹，无礼焉。厘负羁②之妻谓厘负羁曰："君无礼于晋公子，吾观其从者，皆贤人也。若以相夫子反晋国，必伐曹。子何不先加德焉？"厘负羁遗之壶飧（jùn）③而加璧焉。重耳受其飧而反其璧。及其反国，起师伐曹，克之。令三军无入厘负羁之里。故《老子》曰："曲则全，枉则正。"④

【注释】①重耳：即晋文公，名重耳。春秋时晋国第二十二任君主，春秋五霸之一。②厘负羁：春秋时曹国大夫。晋文公重耳逃亡，路过曹国，曹共公无礼，厘负羁与妻子独具慧眼私下接待晋文公。后来，晋国伐曹时下令军队不得侵犯厘负羁及其家人，以报答过境时的款待之情。③壶飧：即壶餐。用壶盛的汤饭或其他熟食。④"故《老子》曰"句：引文出自《老子》第二十二章。

【译文】晋公子重耳在外流亡，经过曹国，曹国的君主对他很不礼貌。这时，曹国大臣厘负羁的妻子对厘负羁说："我们的国君对晋公子重耳无礼，我看跟随他的都是贤士。如果由他们帮助重耳公子回到晋国执政，必定会讨伐我们曹国。你为什么不先施予一些恩惠给他呢？"厘负羁听从了妻子的建议，将一壶熟食和璧玉给了重耳。重耳接受了饮食，却将璧玉还给了厘负羁。等到重耳回到晋国，就下令讨伐曹国，攻克曹国后，特地命令三军不许打扰厘负羁所居住的里巷。所以《老子》说："忍受委屈才能保全自己，经受住屈枉，事情便会伸直。"

越王勾践与吴战而不胜,国破身亡,困于会(kuài)稽①。忿心张胆,气如涌泉,选练甲卒,赴火若灭。然而请身为臣,妻为妾,亲执戈为吴兵先马走,果禽之于干遂。故《老子》曰:"柔之胜刚也,弱之胜强也,天下莫不知,而莫之能行。"②越王亲之③,故霸中国。

【注释】①国破身亡:公元前494年,吴王夫差败越王勾践于夫椒,勾践大败后退守会稽。当时只是国破,未身亡,因此"国破身亡"偏重于"国破"上。会稽:这里指会稽山。②"故《老子》曰"句:引文出自《老子》第七十八章。③亲之:亲身实行它。

【译文】越王勾践与吴国交战失败,国家破败,人民伤亡,自己被困会稽山上。勾践心中愤恨、胆气豪壮,怒气像泉水一般激涌,选练士卒,想要赴汤蹈火与吴国一决上下。但在大夫文种的劝说下,勾践选择与吴国达成和约,勾践亲自为吴王作臣仆,让妻子成为吴王的妾,又亲自执戈为吴王牵马开道,经过多年的卧薪尝胆,终于在干遂打败吴国,并将吴王夫差擒获。所以《老子》说:"柔能胜刚,弱能胜强,天下人都明白这个道理,但无人实行。"而越王勾践亲身实践了这个策略,所以他最终称霸中原。

赵简子死,未葬,中牟①人齐。已葬五日,襄子起兵攻围之,未合而城自坏者十丈。襄子击金②而退之。军吏谏曰:"君诛中牟之罪,而城自坏,是天助我,何故去之?"襄子曰:"吾闻之叔向③曰:'君子不乘人于利,不迫人于险。'使之治城,城治而后攻之。"中牟闻其义,乃请降。故《老子》曰:"夫唯不争,故天下莫能与之争。"④

【注释】①中牟：春秋战国时赵国的都城。赵国于公元前423年将都城由山西晋阳迁至河南中牟（今河南鹤壁山城区一带）。②金：古代军队中用以指挥停止或撤退的锣或其他金属制品。③叔向：春秋时期晋国大夫、政治家，与郑国子产、齐国晏婴齐名。④"故《老子》曰"句：引文出自《老子》第二十二章。

【译文】赵简子去世后还没有安葬，中牟的守将就投靠了齐国。赵襄子将父亲的后事料理完五天后，发兵讨伐中牟城，但包围圈还没完全合拢，中牟城的城墙突然倒塌了十余丈，赵襄子号令鸣金收兵。军吏们劝谏说："国君您亲自率兵攻打中牟城，城墙突然自己倒塌，这说明老天爷在帮助我们讨伐这些天理难容的罪人，我们为什么要撤兵呢？"赵襄子说："我听叔向说过：'君子不在自己有利的条件下去欺负别人，不在他人处于险境时去逼迫他们。'所以让他们把城墙修好，等他们的城墙修好后，我们再来攻打！"中牟城内的守将听到赵襄子这番深明大义的话，便请求投降。所以《老子》说"与世无争，别人才争不过你"。

秦穆公谓伯乐曰："子之年长矣。子姓有可使求马者乎？"①对曰："良马者，可以形容筋骨相也。相天下之马者，若灭若失，若亡其一。若此马者，绝尘弭（mǐ）辙。臣之子皆下材也，可告以良马，而不可告以天下之马。臣有所与供儋缠采薪者九方堙②，此其于马，非臣之下也。请见之。"穆公见之，使之求马。三月而反报曰："已得马矣，在于沙丘③。"穆公曰："何马也？"对曰："牡（mǔ）而黄。"使人往取之，牝而骊④。穆公不说，召伯乐而问之曰："败矣。子之所使求者。毛物、牝（pìn）牡弗能知⑤，又何马之能知？"伯乐喟然大息曰："一至此乎！是乃其所以千万臣而无数者也。若堙之所观者，天机[⑥]也。得其精而忘其粗，在内而忘其外，见其所见而不见其所不见，视其所视而遗其所不视。若彼之所相者，乃有贵乎马者！”马至，而果千里之马。故《老子》曰：“大直若屈，大巧若拙。”[⑦]

【注释】①秦穆公：春秋时秦国国君。嬴姓，名任好。在位三十九年，春秋五霸之一。伯乐：古时善于相马的人。②儋：古同“担”，负荷。缠：绳索。九方堙：即九方皋，春秋时相马家。③沙丘：地名。位于今河北省广宗县西北。相传商纣王在此筑苑台。④骊：深黑色的马。⑤物：色，颜色。牝牡：雌性与雄性。⑥天机：天赋的灵机，即灵性。⑦“故《老子》曰”句：引文出自《老子》第四十五章。

【译文】秦穆公对伯乐说：“你年岁已大，同族的子弟中有可以派出去相马的吗？”伯乐说：“一般的良马，凭外形骨架就可以识别。但真的要识别天下难得的良马，就得观察马身上若隐若现的神韵，不能仅靠观察马的外貌和骨架，甚至这外形上的东西都可以忽略掉。像这样的马，真是绝世超尘，极速飞驰，不留痕迹。我的孩子们，都是下等之才，可以告诉他们一般的好马，但不能传授相千里马的本领。我结识一位一起打柴的朋友，名叫九方堙，他相马的才能不在我之下，我可以向您引见他。”秦穆公于是接见了九方堙，让他去相千里马。三个月后，九方堙回来报告秦穆公，说：“我已在沙丘找到了一匹千里马。”秦穆公问：“什么样的马？”九方堙道：“是一匹黄色的雄马。”秦穆公让下属前往沙丘去牵马，却是黑色的雌马。秦穆公不快，责问伯乐道：“真是扫兴。你那个相马的朋友竟连毛色和雌雄都分不清，怎么能相千里马呢？”伯乐听后，喟然长叹说：“九方堙的相马术竟到了这种神妙境地？这正是他相马的本领高过我千万倍，已经到了无法估量的地步啊！像九方堙这样的相马术，相的是马内在的天赋灵性。他看中了马内在的精华而忘了它的粗略外貌，看中了马的素质而不是外在,九方堙只看了那些重要的该看的地方,而不重要的不该看的地方他就舍弃了。他的相马术本身要比千里马更珍贵。"马回来后,果真是千里马。所以《老子》说:"最直的好像是弯曲的,最灵巧的好像是最笨拙的。"

吴起为楚令尹,适魏,问屈宜若曰①:"王不知起之不肖,而以为令尹。先生试观起之为人也。"屈子曰:"将奈何?"吴起曰:"将衰楚国之爵,而平其制禄②,损其有馀,而绥③其不足;砥砺甲兵,时争利于天下。"屈子曰:"宜若闻之,昔善治国家者,不变其故,不易其常。今子将衰楚国之爵,而平其制禄,损其有馀,而绥其不足,是变其故,易其常也,行之者不利。宜若闻之曰:'怒者,逆德也;兵者,凶器也;争者,人之所本④也。'今子阴谋逆德,好用凶器,始人之所本,逆之至也。且子用鲁兵,不宜得志于齐,而得志焉。子用魏兵,不宜得志于秦,而得志焉。宜若闻之,非祸人,不能成祸。吾固惑吾王之数逆天道,戾人理,至今无祸,差!须夫子也。"吴起惕然⑤曰:"尚可更乎?"屈子曰:"成形之徒⑥,不可更也。子不若敦爱而笃行之⑦。"《老子》曰:"挫其锐,解其纷;和其光,同其尘⑧。"

【注释】①吴起:战国初期军事家、政治家、改革家,兵家代表人物。辅佐楚悼王主持变法,因得罪守旧贵族,惨遭杀害。屈宜若:楚国大夫,流亡魏国。②制禄:法定的俸禄。③绥:安抚。④本:应为"弃",后文同此。⑤惕然:惶恐貌。⑥成形之徒:已经定形的道路。徒:通"途",道路。⑦敦爱:敦厚友爱。笃行:确实履行。⑧"《老子》曰"句:引文出自《老子》第五十六章。

【译文】吴起任楚国令尹,到魏国去,对流亡魏国的屈宜若说:

"君王不知我不够贤能,让我担任楚国令尹。请先生试着观察一下我吴起治理楚国的情形吧。"屈宜若问他:"你想有如何做呢?"吴起说:"我计划削弱楚国贵族的爵位,平抑法定的俸禄制度,削盈补亏,精练军队,等候时机和他们争夺天下。"屈宜若说:"我听说,之前善于治理国家的人不改变旧的制度和常规。你如今打算削弱贵族的爵位,平抑俸禄制度,以盈补亏,这就是改变了原来的制度和常规,推行这样的变革是不利的。我也听说:'愤怒,是违背天德的事;兵器,是伤人的凶器;争斗,是人们应该放弃的。'你现在暗中密谋违背天德之事,又喜欢用兵器,挑起斗争,这就是倒行逆施到极点了。你以前在鲁国任将领,不该率领鲁国军队攻打齐国,而你却用打败齐国来满足自己的愿望。你又在魏国军队做过指挥,担任过魏国西河郡守,本不应瞄准秦国,而你却冒犯秦国使它不敢越过魏国的边境,这样又满足了你的意愿。我听说,不危害别人,灾难就不会降临。我一直很纳闷,我们的君王数次违背天德,违背人理,灾难怎么还没降临呢。唉!这样看来灾难离你不远了!"吴起听了之后惶恐地问道:"还能改变吗?"屈宜若说:"既成的事情是不能改变的。你可以从现在开始用真心实意做一些忠厚仁爱之事,并坚持实行,或许可以避祸。"所以《老子》说:"锋芒内敛,远离纷扰,含和光耀,混同尘世。"

晋伐楚,三舍^①不止。大夫请击之。庄王曰:"先君之时,晋不伐楚。及孤之身,而晋伐楚,是孤之过也。若何其辱群大夫?"曰:"先臣之时,晋不伐楚。今臣之身,而晋伐楚,此臣之罪也。请三击之。"王俯而泣,涕沾襟,起而拜群大夫。晋人闻之,曰:"君臣争以过为在己,且轻下其臣^②,不可伐也。"夜还师而归。《老子》曰:"能受国之垢,是谓社稷主^③。"

【注释】①三舍：古代一舍三十里，三舍为九十里。②且轻下其臣：有人认为"轻"字当为"君"之误。即：且君下其臣。③"《老子》曰"句：引文出自《老子》第七十八章。

【译文】晋国讨伐楚国，进攻九十里仍不停止。楚国的大夫请求与晋国正式交战，楚庄王说："以前先王在世时，晋国没有胆量讨伐楚国，现在我当了一国之君，晋国就开始不断讨伐楚国，这是我的过错啊。怎么能让大夫们和我一起蒙受屈辱呢？"大夫们回答："前朝的大夫们活着的时候，晋国没有胆量讨伐楚国，现在我们做了大夫，晋国却来讨伐，这是我们的责任啊！请您同意反击晋军吧！"楚庄王听后掩面而泣，泪水打湿了衣襟，他起身向大夫们作揖。晋国人知道后说："楚国的君臣都争着承担责任，而且楚王还给大夫们礼拜，那么谦恭地对待大臣们，我们不能再继续征讨他们了。"于是晋军连夜撤兵回国。所以《老子》说："能够承担国家的屈辱，才配做一国之主。"

宋景公之时，荧惑在心①。公惧，召子韦②而问焉。曰："荧惑在心，何也？"子韦曰："荧惑，天罚也；心，宋分野，祸且当君。虽然，可移于宰相。"公曰："宰相，所使治国家也，而移死焉，不祥。"子韦曰："可移于民。"公曰："民死，寡人谁为君乎？宁独死耳！"子韦曰："可移于岁。"公曰："岁，民之命。岁饥，民必死矣。为人君而欲杀其民以自活也，其谁以我为君者乎？是寡人之命，固已尽矣！子韦无复言矣。"子韦还走，北面再拜曰："敢贺君。天之处高而听卑。君有君人之言三，天必有三赏君。今夕星必徙三舍③，君延年二十一岁。"公曰："子奚以知之？"对曰："君有君人之言三，故有三赏。星必三徙舍，舍行七里④，三七二十一，故君移年二十一岁。臣请伏于陛下以伺之⑤。星不徙，臣请死之。"公曰："可。"是夕也，星果三徙舍。故《老子》曰："能受国之不祥，是谓天下王。⑥"

【注释】①宋景公：宋国第二十八任国君。荧惑：即火星。心：心宿，二十八宿之一。苍龙七宿的第五宿，有星三颗。②子韦：春秋时宋国人，担任宋景公的"司星官"，即观察天象的国师，并且兼任宋国太史。③舍：日月五星每行二十八宿中的一宿为一舍。④四里：当为"七星"之误。⑤陛下：指台阶之下。伺：守候，等待。⑥"故《老子》曰"：引文出自《老子》第七十八章。

【译文】宋景公在位时，荧惑星位于心宿的位置，景公很害怕，召见太史子韦询问这件事，说："荧惑处于心宿的位置，这是为什么？"子韦说："荧惑，代表上天要处罚，心宿是宋国的分野，这样看来，君王可能要遭遇灾祸了。但是灾祸是可以转移的，您可以将它转移到宰相身上。"宋景公说："宰相担负着治理国家的使命，将灾祸转移到他身上，这样不祥。"子韦又说："您也可以将灾祸转移到百姓身上。"景公马上说："如果百姓都死了，我还给谁做君王？我宁愿自己死。"子韦又说："您可以将灾祸转嫁到年成上。"景公接着说："年成就是百姓的命根，年成要是不好就会发生饥荒，百姓就是死路一条，作为君主的我却用百姓的命根子来换取自己的苟活，那谁还会拥护我？好了，我的生命就要终结了，你也不要再提这件事了。"子韦听后，站起来转了个圈，然后面向北面，对景公行了个大礼说："我冒昧地祝贺君王！苍天在高处能听到人间的话。您讲了为人君者对待民众的三句话，上天一定会给你与"三"有关的赏赐，今晚荧惑星一定会移动三舍，您也可以延长寿命二十一年。"景公感到很迷惑，问："你怎么知道这些？"子韦说："您说出了为人君者的三条原则，所以上天也会给你三个赏赐。荧惑星移动三舍，移动一舍会经过七个星座，三七二十一，所以您可以多活二十一年。我愿意在陛阶下等候着，如果荧惑星没有移动，我愿意为君王您去死！"景公说："可以。"那天晚上，荧惑星果真移动了三舍。所以《老子》说："愿意承担国家祸患的君主，才配作一国之主。"

昔者，公孙龙在赵之时，谓弟子曰："人而无能者，龙不能与游。"有客衣褐带索而见曰："臣能呼。"公孙龙顾谓弟子曰："门下故有能呼者乎？"对曰："无有。"公孙龙曰："与之弟子之籍。"后数日，往说燕王。至于河上，而航在一汜①，使善呼者呼之，一呼而航来。故曰圣人之处世，不逆有伎能之士。故《老子》曰："人无弃人，物无弃物，是谓袭明②。"

【注释】①航：船；方舟。汜：水边。②"故《老子》曰"：引文出自《老子》第二十七章。

【译文】从前，公孙龙在赵国的时候，对弟子们说："我是不会和没有技能的人做朋友的。"有一位身着粗布短衣，腰上系着麻绳的客人来见公孙龙，说："我可以放声大喊。"公孙龙转身问他的弟子："我们门下原来有可以放声大喊的弟子吗？"弟子们回答："没有。"公孙龙说："那你到我门下吧！"几天后，公孙龙和弟子们一起去燕国游说燕王。到了黄河边，有船在河对面，就让那个擅长呼喊的弟子去叫河对面的船公，他只喊了一声，对面的船就过来了。所以圣人处世，不会把有一技之长的人拒之门外。这就是《老子》说的："作为人而言没有无用的，作为物而言没有可以被废弃的，这就是一种叫'内明'的大智慧。"

子发攻蔡，逾之①。宣王郊迎，列田百顷，而封之执圭②。子发辞不受。曰:"治国立政,诸侯入宾,此君之德也;发号施令,师未合而敌遁,此将军之威也;兵陈战而胜敌者,此庶民之力也。夫乘民之功劳,而取其爵禄者,非仁义之道也。"故辞而弗受。故《老子》曰:"功成而不居。夫惟不居,是以不去③。"

【注释】①子发:楚宣王、威王时的将领。蔡:指下蔡,古邑名,位于今安徽凤台一带。逾:胜,战胜。②列:通"裂"。执圭:战国时楚国的最高爵位,又称"上执圭"。③"故《老子》曰"句:引文出自《老子》第二章。

【译文】楚将子发带领军队攻打下蔡,乘胜而归。楚宣王亲自到郊外迎接他们,赏赐给他百亩良田还封赏了执圭的爵位。子发辞谢没有接受,说:"管理好楚国,使诸侯来朝见,这是君主德行的体现;发号施令,军队还没有作战敌军就落荒而逃,这是有将军的威名;士兵打败敌军,依靠的是百姓的力量。因为百姓的功劳而接受封赏,这不是仁义之道。"因此子发坚辞不受。所以《老子》说:"功成名就却不居功。正因为不居功,所以这些丰功伟业可以一直存在"。

晋文公伐原,与大夫期三日①。三日而原不降,文公令去之。军吏曰:"原不过一二日将降矣。"君曰:"吾不知原三日而不得下也,以与大夫期。尽而不罢,失信得原,吾弗为也。"原人闻之,曰:"有君若此,可弗降也?"遂降。温人闻,亦请降。故《老子》曰:"窈兮冥兮,其中有精。其精甚真,其中有信。"故"美言可以市尊,美行可以加人"。②

【注释】①原:今河南济源北。晋文公因助周室平定王子带叛乱,周襄王便把原、温等四个城邑赐予文公,原、温不服,于是文公出兵讨伐。期：约定。②所引两处《老子》语：分别见于《老子》第二十一章及六十二章。

【译文】晋文公下令讨伐原邑，约定三天攻打下来。但作战三天，对方还在坚守没有投降，因此文公下令撤退。身边的军吏们说："再攻打一两天他们就会投降了。"文公说："当初不知道三天攻不下原邑，但我与大夫们已经约定好了要三天攻下，现在已经过了三天，如果继续攻打，那就没有信用了，即使得到原邑，我也不会这样做的。"原人知道这件事后，说："有如此守信的君王，我们为什么不投降呢？"于是原人全部投降。温邑人在听到原人投降的消息后，也投降了。所以《老子》说："深远幽昧之中，一定蕴含精气；那精气特别纯真，纯真中包含了信誉。"所以"美妙的言辞会得到人们的尊重，美好的行动可以超过众人"

公仪休①相鲁，而嗜鱼。一国献鱼，公仪子弗受。其弟子谏曰："夫子嗜鱼，弗受，何也？"答曰："夫唯嗜鱼，故弗受。夫受鱼而免于相，虽嗜鱼，不能自给鱼；毋受鱼而不免于相，则能长自给鱼。"此明于为人为己者也。故《老子》曰："后其身而身先，外其身而身存。非以其无私邪？故能成其私。"一曰："知足不辱。"②

【注释】①公仪休：春秋时鲁国博士，因才学优异做了鲁国宰相。②所引两处"《老子》曰"句：分别见于《老子》第七章及四十四章。

【译文】公仪休在鲁国任国相时，特别喜欢吃鱼。所以整个鲁国的人都给他进献鱼，公仪休全都拒绝了。他的弟子劝谏说："您喜欢吃鱼，可是为什么不接受他们的鱼呢？"公仪休说："正因为我爱吃鱼，所以我才不会接受别人送的鱼。如果将他们送的鱼都收下，我的相位就有可能被罢免，就再也得不到官府供应的鱼了；不接受他们送的鱼，不仅可以保住我的相位，而且还可以长久得到官府供应的鱼。"公仪休真是一个既懂得为人又懂得为己的人啊。所以《老子》说："把自己放在最后，反而可以占先；将自己置身事外，反而能够好好的生存下去。这不就是因为他不存私心吗？所以到最后也就达成了他的目的。"换而言之："懂得知足，就不会受到屈辱。"

狐丘丈人谓孙叔敖曰①："人有三怨，子知之乎？"孙叔敖曰："何谓也？"对曰："爵高者，士妒之；官大者，主恶之；禄厚者，怨处之。"孙叔敖曰："吾爵益高，吾志益下；吾官益大，吾心益小；吾禄益厚，吾施益博。是以免三怨，可乎？"故《老子》曰："贵必以贱为本，高必以下为基②。"

【注释】①狐丘：地名。丈人：年长者。孙叔敖：春秋时期楚国令尹。②"故《老子》曰"句：引文出自《老子》第三十九章。

【译文】狐丘的一位老人对孙叔敖说："人有三件事容易遭别人怨恨，你知道是什么吗？"孙叔敖说："它们是什么呢？"老人说："爵位高了，会遭到士人的嫉妒；官大了，会遭到君王的嫌恶；俸禄丰厚了，会让人产生埋怨。"孙叔敖说："我爵位越高，会越谦卑；我官做的越大，越会让自己的欲望变的更小；我的俸禄越丰厚，我的布施越广泛。我用这些方法来避免怨恨，您看可以吗？"所以《老子》说："卑贱是高贵的根本，低下是高大的基础。"

大司马捶钩者，年八十矣，而不失钩芒①。大司马曰："子巧邪？有道邪？"曰："臣有守也。臣年二十好捶钩，于物无视也，非钩无察也。"是以用之者，必假于弗用也，而以长得其用，而况持而不用者乎，物孰不济焉？故《老子》曰："从事于道者，同于道②。"

【注释】①大司马：掌邦政之官。捶：打，锻制。芒：锋芒。②"故《老子》曰"句：引文出自《老子》第二十五章。

【译文】楚国大司马有位锻制钩的工匠，已经八十岁了，可他锻造出来的钩依然锋芒锐利。大司马问他："你是有特别工巧的技术？还是有道术呢？"老工匠说："我是有信念的。我从二十岁起就喜欢锻制钩了，对其它的事物都不放在眼里，除了钩我什么也不在意。"所以这个工匠把在其它事情上省下来的时间都用在了锻制钩上，在这方面用尽了精力，长此以往，就会发挥其效用，何况又把握了"道"，有什么事情不能从"道"那里得到帮助呢？所以《老子》说："从事于'道'的，便与'道'相合。"

文王砥德修政，三年而天下二垂归之①。纣闻而患之，曰："余夙兴夜寐，与之竞行，则苦心劳形；纵而置之，恐伐余一人②。"崇侯虎③曰："周伯昌行仁义而善谋，太子发勇敢而不疑，中子旦恭俭而知时。若与之从，则不堪其殃；纵而赦之，身必危亡。冠虽弊，必加于头。及未成，请图之。"屈商乃拘文王于羑（yǒu）里④。于是散宜生乃以千金求天下之珍怪，得驺（zōu）虞、鸡斯之乘，玄玉百工，大贝百朋，玄豹、黄罴、青犴、白虎文皮千合，以献于纣，因费仲而通⑤。纣见而说之，乃免其身，杀牛而赐之。文王归，乃为玉门，筑灵台，相女童，击钟鼓，以待纣之失也⑥。纣闻之，曰："周伯昌改道易行，吾无忧矣。"乃为炮烙，剖比干，剔孕妇，杀谏者。文王乃遂其谋。故《老子》曰："知其荣，守其辱，为天下谷。"⑦

【注释】①砥：磨炼，磨砺。垂：边疆。②夙兴夜寐：早起晚睡。

比喻勤奋。苦心劳形：精神耗损，身体疲乏。余一人：古时帝王自称。③崇侯虎：为崇城（今陕西户县）国君，侯爵，名虎。④屈商：纣王的大臣。羑里：古地名，又称羑都，在今河南省安阳市汤阴县北。为商纣囚禁周文王的地方。⑤散宜生：西周开国功臣，是"文王四友"之一。驺虞：传说中的瑞兽名。白虎黑纹，尾比躯长，不食生物，日行千里。鸡斯：传说中的神马。玄玉：黑色的玉。朋：一朋为两串贝。黄黑：黄色的罴。罴：熊的一种，即棕熊，又叫马熊，毛棕褐色，能爬树，会游泳。犴：古时北方的一种野狗，似狐而小，黑喙。文皮：有文彩的兽皮。合：即"盒"。费仲：纣王佞臣。⑥玉门：以玉饰门。灵台：周代台名。用以观测天象或游乐之所。相女童：挑选女童。⑦"故《老子》曰"句：引文出自《老子》第二十八章。

【译文】周文王还在做诸侯的时候，就磨炼德行，修明政事，只用了三年时间，天下三分之二的诸侯就归顺了他。纣王知道后很是忧虑，说："如果我没日没夜地和他竞争，那就会耗费我的精力，劳累我的身体；如果放纵不管，又担心他讨伐到我头上，会对我构成威胁。"崇侯虎说："周伯姬昌仁义而且善于谋略，他的大儿子姬发果敢又坚定，二儿子姬旦谦恭节俭而又识时务懂变通。如果任其发展，将来可能无法忍受他们带来的灾难；如果放纵并赦免他们，我们必会身处险境甚至灭亡。帽子即使破了，也是要戴在头上的。所以要在他们尚未变得强大之前，设法阻止、制服他们。"于是纣王让屈商把文王囚禁在羑里的牢狱里。这时，周臣散宜生花费千金收罗了天下珍奇之物，有驺虞、鸡斯良马、玄玉百珏、大贝百朋、玄豹、黄罴、青犴、白虎毛皮上千盒，经过费仲疏通，送到纣王手里。纣王看到后很开心，于是赦免了文王，并杀牛赏赐给他。文王回去后，用玉来装点屋门、修建灵台、并挑选了很多美女，在灵台上寻欢作乐，以等待纣王出现过失，再伺机行事。纣王听到这些后说："周伯姬昌终于改弦更张，抛弃了野心，我可以高枕无忧了。"于是更加昏庸无道，以致发展到设置炮烙酷刑、挖出比干的心脏、剖孕妇腹,杀死敢于进谏的大臣。此时,文王终于实现了他的计划。所以《老子》说:"虽然明白荣耀是什么,却能忍受屈辱,甘愿位于低微的位置。"

成王问政于尹佚曰①:"吾何德之行,而民亲其上?"对曰:"使之时而敬顺②之。"王曰:"其度安在③?"曰:"如临深渊,如履薄冰④。"王曰:"惧哉,王人乎!"尹佚曰:"天地之间,四海之内,善之则吾畜⑤也,不善则吾雠也。昔夏、商之臣反雠桀、纣而臣汤、武,宿沙⑥之民皆自攻其君而归神农,此世之所明知也,如何其无惧也?"故《老子》曰:"人之所畏,不可不畏也⑦。"

【注释】①成王:即周成王,武王之子,在位三十七年。尹佚:西周初年太史。②敬顺:即敬慎。③在:至。④"如临深渊,如履薄冰"句:引文出自《诗经·小雅·小旻》。句意为好像走到深水潭边,好像走在薄冰上。比喻随时都会发生危险,处事极为谨慎小心。⑤畜:好,与后面的"雠"相对。⑥宿沙:原注作:"伏羲、神农之间,有共工、宿沙,霸天下者也。"⑦"故《老子》曰"句:引文出自《老子》第二十章。

【译文】周成王向太史佚请教政道说:"我应具备什么样的德行,才能得到百姓的拥戴呢?"尹佚说:"用民要合时宜,而且对待他们要恭敬谨慎。"成王问:"怎样才能做到这些呢?"尹佚说:"好像面临深渊,好像是走在薄冰上一样。"成王说:"做个君王,难道有这么可怕吗?"尹佚说:"天地之间,四海之内,你善待百姓,他们就会拥戴你;你不善待百姓,他们就会反对、仇视你。过去夏、商的臣民起来反抗桀、纣而自愿拥戴汤、武,宿沙的百姓自发起来攻打宿沙君王而归附神农,这些历史事实都是人们所知道的,所以怎么能不畏惧百姓呢?"这就是《老子》所说的"人们所畏惧的,不能不畏惧"。

跖(zhí)①之徒问跖曰:"盗亦有道乎?"跖曰:"奚适②其无道也!夫意而中藏者,圣也;入先者,勇也;出后者,义也;分均者,仁也;知可否者,智也。五者不备,而能成大盗者,天下无之。"由此观之,盗贼之心,必托圣人之道而后可行。故《老子》曰:"绝圣弃智,民利百倍③。"

【注释】①跖:春秋时大盗,当时人称为"盗跖"。②奚适:何处,到哪里。③"故《老子》曰"句:引文出自《老子》第十九章。

【译文】盗跖的门徒问盗跖:"盗贼也有道术吗?"盗跖说:"何处能没有道术呢?能够知道人家有多少财物,就是圣明;带人进入别人家,这是勇敢;最后一个离开现场,这是有义气;公平分赃,就是仁爱;明白行动能否成功,这是智慧。不具备这五条道术而能成为大盗的,天底下还不存在。"由此看来,只有依托圣人之道后,盗贼的意愿才能实行。所以《老子》说:"禁绝圣人,丢弃智慧,人民就会获得百倍的利益。"

楚将子发好求技道①之士。楚有善为偷者,往见曰:"闻君求技道之士。臣,偷也,愿以技赍(jī)②一卒。"子发闻之,衣不给带,冠不暇正,出见而礼之。左右谏曰:"偷者,天下之盗也,何为之礼?"君曰:"此非左右之所得与③。"后无几何,齐兴兵伐楚,子发将师以当之,兵三却。楚贤良大夫皆尽其计而悉其诚,齐师愈强。于是市偷进请曰:"臣有薄技,愿为君行之。"子发曰:"诺"。不问其辞而遣之。偷则夜解齐将军之帱帐④而献之。子发因使人归之,曰:"卒有出薪者,得将军之帷,使归之于执事⑤。"明又复往,取其枕,子发又使人归之。明日又复往,取其簪,子发又使归之。齐师闻之,大骇,将军与军吏谋曰:"今日不去,楚君恐取吾头。"乃还师而去。故曰:无细而能薄⑥,在人君用之耳。故《老子》曰:"不善人,善人之资也⑦。"

【注释】①技道:技艺,技术,方术。②赍:充当。③与:通"预",预见。④帱帐:床帐。⑤执事:对对方的敬称。这里是对将军的敬称。⑥无细而能薄:应为"技无细而能无薄"。⑦"故《老子》曰"句:引文出自《老子》第二十七章。

【译文】楚将子发喜好寻求有一技之长的人士,楚国有位爱偷窃的人来见子发,他对子发手下的人说:"我听说子发将军喜欢寻找有技艺的人。我,是一个小偷,想凭借这种偷窃技艺到将军手下做一名士兵。"子发听后,还没束好衣带、戴好帽子就出来接见这个小偷。子发身边的人劝谏说:"小偷,就是天下的盗贼,将军为什么要如此礼遇他?"子发说:"这不是你们这些人所能预见的。"过了没多久,齐国兴兵攻打楚国,子发作为将领亲自率领士兵抵御齐军,楚军被接连击退。楚国的贤臣都献计献策,竭尽全力想打退齐国,挽回战局,可是齐军却越战越勇。在关键时刻,那位小偷来到子发的军帐中请缨说:"我有些微不足道的技能,愿为您施展一下。"子发说:"好。"也没具体问他的话是什么意思,就派他去了。当天夜里,小偷就把齐国军队将领用的帷帐拆下来,连夜送给子发。子发派人送还给齐军将领,并传话说:"我们楚军中的一位士兵外出打柴,得到了将军的帷帐,特地给你们送回来。"第二天晚上,小偷又去偷走了齐军将领的枕头,子发又将枕头还给了齐军将领。第三天晚上,小偷又去偷了齐将的簪子,子发又让人给齐将送了回去。齐军听说后,一片恐慌,将军与军吏商议说:"如果我们今天再不撤退,恐怕我的脑袋就保不住了。"于是立即班师回去了。所以,技艺没有大小高低贵贱之分,关键在于君王如何运用罢了。所以《老子》说:"不善之人也能作为一面镜子,可以给善人提供借鉴。"

颜回谓仲尼曰:"回益①矣。"仲尼曰:"何谓也?"曰:"回忘礼乐矣。"仲尼曰:"可矣。犹未也。"异日复见,曰:"回益矣。"仲尼曰:"何谓也?"曰:"回忘仁义矣。"仲尼曰:"可矣,犹未也。"异日复见,曰:"回坐忘②矣。"仲尼遽然曰:"何谓坐忘?"颜回曰:"隳(huī)支体,黜聪明,离形去知,洞于化通③。是谓坐忘。"仲尼曰:"洞则无善也,化则无常矣。而夫子荐④贤,丘请从之后。"故《老子》曰:"载营魄抱一,能无离乎?专气至柔,能如婴儿乎⑤?"

【注释】①益:增益,长进。②坐忘:指静坐时,物我两忘,与道冥合。③隳:坏,废弃。支体:即肢体。黜:抛弃。洞:混同。化通:即"大通",指大道。④荐:先。⑤"故《老子》曰"句:引文出自《老子》第十章。

【译文】颜回对他的老师孔子说:"我近来有一点长进。"孔子问道:"此话怎讲?"颜回说:"我忘掉礼乐了。"孔子说:"好啊,但这还不够。"过了些日子,颜回又去拜见孔子,说:"我又有长进了。"孔子问:"什么长进?"颜回说:"我已忘了仁义。"孔子回答:"好,但是还是不够。"过了些日子,颜回又去见孔子,说:"我已经达到坐忘的境界了。"孔子脸色突变说:"你可以说说什么是'坐忘'吗?"颜回说:"我可以在静坐时忘掉自我的存在,无所闻也无所见,好像和身体隔的很远,与大道浑然一体,这就是'坐忘'。"孔子说:"与道浑然一体就没有过多的嗜好,与万物一起变化就不会被常理拘泥。这样说来,你的境界已经超过先贤,让我孔丘跟随你之后好好学习吧。"所以《老子》说:"精神与形体融为一体,可以不分离吗?积聚精气达到至柔的境地,可以像是没有欲望的婴儿吧?"

秦穆公①兴师,将以袭郑。蹇(jiǎn)叔②曰:"不可。臣闻袭国者,以车不过百里,以人不过三十里,为其谋未及发泄③也,甲兵未及锐弊④也,粮食未及乏绝也,人民未及罢病⑤也。皆以其气之高与其力之盛至,是以犯敌能威。今行数千里,又数绝诸侯之地,以袭国,臣不知其可也。君重图之。"穆公不听。蹇叔送师,衰绖(cuī dié)⑥而哭之。师遂行,过周⑦而东。郑贾人弦高矫郑伯之命,以十二牛劳秦师而宾之。三帅乃惧而谋曰:"吾行数千里以袭人,未至而人已知之,其备必先成,不可袭也。"还师而去。当此之时,晋文公适薨(hōng),未葬。先轸言于襄公曰⑧:"昔吾先君与穆公交,天下莫不闻,诸侯莫不知。今君薨未葬,而不吊吾丧,而不假道,是死吾君而弱吾孤也。请击之。"襄公许诺。先轸举兵而与秦师遇于殽⑨,大破之,擒其三帅以归。穆公闻之,素服庙临,以说于众。故《老子》曰:"知而不知,尚矣;不知而知,病也⑩!"

【注释】①秦穆公:春秋时秦国国君,嬴姓,名任好。在位三十九年,春秋五霸之一。②蹇叔:春秋时宋国铚邑人,任秦穆公的上大夫、右相,历史上著名的政治家和军事家。③发泄:泄露。④锐弊:急剧疲惫。⑤病:痛苦不堪。⑥衰绖:丧服。古人丧服胸前当心处缀有长六寸、广四寸的麻布,名衰,因名此衣为衰;围在头上的散麻绳为首绖,缠在腰间的为腰绖。衰、绖两者是丧服的主要部分。⑦周:此指周都北门。⑧先轸:春秋时晋国名将、军事家。因采邑在原,故又称原轸。⑨殽:位于今河南省洛宁西北,东与渑池相接,西与陕县相接。⑩"故《老子》曰"句:引文出自《老子》第七十一章。

【译文】秦穆公兴兵，想偷袭郑国。蹇叔说："这样做不行。我听说要进攻他国，用兵车行军应该少于一百里，而士兵步行应该少于三十里，只有这样计划才能不泄露，士兵也不会过度劳累，粮食也不会被消耗怠尽，国内的百姓不会疲惫不堪，前线和后备人员都可以保持高昂的斗志，部队有旺盛的战斗力，这样去进攻敌人，才可以打败他们。如今我们部队行军数千里，还要多次经过其它国家的领土，这样去袭击郑国，我不知道能不能打败他们。希望君王您能重新谋划这件事。"秦穆公没有采纳蹇叔的建议。蹇叔到郊外为士兵们践行，他披麻戴孝、哭哭啼啼，在这种氛围下部队就上路出征了。经过周都洛邑一路向东，郑国商人弦高假借郑伯命令，用十二头牛来犒赏秦军，并代表郑国国君将他们作为宾客来欢迎。秦军的三位统帅以为事情泄露了，很害怕，一起商量："我们行军千里来攻打郑国，还没到达目的地，郑国就已经知道了这件事，他们一定提前做了准备，看来我们不能再偷袭了。"于是带领军队返回。刚好此时，晋文公刚去世，还未安葬，晋军主帅先轸对晋襄公说："以前我们先君与秦穆公关系好，天下人及诸侯都知道这事。现在我们先君离开还没有安葬，秦国不但没派人来吊唁，攻打郑国经过我们国家也不借道，这就是在欺负我们国君死了而新的君主孤幼。请允许我带领军队攻打他们吧。"晋襄公答应了。于是先轸带领军队在殽山与秦军交战，大败秦军，擒获秦军三位将领胜利返回。秦穆公听说秦军惨败，穿着丧服来到祖庙，向百官陈述过错在己，祈求大家谅解。所以《老子》说："知道自己还有所不知，这是高明的；不懂装懂，就要有祸端了。"

齐王①后死，王欲置后而未定，使群臣议。薛公欲中王之意，因献十珥（ěr）而美其一②。旦日，因问美珥之所在，因劝立以为王后。齐王大说，遂尊重薛公。故人主之意欲见于外，则为人臣之所制。故《老子》曰："塞其兑，闭其门，终身不勤③。"

【注释】①齐王：指战国时的齐威王。②薛公：即靖郭君田婴，战国时期齐国宗室、大臣。珥：用珠子或玉石做的耳环。③"故《老子》曰"句：引文出自《老子》第五十二章。

【译文】齐威王的王后去世了，想立一位新王后，但没有确定，便把群臣召来一起商议。薛公想要迎合齐威王的心意，于是将十副玉珥送给了齐威王，并且特意指出最好的那枚。第二天，薛公打听清楚最好的玉珥被赐给了哪位嫔妃，就断定齐威王最宠爱这位嫔妃，于是就劝齐威王将她立为王后。齐威王很开心，从此就很看重薛公。所以，君王的意图和欲望如果很容易被人看透，就会被大臣们所挟制。因此《老子》说："将泄露欲望的口径堵住，将接触外物的门户关闭，就可以一生都不受劳疾困扰。"

卢敖游乎北海，经乎太阴，入乎玄阙，至于蒙谷之上①。见一士焉，深目而玄鬓，泪注而鸢肩，丰上而杀下，轩轩然方迎风而舞。顾见卢敖，慢然下其臂，遁逃乎碑②。卢敖就而视之，方倦龟壳而食蛤梨③。卢敖与之语曰："唯敖为背群离党④，穷观于六合之外者，非敖而已乎？敖幼而好游，至长不渝。周行四极，唯北阴之未窥。今卒睹夫子于是，子殆可与敖为友乎？"若士者齤（quán）然而笑曰："嘻！子中州之民，宁肯而远至此，此犹光乎日月而载列星，阴阳之所行，四时之所生，其比夫不名之地，犹窔（yào）奥也⑤。若我南游乎冈㝗之野，北息乎沉墨之乡，西穷窅（yǎo）冥之党，东开鸿濛之光，此其下无地而上无天，听焉无闻，视焉无眴（xuàn）⑥。此其外，犹有汰沃之汜⑦。其余一举而千万里，吾犹未能之在。今子游始于此，乃语穷观⑧，岂不亦远哉！然子处矣！吾与汗漫期于九垓之外⑨，吾不可以久驻。"若士举臂而竦⑩身,遂入云中。卢敖仰而视之,弗见,乃止驾,柸治,悖若有丧也⑪。曰:"吾比夫子,犹黄鹄与壤虫⑫也。终日行,不离咫尺,而自以为远。岂不悲哉!"故《庄子》曰:"小年不及大年,小知不及大知,朝菌不知晦朔,蟪蛄不知春秋⑬。"此言明之有所不见也。

【注释】①卢敖:原注作:"燕人,秦始皇召以为博士,使求神仙,亡而不反也。"北海:北方的边区。太阴:极盛的阴气,指北方。玄阙:传说中北方的山名。蒙谷:山名。古代传说中的日入之处。②深目:眼睛凹陷。玄鬓:黑色鬓发。泪注:此处说法不一,有说为"泪水",有认为此处应作"渠颈",渠通"巨"。鸢肩:谓两肩上耸,像鸱鸟栖止时的样子。丰上而杀下:上部丰满,下部瘦削。轩轩然:轻舞飘然的样子。③倦:原注作"楚人谓倨为倦",蹲坐。蛤梨:即蛤蜊。④背群:背离众人。党:乡党,乡里。古代五百家为一党。⑤若:此,这个。蠢然而笑:露齿而笑,此处有讥讽之意。中州:中原地区。窊奥:房屋的角落。⑥冈𡹴之野:无边无际的旷野。沉墨:即沉默。窅冥之党:幽深渺茫之所。党:所,处所。眴:同"眩"。⑦汰沃之氾:无际无涯的极远处。⑧穷观:尽观。⑨汗漫:虚无缥缈之意。这里是虚构出的仙人名字。九垓:九重之天。⑩竦:通"耸"。⑪柸治:不愉快。悖:惑乱;糊涂。⑫壤虫:即蠼虫。原注作"虫之幼也"。⑬"故《庄子》曰"句:引文出自《庄子·逍遥游》。

【译文】卢敖漫游到了北海,经过北方极远之地,,到了玄阙山中,最终到达蒙谷山。看到有位士人在那里,这个人眼眶凹陷,鬓发深黑,巨大的脖颈,双肩像老鹰一样耸起来,上身丰满,下身清瘦,正迎风翩然起舞。这人回头看到卢敖,慢慢放下手臂停止运动,躲到石碑后面。卢敖走过去想看看,那人正蹲坐在龟壳上吃蛤蜊。卢敖就走向前和他说话:"唯有我卢敖背井离乡,远离喧嚣,将六合之外的地方都看遍了,像我这样的人很难找到第二个吧?我卢敖从小喜欢游览四方,长大后也不改这种爱好。我去了四方极远之地,只是还没有去过北阴。如今在这里碰到了您,您愿意和我做朋友吗?"这个人露出牙齿笑着说:"嘿嘿,您是中原人,竟然来到这么远的地方。不过这里仍然日月照耀,满天的星星,阴阳运行,四季变化,这里和那个叫不出名的地方相比,只是个小角落。像我向南去过很远的漫无边际的空旷之地,在北方寂静的某个乡土休息,跑遍幽深的西边,向东到了日出之地。这些地域是下无地而上无天,听不到声音,看不清东西。此外还有水天相连的海洋的边岸,即使我动一动就是千万里,却仍旧到不了那里。现在您才到这儿,就认为自己已经遍游天下,与我说的相比,不是差远了吗?不过您就在这呆着吧,我与汗漫先生约好了在九天之外见面,不能在这里久留,所以我不能在这里陪你了。"说完之后,此人张开手臂,耸身飞入云中。卢敖仰头看去,连人影都看不到了,于是停下马车,感到很郁闷,怅然若失,自言自语地说:"我和那位先生相比,就如同小虫与黄鹄一样。我整天不停奔走,却只是在咫尺之地漫步,但我却认为已经很远了,这不是很悲哀吗?"所以《庄子》说:"寿命短的比不上寿命长的,小聪明不如大智慧,朝生暮亡的菌类不知一个月的月初和月末,只有一夏生命的蟪蛄不知一年中的春和秋。"这是说视力再好也有看不到的东西。

季子治亶(dǎn)父三年,而巫马期絻(wèn)衣短褐,易容貌,往观化焉①。见得鱼释之。巫马期问焉,曰:"凡子所为鱼者,欲得也。今得而释之,何也?"渔者对曰:"季子不欲人取小鱼也。所得者小鱼,是以释之。"巫马期归,以报孔子曰:"季子之德至矣。使人暗行,若有严刑在其侧者。季子何以至于此?"孔子曰:"丘尝问之以治,言曰:'诚于此者刑于彼。'季子必行此术也。"故《老子》曰:"去彼取此②。"

【注释】①季子:即宓子贱。春秋末年鲁国人(一说宋国人),孔子的得意门生,孔门七十二贤之一。曾任单父(今山东省菏泽市单县)宰。亶父:又作单父,在今山东省菏泽市单县。巫马期:孔子弟子,也曾做过单父宰。絻衣:古代的一种丧服,去冠,用布包裹发髻。②"故《老子》曰"句:引文出自《老子》第十二章。

【译文】宓子贱治理亶父三年,巫马期穿着粗布短衣,用布包好发髻,化装去察看宓子贱的教化情况。巫马期看到有人在夜里捕鱼,但被捕到的鱼又被放了回去,就上前问道:"你来捕鱼,就是为了得到鱼。今天你把捕到的鱼又都放掉了,这是为什么啊?"渔夫回答:"宓子贱不想让人们抓那些还没长成的小鱼。我刚才捉到的都是小鱼,所以把它们都放生了。"巫马期回去后把这件事报告给了孔子,说:"宓子贱的德行也算到了极致了,他能让人在暗夜里行事也不敢胡来,就像有法律在他周围一样。他是怎么做到的呢?"孔子说:"我曾经问过宓子贱治理国家的方法,他告诉我:'内心世界一旦有了诚,在其他事情上就能表现出来。'宓子贱一定是使用了这个方法。"所以《老子》说:"将那些无益的去掉,选取这些有益的。"

罔两问于景曰:"昭昭①者,神明也?"景曰:"非也。"罔两曰:"子何以知之?"景曰:"扶桑受谢,日照宇宙,昭昭之光,辉烛四海,阖户塞牖,则无由入矣②。若神明,四通并流,无所不及,上际于天,下蟠③于地。化育万物而不可为象,俯仰之间而抚四海之外。昭昭何足以明之?"故《老子》曰:"天下之至柔,驰骋天下之至坚④。"

【注释】①罔两:有两种说法:一说为古代传说中的一种精怪。

一说为影子外围颜色较淡的部分。景：即"影"。这里将罔两及景虚拟为寓言中的人物。昭昭：指日光。神明：指变化莫测、无所不通，圣明的"道"。②扶桑：古代相传东海外有神木叫扶桑，是日出的地方。受：接受太阳照射。谢：日落。阖：闭，关闭。③蟠：屈曲，环绕，盘伏。④"故《老子》曰"句：引文出自《老子》第四十三章。

【译文】罔两问影子说："那明亮的日光是神明吗？"影子说："不是。"罔两又问："你是怎么知道的？"影子说："太阳每天东升西落，照耀宇宙，那明亮的阳光照耀四海。可是关上了门窗，阳光就照不进来了。像那神明，四通八达，没有什么地方不能到达，上达九天，下至大地，化育万物却可以很好的隐藏，俯仰之间就能抚及四海之外，这日光怎么能这么神通广大？"所以《老子》说："天下最柔软的，能够游走驰骋于天下最坚硬的东西之间。"

光耀问于无有曰："子果有乎？其果无有乎？"无有弗应也。光耀不得问，而就视其状貌，冥然忽然，视之不见其形，听之不闻其声，搏之不可得，望之不可极也。光耀曰："贵矣哉！孰能至于此乎？予能有无矣，未能无无也。及其为无无，又何从至于此哉！"故《老子》曰："无有入于无间，吾是以知无为之有益也①。"

【注释】①"故《老子》曰"句：引文出自《老子》第四十三章。

【译文】光耀问无有说："您是果真有呢？还是果真没有呢？"无有没有回答。光耀得不到回答，于是就上前去看他的形状和外貌，只觉得是：黑呼恍惚，看不清他的身体，听不到他的声音，也触碰不到他，一眼看不到头。光耀于是说："真是稀有啊，谁可以达到这样神奇的境界呢？就我而言，还只是达到'无形'和'无声'的状态，只是让人碰不到、听不到，却达不到没有光的状态。至于这无一切的状态，是怎么达到的呢？"所以《老子》说："什么都没有的东西可以渗透到没有间隙的地方,我由此知道'无为'的好处了。"

白公胜虑乱,罢朝而立,倒杖策,錣(zhuì)上贯颐,血流至地而弗知也①。郑人闻之,曰:"颐之忘,将何不忘哉!"此言精神之越于外,智虑之荡于内,则不能漏理其形也。是故神之所用者远,则所遗者近也。故《老子》曰:"不出户以知天下,不窥牖以见天道。其出弥远,其知弥少②。"此之谓也。

【注释】①虑:谋划。杖策:执马鞭。錣:马鞭头上的针刺。②"故《老子》曰"句:引文出自《老子》第四十七章。

【译文】白公胜一心想发动兵变好为父亲报仇,退朝后一直站在那里没有离开,他倒执着马鞭以至于鞭梢的尖针将他的面颊都刺穿了,血流到地上他都浑然不觉。郑国人听了以后,说:"白公胜连自己的面颊都忘了,还有什么忘不掉的啊!"这是说人的精神一旦超脱于身心之外,而内心深处又会有激荡,那么人就不能充实气血、调整身体。因此,精神放在越长远处,就越不会顾及身体。所以《老子》说:"足不出户就可以知道天下所有的事情,不往窗外看,也能知道自然的发展规律。越向外竞逐,明白的就越少。"说的就是这个意思。

秦皇帝得天下,恐不能守,发边戍,筑长城,修关梁,设障塞,具传车,置边吏①。然刘氏夺之,若转闭锤②。昔者武王伐纣,破之牧野,乃封比干之墓,表商容之闾,柴箕子之门,朝成汤之庙,发钜桥之粟,散鹿台之钱,破鼓折枹③,驰弓绝弦,去舍露宿以示平易,解剑带笏以示无仇。于此天下歌谣而乐之,诸侯执币相朝,三十四世不夺④。故《老子》曰:"善闭者,无关键而不可开也;善结者,无绳约而不可解也⑤。"

【注释】①关梁:关口和桥梁。泛指水陆交通必经之处。传车:古代驿站的专用车辆。②刘氏:指刘邦。闭锤:古代编席的工具。③枹:击鼓杖。④币:帛。三十四世:周代从周武王到周赧王共三十四代。⑤"故《老子》曰"句:引文出自《老子》第二十七章。

【译文】秦始皇得天下后,害怕不能守住,就派了好多军队去驻守边疆,修筑长城,修建关口、桥梁,设置要塞屏障,置备传车,设立边吏。然而刘家夺取秦的天下,却如翻转轴锤一般容易。以前武王讨伐纣王,在牧野将他打败,推翻了殷朝的统治,于是修整比干的坟墓,旌表商容故里,保护了箕子的旧宅,朝拜商汤的宗庙,分发钜桥的粮食和鹿台的财物,剖开战鼓、折断鼓槌,松开强弓、弄断弓弦,搬离房舍、露宿野外,以示生活简朴,解下宝剑,带着笏板,表示没有仇敌。于是天下百姓欢唱歌谣来庆祝天下太平,诸侯都带着礼物来争相朝拜,历经三十四代,也没被夺权。所以《老子》说:"擅于关闭的人,不用门闩别人也打不开;善于捆绑的人,不用绳索别人也打不开。"

尹需①学御,三年而无得焉,私自苦痛,常寝想之。中夜,梦受秋驾②于师。明日往朝,师望之,谓之曰:"吾非爱道③于子也,恐子不可予也。今日教子以秋驾。"尹需反走,北面再拜曰:"臣有天幸,今夕④固梦受之。"故《老子》曰:"致虚极,守静笃,万物并作,吾以观其复也⑤。"

【注释】①尹需:古时善御之人。②秋驾:一种御马的技艺。③爱道:吝惜秘术不舍得教授。④今夕:这里指昨夜。⑤"故《老子》曰"句:引文出自《老子》第十六章。

【译文】尹需学习驾御术,学了三年无所获,心里很难受,常在睡觉时还思虑这件事。有一天半夜,他在梦中从老师那里学会了"秋驾"的技艺。第二天,尹需去见他的老师,老师望见他后,对他说:"我不是舍不得将驾御术教给你,只是凭借你的能力学不会它。今天我就教你秋驾技术吧。"尹需绕了一个圈子,面向北向老师行再拜礼,说:"我有天赐的运气,昨天晚上我已梦到接受了老师教的秋驾技术。"所以《老子》说:"竭尽全力使心灵达到一种虚寂的状态,切实坚守并保持这种宁静。万物都在蓬勃生长,我静观它们的循环往复。"

昔孙叔敖三得令尹,无喜志,三去令尹,无忧色;延陵季子,吴人愿一以为王而不肯;许由,让天下而弗受;晏子与崔杼盟,临死地不变其仪。此皆有所远通也。精神通于死生,则物孰能惑之! 荆有佽非,得宝剑于干队①。还反度江,至于中流,阳侯之波,两蛟挟绕其船,佽非谓枻(yì)②船者曰:"尝有如此而得活者乎?"对曰:"未尝见也。"于是佽非瞋目勃然,攘臂拔剑曰:"武士可以仁义之礼说也,不可劫而夺也。此江中之腐肉朽骨,弃剑而已。余有奚爱焉!"赴江刺蛟,遂断其头。船中人尽活,风波毕除。荆爵为执圭。孔子闻之,曰:"夫善哉③! 腐肉朽骨弃剑者,佽非之谓乎!"故《老子》曰:"夫唯无以生为者,是贤于贵生焉④。"

【注释】①佽非:相传为春秋时楚国勇士。干队:或作"干遂"。②枻:短桨。这里用作动词,划船。③哉:通"哉"。④"故《老子》曰"句:引文出自《老子》第七十五章。

【译文】从前孙叔敖曾三任令尹的官位,但却没有流露出高兴之意,三次失去令尹的官职也没有忧色;延陵季子,吴国人想要立他为王,但他不同意;许由,尧想把天下让给他,但他不肯接受;晏子与崔杼盟誓,面临死亡威胁也不改变他的态度。这些都是目光深远又通晓事物变化的人。人在精神上如果能通达生死,那么还有什么诱惑是他抵挡不了的呢!楚国有位伙非,在干遂的时候取得一把宝剑。返回时要经过长江,船到了江中间,有疾风大浪,两条蛟龙挟裹、缠绕着他们的船只。伙非对艄公说:"你见过有人能在这种情况下逃生的吗?"艄公回答:"没见过。"这时伙非勃然大怒、血气上涌、挽起衣袖、拔出宝剑,大声说:"可以用仁义之礼来说服武士,但不能夺取他人的意志。人最终都要变成腐肉朽骨,虽然把剑丢给蛟龙可以活下去,但是生命又有什么值得吝惜!"说完便跳入江中刺杀蛟龙,终于将蛟龙的头斩断,一船人得以保全性命,风浪也渐渐平息下来。楚王赐给伙非执圭爵位。孔子听到这件事后说:"太好了!不会为了自己的生命而抛弃宝剑,伙非真是这样的人。"所以《老子》说:"那些不贪生怕死的人,是要比那些过分珍重生命的人高明的。"

齐人淳于髡(kūn)以从说魏王,魏王辩之①。约车十乘,将使荆。辞而行,人②以为从未足也,复以衡说,其辞若然。魏王乃止其行而疏其身。失从心志,而又不能成衡之事,是其所以固③也。夫言有宗,事有本,失其宗本,技能虽多,不若其寡也。故周鼎著倕,而使齕(hé)④其指,先王以见大巧之不可也。故《慎子》⑤曰:"匠人知为门,能以门,所以不知门也,故必杜,然后能门。"

【注释】①淳于髡:战国时齐国的政治家和思想家,齐威王拜其为政卿大夫。淳于髡以博学多才、善于辩论著称。魏王:即魏惠王。辩之:认为他有辩才。②人:应作"又"。③固:鄙陋(见识浅少)。④齕:

咬。⑤《慎子》：该书为战国时赵人慎到所著，一卷。《汉书艺文志》著录《慎子》四十二篇，列于法家。今所传《慎子》为残本，清严可均辑，一卷七篇。

【译文】齐国人淳于髡向魏惠王游说合纵策略，魏惠王认为他很有辩才。于是，为他备车十乘，派他去楚国实施合纵策略。但淳于髡告辞将要出发的时候，又觉得合纵策略不太好，于是向魏惠王游说连横策略，他的话还像之前那样很有道理。但魏惠王没有认同，感觉他反复无常，就停止让他出使楚国，并且开始疏远他。这样，淳于髡既无法实施合纵的志向，又不能开展连横的策略，这就是他鄙陋的地方。说话要有主旨，做事要抓根本，失去了主旨和根本，就算再有本事也没有办法，还不如本领差的。因此周朝的鼎上铸有工倕的像，还让他咬着自己的手指头，是想告诉人们大巧是不可以用的。所以《慎子》说："工匠知道做门，但是不知如何使门关闭，这就等于不知道做门的关键。所以一定要弄明白做门的关键之处，才能算得上是会做门。"

墨者有田鸠者，欲见秦惠王①。约车申辕，留于秦，周年不得见②。客有言之楚王者，往见楚王。楚王甚悦之，予以节③，使于秦。至，因见予之将军之节④，惠王见而说之。出舍，喟然而叹，告从者曰："吾留秦三年不得见，不识道之可以从楚也。"物故有近之而远，远之而近者。故大人之行，不掩以绳，至所极而已矣⑤。此所谓《管子》"枭飞而维绳⑥"者。

【注释】①墨：指墨家学派。田鸠：即田俅子，战国时期齐国人，墨子的弟子。秦惠王：即秦惠文王，战国时秦国国君，秦孝公之子。②申：捆扎，束。周年：应为三年。③节：符节。④予之将军之节：此六字应为上文"予以节"的注语，应是误置。⑤大人：德行高尚、志趣高远的人。

不掩以绳：应为"不扶以绳"，是指不墨守成规，应顺时而动。⑥所引《管子》语：出自《管子·宙合篇》，原文作"鸟飞而准绳"。

【译文】墨家弟子中有个叫田鸠的人，想要见秦惠王，他套好车、绑好车辕到了秦国，可是在秦国呆了三年也没见到秦惠王。有位门客向楚威王引荐田鸠，于是田鸠前往拜见楚王。楚王对他很满意，赐他将军的符节，派他出使秦国。田鸠到了秦国，见到秦惠王，秦惠王对他也很满意。田鸠出了客舍，喟然长叹，对他的随从说："我在秦国呆了三年都没能见到秦王，当时真不知道可以通过楚国这个途径见到秦惠王。"所以说，对于万事万物，有时你想接近可以远离它，而你的远离其实正是接近了它。因此，德行高尚的人，不会恪守陈规、不知变通，只要最终能实现目标就可以了。这就是《管子》所说的："鸟儿飞行上下无常，进退不定，看起来好像没有一定的准绳，但最终都会回到它们的栖息之处相聚。"

沣水①之深千仞，而不受尘垢，投金铁针焉，则形见于外，非不深且清也，鱼鳖龙蛇莫之肯归也。是故石上不生五谷，秃山不游麋鹿，无所阴蔽隐也。昔赵文子②问于叔向曰："晋六将军③，其孰先亡乎？"对曰："中行、知氏。"文子曰："何乎？"对曰："其为政也，以苛为察，以切为明，以刻下为忠，以计多为功。譬之犹廓④革者也，廓之，大则大矣，裂之道也。"故《老子》曰："其政闷闷，其民纯纯，其政察察，其民缺缺⑤。"

【注释】①沣水：发源于西安长安区沣峪，流至咸阳市汇入渭河。②赵文子：即赵武，春秋中期晋国六卿。③六将军：春秋时晋国之范氏、中行氏、智氏、韩氏、魏氏、赵氏六卿。④廓：扩张，拉伸。⑤"故《老子》曰"句：引文出自《老子》第五十八章。闷闷：宽大。纯纯：心志专一，恭敬致诚的样子。察察：苛刻。缺缺：疏薄诈伪貌。

【译文】沣水深达千仞,却没被尘垢玷污,河水清澈得连一根金属针丢进去都可以现出形状来,不能说它不清不深,就是因为这个,鱼鳖龙蛇都不在那里生存。因此石头上没有五谷生长,光秃秃的山上没有麋鹿出没游走,因为那里没有藏身之处。从前赵文子问叔向说:"我们晋国的六位将军,你看哪家会先灭亡"叔向回答:"中行氏和智氏两家。"文子又问:"为什么这么说呢?"叔向答道:"这两家处理政事,把苛求当成明察,把严厉当成英明,以为苛刻就是忠君,以为计多就有功劳。这就像是死劲拉皮革使其扩张,大是大了,但这同时也会使皮革破裂。"所以《老子》说:"政治宽容,人民就会纯朴忠诚;政治严苛,人民就会变得奸诈。"

景公谓太卜曰①:"子之道何能?"对曰:"能动地②。"晏子往见公,公曰:"寡人问太卜曰:'子之道何能?'对曰:'能动地。'地可动乎?"晏子默然不对。出,见太卜,曰:"昔吾见句星在房、心③之间,地其动乎?"太卜曰:"然"。晏子出。太卜走往见公曰:"臣非能动地,地固将动也。"田子阳④闻之,曰:"晏子默然不对者,不欲太卜之死;往见太卜者,恐公之欺也。晏子可谓忠于上而惠于下矣。"故《老子》曰:"方而不割,廉而不刿⑤。"

【注释】①景公:即齐景公。太卜:古代卜筮官之长。②动地:震撼大地。③句星:星名,即钩星。九星如钩状。房:星名。二十八宿之一,东方苍龙七宿的第四宿,有星四颗。心:二十八宿之一。苍龙七宿的第五宿,有星三颗。④田子阳:齐臣。⑤"故《老子》曰"句:引文出自《老子》第五十八章。

【译文】齐景公问太卜说:"你的本领有什么用?"太卜说:"能撼动大地。"这时晏子去拜见景公,景公说:"我曾问太卜:'你的本领有什么用?'他回答:'能将大地撼动。'地真的能被他撼动吗?"

晏子没有回答。出来后就去找太卜，说："之前我观察到钩星处在房、心二宿之间，大概要地震了吧？"太卜回答说："是这样的。"晏子走后，太卜连忙赶到景公那里，说："不是我能撼动大地，而是大地本来就要震动了。"齐臣田子阳听到这件事，说："晏子默然，没有回答景公，是害怕太卜因为撒谎而被处死；又去面见并劝说太卜，是希望他能承认自己撒谎以免使景公受蒙骗。晏子真可说是既忠君又爱护下臣啊。"所以《老子》说："做事端正而不绝情，即使有锋芒也不会伤害别人。"

魏文侯觞诸大夫于曲阳①。饮酒酣，文侯喟然叹曰："吾独无豫让以为臣乎！"蹇重举白②而进之，曰："请浮③君！"君曰："何也？"对曰："臣闻之，有命④之父母，不知孝子；有道之君，不知忠臣。夫豫让之君，亦何如哉？"文侯受觞而饮釂（jiào）不献⑤，曰："无管仲、鲍叔以为臣，故有豫让之功。"故《老子》曰："国家昏乱，有忠臣⑥。"

【注释】①魏文侯：名斯（一名都），魏桓子之孙，是魏国百年霸业的开创者，战国时魏国的开国君主。觞：设酒宴招待。曲阳：在今河北省曲阳县西、沙河之东。②白：古时罚酒用的酒杯。③浮：罚。④有命：掌握命运。这里是指命运好，运气好。⑤饮釂：喝尽杯中酒。献：古时特指主人向宾客敬酒。⑥"故《老子》曰"句：引文出自《老子》第十八章。

【译文】魏文侯在曲阳设酒席招待众大夫。酒兴正浓时，魏文侯喟然长叹道："我的身边独独没有如豫让一样的忠烈之士为臣么！"这时蹇重举起一杯罚酒敬给魏文侯，说："请君王自罚一杯。"魏文侯很困惑，问："为什么我要罚酒？"蹇重说："我听说，好命的父母不懂什么是孝子，有道的居主不明白什么是忠臣。那豫让的君主又怎么样呢?"文侯接过罚酒一饮而尽,不再给大家敬酒,说:"是因为没有管仲、鲍叔那样的贤才辅佐智伯,所以才成就了豫让誓死都要替他报仇的功名。"所以《老子》说:"国家昏乱,才会促使忠臣出现。"

孔子观桓公之庙,有器焉,谓之宥卮(yòu zhī)①。孔子曰:"善哉!予得见此器。"顾曰:"弟子取水。"水至,灌之。其中则正,其盈则覆。孔子造然革容②曰:"善哉,持盈者乎!"子贡在侧曰:"请问持盈。"曰:"益而损之。"曰:'何谓益而损之?"曰:"夫物盛而衰,乐极则悲,日中而移,月盈而亏。是故聪明睿智,守之以愚;多闻博辩,守之以陋;武力毅勇,守之以畏;富贵广大,守之以俭;德施天下,守之以让。此五者,先王所以守天下而弗失也。反此五者,未尝不危也。"故《老子》曰:"服此道者不欲盈。夫唯不盈,故能弊而新成③。"

【注释】①桓公:即鲁桓公。宥卮:即宥坐之器。②造然:突然。革容:改变表情。③"故《老子》曰"句:引文出自《老子》第十五章。

【译文】孔子去参观鲁桓公的庙堂,在庙中看到一件器具,叫作宥卮。孔子说:"太好了!真是荣幸得以见到这种器物。"回头对他的弟子说:"取水来!"水随即取到,将水灌入宥卮,倒到中间适中的部位时,宥卮很平正,但是倒满时,宥卮就倾覆了。这时,孔子突然变了脸色,说:"真好啊!这个器物是在告诉我们对待盈满的态度。"子贡在旁边问:"请问应该以什么态度对待盈满呢?"孔子回答:"这器具告诉我们,盈满时就要减损。"子贡又问:"为什么盈满了就要减损呢?"孔子解释说:"事物兴盛到了极点就会转向衰败,这和乐极生悲是一样的;自然界也如此,正午以后太阳就会西下,月亮有圆有缺,圆后就会残缺。所以,智慧,要靠愚笨来持守;广闻善辩,要靠孤陋寡闻来持守;勇猛刚强,要靠胆小怯懦来持守;尊贵富足,要靠朴素节俭来持守;德泽遍及天下,要靠谦恭礼让来持守。这五方面,是先王保住天下而没有灭亡的法宝。违反这五个原则,没有不遭遇危险的。"所以《老子》说:"遵循这种道的人不追求盈满,正因为不盈满,所以才能不断破旧立新,由败转胜。"

武王问太公曰:"寡人伐纣天下,是臣杀其主而下伐其上也。吾恐后世之用兵不休,斗争不已,为之奈何?"太公曰:"甚善,王之问也!夫未得兽者,唯恐其创之小也;已得之,唯恐伤肉之多也。王若欲久持之,则塞民于兑①,道全②为无用之事,烦扰之教,彼皆乐其业,供③其情,昭昭而道冥冥。于是乃去其瞀(mào)而载之木④,解其剑而带之笏。为之三年之丧,令类不蕃⑤;高辞卑让,使民不争。酒肉以通之,竽瑟以娱之,鬼神以畏之,繁文滋礼以弇(yǎn)⑥其质,厚葬久丧以亶⑦其家,含珠鳞施,纶组⑧以贫其财,深凿高垄以尽其力。家贫族少,虑患者贫。以此移风,可以持天下弗失。"故《老子》曰:"化而欲作,吾将镇之以无名之朴也⑨。"

【注释】①兑:耳目鼻口。②全:应作"令"。③供:应作"佚",安逸。④瞀:通"鍪",古代武士的头盔。载:通"戴"。木:应作"术",通"鹬",一种鸟的名字,羽毛茶褐色,嘴、脚都很长,趾间无蹼,常在水边或田野中捕吃小鱼、小虫和贝类。这里指"鹬鸟冠",知天文者戴的帽子。⑤蕃:繁衍。⑥弇:掩盖,掩蔽。⑦亶:通"殚",竭尽。⑧鳞施:古代贵族丧葬时给死者穿戴的玉衣。用玉片串缀而成,施于死者之体如鱼鳞状,故名。纶组:后脱"节束"二字,应作"纶组节束",古时葬礼以丝绵裹尸,再以丝带缠束。⑨"故《老子》曰"句:引文出自《老子》第三十七章。

【译文】周武王问姜太公说:"我率领军队讨伐纣的天下,这是大臣杀害君主、以下犯上的事情。我担心后世这类战争连绵不断,人们的争斗没有尽头,您看该怎么办呢?"太公说:"您的这个问题问得太好了!这就是还未获取猎物时,担心射杀野兽的创口太小,不能获得野兽;但打到猎物了又害怕射杀野兽的创口太大、伤肉太多而危害猎物的质量。如果君王想长久地坐稳江山,唯一的办法是将百姓的眼耳口鼻都堵上,使他们没有欲望,引导他们做些无用的事情,并向他们施加烦琐纷扰的说教,让他们都安于自己的本业,自愿甘于平庸安逸,让他们由明白清醒变成糊涂愚昧。这时他们就能把头盔摘下,戴上鹥鸟冠,解下他们的宝剑、带上笏板上朝。制定守丧三年的习俗,让他们同族不能迅速繁衍后代;使用高妙的言辞,谦卑的礼节,让百姓与世无争。让他们大食酒肉心情舒畅,通过竽瑟之乐让他们自娱自乐,让他们敬畏鬼神,用繁文缛节来掩饰他们的本质,以厚葬久丧来耗尽他们的家财,规定使用贵重的随葬物让他们变得贫困,通过深挖壕沟、高筑城墙来使他们耗尽体力。这样家家变得贫穷、部族人口锐减,图谋叛乱的人相应就会减少。用以上这些方法来改变世俗,就可以常坐江山了。"所以《老子》说:"从自然变化中产生的欲望,我就用质朴的叫不出名来的'道'来使它镇服。"

卷十三　氾论训

【题解】氾论就是广泛论说的意思,高诱解释说:"博说世间、古今得失,以道为化,大归于一,故曰氾论。"其主要内容在于阐说历史发展之规律,推究世间事物的本原,研究历史得失的原因,认为为了符合时宜,治国理政的政策和方法也要不断变更,主张当今之世不能完全因循古代的礼法,而应因时制宜。

古者有鍪(móu)而绻领以王天下者矣①。其德生而不辱②,予而不夺,天下不非③其服,同怀④其德。当此之时,阴阳和平,风雨时节,万物蕃息。乌鹊之巢可俯而探也,禽兽可羁而从也。岂必褒衣博带⑤,句(gōu)襟委章甫哉⑥?

【注释】①鍪:一种说法是古代形状像兜鍪的帽子。另一种说法是放发,即披头散发。绻领:犹今之翻领。将皮衣反褶以为领。说明上古时期帝王的衣着都很简朴。②不辱:有说是作"不杀"。③非:讥讽。④怀:归附。⑤褒衣博带:即宽大的衣服。褒:衣襟宽大。⑥句襟:曲领衣。委:"委貌冠",一种帽子,亦称玄冠、元冠。章甫:商朝冠名。

【译文】在古代，尽管君王的衣冠简朴，但他却能够统领好天下，他实行德政，生养百姓而不会对百姓有所损害，施与百姓却对百姓不求回报，所以天下没有人去嘲笑非议他的衣饰，都被他的德行所感动而归顺于他。在当时，阴阳二气融洽，风调雨顺，万物繁衍，乌鹊在低处筑巢，人俯身就可以探到鸟巢，但也没有人去掏窝，飞禽野兽被驯服得只要用绳系着就可以牵走，当时的人何必需要袍衣宽带，穿曲领衣、戴章甫帽？

古者民泽处复穴①，冬日则不胜②霜雪雾露，夏日则不胜暑蛰蚊虻（méng）。圣人乃作为之筑土构木以为宫室，上栋下宇，以蔽风雨，以避寒暑，而百姓安之。伯余③之初作衣也，緂（tián）麻索缕④，手经指挂⑤，其成犹网罗。后世为之机杼胜复⑥以便其用，而民得以掩形御寒。

【注释】①泽处：居住在水边。复穴：挖土为穴。复，通"覆"。②不胜：不能制服，受不住，不尽，失败。③伯余：传说黄帝时发明衣服的人。④緂：揉搓。索：手捻。⑤经：编织物的纵线。挂：通"絓"，打结，编结。⑥机：织布机上的转轴。杼：织布机上控制纬线的部件。胜：通"滕"，织布机上控制经线的部件。复：通"榎"，织布机的卷轴。

【译文】古代的人住在水乡湖边或者凿洞穴居，冬天忍受不了霜雪雾露的袭击，夏天忍受不了暑热和蚊虫的叮咬。于是圣人就帮助百姓筑土构木建成房屋，这样上有房梁下有屋檐，可以遮挡风雨，躲避寒暑，百姓从此可以安定下来生活了。伯余当初教人们制作衣服时，搓麻绳、捻麻线，手指缠绕编织成像罗网那样的衣服；后世发明了织布机，这样就方便人们纺织布匹，使百姓可以有衣物来遮挡身体抵御寒冷。

古者剡(yǎn)耜(sì)而耕①,摩蜃而耨(nòu)②,木钩而樵③,抱甀(zhuì)而汲④,民劳而利薄。后世为之耒耜耰(yōu)锄⑤,斧柯而樵,桔(jié)槔(gāo)而汲⑥,民逸而利多焉。

【注释】①剡:使锐利。耜:原始翻土农具"耒耜"的下端,形状像今的铁锹和铧,最早是木制的,后用金属制。②蜃:大蛤。耨:古代锄草的农具。③木钩:木镰刀。④甀:古时坛子一类的瓦器,用于取水。⑤耰:古代弄碎土块、平整土地的农具。⑥桔槔:汲水的工具。以绳悬横木上,一端系水桶,一端系重物,使其交替上下,以节省汲引之力。

【译文】古时候人们将石头打磨锋利当作犁来耕地,又将大蛤壳磨快当成锄头来除草,使用木钩制作的镰刀来砍柴,抱着瓦罐来取水,当时的人们劳作辛苦而获利微薄;后来人们发明了耒耜和锄头来翻土耕作,又制作出斧头来砍柴,使用桔皋来汲水,人们劳作轻松而获利丰厚。

古者大川名谷冲绝①道路,不通往来也;乃为窬(yú)木方版②,以为舟航。故地势有无得相委输③。乃为鞄(zǔ)蹻(qiāo)④而超千里,肩荷负儋(dān)之勤也,而作为之揉(róu)轮⑤建舆,驾马服牛,民以致远而不劳。为鸷禽猛兽之害伤人而无以禁御⑥也;而作为之铸金锻铁,以为兵刃,猛兽不能为害。

【注释】①冲绝:即横绝,冲通"衡"。②窬木:中空的木头。方版:双船并行。③委输:转运。亦指转运的物资。置物在舟中叫"委",运至他处叫"输"。④鞄:应为鞻,即软皮革。蹻:草鞋。⑤揉轮:使木头弯曲成为圆形。⑥禁御：禁止；制止。

【译文】古代河流山谷阻断了交通道路，人们来往不便；于是人们挖空了树木，拼结木板制成舟船，使各个地方的物产能够运输，互相交换东西。又因为人们到千里之外的地方也只能靠步行，肩挑背驮十分劳累，于是发明了车，用马或者牛来拖拉，这样人们坐车到远方也不会感觉劳累；又因为有猛兽凶禽袭击人，没有办法防御或者抵挡，于是人们就冶炼金铁，铸成兵器，这样猛兽就不能再伤害百姓了。

故民迫其难则求其便，困其患则造其备。人各以其所知，去其所害，就其所利。常故①不可循，器械不可因②也，则先王之法度有移易者矣。古之制，婚礼不称主人③，舜不告而娶，非礼也④。立子以长，文王舍伯邑考而用武王，非制也⑤。礼三十而娶，文王十五而生武王，非法也⑥。夏后氏殡于阼（zuò）阶之上，殷人殡于两楹之间，周人殡于西阶之上，此礼之不同者也⑦。有虞氏用瓦棺，夏后氏堲（jí）周，殷人用椁，周人墙置翣（shà）⑧，此葬之不同者也。夏后氏祭于暗，殷人祭于阳，周人祭于日出以朝⑨，此祭之不同者也。尧《大章》，舜《九韶》，禹《大夏》，汤《大濩（huò）》，周《武象》，此乐之不同者也。故五帝异道而德覆天下；三王殊事而名施后世。此皆因时变而制礼乐者。譬犹师旷之施瑟柱也，所推移上下者无寸尺之度，而靡不中音，故通于礼乐之情者能作音，有本主于中，而以知榘（jǔ）彠（yuē）⑩之所周者也。鲁昭公有慈母⑪而爱之，死为之练冠⑫，故有慈母之服。阳侯杀蓼侯而窃其夫人，故大飨废夫人之礼⑬。先王之制，不宜则废之。末世之事，善则著之，是故礼乐未始有常也。

【注释】①常故：常规，旧例。②因：因循。③古之制，婚礼不称主人：古人婚姻由父兄做主，不是自己决定的，所以不称主人。④舜不告而娶，非礼也：尧因舜贤，以娥皇女英嫁舜，舜未告父瞽叟。引用此例来说明"因时变而制礼乐"。⑤立子以长，文王舍伯邑考而用武王，非制也：伯邑考是文王长子，但是文王立武王为继承人，没有按照礼制去做，是因为"圣人之权尔"。⑥礼三十而娶：古礼规定男子三十而娶，女子二十而嫁。⑦殡：停放灵柩。阼阶：东面主位的台阶。楹：堂屋前面的柱子。⑧有虞氏：指舜。瓦棺：陶质棺。堲周：是指烧土为砖绕于棺材四周。墙置翣：墙指装饰灵柩的布帐。翣指棺饰。⑨祭于暗：暗指黄昏。祭于阳：阳指中午。祭于日出以朝：朝指庭，也有说指日出时。⑩絜蘘：规矩，法度。⑪慈母：有说是庶母，也有说是乳母。⑫练冠：古代为父母周年祭所用丧服叫"练"，这里指为庶母或乳母守一年的孝。⑬阳侯杀蓼侯而窃其夫人，故大飨废夫人之礼：古时候大飨之礼，主人的嫡夫人必须出席，阳陵国侯见蓼侯夫人美丽，杀了蓼侯而抢走了蓼夫人，所以后来取消了这一礼制。

【译文】人们被生活的艰难所逼迫才会去寻找适合的解决方法，被祸害侵扰才会制造防备的器具，人们各自凭借自己的聪明才智，去避开有害的东西，趋向于有益的东西。既然旧例不可一味遵循，器具不能因袭不变，那么先王留下的法律条例也是能改变的。按照古代的礼法制度，子女婚姻都是由父母作主、媒人介绍的，虞舜不禀告父母就娶了娥皇和女英，这是不符合古礼的；确立嗣子就只能立长子，文王不立长子伯邑考却立武王当嗣子，这是不符合古制的；同样，古礼要求男子三十岁才能娶妻，文王十五岁就生下了武王，这是不符合古法的。夏后氏时代的人将灵柩放置在堂屋的东阶上，殷朝人将灵柩放置在厅堂的楹柱之间，周朝人却将灵柩放置在西阶上，这都是殡礼不同的地方；有虞氏时人死后使用瓦棺，夏后氏时代人死后使用土棺，但殷朝人死后使用椁，周朝人死后使用的灵柩还需要用布帐装饰成扇的形状,这些都是葬礼不同的地方;夏后氏时代人们在黄昏祭祀,殷朝人却在中午进行祭祀,而周朝人却选择在早晨祭祀,这些都是祭祀的习俗不同的地方。尧帝时使用《大章》,舜帝时使用《九韶》,夏禹时使用《大夏》,商汤时使用《大濩》,武王时使用《武象》,这些都是古代帝王在音乐上不同的地方。所以五帝治理天下时使用的方法、制度各有各的不同,但他们高尚的品德都能传遍天下,三王治理政事的方法、制度各有各的不同,但他们都能扬名后世,这些都是因为他们能够根据时势的变化来制定礼乐的制度,就比如师旷调整瑟柱、上下移动时没有使用尺度来测量,却没有不符合音律的地方。所以能通晓礼乐音律的人才能够制作出恰当的礼乐,这是说明他内心有一个准则来作为主宰,因而能够对各种规矩法度掌握得非常周详。鲁昭公有一位乳母,鲁昭公十分尊敬她,乳母去世之后,昭公破例为她守孝,所以才有了为乳母守孝的礼节。阳陵国侯将蓼侯杀死了,并抢走了蓼侯的夫人,所以从此以后举行大飨祭典时废除了由夫人执豆的礼仪制度。由此看来,先王的制度,不适合的就要废掉它;而近代的处理事情的方法,如果确实是好的,就应该加以继承和发扬。所以礼乐从来就不是固定不变的。

故圣人制礼乐而不制于礼乐。治国有常而利民为本;政教有经而令行为上。苟利于民不必法古;苟周①于事不必循旧。夫夏、商之衰也,不变法而亡;三代②之起也,不相袭而王。故圣人法与时变,礼与俗化。衣服器械各便其用;法度制令各因其宜。故变古未可非,而循俗未足多也。百川异源而皆归于海;百家殊业而皆务于治。王道缺③而《诗》作,周室废,礼义坏而《春秋》作。《诗》《春秋》,学之美者也,皆衰世之造也,儒者循之以教导于世,岂若三代之盛哉!以《诗》《春秋》为古之道而贵之,又有未作《诗》《春秋》之时。夫道其缺也,不若道其全也。诵先王之《诗》《书》,不若闻得其言,闻得其言,不若得其所以言,得其所以言者,言弗能言也④。故道可道者,非常道也。⑤

【注释】①苟周:周全,周满。②三代:指夏、商、周。③缺:缺失,衰落。④诵先王之《诗》《书》,不若闻得其言,闻得其言,不若得其所以言,得其所以言者,言弗能言也:这几句话的意思是书不尽言,言不尽意,圣人之说精妙高深,难以言说。⑤故道可道者,非常道也:故道可道者,非常道也:引自老子《道德经》,大意是道的含义高妙精深,难以言说。

【译文】礼乐制度是圣人制定的,但并不是圣人必须受礼乐的限制;治理国家虽然有常规,但必须以便利百姓为根本;政令教化即使有常规,但必须以符合实际且有效果为最好。如果对百姓有利,就不必仿效古制;如果符合实际情况,就不必遵循常规。夏朝、商朝到了末世时,桀纣没有改变旧法还是导致了自身的灭亡;夏禹、商汤、周武王因为没有承袭旧法反而可以兴旺发达并且称王。所以圣人的法律制度是随着时势的变化而发生变化,礼仪制度随着习俗的不同而发生改变;衣服、器具因为可以方便才使用,法令、制度各自符合时势。所以改变古代的法律也无可非议,因循守旧不值得赞赏。百川的源头各不相同,但最后都归于大海。百家的学说和事业各自不同,但都以治理好天下为目标。"王道"残缺才有了《诗》的产生;周王室势力衰微、礼义崩坏才有了《春秋》的产生。《诗》和《春秋》虽然都是学说中的极品,但却都是世事衰微的产物,儒家使用它们来教育世人,哪里能比得上使用三代盛世的事情来教导世人!假如认为《诗》《春秋》是讲古代的道理而崇拜它们,那么还有《诗》和《春秋》尚未产生的远古时代呢!与其歌颂王道破败时代产生的《诗》和《春秋》,不如歌颂更早的王道依旧完整的朝代。与其诵读先王所著的诗书，不如听他们所说的言论；与其听他们所说的言论，不如了解他们说这些言论的根据；而这些言论产生的根据，却是难以用言语描述的。所以说可以言说的道，不是真正的道。

周公事文王也，行无专制①，事无由己，身若不胜衣②，言若不出口，有奉持于文王，洞洞属属③，而将不能，恐失之，可谓能子矣。武王崩，成王幼少。周公继文王之业，履天子之籍④，听天下之政，平夷狄之乱，诛管、蔡之罪，负扆(yǐ)⑤而朝诸侯，诛赏制断，无所顾问⑥，威动天地，声慑四海，可谓能武矣。成王既壮，周公属籍致政，北面委质⑦而臣事之，请而后为，复而后行，无擅恣⑧之志，无伐矜⑨之色，可谓能臣矣。故一人之身而三变者，所以应时矣。何况乎君数易世，国数易君，人以其位达其好憎，以成威势供嗜欲，而欲以一行之礼，一定之法⑩，应时偶变，其所不能中权，亦明矣。

【注释】①专制：专断。②身若不胜衣：身体好像承担不了衣服的重量。即周公事奉文王十分恭敬。③洞洞属属：恭敬谨慎貌。④籍：图籍或者作"阼"，代指帝位。⑤扆：指绣有斧纹的屏风，天子或者诸侯坐于其下听政。⑥顾问：顾视询问。⑦委质：臣服、归附。⑧擅恣：专断放纵。⑨伐矜：自夸。⑩一行之礼，一定之法：指固定不变的礼法。非随时礼，非随时法。

【译文】周公在文王身边侍奉的时候，行动不会擅自决定，做事不会自作主张；他在文王面前时顺从得好像承受不起衣服的重量，说话轻言细语好像发不出声音，每当将东西捧给文王时，总是表现得相当柔顺和小心、恭恭敬敬，就好像捧着很重的物品力不能胜，生怕会有所闪失，真可称作是能尽孝道啊！武王去世之后，成王还年幼，周公为了传承文王的事业，履行作为天子的职责，以摄政王的身份来处理天下的政事，平息了夷狄的叛乱，诛杀并惩戒了谋反的管叔、蔡叔，坐在天子的位置上接受诸侯的朝拜，诛杀或者赏赐、处置或者决策都由他亲自指示，不会请示成王，也不会与他人商量，他这样的威风震动了天地，声势使四海都信服，真可称作是威武坚强啊！成王长大之后，周公将政权全部交还给了成王。用做臣子的礼仪面北恭敬谦虚地侍奉成王，遇到事情一定报告给成王之后才去执行，没有任何独权专政的意思，也没有任何居功自傲的神态，这是能行使为臣之道啊！所以周公一个人前前后后三次改变了自己的身份和为人的作风，都是为了适应时势啊！更何况同一个君王多次改变治政的方法，同一个国家多次更改君主。平凡的人都凭借着自己的地位来做自己喜欢的事和去除自己憎恨的事，以便凭借自己的威势来满足自己的嗜好和欲望。但却想使用固定的礼法来应付千变万化的时势，这种做法不符合时势的变化，是明摆着的呀。

故圣人所由曰道，所为曰事。道犹金石，一调不更；事犹琴瑟，每弦改调。故法制礼义者，治人之具也，而非所以为治也。故仁以为经，义以为纪，此万世不更者也。若乃人考其才，而时省其用，虽日变可也。天下岂有常法哉！当于世事，得于人理，顺于天地，祥于鬼神，则可以正治矣。古者人醇工庞①，商朴女重②，是以政教易化，风俗易移也。今世德益衰，民俗益薄，欲以朴重③之法，治既弊之民，是犹无镝(dī)衔橛策錣(zhuì)而御馯(hán)马也④。昔者，神农无制令而民从，唐、虞有制令而无刑罚，夏后氏不负言，殷人誓，周人盟。逮至当今之世，忍訽(gòu)而轻辱，贪得而寡羞，欲以神农之道治之，则其乱必矣。伯成子高辞为诸侯而耕，天下高之。今之时人，辞官而隐处，为乡邑之下，岂可同哉! 古之兵,弓剑而已矣,槽矛无击,修戟无刺⑤;晚世之兵,隆冲以攻,渠幨以守⑥,连弩以射,销车以斗⑦。古之伐国,不杀黄口,不获二毛⑧。于古为义,于今为笑。古之所以为荣者,今之所以为辱也;古之所以为治者,今之所以为乱也。夫神农、伏羲不施赏罚而民不为非,然而立政者不能废法而治民;舜执干戚而服有苗,然而征伐者不能释甲兵而制强暴。由此观之,法度者,所以论民俗而节缓急也;器械者,因时变而制宜适也。

【注释】①醇:形声。工庞:指器具结实。庞:厚实。②朴:朴实。重:贞正无邪。③朴重:朴实厚重。④镝衔:即马嚼子。橛:马口中所衔横木。策錣:顶端锋利,能刺马的马鞭。⑤槽矛无击,修戟无刺:槽矛:木矛。无击:无铁刃。修:长。刺:锋刃。⑥隆冲:冲车。渠幨:古时用来御矢的甲名。⑦销车:古代一种战车。⑧黄口:指小孩儿。二毛:指老人。

【译文】圣人所服从的原则叫作道,所做的叫作事。道就好像金钟石磬,一旦确定了调就无法改变;而事就像是琴瑟,每根弦的音随时可以调整。所以法律制度礼仪规范这些东西,是治理国家的工具,而不是治理国家必不可少的东西。所以将"仁"作为经,以"义"作为纪,这倒是万世不会发生变化的。假如说考察人才,检查他们的行为以决定对其使用是否正确,对于这样的事情,即使考察方法每天都有变化也是可以的,天下哪有一成不变的法律制度! 只要符合世事变化,符合情理,顺应天地,与鬼神和谐,就能够治理好天下了。在古代,人们性格淳朴忠厚,工匠制作的工具坚固耐用精致美观,商人诚实不会有欺诈的行为,女子纯真并且稳重,因此百姓容易教化,风俗容易改变。如今社会道德日益衰败,民风习俗日益淡薄,想用质朴淳厚的方法去治理日益衰败的民风,就像不使用马嚼子和马鞭去驯服烈马一样困难。在过去神农氏时代没有法令制度但百姓却自觉服从,唐尧虞舜时代尽管制定了法令但无人敢触犯刑罚;夏朝人说话遵守信用,殷朝人通过发誓、周朝人通过歃血为盟来达到守信的目的。而到今天这个世道,人反而习惯忍受侮辱,贪求财物而不顾廉耻,在这种情况下还想使用神农时代的方法来治理,那就一定会乱套。过去伯成子高不愿意做官,拒绝受封为诸侯,宁愿归乡隐居种田,天下人都赞美他;如今的人假如拒绝做官,就会被乡里人看不起,这哪里能相提并论啊!古代的兵器,只有弓和剑,木矛没有铁枪头,长戟也没有锋尖。然而近代的兵器,冲车做得又高又大来攻城,渠幨坚固用来防御,连发的机弩用来射杀,装有尖刀的战车用来战斗。古代征讨别的国家,不杀小孩、不抓老人,当时这被认为是符合道义的,而现在这样做就会被人嘲笑。古代认为是光荣的事,在今天就可能被认为是耻辱的事;古代用来治理天下的方法,今天用来治理天下就会乱套。神农、伏羲不实施赏罚的措施,百姓也不会去做坏事,而现在的执政者却不可能废除法律来治理百姓;虞舜执干戚而舞使有苗族臣服。而现在带兵的将领怎么可能会放弃武器去制止暴乱。由此看来,制定法律制度,是用来反映百姓的习俗,应当宽严缓急适度;器具同样要根据时代的变化而变化,使其适合使用。

夫圣人作法而万物制焉①;贤者立礼而不肖者拘焉。制法之民,不可与远举②;拘礼之人,不可使应变。耳不知清浊之分者,不可令调音;心不知治乱之源者,不可令制法。必有独闻之耳,独见之明,然后能擅道而行矣。夫殷变夏,周变殷,春秋变周,三代之礼不同,何古之从!大人作而弟子循。知法治所由生,则应时而变;不知法治之源,虽循古终乱。今世之法籍与时变,礼义与俗易③,为学者循先袭业,据籍守旧教,以为非此不治,是犹持方枘(ruì)而周员凿也④。欲得宜适致固焉,则难矣!

【注释】①万物：有说是万民。②举：行走。③俗易：社会风气也变了。④是犹持方枘而周员凿也：拿着方形的榫子去安装在圆形的榫眼里。枘：木榫。

【译文】圣人制定法律制度，使万物受到制约；贤人确立礼制，使不贤的人受到制约。受法律制约的人是不可能有伟大行为的；受礼节约束的人是很难适应变化的。耳朵分辨不了声音清浊的人，是不能让他去调整音律的；内心不通晓治乱根源的人，是不能让他去制定法律的。只有耳聪目明的人，才能随心所欲地选择道路前进。殷朝改变了过去夏朝的礼法，周朝改变了殷朝的礼法，春秋各国又改变了周朝的礼法，三代的礼法制度各不相同，哪里还有什么古代的礼法制度可以遵循呢！如果遵循古代的礼法制度，就像长辈立法、晚辈完全服从照搬。如果知道法治产生的原因，那么就会随着时机而改变法律；如果不理解法治产生的根本原因，那么因循守旧，直接套用古代的礼法制度，就有可能最后导致天下大乱。现在的法律制度已经根据时势的变化而变化了，礼仪制度也已经随习俗的改变而变化了。而那些学者还是传袭着旧业，死守着过去的法典旧教，认为离开这些就很难去治理天下，这就像拿着方榫头去安装在圆榫眼里一样，还想要套装既牢固又合适，那就很难了。

今儒、墨者称三代、文武而弗行，是言其所不行也①；非今时之世而弗改②，是行其所非也。称其所是，行其所非，是以尽日极虑而无益于治，劳形竭智而无补于主也。今夫图工好画鬼魅而憎图狗马者，何也？鬼魅不出世，而狗马可日见也。夫存危治乱，非智不能；道而先称古，虽愚有馀（yú）。故不用之法，圣王弗行；不验之言，圣王弗听。天地之气莫大于和，和者，阴阳调，日夜分,而生物。春分而生,秋分而成,生之与成,必得和之精。故圣人之道,宽而栗,严而温,柔而直,猛而仁。太刚则折,太柔则卷,圣人正在刚柔之间,乃得道之本。积阴则沉,积阳则飞,阴阳相接,乃能成和。夫绳之为度也,可卷而伸③也,引而伸之,可直而睎(xī)④,故圣人以身体之。夫修而不横,短而不穷,直而不刚,久而不忘者,其为绳乎?故恩推则儒⑤,儒则不威;严推则猛,猛则不和;爱推则纵,纵则不令;刑推则虐,虐则无亲。昔者齐简公释其国家之柄,而专任其大臣将相,摄威擅势,私门成党,而公道不行,故使陈成田常、鸱夷子皮⑥得成其难。使吕氏绝祀⑦而陈氏有国者,此柔儒(nuò)所生也。郑子阳刚毅而好罚,其于罚也,执而无赦。舍人有折弓者,畏罪而恐诛,则因猘(zhì)狗⑧之惊,以杀子阳,此刚猛之所致也。

【注释】①是言其所不行也:是在宣传他们不能够实行的东西。②非今时之世而弗改:非议现在的社会,但又不去改变它。③伸:也有说作"怀"。④睎:眺望,这里指用墨绳瞄准测量。⑤故恩推则儒:只靠恩惠来推行政令就会显得儒弱。⑥陈成田常:指齐国的陈恒,字常,谥号为成。陈,田在古时候读音相近,常通用。鸱夷子皮:指范蠡,也有说是陈恒的同党。⑦绝祀:断绝祭祀。谓亡国。⑧猘狗:疯狗。

【译文】现在儒家、墨家的言行一定要称颂三代、文武二王的那一套,可自己又不去实行,这是在宣传他们不能够实行的东西。现在儒家、墨家,非议现在的社会,但又不去改变它,这事实上是在放任自己反对的东西继续存在下去。称赞他们认为正确的事,却在做的他们认为错误的事,因此每天花尽心思伤透脑筋,但是对治国没有任何益处,劳损自己的形体,使尽自己的智力,却对时局没有任何帮助。如今的画师总爱画鬼怪却讨厌画狗马,这是什么原因呢?这是因为鬼怪不在世界上出现,而狗与马倒是能天天看到,画鬼容易画狗(马)难啊!挽回危险的时局、治理乱世,如果没有聪明才智是无法做到的;但只是复述古人的话、称赞古代的法制,即使是让笨蛋来做也完全是绰绰有余的。所以没有用的方法和法律,圣王是不会采纳的;言论和事情不符合实际情况的,英明的君主是不会听取的。天地间的气,没有比中和之气更宝贵的了。所谓的中和之气,就是阴阳相协调,白天黑夜分明,这样万物才能生长。万物都是在春分时节生长、秋分时节才成熟的,万物的生长和成熟都离不开精纯的中和之气。所以圣人的做事的原则是:宽松而有坚决的一面,威严而有温和的一面,柔软而有刚直的一面,威猛而有仁慈的一面。因为如果太刚硬就容易被折断,假如太柔软就容易被卷曲,所以圣人做事是处在刚柔之间的,这是得道的根本。积累阴气过多则沉,积累阳气过多则飞,只有阴阳交融才能达到融和在一起的状态。墨绳作为一种测量的工具,既可以卷起来使其怀抱成一团,又可以拉直伸长来测直瞄准。圣人亲身体验了墨绳这种能伸能曲的特性。虽然长但不会横阻,虽然短但不会穷尽,虽然直但不刚硬,虽然长久但不会被遗忘,这大概就是墨绳的特点吧?所以只会用恩德来治理政事便显得懦弱了,因为有懦弱就没有了威严;只靠严厉的手段来治政就显得凶猛了些,因为凶猛就不会有和谐;只用仁爱来治理政事便会放纵,因为放纵就没人去听从命令;仅仅用刑罚来治政便显得暴厉了些,因为暴厉就没人来亲近归顺。过去齐简公放弃了国家的权柄,只一味宠信大臣和将领,结果导致他们形成了威势,结党营私,而导致国家的政令无法传达下去,让陈成常、鸱夷子皮能够实施篡政的阴谋,使太公吕望传下来的齐国断绝继嗣,吕氏的齐国变成了陈氏的齐国。这正是齐简公柔弱懦弱造成的后果啊。郑国子阳刚毅并喜好刑罚,他实施刑罚,非常果断彻底,一旦被抓获该接受惩罚时从不宽容。子阳的门客中有一个人将弓折断了,他惧怕因错误而被处死,就趁街市人们追杀疯狗的时机将子阳杀死了。这正是过于刚毅凶猛而造成的悲剧啊。

今不知道者，见柔懦者侵，则矜①为刚毅；见刚毅者亡，则矜为柔懦。此本无主于中②，而见闻舛驰③于外者也，故终身而无所定趋。譬犹不知音者之歌也，浊之则郁而无转，清之则燋(qiáo)而不讴④，及至韩娥、秦青、薛谈⑤之讴，侯同、曼声⑥之歌，愤于志，积于内，盈而发音，则莫不比于律而和于人心。何则？中有所本主，以定清浊，不受于外，而自为仪表也。今夫盲者行于道，人谓之左则左，谓之右则右，遇君子则易道，遇小人则陷沟壑。何则？目无以接物也。故魏两用楼翟(zhái)、吴起，而亡西河，泯王专用淖(nào)齿⑦，而死于东庙，无术以御之也；文王两用吕望、召公奭(shì)而王，楚庄王专任孙叔敖而霸，有术以御之也。

【注释】①矜：也有说作"务"。②中：内心。③舛驰：背道而驰。④燋：通"憔"，憔悴。讴：歌唱。⑤韩娥：韩国歌手。秦青：秦国歌手。薛谈：秦青的学生。⑥侯同、曼声：古代歌手。⑦淖齿：齐国大夫，因齐泯王无道而杀之。

【译文】现在有一些人不知道处事应该刚柔相济，看到做人柔弱怯懦会被人欺凌，就追求起坚毅凶猛来；看到坚毅凶猛会导致灭亡，就强调起柔弱怯懦来。这是因为这些人自己的内心没有主见，被外界的见闻支配了自己的思想，所以一辈子都摇摆不定，没有固定的归宿。这就好像不懂乐理的人唱歌，唱低音时郁积凝滞而不婉转悠扬，唱高音时脆弱干涩而不圆润清亮。但像韩娥、秦青、薛谈、侯同、曼声这些歌者，他们无论是随便的哼唱，还是有伴奏的歌唱，都能在内心累积着感情，并能将这种充盈于内心的感情通过音乐表现出来，没有不合于音律的，因而可以打动人心。这是为什么？这是因为他们自己的内心有着一个根本的东西作掌控来确定音调的高低清浊,并且不会受外界事物的影响,能自成标准和法度。现在有些盲人在路上行走,别人叫他往右走他便往右,别人叫他往左走他便往左;如果运气好的话,碰到君子引路会引导他走上平坦安全的道路,运气不好的话,碰到小人引路会引他走进深沟或者陷阱中去。为什么呢?这是因为他的眼睛看不见外界的事物。所以魏国任用楼翟、吴起而失去了黄河以西的土地,齐湣王只重用淖齿一人结果被淖齿杀死在东庙里,这些惨痛的事实都在于没有使用合适的方法来驾驭下属的大臣;周文王同时任用姜太公和召公奭,结果能够治理好天下,楚庄王只重用孙叔敖一个人就可以称霸天下,这些成功的事实都在于使用合适的方法来驾驭下属的大臣。

夫弦歌鼓舞以为乐,盘旋揖让以修礼,厚葬久丧以送死,孔子之所立也,而墨子非之。兼爱尚贤,右①鬼非命,墨子之所立也,而杨子②非之。全性保真,不以物累形,杨子之所立也,而孟子非之。趋舍人异,各有晓心。故是非有处,得其处则无非;失其处则无是。丹穴、太蒙、反踵(zhǒng)、空同、大夏、北户、奇肱(gōng)、修股之民③,是非各异,习俗相反,君臣上下,夫妇父子,有以相使也。此之是,非彼之是也;此之非,非彼之非也。譬若斤斧椎凿之各有所施也。禹之时,以五音听治,悬钟鼓磬(qìng)铎(duó),置鞀④(táo),以待四方之士,为号曰:"教寡人以道者击鼓,谕寡人以义者击钟,告寡人以事者振铎,语寡人以忧者击磬,有狱讼者摇鞀。"当此之时,一馈⑤而十起,一沐而三捉发,以劳天下之民。此而不能达善效忠者,则才不足也。秦之时,高为台榭,大为苑囿,远为驰道,铸金人,发適戍,入刍稿⑥,头会箕赋⑦,输于少府。丁壮丈夫,西至临洮、狄道,东至会稽、浮石；南至豫章、桂林，北至飞狐、阳原，道路死人以沟量。当此之时，忠谏者谓之不祥，而道仁义者谓之狂。逮至高皇帝，存亡继绝，举天下之大义，身自奋袂⑧(mèi)执锐，以为百姓请命于皇天。当此之时，天下雄隽豪英暴露于野泽，前蒙矢石，而后堕溪壑，出百死而给(dài)一生，以争天下之权，奋武厉诚，以决一旦之命。当此之时，丰衣博带⑨而道儒墨者，以为不肖。逮至暴乱已胜，海内大定，继文之业，立武之功，履天子之图籍，造刘氏之貌冠，总邹、鲁之儒墨，通先圣之遗教，戴天子之旗，乘大路⑩，建九斿⑪(yóu)，撞大锺，击鸣鼓，奏《咸池》，扬干戚。当此之时，有立武者见疑，一世之间，而文武代为雌雄，有时而用也。

【注释】①右：尊崇。②杨子：即杨朱，字子居，魏国人，中国战国初期伟大的思想家、哲学家。③丹穴："南方当日下之地。"太蒙："西方日所入处。"反踵：国名，其国人脚掌向后而生。空同："戴胜极下之地"，戴胜指西王母所居住的昆仑山。大夏：西方之国。北户：南方之国。奇肱、修股：在西南方。④鞀：有柄的小鼓。⑤馈：赠送，进献。这里指吃饭。⑥刍稾：草料。⑦头会：按人头收税。箕赋：意思是像簸箕扫垃圾一样收取税赋。⑧奋袂：甩动衣袖。⑨丰衣博带：宽大的衣服。古时儒生所穿。⑩大路：大车。⑪九斿：即"九旒"，指天子旌旗。

【译文】将弹琴唱歌击鼓跳舞算成"乐"，将回旋周转作揖谦让算作"礼"，用丰厚的陪葬并且长期的守孝来送别死去的人，这些都是孔子所倡导的，但墨子持反对态度；相互友爱、推崇贤才、崇敬鬼神、不相信天命，这些都是墨子所倡导的，但杨子持反对意见；保全纯真的本性，不因为外物而拖累形体，这些都是杨子所倡导的，但孟子持反对意见。这都是因为每个人对外物的取舍各不相同，每个人只了解自己的想法和心思。所以确定事情的是非是离不开特定的条件和环境的,事情处于特定的条件和环境下是正确的,离开了特定的条件和环境就可能变成错误的了。丹穴、太蒙、反踵、空同、大夏、北户、奇肱、修股这些位于九州之外的国家,他们的是非观念各有不同、习俗相反,君臣上下,夫妇父子,也都按照一定的礼仪规范相处。在这个地方是正确的,在那个地方就可能是错误的;在这个地方是错误的,到那个地方就不一定是错误的。这就好像斧刀椎凿各有各的用处一样。在夏禹的时代,根据五音来处理政事,悬挂钟鼓磬铎、设置鞀鼓来接待来自四方的民众,并发布命令说:"以道来教导我的请击鼓,使用义来教导我的请敲钟,有事情要来汇报给我的请摇铎,有忧愁事想与我倾诉的请击磬,有官司诉讼的请摇鞀鼓。"在那时,夏禹吃一顿饭的时间有可能会被打断十次,洗一次头的时间有可能会被打断三次,只好拧干头发先处理事情,他们就是这样为天下百姓效劳;如果这样做还不足以处理好政事的话,那就是个人才能的问题了。在秦始皇的时代,建起高高的台榭,修建大型的苑囿,驰道通向遥远的四方,修铸十二个金属铜像,征调囚徒去戍守边疆,强行收缴草料提供给部队使用,按人头征收税来搜刮民财,运进皇帝的私库以供他享用。被征调服役、去戍守边防的青壮年,向西到临洮、狄道,向东到会稽、浮台,向南到豫章、桂林,向北到飞狐、阳原,一路上死去人多到可以填满路边的沟壑。在那时,尽忠进谏的人被看作是不吉祥,善讲仁义的人被当成疯子。而到了汉高祖起兵时,使即将衰亡的诸侯国保存下来,使即将绝嗣的家族得以传承下去,发扬了天下的正义,手拿兵器,振臂高呼,为百姓向皇天请命。在这个时候,天下的英雄豪杰,在荒原野外风餐露宿,冲杀时冒着利箭和飞石,一旦被击中就跌落到深沟,经历艰险,九死一生来争取天下的统治权,发扬勇士的精神,激励忠诚的情感,豁出生命来决一死战。在这样的时代,那些丰衣博带,谈论儒家、墨家学说的人,被认为是无能的人。等到暴秦被灭亡之后,天下平定下来,汉高祖继承了文王的事业,建立了如同武王的功绩,登上了天子的宝座,当年的委貌冠以"刘氏冠"而风靡天下,聚集起邹、鲁的儒墨学者,贯彻古代圣人的遗教,树立起天子的大旗,乘坐着天子的大车,建立九旒旗,撞击大钟,敲响鸣鼓,演奏起《咸池》乐曲,举着盾牌大斧起舞。在这个时候,谁要是继续倡导使用武力,会被人认为是居心叵测。在这期间,文治、武功交替控制时局,这是根据时势的变化而采用不同策略。

今世之为武者,则非文也;为文者,则非武也。文武更相非,而不知时世之用也。此见隅曲①之一指,而不知八极之广大也。故东面而望,不见西墙;南面而视,不睹北方;唯无所向者,则无所不通。国之所以存者,道德也;家②之所以亡者,理塞也。尧无百户之郭,舜无置锥之地③,以有天下;禹无十人之众,汤无七里之分(fèn)④,以王诸侯。文王处岐周之间也,地方不过百里,而立为天子者,有王道也。夏桀、殷纣之盛也,人迹所至,舟车所通,莫不为郡县,然而身死人手,而为天下笑者,有亡形⑤也。故圣人见化以观其征,德有盛衰,风先萌焉。故得王道者虽小必大;有亡形者虽成必败。夫夏之将亡,太史令终古先奔于商,三年而桀乃亡。殷之将败也,太史令向艺先归文王,期年而纣乃亡。故圣人见存亡之迹,成败之际也,非待鸣条之野,甲子之日也⑥。

【注释】①隅曲:犹言偏狭之见。②家:古代诸侯的领地叫国,大夫的领地叫家。③置锥之地:插锥尖的一点地方。形容极小的一块地方。也指极小的安身之处。④分:这里指诸侯所分得的领地。⑤亡形:

灭亡的迹象。形指迹象。⑥鸣条之野：夏朝末年的商灭夏战争中，商汤率领商部落士兵与夏军在鸣条（山西夏县之西）进行的一场决战。甲子之日：周武王灭商的日子。

【译文】而现在崇尚武力的一派非议提倡文治的人，或者提倡文治的人非议崇尚武力的一派，他们之间互相指责，是因为不懂得文治与武治各适合于一定的时局。这些人只看到一个角落的一小部分，而不知道四面八方的广阔。所以只朝东看，就不知道有西墙；朝南望，就看不见北方；只有不偏向任何一方，才能做到无所不通、无所不知。国家之所以能够长存，在于得道；国家之所以灭亡，在于违背道理。尧没有百户人家的城郭，舜连立脚的地都没有，但后来拥有了整个天下；禹连十个人的势力都没有，汤连七里大的封地都没有，但后来在诸侯间称王了。周文王原先在岐周一带，土地面积也不过百里，可是最终成为天子。是因为施行王道的缘故。夏桀、殷纣的势力原本强盛，凡是人迹所达到的地方、车船所通行的地方，没有不成为他们的郡县属地的。但是最终他们死在了别人的手里，还被天下人嘲笑，这是因为他们行为不仁而具有了灭亡的迹象。所以圣人通过观察细微的现象来预知事物的变化。德政的兴盛和衰败，事先都有预兆，从社会风气中表现出来的。因此，实施王道的人尽管开始势力弱小，但最终也会强大起来；有灭亡征兆的尽管暂时会取得成功，但到头来一定会失败。当夏朝即将灭亡的时候，朝中的太史令终古就提前投奔了商汤，三年后夏桀果然灭亡了；殷朝即将衰败的时候，朝中的太史令向艺事先就归附了周文王，一年之内殷纣王果然灭亡了。所以圣人总是能在存亡、成败转变的关键时机就会发现衰败的迹象，而不是像夏桀、殷纣王那样，非得等到出现了鸣条之野、甲子之日灭亡时才知道自己大祸临头了。

今谓强者胜则度地计众；富者利则量粟称金。若此，则千乘之君无不霸王者,而万乘之国无不破亡者矣。存亡之迹,若此其易知也,愚夫蠢妇皆能论之。赵襄子以晋阳之城霸,智伯以三晋之地擒,湣王以大齐亡,田单以即墨有功。故国之亡也,虽大不足恃①;道之行也,虽小不可轻。由此观之,存在得道而不在于大也;亡在失道而不在于小也。《诗》云:"乃眷西顾,此惟与宅②。"言去殷而迁于周也。故乱国之君,务广其地而不务仁义,务高其位而不务道德。是释其所以存而造其所以亡也。故桀囚于焦门,而不能自非其所行,而悔不杀汤于夏台③;纣居于宣室④,而不反其过,而悔不诛文王于羑(yǒu)里。二君处强大势位,修仁义之道,汤、武救罪⑤之不给,何谋之敢当!若上乱三光⑥之明,下失万民之心,虽微汤、武,孰弗能夺也!今不审其在己者,而反备之于人,天下非一汤、武也,杀一人,则必有继之者也。且汤、武之所以处小弱而能以王者,以其有道也;桀、纣之所以处强大而见夺者,以其无道也。今不行人之所以王者,而反益己之所以夺,是趋亡之道也。

【注释】①恃:依赖,仗着。②乃眷西顾,此惟与宅:《诗经·大雅·皇矣》中的诗句。大意是天帝心怀关爱,向西观望,将岐山赐予周文王。眷:关怀。西顾:向西观望。因为商朝国都朝歌在东,周在岐山,在西边。与:给予。宅:安居之所。③夏台:古地名,在河南禹县西,汤曾被囚禁于此。④宣室:有说是鹿台中宫殿的名称。⑤救罪:改过自新。⑥三光:指日月星。

【译文】如今有人认为强大的就一定会胜利,于是就一门心思谋算着怎样增加土地和人口;有人认为富有的话一定会获利,于是就沉醉于积聚粮食和钱财;如果按照这样的逻辑,千乘小国将永远无法称王称霸了;万乘大国就永远不会灭亡了;国家存亡的道理如果这样简单的话，那么社会上的愚夫愚妇都可以做出准确的推论了。赵襄子仅仅是凭借着晋阳小城就能称霸了，而智伯拥有三晋大地却被人俘虏了，国家也被消灭了；齐湣王拥有广大的齐国而死于非命，田单只有一座即墨城而立下大功。所以说，一个国家要灭亡了，即使国家再强大也无用；反之一个国家能施行王道，即使国家再小也不能轻视它。由此看来，国家生存的关键在于得道，而不是土地面积的广大；国家灭亡的关键在于失道，而不是土地面积的狭窄。《诗经》上说："天帝心怀关爱，向西观望，将岐山赐予周文王。"这是说连上天也要抛弃殷王朝而转向扶助周朝。所以混乱国家的国君只谋求对领土的扩张而不去实行仁义，只谋求提高自己的地位声势而不追求实施道德，这就是抛弃了国家赖以生存的根本而形成了国家走向灭亡的迹象。所以当夏桀被关押在南巢时，还不能否定过去的胡作非为，而只是后悔没有在夏台将汤杀死；殷纣王被包围在宣室时，也不知道反思过去所做的坏事，而仅仅是后悔没有在羑里将周文王杀死。假如这两位君王在势力强大的时候，能够施行仁义，那么商汤、周武王纠正自己的过错都来不及，哪还有时间图谋什么！反之，如果上乱日月星辰的光明，下失民众百姓的拥护，即使没有商汤、周武王，难道没有其他人去夺取天下吗？现在夏桀、殷纣王非但不审视自己的过错，反而防备别人来夺取自己的天下。天下不是仅仅有一个商汤和周武王，杀死了商汤和周武王，还必有其他人出现，继承他们的事业。况且商汤、周武王之所以处在弱小的地位而最终称王，是在于他们能符合道义。夏桀、殷纣王之所以处在强势地位而最终失去天下，是在于他们没有道义。现在有人不效仿采纳前人之所以称王的经验，反而变本加厉地增加可能导致自己灭亡的行为，这实际上是走向灭亡之道。

武王克殷，欲筑宫于五行之山①，周公曰："不可。夫五行之山，固塞险阻之地也。使我德能覆之，则天下纳其贡职者回②也；使我有暴乱之行，则天下之伐我难矣。"此所以三十六世而不夺也。周公可谓能持满③矣。昔者，《周书》有言曰："上言者④，下用也；下言者，上用也。上言者，常也；下言者，权也。"此存亡之术也，唯圣人为能知权⑤。言而必信，期而必当，天下之高行也。直躬其父攘（rǎng）羊而子证之，尾生与妇人期而死之。直而证父，信而溺死，虽有直信，孰能贵之？夫三军矫命，过之大者也。秦穆公兴兵袭郑，过周而东，郑贾人弦高将西贩牛，道遇秦师于周、郑之间，乃矫郑伯之命，犒（kào）以十二牛，宾秦师而却之，以存郑国。故事有所至，信反为过，诞反为功。何谓失礼而有大功？昔楚恭王战于阴陵，潘尪（wāng）、养由基、黄衰微、公孙丙相与篡⑥之。恭王惧而失体⑦，黄衰微举足蹴其体，恭王乃觉。怒其失礼，夺体⑧而起，四大夫载而行。昔苍吾绕娶妻而美，以让兄，此所谓忠爱而不可行者也。是故圣人论事之局曲直，与之屈伸偃（yǎn）仰，无常仪表，时屈时伸。卑弱柔如蒲苇，非摄夺也；刚强猛毅，志厉青云，非本矜也，以乘时应变也。夫君臣之接，屈膝卑拜，以相尊礼也；至其迫于患也，则举足蹴其体，天下莫能非也。是故忠之所在，礼不足以难之也。孝子之事亲，和颜卑体，奉带运履，至其溺也，则捽（zuó）其发而拯；非敢骄侮，以救其死也。故溺则捽父，祝则名君⑨，势不得不然也。此权之所设也。故孔子曰："可以共学矣，而未可以适道也；可与适道，未可以立也；可以立，未可与权。"权者，圣人之所独见也。故忤而后合者，谓之知权；合而后忤者，谓之不知权；不知权者，善反丑⑩矣。故礼者，实之华而伪之文也，方于卒迫穷遽之中也，则无所用矣。是故圣人以文交于世，而以实从事于宜，不结于一迹(jì)之途，凝滞而不化。是故败事少而成事多，号令行于天下而莫之能非矣。

【注释】①五行之山：指太行山。②回：迂回。③持满：指能处理好周朝建立以后的守成之事。④上言：明智之言。⑤权：变通，权变。⑥篡：夺回。⑦失体：失去平时之仪态。⑧夺体：挣脱。⑨祝则名君：指祭祀时称呼自己的先父为先君。表示恭敬。⑩反丑：反而弄巧成拙。

【译文】武王灭亡了殷王朝后，想在太行山上修筑宫殿，周公立刻说："不可以。这太行山区是固塞险阻的地方，假如我们能够施行德政，那么天下各地来朝拜进贡的人就要走很多迂回曲折的路，不方便他们到来；如果我们施行暴政，那么就会使讨伐我们的正义之师很难到达。"这就是周王朝传袭三十六代而不被夺走国家的根本原因。周公也真可称作是能正确处理盈满而不覆的人。以前，《周书》上有这样几句话："明智之言，为臣下采纳；权变之言，为君王采纳。明智之言说的是正常的道理；而权变之言说的是权变的道理。"这些关于国家生死存亡的学说，只有圣人才知道权变的道理。说话做事一定要恪守信用，约定的事一定要履行并且付诸行动，这是天下公认的高尚的品质。直躬的父亲偷了别人的羊，直躬揭发了父亲的偷盗行为；尾生和一女子在桥下约好见面，但女子没有遵守约定，而尾生为了守信，站在桥下听凭上涨的河水淹死了自己。直躬为正直而揭发父亲、尾生为信守承诺而被河水淹死，他们虽然正直和信守约定，但又有谁看重他们的行为呢？作战中假传命令、谎报军令，这是很大的过错。秦穆公发兵悄悄袭击郑国时，经过东周向东进发，郑国的商人弦高恰巧往西去贩牛，在途中遇到了秦军，于是弦高假装有郑国君的命令，用十二头牛犒劳秦国军队、以礼待秦军，使秦军以为郑国已经知道这次偷袭的计划而不敢继续前进，只得撤退，从而保护了郑国。所以说，当紧急事情到来的时候，你不知道权变，守信反而会酿成大错，而像弦高那样欺骗一下反而能立下大功。什么是失礼却会立下大功？过去楚恭王在鄢陵与晋国作战，被晋将射伤眼睛后被俘虏了，这时楚国的潘尪、养由基、黄衰微、公孙丙冒死冲入敌阵将恭王抢出；而这时的恭王已吓得瘫倒在地上失去行动能力，黄衰微情急之中踢了恭王一脚，恭王猛然间清醒过来，并被黄衰微的失礼行为所激怒，挣脱了众人的扶持而站了起来，于是四大夫护卫着恭王上了战车逃了回来。还有，从前的苍吾绕娶了个漂亮的妻子，就将妻子让给了兄长。这种"爱兄"和"忠君"的做法在一般的情况下是行不通的。但是知道权变的圣人就能根据事情的曲直，采取伸缩或俯仰的态度，而没有固定的方法，时而屈曲时而伸展。当应该表现柔弱时，他就柔弱得像蒲苇一样，但这种柔弱并不是受威势的胁迫；而应该表现刚强时，他就刚强得可以气冲云天，但这种刚强也不是狂妄暴躁。这两种不同的态度都是为了应对时势的变化。一般情况下，君臣见面，臣子屈膝下拜，这是为了遵守君臣之间的礼数；而到特殊情况下（比如恭王面对灾祸时），黄衰微抬腿踢君王的身体，天下人也不会非议他。因此，像这种真正有忠心的人，礼仪制度是不能阻挡他尽忠的。孝子侍奉父亲，神情和悦，体态谦卑，为父亲穿衣提鞋；但碰到父亲溺水的情况，他为了救父亲性命，直接揪住父亲的头发将其拉上岸来，这种行为就不能算是骄横地侮辱父亲，实际上是为了救父亲的命。所以这种揪发将溺水父亲拉上岸与祭奠亡父时称父为"君"是一样的，是情势逼迫不得不这样做的。这也就是"权变"的地方。所以孔子说："可以在一起学习的人，不一定可以一起获得真理；可以一同获得真理的，不一定可以一起实践真理；可以一起实践真理，不一定知道如何应对权变。"运用权变，是圣人才具有的独特的见识。所以即使先背离常理行事而后能把事情处理妥当的，叫做知晓权变；反之如果先是按照常理去行事而后的结果却很不好的，叫做不明白权变。不明白权变的，好事也会被他破坏。所以礼仪形式就像果实的花一样，是人为的装扮，当人们处在紧急或者困窘的情况下，这礼仪形式是一点用都没有的。所以圣人只是将礼仪形式固定于一般的人际交往中，而以实际的情况来决定该怎样把事情做好，不拘束于条条框框，不凝滞呆板，所以失败的事情少，成功的事情多，政令在天下施行却不被人非议。

猩猩①知往而不知来，乾(qián)鹄②(gǔ)知来而不知往，此修短③之分也。昔者苌(cháng)弘，周室之执数者也。天地之气，日月之行，风雨之变，律历之数，无所不通。然而不能自知，车裂而死。苏秦，匹夫徒步之人也，靯蹻(qiāo)蠃④盖，经营万乘之主，服诺诸侯，然不自免于车裂之患。徐偃王被服慈惠⑤，身行仁义，陆地之朝者三十二国，然而身死国亡，子孙无类。大夫种辅翼越王勾践，而为之报怨雪耻，擒夫差之身，开地数千里，然而身伏属镂⑥而死。此皆达于治乱之机，而未知全性之具者。故苌宏知天道而不知人事，苏秦知权谋而不知祸福，徐偃王知仁义而不知时，大夫种知忠而不知谋。圣人则不然，论世而为之事，权事而为之谋，是以舒之天下而不窕⑦，内之寻常而不塞。使天下荒乱，礼义绝，纲纪废，强弱相乘，力征相攘，臣主无差，贵贱无序，甲胄生虮(jǐ)虱，燕雀处帷幄，而兵不休息，而乃始服属臾⑧之貌，恭俭之礼，则必灭抑而不能兴矣。天下安宁，政教和平，百姓肃睦，上下相亲，而乃始立气矜，奋勇力，则必不免于有司之法矣。是故圣人者，能阴能阳，能弱能强，随时而动静，因资而立功，物动而知其反，事萌而察其变，化则为之象，运则为之应，是以终身而无所困。

【注释】①猩猩：传说兽名，人面兽身，能知人姓，故曰"知往"。②乾鹄：鹊。人有喜事则鸣，故曰"知来"。③修短：长处与短处。④赢：囊，也有说是箱子。⑤慈惠：仁爱。⑥属镂：宝剑名。⑦窕：细微。⑧属衺：谨慎、恭敬。

【译文】猩猩懂得过去的事而无法预知未来，干鹄能预知未来而无法回忆起过去的事，这是它们的长处短处的不同。以前苌弘是周王室内执掌历数的官吏，天地间的气数、日月的运行、风雨的变化、律历的度算，没有苌弘不知道的，然而他却不能预知自己的命运，最终死于车裂。苏秦原本只是一个出门只能靠步行的普通百姓，经常是脚穿草鞋、肩扛背包，在大国之间周旋游说，凭借三寸不烂之舌说服各国采纳他的合纵想法，但最终还是没有免去被车裂的下场。徐偃王实施仁义慈爱的政策，天下来朝拜他的国家高达三十二个，然而最后还是身死国亡、子孙灭绝。越国大夫文种，辅佐越王勾践，为越国报仇雪耻，还生擒吴王夫差，使越国的疆域面积扩大了数千里，但最后还是用属镂利剑自杀。应当说，这些人都是知晓平定国家混乱的方法的，但遗憾的是，他们却不知道如何保护自己。所以可以这样说，苌弘只知天道却不懂什么是人道，苏秦是只懂权谋却不知道如何避祸，徐偃王是只懂得仁义却不知道什么是时宜，文种是只知道尽忠却不知道怎样谋进退。而圣人就不会是这样的，他能够分析世上各种各样的事情，权衡其中的利弊得失，然后才确定谋略，所以能做到才华施展开来可以充实天下不会留一点空隙，紧缩起来可以身处狭窄而不会显得闭塞。如果到天下荒芜、礼义断绝、纲纪废弛、以强凌弱、武力征伐、君臣倒置、贵贱无序、甲胄可以生虱、燕雀在帷幄筑巢而兵卒没有休息的时候才想起实施恭敬俭朴的儒家学说，那么一定会被消灭、受压抑而不会兴旺发达。如果天下平定、政教平和、百姓恭顺和睦、君臣相处亲善，在这时如果表现出骄横的气焰、展示蛮横的暴力，那么也一定难以逃脱刑罚的制裁。因此，所谓圣人是既能阴又能阳,既能弱又能强,根据时势而动静,依据条件而做事;同时圣人还能在事物刚刚发动的时候就能知道事物的转化,事物刚刚萌芽的时候就能感觉到它的变化;变化了的事物,圣人能明白它的变化的形象,运动的事物,圣人有办法去响应它。因此圣人是一生顺利而无窘境。

故事有可行而不可言者,有可言而不可行者,有易为而难成者,有难成而易败者。所谓可行而不可言者,趋舍也;可言而不可行者,伪诈也;易为而难成者,事也;难成而易败者,名也。此四策也,圣人之所独见而留意也。诎①(qū)寸而伸尺,圣人为之;小枉②而大直,君子行之。周公有杀弟之累,齐桓有争国之名;然而周公以义补缺,桓公以功灭丑,而皆为贤。今以人之小过掩其大美,则天下无圣王贤相矣。故目中有疵,不害于视,不可灼也;喉中有病,无害于息,不可凿也。河上之丘冢③,不可胜数,犹之为易也;水激兴波,高下相临,差以寻常,犹之为平。昔者曹子④为鲁将兵,三战不胜,亡地千里。使曹子计不顾后,足不旋踵,刎颈于陈中,则终身为破军擒将矣。然而曹子不羞其败,耻死而无功。柯之盟,揄⑤三尺之刃,造桓公之胸,三战所亡,一朝而反之,勇闻于天下,功立于鲁国。管仲辅公子纠而不能遂,不可谓智;遁逃奔走,不死其难,不可谓勇;束缚桎梏(gù),不讳其耻,不可谓贞。当此三行者,布衣弗友,人君弗臣。然而管仲免于累绁(xiè)之中,立齐国之政,九合诸侯,一匡天下。使管仲出死捐躯,不顾后图,岂有此霸功哉!今人君之论其臣也,不计其大功,总其略行⑥,而求其小善,则失贤之数也。

【注释】①诎:弯曲。②枉:弯,这里指过错。③河上之丘冢:黄河一带的沙丘或山丘。河：古时候指黄河。④曹子：指鲁国大夫曹刿。⑤揄：拉，引。⑥略行：大方面的品行。

【译文】所以世上的事情有些只可以做但不能说出来的，有些事情可以说但不能做的，有些事情容易做但很难成功的，有些事情既难以成功又非常容易做坏的。所谓有些事情可以做而不可以说，是指取舍之事；有些事情只可以说却不能做的，这是指假装欺诈之事；有些事情很容易做但难以成功的，这是指一般事业；有些事情既难以做成又非常容易做坏的，这是指获取名声之事。这四种方法，只有圣人有独特的见解并且时刻关注的。小事受委曲、大事才伸张，圣人有这样的处事原则；小处可以有过错，大处一定要正直，君子有这样的行事原则。周公有杀害兄弟管叔蔡叔的牵累，齐桓公有与公子纠争夺国家的恶名，但是周公以匡扶周室的正义行为弥补了杀害亲兄弟的缺憾，齐桓公用称霸天下的功绩抵消去了他的丑事，所以这两位还算是圣贤的人。假如因为一个人有小的过失而抹杀了他全部的优点，那么天下就没有圣王和贤相了。所以，眼睛稍微有瑕疵，但只要不妨碍看东西，就不必用火灸烤；咽喉稍微不舒服，但只要不妨碍呼吸，就不必非要凿开喉管。黄河流域的平原地区，尽管小土丘数目多得数都数不过来，但这一地区仍是平原；河水激起波浪，有时浪头甚至高达数尺，仍然看作是河水平静的状态。过去曹刿在鲁国带兵作战，屡战屡败，丢失国土面积多达数千里。假如曹刿不作长远的打算，不转身向后撤退，拔剑刎颈自杀的话，那么他就永远是一个败军之将了。然而，曹刿并不为一时的失败而感到羞耻，他所感到的耻辱是不能建功立业。于是他在齐鲁柯地会盟时，手持三尺宝剑，逼破齐桓公归还被夺去的土地，这样在三次战争中失去的土地在片刻之间便被收回了。他的大智大勇也天下闻名，并为鲁国建立下了功业。管仲辅佐公子纠而没有成功，不能说他有聪慧；管仲又在失败后只顾自己逃命，不能为公子纠而敢于牺牲自己的性命，这就不可以称赞他勇敢；管仲在被羁押期间，转而效力齐桓公，并不认为这是耻辱，这就不能称他是有贞节的人。有了上述三种行为，一般的平民百姓都不愿意和他做朋友。君主更不愿意让他做大臣了。但管仲却从牢房中出来后，受到齐桓公的重用，掌握了齐国的政事，辅佐齐桓公九次与诸侯会合，一举匡扶了天下。如果管仲当时献出了自己的生命，不从长计议的话，哪里会有以后帮助齐桓公称霸天下的功劳！今天如果君王评论他的属下，不考虑他的功劳，不看到他的主要优点，而只是在小节问题斤斤计较，这是丧失贤才的做法。

故人有厚德，无问其小节；而有大誉，无疵其小故。夫牛蹄之涔①（cén）不能生鳣（zhān）鲔②（wěi），而蜂房不容鹄卵；小形不足以包大体也。夫人之情，莫不有所短。诚其大略是也，虽有小过，不足以为累；若其大略非也，虽有闾里③之行，未足大举。夫颜啄聚④，梁父之大盗也，而为齐忠臣。段干木⑤，晋国之大驵⑥（zù）也，而为文侯师。孟卯妻其嫂，有五子焉，然而相魏，宁其危，解其患。景阳淫酒，被发而御于妇人；威服诸侯。此四人者，皆有所短，然而功名不灭者，其略得也。季襄、陈仲子立节抗行，不入污君之朝，不食乱世之食，遂饿而死。不能存亡接绝者何？小节伸而大略屈。故小谨者无成功，訾行⑦者不容于众，体大者节疏，跖（zhí）距⑧者举远。自古及今，五帝三王，未有能全其行者也。故《易》曰："小过亨，利贞。"言人莫不有过，而不欲其大也。夫尧、舜、汤、武，世主之隆也，齐桓、晋文，五霸之豪英也。然尧有不慈之名，舜有卑父之谤，汤、武有放、弑之事，五伯有暴乱之谋。是故君子不责备于一人，方正而不以割，廉直而不以切，博通而不以訾，文武而不以责。求于一人则任以人力，自修则以道德。责人以人力，易偿也；自修以道德，难为也。难为则行高矣，易偿则求澹矣。夫夏后氏之璜（huáng）不能无考⑨，明月之珠不能无颣⑩。然而天下宝之者，何也？其小恶不足妨大美也。今志人之所短，而忘人之所修，而求得其贤乎天下则难矣。夫百里奚之饭牛⑪，伊尹之负鼎，太公之鼓刀，宁戚之商歌，其美有存焉者矣。众人见其位之卑贱，事之污辱，而不知其大略，以为不肖。及其为天子三公，而立为诸侯贤相，乃始信于异众也。夫发于鼎俎之间，出于屠酤（gū）之肆，解于累绁之中，兴于牛颔之下，洗之以汤沐，被（fú）之以爟（guàn）火⑫，立之于本朝之上，倚之于三公之位，内不惭于国家，外不愧于诸侯，符势有以内合。

【注释】①涔：雨水。②鳣：指鳇鱼。鲔：指鲟鱼。鳣和鲔皆是大鱼。③闾里：乡里。④颜啄聚：齐国大夫。死于齐晋黎丘之战。⑤段干木：魏国人，曾在晋国为市侩。⑥大驵：马侩，即买卖马匹的中间人。⑦訾行：诋毁他人的品行。一说谓德行有亏缺。⑧躄距：足大。躄：足。距：通"巨"。⑨考：瑕疵。⑩颣：斑点。⑪饭牛：喂牛。⑫祓：古代一种消除灾祸的仪式。爟火：举行祓除仪式时点的火。

【译文】所以一个人只要有大德，就没必要计较他的小节；如果他有大的声誉，就没必要对他吹毛求疵。牛蹄踩出来的小水坑是没法生长鳣和鲔一类大鱼的，蜂巢容纳不下天鹅蛋，这说明小东西是容纳不了大东西的。人之常情是谁都会有短处。如果他的主要方面是好的，即使有些小错误，也不应该成为他的累赘。反之如果他的主要方面是不好的，即使是有一点值得被乡邻称赞的品质，也不值得被重用。颜啄聚曾是梁父山上的大盗，但最终却成为了齐国的忠臣。段干木原来是晋国的一个市侩，后来却成为了魏文侯的老师。孟卯娶嫂子为妻子，还生下了五个孩子，但后来却成为了魏相，帮助魏国减去了不少危难。景阳一生喜爱喝酒，沉浸于酒色里面，经常蓬头散发混迹在女人堆里，但后来却带领楚军拯救了燕国，声望威震天下。以上这四个人，都有短处和缺陷，可是有功名流传于后世，这是因为他们的长处得到了发挥。季襄、陈仲子坚守节操、行为高洁，不肯混迹在污浊的朝廷里，不愿意吃乱世的粮食，结果被活活饿死了，不能拯救衰亡的国家，传续将要断绝的宗祀，原因是什么呢？这是因为他们只注意到了小节而忽视了大义。所以在小事上谨慎的人是不会有很大成就的，而那些专喜欢对别人吹毛求疵的人也大多不被众人所容纳；身体魁梧的人骨骼自然很大，腿长脚大的人步子也必然迈的远。从古代到今代，三王五帝，没有一个是完美的。所以《易经》上说："小的过失不会伤及大体，照样吉利而且亨通。"是说没有人是不犯错误的，只是不会将小错铸成大错就可以了。尧、舜、汤、武是君主中的杰出人物，齐桓公、晋文公则是春秋五霸中的英杰。然而尧有对儿子不仁慈的名声，舜因让父亲成为庶人而遭人非议，汤和武有放逐国君和弑君的行为，春秋五霸则要负起暴力挑起战争的责任。所以人是没有完人的，作为君子就不可以对人求全责备。一个人的品行端正就不要指摘他的缺点，廉洁正直就不要对他过分苛刻，博学多才就不要对他随意嘲讽讥刺，文武双全就不要求他的才能再全面一些。他派给别人的任务是按照其能力大小来决定的，而对自己则是完全依照道德修养来要求的。按照别人的能力来派发任务，别人就很容易完成；而完全要求自己具有道德修养，却不是一件简单的事。明知道事情难做而去做，这就表现出高尚的品行，容易完成的任务，也就是满足于平淡。就算是夏朝的璜玉也不可能是毫无瑕疵的，就算是明亮的夜明珠也不可能毫无斑痕的，但天下人就是十分珍惜它们，这是为什么呢？因为它们的这些小毛病不会妨碍它们整体的美丽。如果只记住别人的缺点而遗忘别人的优点和长处，要想得到天下的贤士就十分困难了。过去百里奚曾经喂过牛、伊尹曾当过厨师、姜太公曾经操过屠刀、宁戚曾经为谋官而唱悲切的歌，但他们身上都有着更加美好的品质。但一般的人只看到他们地位低下,又做过不光彩的事,认为他们都是无能的人而没看到他们身上更加美好的品质。而等到他们担任了天子的三公,做了诸侯的贤相时,人们才知道他们身上与众不同的地方。伊尹确实是从砧板、灶边锅旁发家的,姜太公是从屠宰场出身的,管仲是从牢狱中被解救出来然后立下功业的,百里奚是从牛棚中起兴的。在用香汤沐浴洗干净他们身上的污垢,举行祓除仪式清除他们身上的晦气之后,他们被提拔到朝廷里,封给三公的高位,承担重任,对内无愧于国家,对外无愧于诸侯;他们之所以能在地位低微时被君主相中,是因为他们身上的某些品质表现出来正符合君王的心思和时代的特点。

故未有功而知其贤者,尧之知舜;功成事立而知其贤者,市人①之知舜也。为是释度数而求之于朝肆②草莽之中,其失人也必多矣。何则?能效其求,而不知其所以取人也。夫物之相类者,世主之所乱惑也;嫌疑肖象者,众人之所眩耀。故狠者类知而非知,愚者类仁而非仁,戆(zhuàng)者类勇而非勇。使人之相去也,若玉之与石,美之与恶③,则论人易矣。夫乱人者,芎(xiōng)䓖(qióng)之与藁本也④,蛇床之与麋芜也⑤,此皆相似者。故剑工惑剑之似莫邪者,唯欧冶能名其种;玉工眩玉之似碧卢者,唯猗顿⑥不失其情;暗主乱于奸臣、小人之疑君子者,唯圣人能见微以知明。故蛇举首尺,而修短可知也;象见其牙,而大小可论也。薛烛庸子⑦,见若狐甲⑧于剑,而利钝识矣;奂儿、易牙⑨,淄、渑之水合者,尝一哈水而甘苦知矣。故圣人之论贤也,见其一行而贤不肖分矣。孔子辞廪丘⑩,终不盗刀钩;许由让天子,终不利封侯。故未尝灼而不敢握火者,见其有所烧也;未尝伤而不敢握刃者,见其有所害也。由此观之,见者可以论未发也,而观小节可以知大体矣。故论人之道,贵则观其所举,富则观其所施,穷则观其所不受,贱则观其所不为,贫则观其所不取。视其更难,以知其勇;动以喜乐,以观其守;委以财货,以论其仁;振以恐惧,以知其节;则人情备矣。

【注释】①市人:市井之人,即普通人。②朝肆:犹朝市。朝廷和市肆。③美之与恶:有说应为"葵之与苋"。④芎䓖:又名川芎,多年生草本植物,地下茎入药。藁本:又作藳本、藳茇根入药。⑤蛇床:一年生草本植物,果实可入药。麋芜:草名,可入药。⑥猗顿:春秋时鲁国巨富,擅相玉。⑦薛:薛地,古地名,在齐国境内。烛庸子:人名,擅于相剑。⑧狐甲:有说应为爪甲。⑨臾儿与易牙都是齐国人,擅于辨味。⑩廪丘:齐国城邑,齐景公封给孔子作为食邑,但孔子因为齐景公不采纳自己的治国主张,无功不受禄,所以辞谢不受。

【译文】能在对方尚未显山露水的时候就他是贤才,尧发现舜就是属于这种情况;等到贤人建功立业后才知道他是贤才,这就像平民百姓都认识舜一样。如果认为贤士大都来自民间、身份低微,就放弃评判人才的标准,一头钻进街市小巷、深山野林中去寻找贤士,那反而会失去很多人才。为什么呢?因为这只是仿照古人寻找贤士的做法,而不知道选拔贤士的准则。有些事物相类似,会使世上的君王感到迷惑不解;有些事物外表相像,令众人感觉到眼花缭乱。有些刚愎自用的人,看上去好像聪明,实际上并不是真正聪明;愚昧的人好像仁慈,实际上本性并不仁慈;憨头憨脑的人看上去好像勇敢,实际上是鲁莽。例如人与人之间的差距,就好像石头和美玉、葵菜和苋菜之间的区别那样显眼,那么判断人的好坏就容易得多了。使人疑惑不清的是,就好像芎䓖和藁本、蛇床和蘪芜,都是那样地相像。所以一般的铸剑工匠都因为宝剑像是莫邪宝剑而感到疑惑,而只有欧冶这样的工匠才能判断出它们的不同类别;普通的玉工又经常会将一般的玉当成碧庐美玉，而只有猗顿那样的专家才能不混淆它们之间的差别；同样，昏庸的君主也常常把假装成君子的小人奸臣当作君子，而只有英明的君主才能从细微的迹象中看清楚真相。所以按照蛇抬头的高度，可以推算出它的长度；按照象牙的长短，可以推算出它的大小。薛地的烛庸氏子，只要看到短剑上爪甲那么大的一块，就能知道这把剑的利钝情况。淄河与渑水放在一起，史儿和易牙只要尝一口水，便能根据河水的甜苦来分辨出哪是淄河水、哪是渑河水。所以圣人也能根据人的行为表现，知道此人是贤还是不贤。孔子连廪丘封邑都推辞不去了，那么据此认定孔子不可能会去偷刀钩一类的小东西；许由连天子都推辞不做，据此断定许由绝不会珍惜封侯一类的事。所以，不曾被火灼伤过的人而不敢去抓住火，是因为他看到过火是会伤害人的；不曾被刀剑伤过的人而不敢用手去抓刀刃的，是因为他看见过刀刃是会伤害人的。据此判断，可以从已经知道的现象中推算出还未发生的事，通过观察小节来推算大体。所以识别人的方法是：对地位尊贵的人是观察他举荐别人的情况，对富有者是观察他施舍的情况，对困窘者是观察他什么东西不会接受，对地位卑下的人观察他什么事不会去，对贫穷的人观察他什么东西不会去拿取。观察他处于危难时的状态，可以知道他的勇气怎么样；用他喜爱的东西去打动他，就能观察到他的操守如何；将货物钱财交给他，就能观察到他是否是仁爱的；用恐惧的事物来震动他，就能观察到他的气节是怎样的；从多个方面来对一个人进行反复观察和考查，就能知道这个人的大概情况了。

　　古之善赏者，费少而劝众；善罚者，刑省而奸禁；善予者，用约而为德；善取者，入多而无怨。赵襄子围于晋阳，罢围而赏有功者五人，高赫为赏首，左右曰："晋阳之难，赫无大功，今为赏首，何也？"襄子曰："晋阳之围，寡人社稷危，国家殆，群臣无不有骄侮之心,唯赫不失君臣之礼。"故赏一人而天下为忠之臣者莫不终忠于其君。此赏少而劝善者众也。齐威王设大鼎于庭中,而数无盐令曰:"子之誉,日闻吾耳,察子之事,田野芜,仓廪虚,囹圄实。子以奸事我者也。"乃烹之。齐以此三十二岁道路不拾遗。此刑省奸禁者也。秦穆公出游而车败,右服①失马,野人得之。穆公追而及之岐山之阳,野人②方屠而食之。穆公曰:"夫食骏马之肉,而不还③饮酒者,伤人。吾恐其伤汝等。"遍饮而去之。处一年,与晋惠公为韩之战,晋师围穆公之车,梁由靡扣穆公之骖(cān),获之。食马肉者三百馀人,皆出死为穆公战于车下,遂克晋,虏惠公以归。此用约而为德者也。齐桓公将欲征伐,甲兵不足,令有重罪者出犀甲一戟,有轻罪者赎以金分,讼而不胜者出一束箭。百姓皆说,乃矫箭④为矢,铸金而为刃,以伐不义而征无道,遂霸天下。此入多而无怨者也。故圣人因民之所喜而劝善,因民之所恶而禁奸。故赏一人而天下誉之,罚一人而天下畏之。故至赏不费,至刑不滥。孔子诛少正卯⑤而鲁国之邪塞;子产诛邓析⑥而郑国之奸禁。以近喻远,以小知大也。故圣人守约而治广者,此之谓也。

【注释】①右服:古时候四匹马驾车,中间的两匹叫服,两边的叫骖,右服即中间靠右边的马。②野人:田野之民,农人。③还:通"旋",立刻。④矫:把做箭用的竹子弄直。⑤少正卯:春秋时代鲁国大夫,少正是官职,卯是名。孔子以少正卯是"小人之桀雄",一身兼有"心达而险、行辟而坚、言伪而辩、记丑而博、顺非而泽"五种恶劣品性,而将其诛杀。⑥邓析:河南新郑人,郑国大夫,春秋末期思想家,"名辨之学"倡始人。与子产同时,名家学派的先驱人物。他第一个提出反对"礼治"思想。他的主要思想倾向是"不法先王,不是礼义"。

【译文】古代擅长奖赏的君王,花费少但会劝勉众人;擅长惩罚的君王,刑罚简洁却能禁止奸邪事的发生;擅长赐予的君王,费用不多但感受到恩德的人会很多;擅长获取的君王,收获多却没有人去怨恨。赵襄子曾被包围在晋阳城内,包围解除后赏赐了五位有功的大臣,第一位就是高赫。身边的人说:"晋阳危难的时候,高赫并没有立下什么功劳,现在他受到的奖赏却最多,这是为什么呢?"赵襄子说:"晋阳城处于危难的时候,国家、社稷处在险要的关头,大臣们没有人不对我怀有骄纵侮没的心思,而只有高赫仍然不失君臣之间的礼节。"所以奖赏一个人,就是要使天下的忠臣无不对他们的君王忠心到底。这就是叫奖赏少数的人、激励多数的人。齐威王在堂前摆放了一只大鼎,例数无盐县令的罪刑说:"称赞你政绩的好话每天都能传到我的耳朵里,但观察你的政绩却只见到田野荒芜、仓廪空虚的景象,而监狱里人满为患。你这是在用欺诈的手段来蒙蔽我。"于是下令烹了无盐的县令。这样使齐国在之后的三十二年中"路不拾遗"。这就是叫刑罚简洁而奸邪之事都被禁止了。秦穆公出游时,马车坏了,右边的服马挣脱了缰绳逃跑了,被山里人捉走了。秦穆公带人随后追到岐山南边,山里人正在把那匹马杀了煮着吃。秦穆公对他们说:"吃这种骏马的肉,如果不喝酒,是会伤害身子的。我特意赶来告诉你们是怕你们吃伤了身体。"说完就让随从人员拿酒给他们一一喝过之后才离开。过了一年,秦穆公和晋惠公在韩源开战,晋军包围了秦穆公的指挥车,晋国大夫梁由靡已经牵住了穆公指挥车的骏马,正在准备活捉秦穆公。这时,去年吃了秦穆公骏马的一伙三百多号人,都冒死为秦穆公而在指挥车周围拼杀,最终战胜了晋军,俘虏了晋惠公凯旋而归。这真可称作是费用不多而得到的回报却很多。齐桓公准备出兵讨伐诸侯中的叛乱人,但一时间铠甲兵器数目不足,于是下令,让犯重罪的人每人出一副犀牛皮铠甲和一支戟抵罪,让犯轻罪的人按照犯罪轻重的不同程度拿出不同分量的铜铁赎罪，而让输了官司的人各出一束箭。这一命令发布后，百姓们都很高兴，纷纷将箭竹加工成箭，将铜铁熔化后铸成各种兵器；齐桓公就用这些武器讨伐了不义的君主和无道的国家，终于在天下称霸。这就是征收了很多却没有人会怨恨。所以英明的君主是按照民众的喜好来劝他们向善，根据民众的憎恨来禁止奸邪事的发生，所以能奖赏一人而得到天下人都称赞、惩罚一人而使天下人都害怕。所以说最有效果的赏赐是不会浪费的，最有成效的惩罚是不会泛滥的。这就是我们所看到的，孔子杀了少正卯而堵塞住了鲁国的歪门邪道的路，子产杀了邓析而禁止了郑国的所有的奸邪活动；他们都能够由近喻远、由小知大。所以圣人掌握为政简约的道理，但却能收获广泛的结果，说的就是这个道理。

天下莫易于为善，而莫难于为不善也。所谓为善者，静而无为也；所谓为不善者，躁而多欲也。适情辞馀，无所诱惑，循性保真，无变于己，故曰为善易。越城郭，逾险塞，奸符节，盗管金①，篡弑矫诬②，非人之性也，故曰为不善难。今人所以犯囹圄之罪，而陷于刑戮之患者，由嗜欲无厌，不循度量之故也。何以知其然？天下县官法曰："发墓者诛，窃盗者刑。"此执政之所司也。夫法令者罔③其奸邪，勒率④随其踪迹。无愚夫蠢妇皆知为奸之无脱也，犯禁之不得免也。然而不材子不胜其欲，蒙死亡之罪，而被刑戮之羞。然而立秋之后，司寇之徒继踵于门而死市之人血流于路。何则？惑于财利之得而蔽于死亡之患也。大今陈卒设兵，两军相当，将施令曰："斩首拜爵，而曲挠者要斩。"然而队阶之卒皆不能前遂斩首之功，而后被要斩之罪，是去恐死而就必死也。故利害之反，祸福之接，不可不审也。

【注释】①管：钥匙。金：符印。②矫诬：谓假借名义以行诬罔；虚妄；假托君命，诬陷无辜。③罔：通"网"。④勒率：法网。勒：本意马络头。率：本意是捕鸟的网。

【译文】天下没有比做善事更简单的了，而做坏事却十分困难。所说的做善事，只要清静无为就能做到；所说的做坏事，是说躁动而欲望过多。性情安逸，除去多余的欲望，不受诱惑的吸引，遵循本性，保持纯真，不让自己发生变异，就能做善事，所以说做善事很简单。而做坏事既要翻越城墙，穿过危险的关卡，偷窃符节、印章、钥匙，又要实行篡位杀人、假托君命、编造谎言，这些事情都违背了人的本性，所以说做坏事也不会很容易。现在有人之所以被关押或遭受刑罚的折磨，是因为这些人欲望在无限的膨胀、不明白节制的原因。怎么懂得是这样的呢？天下颁布的国法是："凡是盗墓的要处死，凡是偷盗的要判刑。"这些都是执法的范围。这法律针对了奸邪之人，法网随时追踪着这些奸邪之徒的痕迹，即使是愚昧无知的男女都懂得触碰刑法是摆脱不了法律的制裁的，违反禁令是不能免去惩罚的。但就会有一些不成才的人，无法克制住自己的欲望，甘心冒着被判死刑的危险去做坏事，最后还是遭受了法律的惩罚，蒙受刑罚的侮辱。因此每年在立秋之后，司法人员会连续不断地到牢房提取死囚，将他们处死，导致在街头被处死刑的人血流满地。怎么会有这样的情况呢？这是因为这些死囚犯被利欲之心冲昏了头脑，因此看不到死亡的灾难正等着他呢！战场上两军对阵，两方将开战，将领于是下军令："冲上前去斩下敌首的将会被授予爵位，凡是后退逃跑的都会被腰斩。"但是阵营中的士兵都不冲锋前进争夺斩敌首的功劳，却后退遭受腰斩的惩罚，这是害怕冲上前去被敌人杀死，却忽略违背军法也会被处死啊。所以说利害是相反相成的，祸与福是相互衔接的，这个道理不能不弄明白啊！

事或欲之，适足以失之；或避之，适足以就之。楚人有乘船而遇大风者，波至而自投于水。非不贪生而畏死也，惑于恐死而反忘生也。故人之嗜欲，亦犹此也。齐人有盗金者，当市繁之时，至掇①而走。勒问其故，曰："而盗金于市中，何也？"对曰："吾不见人，徒见金耳。"志所欲，则忘其为矣。是故圣人审动静之变，而适受与之度，理好憎之情，和喜怒之节。夫动静得，则患弗过也；受与适，则罪弗累也；好憎理，则忧弗近也；喜怒节，则怨弗犯也。故达道之人，不苟得，不让福，其有弗弃，非其有弗索，常满而不溢，恒虚而易足。今夫溜水足以溢壶榼（kē）②，而江河不能实漏卮③（zhī）。故人心犹是也。自当以道术度量，食充虚，衣御寒，则足以养七尺之形矣。若无道术度量而以自俭约，则万乘之势不足以为尊，天下之富不足以为乐矣。

【注释】①掇：拾取；摘取。②溜水：屋檐滴水。溜：屋檐。榼：古时候盛水的器具。③卮：古代盛酒的器具。

【译文】有时做事就是这样的，你本来想得到它，但恰好失去了它；有时你想避开它，但恰恰遇到了它。楚国有一个人在乘船过江时遭遇了大风，波浪汹涌而来，这个人十分害怕，为了躲避浪头竟然自己跳进了江中。他并不是不贪生怕死，只是害怕死亡的念头冲昏了头脑反而忘了如何活命的这一点。所以人放纵欲望也类似这样。有一个齐国人偷窃金子，在街道正繁华热闹的时候，看到金子就直接抢走了，被捉住后有人问他："你怎么敢明目张胆在集市上偷窃金子呢？"那个人回答说："我没看到人，只看到了金子。"这正是因为满脑子装的都是自己想要的东西，而忘了自己到底该做什么。所以圣人是观察动静间的变化，恰如其分地掌握接受和给予的分寸，理顺喜爱与憎恨的感情，调和喜怒的情绪使之有节制。如果动静恰当的话，灾难就不会降临；接受和给予适度的话，罪孽就不会来纠缠；爱憎理顺的话，忧思就不会出现；喜怒节制的话，憎恨就不会侵犯。所以明晓道理的人，是不可以随随便便捞取好处的，也不应该无故推辞应该获得的福利；自己应该有的不放弃，不该拥有的不去索取；这样会永远丰富而不会溢出，恒久虚空而容易满足。如果人知足，就算是屋檐漏下的水也能够装满盆盂酒壶；如果人不知足，就像是江河之水也不能够装满漏酒壶。人心就是这样的。人要自觉地使用道义来衡量：只要求吃饱穿暖就足够供养你的七尺之躯了；反过来说，你如果不使用道义来衡量、约束自己，那么即便给你万乘之国的权力，你也会嫌弃不够尊贵；即便给你天下所有的财富，你也不能感到高兴的。

孙叔敖三去令尹而无忧色，爵禄不能累也；荆佽(cì)非①两蛟夹绕其船而志不动，怪物不能惊也。圣人心平志易，精神内守，物莫足以惑之。夫醉者，俯入城门，以为七尺之闺也；超江、淮，以为寻常之沟也；酒浊其神也。怯者，夜见立表，以为鬼也；见寝石，以为虎也；惧掩②其气也。又况无天地之怪物乎？夫雌雄相接，阴阳相薄，羽者为雏(kòu)，毛者为驹犊，柔者为皮肉，坚者为齿角，人弗怪也。水生蠪(lóng)蜄(zhèn)，山生金玉，人弗怪也。老槐生火，久血为磷，人弗怪也。山出枭阳③，水生罔象④，木生毕方⑤，井生坟羊⑥，人怪之，闻见鲜而识物浅也。天下之怪物，圣人之所独见；利害之反覆，知者之所独明达也；同异嫌疑者，世俗之所眩惑也。夫见不可布于海内，闻不可明于百姓，是故鬼神機(jī)祥⑦而为之立禁；总形推类而为之变象。何以知其然也？世俗言曰："飨大高⑧者而彘为上牲；葬死人者裘不可以藏；相戏以刃者太祖軵(rǒng)其肘；枕户橉⑨(lìn)而卧者鬼神蹠⑩其首。"此皆不著于法令,而圣人之所不口传也。夫飨大高而飨为上牲者,非飨能贤于野兽麋鹿也,而神明独飨之,何也？以为飨者家人所常畜而易得之物也。故因其便以尊之。裘不可以藏者,非能具绵绵曼帛⑪温暖于身也。世以为裘者难得贵贾之物也,而不可传于后世,无益于死者,而足以养生,故因其资以詟⑫(zhé)之。相戏以刃,太祖斩其肘者,夫以刃相戏,必为过失,过失相伤,其患必大,无涉血之仇争忿斗,而以小事自内于刑戮,愚者所不知忌也,故因太祖以累⑬其心。枕户橉而卧,鬼神履其首者,使鬼神能玄化,则不待户牖之行,若循虚而出入,则亦无能履也。夫户牖者,风气之所从往来,而风气者,阴阳相捔(jué)⑭者也。离者必病,故托鬼神以伸诫之也。凡此之属,皆不可胜著于书策竹帛而藏于官府者也。故以禨祥明之。为愚者之不知其害,乃借鬼神之威以声其教,所由来者远矣。而愚者以为禨祥,而狠者以为非,唯有道者能通其志。

【注释】①荆：指楚国。佽非：人名，传说曾入江杀蛟。②掩：夺取。③枭阳：山精,枭阳国在北朐之西,其为人人面长唇,黑身有毛,反踵,见人则笑。④罔象：古代传说中的水怪。或谓木石之怪。⑤毕方：木之精也,状如鸟,青色,赤脚,一足,不食五谷。⑥坟羊：土之精也。⑦禨祥：吉凶之事。⑧大高：祖先,也有说上帝。⑨户橉：门槛。⑩蹠：踏,踩。⑪曼帛：细腻精美的丝帛。⑫詟：禁忌。⑬累：吓唬。⑭相捔：相抵触。

【译文】孙叔敖三次失去令尹的官职而没有忧伤的神色,这是因为爵禄不能拖累他；荆佽非所坐的船在两蛟龙挟持缠绕的危急情况下,神志也不动摇,这是因为怪物不能吓倒他。所以圣人是心志平静,精神内守,外物不能惑乱他的神志。喝醉酒的人,会低着头走进城门，他还以为是七尺高的房门呢！而当渡过长江淮河时，他还以为是通过一条平常的小水沟呢！这是因为他醉得不省人事了。胆小的人，晚上看见立着的圭表，还以为是鬼；看见地上横躺着的石头，还以为是老虎。这是因为恐惧吓散了他的勇气，何况真的碰上天地间的怪物呢！雌雄相配、阴阳交迫，羽翼类的孵雏鸡，长毛类的生驹犊，柔软的是皮肉，坚硬的是齿角，人们见到了这些并不觉得奇怪；水中会生长出蚌蛤，山中会出产金玉，人们对此不会感到惊奇。老槐树会发天火，人死后血气会发出磷光，这些人们见了也不感到奇怪。但山里出现山精夔阳，水中出现水精罔象，树木中产生木精毕方，井里生出土精坟羊，人们就会感到奇怪了，这是因为平时见闻少，对这方面事物的认识比较浅薄。天下的怪异之事物，只有圣人能认识清楚；利害之间的转化，只有聪明的智者能看透。而那些似同似异，难以分辨清楚的事物，真把世俗的平庸人给弄糊涂了。有些现象不便公布于天下，有些传闻不能对老百姓明说，因此就借助于鬼神吉凶祸福等说法来规定出种种禁戒，并汇总各种情形，加以类推，为民众提供现象和传闻的解释。怎么知道是这样呢？例如世俗社会说："祭祀祖先神灵的牺牲，猪是上等的祭品；安葬死者时不可将裘皮陪葬；拿着兵器刀剑嬉戏打闹，祖宗神灵会推拉开他的臂肘；枕着门槛睡觉，鬼神会踩他的脑袋。"这些说法在法令中都没有记载，而且圣人也不会去说。祭祀祖先神灵以猪为上等祭品，并不是说猪就一定比麋鹿之类要好，神明只喜欢享用它，为什么这么说呢？原因在于猪为一般人家普遍饲养，容易获得，所以因猪方便易得而提高了其在祭品中地位。同样，裘皮不可以随死者埋葬于地下，并不是它没有丝绵帛绢那样的保暖性，而是世人认为裘皮是难得的贵重物品，可以世代相传，对死者毫无益处，倒是可以给生者作为养家的资费，所以根据裘皮的价值而禁止它作为随葬衣服。拿着刀剑嬉戏打闹，祖宗神灵会推拉他的臂肘。这是因为拿着刀剑嬉戏打闹，难免失手伤人，因失手而互相伤害,这样的祸患就大了;双方都无血海深仇,只因为闹着玩而陷于刑杀之中,实在不应该。而愚昧的人却不懂这个道理,不忌讳这种事,于是就搬出祖宗神灵来吓唬他们,让他们有所禁忌。枕着门槛睡觉,鬼神会踩他的脑袋。假若鬼神能变化莫测,那它就不必通过门窗而进来;如果鬼神是循空虚而入,也就不会踩着门槛上的人。门窗过道是风所通过的必由之路,而风又是阴阳激荡冲突而产生的,遭门风吹袭就要生病,所以人们借助鬼神踩头的说法来达到告诫的目的。凡此种种说法,当然不可能载入法典书策而收藏在官府之中,所以利用吉凶观念来解释它们,因为愚昧的人不知道这些事情的危害性,于是借助鬼神的威严神圣来达到教育的目的,实际上这种做法由来已久。而愚昧的人却又以为真有鬼神致吉凶福祸的事,那些刚愎自用的人又予以否定。只有通晓天地规律的人才能知道它的意义。

今世之祭井灶、门户、箕帚、臼杵者,非以其神为能飨之也,恃赖其德,烦苦之无已也。是故以时见其德,所以不忘其功也。触石而出,肤寸①而合,不崇朝②而雨天下者,唯太山③。赤地三年而不绝流,泽及百里而润草木者,唯江、河也。是以天子秩④而祭之。故马免人于难者,其死也葬之。牛其死也,葬以大车为荐⑤。牛马有功,犹不可忘,又况人乎!此圣人所以重仁袭恩。故炎帝于火,而死为灶;禹劳天下,而死为社;后稷作稼穑⑥,而死为稷;羿除天下之害,死而为宗布⑦。此鬼神之所以立。

【注释】①肤寸:古代长度单位。一指宽度为寸,伸直四指的宽度为肤(一肤为四寸)。也用以比喻极小。②崇朝:终朝。③太山:即泰山,这里指高山。④秩:品级。⑤荐:铺,垫。⑥稼穑:农事的总称。⑦宗布:传说中被除灾害之神。

【译文】如今世间的人们祭祀井、灶、箕、门、户、杵、臼等,并不是因为神真能享受到祭祀,只是因为平时生活要依赖这些器物,每天都要麻烦它们,所以遇到过年过节的时候,人们就会感念于它们的好处,使用这种祭祀的方式来表示人们没有忘记它们的功劳。高山上的空气触碰到冰凉的岩石就会凝结成水珠,并形成云气,然后形成雨带,过不了多长时间雨水就会落到大地上,像这样的情况只有像泰山那样的高山上才会产生;干旱了三年都不会断流,河水浇灌百里滋润草木,这只有长江、黄河才能做到。所以天子将天下的高山河流按品级祭祀。因此在危急情况下拯救过主人的战马,死后人们会使用被褥蒙裹后将其埋葬;同样,耕牛一生都在辛勤耕作,所以死后人们会用大车将其拖着去埋掉。牛或马有功劳,人们尚且都能不忘记,更何况人呢!这就是圣人为什么要求人注重仁爱恩德的原因。所以炎帝因为教给人们使用火,所以他死后被尊为灶神;大禹为天下而劳累,所以他死后被尊为土地神;后稷因教给人们种植庄稼,所以他死后被尊为谷神;羿帮助人们除掉了害人的精怪,所以他死后被尊为宗布神。以上这些就是产生鬼神观念的原因。

北楚有任侠者①,其子孙数谏而止之,不听也。县有贼,大搜其庐②,事果发觉。夜惊而走,追,道及之。其所施德者皆为之战,得免而遂反。语其子曰:"汝数止吾为侠。今有难,果赖而免身,而谏我,不可用也。"知所以免于难,而不知所以无难。论事如此,岂不惑哉!

【注释】①任侠:任侠,又称为"尚义任侠""为气任侠""使气任侠",也就是"附带意气,以侠义自任"的意思。②庐:房舍。

【译文】北楚有一位行侠仗义的人,他的子孙屡次劝他不要再做行侠仗义的事了。他没有听。一次县里发生了偷盗的事件,官府彻查了他的住宅,因为他和偷盗案有牵连的事被察觉了,这位侠士吓得连夜逃跑了。官府的官差追踪想要逮捕他,在半路追上了他,但平时受过侠士恩惠的人都帮助他抗拒追捕,使他避免遭到逮捕,安全地回到了家之后,侠士对他的子孙说:"你们多次阻挠我行侠,现在有了灾祸,结果是靠那些受过我救济的人避免了灾祸,说明你们平时劝我不行侠仗义的话,是不对的。"这位侠士只知道怎样避免灾祸,却不知道如何不发生灾祸。像他这样看待问题,怎么会不感到疑惑呢?

宋人有嫁子者,告其子曰:"嫁未必成也。有如出,不可不私藏。私藏而富,其于以复嫁易。"其子听父之计,窃而藏之。若公知其盗也,逐而去之。其父不自非也,而反得其计。知为出藏财,而不知藏财所以出也。为论如此,岂不勃哉!

【译文】宋国有一个人嫁女儿,他对女儿说:"这一桩婚事我看不一定能保持长久,说不定夫家会把你抛弃了,所以你得早作准备,私下里不能不藏些钱财。多私藏写钱财,到时候就算被赶出门,你再去嫁人也会容易些。"他女儿听从了父亲的计策,嫁到婆家后,经常偷窃夫家的钱财私藏起来。如果这女子的公公发现了她的偷窃行为,而将她赶出了家门。她的父亲不会认为自己的安排有错误,反而认为自己的计策很正确。这位父亲为防止女儿被抛弃而教导她偷窃私藏财物,却不知道正是因为偷窃私藏财物才导致她被抛弃这一点。像这位父亲一样思考问题,怎么会不荒谬呢?

今夫僨①载者,救②一车之任,极一牛之力,为轴之折也,有如辕軥其上以为造③,不知轴辕之趣④轴折也。

【注释】①僦：租赁。②救：通"勼"，聚集。③造：通"簉"，副，附属。这里指备件。④趣：促使。

【译文】如今有人租车来运货，他将车装满了货物，想将车子的载重和牛的力气使用到最大限度，因为怕压断车轴，专门准备了一副车轴和车辕放到了车上备用，他不明白正是加上去的这一副车轴和车辕才导致车轴断裂。

楚王之佩玦（jué）而逐菟①，为走而破其玦也，因佩两玦以为之豫②。两玦相触，破乃逾疾。乱国之治，有似于此。

【注释】①菟：通"兔"。②豫：通"预"，预备。

【译文】楚国国君身佩戴着一块玉玦去追赶兔子，在追赶过程中玉玦被碰碎了；因此他就佩戴两块玉玦来防备其中一块破碎，哪知两块玉玦互相碰撞，破碎得更快。能够使国家变得混乱的做法，就和这种情况相似。

夫鸱①（chī）目大而眡②（shì）不若鼠，蚈③（qiān）足众而走不若蛇。物固有大不若小，众不若少者，及至夫彊之弱，弱之强，危之安，存之亡也，非圣人，孰能观之！大小尊卑，未足以论也，唯道之在者为贵。何以明之？天子处于郊亭，则九卿趋，大夫走，坐者伏，倚者齐。当此之时，明堂太庙，悬冠解剑，缓带而寝。非郊亭大而庙堂狭小也，至尊居之也。天道之贵也，非特天子之为尊也，所在而众仰之。夫蛰虫鹊巢，皆向天一④者，至和在焉尔。帝者诚能包裹道，合至和，则禽兽草木莫不被其泽矣，而况兆民乎！

【注释】①鸱:鸱鹰,也有说是猫头鹰。②眎:通"视"。③蚿:马陆,一种节肢动物,有很多对腿。④天一:天一又称青龙、太阴。是主宰宇宙一切之神。

【译文】鸱鸟的眼睛很大,但视力还不如老鼠;马陆虫有很多脚,但还不如没有脚的蛇行动快。事情本来就有大的不如小的,多的不如少的。至于说到由强变弱,由弱变强,转危为安,存在又走向灭亡的情况,如果不是圣人,谁能看清楚呢!大或小,尊或卑,是不能一概而论的,只有合于道的事物才是最珍贵的。怎么才能说明这一点呢?天子位于郊外亭舍的时候,九卿、大夫都因为他奔波忙碌着,坐着的人因为天子的到来而趴在地上,而本来斜靠的人也必须赶紧站得整齐,毕恭毕敬的。而这个时刻,停留在朝廷值班的官员们倒可以挂上宫帽,解下佩戴的剑,放松衣带并且舒适地躺下。这不是说明郊外的亭舍比朝廷中的明堂太庙更大、更尊贵,而是因为尊贵的天子在那里停留。这天道的尊严,不只是像天子的尊严那样,只是当天子出现的时候百姓才尊敬他。蛰伏的昆虫和鸟鹊的窝巢都指向天一,这是因为它们之间有一种天然的和谐啊!帝王或是君主如果能遵循天道,达到极其和谐的程度,那么禽兽或者草木就没有不受到他的恩惠的,更不用说千千万万的百姓了。

卷十四　诠言训

【题解】"诠言",东汉许慎注曰:"诠,就也。就万物之指以言其征,事之所谓,道之所依也。"详细阐明了何为"诠"。本篇通过譬喻,推论人事要旨,剖析治乱本原。其中主要讲"无为"二字。"无为者,道之体也。"道的本质就是无为。而无为的关键,在于节制嗜欲。

洞同①天地,浑沌②为朴,未造而成物,谓之太一。同出于一,所为各异,有鸟、有鱼、有兽,谓之分物。方以类别,物以群分,性命不同,皆形于有。隔而不通,分而为万物,莫能及③宗,故动而谓之生,死而谓之穷。皆为物矣,非不物而物物者也④,物物者,亡乎万物之中。

【注释】①洞同:无形的状态。②浑沌:传说中天地未形成时,元气不分、模糊不清的状态。③及:王念孙认为此处应作"反"。反,同返。④不物:原注作:"不物之'物',恍惚虚无。"物物者:原注作:"造万物者也。"

【译文】天地无形,呈现出混沌未分的样子,当时还没有创造出有形的万物,被称作"太一"。万物都源自于"太一"的状态,真正形成之后状貌则各不相同,有鸟、有鱼、有走兽,称为"分辨事物"。此后又可以根据不同的种类将它们予以区分,它们的性质和生命形态虽然各不相同,但表现在有形这一点上是一致的。各类物种相互阻隔互不贯通,于是便形成了万物,并且再也无法回复到它们原本那种太一的状态。所以万物处于活动状态时就有了"生",而"死"便是万物生命进程的结束。这些都属于万物,并不是说一个生命进程的结束就是进入到恍惚虚无的境界,而是又投入新的造物过程,而创造万物后,造物者好像就消失在万物之中了。

稽古太初①,人生于无,形于有,有形而制于物。能反其所生,故未有形,谓之真人。真人者,未始分于太一者也。圣人不为名尸②,不为谋府③,不为事任,不为智主;藏无形,行无迹,游无朕④;不为福先,不为祸始。保于虚无,动于不得已。

【注释】①太初:天地未分之时。②名尸:名誉之主。谓囿于名誉。③谋府:指谋虑所从出之处。④朕:征兆,迹象。

【译文】考查天地未分开之时,人类由无形中生成,又从无形生成有形,一旦出现了形体,就会受到万物的制约。假如能够重新返回到生成之时,就好像没有形体的人一样,这种人就称作"真人"。真人是还没有和"太一"分离时的状态。圣人不会被名誉所囿,也不会成为谋略的出处,不会做事情的执行者,更不会做智谋的主人;他隐藏时没有形体,行动时没有踪迹,遨游时没有征兆;他不预先祈求幸福,也不招引祸端;他始终保持着虚无之态,行动完全由自然引发。

欲福者或为祸,欲利者或离害①。故无为而宁者,失其所以宁则危;无事而治者,失其所以治则乱。星列于天而明,故人指之;义列于德而见,故人视之。人之所指,动则有章;人之所视,行则有迹。动有章则词,行有迹则议。故圣人掩明于不形,藏迹于无为。王子庆忌死于剑,羿死于桃棓(bàng)②,子路菹(zū)于卫,苏秦死于口。人莫不贵其所有,而贱其所短,然而皆溺其所贵,而极其所贱。所贵者有形,所贱者无朕也。故虎豹之强来射,猿狖之捷来措。人能贵其所贱,贱其所贵,可与言至论矣。

【注释】①离害:遭祸。离,通"罹"。②桃棓:桃木作的杖。后用以驱鬼邪。原注作:"棓,大杖,以桃木为之,以击杀羿。由是以来,鬼畏桃也。"

【译文】有时想要取得幸福的人却遭受了祸患,有时想要获利者却受到了伤害。所以因为"无为"而得到安宁的人,一旦失去"无为"便会陷入危险;这就像凭借"无事"而治理好天下的人,一旦有事天下就会大乱一样。星辰排列在天上闪闪发光,因此人们才指向它;仁义通过德行呈现出来,所以人们才重视它。人们所指向的星辰,有它的运行轨道;人们所注重的仁义,做事有它的痕迹。因为星辰运行有它的轨迹,因此就引起人对星辰的评论;因为行义有它的痕迹,因此就引起了人对义的讨论。所以圣人将自己的光芒都掩藏在无形中,将自己的踪迹隐藏在无为里。王子庆忌因为勇武而死在刀剑下,后羿因为喜欢打猎最终死在桃木杖下,子路则因为勇敢忠直而在卫国被剁成了肉酱,苏秦则死于自己有辩才的口上。人没有不看重炫耀自己长处,而掩盖轻视自己短处的;因而都沉湎于自以为是的长处上面,而远离自己轻视的短处。那些炫耀的长处常因表现出来而变得有形,而那些短处因为极力掩盖不被人所知道而变得无形。所以虎豹就是因为强大才招来射杀，猿猴就是因其具有敏捷灵巧的特点而招来捕猎。人若能注重自己的短处，而不夸耀他的长处，就可以和他谈论至高无上的大道了。

自信者，不可以诽誉迁也；知足者，不可以势利诱也。故通性之情者，不务性之所无以为；通命之情者，不忧命之所无奈何；通于道者，物莫不足滑其调①。詹何曰："未尝闻身治而国乱者也，未尝闻身乱而国治者也。"矩不正，不可以为方；规不正，不可以为员。身者，事之规矩也。未闻枉己而能正人者也。原天命，治心术，理好憎，适情性，则治道通矣。原天命，则不惑祸福；治心术，则不妄喜怒；理好憎，则不贪无用；适情性，则欲不过节。不惑祸福，则动静循理；不妄喜怒，则赏罚不阿；不贪无用，则不以欲用害性；欲不过节，则养性知足。凡此四者，弗求于外，弗假于人，反己而得矣。天下不可以智为也，不可以慧识也，不可以事治也，不可以仁附也，不可以强胜也。五者，皆人才也，德不盛，不能成一焉。德立则五无殆，五见则德无位矣。故得道则愚者有余，失道则智者不足。渡水而无游数，虽强必沉；有游数，虽羸必遂。又况托于舟航之上乎！

【注释】①不足：王念孙认为应为"足以"。调：王念孙认为此处应为"和"。

【译文】自信的人，不能用诽谤或者赞誉来改变他；知足的人，不能用权势或者利益来诱惑他。所以明晓天性情理的人，不会强求天性所做不到的事情；懂得命运真情的人，不会担心对于命运来说都无可奈何的事情；通晓大道的人，没有外物能扰乱他内心的平和。詹何曾说："还不曾听说过有自身修养很好而将国家治理得很差的事情,也不曾听说过自身修养很差而将国家治理得很好的事情。"矩尺不正,就不能画出方形,圆规不标准,就无法画出圆形。自己的修养就如矩尺、圆规一样,还没听说过自身行为不端而使别人行为端正的事。追溯天性的本源、摆正心态、理顺好恶之情、调节情性,那么治国的道路就顺畅了。追溯天性的本源,就不会被祸福所迷惑;摆正心态,就不会喜怒无常;理顺好恶之情,就不会贪图无用之物;调节情性,欲望就不会过度。不被祸福所迷惑,那么行动、静止就都能遵循道理;不喜怒无常,那么赏罚就会公正而没有偏差;不贪图无用之物,就不会因物欲而伤害了自己的本性;节制欲望,就可以怡养天性并且知足。这四个方面,都不能从外物求得,也不能借助别人的力量,只需反过头来要求自己就可以获得了。天下的事不能仅凭智慧就能完成,也不能光靠聪明就能认识清楚,更不能仅凭个人的本事就可以办成,同样不能只凭仁术就能使人归附,更不可能只靠强力就能取胜。智慧、聪明、本事、仁术、强力这五项,都属于人的才能范围,但如果仅凭才能,而品德却不够高尚,就不能完成任何事情。品德确立后,这五项才能也就能随之发挥它们的效用了;相反,如果只突出强调这五项才能,那么品德就会被忽略了。所以获得了"道",会使愚笨者都觉得自己充满了无穷的力量;若失去了"道",将使聪明人都感到无能为力。这就好像要渡过江河却没有过硬的游泳技术,虽然身强体壮也一定会沉没一样;而如果有了游泳技术,即使是身体羸弱之人也一定可以成功过河,更何况寄身于舟船之上呢!

为治之本,务在于安民;安民之本,在于足用;足用之本,在于勿夺时;勿夺时之本,在于省事;省事之本,在于节欲;节欲之本,在于反性;反性之本,在于去载;去载则虚;虚则平;平者,道之素也;虚者,道之舍也。能有天下者,必不失其国;能有其国者，必不丧其家；能治其家者，必不遗其身；能修其身者，必不忘其心；能原其心者，必不亏其性；能全其性者，必不惑于道。故广成子①曰："慎守而内，周闭而外，多知为败；毋视毋听，抱神以静，形将自正。"不得之己而能知彼者，未之有也。"故《易》曰："括囊，无咎无誉。"②能成霸王者，必得胜者也；能胜敌者，必强者也；能强者，必用人力者也；能用人力者，必得人心也；能得人心者，必自得者也；能自得者，必柔弱也。强胜不若己者，至于与同则格；柔胜出于己者，其力不可度。故能以众不胜成大胜者，唯圣人能之。

【注释】①广成子：原注作："黄帝时人。"②"《易》曰"句：出自《易经·坤卦》"六四"爻辞。括囊：闭口不言。括，打结。无咎无誉：谓无过恶可言，亦无良善足称。

【译文】治国的根本，务必要使百姓安定；安定百姓的根本，关键在于使百姓衣食丰足；衣食丰足的根本，关键在于不误农时；使百姓不误农时的根本，关键在于减轻徭役；减轻徭役的根本，关键在于节制物欲；节制物欲的根本，在于返归虚静平和的天性；返归天性的根本，在于抛弃人们内心世界里那些多余的压力和负担；抛去压力和负担，心胸就会虚静；心胸虚静心情就会平和；心情平和是道最基本的素质，虚静则是道的住所。能够坐拥天下的天子，一定不会丧失其国；能坐拥其国的，一定不会丧失他的家族；而能够治理好自己家族的，也一定不会失去自身的修养；能够注重自身修养的人，也一定不会忽视自己的心性；而能够使自己的心性返璞归真的，一定不会使自己的天性受损；能保全其天性不受损伤的，一定不会迷失自己的"道体"。所以广成子说："小心谨慎地持守你的内心，周密地阻隔外欲的侵蚀，聪慧过多往往会失败；不该看的不看，不该听的不听，精神内守清虚安静,那么形体就会自然端正。"连自身都无从了解却要了解他人,这是从来没有过的事情。所以《易经》上说:"闭口不言,那么既无过恶可言,也无良善可称赞。"能够称霸称王的人,一定是获胜的人;能够打败敌人的,一定是强者;能成为强者的,一定是利用了百姓的力量;能够利用百姓力量的,一定是得人心者;能够得人心者,必定是从自身有所得的人;而能从自身有所得,必定是用柔弱的态度处事的人。强硬的态度尽管能战胜不如自己的人,但若碰上力量与自己相等的人就会相互抗衡而很难以取胜了。柔弱可以战胜强于自己的人,它柔软的无形之力无法测度。所以能多次转败为胜,这是只有圣人才能做到的事。

善游者,不学刺舟①而便用之,劲筋者,不学骑马而便居之。轻天下者,身不累于物,故能处之。泰王亶父处邠,狄人攻之,事之以皮币珠玉而不听,乃谢耆老而徙岐周。百姓携幼扶老而从之,遂成国焉。推此意,四世②而有天下,不亦宜乎!无以天下为者,必能治天下者。霜雪雨露,生杀万物,天无为焉,犹之贵天也。厌文搔法③,治官理民者,有司也,君无事焉,犹尊君也。辟地垦草者,后稷也;决河浚江者,禹也;听狱制中④者,皋陶也;有圣名者,尧也。故得道以御者,身虽无能,必使能者为己用。不得其道,伎艺虽多,未有益也。方船⑤济乎江,有虚船从一方来,触而覆之,虽有忮心,必无怨色。有一人在其中,一谓张之,一谓歙之,再三呼而不应,必以丑声随其后。向不怒而今怒,向虚而今实也。人能虚己以游于世,孰能訾之!

【注释】①刺舟:刺船。撑船,划船。②四世:四代。这里指太王、王季、周文王、周武王。③厌文搔法:处理文牍,掌管法令。④制中：执中，谨守中正之道。这里是判案公正。⑤方船：并船。此处可能指排筏之类。

【译文】 擅长游泳的人，不用学习撑船的技术，只需要利用游泳的技能就能渡河；脚力强劲的人，不用学习骑马的技术，凭着脚力行走就很方便了；看轻天下的人，因为不受外物所累，所以能安然处之。太王亶父居住在邠地时，狄人经常来侵扰，亶父拿出皮革、帛币、珍珠、玉器来侍奉狄人，但狄人依然不断骚扰他们。亶父于是拜别邠地德高望重的长者迁移到岐周，百姓们扶老携幼地追随他，最终在岐周建立了国家。从亶父的意向来推论，经过四代人的努力最终拥有了天下，这不也是符合时宜的事吗？不以据有天下为目的者，定能治理好天下。霜雪雨露，使万物生长凋亡，上天并没有刻意做什么，而百姓照样敬重上天。处理文牍、掌管法令，管理官员、治理百姓，这些是具体官吏、有关部门必须做的事，君王并未亲身去做，但人们还是尊敬君王。开荒耕种的是后稷；挖决黄河、疏通长江的是大禹；审理案件、判决公正的是皋陶，享有圣王之名的是尧帝。所以掌握道，并以此来统领天下的君主，即使自己没有才能，也一定会使有才能的人为他所用；而没有掌握道的人，即使技能再多也无济于事。有人撑着排筏渡江，有条空船从一方顺流而下，将排筏撞翻，这时排筏上的人尽管心里非常恼火，但脸上也没什么怨色。如果那条船上有一个人，情况就会大不相同，筏上的人有的会喊那船上的人赶快离开，避免发生碰撞，有的会叫那船上的人赶快往一边靠，让出河道，如果筏上的人再三呼喊，那船上的人都没有任何反应，筏上的人紧接着就会骂出难听的话来。前一种情况下没有发怒，而后一种情况却勃然大怒，是因为前一种情况是空船，后一种情况是船上有人。那么现在假设有人放空自己的意念在世上遨游，又有谁能诋毁得了他呢？

释道而任智者,必危;弃数而用才者,必困。有以欲多而亡者,未有以无欲而危者也;有以欲治而乱者,未有以守常而失者也。故智不足免患①,愚不足以至于失宁。守其分,循其理,失之不忧,得之不喜,故成者非所为也,得者非所求也;入者有受而无取,出者有授而无予;因春而生,因秋而杀,所生者弗德,所杀者非怨,则几于道也。

【注释】①"故智不足"句:刘文典认为"足"下当有"以"字,即"智不足以免患"。

【译文】抛弃道而只是依靠智巧的人,必然会很危险;放弃术数而仅凭借才能的人,必会陷入困窘之地。所以,只有因为欲念过多而灭亡的,没有因为无欲而陷入危险的;只有通过欲望治国而祸乱天下的,没有因为遵守常道而失掉天下的。因此,仅凭智慧不足以免除祸患,只是愚笨也不至于失去安宁。遵守本分,遵循事理,失去不会忧虑,获得也不过分欢喜。所以,成功并不是因为做了什么,收获也不是因为追求才得到的;收获者只是接受而没有索取,付出者只是给予而没有施恩之心;万物都是因为春天的到来而生长,随着秋天的到来而凋亡,生长中的万物不必因此而感激春天的恩惠,所凋亡的万物也不因此而痛恨秋天的萧飒,这就接近于"道"了。

圣人不为可非之行,不憎人之非己也;修足誉之德,不求人之誉己也;不能使祸不至,信己之不迎也;不能使福必来,信己之不攘也。祸之至也,非其求所生,故穷而不忧;福之至也,非其求所成,故通而弗矜。知祸福之制不在于己也,故闲居而乐,无为而治。圣人守其所以有,不求其所未得。求其所无,则所有者亡矣;修其所有,则所欲者至。故用兵者,先为不可胜,以待敌之可胜也；治国者，先为不可夺，以待敌之可夺也。舜修之历山，而海内从化；文王修之岐周，而天下移风。使舜趋天下之利，而忘修己之道，身犹弗能保，何尺地之有！故治未固于不乱^①，而事为治者，必危；行未固于无非，而急求名者，必挫也。福莫大无祸，利莫美不丧。动之为物，不损则益，不成则毁，不利则病，皆险也，道之者危。故秦胜乎戎，而败乎殽；楚胜乎诸夏，而败乎柏莒^②。故道不可以劝而就利者，而可以宁避害者。故常无祸，不常有福；常无罪，不常有功^③。

【注释】①"故治"句：许慎注："治不乱之道，尚未牢固也。"②楚：即楚昭王。败乎柏莒：是指吴国在柏莒（今湖北麻城东北）大败楚国。③常：最后四句中的"常"均通"尚"，崇尚。

【译文】圣人不会去做那些让人非议的事，但也不会憎恨他人非议自己；修养值得赞誉的德行，但不要求他人必须赞誉自己；不能避免祸患的到来，但却相信自己不会招惹祸端；不能使福气必然到来，但相信自己不会排斥幸福。灾祸的到来，不是因刻意所求而产生，所以即使陷入困境也不忧心；幸福的到来，不是因为刻意追求而获得，所以尽管一切顺利、畅通无阻，也不会产生自傲的情绪。知道祸福的掌控不在于自己，所以能悠闲自在地幸福生活，顺应自然规律去治理。圣人持守自己所拥有的，而不去追求他所没有的。如果去刻意追求自己所没有的，就有可能连原有的都会丧失；保有自己所拥有的，那么所希望的自然会到来。所以用兵作战也如此，先故意作出不能打胜的样子，以等待可以战胜敌人的时机；治理国家也如此，首先要做出不想夺取他国的态势，然后等待可以夺取的时机。舜在历山修养德行，而天下人都归顺于他；周文王在岐周修德治政，天下因他而移风易俗。假如舜一心追求天下的利益而忘掉修养自身，那么连他自身都难保,哪里还会有尺寸之地!所以,治理还没有混乱的世道,尚且不够牢靠,而等到处于混乱之中再去治理,注定是危险的行为了;品行尚招人非议时就急切地去追求好的名声,注定是要受挫的。福,没有比无祸更大的了;利,没有比不丧失所有更美好的了。按照一定的目的创造出的万物,不是增加就是减少,不是成功就是毁败,不是有利就是有害,这种道路处处充满了危险,如果按照这条转化之路去行进的话,就会遭遇危难了。所以秦穆公虽然战胜西戎,却在崤山被晋军打败,楚昭王虽然战胜中原各国,却在柏莒败于吴国。所以"道"是不能用来劝说那些追求利益的人的,却可以使那些想躲避祸患的人得到安定。因此,应该崇尚无祸,而不该崇尚有福;应当崇尚无罪,而不应崇尚有功。

圣人无思虑,无设储^①。来者弗迎,去者弗将^②。人虽东西南北,独立中央。故处众枉之中,不失其直;天下皆流,独不离其坛域^③。故不为善,不避丑,遵天之道;不为始,不专己,循天之理;不豫谋,不弃时,与天为期^④;不求得,不辞福,从天之则。不求所无,不失所得,内无旁祸,外无旁福^⑤。祸福不生,安有人贼!为善则观,为不善则议;观则生贵^⑥,议则生患。故道术不可以进而求名,而可以退而修身;不可以得利,而可以离害。故圣人不以行求名,不以智见誉。法修自然,已无所与。

【注释】①设储:储备、积聚。②将:送。③坛域:设坛的区域。引申为界限,范围。④期:合。⑤旁祸:横祸,意外之祸。旁福:意外之福。⑥贵:当为"责"。

【译文】圣人没有思虑,没有储备。来的不去迎接,走的不去送别。人们处于东南西北不同方位,但圣人却独自立于中央的位置。因此他能在大家都委屈求全的的环境中不失去自己正直的品质;在大家都随波逐流的情势下,也不偏离他的界域。所以不去刻意为善,不遮掩丑陋,只是遵从天道而行;不会率先去创造,做事不会独断专行,只是遵循自然之理;不预先谋划,不放弃时机,与天道相合;不追求获利,不推辞幸福,只是遵循自然法则。不追求自己所没有的,也不失去自己所拥有的,在内没有意外之祸,在外没有意外之福。祸福都不会产生,哪会有人来伤害你呢!做善事就会引来人们的关注,做坏事则会引来人们的非议;众人都关注,就易产生责备,众人都非议,则易产生祸患。因而道术不可以用来进取求名,却可以用来退而修身;不能用来谋取利益,却可凭借它远离灾害。所以圣人不以品行去追求功名,不依靠智慧获得赞誉;他是道法自然,自己不加任何干预。

虑不胜数,行不胜德,事不胜道。为者有不成,求者有不得。人有穷,而道无不通,与道争则凶。故《诗》曰:"弗识弗知,顺帝之则。"①有智而无为,与无智者同道;有能而无事,与无能者同德。其智也,告之者至,然后觉其动也;使之者至,然后觉其为也。有智若无智,有能若无能,道理为正也。故功盖天下,不施其美;泽及后世,不有其名。道理通而人伪灭也。名与道不两明,人受②名则道不用,道胜人则名息矣。道与人竞长。章人者,息道者也。人章道息,则危不远矣。故世有盛名,则衰之日至矣。

【注释】①"故《诗》曰"句:诗文出自《诗经·大雅·皇矣》。是天帝告诫周文王的话。②受:王念孙认为此处应为"爱"。

【译文】忧虑胜不过术数,行为比不过德,行事比不过道。做事有不成功的，追求有得不到的。人有山穷水尽之时，而道却无处不通，和道抗争则会产生凶险。所以《诗经》上说"无知无觉，追随天帝的法则"。有智慧而没有什么作为，和没有智慧的人的道相同；有能力但却无所事事，与没有能力的人的德相同。这样的"智者"，呼唤他他才会过来，这时大家才感觉到他在活动；这样的"能人"，让他做事时他才会到来，这时大家才感觉到他的存在。有智慧就好像没有智慧，有能力就好像没有能力，这样的道理就是正确的了。因此，即使功劳天下第一，却从不炫耀自己的美德；即使恩泽传遍后世，却不据有这种名气。道理通达后，人的虚伪做作就全部消失了。名与道不可能同时显现，人若爱名，那么道就不被重视；道如果战胜了人的欲望，那么名就会消失。道与名竟相争短长。彰显名的，道就消失了。因此，人在彰显名气时，就是在阻止道的运行，那么离危险也就不远了。所以，世人一旦负有盛名，那他衰败的日子也就要到来了。

欲尸名者必为善，欲为善者必生事，事生则释公而就私，货①数而任己。欲见誉于为善，而立名于为质②，则治不修故③，而事不须时。治不修故，则多责；事不须时，则无功。责多功鲜，无以塞之，则妄发而邀当，妄为而要中。功之成也，不足以更责；事之败也，不足以僵身④。故重为善若重为非，而几于道矣。

【注释】①货：王引之认为此处应为"背"。②质：王念孙认为此处应为"贤"。③故：事理。④不：王念孙认为此字为衍文。僵：跌倒，倒下。

【译文】想要取得名声的人，一定要做善事，想要做善事的人定会生出事端，事端一旦产生，就会抛弃公道而任私心泛滥，背叛理法而放任自己。想通过做善事来取得赞誉，通过展现贤能来确立名声，那么办事会因掺杂了私心而不遵从事理，会因急于展现自己而不等待时机。办事不遵从事理,被人指责的时候就会增多;办事不等待时机,就会徒劳无功。指责多而功劳少,没有办法去解决,于是就任性妄为以求取成功。但以任意妄为而获得的成功,也不足以改变所遭到的指责;如果事情没有成功,那么就足以使自己落到身败名裂的地步。所以谨慎对待做善事就如同谨慎对待做坏事一样,如果能明白这一点,就离道不远了。

天下非无信士也,临货分财,必探筹①而定分,以为有心者之于平,不若无心者也。天下非无廉士也,然而守重宝者必关户而全封,以为有欲者之于廉,不若无欲者也。人举其疵则怨人,鉴见其丑则善鉴,人能接物而不与己焉,则免于累矣。公孙龙粲(càn)于辞而贸名②,邓析巧辩而乱法,苏秦善说而亡国。由其道则善无章,修其理则巧无名。故以巧斗力者,始于阳,常卒于阴;以慧治国者,始于治,常卒于乱。使水流下,孰弗能治?激而上之,非巧不能。故文胜则质掩,邪巧③则正塞之也。德可以自修,而不可以使人暴;道可以自治,而不可以使人乱。虽有圣贤之宝,不遇暴乱之世,可以全身,而未可以霸王也。汤、武之王也,遇桀、纣之暴也。桀、纣非以汤、武之贤暴也,汤、武遭桀、纣之暴而王也。故虽贤王,必待遇。遇者,能遭于时而得之也,非智能所求而成也。君子修行而使善无名,布施而使仁无章,故士行善而不知善之所由来,民澹利而不知利之所由出,故无为而自治。善有章则士争名,利有本则民争功,二争者生,虽有贤者,弗能治。

【注释】①探筹:指抽签。筹,筹码。②粲:鲜明,美好。贸名:变换概念。③邪巧:指邪恶机巧的行为。

【译文】天下间并不是没有诚实守信的人，但一旦面临分配钱货时就一定要按照筹码来确定所得到的份额，因为人们总是相信人心的公平，比不上那无心的筹码。天下间并不是没有廉洁的人存在，但看管贵重宝物的人一定会将门窗关好，并加上密封条，因为人们总认为人的品性不管怎样廉洁都比不上原本就没有欲望的门窗封条。别人如果指出这人就是有这种毛病，这个人就会去怨恨人家，但是镜子如果能清楚地照出这个人存在的问题，这个人就会认为这是一面好镜子。人假如在和外物接触时能像对待镜子那样不掺杂任何私心或者偏见，那就能避免许多麻烦。公孙龙擅长论辩而扰乱了原本的名实关系，邓析善于巧辩而扰乱了法令，苏秦擅长游说而因此丧命。所以按照"道"的话，那么就不会张扬自身的特长；按照"理"的话，那么灵巧就不会表露出来。所以，用灵巧来斗力的，常常是开始于善、终结于恶；用智慧来治理国家的，常常是开始于治、终结于乱。让水往低处流，谁不能完成呢？但是要让水受阻遏并且往上不断喷涌，没有巧妙的技术是做不到的。所以一旦文采、花头花脑的东西占了上风，那么原本的质朴也就会被遮盖；奸邪机巧被滥用，那么正直的行为也就会被堵塞。德行可以用来进行自我修养，而不能用来使人暴力；道可以用来管理自己，而不能用来使人昏乱。尽管有做圣贤的才能，但如果没遇上暴力动乱的世道，道与德也只能用来保护自己，而不能依靠它们来称霸称王。汤、武之所以能在天下称王的原因，就是因为遇到了桀、纣的暴政。桀、纣不是因为汤、武的圣贤而变得残暴的，汤、武倒是遇到了桀、纣的暴政才能够称王的。所以尽管是圣贤，也一定要等待机遇才可以称王称霸。机遇，就是遇到恰好的时机并且能够把握它，这不是单纯依靠智能的追求就能够做到的。君子自身修行而不追求好的名声，施舍而不炫耀仁爱，所以士做善事却不知道"善"是从哪个地方来的，百姓得到了利却不知道"利"是谁给的，所以没有作为自然就会治理一切。相反，追求善名就容易致使士人之间抢夺名声,知道"利"的来源就容易导致百姓之间抢夺功劳,争名夺利的风气一旦形成,就算是有贤明的君主也是不容易治理好的。

故圣人掩迹于为善,而息名于为仁也。外交①而为援,事大而为安,不若内治而待时。凡事人者,非以宝币,必以卑辞。事以玉帛,则货殚而欲不餍②;卑体婉辞,则谕说③而交不结;约束誓盟,则约定而反无日。虽割国之锱锤④以事人,而无自恃之道,不足以为全。若诚外释交之策,而慎修其境内之事。尽其地力以多其积,厉⑤其民死以牢其城,上下一心,君臣同志,与之守社稷,嗀(xiào)⑥死而民弗离,则为名者不伐无罪,而为利者不攻难胜,此必全之道也。民有道所同道,有法所同守,为义之不能相固,威之不能相必也,故立君以一民。君执一则治,无常则乱。君道者,非所以为也,所以无为也。何谓无为?智者不以位为事,勇者不以位为暴,仁者不以位为患,可谓无为矣。夫无为,则得于一也。一也者,万物之本也,无敌之道也。

【注释】①外交:对外交好。②餍:满足。③谕说:晓谕并劝说。④锱锤:比喻微小之物。⑤厉:通"励",激励。⑥嗀:通"效",尽,致。

【译文】所以圣人大多在做善事时不留下痕迹,实施仁义时隐去名声。对外交好以求得救援,侍奉大国以乞求安定,不如将国内的事处理好来等待时机的到来。凡是侍奉别的国家,不是赠送珍宝钱物给他们,就是用低三下四的态度求人家。用珍宝钱财侍奉别的国家,就会将钱财全部耗完也未必能满足人家的欲望;低三下四、态度谦卑,好话说尽也不一定能和别国建立友好的关系;就算是签订了条约、结成了同盟，但说不定哪一天就会违约毁盟。尽管只是拿出很少的钱财来侍奉别的国家，但假如自身没有可以信赖的基础，也还是不能够保全自己。如果放弃与外结交的政策，专心治理好国内的事情，充分使用土地资源和挖掘土地的所有潜力，以此增加国家积累，鼓励百姓们不要害怕牺牲来加固城防，上下一心，君臣志向统一，团结广大民众来保卫国家社稷，人民效忠至死也不愿离开，那么想炫耀名声的君王没必要去征伐没有罪过的国家，想求得利益的君王没必要去攻打那些很难打赢的对手，这才是保全国家的方法。民众但凡有了勇往直前的道路便会一起奔向这条道路，但凡有了法令法规就会一起遵守。当然纯粹依靠义理是无法使百姓牢固地团结在一起，同样纯粹凭借威势也不会使百姓有惩罚警戒的效果，所以要确立君主来统一民心。君王掌握"一"就能治理好天下，没有常规天下就会发生大乱。君王治理国家的方法，不是单纯依靠有作为，而是依靠没有作为。什么叫"无为"呢？有智慧的人不依靠权位来惹事，勇敢的人不依靠权势来实施暴行，仁慈的人不会利用地位来施予恩惠，这称作是"无为"。做到这种"无为"，就算是驾驭了"一"。"一"是万物的根本，是所向无敌的宝物。

　　凡人之性，少则猖狂①，壮则暴强，老则好利。一身之身，既数变矣，又况君数易法，国数易君！人以其位通其好憎，下之径衢（qú）②，不可胜理，故君失一则乱，甚于无君之时。故《诗》曰："不愆不忘，率由旧章③。"此之谓也。君好智，则倍时而任己，弃数而用虑，天下之物博而智浅，以浅澹博，未有能者也。独任其智，失必多矣。故好智，穷术也。好勇，则轻敌而简备，自负而辞助。一人之力以御强敌，不杖众多而专用身才，必不堪也。故好勇，危术也。好与，则无定分④。上之分不定，则下之望无止。若多赋敛，实府库，则与民为仇。少取多与，数未之有也。故好与，来怨之道也。仁智勇力，人之美才也，而莫足以治天下。由此观之，贤能之不足任也，而道术之可修明矣。

【注释】①猖狂：指随心所欲，无所束缚。②径衢：小道与歧路。比喻头绪繁多。③不愆不忘，率由旧章：出自《诗经·大雅·假乐》。没有过失，也不妄为，事事遵循老法旧章。形容人循规蹈矩，照章办事。④定分：固定的分量。

【译文】凡是人的天性，都是年轻时做事浮躁肆意妄为，壮年时做事凶暴强横，而到了年长的时候就贪图钱财了。这可以说在人的一生中有很多次性格变化，更何况一个君主多次更改法律制度，一个国家多次改换君主呢！每个人都是从自己现处的地位和立场出发来展示自己的爱憎感情，这种爱憎观念正是因为社会本身的错综复杂程度而变得五花八门，是很难一一理顺的，因此君王失去"一"就会全部乱套，这种乱套要比没有君主的时候更加混乱得厉害。所以，《诗经》上说："没有过失，也不妄为，事事遵循老法旧章。"说的就是这个道理。君主如果爱好谋略，就会错过时机并且完全放任自我，抛弃命数而遵从自己的心计。但实际上天下事物众多而人的智谋浅薄无知，使用浅薄无知的智谋去对付众多的事物，是不可能做到的。单纯想凭借个人的智谋来处理事物，错误一定不会少。因此"任智""崇智"，是死路一条的行为。同样崇尚勇武的话，就会轻视敌人而放弃防备，单纯凭借自身的力量而抗拒互相的帮助。使用个人的力量去对抗过于强大的敌人，不依靠众人的力量而仅仅凭借自己的力量，一定成功不了。因此崇尚勇武，是危险的方法。喜欢施舍，但没有一定的标准，那么上面的分配没有一定的准则，下面的奢求也就无止无休了。如果为了多施舍而增加赋税来充实国库的话，这事实上是和百姓作对。但如果赋税收得少，施舍却很多，那国库里钱财的数量就支撑不了开销。所以热爱施舍，是一种会带来怨恨的做法。所以，仁、智、勇、力，即使是人美好的才能，但用它们治理不好天下。从这方面看来，贤能是不值得使用的，而道术却是可以实施并发扬广大的。

圣人胜心，众人胜欲。君子行正气，小人行邪气。内便于性，外合于义，循理而动，不系于物者，正气也。重于滋味，淫于声色，发于喜怒，不顾后患者，邪气也。邪与正相伤，欲与性相害，不可两立。一置一废。故圣人损欲而从事于性。目好色，耳好声，口好味，接而说之，不知利害嗜欲也。食之不宁于体，听之不合于道，视之不便于性。三官交争，以义为制者，心也。割痤疽①非不痛也，饮毒药非不苦也，然而为之者，便于身也。渴而饮水非不快也，饥而大餐非不澹也，然而弗为者，害于性②也。此四者，耳目鼻口不知所取去，必为之制，各得其所。由是观之，欲之不可胜，明矣。

【注释】①痤疽：痈疽；毒疮。②性：通"生"，生命。

【译文】圣人凭借自己的心意去处理事情，众人凭借对物质享受的欲望做事。君子做事时讲正气，小人做事时用邪气。内心的观念对本性有利，外在的行为符合义理，根据事理而实施行动，不受外物的连累，这就叫"正气"。重视滋味、过度贪恋声色，喜怒无常，做事不考虑后果，这就叫"邪气"。邪气与正气相互伤害，物欲与本性相互损伤，两者不能够并立，一方树立起来，另一方一定会废弃，所以圣人放弃对物质享受的欲望而顺从了本性。眼睛喜欢看美色、耳朵喜欢听音乐、嘴巴喜爱尝美味的食物，一旦接触到这些东西就会喜欢上它们，不明白嗜欲的坏处。贪吃对身体的安宁不利，听到淫声不符合道，看到美色对天性不利。这口、耳、眼三种器官相互争着享受物欲，而能控制它们的就是义理，就是"心"。割除毒疮不是感觉不到疼痛，喝下毒药不是感觉不苦，但是病人愿意忍耐，这是因为它们有助于身体的健康。渴了喝下生水也会感到痛快，饿了大吃一顿也会感到惬意，然而人们并不这样做的原因在于会有害于身体健康。以上这四种情况，耳、目、鼻、口这些器官不知道如何取舍，只有使用"心"才能够去完全控制它们，让它们做到适可而止，各得其所。通过这些可以明确看出，不能放任欲望按照物欲做事。

凡治身养性，节寝处，适饮食，和喜怒，便动静，使在己者得，而邪气因而不生，岂若忧瘕(jiǎ)疵①之与痤疽之发，而预备之哉! 夫函牛之鼎沸，而蝇蚋(ruì)②弗敢入；昆山之玉瑱，而尘垢弗能污也。圣人无去之心，而心无丑；无取之美，而美不失。故祭祀思亲不求福，飨宾修敬不思德，唯弗求者能有之。处尊位者，以有公道而无私说，故称尊焉，不称贤也；有大地者，以有常术而无钤(qián)谋③，故称平焉，不称智也。内无暴事以离怨于百姓，外无贤行以见忌于诸侯，上下之礼，袭而不离，而为论者莫然不见所观焉，此所谓藏无形者。非藏无形，孰能形? 三代之所道者，因也。故禹决江河，因水也；后稷播种树谷，因地也；汤、武平暴乱，因时也。故天下可得而不可取也，霸王可受而不可求也。

【注释】①瘕疵：腹中结块的病。②蝇蚋：苍蝇和蚊子。③钤谋：机谋策略。

【译文】凡是想要调养身体保养天性，就要做到调节起居、适量饮食、平和喜怒的情绪、劳逸结合，让这种养生的方法在自己的身上得到落实和贯彻，那么邪气就很难产生，哪像因担心肿瘤和毒疮发作而预先准备那样心力交瘁呢！能够盛下整头牛的沸腾着水的大鼎，蚊蝇是不敢靠近它；昆山美玉纹理细腻，灰尘和污垢也无法弄脏它。圣人没有去掉丑陋的心意，而心灵并不丑陋；没有夺取美的心思，而心灵不缺少美丽。所以祭祀只是为了思念亲人而不是为了祈求神灵的赐福，宴请客人只是为了对宾客表示敬意而不是为了追求回报，只有不急切追求的人，才能得到自己想要得到的东西。身居高位的人，因为有公道而不发表私人的看法，所以说他尊贵，而不说他贤能；拥有大地的人，因为按照常规而不玩弄权术，所以说他公平，而不说他有智慧。在内不会做残暴的事情来招致百姓的痛恨，在外不会有贤能的行为而招来诸侯的猜忌，上下的礼节承袭而不发生偏离，而想评论的人因为看不到想看到的踪迹表现而无法评头论足，这就叫作隐藏在无形之中。假如不是隐藏在无形之中，谁不懂得摸清他的情况呢？夏商周三代君主所遵从的道路，就是顺势。因此大禹疏通江河，是因为顺从水性；后稷种植作物，是因为顺从地力；汤、武平定暴乱，是因为顺从时势。所以天下能够得到但不能依靠强力来争夺，霸王的地位是可以接受但不可以强求得到。

在智则人与之讼，在力则人与之争。未有使人无智者，有使人不能用其智于己者也；未有使人无力者，有使人不能施其力于己者也。此两者，常在久见。故君贤不见，诸侯不备；不肖不见，则百姓不怨；百姓不怨，则民用可得；诸侯弗备，则天下之时可承。事所与众同也，功所与时成也，圣人无焉。故《老子》曰："虎无所措其爪，兕（sì）①无所措其角。"盖谓此也。鼓不灭于声，故能有声；镜不没于形，故能有形；金石有声，弗叩弗鸣；管箫有音，弗吹无声。圣人内藏，不为物先倡，事来而制，物至而应。饰其外者伤其内,扶②其情者害其神,见其文者蔽其质,无须臾忘为质者,必困于性;百步之中,不忘其容者,必累其形。

【注释】①兕:古书上所说的雌犀牛。②扶:扶持,帮助。
【译文】用智慧办事就容易与人发生争吵,用武力办事就容易和人发生争抢。不能做到让他人没有智慧,但能做到让他人没有办法在你身上使用智慧;不能让他人没有力量,但能让他人没有办法在你身上使用武力。这两种情况大多存在于无形之中。因此君王的贤能不表现出来,诸侯就不加防备;不贤的行为不表现出来,百姓就没有怨恨。百姓没有怨恨,民心就可以为君王所得;诸侯不加防备,就可以利用那些夺取天下的时机。事情是与别人一起完成的,功业是依靠时势而建成的,而圣人却藏形匿影,并不显露他做过什么。所以《老子》说:"老虎用不了它锋利的爪子,犀牛用不了它的尖角。"大概说的就是这种情况。鼓不把声音藏起来,所以在敲击它的时候会发出声音;镜子不隐藏形体,所以在外物照镜子时会照出影像;金钟石磬可以发出声音,但不敲击它就不会发出鸣响;管箫可以发出声音,但不吹奏它就不会发出乐音。圣人深藏不露,不做提倡的事,事情来临才加以控制,外物到了才作出反应。装饰外表会伤害本质,放纵情感会损害精神,展现文采会隐藏质朴,一刻都不忘展现贤能,一定会被本性所困扰;走一百步路不忘记关注自己容貌的人,一定会使他的身体劳累。

故羽翼美者伤骨骸,枝叶美者害根茎,能两美者,天下无之也。天有明,不忧民之晦也,百姓穿户凿牖,自取照焉;地有财,不忧民之贫也,百姓伐木芟(shān)草,自取富焉。至德①道者若丘山,嵬然不动,行者以为期也。直己而足物,不为人赣②,用之者亦不受其德③,故宁而能久。天地无予也,故无夺也;日月无德也,故无怨也。喜德者必多怨,喜予者必善夺。唯灭迹于无为,而随天地自然者,唯能胜理,而为受名④。名兴则道行,道行则人无位矣。故誉生则毁随之,善见则怨从之。利则为害始,福则为祸先。唯不求利者为无害,唯不求福者为无祸。侯而求霸者,必失其侯;霸而求王者,必丧其霸。故国以全为常,霸王其寄也;身以生为常,富贵其寄也。能不以天下伤其国,而不以国害其身者,焉可以托天下也。

【注释】①德:通"得"。②赣:赐给。③不受其德:不对其感恩戴德。④为受名:王念孙认为当作"无受名"。

【译文】所以羽翼健美的飞鸟,因擅长飞行而伤害了它的骨头;枝繁叶茂的树木,因枝叶对营养的过度消耗而伤害了它的根部,做事能够两全其美的,天下很难找得到。天本来就有光,不必担心百姓会在黑暗中生活,而百姓也会自己开门凿窗,从天上采光来照亮房子;大地本来就有财宝,不必担心百姓会贫穷,而百姓自己也会伐木割草,从大地取得财富来供给自己的生活。得道的人就像高山一样,巍然不动,而行人将它认作目标来攀登。这巍然不动的高山只是自然而然地自给自足,也不是为了赠予人类,获取山林财物的人也没必要认为是受了山林的恩惠而非要去回报它,所以这山能够平静长久。天地也是这样不赠与,所以也就不剥夺;就像日月那样不给人恩惠,所以对于人们是否有感恩之心也没有任何报怨。喜欢获得的人一定多怨恨,喜欢给与的一定善于争夺。只有在无为中隐藏自己的踪迹,顺随天地自然的人,才能凭借理处事而不会爱名。名誉一旦兴起道就行不通,道行得通那么人就没有了名位。所以称誉一旦产生,那么诋毁也会随之出现;善行显现,那么恶行也会跟随而来。利是害的起始，福是祸的先导；只有不谋求利的人才不会有害，只有不谋求福的人才没有祸患。身为诸侯却一心追求称霸，必然会失掉诸侯之位；身为霸主却一心想统治整个天下，最终定会失掉霸主之位。所以国家只有使自身得到保全才是长久之计，称王称霸只是暂时性的寄托；人生也以生存为长久之计，大贵大富也只是暂时性的寄托。能做到不因为拥有天下而去损害国家，能做到不因为拥有国家而损害身体，这样的人才值得托付天下。

不知道者，释其所已有，而求其所未得也。苦心愁虑以行曲，故福至则喜，祸至则怖，神劳于谋，智遽①于事，祸福萌生，终身不悔，己之所生，乃反愁人②。不喜则忧，中未尝平。持无所监③，谓之狂生。人主好仁，则无功者赏，有罪者释；好刑，则有功者废，无罪者诛。及无好者，诛而无怨，施而不德，放准循绳，身无与④事，若天若地，何不覆载？故合而舍之者，君也；制而诛之者，法也。民已受诛，怨无所灭⑤，谓之道。道胜，则人无事矣。圣人无屈奇⑥之服，无瑰异之行，服不视，行不观，言不议，通而不华，穷而不慑，荣而不显，隐而不穷，异而不见怪，容而与众同。无以名之，此之谓大通。升降揖让，趋翔周游，不得已而为也，非性所有于身，情无符检⑦，行所不得已之事，而不解构⑧耳，岂加故为哉？

【注释】①智遽：用智过度。②乃反愁人：《太平御览》引此文作"乃反怨人"，较合文意。③监：借鉴。④无与：无以，没有什么。⑤怨无所灭：王念孙认为当作"无所怨憾"。⑥屈奇：奇异。⑦符检：符合。⑧解构：即邂逅。此处为巧合之意。

【译文】不懂"道"的人，抛弃自己已经拥有的，而去追求自己所没有获得的,煞费苦心地玩弄智巧奸邪,幸福到来时就高兴,灾难降临时就害怕,为策划谋略劳心费神,事情纠缠会使自己陷入困苦的境地,灾难由此发生却终生不会后悔,一切都是自作自受所导致,却反过来怨天尤人。不是沾沾自喜,就是忧心忡忡,心里总是感到不平衡,行为没有一定的准则,这就被称作是"狂妄之徒"。君王假如喜欢仁慈,就会对无功的人进行奖赏,将有罪的人释放;君王如果喜好刑罚,就会抛弃有功之人,诛杀无罪之人。而没有偏好的君王,被惩罚的人不会产生怨恨,受恩惠的人也不会感恩戴德;因为他仿效水准,遵循墨绳,自身不参与到事情当中,就和天地是一样的,那么还有什么不能被他覆盖、承载吗?所以,能够融合万物并使其平和的,是君主的责任,对罪犯进行制裁和诛杀,是法律的作用。人如果受到惩罚,但是没什么怨恨遗憾,这就说明事情的处理符合天道。道如果能主宰万物,那么人世就会减少许多麻烦。圣人不穿奇装异服,不会有怪异的行为;他的服饰不会引起别人的非议,他的行为不会引起众人的关注,他的言语不会引发众人的议论;显达时不会奢华,困窘时不会沮丧,富贵时不会炫耀,隐逸时不会困窘,行为超凡脱俗而人们不会感到怪奇,他的仪表和普通人是一样的。很难用名字来为他命名,这就叫"大通"。上阶下堂,拱揖谦让这些礼节,小跑疾走,盘绕周旋,都是逼不得已才做的,这并不是出自于人的本性,内心的情绪和这些举止行为都不符合。做这种迫不得已的事情,是不合心意的,哪里是故意这样做的呢?

故不得已而歌者,不事为悲;不得已而舞者,不矜^①为丽。歌舞而不事为悲丽者,皆无有根心^②者。善博^③者不欲牟,不恐不胜,平心定意,捉^④得其齐,行由其理,虽不必胜,得筹必多。何则?胜在于数,不在于欲。馺(zhòu)^⑤者不贪最先,不恐独后,缓急调乎手，御心调乎马，虽不能必先载⑥，马力必尽矣。何则？先在于数，而不在于欲也。是故灭欲则数胜，弃智则道立矣。贾⑦多端则贫，工多技则穷，心不一也。故木之大者害其条，水之大者害其深。有智而无术，虽钻之不通；有百技而无一道，虽得之弗能守。故《诗》曰："淑人君子，其仪一也。其仪一也，心如结⑧也。"君子其结于一乎？舜弹五弦之琴，而歌《南风》之诗，以治天下；周公殽臑(nào)⑨不收于前，钟鼓不解于县，以辅成王而海内平。匹夫百畮一守，不遑启处，无所移之也。以一人兼听天下，日有余而治不足，使人为之也。处尊位者如尸，守官者如祝宰。尸虽能剥狗烧彘(zhì)，弗为也，弗能无亏；俎豆之列次，黍稷之先后，虽知弗教也，弗能害⑩也。不能祝者，不可以为祝，无害于为尸；不能御者，不可以为仆，无害于为佐。故位愈尊而身愈佚⑪；身愈大而事愈少。譬如张琴，小弦虽急，大弦必缓。

【注释】①矜：疑为"务"字之误。②根心：即根于心，指发自内心的感情。③博：古代的一种类似下棋的游戏。④捉：王念孙认为当作"投"，指投箸。⑤馺：赛马。⑥载：成功。⑦贾：坐商。⑧如结：如物团结不散乱。⑨殽臑：此处指代俎豆。⑩弗能害：应作"弗能无害"，和"弗能无亏"结构相同。⑪佚：同"逸"，安逸

【译文】所以迫不得已而歌唱的人，是很难表达出悲伤情绪的；迫不得已而跳舞的人，是不会努力展现出优美舞姿的。唱歌、跳舞不能表现悲伤情绪、展示优美舞姿，都是因为内心的真情没有如实表达出来。擅长博弈的人，不是一心想赢的话，他不会担忧不能战胜对方，只是平心定意，投箸符合自己的心意，下棋遵循规则，即使不能取得最后的胜利，但得到的筹码一定不会少。这是什么原因呢？这是因为博弈的胜负取决于术数技艺，而不是取决于人的主观愿望。

同样，擅长赛马的人，不会贪图跑在最前面，他也不害怕单独落在最后面，仅仅是通过双手来调节快慢，御马人的意图和马匹相协调，即使不一定跑在最前面，但马力一定会被最大程度地发挥出来。这是什么原因呢？这是因为跑马领先与否，取决于技巧的高低而不是取决于人们的主观愿望。因此，只需消除欲念，就会使技术充分发挥发挥出来，从而取得胜利；同样，如果抛弃智术，那么道术就能完全确立了。商人多方钻营只会贫穷、工匠技艺太过复杂就会窘迫，这是因为他们内心不够专一。所以树木粗大会妨碍枝条的发育，水流广阔会影响它的深度。只有智慧却没有术数，即使是钻营也不能做到通达；有百种技术却没有一种纯粹的道术，即使获得了也不能长久保有。所以《诗经》上说："贤士君子，他们的仪态总是保持一成不变的。仪态不会变化，因此真诚之心就会保持坚定不变。"君子的诚心不都是这样专一而坚定的吗？舜只需弹奏五弦琴来吟唱诗歌《南风》，就可以治理好天下；周公进餐时还要为政务忙碌，钟鼓悬挂着一直不解下来，勤劳地辅佐成王平定天下。平民百姓一家子守着百亩的土地，没有闲下来的时间，也没有办法摆脱赖以生存的土地。然而君王一个人掌管天下，时间却有剩余，政事不够他处理，因为他将所有的事情都派发给百官去办了。处于尊位的君王就像尸主，位于官位上的百官就像是祝宰。尸主即便会包扎乌狗、烧猪，但他不会去做这些归属于祝宰的事情，即便不会做这些事也没有有什么损失；俎豆的摆放顺序、黍稷上供的先后，尸主即使知道也不会去指点，即使不明白这些规矩也不会有什么影响。不懂"祝"的人，不能让他承担祝者之职，但并不妨碍他当尸主；不会驾车的人，不能让他承担御手的职责，但并不影响他位于主位。所以，地位越尊贵就会越闲适，身份越高，乱七八糟的事情就会越少。这就像是弹琴，小弦即便音调急迫，但大弦声音一定是舒缓的。

无为者，道之体也；执后者，道之容①也。无为制有为，术也；执后之制先，数也。放于术则强，审于数则宁。今与人卞氏之璧，未受者，先也；求而致之，虽怨不逆者，后也。三人同舍，二人相争，争者各自以为直，不能相听。一人虽愚，必从旁而决之，非以智，不争也。两人相斗，一羸在侧，助一人则胜，救一人则免。斗者虽强，必制一羸，非以勇也，以不斗也。由此观之，后之制先，静之胜躁，数也。倍道弃数，以求苟遇；变常易故，以知要遮②；过则自非，中则以为候；暗行缪改，终身不寤，此之谓狂。有祸则诎，有福则嬴，有过则悔，有功则矜，遂不知反，此谓狂人。员之中规，方之中矩，行成兽，止成文，可以将少，而不可以将众。蓼菜成行③，瓶瓯（ōu）④有堤，量粟而舂，数米而炊，可以治家，而不可以治国。涤杯而食，洗爵而饮，浣而后馈，可以养家老，而不可以飨三军。

【注释】①容：用。②要遮：拦截，拦阻。③蓼菜成行：蓼菜排列成行。后以喻人的才能平庸，只能成小事而无法担大任。④瓶：古代比缶小的容器，用以汲水，也用以盛酒。瓯：小盆。

【译文】无为，是"道"的本质；持后，是"道"的功用。无为控制有为，称作"术"；持后控制占先，称作"数"。仿效"术"会很强大，审慎使用"数"就能取得安宁。现在将和氏璧送给他人，没有接受的，是先得到和氏璧却不知其宝贵的人；经过自己寻求后才获得的，即使遭受埋怨也不后悔，这是最终得到它的识宝之人。三个人住在一起，其中两个人因为小事发生争吵，双方都认为自己是正确的，不能听对方说话。另外一个人即使愚蠢，也会从旁边判断出来谁是谁非，这不是因为他聪明，而是因为他没有陷入这场争吵中。两人互相争斗，另一个瘦弱的人在一边，假如他去帮助其中一人，这个人就会获胜；如果他将其中一人拉到一边，这场打斗就会平息。打斗的双方虽然强壮有力，但都受这个瘦弱之人的控制，不是因为瘦弱的人骁勇，而是是因为瘦弱者没有参与打斗。由此看来，后来的制约者位于领先的位置，文静的人能够战胜暴躁的人，这就是掌握了"数"。背道弃数，将希望全部寄托于偶然的机遇；改变常规更改旧习，凭借小聪明来获取机遇；有了错误就责备自己，侥幸走运就认为自己掌握了时机；暗中犯错，假装改正，这样一辈子都不会醒悟，这就是狂妄。遇到灾难就屈服，有了点滴幸福就自满，有了过失就后悔，有了些许功劳就骄傲，始终不知道反省，这就是狂人。圆阵符合圆规的要求，方阵符合矩尺的要求，行军时排列成兽阵，停止时有条不紊，这样的人可以带领少量人马，却不能统率千军万马。蓼菜排列成行，瓶瓯有对应的底座，量出谷物将其舂碎，计算米量用来做饭，这样的人可以治家，却不能治国。洗净杯盘进食，洗好爵来喝酒，洗手后侍候长辈吃饭，这样的人可以在家赡养老人，但不能掌管好三军的伙食。

非易不可以治大，非简不可以合众。大乐必易，大礼必简。易故能天，简故能地。大乐无怨，大礼不责，四海之内，莫不系统，故能帝也。心有忧者，筐床衽（rèn）席①弗能安也；菰（gū）饭犓（chú）牛②弗能甘也；琴瑟鸣竽③弗能乐也。患解忧除，然后食甘寝宁，居安游乐。由是观之，生有以乐也，死有以哀也。今务益性之所不能乐，而以害性之所以乐，故虽富有天下，贵为天子，而不免为哀之人。凡人之性，乐恬而憎悯，乐佚而憎劳。心常无欲，可谓恬矣；形常无事，可谓佚④矣。游心于恬，舍形于佚，以俟天命。自乐于内，无急于外，虽天下之大，不足以易其一概⑤，日月㾕（sōu）⑥而无溉于志，故虽贱如贵，虽贫如富。大道无形，大仁无亲，大辩无声，大廉不嗛（xián）⑦，大勇不矜。五者无弃,而几乡方矣。军多令则乱,酒多约则辩。乱则降北,辩则相贼。故始于都者,常大于鄙;始于乐者,常大于悲;其作始简者,其终本必调。今有美酒嘉肴以相飨,卑体婉辞以接之,欲以合欢,争盈爵之间反生斗。斗而相伤,三族^⑧结怨,反其所憎,此酒之败也。

【注释】①筐床:方正而安适的床。衽席:柔软的卧席。衽:原注作"柔弱也"。②菰饭:用菰米煮成的饭。犓牛:小牛。③鸣竽:吹奏竽管。④佚:同"逸"。⑤一概:比喻极少。⑥廋:隐藏,藏匿。⑦嗛:古同"衔",以口衔物。⑧三族:谓父、子、孙。亦泛指家族。

【译文】不平易不能成大事,不简约不能聚众人。大型的音乐必定平易,重大的礼仪必定简约。平易如天一般博大,简约如地那样广阔。大型的音乐平易而没有哀怨的情绪,重大的礼仪简约而不会遭受责备。四海之内,没有不能统治的地方,所以这样的人才可以成为帝王。心里有愁闷情绪的人,尽管有舒适的床榻松软的垫子,他也不会安睡;尽管有菰米肉食,他也不会感到甘美;尽管有琴瑟竽管的演奏,他也不会感到快乐。然而一旦清除了内心的忧愁,就能吃得香甜、睡得安稳、住得舒适、玩得愉快了。由此看来,活着会有它的快乐,死去会有它的悲哀。如今有些人认为致力于养性的事便不会快乐,而认为致力于伤害本性的事可以带来快乐,因此这种致力于伤害本性、只顾追求快乐的人,即使富有天下,贵为天子,还是不可避免地成为悲哀之人。大凡人的天性,都是喜欢恬适而厌恶忧愁,喜欢安逸而憎恶辛劳。内心一直保持无欲的状态,可以称作恬适;身体保持无事的状态,可以称作安逸。心灵一直处于恬适的状态中,身体处于安逸的状态里,等待天命的安排。内心自得其乐,而不是急于向外求索,即使天下再大,也不足以改变他简约的生活模式,即使日月都隐藏起来，也不能息止他的志向，所以即使身份低贱他也会觉得尊贵，即使生活贫寒他也会感觉富有。大道没有形体，大仁没有偏私，大辩没有声音，大廉没有贪心，大勇没有骄矜。不摒弃这五个方面，就趋向于正道了。军令变化多端就会使部队混乱无序，酒令过多就会导致酒席发生吵闹甚至产生争执。部队秩序混乱就容易导致临阵败逃或投降，酒席上辩论争吵就容易导致互相伤害。所以事情往往开头很美好，结果却变得粗鄙不堪；事情往往开头很快乐，最后却以悲伤收场；刚开始是简单的事，最终一定变得繁琐复杂。现在有人准备好美酒佳肴来宴请客人，用谦卑的态度和委婉的言辞来招待客人，想凭借此种方法来结交朋友欢聚一场。但在喝酒的过程中却因斟酒多少而发生了争吵，打斗起来，最终导致互相伤害，为此双方族人结下怨仇，反而互相厌憎，这就是饮酒的失败。

《诗》之失僻①，乐之失刺，礼之失责。徵音非无羽声也，羽音非无徵声也，五音莫不有声，而以徵羽定名者，以胜者也。故仁义智勇，圣人之所备有也，然而皆立一名者，言其大者也。阳气起于东北，尽于西南；阴气起于西南，尽于东北。阴阳之始，皆调适相似。日长其类，以侵相远，或热焦沙，或寒凝水。故圣人谨慎其所积。水出于山，而入于海；稼生于野，而藏于廪。见所始则知终矣。席之先雚蕈②，樽之上玄酒③，俎④之先生鱼，豆之先泰羹⑤，此皆不快于耳目，不适于口腹，而先王贵之，先本而后末。圣人之接物，千变万轸，必有不化而应化者。夫寒之与暖相反，大寒地坼⑥水凝，火弗为衰其暑；大热烁石流金，火弗为益其烈。寒暑之变，无损益于己，质有之也。圣人常后而不先，常应而不唱；不进而求，不退而让；随时三年，时去我先；去时三年，时在我后；无去无就，中立其所。

【注释】①僻：邪僻。②蒹：古同"萑"，荻，形状像芦苇，茎可编苇席。䈽：当为"箄"。竹名。③玄酒：薄酒。④俎：古代祭祀时放祭品的器物。⑤豆：古代盛肉或其他食品的器皿，形状像高脚盘。泰羹：不调五味的肉汁。古代祭祀时用。⑥地坼：地裂。

【译文】《诗》的失误，在于之后邪僻的产生，乐的失误在于之后怨恨的滋生，礼的失误在于之后苛责的出现。徵音中并不是没有羽音夹杂，羽音里也不是没有徵音掺入，五音之中没有哪种声音不是夹杂在一起的，但仍然使用"徵""羽"等来给五音定名，因为它们可以用过其它的声调。所以仁义智勇这四种品质，都是圣人所具备的，然而用具体的名号来称呼某位圣人，是针对他身上特别突出的品质来说的。阳气由东北方向产生，在西南方向消失；阴气在西南方向产生，在东北方向衰弱。阴阳二气在开始的时候，都是协调适应且相似的。它们伴随时间的变化而分别增加本身的成分，逐渐加大它们的差距，阳气极盛时沙石都会被烤焦，阴气极盛时河水都会结冰。因此圣人谨慎小心地对待事物的积聚。河水从高山流出，最终流向大海；庄稼在田野生长，最后被收藏进粮仓。这就是看到开始就会知道它们最终的归宿。席子是由萑、箄编织而成，樽来自于祭祀所用的玄酒，俎来自于祭祀所用的生鱼、豆来自于祭祀所用的肉汁，这些东西既不够赏心悦目，也不能大快口腹，但先王却十分重视它们，这是因为他们重视的是祭祀的根本而非细枝末节的享受。圣人与外界事物打交道，外境千变万化，圣人一定掌握着能应对万的不变之道。寒冷与温暖恰好相反，大寒之时，冻裂大地，滴水成冰，正在燃烧的火却不会因此而降低它的炽热；在大暑时节高温能烧化石块熔化金属，燃烧着的火却也不会因此而增加它的猛烈。寒暑变化对火本身是没有任何损益的，这是因为火的本质是不会改变的。圣人常处后而不争先，常响应而不主动倡导；既不进而追求，也不退后谦让；

追随时间三年,时间一直在我前面;离开时间三年,时间落在我的后面;既没有离开也不追随,便处于中间状态。

天道无亲,唯德是与。有道者,不失时与人;无道者,失于时而取人。直己①而待命,时之至不可迎而反也;要遮而求合,时之去不可追而援②也。故不曰我无以为而天下远,不曰我不欲而天下不至。古之存己者,乐德而忘贱,故名不动志;乐道而忘贫,故利不动心。名利充天下,不足以概志③,故廉而能乐,静而能澹。故其身治者,可与言道矣。自身以上,至于荒芒④尔远矣,自死而天下无穷尔滔矣,以数杂⑤之寿,忧天下之乱,犹忧河水之少,泣而益之也。龟三千岁,浮游不过三日,以浮游而为龟忧养生之具,人必笑之矣。故不忧天下之乱,而乐其身之治者,可与言道矣。君子为善,不能使福必来;不为非,而不能使祸无至。福之至也,非其所求,故不伐其功;祸之来也,非其所生,故不悔其行。内修极而横祸至者,皆天也,非人也。故中心常恬漠,累积⑥其德,狗吠而不惊,自信其情。故知道者不惑,知命者不忧。万乘之主卒,葬其骸于广野之中,祀其鬼神于明堂之上,神贵于形也。故神制则形从,形胜则神穷。聪明虽用,必反诸神,谓之太冲⑦。

【注释】①直己:自身守正不阿。②援:引,拉。③概志:衡量心志。④荒芒:荒昧。指上古之时。⑤杂:原注作:"匝也。从子至亥为一匝。"⑥累积:王念孙认为此处应为"不累"。⑦太冲:极虚静和谐的境界。

【译文】天道没有特别亲近谁,它只是帮助有德的人。有道的人,不失时机地帮助他人;无道的人,丧失时机而只会向他人索取。自身正直的人等待天命安排,时机到来时不去迎接却让它返回;拦截时机而强求合时的人，时机离去时不能追上去把它拉住。所以圣人不会说我无所作为天下就会远离我，也不会说我不想得到天下而天下就不会落到我手里。古代那些会保存自我的人，喜欢修德而忘记贫贱，所以名誉不能动摇他的志向；乐于追求道而忘记贫寒，所以利益不能改变他的心性。名誉、利益充满天下，都不足以动摇他的心志。因此，他能清廉而快乐，平静而知足。所以，像这样在修身养性上做得非常好的人，就可以和他谈论大道了。从自身往上推算，到上古时代已经很遥远了，再从自身死后往下推算，到无穷尽的世界，也很久远了。凭借一个人几十年仓促的寿命，去担心天下的祸乱，就好像担心黄河水量会减少，用泪水去增加它的水量一样。神龟寿命虽然长达三千年，而蜉蝣寿命不过三天，却以只有短暂生命的蜉蝣去担忧神龟的养生条件，必定会引来人们的嘲笑。所以，不去担忧天下的祸乱，而乐于将自身修养得很好的人，就可以与他谈论大道了。君子做善事，未必能使福气一定到来；君子不做坏事，也未必会使灾祸一定不降临。福气的到来，不是依靠自己的追求，所以，神气到来时不要炫耀自己的功绩；灾祸的降临，不因自己招惹而来，所以，灾祸来临时不要后悔自己的行为。内心的修养达到了很高程度，却有灾难降临，这都是天意，不是人为造成的。所以，应该时常保持内心的平静恬淡，不因外物的牵累而放弃修养德行，即使狗叫也不惊异，充分相信自己的纯真本性。所以，明白道的人不会感到迷惑，了解命运的人不会感到忧虑。万乘之国的君主死后，人们将他的尸骨埋在空旷的野地里，在明堂之上祭祀他的神灵，这是因为精神要比形体更尊贵。所以精神作为主宰时，形体就跟从精神，形体胜于精神时，精神就会被消耗殆尽。耳目等器官虽然被使用，但最终都会返回到精神的主宰中，这就是极其虚静和谐的"太冲"境界。

卷十五　兵略训

【题解】本篇主要讨论军事方面的问题。提出"兵之胜败,本在于政。"说明国家治理对于军事成败具有决定性的影响。如果君清政明,百姓教化,那么就能够国力强盛,继而军队强大。本篇还对用兵打仗具体策略进行了阐述,将领要具备"三隧""四义""五行""十守",懂得"三策""三势"和"二权"。本篇继承了前代的军事思想,可以看做是对先秦军事思想的总结。

古之用兵者,非利土壤之广而贪金玉之略①,将以存亡继绝,平天下之乱,而除万民之害也。凡有血气之虫,含牙带角,前爪后距,有角者触,有齿者噬,有毒者螫(shì),有蹄者趹②(guì)。喜而相戏,怒而相害,天之性也。人有衣食之情,而物弗能足也。故群居杂处,分不均,求不澹,则争;争则强胁弱,而勇侵怯。人无筋骨之强,爪牙之利,故割革而为甲,铄铁而为刃。贪昧饕(tāo)餮(tiè)③之人,残贼天下,万人搔动,莫宁其所。圣人勃然而起,乃讨强暴,平乱世,夷险除秽,以浊为清,以危为宁,故不得不中绝。兵之所由来者远矣!黄帝尝与炎帝战矣,颛(zhuān)顼(xū)④尝与共工⑤争矣。故黄帝战于涿鹿之野,尧战于丹水之浦⑥，舜伐有苗⑦，启攻有扈⑧。自五帝而弗能偃也，又况衰世乎！

【注释】①略：获得，也有说是财物。②趹：骡马类动物用后脚踢。③饕餮：传说中的一种贪残的猛兽，常见于青铜器上，用作纹饰，称为饕餮纹，比喻凶恶贪婪的人。④颛顼：（公元前2513—2435）传说中的上古帝王，五帝之一。相传为黄帝之孙，年十岁时辅佐少昊，二十岁即帝位。最初建国于高阳，故号高阳氏，建都与帝丘（今河北省濮阳县），在位七十八年。⑤共工：神话传说中炎帝的后裔。相传与颛顼争天子失败，怒触不周山而导致天柱折，地维绝，又相传共工为水神。⑥尧战于丹水之浦：相传帝尧时期，三苗族中一支生活在丹水流域，首领为驩兜经常侵扰中原。尧率中原部落联盟在丹水岸边与之大战，终于将其击败。⑦有苗：有说应为"三苗"。《韩非子·五蠹》上所说："当舜之时，有苗不服，禹将伐之，舜曰：'不可，上德不厚而行武，非道也。'乃修教三年，执干戚舞，有苗乃服"。⑧启攻有扈：禹的儿子启，建立起中国历史上第一个王朝夏，结束了"禅让"时代。有扈氏不服，启与有扈大战于甘之野。最终夏后氏获得胜利，启得以建立中国第一个王朝夏朝。

【译文】古时候人们用兵作战，并不是为了谋求地域的扩大和贪图金玉财宝，而是为了存亡国，继绝嗣，平息天下的动乱，去除百姓的祸害。凡是血气之属的动物，有的嘴里长满牙齿，有的头上有犄角，有的前面有爪，有的后面有距。有犄角的就会顶撞，有牙齿的就会撕咬，有毒的就会蛰刺，有蹄子的就会蹬踢。它们高兴时就相互嬉戏，发怒时又互相伤害，这是天性。人也有衣食方面的欲望，但这些物品却不充足，所以人们聚集在一起生活，因物品分配不均，需求得不到满足，于是就会发生争斗，争斗时，强壮的胁迫弱小的，勇猛的欺凌胆怯的。人类没有强健的筋骨和锋利的爪牙，所以就割兽皮做成铠甲，熔化金属铸造刀剑。那些贪婪残暴的人祸害天下百姓，使得百姓骚动，不得安生，这时有圣人挺身而出，讨伐强暴，平定乱世，消除危险，清除祸害，使混乱变为清平，把危亡变为安宁，所以不得不灭绝作乱的人。战争的由来已是很久远的了，古时候，黄帝曾与炎帝有过战争，颛顼曾和共工也发生过战争。所以黄帝决战于涿鹿之野，尧帝决战于丹水之滨，舜帝讨伐叛乱的有苗，夏启攻打过有扈。自五帝时代以来，战争从来没有停止过，那就更不用说现在衰乱的时代了！

夫兵者，所以禁暴讨乱也。炎帝为火灾，故黄帝禽之；共工为水害，故颛顼诛之。教之以道，导之以德而不听，则临之以威武；临之威武而不从，则制之以兵革。故圣人之用兵也，若栉（zhì）发耨（nòu）苗①，所去者少，而所利者多。杀无罪之民而养无义之君，害莫大焉；殚天下之财而澹一人之欲，祸莫深焉。使夏桀、殷纣有害于民而立被②其患，不至于为炮烙③；晋厉、宋康行一不义而身死国亡，不至于侵夺为暴。此四君者，皆有小过而莫之讨也，故至于攘天下，害百姓，肆一人之邪而长海内之祸，此大伦之所不取也。所为立君者，以禁暴讨乱也。今乘万民之力而反为残贼，是为虎傅翼，曷（hé）为弗除！夫畜池鱼者必去猵④獭（tǎ），养禽兽者必去豺狼，又况治人乎！

【注释】①栉：梳。耨：锄草。②被：去除。③炮烙：原作"炮格"，古时的一种酷刑。把人绑在烧红的铜柱上烫死。④猵：古书上说的一种獭类动物。

【译文】战争就是用来制止暴力和讨伐祸乱的。像炎帝发动了火灾，所以黄帝就抓捕了他；共工造成了水患，所以颛顼就将他诛杀。治理天下，先用道理与德行去教育和开导，如果不起作用，就用武力来来震慑；如果用武力震慑依旧不顺从，就只能通过战争来对他们进行最后的制裁。所以圣人用兵打战，就如同梳头除草一样，清除少数作乱的人，保护百姓的诸多利益。杀害无辜的百姓，来滋养没有道义的君主，没有比这更大的危害了；穷尽天下的财力来满足一个人的欲望，没有比这更深的祸害了。如果夏桀和殷纣王残害百姓的事一开始能被及时阻止，就不会存在之后的炮烙酷刑了；晋厉公和宋康王做第一件不义的事时就身死国灭，就不会有以后侵略别国的暴行了。这四位暴君，都是在有小过错的时候没人提醒，以至于后来祸乱天下、残害百姓，放纵一个人的邪恶，而增加天下的祸乱，这是天理人伦所不允许的。之所以要确立君主，为的就是禁止暴力和讨伐祸乱。现在统治着万民的君主反过来残害天下百姓，这是为老虎添上了翅膀，所以为什么不除掉这样的君主呢。养鱼的人都知道养鱼前，必须先除掉池里的猵獭，养家畜的也知道养好家畜要先除去豺狼，更何况治理天下的君主呢！

故霸王之兵，以论虑之，以策图之，以义扶之，非以亡存也，将以存亡也。故闻敌国之君有加虐于民者，则举兵而临其境，责之以不义，刺之以过行。兵至其郊，乃令军师曰："毋伐树木，毋抉①坟墓，毋爇②五谷，毋焚积聚，毋捕民虏，毋收六畜。"乃发号施令曰："其国之君，傲天侮鬼，决狱不辜，杀戮无罪，此天之所以诛也，民之所以仇也。兵之来也，以废不义而复有德也。有逆天之道，帅民之贼者，身死族灭！以家听者，禄以家；以里听者，赏以里；以乡听者，封以乡；以县听者，侯以县。"克国不及其民，废其君而易其政。尊其秀士而显其贤良，振其孤寡恤其贫穷，出其囹圄③赏其有功，百姓开门而待之，淅米④而储之，唯恐其不来也。此汤、武之所以致王，而齐桓之所以成霸也。故君为无道,民之思兵也,若旱而望雨,渴而求饮。夫有谁与交兵接刃乎! 故义兵之至也,至于不战而止。

【注释】①抉:同"掘"。②爇:烧。③囹圄:监狱。④淅米:淘米。

【译文】故而诸侯霸主和君王用兵,用伦理来考虑,用策略来图谋,用正义来扶持的,并不是用来消灭已存在的国家,而是用来保护将要灭亡的国家。所以听到敌国的君主有残害百姓的事时,就发动军队到敌国的边境,责备其君主的不义行为,说出其过失行为。军队到了该国的郊外,就命令军队说:"不要砍伐树木,不要挖掘坟墓,不要烧毁庄稼,不要烧掉百姓的积聚,不得俘获百姓,不要没收家畜。"于是发布命令说:"你们这个国家的君主,傲视天地欺侮神灵,制造冤狱,滥杀无辜,这是上天诛杀他、百姓仇恨他的原因。今天军队来临,就是要废除不义之君主,恢复有德行之人的君位。有违背天意,保护国贼的,抓到后处死并灭绝其家族! 凡是带领全家听从我军命令的,就赐给全家俸禄;凡是率领一里百姓顺从我军的人,就把全里赏赐给他;凡是率领全乡服从我军命令的人,就将该乡赏赐给他;凡是率领全县归顺我军的,就用全县作为封地,封他为侯。"攻克敌国不会牵连到该国的百姓,废除该国国君并且改变其政治,尊重有品德的人,选拔贤良的人,赈济孤儿寡妇,抚恤贫困百姓,释放监狱里的无辜百姓,奖赏有功的人士。对于这样的军队,百姓敞开家门等待着,淘好米储存起来,只恐怕他们不来。这就是商汤和周武王之所以称王的原因,也是齐桓公能称霸的原因。所以如果一个君主无道残暴,百姓就会思念义军的到来,就像干旱了盼望下雨一样,口渴了想要喝水一样。又有谁会拿着刀剑来与义军抵抗呢! 所以义军所到之处,往往不用交战就能取得胜利。

晚世之兵,君虽无道,莫不设渠堑,傅堞(dié)①而守,攻者非以禁暴除害也,欲以侵地广壤也。是故至于伏尸流血,相支以日,而霸王之功不世出者,自为之故也。夫为地战者不能成其王;为身战者不能立其功。举事以为人者众助之;举事以自为者众去之。众之所助,虽弱必强;众之所去,虽大必亡。兵失道而弱,得道而强;将失道而拙,得道而工;国得道而存,失道而亡。所谓道者,体圆而法方,背阴而抱阳,左柔而右刚,履幽而戴明。变化无常,得一之原,以应无方,是谓神明。

【注释】①堞:城上如齿状的矮墙。

【译文】后世用兵打战,即使国君无道,但百姓还是会开挖沟渠,依靠城墙来守护,这是为什么呢,因为来进攻的军队不是来禁止暴政和除暴安良的,而是来侵占该国土地来扩张自己的领土。所以战争打的伏尸无数,血流不止,战争旷日持久,但能够称霸天下的人还是没有出现,这是因为战争只为少数人利益的缘故。为了扩张领地而发动战争,不能实现称王的目的;为了自身的利益而发动战争,也不能建立丰功伟绩。发动战争如果是为了百姓,那么百姓就会去帮助他;发起战争是为了自己,那么百姓就会离他而去。得到百姓的支持,即使弱小终将强大;失去百姓的支持,即使强大但终将灭亡。军队失去道义就会慢慢衰弱,军队符合道义就会变得强大;将领失去道义就会变得笨拙,符合道义就会变得灵巧;同样的,国家符合道义就会长存,失去道义就会灭亡。所谓的"道",就是体现圆而取法方,背靠阴而怀抱阳,左执柔而右持刚,脚下幽而头顶明。事物变化是无常的,掌握纯一的本原,就能应对无穷,这就是神明。

夫圆者,天也;方者,地也。天圆而无端,故不可得而观;地方而无垠,故莫能窥其门。天化育而无形象,地生长而无计量,浑浑沉沉①,孰知其藏。凡物有朕②,唯道无朕。所以无朕者,以其无常形势也。轮转而无穷,象日月之运行,若春秋有代谢,若日月有昼夜,终而复始,明而复晦,莫能得其纪③。制刑④而无刑,故功可成;物物而不物⑤,故胜而不屈。刑,兵之极也,至于无刑,可谓极之矣。是故大兵无创,与鬼神通,五兵不厉,天下莫之敢当。建鼓不出库,诸侯莫不慑(shè)㥄⑥沮胆其处。故庙战者帝,神化者王。所谓庙战者,法天道也;神化者,法四时也。修政于境内而远方慕其德;制胜于未战而诸侯服其威。内政治也。

【注释】①浑浑沉沉:浑厚深沉,有解释说"沉"应为"沉"。②朕:征兆,迹象。③纪:头绪。④邢:通"形"。⑤物:物类,同类,种类。⑥慴:同"慑"。㥄:惊吓。

【译文】那圆的是天,方的是地。天圆而没有开端,所以不可能看到它的形状;地方而广阔无垠,所以没有办法看到它的门户。上天育化万物而没有形象,大地生长万物而无法计量,浑厚而深沉,谁能知道这其中的蕴藏!所有事物都有迹象,唯独"道"没有迹象。"道"之所以没有迹象,是因为它没有固定的形态。变化起来就像车轮转动一样没有穷尽,像日月的运行,又如四季更替,像日月运动形成昼夜,是循环往复的,明亮了又晦暗,没人能知道其中的开始和结束。它制约着有形的事物,但却不受任何的制约,所以能完成功业;它产生万物但自身却不归属任何事物,所以能战胜一切而不失败。消灭敌军是战争用兵的最终目的,如果能做到没有伤亡就使敌军屈服则就是最理想的结局了。所以擅用兵的,即使是大的战争也不会造成伤害,这是因为能与鬼神相沟通了,这时即便不秣马厉兵,天下也没有敢与之相抗的。战鼓不用推出库,诸侯没有不畏惧的。所以庙堂上就能取胜的可以称为"帝",能够变化神妙的可以称为"王"。所谓庙战取胜的人,是效法了天道;而所谓具有神妙变化的人,是效法了四季的更替变化。在国内整治政务,远方的异族就会仰慕你的德行,在战争还没发生就已稳操胜算,而且各诸侯佩服其威信,这就是国内政治安定的缘故。

古得道者,静而法天地,动而顺日月,喜怒而合四时,叫呼而比雷霆,音气不戾八风①,诎伸不获五度。下至介②鳞,上及毛羽,条修叶贯,万物百族,由本至末,莫不有序。是故入小而不偪,处大而不窕③,浸乎金石,润乎草木,宇中六合④,振豪⑤之末,莫不顺比。道之浸洽,濇(gē)⑥淖(nào)⑦纤微,无所不在,是以胜权多也。

【注释】①八风:八方所吹的风。东北曰炎风,东方曰条风,东南曰景风,南方曰巨风,西南曰凉风,西方曰飂风,西北曰丽风,北方曰寒风。②介:甲。③窕:有空隙。④六合:指上下和四方,泛指天地或宇宙。⑤豪:同"毫",极小。⑥濇:多汁,粘稠。⑦淖:柔和。

【译文】古时候得道的人,静时效法天地,动时顺应日月,喜怒符合四季的变化,呼喊与雷霆相应,声音不逆八风,收缩伸展不乱五行。下至甲鳞之虫,上及羽类飞鸟,莫不井井有条,万物百事,从本到末,莫不井然有序的。因此,进入狭小的环境而不感到逼迫,处在宽阔的环境不感到空旷,它浸润金石,滋润草木,大到天地宇宙,小到毫毛的尖端,无不是顺应有序的。道的浸润,柔和细微,是无所不在的,所以得道者取胜的谋略就多了。

夫射，仪度不得，则格①的不中；骥②，一节不用，而千里不至。夫战而不胜者，非鼓之日也，素行③无刑久矣。故得道之兵，车不发轫④，骑不被鞍，鼓不振尘，旗不解卷，甲不离⑤矢，刃不尝血，朝（cháo）不易位，贾不去肆，农不离野。招义而责之，大国必朝，小城必下。因民之欲，乘民之力而为之，去残除贼也。故同利相死，同情相成，同欲相助。顺道而动，天下为响；因民而虑，天下为斗。猎者逐禽，车驰人趎，各尽其力，无刑罚之威，而相为斥圚⑥（yīn）要遮者，同所利也；同舟而济于江，卒遇风波，百族之子，捷捽（zuó）招杼（zhù）船⑦，若左右手，不以相德，其忧同也。故明王之用兵也，为天下除害，而与万民共用其利。民之为用，犹子之为父，弟之为兄。威之所加，若崩山决塘，敌孰敢当！故善用兵者，用其自为用也；不能用兵者，用其为己用也。用其自为用，则天下莫不可用也；用其为己用，所得者鲜矣。

【注释】①格：箭靶。②骥：好马。③素行：平日的品行。④轫：卡住车轮的木头。⑤离：通"罹"，遭遇。⑥圚：堵塞。⑦捽：抓住。招：通"棹"，船桨。杼：撑。也有解释为落帆。

【译文】射箭如果不掌握相关要领，那就射不中靶心；千里马如果驾驭不当，那也不能日行千里。战争不能取胜，并不是交战时有什么没做对，而在于平时治军就没有法度。所以符合兵道的军队，发动战争时，战车不必启动，战马不被套鞍，战鼓不震动尘埃，军旗不必解开，铠甲不遭箭射，刀剑不曾染血，朝廷不必更改官员职位，商人不必离开商店，农夫不必离开自家的田地。召示道义来斥责不义，这样大国必定会归顺，小国必定会投降。顺应百姓的意愿，依靠百姓的力量，为百姓除去残暴奸贼。所以利益一致的人就会拼死相报，感情相同的就会相互成全，意愿相同的人就会相互帮助。顺应天道的行动,天下人就会应和而来;按照百姓所考虑的来做,天下百姓就会为之奋战。打猎的人追逐禽兽,车马疾驰,人随奔跑,各尽其力,这并没有刑罚威逼,却能一起追捕猎物,这是大家利益一致的原因;同船渡江,突遇风浪,船上的乘客都纷纷拿浆撑船,大家配合的就像左右手那般默契,他们并不是为了相互报恩,是因为处于共同的危难之中。所以英明的君王领兵作战,是为天下百姓除去祸害,并且和百姓一起共享利益。使用百姓,就像儿子为了父亲,弟弟为了兄长那样。这样所增加的威势,就像山崩塌、河决堤一样,敌军哪能抵挡得住!所以善于用兵的人,会让战士知道是为自己而战;而不善于用兵的人,让军队为自己的私利而战。让战士为自己而战,那么天下就没有不可以被利用的人;让战士为君主的私利而战,那么能得到的支持就会很少了。

兵有三诋①,治国家,理境内,行仁义,布德惠,立正法,塞邪隧,群臣亲附,百姓和辑,上下一心,君臣同力,诸侯服其威而四方怀其德。修政庙堂之上而折冲②千里之外,拱揖指挥③而天下响应,此用兵之上也。地广民众,主贤将忠,国富兵强,约束信,号令明,两军相当,鼓錞(chún)④相望,未至兵交接刃而敌奔亡,此用兵之次也。知土地之宜,羽险隘之利,明奇正之变,察行陈解赎之数,维桴(fú)绾(wǎn)⑤而鼓之,白刃合,流矢接,涉血属⑥肠,舆死扶伤,流血千里,暴骸盈场,乃以决胜,此用兵之下也。今夫天下皆知事治其末,而莫知务修其本,释其根而树其枝也。

【注释】①诋:要事,根本。②折冲:挫败敌人。折:挫败。冲:冲车。③拱揖:拱手作揖。指挥:智慧。④錞:古代一种铜制的军乐器,形如圆筒,上大小小,顶上多作虎形钮,可悬挂,常与鼓配合。⑤桴绾:应为绾桴。绾:贯。桴:鼓槌。⑥属:有说本为"屦",踩踏。

【译文】用兵打战有三种方法:治理国家,理顺国内各要事,施行仁义,广布恩惠,健全法制,堵塞邪道,群臣依附,百姓和睦,上下一心,君臣同力,各诸侯信服他的威势,而天下百姓感怀他的恩德。在朝廷上修明政治,而折服千里之外的敌军,从容指挥,而天下纷纷响应,这就是用兵的最高境界。地广人多,君主贤明,将领忠臣,国富兵强,纪律严明,号令明确,两军相对,击鼓相闻,还未交战敌军就吓得奔走逃亡,这是用兵的次一等境界。知道交战地区的地理环境,熟悉险要的有利地形,懂得"奇"及"正"的变化,明白兵力分散和集中的要领,然后击鼓进攻,兵刃相拼,箭飞满天,趟血水踏肚肠,抬回尸体,扶助伤者,流血千里,尸骸遍野,才决出胜负,这是用兵的最下等境界。现在天下人只知道处理事情的下策,而不懂得抓住事物的本质,这就像丢弃了树根而去栽培树枝一样。

夫兵之所以佐胜者众,而所以必胜者寡。甲坚兵利,车固马良,畜积给足,士卒殷轸(zhěn)①,此军之大资也,而胜亡焉。明于星辰日月之运,刑德奇赅之数②,背乡左右之便,此战之助也,而全亡焉。良将之所以必胜者,恒有不原之智③,不道之道,难以众同也。夫论除④谨,动静时,吏卒辨,兵甲治,正行伍,连什(shí)伯(bǎi)⑤,明鼓旗,此尉之官也⑥。前后知险易,见敌知难易,发斥⑦不忘遗,此候之官也。隧路亟,行辎治,赋丈均,处军辑,井灶通,此司空之官也⑧。收藏于后,迁舍不离,无淫舆,无遗辎,此舆之官也。凡此五官之于将也,犹身之有股肱(gōng)⑨手足也。必择其人,技能其才,使官胜其任,人能其事。告之以政,申之以令,使之若虎豹之有爪牙,飞鸟之有六翮

(hé)⑩,莫不为用。然皆佐胜之具也,非所以必胜也。

【注释】①殷轸:众多的样子。②刑德:古人以刑为阴克,以德为阳生。《韩非子·二柄》:"何谓刑德?曰:杀戮之谓刑,庆赏之谓德。"奇赅:指阴阳秘术。③不原之智:无法揣测的智慧。④论除:论贤除吏,除:授予。⑤什伯:古时军队中的基层编制单位。十人为"什",百人为"佰","伯"通"佰"。⑥尉:古代武官名。⑦斥:斥候。⑧司空:古代掌管工程的长官。⑨股肱:大腿和胳膊,比喻左右辅助得力的人。⑩六翮:鸟的羽翼。

【译文】战争中取胜的辅助因素很多,但是保证战争必胜的因素很少。铠甲坚固,兵刃锋利,战车固实,战马精良,积蓄充足,士兵众多,这些都是军队最重要的资源,但胜利并不取决于这些条件。同样,明白日月星辰运行的规律、阴阳邪德变化道理、用兵诡秘之术、行军列阵、安营扎寨的方位选择等,这些对战争都有帮助,但战争取胜仍不是这些因素决定的。好的将领之所以常常取胜,总是因为有不可深究的智谋和不可言说的道理,很难与普通人相同。那像谨慎地任命军吏、军队行动动静相宜、军吏士卒管理有方、兵器铠甲装备齐全,这是司马的职责;军队行伍什伯编制整齐、战鼓令旗明确,这是尉官的职责。了解军队行军前后是否安全,了解敌人是否容易对付,始终不忘刺探敌情,这是斥候官的职责。及时保持道路畅通,运输辎重并使之安全到达、军垒大小均匀、营帐搭扎安稳、军灶水井齐备,这是司空的职责。军队行动时做好器具的收藏工作,转移驻扎时保证无人员离散,军车装载不过量,辎重无遗失,这是军舆的职责。这五种官员相对于将帅来说,就像是身体和手足的关系了。一定要选择适合的人,才能胜任其职责,军官能胜任其职责。普通士兵能做好自己分内的事情。告诉他们负责的政务,向他们申述相关的军令,让他们像有了爪牙的虎豹和有了羽翼的飞鸟,这样就没有无用之人。

但这些仍然都是取得胜利的辅助因素,并不是必胜因素。

兵之胜败,本在于政。政胜其民,下附其上,则兵强矣;民胜其政,下畔①其上,则兵弱矣。故德义足以怀天下之民,事业足以当天下之急,选举足以得贤士之心,谋虑足以知强弱之势,此必胜之本也。地广人众,不足以为强;坚甲利兵,不足以为胜;高城深池,不足以为固;严令繁刑,不足以为威。为存政者,虽小必存;为亡政者,虽大必亡。昔者楚人地,南卷沅、湘,北绕颍、泗,西包巴、蜀,东裹郯(tán)、淮,颍、汝以为洫②,江、汉以为池,垣之以邓林,绵之以方城③,山高寻云,溪肆无景,地利形便,卒民勇敢。蛟革犀兕(sì),以为甲胄④,修铩(shā)⑤短鏦(cōng)⑥,齐为前行,积弩陪后,错车卫旁,疾如锥矢,合如雷电,解如风雨。然而兵殆于垂沙,众破于柏举。楚国之强,大地计众,中分天下,然怀王北畏孟尝君,背社稷之守而委身强秦,兵挫地削,身死不还。二世皇帝,势为天子,富有天下。人迹所至,舟楫所通,莫不为郡县,然纵耳目之欲,穷侈靡之变,不顾百姓之饥寒穷匮也。兴万乘之驾而作阿房之宫,发闾左⑦之戍,收太半⑧之赋,百姓之随逮肆刑,挽辂(lù)首路死者,一旦不知千万之数。天下敖然若焦热,倾然若苦烈,上下不相宁,吏民不相憀(liáo)。戍卒陈胜兴于大泽,攘臂袒右,称为大楚,而天下回应。当此之时,非有牢甲利兵劲弩强冲也,伐棘枣而为矜,周锥凿而为刃,剡(yǎn)⑨撕(chàn)筅(tú)⑩,奋儋钁⑪,以当修戟强弩,攻城掠地,莫不降下,天下为之麋沸蚁动,云彻席卷,方数千里。势位至贱而器械甚不利,然一人唱而天下应之者,积怨在于民也。武王伐纣,东面而迎岁⑫,至汜(sì)而水,至共头⑬

而坠,彗星出而授殷人其柄⑭。当战之时,十日乱于上,风雨击于中,然而前无蹈难之赏,而后无遁北之刑,白刃不毕拔而天下得矣。

【注释】①畔:古同"叛"。②洫:沟渠。③方城:春秋时楚北的长城,为古九塞之一。其城由今之河南省方城县至邓县。④甲胄:盔甲衣胄。⑤铩:古时一种长矛。⑥鏦:古时一种小矛。⑦间左:居于里门左边的平民百姓,里门左侧是古代贫苦人民居住的地区,也指贫苦人民,即平民,借指戍边的兵士。⑧太半:超过半数以上。⑨刿:削。⑩筴:竹箧。⑪儋:古同"担",负荷。钁:钁头。⑫岁:太岁,木星。⑬共头:山名,河南济源县境内。⑭彗星出而授殷人其柄:有解释为"时有彗星,柄在东方,可以扫西人也。"周在西,而殷商在东,即此天象对殷商有利。

【译文】战争的胜负,根本在于政治。政治能够驾驭百姓,百姓就会亲附君主,那么军队就强大了;反之百姓不受政令约束,民众背叛君主,那么军队就必然弱小。所以德行道义足以感怀天下百姓,其事业足以能应对天下的当务之急,选用的人才能得到天下贤士的拥戴,智谋足以知道敌我双方力量的强弱,这些才是取胜的根本因素。地广人多,并不足以成为强国;铠甲坚固,兵刃锋利,并不足以取胜;高城深池,不足以固守;严厉的法令,繁重的刑罚,并不足以表明威严。而能够实行仁政,即使是小国也必定能存在;实行暴政,即便是大国也必定走向灭亡。从前楚国的地域,向南席卷沅水、湘水,往北绕颖水、泗水,朝西包含巴郡、蜀郡,往东包裹郯、淮地区,把颖水和汝水当做沟渠,将长江和汉水作为护城河,把邓林当做城墙,用方城环绕北方,高山耸入云端,深溪不见日影,地理位置十分有利,士卒百姓又十分勇敢。用蛟龙犀牛的皮制成盔甲,长矛短枪整齐排列在前,连发的弓弩摆放在后面,战车护卫在旁,冲锋有如飞箭,集合如同雷电，散开如同风雨。然而楚军在垂沙遭遇险境，又在柏举遭受失败。楚国的强大，地广人多，占了天下的一半，然而楚怀王畏惧北面的齐国孟尝君，背弃国家社稷，将自身委于强悍的秦国，结果兵败地削，自己到死了都没能回到国家。秦二世，论权势则身为天子，富有天下。凡是人迹能到的地方，舟船能通过的地方，都已成为秦国的郡县，但秦二世放纵声色贪欲，穷尽奢侈糜烂的各种生活，不顾及天下百姓的饥寒穷困。动用万乘车辆去建造阿房宫，征调贫苦百姓戍守边防，收取天下一大半的财富作为赋税，百姓不断被捕处死，以至于拉车服劳役的士兵都死在路上，死亡数量不可计量。天下百姓的痛苦煎熬就像在火上炙烤一样，悲伤的神情就像喝了苦药一样，全国上下都不得安宁，官吏和百姓互相不信赖。戍卒陈胜不得已在大泽乡揭竿而起，振臂号召反秦，自称大楚，天下于是纷纷响应。在这时，起义军没有坚固的铠甲、锋利的兵刃和强劲的弓弩，他们就砍下枣树为矛柄，安上椎子凿子为矛刃，拿着着削尖的竹竿，挥舞扁担锄头去抵抗秦军的长戟和硬弩，攻城掠地，没有不被攻下的，天下也因此沸腾动荡起来，起义军威势席卷数千里。陈胜当时地位很低贱，而使用的武器很简陋，但陈胜一人登高一呼，天下百姓均为之响应，这是因为百姓心头早已积满对秦朝的不满和怨恨。周武王讨伐纣王，向东进发正好对着太岁星，到汜地时遇洪水，到达共头山时山崩，接着又有彗星出现，其星柄指向殷。当两军交战时，真是天昏地暗，狂风暴雨乱作，但周武王的军队既没有向前赴难的奖赏，也没有向后逃跑的惩罚，许多将士还未拔出刀剑，天下就被周武王得到了。

是故善守者无与御，而善战者无与斗，明于禁舍开塞之道，乘时势，因民欲，而取天下。故善为政者积其德，善用兵者畜其怒；德积而民可用，怒畜而威可立也。故文①之所以加者浅，则势之所胜者小；德之所施者博，而威之所制者广；威之所制者广，则我强而敌弱矣。故善用兵者，先弱敌而后战者也，故费不半而功自倍也。汤之地方七十里而王者，修德也；智伯有千里之地而亡者，穷武也。故千乘之国行文德者王；万乘之国好用兵者亡。故全兵先胜而后战，败兵先战而后求胜。德均则众者胜寡，力敌则智者胜愚，智侔（móu）②则有数者禽无数。凡用兵者，必先自庙战。主孰贤？将孰能？民孰附？国孰治？蓄积孰多？士卒孰精？甲兵孰利？器备孰便？故运筹于庙堂之上，而决胜乎千里之外矣。

【注释】①文：美德，文德。②侔：相等。
【译文】所以，善于防御的人无须设防，而善于战斗的人无须真正去战斗，知道禁塞邪恶扶助正气的治国之道，顺应时势，想百姓所想，天下便可以取得了。所以善于为政的人都会积累仁义德行，善于用兵的人注重积聚民众愤怒；仁义德行积聚多了民众就可以使用，愤怒积聚的多了威严就可以确立了。因此，仁义德行对百姓的影响少了，那么威严所能产生的威慑力也就小了；当恩德实施的面积广时，这威严的威慑范围就广；而威慑的范围广了，那我方实力就强大，敌方就弱小。所以善于用兵的人，先使敌方衰弱了再与之交战，所以起到事半功倍的效果。商汤的领地只有七十里，但却能称王于天下，这是因为实行仁义德行的缘故；智伯有领地千里但最后却被灭亡了，这是因为穷兵黩武的原因了。所以即使小国，只要实行仁义德行一样可以称王于天下；而万乘大国，如果好战就一定会灭亡。所以胜利的军队总是先有胜算再与对方开战，而败军总是先开战再求获胜。当交战双方德行相当，那么人数多的一方就会战胜人数少的一方；当双方实力相等时，有智谋的一方会战胜愚蠢的一方；当双方智谋差不多时，周密谋划的一方战胜不疏忽的另一方。但凡用兵作战的人，一定先要在朝廷内谋划好。哪方君主贤明？哪方将领能干？哪方民众能亲附？哪方国家治理的好？哪方积蓄储备多？哪方士兵精悍？哪方铠甲兵刃锋利？哪方器械装备精良？所以在朝廷上筹谋好,方能决胜于千里之外。

夫有形埒①(liè)者,天下讼②见之;有篇籍者,世人传学之。此皆以形相胜者也。善形者弗法也,所贵道者,贵其无形也。无形,则不可制迫也,不可度量也,不可巧诈也,不可规虑也。智见者人为之谋;形见者人为之功;众见者人为之伏;器见者人为之备。动作周还,倨句③诎(qū)伸,可巧诈者,皆非善者也。善者之动也,神出而鬼行,星耀而玄逐④,进退诎伸,不见朕垠⑤(yín),鸾举麟振,凤飞龙腾。发如秋风,疾如骇龙⑥。当以生击死,以盛乘衰,以疾掩迟,以饱制饥。若以水灭火,若以汤沃雪,何往而不遂!何之而不用达!在中虚神,在外漠志,运于无形,出于不意。与飘飘往,与忽忽来,莫知其所之;与条出,与间入,莫知其所集。卒(cù)⑦如雷霆,疾如风雨,若从地出,若从天下,独出独入,莫能应圉(yǔ)⑧。疾如镞(zú)⑨矢,何可胜偶?一晦一明,孰知其端绪!未见其发,固已至矣。

【注释】①埒:界限。②讼:通"公",公开。③倨句:器物弯曲的角度。微曲的为"倨",大曲的为"句"。④玄逐:有说应为"玄"。玄:天。运:运行。⑤垠:同"垠"。⑥龙:龙鱼,《山海经》里描写的一种神兽,行动迅捷。⑦卒:同"猝",突然。⑧圉:防御。⑨镞:箭头。

【译文】有行迹的东西,天下人都能见得到它;有记载在书籍里的内容,能流传下来供世人学习。这些都是以形象来取得胜利的。而真正的高明者是不会去效仿的,人们之所以看重道,是在于道的无形。因为无形,就很难限制约束对它,也很难测量它,更不能用智巧来欺诈它,也无法按常规来考虑它。一般来说,你的智慧表现出来,别人就会用智谋来对付你;你表露出行动的痕迹,别人也会采取相应的行动来对付你;你的军队人数众多,别人就会埋伏起来打击你;你的器械精良,别人也会准备相应的装备。总之,动作周旋,曲直屈伸,使巧用诈,这些都算不上高明。高明者的行为是神出鬼没,像星辰般闪耀,像天体般运行,进退屈伸,不见痕迹,像鸢鸟飞升、麒麟跳跃、凤凰飞翔和神龙腾空。发动时如秋风,快如惊龙,是以生动击败死板,以旺盛凌驾于衰败,以迅疾来压倒迟缓,以饱满来抑制萎靡。这就像用水来灭火,用滚水来浇雪,这样怎能不如愿以偿呢?怎能不达到目的呢?用兵打仗,先使内心虚空,后要淡漠志欲,行动不留痕迹,进攻出其不意。像云一样飘忽不定,没有人知道它的具体所在;从缝隙中忽然出入,没人知道它会在哪会集。突然到来就像雷霆,快如风雨,像从地下冒出,像从天空落下,独来独往,没有人能去应对防御。快得像飞出的箭头,能有什么可以匹敌的呢?时暗时明,谁知道它的来龙去脉!还未见其出发,就已到你面前了。

故善用兵者,见敌之虚,乘而勿假①也,追而勿舍也,迫而勿去也。击其犹犹②,陵③其与与,疾雷不及塞耳,疾霆不暇掩目。善用兵,若声之与响,若镗(tāng)④之与鞳(tà),眯(mí)不给抚,呼不给吸。当此之时,仰不见天,俯不见地,手不麾戈,兵不尽拔,击之若雷,薄⑤(bó)之若风,炎之若火,凌之若波。敌之静不知其所守,动不知其所为。故鼓鸣旗麾,当者莫不废滞崩阤⑥(yǐ),天下孰敢厉威抗节而当其前者!故凌人者胜,待人者败,为人杓⑦(biāo)者死。兵静则固,专一则威,分决则勇,心疑则北,力分则弱。故能分人之兵,疑人之心,则锱(zī)铢⑧(zhū)有馀;不能分人之兵,疑人之心,则数倍不足。故纣之卒,百万之心；武王之卒，三千人皆专而一。故千人同心则得千人力；万人异心则无一人之用。将卒吏民，动静如身，乃可以应敌合战。故计定而发，分决而动，将无疑谋，卒无二心，动无堕容，口无虚言，事无尝试，应敌必敏，发动必亟。

【注释】①假：宽容，宽饶。②犹犹：犹豫、迟疑。③陵：古同"凌"，侵犯，欺侮。④锽：同"喤"，形容打钟、敲锣鼓一类的声音。⑤薄：逼迫。⑥崩阤：崩塌、毁坏。⑦扚：击。⑧锱铢：锱与铢都是极小的计算单位，用以比喻极其微小的数量。

【译文】所以善于用兵的人，看到敌方的弱点，就乘敌之机绝不放过，穷追猛打绝不舍弃，逼迫对方绝不松懈。攻击它的犹豫，打击它的迟疑，如同迅雷不及掩耳、雷霆不及掩目一样去攻击敌人。善于用兵的人，就像声音的回响，像击鼓发出的响声，使敌人眼睛尘土入眼都来不及拂去，使他们上气不接下气的。在这时，敌人抬头看不见天，低头看不见地面，手不知如何挥动长矛，兵刃都不能完全拔出，这时攻击就要像雷霆般迅疾，像风般迫近，像火势般蔓延，像波涛般压迫。这样使敌人静止时不知如何防守，行动时也不知如何反击。所以当擂响战鼓挥动军旗，军队开战时，敌方还未抵挡就土崩瓦解了，天下还有谁敢在这样的军队前扬威抗衡而阻止其前进的！所以能够驾驭对方的军队必胜，消极等待的军队必定失败，成为别人攻击目标的军队只有死路一条。军队安定就能稳固，上下一心就有威势，职责明确就能勇敢，有猜忌之心就败北，兵力分散就会削弱整体实力。所以能分散敌军的兵力，让敌军相互产生猜忌之心，这样即使用很少的兵力都可以战胜敌军；但是，如果不能分散敌军的兵力，不能使敌军内部互相猜忌，即使数倍于敌人的兵力也不够用。所以纣王的军队，即使是百万之众，但亦有百万种心思；而武王的军队，三千人是上下一心的。所以千人同心就能发挥千人之力；而万人不同心,那么还不如一个人的作用了。将帅、士兵、官吏和百姓一心时,行动就如身体般协调,就可以与敌军交战了。所以制定计划后再行动,职责确定后再执行,将帅相信所制定的谋略,士兵信任将领的指挥,行动时就不会懈怠,下命令就会得到贯彻,处理事情就会坚决,交战时必定很机敏,发动时也必定迅疾。

故将以民为体,而民以将为心。心诚则支体亲刃①,心疑则支体挠北②。心不专一,则体不节动;将不诚心,则卒不勇敢。故良将之卒,若虎之牙,若兕之角,若鸟之羽,若蚚(qián)之足,可以行,可以举,可以噬,可以角。强而不相败,众而不相害,一心以使之也。故民诚从其令,虽少无畏;民不从令,虽众为寡。故下不亲上,其心不用;卒不畏将,其形不战。守有必固,攻有必胜,不待交兵接刃,而存亡之机固以形矣。

【注释】①亲刃:有说应为"亲力",也有说"刃"应为"䎡",即亲近。②挠:扰乱。北:违背。

【译文】所以将帅以百姓作为自己的身体,而百姓把将帅当做自己的中心。心诚则能肢体能亲附在一起,心疑则肢体就背离。心不专一,那么肢体就不能受节制地运动;将帅缺乏诚信,士兵就不会勇敢。所以好的将领的士兵,犹如老虎的牙齿、犀牛的角、鸟的羽毛和百脚虫的脚,可以行走,可以飞行,可以吞咬,可以碰撞。他们强大但不相互战斗,人数众多但不相互伤害,这是因为他们上下一心的原因。所以百姓服从命令,即使人少也不会感到害怕;百姓不服从命令,即使人多也会显得势单力薄。所以如果百姓不亲附将帅,将帅作为中心就将失去作用,士兵如果不敬畏将领,士兵作为躯体就无法作战。防守必定牢固,进攻必定取胜,不会等到交战了才会表现出来，其实胜负存亡的征兆早已显示出来了。

兵有三势，有二权。有气势，有地势，有因势。将充勇而轻敌，卒果敢而乐战，三军之众，百万之师，志厉青云，气如飘风，声如雷霆，诚积逾而威加敌人，此谓之气势。硖(xiá)①路津关②，大山名塞，龙蛇蟠，却笠居，羊肠道，发笱(gǒu)门③，一人守隘，而千人弗敢过也，此谓地势。因其劳倦怠乱，饥渴冻喝(yē)④，推其揺(yáo)揺⑤，挤其揭揭⑥，此谓因势。善用间谍，审错⑦规虑，设蔚⑧施伏，隐匿其形，出于不意，敌人之兵无所适备，此谓知权。陈⑨卒正，前行选⑩，进退俱，什伍搏⑪，前后不相撚⑫，左右不相干，受刃者少，伤敌者众，此谓事权。

【注释】①硖：古同"峡"，两山间的溪谷。②津关：在水陆要地所设的关口。③笱门：笱，竹制的捕鱼器具，口大窄颈，腹大而长，鱼能入而不能出，比喻险要的隘口。④喝：热。⑤揺：摇的讹字。⑥揭揭：形容摇动、不稳固。⑦审错：审慎安排措施。错：同"措"。⑧蔚：草木茂盛。⑨陈：排列。⑩选：整齐。⑪搏：有说应为"抟"。结聚。⑫撚：践踏。

【译文】用兵有三个势和二权。即有气势，有地势，有因势。将领充满勇气而能藐视敌人，士兵果断勇敢且乐于去战斗，三军上下，百万雄师，壮志凌云，气势如风，声如雷霆，上下诚心，气势威压敌军，这就是气势。狭路险道，渡口难关，大山名塞，这些地形像龙蛇般盘踞，像斗笠般排列，像羊肠般屈伸，像竹笱般险要，一个人把守隘口，千人也不能通过，这就是地势。乘敌军劳累疲倦、松懈混乱、饥饿干渴、挨冻受热的时机，使敌军摇摇欲坠、动荡不稳，这就是因势。善于使用间谍，审慎规划，设置埋伏，隐藏行迹，行动出其不意，使敌人的军队没有任何适应和防备,这就是知权。排军布阵严整,行军整齐,进退一致,队伍紧密,前后不会混杂,左右不会干扰,使他们受伤少,杀敌多,这就是事权。

权势必形,吏卒专精,选良用才,官得其人,计定谋决,明于死生,举错得失①,莫不振惊,故攻不待冲隆云梯而城拔,战不至交兵接刃而敌破,明于必胜之攻也。故兵不必胜不苟接刃;攻不必取不为苟发。故胜定而后战,铃县②而后动。故众聚而不虚散,兵出而不徒归。唯无一动,动则凌天振地。抗泰山,荡四海,鬼神移徙,鸟兽惊骇。如此,则野无校兵③国无守城矣。静以合躁④,治以持⑤乱,无形而制有形,无为而应变,虽未能得胜于敌,敌不可得胜之道也。敌先我动,则是见其形也;彼躁我静,则是疲其力也。形见则胜可制也,力罢⑥则威可立也。视其所为,因与之化;观其邪正,以制其命。饵之以所欲,以罢其足。彼若有间,急填其隙,极其变而束之,尽其节⑦(jiē)而仆(pū)之。敌若反静,为之出奇,彼不吾应,独尽其调。若动而应,有见所为,彼持后节,与之推移。彼有所积,必有所亏。精若转左,陷其右陂。敌溃而走,后必可移。敌迫而不动,名之曰奄(yān)⑧迟,击之如雷霆,斩之若草木,耀之若火电,欲疾以速,人不及步銷(juàn)⑨,车不及转毂(gū)⑩,兵如植木,弩如羊角,人虽众多,势莫敢格。

【注释】①失:有说是"时"。②铃县:铃即"鈴",通"权",县:悬。③校兵:操练比武之部队。也有说是"敌家之兵,不来相交复也。"④静以合躁:以静应对躁,合:对付。⑤持:也有说应为"待"。对付,应对。⑥罢:通"疲"。⑦节:关键,决定性的环节或时机。⑧奄:古同"淹",停留,久留。⑨銷:车环。⑩转毂:陆路的运输工具，指车子。

【译文】二权和三势必须要表现出来，军官和士兵都要忠诚精悍，要选良任才，使其位得其人，制定谋略，果断实施，懂得生死存亡之道，各种举措顺应时势，这样的军队没有不让人震惊的，所以攻下城池不一定使用冲车和云梯，使敌人战败不一定要短兵相接才行，只要懂得胜利的这些因素就行了。所以没有必胜把握就不要和敌军开战；进攻没有取胜把握就不要发动进攻。所以确定能胜利后才交战，权衡之后才行动。所以，军队聚集才不会无功而返，军队出击才不会空手而归。军队要么不动，行动则惊天动地，能力抗泰山，荡平四海，使鬼神迁移，使鸟兽惊散。这样一来，郊外不会出现敌军，国家也不需要守护城池了。以冷静来应对急躁，以安定来对付混乱，用无形来制约有形，用无为来应对变化，这样做，即使不能战胜敌人，也让敌人无法取得胜利。敌人先于我军行动，那么就会暴露他们的行迹；敌方焦躁我方安静，这样就会让他们精力疲惫。敌方行迹暴露，那么胜利就会由我方掌控了，等敌军精疲力竭时就是我军建立威势的时机。根据敌军的动作，我军也要做出适当的变化，观察敌军的形势，来掌控他们的命运。用敌军想要的来诱惑他们，让他们疲于奔波，如果敌军露出破绽，就赶紧乘虚而入，等敌人用尽一切花招后再制约敌方，等敌军用尽一切手段后再将其打倒。当敌军从行动中归于安静时，那么我军就得出奇招了，但如果敌军没有反应，那么我军就得想办法调动敌方。如果敌军有了反应，那就要观察他们的意图了，如果敌军控制了我方的行动，那么就要与之周旋到底，这时敌方肯定会聚集重兵来攻打我军，后方必定空虚，如敌军的精兵转于左方，那么我军就要攻其右方。如果敌军溃败而逃走，那么就尾随追击敌人。如果敌军受到攻击而固守不动，这就称之为淹留迟滞。我方必须用雷霆般的手段来攻打他们，像割草伐木般消灭他们，像火、电般耀眼来威吓他们。攻击必须迅速，要使敌军来不及开拔,战车来不及启动,敌军虽然兵刃多的像地上的树林,弓弩多的像羊群里的羊角,但是敌军人数再多,也无法抵挡我军的气势了。

诸有象者,莫不可胜也;诸有形者,莫不可应也。是以圣人藏形于无而游心于虚。风雨可障蔽^①,而寒暑不可开闭,以其无形故也。夫能滑淖^②(nào)精微,贯金石,穷至远,放乎九天之上,蟠乎黄卢之下,唯无形者也。善用兵者,当击其乱,不攻其治,是不袭堂堂^③之寇,不击填填(zhèn)^④之旗。容未可见,以数相持,彼有死形,因而制之。敌人执数,动则就阴,以虚应实,必为之禽^⑤。虎豹不动,不入陷阱;麋鹿不动,不离罝(jū)罘(fú)^⑥;飞鸟不动,不絓(guà)网罗;鱼鳖不动,不擐(huàn)^⑦唇喙。物未有不以动而制者也。是故圣人贵静,静则能应躁,后则能应先,数则能胜疏,博则能禽缺。故良将之用卒也,同其心,一其力,勇者不得独进,怯者不得独退。止如丘山,发如风雨,所凌必破,靡不毁沮,动如一体,莫之应圉。是故伤敌者众,而手战者寡矣。夫五指之更弹,不若卷手之一挃(zhì)^⑧;万人之更进,不如百人之俱至也。今夫虎豹便捷,熊罴(pí)^⑨多力,然而人食其肉而席其革者,不能通其知而一其力也。夫水势胜火,章华^⑩之台烧,以升勺沃而救之,虽涸井而竭池,无奈之何也;举壶榼(kē)^⑪盆盎而以灌之,其灭可立而待也。

【注释】①障蔽:遮挡;遮蔽。②滑淖:调和。③堂堂:形容盛大,阵容或者力量壮大。④填:古同"镇",使安定。⑤禽:古通"擒"。⑥罝罘:捕捉鸟兽的网子。⑦擐:穿,贯。⑧挃:撞,捣。⑨罴:熊的一种,即棕熊。⑩章华:春秋时代楚灵王所建的高台,用以观测天文。旧址在今湖北省监利县西北。⑪榼:古代盛酒的器具。

【译文】只要有行迹表现出来的，就没有不可以战胜的；只要是暴露动向的，就没有不可以应对的。所以圣人将自己藏于无形之中，而让心境驰骋于虚空之中。风雨可以遮挡，而寒暑却不可以消除，这是因为寒暑无形的原因。能够调和精微，贯穿金石，穷尽最远的区域，能寄于九天之上，盘踞黄泉之下，只有无形的道才能做到。善于用兵的人，会攻击治军混乱的敌军，不会攻击治理有方的敌军；不会袭击那些阵容威严的敌军，不会攻击那些旗帜整齐的敌军。还未真正清楚敌军的具体情况时，就用各种方法与之周旋，一旦敌军露出致命弱点，就要因势利导去消灭他。如果敌军谋划周密，我方轻易出动就会落于下风，我军以虚击实来应对敌方，则我方必定被擒获。虎豹不动就不会落入陷阱，麋鹿不动就不会触碰罗网，鸟儿不乱飞就不会被网系绊，鱼鳖不乱游动就不会被鱼钩钩住嘴唇。万物都因妄动而被制约。所以圣人崇尚静，静能应对躁，后能应对先，周密能应对疏漏，广博能应对残缺。所以优秀的将领带兵，能同心协力，勇敢的不会单独前进，胆怯的不会单独后退。静止时岿然如山丘，发动时迅猛像风雨。所攻之敌必定击破，没有不崩毁灭亡的；行动时犹如一个整体，没有谁可以阻挡。所以使杀伤敌人很多，而短兵相接的很少。即使五根手指交替着弹击，也不如握拳一击；一万个人交替上阵，不如一百个人一同临敌。虎豹虽然敏捷，熊罴虽然力大，但人还是能吃它们的肉，用它们的皮做席垫，主要是因为它们不能相互沟通和集中力量。水是能灭火的，但当章华高台失火时，如果用勺、升盛水来灭火，即使用尽井里池里的水依旧没法灭火；但如果用水壶大盆来盛水灭火，那么大火很快就被扑灭了。

今人之与人，非有水火之胜也，而欲以少耦①众，不能成其功亦明矣。兵家或言曰："少可以耦众。"此言所将，非言所战也。或将众而用寡者，势②不齐也；将寡而用众者，用力谐也。若乃人尽其才，悉用其力，以少胜众者，自古及今未尝闻也。神莫贵于天，势莫便于地，动莫急于时，用莫利于人。凡此四者，兵之干植也。然必待道而后行，可一用也。夫地利胜天时，巧举胜地利，势胜人。故任天者可迷也，任地者可束也，任时者可迫也，任人者可惑也。夫仁勇信廉，人之美才也，然勇者可诱也，仁者可夺也，信者易欺也，廉者易谋也。将众者有一见焉，则为人禽矣。由此观之，则兵以道理制胜，而不以人才之贤，亦自明矣。

【注释】①耦：通"偶"，匹敌。②势：力。

【译文】今天人与人，并没有水与火那样的关系，如果想以少胜多，是不能成功的，这一点也是显而易见的。有的军事家说："少可以胜多。"但这句话指的是将领如何带兵的问题，而不是指具体的每一次作战。有的将领带兵很多，但战斗力很弱，这是因为上下不齐心；有的将领带兵很少，但可战斗力很强，这是因为上下齐心的结果。如果军队人尽其才，三军效命，而被另一只人数少的军队打败，从古至今，还从未听说过。用兵打战，各种神妙以天道最为尊贵，各种形势以地势最为便利，各种行动以时机最为急切，各种功用以人最为有利。这四种，就是用兵打仗的最主要因素。然必须通晓天道然后可以去实行，才可以发挥其中一种因素的作用。地利胜过天时，巧妙行动又胜过地利，时势又胜过人和。所以听任天时的可能会被天象迷茫，依靠地利的可能会被地势束缚，依靠时机的可能会被时机逼迫，依靠人和的可能会被人事迷惑。仁、勇、信、廉是人的美好品质，但是勇敢的人可以被诱骗，仁慈的人可能被侵夺，诚信的人容易被欺骗，廉洁的人容易被谋算。统领大军的将领一旦有上面四种中任何一种，就有可能被人利用然后被擒获。如此看来，用兵打战取得胜利，是依靠战争规律取胜的，而不是全靠人的聪明才智，这是很明了的。

是故为麋鹿者则可以罝（jū）罘①（fú）设也；为鱼鳖者则可以网罟（gǔ）②取也；为鸿鹄者则可以矰（zēng）③缴加也；唯无形者无可奈也。是故圣人藏于无原，故其情不可得而观；运于无形，故其陈不可得而经。无法无仪，来而为之宜；无名无状，变而为之象。深哉睭睭（zhǒu）④，远哉悠悠，且冬且夏，且春且秋，上穷至高之末，下测至深之底，变化消息⑤，无所凝滞，建心乎窈冥⑥之野，而藏志乎九旋之渊，虽有明目，孰能窥其情！兵之所隐议者天道也；所图画者地形也；所明言者人事也；所以决胜者钤（qián）⑦势也。故上将之用兵也，上得天道，下得地利，中得人心，乃行之以机，发之以势，是以无破军败兵。及至中将，上不知天道，下不知地利，专用人与势，虽未必能万全，胜钤必多矣。下将之用兵也，博闻而自乱，多知而自疑，居则恐惧，发则犹豫，是以动为人禽矣。

【注释】①罝罘：泛指捕兽网。罝：捕捉兔子的网。罘：捕鸟兽用的网。②罟：鱼网。③矰：古代用来射鸟的拴着丝绳的短箭。④睭睭：深的样子。⑤消息：比喻荣枯盛衰。⑥窈冥：深邃的样子。⑦钤：通"权"，谋略。

【译文】所以像麋鹿那样乱动可以用兽网来捕获，像鱼鳖那样乱游动可以用鱼网来抓取，像鸿鹄那般翱翔天际可以用用飞箭射中；唯有无形的东西，才能奈何不了它。所以圣人藏身于没有源头的地方，他的情况人们就无法观察到；即使圣人行动运行于无形中，所以圣人排兵布阵人们无法明白。没有法度没有仪规，碰到事情了才采取对应的处理方式；没有名称没有形状，事情变化了才形成其形象。深幽而玄妙，遥远而渺茫，从冬到夏，从春到秋，上至最高顶峰，下至最深底层，变化更替，没有什么能阻碍凝滞的，心神游于深邃渺茫的旷野，而志趣藏于九旋回转的深渊，即使有明亮的眼睛，又有谁能看到他的具体情况呢！用兵所要考察的，是天道的变化。所画于图上的即是地形，所能言说的，是用人之事，能决定战争胜负的是权谋。所以优秀的将领用兵时，上得天道，下得地利，中得人心，于是伺机而行，顺应时势发动进攻，因此战争不会失败。至于一般的将领，既不懂天道，也不知地利，只知道靠用人和气势，虽然不能保证全胜，但取胜的谋略还是很多的。最下等的将领用兵，见闻多而扰乱自己，谋略多但犹豫多疑，驻扎时心怀恐惧，进攻时犹豫不决，所以刚有行动就被敌军制服。

今使两人接刃，巧诎(qū)①不异，而勇士必胜者何也？其行之诚也。夫以巨斧击桐薪，不待利时良日而后破之。加巨斧于桐薪之上，而无人力之奉，虽顺招摇②，挟刑德而弗能破者，以其无势也。故水激则悍，矢激则远。夫栝(guā)③淇卫箘(jùn)簵(lù)④，载以银锡，虽有薄缟(gǎo)⑤之幨(chān)⑥，腐荷之矰，然犹不能独射也。假之筋角之力，弓弩之势，则贯兕甲而径于革盾矣。夫风之疾，至于飞屋折木，虚举之下大迟自上高丘，人之有所推也。是故善用兵者，势如决积水于千仞之堤，若转员石于万丈之溪，天下见吾兵之必用也，则孰敢与我战者！故百人之必死也，贤于万人之必北也。况以三军之众，赴水火而不还踵乎！虽誂(diào)⑦合刃于天下，谁敢在于上者！

【注释】①诎：嘴笨。②招摇：星名，在北斗枓的尖端。③栝：箭未扣弦处。④箘簵：箘，箭。簵，古同"簬"，一种细长节稀的竹子，可做箭杆。⑤缟：未经染色的绢。⑥幨：帷幔，如车帷、帐帷等。⑦誂：仓促。

【译文】现在让两个人持刀相打，武力不相上下，但勇敢的人必胜，这是为什么呢？是他的意志专一。用巨斧砍伐小树，不用等待良辰节日也能砍断，但如果只把巨斧放在小树上，而不用人力去砍伐，即使顺应了良辰吉日，又有阴阳邪德变化的有利条件，却不能砍断小树，这是因为巨斧没有力道的缘故。所以水流激荡就能凶猛有力，箭由弓弦激射而出就能射得远。现在有了良箭，涂饰银锡，如果不由弓弦发射，即使是用薄绢做的车帷，用腐荷做的的短箭，但还是不能射穿它。但如果凭借筋角的劲力，再加上弓弩的弹力，那么即使是犀牛皮做成的铠甲和皮革制成的盾牌都能射穿。狂风的强劲能掀飞屋顶和将树木吹断。空车能在大道上走，又上到高坡，是因为有人来用力推它。所以善于用兵的人，所带领军队的气势犹如千仞之堤决口那样水流奔腾而下，又如滚动的石头冲下万丈深的溪谷，天下人看到这样有气势的军队，那么还有谁敢与我一战呢！所以百人抱着必死的决心，要胜过于不齐心的万人，况且是赴汤蹈火也在所不辞的三军将士！即使是仓促与天下敌军交战，有谁敢挡在前面呢！

所谓天数者，左青龙，右白虎，前朱雀，后玄武①。所谓地利者，后生而前死，左牡而右牝②。所谓人事者，庆赏信而刑罚必。动静时举错疾。此世传之所以为仪表者，固也，然而非所以生。仪表者，因时而变化者也。是故处于堂上之阴③而知日月之次序；见瓶中之冰而知天下之寒暑。夫物之所以相形者微，唯圣人达其至。故鼓不与于五音而为五音主；水不与于五味而为五味调；将军不与于五官之事而为五官督。故能调五音者，不与五音者也；能调五味者，不与五味者也；能治五官之事者，不可揆度

(duó)④者也。是故将军之心，滔滔如春，旷旷如夏，湫漻如秋，典凝如冬⑤，因形而与之化，随时而与之移。夫景⑥不为曲物直，响不为清音浊。观彼之所以来，各以其胜应之。是故扶义而动，推理而行，掩⑦节而断割，因资而成功。使彼知吾所出，而不知吾所入；知吾所举，而不知吾所集。始如狐狸，彼故轻来；合如兕虎，敌故奔走。夫飞鸟之挚⑧也俯其首；猛兽之攫也匿其爪；虎豹不外其爪，而噬⑨不见齿。故用兵之道，示之以柔而迎之以刚；示之以弱而乘之以强；为之以歙而应之以张；将欲西而示之以东；先忤而后合，前冥而后明。若鬼之无迹，若水之无创。故所向非所之也，所见非所谋也。举措动静莫能识也。若雷之击，不可为备。所用不复，故胜可百全。与玄明通，莫知其门，是谓至神。

【注释】①青龙：指天上二十八星宿中的角、亢、氐、房、心、尾、箕。白虎：指天上二十八星宿中的奎、娄、胃、昴、毕、觜、参。朱雀：指天上二十八星宿中的井、鬼、柳、星、张、翼、轸。玄武：指天上二十八星宿中的斗、牛、女、虚、危、室、壁。古时候行军打仗依据天象，将军队的左侧视为青龙，右侧视为白虎，前方视为朱雀，后方视为玄武。②后生：军队后方应为生地，即道路平原等，便于己方运输物资和援兵。前死：军队前方应为死地，即河流峡谷等天险，以凭借地势拒敌。牡、牝：丘陵为牡，溪谷为牝，暴露与隐蔽。③阴：阴影。④揆度：揆察测度。⑤滔滔：暖和。旷旷：明亮开阔。湫漻：清净。典：坚硬。⑥景：古同"影"，影子。⑦掩：覆盖。⑧挚：攫取。⑨噬：有解释说"噬"后应有"犬"字。

【译文】所谓天数是指，行军打仗时，依据天象军队的左为青龙，右为白虎，前为朱雀，后为玄武。所谓的地利是指军队后方应为生地，军队前方应为死地，左侧应为高山，右侧应为峡谷。所谓人事是指赏罚分明，动静适时，举措坚决贯彻。这些都是世代相传的一些准则，这也没有错，然而这些还不算是基本的准则。基本的准则是顺应适时的变化。所以观察堂前阴影的变化就能知道日月运行的次序；看到瓶子中水结成的冰，就能知道天下寒暑的变化。事物各自的变化都是相当微妙的，只有圣人能完全了解。所以鼓不产生五音，但五音却以它为主；水不同于五味，却能调和五味；将军不参与五官的事，但是五官的总督。所以能协调五音的却是不能产生五音的鼓，能调和五味的确是没有味道的水，能管理好五官所做的事，是很难揣度的将军。所以将军的心，像和暖的春天，明媚清朗的夏天，寂寥的秋天，雪白凝固的冬天一样，因顺形势变化而变化，随着时势推移而推移。物体是直的，影子就不可能是弯曲的，声音是清脆的回声就不可能是浑浊的。观察对方的意图，用我方的各种优势来应对。所以战争行动要靠正义来扶持，用事理来推动，打乱对方的部署使其失去主动权，依靠我方的优势而成功。让对方知道我方的出现，却不知道我方将要进入何方，让对方知道我方的行动，却不知道我方什么时候开始聚集。战争开始时要像狐狸狡猾，让对手轻率出战；战争爆发，就要像犀牛老虎那样凶猛，敌人就必会溃败逃走。飞鸟准备攫取猎物时，总是低下头装作如无其事；猛兽攫取猎物时总是藏匿其利爪，虎豹不轻易露出其利爪，猛犬也不露其利齿。所以用兵的策略就是向敌方故意显示我方的柔弱，却以刚强之姿去迎战；有时适当的示弱，等敌军进攻时，则以最强盛的气势去还击；有时予以收敛的假象，实际却进行扩张；有时将要西进，却故意造成东进的姿势来迷惑敌军；先背离敌人假装撤退，然后再出其不意迎击敌人，前面黑暗后面光明。用兵要像鬼那样来去无踪迹，又要像水那样不能留下创痕。所以有时表现出来未必是真正想去的地方，见到的也并非真正的意图。所以很多时候一举一动并不是那么容易识别的。就像雷击似的，没法防备。所以在用兵上不可重复使用一些手段，所以这样就能稳操胜算。幽暗与光明相通，但没人知道其门径在哪，这就是用兵如神了。

兵之所以强者，民也；民之所以必死者，义也；义之所以能行者，威也。是故合之以文，齐之以武，是谓必取。威仪并行，是谓至强。夫人之所乐者生也；而所憎者死也。然而高城深池，矢石若雨，平原广泽，白刃交接，而卒争先合者，彼非轻死而乐伤也，为其赏信而罚明也。是故上视下如子，则下视上如父；上视下如弟，则下视上如兄。上视下如子，则必王四海；下视上如父，则必正天下。上亲下如弟，则不难为之死；下视上如兄，则不难为之亡。是故父子兄弟之寇不可与斗者，积恩先施也。故四马^①不调，造父^②不能以致远；弓矢不调，羿不能以必中；君臣乖心，则孙子^③不能以应敌。是故内修其政，以积其德；外塞其丑，以服其威；察其劳佚，以知其饱饥。故战日有期，视死若归。故将必与卒同甘苦，俟饥寒，故其死可得而尽也。故古之善将者，必以其身先之。暑不张盖，寒不被裘，所以程寒暑也；险隘不乘，上陵必下，所以齐劳佚也；军食孰然后敢食，军井通然后敢饮，所以同饥渴也；合战必立矢射之所及，以共安危也。故良将之用兵也，常以积德击积怨，以积爱击积憎，何故而不胜！

【注释】①四马：即"驷马"，拉一辆车的四匹马。②造父：西周著名的御车者，受幸于周缪王，王使造父御良马八匹，西狩至昆仑，见西王母，乐而忘归。后闻徐偃王反，王使造父御车日驰千里攻徐偃王，大破之，乃赐造父以赵城（今山西洪洞县），由此为赵氏，是为赵国之始祖。③孙子：人名，即孙武。

【译文】军队之所以强大,是在于百姓的拥戴;百姓之所以能为了战争而赴死的,是在于战争的正义性;正义性之所以被人们履行,是因为君王将领等有着崇高的威望。所以通过文治来团结百姓,用勇武来整理军队,这样必定取得胜利。威信和道义一同实行,就是最强大的。一般来说人们喜欢活着,而讨厌死亡。但是面对高高的城墙和深深的护城河、羽箭和石头纷纷落下,在平原广泽上与敌军短兵相接,士兵仍旧争先与敌军交战,这并不是士兵看轻死亡而高兴受伤,而是因为将帅赏罚分明的缘故。所以将帅视士兵如自己的子女,那么士兵就会把将帅视为自己的父亲;如果将帅把士兵看作是自己的兄弟,那么士兵就会把将帅看作是兄长。如果君王能把百姓看作是自己的子女,那么就必定能称王于天下;如果百姓将君王看作是自己的父亲,那么天下也必定会安定和睦的。君王如果将百姓看作是自己的兄弟,那么百姓为君王作战就不怕死了;如果百姓将君王视作自己的兄长,那么百姓为君王而死就不会那么难了。所以军队中将帅与士兵关系亲如父子兄弟的,那么敌人就无法取得胜利,这就是恩德仁义实施的原因。所以如果驷马步调不协调,即使是造父也无法驾驭马车远行;如果弓和箭不匹配,那么即使是后羿也未必能射中靶心;如果君王与大臣们不能同心,那么即使是孙武在世也不可能战胜敌军。因此,君王对内必须政治清明,广积其德行;对外则没有丑行,树立起威信;要时常去体察百姓的劳苦,知道百姓的生活状况。这样,一旦有战争爆发,百姓对待战争将会视死如归。所以将领必须要和士兵同甘苦,共饥寒,那么士兵的牺牲精神就会很好地体现出来。所以在古代善于带兵打战的将领一定都会身先士卒,酷暑时不会打开伞盖来避暑,寒冬时不穿皮衣,这样和士兵一起经受寒暑;在险要关口不乘车马,丘陵地区也会下车步行,和士兵一起经受劳役;士兵的饭菜做好后将帅才会吃饭,士兵们凿井喝到水后将帅才敢喝水,这样和士兵一起经受饥渴;与敌军交战时也必站立于敌方弓箭射程之内,这样就与士兵一起经历安危。所以优秀的将领用兵,常常用这种恩德凝聚军队,去攻击怨气积重的敌军,用仁爱团结士兵,去迎战充满怨恨的敌军,这样,怎么能不取得胜利呢?

主之所求于民者二:求民为之劳也,欲民为之死也。民之所望于主者三:饥者能食之,劳者能息之,有功者能德之。民以偿其二积,而上失其三望,国虽大,人虽众,兵犹且弱也。若苦者必得其乐,劳者必得其利,斩首之功必全,死事之后必赏,四者既信于民矣,主虽射云中之鸟而钓深渊之鱼,弹琴瑟,声锺竽,敦六博①,投高壶,兵犹且强,令犹且行也。是故上足仰则下可用也;德足慕则威可立也。

【注释】①六博:一种古代博戏。共有十二棋子,六白六黑,投六箸行六棋。

【译文】君王要求百姓的事有两点:一是要求百姓为他辛勤劳作,一是想要让百姓能为他牺牲。而百姓对君王的期望有三点:一是饥饿的人能有饭吃,二是辛勤劳作的人能有休息的时间,三是有功的人能得到奖赏。如果百姓已经履行了君王对百姓两点要求,而君王却没有做到百姓期望的三点,那么即使国家再大,人口再多,这样的军队还是很弱的。假如辛苦的人事后能得到快乐,劳作的人事后能得到应得的利益,立功的人能得到相应的奖赏,而为国牺牲者的后代能得到相应的抚恤,这四个方面都能兑现取信于百姓,那么,即使君王只知道去射猎飞鸟,去垂钓深渊中的鱼,弹琴鼓瑟、鸣钟吹竽、玩六博、投高壶,平时就这样清闲,但他的军队照样强大,军令照样能执行无误。所以只要君王的德行能让百姓景仰,那么百姓就可以听从君王的使用了;这样说明仁德足够让百姓敬慕,那么君王的威信就能建立起来了。

将者必有三隧、四义、五行、十守。所谓三隧者,上知天道,下习地形,中察人情。所谓四义者,便国不负兵,为主不顾身,见难不畏死,决疑不辟罪。所谓五行者,柔而不可卷也,刚而不可折也,仁而不可犯也,信而不可欺也,勇而不可凌也。所谓十守者,神清而不可浊也,谋远而不可慕也,操固而不可迁也,知明而不可蔽也,不贪于货,不淫于物,不嚂(làn)①于辩,不推于方,不可喜也,不可怒也。是谓至于,窈窈②冥冥③,孰知其情!发必中铨,言必合数,动必顺时,解必中揍。通动静之机,明开塞之节,审举措之利害,若合符节。疾如彍(guō)④弩,势如发矢。一龙一蛇,动无常体,莫见其所中,莫知其所穷。攻则不可守,守则不可攻。

【注释】①嚂:贪求。②窈窈:深远、幽暗。③冥冥:远空,幽暗,晦暗。④彍:拉满。

【译文】将领必须具备的条件有三隧、四义、五行、十守。所谓的三隧是指将领必须上知天道,下习地理,中要体察人情。所谓的四义是指将领为国家利益不依仗兵权谋利,为君王尽忠奋不顾身,面对危难不怕牺牲,处理问题坚决不怕承担责任。所谓的五行是指将领为人柔和但不能曲卷,刚强而不折断,仁慈却不会被侵犯,诚信但不会被欺骗,勇猛但不会欺凌。所谓十守是指将领神志清醒不可糊涂,深谋远虑而不能被算计,坚守节操而不可变动,明白事理不可被蒙蔽,不贪钱财,不沉溺于物,不贪求花言巧语,不追求名声,不易喜悦,不易发怒。将领如果能做到这个地步,也就是达到了一个深远高深的境界,谁能知道他的具体真实情况呢!所以行动时必定明确目标,言语也必定符合规律,行为必定顺应时势,分析必定合理。通晓动和静的玄机,明白开和塞的时机,仔细思考各种措施的利与害,就如同符节相合一样。快如拉满弦的弩箭,气势就像离弦的飞箭,像龙那样腾飞,像蛇那样游行,行动时没有固定的形态,不知道所攻击的是什么目标,也不知道最终目的是什么。进攻时让你无法防守,防守时让你无法进攻。

盖闻善用兵者,必先修诸己,而后求诸人;先为不可胜,而后求胜;修己于人,求胜于敌。己未能治也,而攻人之乱,是犹以火救火,以水应水也。何所能制!今使陶人化而为埴(zhí)①,则不能成盆盎;工女化而为丝,则不能织文锦。同莫足以相治也,故以异为奇。两爵②相与斗,未有死者也;鹯(zhān)③鹰至,则为之解,以其异类也。故静为躁奇,治为乱奇,饱为饥奇,佚为劳奇。奇正之相应,若水火金木之代为雌雄也。善用兵者持五杀以应,故能全其胜;拙者处五死以贪,故动而为人禽。兵贵谋之不测也,形之隐匿也。出于不意不可以设备也。谋见则穷,形见则制。

【注释】①埴:黏土。②爵:古同"雀"。③鹯:鹞类猛禽。亦称"晨风"。

【译文】我听说善于用兵的人,必先从自我修养做起,然后才会要求他人;先做到不可被战胜,然后才去战胜敌军;自己修养时要靠别人帮助,取得胜利只能期许敌方出现错误。自己的军队军未能治理好,就想趁敌军之乱去攻击敌方,这样就像用火去救火,用水应对水一样。怎么能有效果呢?现在如果让陶工将陶器粉碎成陶土,也不可能再制成盆盎;让工女将锦缎拆解变为丝线,那么同样也不可能再织成锦缎。这是因为相同的东西是不能起到治理效果的,所以必须用不同的东西来才能达到治理的效果。两只麻雀相斗,斗得你死我活,而当老鹰飞来时,两只麻雀就停止打斗了,这是因为鹰和麻雀是两种不同的种类。所以安静可以应对急躁,治理可以应对混乱,饱食可以应对饥饿,休整可以应对疲劳。奇正的用兵方法就像水、火、金、木相生相克一样。善于用兵的人掌握着五行相生相克的道理来应对敌军,所以能取得胜利,;而不善于用兵的人不会用五行来应对敌人,所以行动时常被敌军擒获。用兵贵在于自己的谋略不为敌军所能揣测,军队行迹隐匿不显。行动时要出其不意,让敌军无法进行有效防备。如果谋略被敌军所掌握,那么就会陷于险境,行动被敌军掌握,那么就会受人制约。

故善用兵者,上隐之天,下隐之地,中隐之人。隐之天者,无不制也。何谓隐之天?大寒甚暑,疾风暴雨,大雾冥晦,因此而为变者也。何谓隐之地?山陵丘阜,林丛险阻,可以伏匿而不见形者也。何谓隐之人?蔽之于前,望之于后,出奇行陈之间,发如雷霆,疾如风雨,搴①巨旗,止鸣鼓,而出入无形,莫知其端绪者也。故前后正齐,四方如绳,出入解续,不相越凌,翼轻边利,或前或后,离合散聚,不失行伍,此善修行陈者也。明于奇正赅(gāi)、阴阳、刑德、五行、望气②、候星③、龟策、襪(jī)祥,此善为天道者也。设规虑,施蔚伏,见用水火,出珍怪,鼓噪军,所以营其耳也。曳梢肆柴④,扬尘起堨(ài)⑤,所以营其目者,此善为诈伴者也。錞(duì)钺(yuè)⑥牢重,固植而难恐,势利而不能诱,死亡不能动,此善为充干者也。剽疾轻悍,勇敢轻敌,疾若灭没,此善用轻出奇也。相地形,处次舍,治壁垒,审烟斥,居高陵,舍出处,此善为地形者也。因其饥渴冻暍,劳倦怠乱,恐惧窘步⑦，乘之以选卒，击之以宵夜，此善因时应变者也。易则用车，险则用骑，涉水多弓，隘则用弩，昼则多旌，夜则多火，晦冥多鼓，此善为设施者也。凡此八者，不可一无也，然而非兵之贵者也。

【注释】①搴：卷起。②望气：古时候观望云气颜色和形状以定吉凶。③候星：指观察星象来确定吉凶。④曳梢肆柴：拖曳树枝，扬起灰尘已达到迷惑敌人的目的。肆：拖动。⑤堨：尘埃。⑥镎：矛戟柄下端的平底金属套。钺：大斧。⑦窘步：因急于达到目的，反而困窘难行。

【译文】所以善于用兵的人，上利用天象来隐蔽自身，下通过地形来隐藏自己，中间人为作用来隐蔽自己。利用天象来隐匿自己的，没有什么敌军是不能战胜的。那什么是利用天象来隐匿自己呢？就是利用大寒酷暑、狂风暴雨、大雾阴天这样的天气，顺势天气的变化来迷惑敌军。那什么又是利用地形隐藏自己呢？就是利用山地丘陵、丛林险阻等可以藏匿的地方而不让敌军发现。那人为作用来隐匿自己又是什么呢？就是在敌军行军路线藏匿埋伏，或者尾随敌军进行跟踪，或出奇兵冲击敌军队伍，攻击时迅猛如雷霆，急速如风雨，偃旗息鼓，出入无形，让敌军不知道具体的行踪。所以行军队伍要前后整齐，四边像绳索那样直，队伍进退有序，互不超越，两翼轻捷，行动便利，或前或后，离合聚散，不乱队形，这就是善于指挥队列和布阵了。要明白奇正、邢德、五行、望气、占星、龟策、祭祀，这就是善于运用天道。制定规划，设置埋伏，灵活运用水攻和火攻，制造奇异假象，击鼓扰乱敌军，让鼓声来混淆敌军的听觉；在地上拖拉树梢，扬起尘土来干扰敌军的视觉，这就是善于扰乱敌人的视觉。使士兵意志观念坚定，不会动摇且不会被吓到，权势利益也不会被诱惑到，死亡也不会让他动摇，这就是善于鼓舞军队的势气。骑兵速度快捷精悍，勇猛果决藐视敌军，行动神速，一闪而没，这是善于运用轻骑兵取得出奇制胜。考察选择地形，安排宿营地，修筑围墙堡垒，查明道路险阻，驻扎在高地，营地能进能退，这是善于利用地形的。利用敌军饥渴、寒暑、疲劳、混乱、害怕、困窘的机会，挑选出精锐部队，趁着夜晚对敌军实行进攻，这是善于利用时机的变化。平坦的地方用战车，险要之地用骑兵，过河用弓箭，险要关口用弓弩，白天作战多置军旗，夜晚作战多用火把，幽暗多雾地方多用战鼓，这是善于利用各种装备。这八种作战方式，不能缺少其中的哪一样，但这些也不是用兵作战中最重要的因素。

夫将者，必独见独知。独见者，见人所不见也；独知者，知人所不知也。见人所不见，谓之明；知人所不知，谓之神。神明者，先胜者也。先胜者，守不可攻，战不可胜，攻不可守，虚实是也。上下有隙，将吏不相得，所持不直，卒心积不服，所谓虚也。主明将良，上下同心，气意俱起，所谓实也。若以水投火，所当者陷，所薄①者移，牢柔不相通，而胜相奇者，虚实之谓也。故善战者不在少，善守者不在小，胜在得威，败在失气。夫实则斗，虚则走，盛则强，衰则北。吴王夫差地方二千里，带甲七十万，南与越战，栖之会稽，北与齐战，破之艾陵②，西遇晋公，禽之黄池③，此用民气之实也。其后骄溢纵欲，拒谏喜谀，憍④（xiāo）悍遂过，不可正喻，大臣怨怼，百姓不附，越王选卒三千人，禽之干隧，因制其虚也。夫气之有虚实也，若明之必晦也。故胜兵者非常实也，败兵者非常虚也。善者能实其民气以待人之虚也；不能者虚其民气以待人之实也。故虚实之气，兵之贵者也。

【注释】①薄：迫近。②艾陵：艾陵之战是公元前484年吴国吴、鲁联军在艾陵(今山东莱芜东南打败齐国军队的一次著名战役。③黄池: 黄池之会是春秋末年,吴国倾全国之兵逐鹿中原与晋定公会于黄池(今河南省新乡市封丘县南)的一次历史事件,黄池之会达到了吴国北伐称霸的目的。④憢: 同"骁",勇猛。

【译文】作为将领,一定要有自己的独到见解和智慧。所谓的独到见解是指能看到别人不能看到的东西,所谓独到的智慧是指能知道别人不能知道的东西。能看到别人不能看到的东西, 称之为明;知道别人不知道的东西, 称之为神。能做神明的, 就是胜利的先决条件了。已经掌握胜机的人, 在防守时不易被攻破, 交战时不易被打败, 进攻时就容易取得胜利, 这就是虚与实的道理。上下级之间有间隙矛盾, 将领和下属关系不融洽, 处事不公正, 士兵心里累积怨气, 这就是虚;君王圣明, 将领贤良, 上下齐心, 思想统一, 这就是实。像用水灭火, 只要是敢抵挡的就会被攻陷, 敢迫近的就会被赶走的, 这样刚柔会显示出差别, 战争的胜负也会也会随之表现出来, 这就是虚与实的不同。所以善于战斗的不在于人数的多少, 善于防守的不在于城池的大小, 取胜在于有威势, 战败在于失去了气势。实就战斗, 虚就走, 气势强盛的军队战斗力就很强, 气势低落的军队就战败。吴王夫差有领地两千里, 士兵七十万, 与南边的越国开战, 就迫使越王退守会稽山;与北方的齐国开战, 就在艾陵击败齐国, 又向西与晋国对峙, 在黄池之会制服晋国国君, 这就是充分利用了士兵的气势的结果。但后来吴王夫差骄横纵欲, 不喜劝谏只爱听一些阿谀奉承的话, 凶悍暴戾造成过错, 又不能及时改正, 朝中大臣积满怨气, 百姓也不亲附他。这时越王勾践率领三千精兵在干隧擒获了吴王夫差, 这就是利用了吴国气势虚弱来制服了吴王。这气势有虚有实, 就像有光明必有黑暗一样。所以胜利的军队也不会一直都是士气高昂的, 战败的军队也不会一直士气低落的。但善于用兵的人, 会鼓舞自己军队的势气, 等待敌军势气低落时再进行攻击;反之不善于用兵的人会挫伤自己军队的士气，让敌军气势旺盛。所以气势的虚与实，才是用兵最重要的。

凡国有难，君自宫召将，诏之曰："社稷之命在将军，即今^①国有难，愿请子将而应之。"将军受命，乃令祝史太卜^②斋宿三日，之太庙，钻灵龟，卜吉日，以受鼓旗。君入设庙门，西面而立，将入庙门，趋至堂下，北面而立。主亲操钺，持头，授将军其柄，曰："从此上至天者，将军制之。"复操斧，持头，授将军其柄，曰："从此下至渊者，将军制之。"将已受斧钺，答曰："国不可从外治也，军不可从中御也。二心不可以事君，疑志不可以应敌。臣既以受制于前矣，鼓旗斧钺之威，臣无还请。愿君亦以垂一言之命于臣也。君若不许，臣不敢将。君若许之，臣辞而行。"乃爪鬋（jiǎn）^③，设明衣^④也，凿凶门^⑤而出。乘将军车，载旌旗斧钺，累若不胜。其临敌决战，不顾必死，无有二心。是故无天于上，无地于下，无敌于前，无主于后，进不求名，退不避罪，唯民是保，利合于主，国之实也，上将之道也。如此，则智者为之虑，勇者为之斗，气厉青云，疾如驰骛^⑥。是故兵未交接而敌人恐惧，若战胜敌奔，毕受功赏，吏迁官，益爵禄，割地而为调，决于封外，卒论断于军中。顾反于国，放旗以入斧钺，报毕于君，曰："军无后治。"乃缟素辟（bì）^⑦舍，请罪于君。君曰："赦之。"退，斋服。大胜三年反舍，中胜二年，下胜期年。兵之所加者，必无道国也，故能战胜而不报，取地而不反。民不疾疫，将不夭死，五谷丰昌，风雨时节，战胜于外，福生于内，是故名必成而后无余害矣。

【注释】①即今：现在。②祝史：古代掌理祝祷的官。太卜：古代卜筮官之长。③鬋：古通"剪"，剪断。剪掉指甲是送终之礼，以此表明必死的决心。④明衣：丧衣，死者殓前所穿的内衣。也是表明必死的决心。⑤凶门：即北门。古时候丧事出殡走北门，所以北门为凶门。古时候认为战争为凶事，所以带兵出征不从正门出，走凶门。⑥驰骛：奔走、奔驰。⑦辟：古同"避"。

【译文】凡是国家有了危难，君王便会在宫中召见将帅，发出诏令说："江山社稷的命运寄托于将军，现在国家有难，希望将军能率兵应战。"将军接受了诏令，于是命令祝史、太卜斋戒三天，然后去太庙，钻灵龟，卜算一个吉日来举行授旗仪式。授旗仪式那天，君王进入太庙后，面朝西边站立，之后将帅也进入庙门，疾步走到厅堂台阶下，面北而站立。君王亲自拿着斧钺，手持斧钺的首端，将斧柄交给将帅，说道："从现在开始，上至苍天，都是由将军来控制。"君王又拿起斧钺，手持斧钺的首端，将斧柄授予将军，说道："从现在开始，下至深渊，都是由将军来控制。"将军接过斧钺，然后回答道："国家的政事不能由受命在外的武将来治理，军队的事不能由宫廷中来干预，怀有二心旧不能侍奉君王，心存疑惑就不可以出征应敌。我既然已在君王面前接受了任命，象征权力的鼓旗和斧钺现在也由我控制，我行使权力时就不必再回宫廷中请示君王了，也希望君王以后不要再对我下达任何的军事命令了。君王如果不同意，我就不敢率军出征，君王如果同意了我的请求，我就告辞出发了。"于是剪短指甲，穿上"丧衣"，从"凶门"出城而去。将军乘坐帅车，带着斧钺，车上插着军旗，神情庄重。当他面对敌军进行决战时，不顾生死，没有二心。因此不怕天不怕地，不惧怕眼前的敌人，也不担心身后的君王，进攻敌军不是为了名利，后退撤离不是为了逃避罪责，一心只为保护百姓，为君王利益着想，这样的将领才是国家的珍宝，也是将帅应有的德行。将帅能做到这样，有谋略的人就会为他出谋划策，勇猛的人就会为他作战，气势铺天盖地，迅疾如烈马奔驰。所以两军还未交战，敌军就已经开始害怕了，如果战胜将敌军打跑，那全军都会受到封赏，军官会得到升迁，也会增加俸禄，划出土地调配给有功的军官，在国境外就做出了决定，有罪的人也会在军中得到处理。将帅率军返回国内后，交回军旗和斧钺，并向君王报告了战争的情况，说道："军队中没有留下什么问题需要处理。"于是穿上素白的丧服离开住所，辟舍而居，向君王请罪。君王说："免罪。"于是将帅离开进行斋戒。取得重大胜利的将帅需要过三年后才返回自己的府宅居住，取得中等胜利的将帅需要过两年才能返回府宅居住，而取得小胜利的将帅需要一年才能返回府宅居住。被战争讨伐的一方，必定是国君昏庸无道的国家，所以战胜一方不会遭到报复，战胜取得的土地不会被返回。百姓也不会感染疾病瘟疫，将帅也不会早夭，国内五谷丰登，风调雨顺，在国外打了胜仗，为国内外来了福祉，所以这样的战争一定会给君王和将帅带来名声而不会留有任何祸害。

卷十六　说山训

【题解】说山训的意思据高诱解释说："山为道本，仁者所处，说道之旨，委积若山，故曰说山。"本篇主要采用寓言故事、箴言的形式阐述世间各种道理。林林总总，包罗万象，涉及的方面非常多。其中有许多至理名言，例如"人不小学，不大迷；不小慧，不大愚。""故循迹者，非能生迹者也。""水定则清正，动则失平。""夫惟能下之，是以能上之。""是故小不可以为内者，大不可以为外矣。"

魄问于魂曰："道何以为体？"曰："以无有为体。"魄曰："无有有形乎？"魂曰："无有。""何得而闻也？"魂曰："吾直①有所遇之耳。视之无形，听之无声，谓之幽冥②。幽冥者，所以喻道，而非道也。"魄曰："吾闻得之矣。乃内视而自反也。"魂曰："凡得道者，形不可得而见，名不可得而扬。今汝已有形名矣，何道之所能乎！"魄曰："言者，独何为者？""吾将反吾宗矣。"魄反顾魂，忽然不见，反而自存③，亦以沦于无形矣。

【注释】①直：只。②幽冥：暗昧。③存：察。

【译文】魄向魂问道:"道是以什么作为自己的本体的?"魂说:"道是以无为自己的本体。"魄又问道:"无是有形体的吗?"魂回答道:"没有。"魄反问道:"既然没有,你是怎么知道的呢?"魂说道:"这些都是我所经历的而已,看它时没有形状,听它时没有声音,就叫它幽冥吧,而幽冥只是用来比喻道,幽冥本身并不是道。"魄说道:"我听你这么一说我基本清楚了,道是让精神内视观照而又返回于本原。"魂回答说:"凡是得了道的,它的形体都是不可能看到的,名称也是不可言明的,现在你已经有了形体和名称,又怎么能说得道了呢?"魄说:"你在说话,那你又是什么呢?"魂回答说:"我要返回我的本原了。"这时魄四顾查看,魂一下子就不见了,魄反而查看自身,也沦为无形之中了。

人不小学,不大迷;不小慧,不大愚。人莫鉴①于沫雨②,而鉴于澄水者,以其休止不荡也。詹公③之钓,千岁之鲤不能避;曾子攀柩车,引楯(shǔn)④者为之止也;老母行歌而动申喜⑤,精之至也;瓠(hù)巴⑥鼓瑟而淫鱼出听;伯牙鼓琴驷马仰秣⑦;介子⑧歌龙蛇而文君垂泣。故玉在山而草木润,渊生珠而岸不枯。蚓无筋骨之强,爪牙之利,上食晞(xī)堁(kè)⑨,下饮黄泉,用心一也。清之为明,杯水见眸子;浊之为暗,河水不见太山⑩。视日者眩,听雷者聋;人无为则治,有为则伤。无为而治者,载无也;为者不能有也;不能无为者不能有为也。人无言而神,有言则伤。无言而神者载无,有言则伤其神。之神者,鼻之所以息,耳之所以听,终以其无用者为用矣。

【注释】①鉴:镜子。②沫雨:大雨汇集成流时所形成的浮沫。③詹公:詹何,传说擅于钓鱼。④楯:古代载棺木的车。⑤申喜:楚国人,少年时与母失散,有一天闻歌声有所感,出而得见母。⑥瓠巴:楚国人,擅长鼓瑟。每鼓瑟时,乐曲动听悦耳,鸟必飞舞,鱼群必跃出水面而听之。⑦仰秣:仰头而停止吃草,比喻专心倾听。⑧介子:即介子推。⑨坯块:成块的干土。⑩太山:即泰山。

【译文】人如果只是有小的觉悟,就会很大的迷惑;人如果只是有小聪明,会做出些糊涂事来。人是不可能用起泡沫的雨水来当作镜子使用的,而是用清澈的湖水来当做镜子,这是因为清澈的河水是静止不动荡的。詹公钓鱼,即使是千年的鲤鱼也是无法逃脱的;曾子悲伤扑伏在亲人的灵柩上,使得拉灵车的人不得不停止下来;行乞的老母亲在街上唱悲歌,触动了离散多年的申喜,这就是精诚所至的缘故了。瓠巴鼓瑟,使得水中之鱼都会集中游来听;伯牙弹琴,使得驷马停止吃草,仰头专心倾听;介子推唱龙蛇之歌,使得晋文公为之流泪。所以出产玉石的山,草木必定长的很茂盛,能出产珍珠的深渊,岸边的草木也必定不会枯萎。蚯蚓没有强韧的筋骨,也没有锋利的爪牙,但却能上吃干土,下饮黄泉,这是由于它用心专一的缘故。清澈即为明,一杯水就能看见你的眼睛;浑浊即为暗,即使是很宽阔的河流也映照不出泰山来。盯着太阳会使人目眩,听到雷声会使人耳鸣;人保持无为的状态,天下就能很好的治理,如果做了有为的事就容易造成损失。无为而治的人,信奉的是无;而有所为的人就不能做到无为;不能做到无为的人,就不能有很好的作为。人因少言而能感受道的神妙,多言则感受不到。言少之人的都是信奉虚无的,而多言之人则感受不到道的神妙。鼻子之所以能呼吸,耳朵之所以能听见,都是通过无用的洞孔来发挥作用的。

物莫不因其所有,而用其所无。以为不信,视籁①与竽。念虑②者不得卧,止念虑,则有为其所止矣,两者俱忘,则至德纯矣。圣人终身言治,所用者非其言也,用所以言也。歌者有诗,然使人善之者，非其诗也。鹦鹉能言，而不可使长。是何则？得其所言，而不得其所以言。故循迹者，非能生迹者也。神蛇能断而复续，而不能使人勿断也；神龟能见梦元王，而不能自出渔者之笼。四方皆道之门户牖（yǒu）③向也，在所从窥之。故钓可以教骑，骑可以教御，御可以教刺舟④。越人学远射，参天而发，适在五步之内，不易仪也。世已变矣，而守其故，譬犹越人之射也。月望⑤，日夺其光，阴不可以乘阳也。日出星不见，不能与之争光也。故末不可以强本，指不可以大于臂。下轻上重，其覆必易。一渊不两鲛。水定则清正，动则失平。故惟不动，则所以无不动也。

【注释】①籁：古代的一种箫。②念虑：念头、想法。③牖：窗户。④刺舟：划船。⑤望：指每月十五日，此时月亮与太阳分别在地球两侧，有可能发生月食。也就是"日夺其光。"

【译文】万事万物都是凭借其所无用的东西来发挥作用的。如果不相信，那就看看籁和竽就知道了。经常思虑的人很难安然入睡，想要停止思虑，必须要有所作为来停止它，如果这两样都能忘却抛掉，那么就能达到至纯的精神境界。圣人一生都在谈论国家治理方面的，但他所使用的恰恰不是他的那些言论，而是他所说这些言论背后的思想。歌唱的人用诗歌来吟唱，但真正使人感动的不是诗歌本身。鹦鹉能说话，但却不能说一些比较长的话语，这是为什么呢？这是因为鹦鹉能学人说话，但却不知道语言的意思。所以沿袭别人走过的路，并不是自己真正走出的路。神蛇的身体被砍断后可以重新复活，而不能使人不砍断它；神龟能在元王的梦中显现，但却不能逃脱渔民的笼子。四面八方都是道的门和窗，就看你要从哪方面去观察道。所以善于钓鱼的人可以教人骑马，善于骑马的人可以教人御术，而善于御术的人可以教人撑船。越人学习远射技艺，却向天空射箭，箭就落在离射箭的人的五步之内，这是因为不懂射箭的原因。世事已变化，如果还坚守着一些旧的东西，这就像越人学习射箭一样了。每月十五是月望，可能发生月食，因为太阳夺去了它的光芒，所以属阴的月亮无法是驾驭发光的太阳。太阳出来了，星星就看不见了，这是星星的光芒争不国太阳光的原因。所以末梢是不可以强过根本的，手指也是不可能比手臂大。下轻上重，就很容易导致倾倒。一个深渊中不能共存两条蛟龙的。水静止时就能清澈平定，流动就会失去其平衡。所以只有不动，才能无所不动。

　　江河所以能长百谷者，能下之也。夫惟能下之，是以能上之。天下莫相憎于胶漆，而莫相爱于冰炭①。胶漆相贼，冰炭相息也。墙之坏，愈其立也；冰之泮②（pàn），愈其凝也，以其反宗。泰山之容，巍巍然高，去之千里，不见埵（duǒ）堁（kè）③，远之故也。秋豪之末，沦于不测。是故小不可以为内者，大不可以为外矣。兰生幽谷，不为莫服而不芳。舟在江海，不为莫乘而不浮。君子行义，不为莫知而止休。夫玉润泽而有光，其声舒扬，涣乎其有似也。无内无外，不匿瑕秽，近之而濡（rú）④，望之而隧。夫照镜见眸子，微察秋豪，明照晦冥。故和氏之璧，随侯之珠⑤，出于山渊之精，君子服之，顺祥以安宁，侯王宝之，为天下正。陈成子恒之劫子渊捷也⑥，子罕之辞其所不欲而得其所欲⑦，孔子之见黏蝉者⑧，白公胜之倒杖策也⑨，卫姬之请罪于桓公⑩，子见子夏曰："何肥也？"⑪魏文侯见之反被裘而负刍也⑫，儿说之为宋王解闭结也⑬，此皆微眇（miǎo）⑭可以观论者。

【注释】①"天下"句：胶漆相抱，不得还其本源。故曰"相憎"。

"而莫"句：冰得炭则解归水，复其性；炭得冰则保其炭，故曰"相爱"。②泮：散，解，融解。③埵：土堆。垺：土堆，尘埃。④濡：润泽。⑤随侯之珠：古代传说的大明珠。比喻珍贵的物品。⑥"陈成子"句：陈成子将要杀齐简公，威胁齐国大夫子渊捷，子渊捷不顺从，所以说"劫"。⑦"子罕之辞"句：宋国有人得到宝玉送给子罕，子罕以"不贪为宝"为由，不接受宝玉。⑧"孔子"句：孔子见有楚国人粘蝉技术十分高明，而领悟"用志不分"，也就是专心致志的道理。⑨"白公胜"句：见《列子·说符》，白公胜图谋作乱，散朝回家后站在那里，倒挂着马棰，棰针向上穿透了下巴、血流到地上也浑然不知。⑩"卫姬"句：卫姬指齐桓公夫人。齐桓公筹划讨伐卫国，卫姬望见齐桓公脸色，知有伐卫意向，因而向齐桓公请求愿以死替卫国赎罪。⑪"子见子夏"句：子夏见曾子，曾子曰："何肥也？"对曰："战胜，故肥也。"战胜指子夏心中仁义战胜富贵。⑫"魏文侯"句：魏文侯出游，道见路人反穿皮衣背柴草，文侯问他原因，回答说："因为爱惜皮衣之毛。"文侯说："皮磨掉了，毛能留住吗？"⑬"儿说"句：有个鲁国人送给宋元王一个连环结，宋元王让国人来解绳结。没有人能解开。儿说的学生请求去解绳结，发现绳结本来就是解不开的，告之鲁国人，以"不解"为答案而解决了这个问题。⑭微眇：微小，微妙。

【译文】长江、黄河之所以能成为百谷之长，主要是因为它能处于低下之处。所以只有能处于低下的，才能成为上。天下没有比胶和漆更不相容的了，也没有比冰和炭更相爱的了。胶和漆之间相互败坏，而冰和炭则相互生息。墙的毁坏比它立着时更自在；冰融解，比它凝固时更长久，这是返回其本源的缘故。

泰山的容貌，巍巍高耸，但如果在离它有千里之外的地方望去，不过是个小土堆，这就是因为距离远的原因。秋毫之末这样细微的东西能存在于难以测量的空间内。所以事物可以小到没有内部的极限，大到没有外部的边界。

兰花生长在幽深的山谷中，并不会因为没人佩戴它而变得不芳香；小船停泊在江海上，并不会因为没人乘坐而不浮起；君子行义，也并不因为无人知道就会停止不做。美玉润泽有光彩，它的声音舒缓柔和，它与君子的秉性相似。不论是外在内在，都不会有瑕疵和污垢，靠近它显得很润泽，远远望着会显得很深邃。

照镜能看到眼睛，明察可以看到秋毫之末，光明可以照亮黑暗。所以像和氏璧、随侯之珠，是由高山和深渊的精气孕育而出的，君子佩戴它，则和顺吉祥安宁，侯王视之为珍宝，将它作为天下公正的象征。

陈成之恒曾胁迫子渊捷，子罕辞让他不想要的东西，然而就得到了他想要的美誉，孔子见到捕蝉人的技术就悟出了一套见解，白公胜利了倒柱刺穿了腮帮也没有知觉，卫姬向桓公请罪让其救卫国；曾子见到子夏就说道："为什么长这么胖？"魏文侯看到樵夫反穿衣服而悟出毛依附皮的道理，儿说以"不解"为宋王解开死结。这些事情都很微妙，但都可以通过观察而知晓其中的道理。

人有嫁其子而教之曰："尔行矣。慎无为善。"曰："不为善，将为不善邪？"应之曰："善且由弗为，况不善乎？"此全其天器者。拘图圉者以日为修；当死市者以日为短。日之修短有度也，有所在而短，有所在而修也，则中不平也。故以不平为平者，其平不平也。嫁女于病消者①，夫死则后难复处也。故沮舍②之下不可以坐；倚墙之傍不可以立。执狱牢者无病，罪当死者肥泽，刑者多寿，心无累也。良医者常治无病之病，故无病；圣人者常治无患之患，故无患也。夫至巧不用剑③，善闭者不用关楗(jiàn)④，淳于髡(kūn)⑤之告失火者，此其类。以清入浊必困辱；以浊入清必覆倾。君子之于善也，犹采薪者见一芥掇(duō)⑥之，见青葱⁷则拔之。天二气则成虹，地二气则泄藏，人二气则成病。阴阳不能且冬且夏，月不知昼，日不知夜。善射者发不失的，善于射矣，而不善所射；善钓者无所失，善于钓矣，而不善所钓。故有所善，则不善矣。

【注释】①病消者：指消渴病。②沮舍：破败的房屋。③剑：有说应为钩绳。④楗：竖插在门闩上使门拔不开的木棍。⑤"淳于髡"句：淳于髡齐国人，告诉邻居他家的烟囱将引起火灾，应该把烟囱改弯并且将旁边的柴草搬走，邻人不听从。后来果然失火，淳于髡劝诫邻居没有功劳，邻居把焦头烂额救火者做为上客。⑥芥：小草。掇：拾取。⑦青葱：翠绿色，形容植物浓绿。这里指树木或灌木。

【译文】有人嫁女儿时告诫她："你出嫁后，要小心做善事。"女儿问道："不做善事，要做不善的事吗？"家人回应道："善事都不可做，更何况是不善的事呢？"这就是保全自己顺应自然的道理。被拘禁在监狱的人觉得时间很长，被判了死刑的人觉得日子很短。每日的长短都是有同样的，处在一定环境中的人觉得短，而处于另一种环境中的人觉得长，这主要是心情不同的缘故。所以用不平稳的心绪去看待平常的事情，他所感觉正常的事是不正常的。如果把女儿嫁给患消渴病的男子，那么丈夫病死后女子很难再嫁。所以不可以坐在破败的房屋下，不可以站立在将要倾倒的墙边。执掌牢狱的人不容易得病，被判了死刑的人反而会养得白胖有光泽，接受宫刑的人反而长寿，这主要是他们心无杂念，没有拖累的原因。好的医生，常常在疾病尚未表露出痕迹时就予以治愈，所以被治疗的人通常表现为无病；圣人总是能及时发现一些隐患并能治理好，所以国家才不会祸乱。最高明的工匠是不用钩绳度量的，善于锁门的人不用门闩，淳于髡告诉邻居注意防火，就是这类情况。内心清纯的人陷入污浊之地，必定会受到困扰和侮辱；内心污浊的人进入清纯之地，那么也必定会遭到覆灭。君子对于行善,就好像打柴时看到地上一根小柴草也会拾起,看见大的柴禾也会连根拔起。天上阴阳二气冲突便生成虹,地上阴阳二气冲突那么就会影响冬藏,人体阴阳二气冲突便会容易得病。阴阳不可能在冬夏都旺盛,就像月亮不知白昼,太阳不知黑夜一样。善于射箭的人总会命中目标,这是他善于射箭,但对于被射中的对象来说就不善了;善于钓鱼的人总是会收获鱼儿的,这是他善于钓鱼,但对于所要垂钓的鱼儿来说就不好了。所以事物总是有善的一面和不善的一面。

钟之与磬也,近之则钟音充,远之则磬音章,物固有近不若远,远不若近者。今曰稻生于水,而不能生于湍濑之流;紫芝生于山,而不能生于磐石之上;慈石能引铁,及其于铜,则不行也。水广者鱼大,山高者木修。广其地而薄其德,譬犹陶人为器也,揲(yè)^①挺(shān)^②其土而不益厚,破乃愈疾。圣人不先风吹,不先雷毁,不得已而动,故无累。月盛衰于上,则蠃(luǒ)蠬(lóng)应于下,同气相动,不可以为远。执弹而招鸟,挥梲(zhuō)^③而呼狗,欲致之,顾反走。故鱼不可以无饵钓也,兽不可以虚气召也。剥牛皮鞹(kuò)^④以为鼓,正三军之众,然为牛计者,不若服于轭(è)^⑤也。狐白之裘,天子被之而坐庙堂,然为狐计者,不若走于泽。亡羊而得牛,则莫不利失也;断指而免头,则莫不利为也。故人之情,于利之中则争取大焉,于害之中则争取小焉。将军不敢骑白马,亡者不敢夜揭炬,保者不敢畜噬狗。鸡知将旦,鹤知夜半,而不免于鼎俎。山有猛兽,林木为之不斩,园有螫(shì)虫,藜(lí)藿(huò)^⑥为之不采。为儒而踞里闾(lú)^⑦,为墨而朝吹竽^⑧,欲灭迹而走雪中,拯溺者而欲无濡,是非所行而行所非。今夫暗饮者非尝不遗饮也,使之自以平,则虽愚无失矣。是故不同于和而可以成事者，天下无之矣。

【注释】①揲：将物体捶薄。②挻：揉。③棁：梁上的短住。④鞼：制革，皮革。⑤軛：驾车时搁在牛马颈上的曲木。⑥藜藿：一般百姓所吃的野菜，指粗劣的饭菜。⑦踞：蹲着。姿势不雅，不符合儒家的礼仪。闾：原指里巷的大门，后指人聚居处。⑧为墨而朝吹竽：墨家简朴，不崇尚乐舞，所以不符合墨家思想。

【译文】钟与磬比较，近处时钟的声音洪亮，远处时磬的声音清扬，所以事物总是会有近不如远或者远不如近的现象。现在人们都知道水稻生长于水田里，但却不能生长于湍急的河流中；紫芝生长于高山之上，但却不能生长于石头上；磁石能吸铁，但对于铜则吸引不了。水域广的地方鱼总是长的很大，山高的地方树木总是长得很修长。人们一心想扩大其领地但却弱化了他的德行，这就像陶工制作陶器，揉土使之变薄，但越薄破的越快。圣人不会站在风口吹，也不会立于被雷易击中的地方，只是在不得已的情况下才顺势而动，所以没有任何的负累。月亮在天空中有圆缺的变化，地上的虫子也会作出相应的改变，这是因为它们同气相动的原因，不可能因为距离远而不会发生感应。拿着弹弓想要招呼鸟儿飞过来，挥舞着短棍来呼唤狗，本来想让它们靠近，反而会吓跑它们。所以钓鱼不可能没有鱼饵，捕兽不可能用空的猎具。剥下牛皮，做成皮革制成鼓，用鼓来指挥三军，但对牛来说，不如让它套上軛来拉车。狐狸的白毛被做成皮衣，让天子穿着坐在朝堂之上，但对狐狸来说，不如让它自由奔走在草原上。丢失了羊而得到了牛，那么就没有人不愿意失去东西了，断了手指而能保全性命的，就没有人不愿意这样做了。所以人之常情是在利益之中争取最大的利益，在危害中总要把危害降到最低。将军不敢骑目标很明显的白马，逃亡的人在晚上不敢举火把，开酒馆的不敢养凶猛的狗。公鸡知道报晓，鹤知道夜半鸣叫，仍不免于成为鼎锅刀俎上的美味。山里有猛兽,树木因此不会被砍伐,园里有蜇虫,藜藿才不会被采摘。作为一名儒生却在混迹在市井中,作为一名墨家弟子却在朝歌吹竽,想要不留痕迹却走在雪中,想要拯救落水者却怕弄湿衣服,这就叫做了自己不愿意做的,而想做的实又有很多的顾虑。现在在黑暗中饮酒的人,没有不将酒洒出的,如果如将酒持平,那么即使是愚笨的人也不会洒出来了。所以不能将一切保持平和的人,却能做成大事,这在天下还没出现过。

求美则不得美,不求美则美矣;求丑则不得丑,求不丑则有丑矣;不求美又不求丑,则无美无丑矣。是谓玄①同。申徒狄②负石自沉于渊,而溺者不可以为抗;弦高诞③而存郑,诞者不可以为常。事有一应,而不可循行。人有多言者,犹百舌④之声;人有少言者,犹不脂之户也。六畜生多耳目者不详,谶书著之。百人抗浮,不若一人挈(qiè)⑤而趋。物固有众而不若少者,引车者二六而后之。事固有相待而成者,两人俱溺,不能相拯,一人处陆则可矣。故同不可相治,必待异而后成。

【注释】①玄:指"道"。②申徒狄:申徒狄,殷末人,不忍见纣乱,故自沉于渊。③诞:欺诈,虚妄。④百舌:动物名,鸟纲雀形目,似伯劳而小,全体黑色,喙甚尖,色黄黑相杂,鸣声圆滑,善于模拟各种鸟鸣。⑤挈:用手提着。

【译文】追求美反而很难得到美,不去追求美反而可能得到美;不怕出丑反而不会出丑,怕丑反而会出丑;不去追求美也不去追求丑,那么就无所谓美和丑了,这就与天道契合了。申徒狄背负石头自沉深渊,但是不能认为投水自尽的行为都是高尚的;弦高因为欺诈才能保存了郑国,同样也不能认为欺诈是合理的。事情有时能适用一时,但不可能一直照做。话多的人,就像百舌鸟那样;也有话少的人,就像转动灵活的门栓,开关不出声。六畜生下来多长了耳朵和眼睛,这是不详的征兆,这在谶书中有记载。百人同举一只瓢,不如一个人拿着走得快。事物本来就有多反而不如少的情况,比如两部分人拉车,有时人少的反而会超过人多的。事物本来就有相对立却能相成全的情况,比如两个人落水,就不能相互拯救,如果有一个在岸边才可以救另一个落水的人。所以相同的难以治理,一定要有不一样的才会成功。

千年之松,下有茯苓,上有兔丝,上有丛蓍(shī)①,下有伏龟,圣人从外知内,以见知隐也。喜武非侠也,喜文非儒也,好方非医也,好马非驺(zōu)②也,知音非瞽(gǔ)③也,知味非庖也。此有一概而未得主名也。被甲者,非为十步之内也,百步之外则争深浅,深则达五藏,浅则至肤而止矣。死生相去,不可为道里④。楚王亡其猨,而林木为之残;宋君亡其珠,池中鱼为之殚。故泽失火而林忧。上求材,臣残木;上求鱼,臣干谷;上求楫,而下致船;上言若丝,下言若纶。上有一善,下有二誉;上有三衰,下有九杀。大夫种知所以强越,而不知所以存身;苌(cháng)弘知周之所存,而不知身所以亡。知远而不知近。

【注释】①蓍:多年生草本植物,全草可以入药,古代常用其茎占卜。②驺:古代养马的人(兼管驾车)。③瞽:古代乐师。④道里:路程,里程。

【译文】千年松树的根部一定会生长有茯苓,地表上会有兔丝草。地上长有一丛丛的蓍草,那么地下就一定藏伏着神龟;圣人仅从外表就能推知内里,能从显现的痕迹而知道隐藏的情况。喜欢武术的不一定就是侠士,喜欢弄墨舞文的不一定就是儒生,爱好医药方子的也不一定就是医生，喜欢马匹的人不一定就是驾御的能手，知道音律的人并不一定就是乐师，会调味的人也并不一定就是厨师。这些都是懂得一些技能的大概，并没有学到这个技能的主要内容。身披铠甲的人，在近距离都能被箭射穿是很难区分出铠甲的好坏，只有在百步之外才能区分铠甲的好坏，有的铠甲能被弓箭射穿并深入内脏，而有的铠甲则能保护人只被弓箭伤及其皮肤而已。生和死之间的差别，是无法用里程来计算的。楚庄王养的猿猴走失在树林中，为了找回猿猴，就将这片树林砍伐的一塌糊涂；宋国国君的珍珠掉进了池塘里，为了找回珍珠，池中之鱼也跟着遭殃。所以沼泽地失火，附近的森林也会担忧被殃及。君主想要木材，臣子就去乱伐树林；君主想要鱼，臣子就会把河谷的水放干来找鱼；君主想要船桨，臣子就会造船送上；君主说像细丝，臣子就会说像细绳。君主有一点优点，臣子就会竭力赞美；君主说俭省三样，臣子就会消减九种。越国大夫文种知道怎么样使越国强大，却不知道如何保全自己；苌弘知道怎么保存周朝，却不知自己是怎么死亡的。这真是只知远大的事，而不知身边细小的事。

畏马之辟也不敢骑；惧车之覆也不敢乘；是以虚祸距公利也[①]。不孝弟者或詈[②](lì)父母。生子者所不能任其必孝也，然犹养而长之。范氏之败，有窃其钟负而走者，鎗然有声，惧人闻之，遽掩其耳。憎人闻之，可也；自掩其耳，悖矣。升[③]之不能大于石也，升在石之中；夜不能修其岁也，夜在岁之中；仁义之不能大于道德也，仁义在道德之包。先针而后缕，可以成帷；先缕而后针，不可以成衣。针成幕，纍(léi)[④]成城。事之成败，必由小生。言有渐也。染者先青而后黑则可，先黑而后青则不可；工人下漆而上丹则可[⑤]，下丹而上漆则不可。万事由此，所先后上下，不可不审。水浊而鱼噞（yǎn）⑥，形劳而神乱。故国有贤君，折冲万里。因媒而嫁，而不因媒而成；因人而交，不因人而亲。行合趋同，千里相从；行不合趋不同，对门不通。海水虽大，不受胔（zì）⑦芥，日月不应非其气，君子不容非其类也。人不爱倕（chuí）⑧之手，而爱己之指，不爱江、汉之珠，而爱己之钩。以束薪为鬼，以火烟为气。以束薪为鬼，揭（qiè）⑨而走；以火烟为气，杀豚烹狗。先事如此，不如其后。巧者善度，知者善豫。羿死桃部，不给射；庆忌死剑锋，不给搏。灭非者户告之曰："我实不与。"我谀乱，谤乃愈起。止言以言，止事以事，譬犹扬堁而弭尘，抱薪而救火。流言雪污，譬犹以涅⑩拭素也。

【注释】①虚祸：不一定存在的祸患。公利：明显的好处。②詈：骂，责骂。③升：容量单位，量粮食的器具。④蕢：筐子。⑤漆：黑色。丹：红色。⑥噞：（鱼）在水面张口呼吸。⑦胔：带有腐肉的尸骨，也指整个尸体。⑧倕：人名。相传为中国上古尧舜时代的一名巧匠，善作弓、耒、耜等。⑨揭：离去。⑩涅：以黑色染料，以墨涂物。

【译文】害怕马奔跑摔倒而不敢骑马，又害怕马车会颠覆而不敢乘车；这是用虚无的祸害来拒绝明显的便利。不孝顺的人，有的会责骂父母，生育子女的父母不能保证他们的子女一定孝顺，但还是选择将他们养大。范氏被打败后，有人偷了他的钟背着走，但钟却发出响声，窃贼怕被人听到，于是就捂着自己耳朵。怕别人听到，这样的想法是可以理解的，但捂着自己的耳朵就以为钟声不存在，这是很荒谬的。升不能比石大，是因为升包含在石中；夜晚不能比年长，因为夜晚包含在年中；仁义的作用不能比道德的大，也是因为仁义是包含在道德之中。先针后线，才能制成帷帐；而先线后针就无法制成衣服了。一针一线才能制成帷帐，一筐一筐堆垒起来才能筑成城墙。事情的成败,一定从小事开始的,逐渐累积到一定程度。染织物时先染成青色再染成黑色是可以的,但如果先染成黑色再染成青色就不可以了;漆工刷漆时先刷上黑漆,然后再刷上红漆是可以的,但如果是先刷红漆再刷黑漆是不可以的。万事都是这样的,都会有一个先后、上下的次序,这不能不去搞清楚。水浑浊的时候鱼就会游到水面上呼吸,形体劳累精神就错乱。所以一个国家有贤明的君主,就能决胜于千里之外的敌军。通过媒人说媒而嫁娶,但并不是靠媒人来决定嫁娶;因别人介绍而结交,但并不是因为有人介绍就关系亲密。行为志趣相同的人,即使是相隔千里也会相随;行为追求不同,即使是住在对门也不会有来往。海水即使很广大,但是也不接受一点腐肉和烂草的,日月不能与不同气的事物感应,君子不容忍不是同一类的人。人们不爱巧匠的手,只爱惜自己的手指,不喜欢江河里的珍珠,只喜欢自己身上的衣带钩。有人把成束的柴草当做鬼,把田地里的火烟当做妖气;把柴草当做鬼的人吓得逃走,把田地的火烟当做妖气的人,杀猪宰狗来祈福。不等弄清事情的真相就这样做,不如把事情弄清楚再说。灵巧的人善于度量,聪明的人善于预见。后羿死于桃杖下却来不及射箭,庆忌死于剑下却来不及与刺客搏斗。想要消除流言的人挨家挨户地说:"我实际上是不曾参与祸乱的。"他越是这样,却越发引起人们的非议。用言语来制止别人的言语,用事端来平息事端,这就像扬起尘土来平息尘土、抱着柴火去救火一样没有任何作用。用流言去洗刷污蔑,就像是黑色染料去擦拭白布。

矢之于十步贯兕(sì)①甲,于三百步不能入鲁缟(gǎo)②。骐骥③一日千里,其出致释驾而僵。大家攻小家则为暴,大国并小国则为贤,小马非大马之类也,小知非大知之类也。被羊裘而樵,固其事也;貂裘而负笼,甚可怪也。以洁白为污辱,譬犹沐浴而抒溷（hùn）④，薰燧而负彘（zhì）⑤。治疽（jū）⑥不择善恶丑肉而并割之，农夫不察苗莠而并耘之，岂不虚哉！坏塘以取龟，发屋而求狸，掘室而求鼠，割唇而治龋（qǔ）⑦。桀、跖之徒，君子不与。杀戎马而求狐狸，援雨鳖而失灵龟，断右臂而争一毛，折镆邪而争锥刀，用智如此，岂足高乎！

【注释】①兕：古书上所说的雌犀牛。②缟：未经染色的绢。③骐骥：千里马。④溷：猪圈。⑤彘：猪。⑥疽：中医指一种毒疮。⑦龋：牙齿发生腐蚀的病变，在牙上面形成龋洞，逐渐扩大，最后可使牙齿全被破坏。

【译文】箭在十步之内能射穿用犀牛皮制成的铠甲，但在三百步之外就连丝绢都不能射穿。千里马能日行千里，当等它力衰后卸下驾套就会倒地不起了。大的家族攻击小的家族，被视为暴虐，大国合并小国就被视为贤明，小马和大马是不一样的，小聪明和大智慧是完全不同的。穿着羊皮制成的衣服去做苦力，这是很合理的；但如果穿着名贵的衣服去背着篓筐，就会显得很奇怪了。用洁白的手去做污秽的事，就好比是洗好澡后去打扫猪圈，又比如熏香后去扛猪。治疗毒疮时不分好肉坏肉都要一起割掉，农夫不分禾苗杂草一起锄掉，这样做还能有什么收获呢？毁掉池塘来捕捉龟，掀掉房屋来捕捉狐狸，挖开室内来捕捉老鼠，割掉嘴唇来治疗牙疼。不管是桀、跖这样的暴徒，还是谦谦君子都不会做这样的事。累死战马去追赶狐狸，为了救鳖而失去了神龟，折断了右臂去争夺一根毫毛，折断莫邪剑去争夺一把小刀，这样运用智慧，难道是很高明吗？

宁百刺以针，无一刺以刀；宁一引重，无久持轻；宁一月饥，无一旬饿①。万人䗫②之，愈于一人之隧。有誉人之力俭者，春至旦，不中员呈③，犹谪之。察之，乃其母也。故小人之誉人，反为损。东家母死，其子哭之不哀，西家子见之，归谓其母曰："社④何爱速死，吾必悲哭社！"夫欲其母之死者，虽死亦不能悲哭矣。谓学不暇者，虽暇亦不能学矣。见薮(kuǎn)⑤木浮而知为舟，见飞蓬转而知为车，见鸟迹而知著书，以类取之。以非义为义，以非礼为礼，譬犹倮(luǒ)⑥走而追狂人，盗财而予乞者，窃简而写法律，蹲(dūn)踞(jù)⑦而诵《诗》《书》。割而舍之，镆邪不断肉；执而不释，马牦截玉。圣人无止，无以岁贤昔，日愈昨也。

【注释】①饥：古时候"饥"指吃不饱饭。"饿"指长时间没饭吃。旬：十日为一旬（一个月分三旬）。②踬：跌倒。③员呈：即员程，规定的数量。④社：江淮地区称呼母亲。⑤薮：中空的。⑥倮：同"裸"。⑦蹲踞：张开双腿蹲着。

【译文】宁愿被小针刺百下，也不愿意被砍一刀；宁可提一次重物，也不愿意长时间拿着轻的物品；宁可一个月天天吃不饱，也不愿意连着十天挨饿。万人跌倒，也比一个人从高处坠落的好。有人称赞别人做事节俭，有一次这家有人舂米至天亮都没有完成任务，所以就被责骂了，了解一下情况，原来是那家人的母亲在舂米。所以口是心非的人称赞别人，反而是在损坏自己的声誉。东家的母亲去世了，她的儿子虽然哭泣但并不悲伤，西家的儿子看到了，回来后就对他的母亲说："你为什么不快点死呢，你死后，我一定会很悲伤地为你哭泣的。"想要他母亲早些死的人，即使是母亲真的死了，也不会悲伤痛哭的。所以说没有时间学习的人，即使有时间了也不会去学习的。看见中空的树木漂浮在水上，就明白了造船的道理，看到飞蓬随风转动就知道了造车的道理，看到了鸟的足迹就知道了创造文字来著书，这些都是用类推的方法而得到的。把不义当做义，把非礼当做礼，就像赤身裸体去追赶疯子，又像盗贼偷了财物施舍给乞讨的人，还像偷了竹简来书写法律，还像举止无礼去读《诗》《书》。割一下就停下来了，即使是莫邪剑也割不断肉；执着而不放弃，即使是马尾也能截断玉石的。圣人的修养无止境，总是今年胜过往年，今天更胜于昨天。

马之似鹿者千金，天下无千金之鹿。玉待礛(jiān)诸而成器，有千金之璧，而无锱锤之礛诸①。受光于隙照一隅；受光于牖照北壁；受光于户照室中无遗物；况受光于宇宙乎！天下莫不藉明于其前矣。由此观之，所受者小则所见者浅；所受者大则所照者博。江出岷山，河出昆仑，济出王屋，颍出少室，汉出嶓(bō)冢②，分流舛(chuǎn)驰③，注于东海，所行则异，所归则一。通于学者若车轴，转毂之中，不运于己，与之致千里，终而复始，转无穷之源。不通于学者若迷惑，告之以东西南北，所居聆聆④，背而不得，不知凡要。

【注释】①礛诸：打磨玉石用的青色磨石。锱锤：比喻价值极小。②嶓冢：山名，在陕西省宁羌县北，东汉水的发源地。或称为嶓山。③舛驰：背道而驰。④聆聆：明了的样子。

【译文】长的像鹿的马值千金，但天下却没有值千金的鹿。玉要靠磨石反复打磨后才能成为玉器，有价值千金的玉璧，但是磨石却没有价值。从缝隙里发出的一束光可以照亮一个角落；从窗户里照进的光，可以照亮整个北面的墙壁；而从门照进的光可以照亮整个房间所有的东西；更何况整个天地发出的光呢！天下没有什么不是靠光来照亮的。所以这样看来，接受小的光照，那么所能看到的就少些；而所接受的光照很大时，那么被光照亮的地方就很广了。长江发源于岷山，黄河发源于昆仑山，济水发源于王屋山，颍水发源于少室山，汉水发源于嶓山，它们分头奔流却都注入了东海，它们所行过的地方虽然不同，但最终的归宿却是相同的。精通学习的人就像车轴在车轮中心转动，他自己不用转动，就能与车轮一起到达千里之外，周而复始，运行起来无穷无尽。而不善于学习的人就像迷了路的人，告诉他东南西北的方向时，他很清楚，但一转方向就不清楚了，这是因为他没有掌握到事物的要领。

寒不能生寒，热不能生热；不寒不热能生寒热。故有形出于无形，未有天地能生天地者也，至深微广大矣！雨之集①无能沾，待其止而能有濡；矢之发无能贯，待其止而能有穿。唯止能止众止。因高而为台，就下而为池，各就其势，不敢更为。圣人用物，若用朱丝约刍狗，若为土龙以求雨。刍狗待之而求福，土龙待之而得食。鲁人身善制冠，妻善织履，往徙于越而大困穷，以其所修而游不用之乡。譬若树荷山上，而畜火井中。操钓上山，揭斧入渊，欲得所求，难也。方车而蹠（zhí）②越，乘桴（fú）③而入胡，欲无穷，不可得也。楚王有白猿，王自射之，则搏矢而熙④；使养由基⑤射之，始调弓矫矢，未发而猿拥柱号矣，有先中中者也。

【注释】①集：下。②蹠：脚掌。③桴：小竹筏或小木筏。④熙：古同"嬉"，嬉戏。⑤养由基：春秋时期楚国将领，是中国古代著名的神射手。

【译文】寒本身不会产生寒，热本身也不会产生热；而不寒不热的东西才能产生寒和热。所以有形产生于无形，同样天地形成后就不能再产生天地，这真是深奥微妙啊！雨在降落过程中是不会沾湿任何东西的，只有等它接触到了物体才能将其打湿；箭射出后不能贯穿物体，只有等它接触到物体后才能将其射穿。只有静止不动才能制约万物。利用高地修建高台,利用低地而挖池,根据各自的状态顺势而为,不敢有一丝一毫的违背。圣人使用事物时,就像用红丝系刍狗来祭祀,像用土龙来求雨。刍狗被用来祈求福佑,土龙用来祈求风调雨顺,五谷丰登。鲁国有一个人善于制造帽子,他的妻子善于编织鞋子,他们迁徙到越国时生活陷于困境了,这是因为他们所擅长的事情,在越国用不到,就好比在山上种荷花,在水井里保存火种一样了。拿着钓具上山,扛着斧头去水边,想要得到鱼或柴那是很困难的。同样的,驾车去越国,乘着筏船到胡塞地区,要想一路畅通,是不可能的。楚王有一只白猿,楚王用箭射白猿,白猿抓住射来的箭,嬉戏起来了;当养由基来射这白猿,在张弓搭箭瞄准白猿时,白猿就已经抱着柱子开始悲号了,这是因为养由基射箭必中的气势吓住了白猿。

戾①(hé)氏之璧,夏后之璜,揖让而进之,以合欢;夜以投人,则为怨,时与不时。画西施之面,美而不可说,规孟贲(bēn)②之目,大而不可畏;君形③者亡焉。人有昆弟④相分者,无量,而众称义焉。夫惟无量,故不可得而量也。登高使人欲望,临深使人欲窥,处使然也。射者使人端,钓者使人恭,事使然也。曰:"杀疲牛可以赎良马之死。"莫之为也。杀牛,必亡之数,以必亡赎不必死,未能行之者矣。季孙氏劫公家,孔子说(yuè)⑤之。先顺其所为,而后与之入政。曰:"举枉与直,如何而不得?举直与枉,勿与遂往。"此所谓同污而异途者。

【注释】①戾:通"和"。②孟贲:战国时齐国勇士,力大无穷,相传能生拔牛角。③君形:主宰形体的东西。君:主宰。④昆弟:兄和弟,比喻亲密友好。⑤说:古同"悦"。

【译文】和氏璧、夏后氏的玉璜，恭恭敬敬地献给人家，人家会非常高兴；但如果是晚上将和氏璧和玉璜投掷人家，那么人家会怨恨你的，这就是合时和不合时的不同结果了。画西施的脸，美丽但是不使人喜欢，而画孟贲的眼睛，虽然很大但不使人产生畏惧之感，这主要是因为无神韵的缘故了。有一家人有两兄弟要分家，因为家中财产多到无法计量，所以两兄弟也不计较分多分少，所以人们纷纷称赞他们是有信义的。这主要是因为财产多到无法计量，所以才不会计较分到多少。登上高处会使人远眺，在深渊时会使人想探望，这主要是由人所在的环境决定的。同样的，射箭的人要端正身体，钓鱼的人要恭谨，这也是所做的事决定的。有人说："杀死老弱的牛可以赎好马一死，那肯定没有人会这样做的。杀牛，是因为这牛必须杀的，用必定要杀死的去换赎不一定要杀的，这是没有人会做的。季孙氏胁迫鲁定公，孔子假装很高兴，先顺从季孙氏的所作所为，然后再找机会劝说季孙氏将国家政权交还给你鲁定公。后人就评价说："奸邪之辈被正直的人所用，奸邪之辈怎么会不受到好的影响呢？而正直的人为奸邪之辈所用，正直的人是不会跟他走同一条道路的。"这就是和奸邪之辈共事而选择的道路不同。

众曲不容直，众枉不容正，故人众则食狼，狼众则食人。欲为邪者必相明正；欲为曲者必相达直。公道不立，私欲得容者，自古及今，未尝闻也。此以善托其丑。众议成林，无翼而飞，三人成市虎，一里①能挠椎（chuí）。夫游没者不求沐浴，已自足其中矣。故食草之兽不疾易薮（sǒu）②；水居之虫不疾易水。行小变而不失常。信有非礼而失礼。尾生③死其梁柱之下，此信之非也；孔氏不丧出母④，此礼之者。曾子立孝，不过胜母之闾；墨子非乐，不入朝歌之邑；曾子立廉，不饮盗泉⑤；所谓养志者也。纣为象箸(zhù)⑥而箕(jī)子唏,鲁以偶人⑦葬而孔子叹。故圣人见霜而知冰。

【注释】①里:街坊(古代五家为邻,五邻为里)。②薮:生长着很多的草的湖泽。③尾生:传说中古代的守信之士,和女子约定在桥梁相会,久候女子不到,水涨,乃抱桥柱而死。④孔氏不丧出母:孔子的孙子子思不让儿子给被休掉的母亲守孝。⑤盗泉:地名,在今山东省泗水县东北。相传孔子因盗泉之名,于礼不顺,故渴而不饮其水。⑥箸:筷子。⑦偶人:以土木等为材料所制成的人像。

【译文】奸邪势力做大后就不能容忍正直的人存在,所以人多了就能消灭狼并食其肉,而狼多了也会吃人。想要做奸邪之事的人,必定表现出正大光明的样子;想要做不正当之事的人,必定要表现得很正直。世事公道不树立起来,就想去做防范私欲的事,这是从古自今从未听说过的,这是奸邪之辈用伪装的良善来掩饰其丑恶的行径。众人的非议会使平地变成树林,无翅也可以飞翔,经过三个人传播流言,就能使人们相信街市上真的有老虎在行走,如果一个街坊的人都传播流言,那么即使有人能将铁椎头扭弯的传闻,人们也会相信。游泳的人不要求再去洗澡,因为在江河里游泳就等同于洗澡了。所以吃草的动物不担心更换湖泽,生活在水中的动物也不会担心改变水域,因为小的变化是不会改变他们的正常生活。诚信也有应用不当的时候,礼制有时也会出现差错。尾生为了守信被淹死在桥柱之下,这是诚信应用不当的例子;孔氏不为出母服丧,这就是礼制出现偏差了。曾子坚守孝道,从不路过名叫"胜母"地方;墨子主张非乐,所以从不踏入朝歌这座城市;孔子为了保持礼仪,即使是渴了也不饮盗泉的水;这些都是注重培养崇高志向的人。看到纣王使用象牙做成的筷子,箕子由此而感叹;看到鲁国人用俑人像来陪葬,孔子因此而叹息。因为圣人看到了霜就知道冬天即将来临了。

有鸟将来，张罗而待之，得鸟者，罗之一目也。今为一目之罗，则无时得鸟矣。今被甲者，以备矢之至，若使人必知所集，则悬一札而已矣。事或不可前规，物或不可虑，卒然不戒而至，故圣人畜道以待时。髡(kūn)①屯犁牛②，既㸌(kē)③以㸌(xiū)④，决鼻而羁，生子而牺，尸祝斋戒，以沉诸河，河伯岂羞其所从出，辞而不享哉？得万人之兵，不如闻一言之当；得隋侯之珠，不若得事之所由；得呙氏之璧，不若得事之所适。㧗良马者，非以逐狐狸，将以射麋鹿；砥利剑者，非以斩缟衣，将以断兕犀。故高山仰止，景行行止，向者其人。见弹而求鸮(xiāo)炙⑤，见卵而求晨夜，见蕡(fén)⑥而求成布，虽其理哉，亦不病暮。象解其牙，不憎人之利之也。死而弃其招箦(zé)⑦，不怨人取之。人能以所不利利人则可。狂者东走，逐者亦东走，东走则同，所以东走则异。溺者入水，拯之者亦入水，入水则同，所以入水者则异。故圣人同死生，愚人亦同死生。圣人之同死生，通于分理；愚人之同死生，不知利害所在。徐偃王以仁义亡国，国亡者非必仁义；比干以忠靡其体，被诛者非必忠也。

【注释】①髡：古代剃去男子头发的一种刑罚；亦有称修剪树枝。②犁牛：杂色的牛③㸌：古书上说的一种牛，无角。④㸌：古书上说的一种牛，无尾。⑤炙：烤肉。⑥蕡：麻的子实，亦泛指麻。⑦箦：竹编床席。

【译文】有鸟将要飞来，人们用张开的罗网等待着飞鸟，鸟儿入网被捉住，是因为被一个网眼困住了。如果把罗网编织成一个大的网眼，那么就不可能捕捉到飞鸟了。今天穿着铠甲的人，主要是用来抵挡箭的伤害，如果人们知道箭会射中哪个部位，那么就在该部位悬挂一片铠甲就行了。但事情不可能都提前预知,事物也不可能都估计到,很多时候是没有准备就突然降临了,所以圣人长时间来修养道以等待时机的来临。丑陋的杂色牛,既没有牛角也没有牛尾巴,穿上鼻子系着它,它生下的牛犊被拿去做牺牲,尸祝斋戒后沉入河底,河伯哪里会嫌弃母牛的丑陋呢,绝不会拒绝享受的。得到万人的军队,还不如听到一句高明的话;得到隋侯的宝珠,不如懂得事情产生的缘由;得到和氏璧,不如知道处理事情的适宜方法。选择好马的目的,不是为了追逐狐狸,而是用来追逐射杀麋鹿;磨砺宝剑的原因,不是为了斩断丝绢,而是用来斩杀犀牛的。所以伟大的人物受到人们敬仰,崇高的品德被人们效仿,人们向往的就是这种人了。看到弹弓就想吃烤鸮鸟肉,看见鸡蛋、鹤蛋就会想到报时辰的鸡、鹤,看到麻就会想到用麻织成的布,虽然这些都是合情合理的,但终究是急了些。大象掉了象牙,但不会憎恨人们获得象牙的利益;人死后丢弃的床席,不会有谁会去怨恨拾取它的人,人能用一些对自己没用的东西来帮助他人,这是可以的。疯子向东跑,追赶的人也向东的方向穷追不舍,大家都是朝东一样的方向在跑,但他们向东跑的原因却是不相同的;溺水的人掉进水里,救他的人也跳进水里,他们都进到水里,但他们进入水中的原因是不一样的。所以圣人将生死看成一样的,而愚人也把生死看得差不多;但圣人把生死看成一样的,主要是悟出了生死的道理,而愚蠢的人看待生死是差不多的,主要是他们不懂生死中的利害关系所在。徐偃王因推行仁义而导致亡国,但真正导致亡国并非是由于推行仁义;比干因忠心被纣王杀害,但真正置于他死地的并不是忠心。

故寒颤,惧者亦颤,此同名而异实。明月之珠,出于蚌蜃(shèn)①;周之简圭②,生于垢石;大蔡神龟,出于沟壑。万乘之主,冠锱锤之冠,履百金之车。牛皮为贱,正三军之众。欲学歌讴者,必先徵羽乐风;欲美和者,必先始于《阳阿》《采菱》③。此皆学其所不学而欲至其所欲学者。耀蝉④者务在明其火,钓鱼者务在芳其饵。明其火者,所以耀而致之也;芳其饵者,所以诱而利之也。欲致鱼者先通水,欲致鸟者先树木。水积而鱼聚,木茂而鸟集。好弋者先具缴与矰(zēng)⑤,好鱼者先具罟(gǔ)与罛(gū)⑥,未有无其具而得其利。

【注释】①蜃:蛤蜊。②圭:古代帝王或诸侯在举行典礼时拿的一种玉器。③《阳阿》《采菱》:都是楚地歌曲。④耀蝉:用火光照耀,利用昆虫的趋光性,使蝉飞来聚集。⑤矰:古代用来射鸟的拴着丝绳的短箭。⑥罟:渔网。罛:大的鱼网。

【译文】所以就寒颤来说,并不仅仅因为寒冷才会颤抖,害怕也会颤抖的,但这只是名称相同,实质却是不一样的。明月之珠,出自蛤蜊;周朝的圭玉,出自丑石;大蔡的神龟,产自深沟山谷中。万乘大国的君主,戴的是很轻的皇冠,乘坐的是价值百金的车。牛皮算是很低贱的了,但制作成鼓后却能号令三军。想学习唱歌的人,必先学习五音,了解音乐的教化作用;想要演奏好乐曲,一定要先从《阳阿》《采菱》学起。这就是先通过学习那些不起眼的基本知识来达到想要的高超水平。夜间捕蝉,主要是利用火光把蝉聚集过来,钓鱼的人,主要是把香饵弄好就行。火光明亮,就是为了吸引蝉,把蝉聚集起来;将香饵调好,就是要诱惑鱼,让鱼上钩。想要引来鱼群,必先疏通河道,想要让鸟儿安家,必先种植树木。水积满了才能聚鱼,树木茂盛了才能让鸟儿聚集。喜欢弋射的人都会事先把丝绳和箭准备好,喜欢捕鱼的人也会事先把大小不同的鱼网准备好。还没有不准备好器具而能有很好的收获的事情!

遗人马而解其羁,遗人车而税其轾①,所爱者少而所亡者多。故里人谚曰:"烹牛而不盐,败所为也。"桀有得事,尧有遗道,嫫(mó)母②有所美,西施有所丑。故亡国之法有可随者;治国之俗有可非者。琬(wǎn)琰(yǎn)③之玉,在污(wū)泥之中,虽廉者弗释;弊箅④甑(zèng)⑤甗(guī)⑥,在衻(rán)⑦茵之上,虽贪者不搏。美之所在,虽污辱,世不能贱;恶之所在,虽高隆,世不能贵。春贷秋赋,民皆欣;春赋秋贷,众皆怨。得失同,喜怒为别,其时异也。

【注释】①轙:马车的车衡两侧各装一件铜轙,马嘴上的缰绳分别从四个轙孔中穿过到达驾车者手中,可避免缰绳缠绕在一起。②嫫母:传说中黄帝之妻,貌极丑。后为丑女的代称。③琬琰:泛指美玉,也比喻君子的德性。④箅:平而有孔隙的竹器,垫在锅底,以便蒸食物之用。俗称"箅子"。⑤甑:古代蒸饭的一种瓦器。底部有许多透蒸气的孔格,置于鬲上蒸煮。⑥甗:"窐"的讹字,甑下的小孔。⑦衻:古同"袡"。衣边,古人跪拜时用以保护膝盖的围裙。

【译文】送给人家马却要解下马笼头,送给人家车却要拆下穿缰绳的环子,这正是连大的马和车都送了,又何必在乎这些小东西呢!所以乡里人有这样的谚语:"烹制牛肉而却不放盐,这等于是糟蹋了牛肉了。"夏桀即使是一个暴君,但也做了一些有益的事,尧帝虽然是一名贤主,但也有失误的地方,嫫母即使面貌丑,但品行却很好,西施虽然有倾城的美貌,但品行未必如面貌般好,所以被灭掉的国家中,也有值得借鉴的地方;而在政治清明的国家中,有些风俗习惯就不值得提倡了。琬琰美玉,出自于污泥之中,但清廉的人见了是不会嫌弃的;破旧的竹席甑带,放在华贵的衣物上,即使是贪婪的人看见了不会去拿的。美好的东西即使是处在污秽的环境,世人也不会轻视它的;不好的东西即使高高在上,但世人也不会认为其很珍贵。在春季时放贷给农民,到了秋季时再收赋税,这样百姓就会很高兴；如果在春季时征收赋税，到秋季时再放贷，那么这样百姓就会心生怨恨。这两种方式产生的利益是相同的，但引起百姓的喜怒是不一样的，这主要是时节不同的缘故了。

为鱼德者，非挈而入渊；为猿赐者，非负而缘木。纵之其所而已①。貂裘而杂，不若狐裘而粹，故人莫恶于无常行。有相马而失马者，然良马犹在相之中。今人放烧，或操火往益之，或接水往救之，两者皆未有功，而怨德相去亦远矣。郢（yǐng）人有买屋栋者，求大三围之木，而人予车毂，跪而度之，巨虽可，而修不足。蘧伯玉以德化②，公孙鞅以刑罪③，所极一也。病者寝席，医之用针石，巫之用糈（xǔ）④藉，所以救钧也。狸头愈鼠⑤，鸡头⑥已瘘，虻散积血，斫（zhuó）木⑦愈龋，此类之推者也。膏之杀鳖，鹊矢中猬⑧，烂灰生蝇，漆见蟹而不干，此类之不推者也。推与不推，若非而是，若是而非，孰能通其微！

【注释】①纵之其所而已：让它们待在应该待的地方。②"蘧伯玉"句：赵简子准备伐卫，因蘧伯玉为政且有德，所以放弃。③"公孙鞅"句：公孙鞅即商鞅，在秦国变法，获罪被杀。④糈：精米，古代用以祭神。⑤鼠：指鼠漏，急慢性化脓性感染治疗不当而引起的漏症。⑥鸡头：芡实的别名。⑦斫木：即啄木鸟。⑧鹊矢中猬：喜鹊屎能毒死刺猬。矢：通"屎"。中：杀死。

【译文】对鱼讲仁德，并不是捕到鱼后再将鱼放回水中；对猿猴讲恩赐，并不是抓到后再放归山林。而是让它们待在应该在的地方就可以了。颜色不一的貂裘是不能和颜色纯一的貂裘相比的，所以如果一个不具备坚定纯粹的品行是令人厌恶的。有相马的人，却不能相出好马，但好马还在这群被相的马中。如果现在有人家失火了，有的人会拿着燃烧的东西去助长火,有的人会去接水救火,尽管这两者都没有达到自己的目的,但受火灾的这家人对这两种人的怨恨和感激却有着天壤之别。在郢都有个人想买做房梁的"三围"粗的木料,有人卖给他一车轴,他跪在地上测量了车轴,粗细是差不多的,但长度不够。蘧伯玉用道德感化了邻国不来侵犯,公孙鞅实行刑法来治理秦国最后却获罪被杀,他们治理的国家的结果都是一样的。有人生病卧床不起,医生用针石治疗,而巫婆用精米等来驱赶疫鬼来治疗,所以方式不一样,但救治的目的是一样的。狸猫的头可以治愈鼠漏,芡实可以治好瘘病,牛虻可以消散积血,啄木鸟可以治愈龋齿,这些事情都是可以类推的。油膏能杀死鳖,喜鹊的粪便可以毒死刺猬,腐烂的垃圾会生出苍蝇,油漆碰到螃蟹则不会干,这是不能类推的。有些事可以类推,但有的却不能,有的事好像不对实际却是对的,有的事好像是对的实际却不是对的,这其中的微妙又有几个人能知晓呢!

　　天下无粹白狐,而有粹白之裘;掇之众白也。善学者,若齐王之食鸡,必食其蹠数十而后足。刀便剃毛,至伐大木,非斧不克。物固有以克适成不逮者。视方寸于牛,不知其大于羊;总视其体,乃知其大相去之远。孕妇见兔而子缺唇,见麋而子四目。小马大目,不可谓大马;大马之目眇(miǎo)①,可谓之眇马。物固有似然而似不然者。故决指而身死,或断臂而顾活。类不可必推。厉利剑者必以柔砥,击钟磬者必以濡木,毂强必以弱辐,两坚不能相和,两强不能相服。故梧桐断角,马牦截玉,媒但者非学谩(mán)②也,但成而生不信;立懃(qín)③者非学斗争也,懃立而生不让。故君子不入狱,为其伤恩也;不入市,为其伴(zuò)④廉也。积不可不慎者也。

【注释】①眇：瞎。②但：通"诞"，欺诈。谩：欺骗。③憧：勇敢。④坐：有辱，伤损。

【译文】天下没有纯白的狐狸，但却有纯白的狐皮衣服，这是因为集中了众多狐皮的白裘制成的。善于学习的人，就像齐王吃鸡，一定要一口气吃上数十只鸡脚才满足。小刀能很方便的剃毛发，但要砍伐大树时，没有斧头是不行的。事物的长处，换一个环境就可能变成短处。如果只看牛方寸大小的一部分，就不知道牛比羊大；只有总体来看，才能知道牛和羊的个头大小相差甚远。孕妇看见了兔子，那么生下的子女嘴唇就会有缺陷，看见麋鹿，生下的子女就会有四只眼睛。小马的眼睛大，但不能说它是大马；大马的眼瞎了，可以说是一匹瞎马。事物本来就存在着好像是这么回事但又不像这么回事的情况。所以有时断一根手指就能丢掉性命，但有的断了一条手臂却能活下来。所以类似的事情不一定可以按同样的道理去推断。磨砺宝剑必须用软一点的磨刀石，敲击钟磬一定要用软木棒，车轮一定要用柔软的辐条，两个坚硬的东西是不能相互调和的，双方都很强势那么就不能互相折服。所以梧桐树可以击断兽角，马尾可以截断玉石，媒婆出于职业习惯会说虚假的话，并不是特意去学习欺诈，但是经常说虚假的话就失去了诚信；培养勇敢的精神，并不是要学会好勇斗狠，但勇敢性格一旦形成就不会懂得礼让了。所以君子不在监狱里入职，因为这会伤害君子培养仁爱之心；同样君子也不能到街市去做买卖，因为这会妨碍君子养成廉洁的品德。行为日积月累的效果是不能不审慎的。

走不以手，缚手走不能疾；飞不以尾，屈尾飞不能远。物之用者，必待不用者。故使之见者乃不见者也；使鼓鸣者乃不鸣者也。尝一脔（luán）肉①，知一镬（huò）②之味；悬羽与炭，而知燥湿之气；以小明大。见一叶落，而知岁之将暮；睹瓶中之冰，而知天下之寒；以近论远。三人比肩，不能外出户；一人相随，可以通天下。足蹍③地而为迹，暴行而为影，此易而难。庄王诛里史④，孙叔敖制冠浣衣，文公弃苴⑤席，后霉黑，咎犯辞归，故桑叶落而长年悲也。鼎错日用而不足贵，周鼎不爨（cuàn）⑥而不可贱。物固有以不用而为有用者。地平则水不流，重钧则衡不倾，物之尤必有所感，物固有以不用为大用者。

【注释】①脔肉：切成小块的肉。②镬：锅。③蹍：踩，踏。④里史：人名，楚庄王时的佞臣。⑤苴：一年生草本植物。⑥爨：烧火做饭。

【译文】奔跑不用手，但将双手绑住后就跑不快了；飞行不靠尾巴，但把尾巴卷起来就飞不远了。这说明事物发挥功能的部分，一定得依赖没有功能的部分。所以使人能够看见东西的器官，本身并没有视觉，使鼓鸣响的东西，本身不会鸣响。尝一小块肉，就能知道一锅肉的味道了；悬挂羽毛和木炭，就能知道空气的湿与燥；这就是从小的方面来推断大的方面。看见一片叶子凋落，就知道一年将要过完了；看到瓶中的水结成冰，就知道天已经很冷了；这是以近处的事例来推知远处的事例。三个人并肩，是不能走出房门的，一个跟随一个，走遍天下都没问题。脚踩在地上就成为足迹，在太阳下行走就形成了身影，留下足迹和出现身影的很容易的，但要使脚印正、影子不斜是很困难的。楚庄王诛杀了里史，孙叔敖便洗刷好帽子洗净衣服就准备复职上任了；晋文公丢弃旧的垫席，怠慢那些脸色黑瘦曾跟随他流亡的人，咎犯看见了就辞官归隐了，所以桑叶凋落就会引发长者悲叹时光的流逝。小鼎每天都要使用并不珍贵，周王室的大鼎不用来烧火做饭，却不被人轻贱。事物本身就有以无用来体现有用的情况。地面平坦水就不会流动,物体重量均衡就不会倾倒,物体失去平衡就必定是有所感应,事物本来就有以不用而被派大用的情况。

先倮(luǒ)而浴则可,以浴而倮则不可;先祭而后飨(xiǎng)①则可,先飨而后祭则不可。物之先后各有所宜也。祭之日而言狗生②,取③妇夕而言衰麻,置酒之日而言上冢,渡江、河而言阳侯④之波。或曰知其且赦也而多杀人;或曰知其且赦也而多活人;其望赦同,所利害异。故或吹火而然,或吹火而灭,所以吹者异也。烹牛以飨其里,而骂其东家母,德不报而身见殆。文王污膺⑤,鲍申伛(yǔ)⑥背,以成楚国之治。裨谌⑦出郭而知,以成子产之事。朱儒问径天高于修人,修人曰:"不知。"曰:"子虽不知,犹近之于我。"故凡问事,必于近者。寇难至,躄(bì)⑧者告盲者,盲者负而走,两人皆活,得其所能也。故使盲者语,使躄者走,失其所也。郢人有鬻(yù)⑨其母,为请于买者曰:"此母老矣。幸善食之而勿苦。"此行大不义而欲为小义者。介虫之动以固,贞虫之动以毒螫,熊罴之动以攫搏,兕牛之动以抵触,物莫措其所修,而用其所短也。治国者若耨田,去害苗者而已。今沐者堕发而犹为之不止,以所去者少,所利者多。砥石不利而可以利金;檠(qíng)⑩不正而可以正弓。物固有不正而可以正,不利而可以利。力贵齐,知贵捷。得之同,速为上,胜之同,迟为下。所以贵莫邪者,以其应物而断割也。劙(jī)⑪靡勿释,牛车绝辚。为孔子之穷于陈、蔡而废六艺,则惑;为医之不能自治其病,病而不就药,则勃矣。

【注释】①飨:用酒食招待客人,泛指请人受用。②生:有说通"胜",腥味。也有说是骂人的话。③取:古同"娶"。④阳侯:传说中的水神,能兴风作浪,造成灾害。⑤洿膺:胸脯凹陷。⑥伛:驼背。⑦裨谌:郑国大夫,善于谋划。⑧躄:跛脚。⑨粥:卖。⑩檠:矫正弓的器具。⑪剿:通"削",摩。

【译文】先脱衣服再洗澡是可行的,而先洗澡再脱衣服是不行的;先祭祀然后再吃祭品是可以的,而先吃祭品后再祭祀是不行的。事情总是有一个先后次序来发挥各自适宜的作用。祭祀时却以恶言伤人,娶媳妇时却说披麻戴孝的事,喝酒喜庆之日却谈论上坟的事,渡江河湖海时却说水神显灵大兴风浪的事。这些都是不适宜的话。有的人说朝廷准备大赦天下了,趁机正好可以多杀些人;有的人说朝廷准备大赦天下了,这下很多死囚犯人可以得救了;这希望赦免的愿望是相同的,但包含的利害关系是不同的。这就好像有时吹火是越吹越旺,有时吹火就把火吹灭了,这是因为他们吹火的目不一样。宰牛烹饪来招待乡里邻居,可是却骂了东邻家的母亲,这是施与恩惠后还未接受回报却可能得到危害。楚文王胸脯凹陷,鲍申驼背,却以这样的长相把楚国治理的有条有理。裨谌待在城里就头脑迟钝,一到城外就计谋百出。所以子产就将他带出城外商谈,促成了他们的大事。侏儒向高个子请教天有多高,高个子说道:"我不知道。"侏儒又说道:"你虽然不知道天有多高,但总比我离天的距离近些。"所以凡是请教问题,都必定请教熟悉这方面的人。敌寇将来,跛脚的人将这消息告诉了眼瞎的人,于是眼瞎的人背着跛脚的人逃跑,最后两个人都活了下来,这是因为他们都发挥了自己的特长。反过来如果是眼瞎的人把消息告诉跛脚的人,让跛脚的人背着眼瞎的人逃跑,那么就无法发挥各自所长了。郢都有人卖他母亲,他对买主说道:"老母年纪大了,请你好好奉养她,不要让她吃苦。"这是做了大逆不道的事却还装出假慈悲来安慰自己的良心。甲壳类的动物凭借自己坚固的甲壳来保护自己，蜂类动物依靠自己的毒螫来生存，熊类依靠蛮力来获取食物，犀牛靠角来保护自己，这些动物没有放弃自己的长处而用其短处。治理国家就像田间除草，去除掉危害禾苗生长的杂草就行了。即使洗头会掉不少头发，但现在人们还是继续在洗头，因为这是损失的少，获得的好处多。磨刀石本身并不锋利，但却可以使刀锋利；檠本身并不端正，但却可以矫正弓弩。所以有的事物自身不正却可以矫正别的事物，自身不锋利却能使别的事物锋利。用力贵在突发迅猛，智慧贵在敏捷。两者都是强调以迅速为上，要取得胜利的道理也是一样，迟缓为下。所以人们对于莫邪宝剑觉得珍贵，主要在于它能很轻易割断物体。牛车不停地摩擦门槛也能将门槛压断的，但是就很慢了。因为孔子曾在陈蔡遭受困厄，就废弃了孔子传授的六艺，那就糊涂了；因为医生不能治好自己的病，生病了也不服药，那就荒谬了。

卷十七　说林训

【题解】木丛生曰林。是说万物承阜,若林之聚矣,故曰"说林",因以题篇。本篇承上篇《说山》而来,上篇取"山",本篇取"林",无论在内容还是形式上都有相近之处。本篇依然采用了箴言体,用独立的语段及精妙的语言为世人打开了一扇认识世界的大门,并以独特的方法论为人们解开心头之惑。

以一世之度制治天下,譬犹客之乘舟,中流遗其剑,遽契其舟桅①,暮薄而求之,其不知物类亦甚矣!夫随一隅之迹,而不知因天地以游,惑莫大焉。虽时有所合,然而不足贵也。譬若旱岁之土龙,疾疫之刍狗,是时为帝者也。曹氏之裂布②,蛷(qiú)者③贵之,然非夏后氏之璜。

【注释】①桅:船舷。②曹氏:"曹"通"襛",小儿的尿布。"氏"为衍文。裂布:用过的尿布。③蛷者:患蛷螋疮的人。

【译文】用某个朝代的制度来治理天下,就像客人乘船,船行到水中央时客人的剑掉进了水里,他急忙在剑掉落的船舷位置刻上记号,等傍晚船靠岸后他再从所刻记号的位置下水去找剑,实际上他不知道事物早已发生很多变化了！只知跟随一个角落的痕迹打转，却不知应该顺应天地自然的变化去遨游，没有比这更糊涂的了。虽然有时偶尔会有巧合，但这种巧合却不足以为贵。就像大旱时用土龙来求雨，发生瘟疫疾病时用刍狗来祈求神灵庇佑消除疾疫一样，只是暂时起主导作用而已。就像小孩用过的尿布，只有患蛴螬疮的人才将之视为珍宝，但这并不是夏后氏的玉璜。

无古无今，无始无终，未有天地而生天地，至深微广大矣。

足以蹍①者浅矣，然待所不蹍而后行；智所知者褊②矣，然待所不知而后明。

游者以足蹶③，以手抈④，不得其数，愈蹶愈败；及其能游者，非手足者矣。

鸟飞反乡，兔走归窟，狐死首丘，寒将⑤翔水，各哀其所生。

【注释】①蹍：踩。②褊：狭小，狭窄，狭隘。③蹶：踏；蹈。④抈：划，拨。⑤寒将：一种水鸟，也有说是寒蝉。

【译文】没有过去也没有现在，没有开始也没有结束，没有天地时的混沌状态才产生了天地，这是最精深、微妙又广大的道啊！

人在走路时每一步所踩踏的范围都是有限的，然而只有不停地踩踏在未曾走过的地方才能到达远方；同样人们的智慧所能知道的也是狭隘不全的，然而人们就是在不断探索、认知新事物的过程中才越来越聪明的。

初学游泳的人，刚开始时都是手脚乱蹬、乱拍、乱扑腾，这是没有掌握游泳技巧，只会越扑腾越失败；等他掌握了游泳技巧后，就不一定全靠手脚了。

鸟儿即使飞得再远也会返回鸟巢，兔子跑得再远也会返回洞穴，狐狸死时头部总会朝向狐穴所在的山丘，寒将水鸟总是贴着水面飞翔,它们各自都依恋着自己的生存环境。

毋贻盲者镜,毋予躄(bì)①者履,毋赏越人章甫②,非其用也。

椎固有柄,不能自椓(zhuó)③;目见百步之外,不能自见其眦④。

狗彘不择甂(biān)④瓯(ōu)⑤而食,偷肥其体而顾近其死。凤皇高翔千仞之上,故莫之能致。

月照天下,蚀于詹诸⑥;腾蛇游雾,而殆于蝍蛆(jí jū)⑦;乌力胜日,而服于雖(zhuī)礼,能有修短也⑧。

【注释】①躄:跛脚。②章甫:一种古代的礼冠,以黑布制成。始于殷代,殷亡后存于宋国,为读书人所戴的帽子。③椓:敲;捶。④眦:眼角,上下眼睑的接合处,靠近鼻子的称"内眦",靠近两鬓的称"外眦"。④甂:小瓦盆。⑤瓯:小盆。⑥詹诸:即蟾蜍。蛤蟆。詹,通"蟾"。⑦蝍蛆:蟋蟀。一说蜈蚣。⑧乌:传说太阳中的三足乌鸦。原注说"乌在日中而见,故曰胜日。"雖礼:鸟名。修短:长短。

【译文】不要给盲人送镜子,不要给跛脚的人送鞋子,不要给越国的人送礼帽,这些对于他们来说都是没用的。

椎本来就是有椎柄的,但它却不能敲打自己;眼睛能看到百步之外的事物,但却不能看到自己的眼眶。

猪和狗不选择食器进食,因贪吃而肥了自己的身体,这样反而更接近死地。凤凰高翔于千仞之上,所以很少有人能捕捉到它。

月亮能照亮天下,却被蟾蜍所吞蚀;腾蛇能穿游于雾中,但却害怕小小的蝍蛆;三足乌能经得起太阳的灼热,却被雖礼所制服,这说明他们的才能各有长短。

莫寿于殇子①，而彭祖②为夭矣。

短绠（gěng）③不可以汲深，器小不可以盛大，非其任也。

怒出于不怒，为出于不为。

视于无形，则得其所见矣；听于无声，则得其所闻矣。

【注释】①殇子：未成年而死者，短命的人。②彭祖：尧的臣子篯铿。陆终氏第三子，帝颛顼之孙，历虞夏至商，相传活了七、八百岁。因封于彭城，故称为"彭祖"。后世用以比喻长寿。③短绠：绠，汲水用的绳索。短绠，常比喻才识浅陋。

【译文】未成年而死的孩子与稍纵即逝的生命相比可以说是长寿的了，而活了七、八百岁的彭祖对于浩瀚的历史长河来说也可说是短命的了。

汲水器上的绳子过短是无法汲取到深井里的水的，容量小的器物是无法装下大的东西的，这不是它所能胜任的。

愤怒是从没有怒气生发的，有为出自于无为。

能看到无形之物，就能看到所有东西了；能听到无声之声，那么就能听到天下所有声音了。

至味不慊（qiè）①，至言不文，至乐不笑，至音不叫，大匠不斫，大豆不具②，大勇不斗，得道而德从之矣。譬若黄钟之比宫，太簇之比商③，无更调焉。

以瓦鉒（zhù）者全，以金鉒者跋，以玉鉒者发，是故所重者在外，则内为之掘④。逐兽者目不见太山，嗜欲在外，则明所蔽矣。

听有音之音者聋，听无音之音者聪；不聋不聪，与神明通。

【注释】①慊：满足，满意。②大豆不具：《吕氏春秋·贵公》作"大庖不豆"，豆，摆食具。③"譬若"句：黄钟律、太簇律分别以宫音及商音为主音。④瓦鈺：亦作"瓦注"，以瓦器为赌注。后喻贱物轻掷。鈺：通"注"，赌注。全：神色安定。跂：这里指心神不宁。发：这里指心情急切。掘：通"拙"。

【译文】最美味的食物吃了没有快感，最高深的言辞不讲究文饰，最大的快乐不带笑意，最美的声音不是呼号，最高明的工匠无须砍削，最高明的厨师不须陈列食具，最勇敢的人不以打斗来取胜，这是因为得道后，德也就随之而来。就像黄钟律配宫音，太簇律配商音，无须更换成其它的音调。

用瓦砾来当作赌注的人会不慌不乱，用黄金当作赌注的人会心神不宁，用美玉当作赌注的人会焦虑不安，这是因为过于看重外在的黄金和美玉，所以内心会为之牵绊而变得笨拙。追逐野兽的人，眼睛只盯着野兽，连偌大的泰山都看不见了，只追求一种外在的欲望，很容易被外物所蒙蔽。

听有声之声会导致耳聋，听无声之声会使耳朵更灵；不聋不聪，才能通于神明。

卜者操龟，筮者端策①，以问于数，安所问之哉！

舞者举节，坐者不期而抃(biàn)②皆如一，所极同也。

日出旸谷③，入于虞渊④，莫知其动，须臾之间，俛(fǔ)⑤人之颈。

人莫欲学御龙，而皆欲学御马；莫欲学治鬼，而皆欲学治人，急所用也。

解门以为薪，塞井以为臼，人之从事，或时相似。

【注释】①端策：把蓍草摆正。②抃：拍手，鼓掌。③旸谷：古时认为是日出的地方。④虞渊:传说日落栖止之处。⑤俛:同"俯"。

【译文】占者拿着龟壳,筮者摆正蓍草,而要问卜占卜的方法,但这哪是他们该问的呢!

舞者合着节拍起舞,坐着观赏的人不约而同鼓起掌来,这是因为他们的观念是一样的。

太阳从旸谷升起,到虞渊时落下,没有人知道太阳是怎么运行的,须臾之间就西沉,离地面很近,不到一人高了。

世人都不想去学驾龙的技术,而只想学习御马之术;都不想学习治鬼的方法,只想学习管理人的本领,因为这些都是世人急用之术。

将门板拆下来当柴烧,将水井堵上做杵臼,人们做事,有时就像这样愚蠢。

水火相憎,錯(wèi)①在其间,五味以和;骨肉相爱,谗贼间之,而父子相危。

夫所以养而害所养,譬犹削足而适履,杀头而便冠。

昌羊去蚤虱而来蛉(qín)穷②,除小害而致大贼,欲小快而害大利。

墙之坏也,不若无也,然逾屋之覆③。

【注释】①錯:一种小鼎。②昌羊:即菖蒲。昌,通"菖"。蚤虱:跳蚤和虱子。亦泛指小害虫。蛉穷:即蚰蜒,一种节肢动物。③"墙之"三句:原注作:"不若其无为墙。屋之覆为败屋,墙之坏更为土,归于本。故曰逾屋之覆也。"

【译文】水火互不相容,但是把装有水和食物的小鼎放在火上,却能做成五味俱全的美食;骨肉之间相亲相爱,但如果有谗贼小人从中挑拨离间,那么即使是父子也可能做出相互危害的事情。

所以为了养生而去伤害生命,就好像削足适履,又好像把脑袋削小去适应帽子一样。

菖蒲能驱走跳蚤和虱子,但却会引来蚰蜒,这真是除了小害却招来了大害,贪图小的快活而损失了更大的利益。

要是知道墙会毁坏,不如当初就不砌墙了。屋子倒塌会成为坏屋,无法住人,墙要坏了就又变为土,回归本原。所以说墙坏了总比房子倒塌要好多了。

璧瑗(yuàn)①成器,磛(jiān)诸②之功;镆邪断割,砥砺之力。

狡兔得而猎犬烹,高鸟尽而强弩藏。

虻与骥致千里而不飞,无糗(qiǔ)粮③之资而不饥。

失火而遇雨,失火则不幸,遇雨则幸也。故祸中有福也。

【注释】①璧瑗:泛指玉璧。②磛诸:打磨玉石用的青色磨石。③糗粮:干粮。

【译文】璧瑗能制成玉器,是磛诸的功劳;镆邪宝剑能断割无阻,是砥砺的力量。

得到狡兔后,猎犬就会被烹煮,射杀完飞鸟,强弓就会被收藏。

虻蝇叮咬在骐骥身上,随马奔跑千里却不用自行飞动,没有干粮供应也不会挨饿。

失火而正巧碰上下雨,失火本是件不幸的事,但遇到下雨却是幸事。所以说祸中有福。

鬻棺者,欲民之疾病也;畜粟者,欲岁之荒①饥也。

水静则平,平则清,清则见物之形,弗能匿也,故可以为正。

川竭而谷虚,丘夷而渊塞,唇竭而齿寒,河水之深,其壤在山②。

【注释】①荒:原注作:"荒,大饥,粟不熟。"②"河水"二句:原注作:"言非一朝一夕也。"

【译文】卖棺木的人,都希望人们得不治之症;囤积粮食的人,都希望每年都闹大饥荒。

水流静止就会平稳,平稳就会清澈,清澈就能映出物体的形状,使之不能藏匿,所以可以对着静水来整理衣冠。

川涧枯竭就会导致山谷空虚无水,山丘被移平那么深渊就会被填满,嘴唇不在了牙齿就受寒,河水之所以深不可测,是由于山崖的泥土长年被冲刷所造成的。

钧之缟也①,一端以为冠,一端以为袜。冠则戴致②之,袜则躞履③之。

知己者,不可诱以物;明于死生者,不可却④以危。故善游者不可惧以涉。

亲莫亲于骨肉,节族之属连⑤也。心失其制,乃反自害,况疏远乎?

圣人之于道,犹葵之与日也,虽不能与终始哉,其乡⑥之诚也。

【注释】①钧:通"均",平分,平均。缟:未经染色的绢。②致:王念孙认为此处应为"菣",有"戴"的意思。③躞履:犹践踏。这里指穿在脚下,踩在脚下。④却:通"劫",威逼,胁迫。⑤节:关节。族:

即"簇",筋骨交错之处。属连:相连缀。⑥乡:向。

【译文】将白绢平均分为两段,一段用来做帽子,一段用来做袜子。帽子是戴在头上的,而袜子却被踩在脚下。

有自知之明的人,不能用物质来诱惑他们;懂得生死之道的人,不能用危难来胁迫他们。所以善于游泳的人不能用涉水渡河来威吓他们。

最亲密的关系莫过于骨肉,全身的关节、筋骨将它们相连。如果心脏失去对人体的控制,反而会对身体产生危害,更何况那些关系本就疏远的事物呢?

圣人对于道,就像葵花对于太阳一样,即使不能与太阳始终同行,但面向太阳的心却是无比真诚的。

宫池涔(cén)①则溢,旱则涸。江水之原,渊泉不能竭。

盖非橑(liáo)②,不能蔽日;轮非辐,不能追疾。然而橑、辐未足恃也。

金胜木者,非以一刃残林也;土胜水者,非以一璞(pú)③塞江也。

躄(bì)者④见虎而不走,非勇,势不便也。

【注释】①涔:连续下雨,积水成涝。②橑:伞盖的弓形骨架。③璞:土块。④躄者:跛脚。

【译文】学宫前的水池,遇到连续下雨的情况,池里的水就会满溢而出,遇到天旱,池水就会干涸。长江的源头,出自深渊之泉,所以不会枯竭。

伞盖没有了弓形骨架的支撑,就不能遮蔽阳光;车轮没有辐条,就不能飞快奔跑。虽然如此,但只是依靠伞骨和辐条也是不行的。

金能克木，但并不是说一刀就能砍出一片残林；土能克水，但并不是说用一块土就能堵塞江河。

跛脚的人看到老虎却不逃走，并不是他勇敢，而是他腿脚不方便。

倾者易覆也，倚者易𢮓（rǒng）①也，几②易助也，湿易雨也。

设鼠者机动，钓鱼者泛杭③，任④动者车鸣也。

刍狗能立而不能行，蛇床似蘼芜而不能芳⑤。

谓许由无德，乌获无力，莫不丑⑥于色，人莫不奋于其所不足。

【注释】①𢮓：推。②几：近。③泛杭：鱼漂跳动。泛，原注作"钓浮"。杭，通"航"，这里有跳动、飘移之意。④任：原注释为"辇"意。⑤蛇床：为伞形科、一年生草本植物，其果实"蛇床子"可入药。蘼芜：香草名。蘼，通"蘪"。⑥丑：原注作："犹怒也。一曰，愧也。"

【译文】倾斜的东西容易颠覆，倚靠的东西容易被推倒，近处的人很容易得到帮助，空气潮湿就容易下雨。

捕捉老鼠要靠机关发动，钓鱼的人要看鱼漂的跳动，车轮转动车子就会发出响声。

刍狗能站立但却不能行走，蛇床草外表像蘼芜但却没有芳香。

如果说许由没有道德，乌获没有力气，那么他们必定会脸色难看而不高兴。人没有不竭力弥补自己不足的。

以兔之走，使大如马，则逮日归风①；及其为马，则又不能走矣。

冬有雷电，夏有霜雪，然而寒暑之势不易，小变不足以妨大节。

黄帝生阴阳，上骈生耳目，桑林生臂手，此女娲所以七十化也②。

终日之言，必有圣之事；百发之中，必有羿、逢蒙之巧。然而世不与也，其守节非也。

【注释】①归风：追风。②黄帝：原注作："黄帝，古天神也。始造人之时，化生阴阳。"上骈、桑林：原注作"皆神名"。"上骈"句：是说上骈造出人的耳目。"桑林"句：是说桑林造出人的手臂。"此女娲"句：高诱注："女娲，王天下者也。七十变造化也。"

【译文】以兔子的奔跑速度，如果让它像马一样大，那么它的速度就会赶上太阳、追上风；但当兔子真的变得和马一样大，那它又跑不快了。

冬天会有打雷闪电，夏天偶尔会有霜雪，但寒暑规律却不会被这些偶然所改变，这说明小的改变不足以对大的常规法则造成妨碍。

黄帝化生阴阳二气，上骈造出人的耳目，桑林造出人的手臂，这就是女娲之所以能化七十变化而造出人类的原因了。

从早说到晚，一定能说出圣明的话；百发之中，一定会出现后羿、逢蒙那样的射技。尽管如此，世人并不认为他们就是圣人和神射手，因为他们还未掌握真正的技巧。

牛蹄彘颅亦骨也，而世弗灼，必问吉凶于龟者，以其历岁久矣。

近敖仓①者，不为之多饭；临江河者，不为之多饮，期满腹而已。

兰芝②以芳,未尝见霜;鼓造③辟兵,寿尽五月之望。

舌之与齿,孰先眘④也?錞(chún)⑤之与刃,孰先弊也?绳之与矢,孰先直也?

【注释】①敖仓:古代重要粮仓,秦置。在今河南荥阳东北敖山,地当黄河和济水分流处,中原漕粮由此输往关中和北部地区。汉魏仍在此设仓。后泛称粮仓为敖仓。②芝:王念孙认为此处应作"芷",即白芷,香草名。③鼓造:枭。一说,虾蟆。④眘:磨。⑤錞:矛戟柄下端的平底金属套。

【译文】牛的蹄子和猪的头骨也是骨头,但世人却不用它们来灼烧占卜,占卜吉凶一定要用龟甲,这是因为龟的年岁比牛、猪要长久得多。

住在敖仓附近的人,并不会因为靠近敖仓就会饭量特别大;住在长江、黄河边的人,也不会因此多喝水,他们也只是希望能吃饱喝足就行了。

兰草和白芷因为芳香,还未到霜季节就被采摘了;世人有在五月做鸟羹来避凶,所以枭鸟活不过五月十五。

舌头与牙齿,哪个会先磨损呢?刀錞和刀刃,哪个会先破损?缴绳与箭头,哪个会先折断?

今鳝之与蛇,蚕之与蠋(zhú)①,状相类而爱憎异。

晋以垂棘之璧得虞、虢,骊戎以美女②亡晋国。

聋者不歌,无以自乐;盲者不观,无以接物。

观射者遗其执③,观书者忘其爱。意有所在,则忘其所守。

【注释】①蠋:蝴蝶、蛾等昆虫的幼虫。②美女:指骊姬。③遗:忘,遗忘。执:要做的事。

【译文】鳝与蛇,蚕与蠋,外表形状相似,但人们对它们的爱憎却截然不同。

晋国用垂棘之璧作诱饵夺得了虞、虢两国,骊戎把美女骊姬嫁给晋献公从而导致晋国灭亡。

耳聋的人不唱歌,因为无法自得其乐;眼盲的人不看东西,因为无法看到外物。

观看别人射箭的人会忘了自己正在做的事,看书入迷的人会忘了他的所爱。意念集中在某个地方,就会忘了自己该持守的东西。

古之所为不可更,则推车至今无蝉匷(jué)^①。
使但吹竽,使氏厌窍^②,虽中节而不可听,无其君形者也。
与死者同病,难为良医;与亡国同道,难与为谋。
为客治饭而自藜藿^③,名尊于实也。

【注释】①蝉匷:古代的一种车子。②但:有说此处应为"倡",古代称唱戏的人。氏:王念孙认为此处应为"工"字。厌:压,按压。③藜藿:粗劣的饭菜,或是一般百姓所吃的野菜。

【译文】如果古人所做的一切都不可更改,那么推车会一直用到现在,就不会有蝉匷了。

让唱戏的人吹竽,让乐工给他按孔窍,虽然能合着节拍演奏完,但却不好听,这是因为他们两人共同演奏一只乐器从而导致乐器失去了主宰。

与经过他治疗而死的人患同一种病的医生,是很难成为良医的;与已灭亡国家的治国之道相同,是难以与他共同商讨治国谋略的。

为客人准备好的饭菜而自己却吃一些野菜,这种人把名声看得比实际情况更重要。

乳狗①之噬虎也,伏鸡之搏狸也②,恩之所加,不量其力。

使景曲者,形也;使响浊者,声也。情泄者中易测,华不时者不可食也③。

蹠④越者,或以舟,或以车,虽异路,所极一也。

佳人不同体,美人不同面,而皆说于目;梨、橘、枣、栗不同味,而皆调于口。

【注释】①乳狗:育子的母狗。②伏鸡:孵卵的母鸡。狸:狸猫。③"华不时"句:原注作:"华,实。若今八九月食晚瓜,令人病疟,此之类,故不可食。喻人多言,不时适,不可听用也。"④蹠:至,到。

【译文】哺乳的母狗可以去咬老虎,孵卵的母鸡敢与狸猫搏斗,这是因为它们将母爱都倾注在幼小的孩子身上,而没有考虑自身的力量。

让影子弯曲的是弯曲的形体,让回音浊重的是浊重的声音。情绪外露的人,很容易就能猜到他们心中所想,不合时令季节的果实不可食用。

到越国去的人,有的乘船,有的乘车,虽然路途不同,但最终到达的目的地是一样的。

佳人体态各不相同,美女也各有不同的面容,但都能让人感到欣悦;梨、橘、枣、栗味道不同,但人们都喜欢吃。

人有盗而富者,富者未必盗;有廉而贫者,贫者未必廉。

菌(dí)①苗类絮,而不可为絮;豶(fén)②不类布,而可以为布。

出林者不得直道,行者不得履绳。

羿之所以射远中微者,非弓矢也;造父之所以追速致远者,非辔衔也。

【注释】①薃:同"获",即所谓的芦花絮。②黂:麻的子实,亦泛指麻。

【译文】有的人靠偷盗变得富有,但富有的人不一定是盗贼;有的人因为廉洁而生活清贫,但清贫的人未必都是廉洁的人。

芦获花像棉花,但却不可以把它当做棉花来用;粗麻不像布,但可以用它织成布。

要走出林子的人不可能一直走直道,在险要地方行走的人也不可能一直走直线。

后羿之所以能射中远处的细微之处,并不是光凭弓箭;造父之所以能驾车跑得又快又远,并不是仅靠缰绳和衔勒。

海内①其所出,故能大;轮复其所过,故能远。

羊肉不慕蚁,蚁慕于羊肉,羊肉膻也;醯(xī)酸不慕蚋(ruì)②,蚋慕于醯酸。

尝一脔(luán)③肉而知一镬④之味,悬羽与炭而知燥湿之气,以小见大,以近喻远。

十顷之陂(bēi),可以灌四十顷;而一顷之陂,可以灌四顷,大小之衰然⑤。

【注释】①内:容纳。②醯:醋。酸:或为衍文。后面的"酸"字是指醋的酸味。蚋:小蚊。又名沙蚊。③脔:切成小块的肉。④镬:古代的大锅。⑤可以：王念孙认为此处应为"不可以"。衰：差别，等差。

【译文】海纳百川，所以成其大；车轮因反复不停地转动，所以能跑得很远。

羊肉并没有爱慕蚂蚁，是蚂蚁喜爱羊肉，主要是因为羊肉有膻味；醋没有喜欢蚋虫，是蚋虫盯上了醋，它们喜欢醋的酸味。

尝一小块肉就能知道一整锅肉的味道，悬挂羽毛和木炭就能知道空气是干燥还是湿润，这是以小见大，以近知远。

十顷大的池塘可以灌溉四十顷的田地；但一顷大的池塘却不能灌溉四顷的田地，这是因为有大小的差别。

明月之光，可以望远，而不可以细书；甚雾之朝，可以细书，而不可以远望寻常之外。

画者谨毛而失貌，射者仪小而遗大。

治鼠穴而坏里闾，溃小疱而发痤疽①，若珠之有颣（lèi）②、玉之有瑕，置之而全，去之而亏。

【注释】①痤疽：痈疽；毒疮。②颣：缺点，毛病，瑕疵。

【译文】借助明亮的月光，可以望到远处，但却不可以靠它书写小字；多雾的早晨，可以书写小字，但却看不清丈外之物。

画者如果只注重毛发等细节，就不可能画好全貌，射箭的人如果在瞄准时有微小的偏差，就会带来大的差错。

为了捕捉老鼠挖开鼠穴导致里巷被破坏，为了挑破小疱而造成毒疮，就像珍珠上有了瑕疵，玉石上有了斑点，保留这些斑点玉石就会很完整，但如果把这些斑点去掉，这些玉石就有残缺了。

榛巢者处林茂，安也；窟穴者托埵防①，便也。

王子庆忌足蹑麋鹿,手搏兕虎②,置之冥室之中,不能搏龟鳖,势不便也。

汤放其主而有荣名,崔杼弑其君而被大谤,所为之则同,其所以为之则异。吕望使老者奋,项托使婴儿矜,以类相慕③。

【注释】①埵防:堤防,也指堤防的高处。②蹑:踩,踏。兕虎:兕与虎。泛指猛兽。③吕望:原注作:"吕望鼓刀钓鱼,年七十始学读书,九十为文王作师,佐武王伐纣,成王封之于齐,故老者慕之而自奋励。"项托:原注作:"项托年七岁,穷难孔子而为之作师,故小儿之畴自矜大也。"

【译文】在草木丛生之处筑巢的鸟儿,会把鸟巢筑在密林深处,因为那样会很安全;凿洞的动物会把洞穴建在堤防的高处,因为那样很方便。

王子庆忌用脚能踩住麋鹿,双手能搏杀猛兽,但如果把他放置于黑暗的房子中,恐怕连龟鳖都抓不到,这是因为所处的环境没有给他创造便利的条件。

商汤因放逐夏桀而获得美名,而崔杼杀了齐庄公却遭到他人的谴责,他们所做的事情看起来相同,都是臣子犯上,但犯上的原因却不一样。

吕望到了晚年才有大的作为,这样使得很多老年人为之振奋,项托小时候就因难倒孔子而成为孔子的老师,这样就使得少年们为之骄傲,这都是同类相互仰慕的缘故。

使叶落者风摇之,使水浊者鱼挠之。
虎豹之文来射,猿狖之捷来乍①。
行一棋,不足以见智;弹一弦,不足以见悲。三寸之管而无当,天下弗能满;十石而有塞,百斗而足矣。

以篙测江,篙终而以水为测,惑矣。

【注释】①乍:通"措",刺。

【译文】让树叶飘落的,是风的摇动,让水浑浊的,是鱼的搅动。

虎豹因为长着漂亮的花纹,而招致射杀,猿猴因动作敏捷,而遭到刺伤。

只走一步棋,是不能看到其智慧的;只弹奏一根琴弦,不足以表达悲伤的情怀。三寸长的管子如果没有底,就算集聚天下的粮食也无法把它填满;容积为十石的容器如果有底,那么一百斗粮食就能填满它。

用竹篙来测江水的深度,如果篙在水里没了顶就以为这篙长就是江水的深度,那就太糊涂了。

渔者走渊,木者走山,所急者存也;朝之市则走,夕过市则步,所求者亡也。

豹裘而杂,不若狐裘之粹;白璧有考①,不得为宝;言至纯之难也。

战兵死之鬼憎神巫,盗贼之辈丑②吠狗。

无乡之社,易为黍肉;无国之稷,易为求福。

【注释】①考:玉上的斑点、裂纹。②丑:原注作"犹恶也"。

【译文】渔夫奔波于深水边,樵夫在大山里转,这是因为他们所需要的东西都在那里;早市时人们走得飞快,到傍晚时就放慢了步子,因为到傍晚时想购买的东西集市上已经没有了。

豹皮大衣颜色杂，不能与毛色纯粹的狐裘大衣相比；白璧有污点裂纹，就不能称之为宝物了；这是说想要得到绝对的纯粹非常难。

在战争中死去的人的鬼魂讨厌神巫，偷盗的人不喜欢狂叫的狗。

没有乡属的社神，随便弄些黍肉就可以祭祀了；亡了国的谷神，是很容易向它祈福的。

鳖无耳，而目不可以蔽，精于明也；瞽无目，而耳不可以塞，精于聪也。

遗腹子不思其父，无貌于心也；不梦见像，无形于目也。

螣蛇不可以为足，虎豹不可使缘木。

马不食脂，桑扈①不啄粟，非廉也。秦通崤塞，而魏筑城也②。

【注释】①桑扈：鸟名。即青雀。又名窃脂。②"秦通"句：原注作："魏徙都于大梁，闻秦通治崤关，知欲来东兼之，故长城设守备也。"

【译文】鳖没有耳朵，但眼睛却蒙蔽不了，它的眼睛特别敏锐；盲人乐师瞽虽然眼睛瞎了，但耳朵却没有闭塞，听力格外灵敏。

遗腹子不会思念他们的父亲，因为他们心里没有父亲的音容相貌；他们做梦也不会见到父亲的样子，因为他们从来没有见过父亲的样貌。

螣蛇不可以为他们画上脚，虎豹不可以让它们爬上树。

马不吃含油脂的东西，桑扈不啄食粟米，它们不吃那些东西，并不是因为它们廉洁。秦国打通了到崤塞的道路，魏国就修筑城墙来进行防范。

饥马在厩,寂然无声,投刍其旁,争心乃生。

引弓而射,非弦不能发矢,弦之为射,百分之一也。

道德可常,权不可常。故遁关不可复,亡狴(àn)①不可再。

环可以喻圆,不必以轮;绦②可以为繶(yì)③,不必以絇(xún)④。

【注释】①亡狴:越狱。②绦:用丝编织的带子或绳子。③繶:古代饰鞋的圆丝带。④絇:饰履的圆形饰带。

【译文】饥饿的马在马厩里寂静无声,但当把草料投在马身旁时,马匹之间的争夺之心便会发生。

想拉弓射箭,如果没有弦,箭是不能发射出去的,但弦的长度与射程相比,还不到射程的百分之一。

道德可以是恒常不变的,但政权却不能恒常不变。所以曾经逃出过的关卡,就很难再重新逃过第二回,越狱逃跑也不能一成不变地再上演第二次。

圆环可以比喻圆形,就不必再用车轮来作比喻了;用绦带可以制成饰鞋的带子,就不必再用絇带了。

日月不并出,狐不二雄,神龙不匹,猛兽不群,鸷鸟不双。

循绳而斫则不过,悬衡①而量则不差,植表而望则不惑。

损年②则嫌于弟,益年则疑于兄,不如循其理,若其当。

人不见龙之飞举而能高者,风雨奉③之。

【注释】①悬衡:挂起秤锤。②损年:少报年岁。③奉:原注作"助"。

【译文】太阳和月亮不会同时出现,一只雌狐不会配两只雄狐,神龙没有配偶，猛兽不会合群，鸷鸟不会成双。

沿着墨绳弹出的黑线来砍削就不会出错，用秤来称量就不会出现差错，立圭表进行观测就不会出现疑惑。

少报年龄就会和弟弟互相混淆，多报年龄就难以和哥哥分清，不如遵循事理，依据实际情况来行事。

人们看不见龙高飞云端所依凭的，是风雨相助。

蠹众则木折，隙大则墙坏。

悬垂之类，有时而隧①；枝格②之属，有时而弛③。

当冻而不死者，不失其适；当暑而不暍（yē）④者，不亡其适。未尝适，亡其适⑤。

汤沐⑥具而虮（jǐ）虱相吊，大厦成而燕雀相贺，忧乐别也。

【注释】①隧：通"坠"。②枝格：长枝条。③弛：脱落。④暍：中暑。⑤亡尝适：有说当为"未尝不适"。亡：通"忘"。⑥汤沐：洗濯用的水。

【译文】蠹虫多了木头就会折断，缝隙大了墙壁就会毁坏。

悬挂的东西，时间久了就会坠落；长枝条之类的东西，到一定时间就会脱落。

在严寒天气中没有被冻死的人，是没有失去他的适应能力；在酷暑天气都不会中暑的人，也是没有失去他的适应能力。未曾有过不适应的，是在毫无所察的状态下自然地适应着。

洗濯用的水准备好，虮和虱子就开始相互吊唁了；大厦建成后，燕雀就会相互庆贺了，这忧愁与快乐是不同的。

柳下惠见饴①，曰："可以养老。"盗跖见饴，曰："可以黏牡②。"见物同，而用之异。

蚕食而不饮，二十二日而化；蝉饮而不食，三十日而脱；蜉蝣不食不饮，三日而死。

人食礜（yù）石③而死，蚕食之而不饥；鱼食巴菽④而死，鼠食之而肥。类不可必推。

瓦以火成，不可以得火；竹以水生，不可以得水。

【注释】①柳下惠：指春秋时鲁国贤人展禽。饴：用麦芽制成的糖浆，糖稀。②黏牡：谓以饴黏在门闩上，以便开启门户。③礜石：一种性热含毒的矿石，即硫砒铁矿，也叫毒砂。为制砷及亚砷酸的原料，可入药，亦可杀鼠。④巴菽：巴豆的别名。产于巴蜀，其形如豆，故名。中医药上以果实入药。

【译文】柳下惠看到饴糖，说道："这个糖可以用来奉养老人。"盗跖看到饴糖，说道："这个可以黏在门闩上，以便开启门户。"看到的事物相同，而想到的用途却大不一样。

蚕一直都是只吃桑叶却从不喝水，经过二十二天就会化为蛾；蝉只喝露水却不吃食物，三十天后就会蜕化；蜉蝣不吃食物也不喝水，三天就会死去。

人吃礜石会被毒死，但蚕吃了却能充饥；鱼吃巴豆会死，但老鼠吃了却能长肥。事物的缘由很复杂，所以无法以类属相推。

瓦是用火烧制而成，但再用火干烧就会出现裂痕；竹子依靠水来生长，但将其长期浸于水中就会死掉。

扬堁①而欲弭尘，被裘而以翣（shà）翼②，岂若适衣而已哉？

槁竹有火，弗钻不燃；土中有水，弗掘无泉。

蜯（bàng）③象之病，人之宝也；人之病，将有谁宝之者乎？

为酒人之利而不酤，则竭；为车人之利而不僦（jiù），则不达④。握火提⑤人，反先之热。

【注释】①堁：尘埃；尘土扬起。②翣：扇。槁：枯干。翼：有驱、取二义。③蜯：古同"蚌"。④"为酒人"二句：原注作："不欲使酒人车人得利，不酤僦而先自竭、先不达。"僦：这里指雇车。⑤提：掷，投掷。

【译文】想用扬起尘土的办法来消除尘埃，穿着皮袭又用扇子煽风，哪比得上根据气温的变化穿适当的衣服来得好？

枯干的竹子能起火，但不钻的话就不会燃烧；地下有水，但不进行挖掘的话是不会出泉水的。

给蚌蛤和大象带来灾难的是珍珠和象牙，这些被人们视为珍宝；但人的疾病，会有谁把它当宝贝呢？

为了不让卖酒的人获得更多的利润就不去买酒，那么就只能干渴着了；为了不让驾车的获得利润就不去雇车，那就不能达到远方了。手握火把将其投掷向他人，反而让自己先受到烧灼。

邻之母死，往哭之；妻死而不泣，有所劫①以然也。

西方之倮（luǒ）国②，鸟兽弗辟，与为一也。

一膊炭爒（hàn）③，掇之则烂指；万石俱爒，去之十步而不死，同气异积也。大勇小勇，有似于此。

今有六尺之席，卧而越之，下材弗难；植而逾之，上材弗易，势施异也。

【注释】①劫：胁迫。原注作："嫌于情色，故曰有所劫迫之。"②倮国：传说中的古代西方国名。③一脟：一块肉。燂：烧，烘烤。

【译文】邻人母亲去世了，前去哭丧，而自己的妻子去世却不哭泣，这是因为妻子在世时对自己有胁迫才这样的。

西方的倮国，鸟兽都不会回避人类，是因为人与鸟兽习性相同。

一块肉放在炭火上烤，用手去拾取就会烫伤手指；而一万石肉放在一起烤，离它十步的距离是不会对人造成伤害的，这是因为同是热气而聚散的热量不一样。大的勇气和小的勇气与这种情况类似。

现在有六尺宽的席子，只要把席子平铺在地上，即使是弹跳力处于低下水平的人越过它也没什么困难；但如果把席子竖立起来，就算弹跳力好的人想要越过它也不是那么容易了，这是因为席子的摆放形式不一样了。

百梅足以为百人酸，一梅不足以为一人和①。

有以饭死者，而禁天下之食；有以车为败者，而禁天下之乘，则悖矣。

钓者静之，罧②者扣舟，罩者抑之，罜③者举之，为之异，得鱼一也。

见象牙乃知其大于牛，见虎尾乃知其大于狸，一节见而百节知也。

【注释】①"百梅"二句：原注作"喻众能济少，少不能所成也。"②罧：原注作"罧者，以柴积水中，以取鱼。扣，击也。鱼闻击舟声，藏柴下，壅而取之。"③罜：王念孙认为此处应为"罾"字，是鱼网的意思。

【译文】百颗梅子足以让上百人口冒酸水,而一颗梅子却不能调配出一个人所需要的酸汁。

如果因为有人吃饭噎死了,就禁止天下人吃东西;因为有人乘车出了车祸,就禁止天下所有人乘车,那么这显然是荒谬又违背事理的。

钓鱼的人静静地等着鱼儿咬钩,罛者敲打鱼船惊扰鱼,使它们游到鱼网区域,罩鱼的使劲往下按,持网的用力往上拉举,虽然捕鱼的方式各不相同,但是要捕到鱼的想法却是一样的。

看到象牙就知道象比牛大,看见老虎尾巴就知道老虎比狸猫大,这就是知道了部分,就能推断出整体来。

小国不斗于大国之间,两鹿不斗于伏兕①之旁。

佐祭者得尝,救斗者得伤。荫不祥之木,为电雷所扑。

或谓冢,或谓陇;或谓笠,或谓簦(dēng)②。头虱与空木之瑟,名同实异也③。

【注释】①兕:古代一种似牛的野兽。②簦:古代有柄的笠,类似现在的伞。③"头虱"二句:原注作:"头中虱,空木瑟,其音同,其实则异也。"

【译文】两个小国是不会在大国面前争斗的,两头鹿是不会在躺着的兕旁争斗的。

帮助祭祀的人可以得到胙肉的赏赐,而制止打斗的人却受了伤。在不吉祥的树木下躲雨,会被雷电所击。

有称冢,有称陇;有称笠,有称簦,虽然名称不一样,但实际都是相同的。头上的虱子的"虱"和空心木做的琴瑟的"瑟",这二字读音虽相同,但所指的物体却不一样。

日月欲明,而浮云盖之;兰芝欲修,而秋风败之。

虎有子,不能搏攫者,辄杀之,为堕武也。

龟纽①之玺,贤者以为佩;土壤布在田,能者以为富。予拯溺者金玉,不若寻常之缠索。

视书,上有酒者,下必有肉;上有年者,下必有月,以类而取之。

【注释】①龟纽:雕成龟形的印钮。

【译文】太阳和月亮想要永远明亮,但乌云总会遮住它们的光;兰草、灵芝想要四季都能生长,但秋风总使它们枯萎衰败。

老虎产下的虎仔,如果不能捕杀猎物,大虎就会将它们杀掉,因为这样下去会将老虎的威武丧失殆尽。

装饰有龟纽的印玺,贤者会将它们当作佩饰;土壤分布在田间,能干的人可以靠它致富。丢给溺水的人一些黄金美玉,不如给他抛一根救命的绳索。

看书的时候,看到前面有一个"酒"字,那么后面一定会有"肉"字;看到前面有"年"字,就知道下面一定有"月"字,这是依据它们同类别而得出的结论。

蒙尘而眯(mí)①,固其理也;为其不出户而堁之也②。

屠者藿藿③,为车者④步行,陶者⑤用缺盆,匠人处狭庐。为者不必用,用者弗肯为。

毂立三十辐,各尽其力,不得相害。使一辐独入,众辐皆弃,岂能致千里哉?

夜行者掩目而前其手,涉水者解其马载之舟⑥。事有所宜,而有所不施。

【注释】①眯:尘土入眼,不能睁开看东西。②"为其"句:王念孙引之认为,此句后应有"非其道"三字。③羹藿:以藿为羹。泛指粗粝的食物。④为车者:造车的人。⑤陶者:制作陶器的人。⑥载之舟:载之于舟。

【译文】因蒙受灰尘而眯眼,这是理所当然的;但说他足不出户就被灰尘眯到眼睛,这就就不合常理了。

屠夫宰杀各种牲畜却吃野菜汤,造车的人要步行,制作陶器的人用缺口的盆,造房子的人却住在狭小的屋子里。这是因为制作这些东西的人不一定能享用它,而享用它的人又不肯从事这方面的工作。

车毂装有三十根辐条,它们各尽其力,互不妨害。如果只让一根辐条连接车轮,其余的全都弃之不用,那这车怎么可能行走千里呢?

走夜路的人就像眼睛被蒙住,只能用手摸索前行,要涉水渡河的人解下马放到船上载过去,事物总有它适用的地方,也有它无法施展自己所能的地方。

橘柚有乡①,藋(guàn)苇有丛②。兽同足者相从游,鸟同翼者相从翔。

田中之潦③,流入于海;附耳之言,闻于千里也。

苏秦步④,曰:"何故?"趋,曰:"何趋驰?"有为则议,多事固苛。

皮将弗睹,毛将何顾?畏首畏尾,身凡有几?

【注释】①乡:产地。②藋苇:荻和苇。丛:丛集之处。③潦:积水,雨水大。④步:缓步徐行。

【译文】橘子和柚子都有自己的产地,荻草和芦苇都有自己的丛集之处。足相同的的兽类会一起相伴而行,鸟类羽翼相同的也会在一起飞翔。

田里的积水,会流入大海;贴耳说的悄悄话也会传到千里之外。

即使像苏秦这样的人走路慢了,就会有人问他:"为什么走慢了?"如果快走,又会有人问:"为什么走这么快?"这说明只要人有所为就会被议论,多事之人原本就喜欢苛求。

皮都要看不到了,到哪儿还能看到毛呢?一个人总是畏首畏尾,那么身上总共还剩多少是无所畏惧的呢?

欲观九州之土,足无千里之行;心无政教之原,而欲为万民之上,则难。

旳旳①者获,提提②者射,故大白若辱③,大德若不足。

未尝稼穑,粟满仓;未尝桑蚕,丝满囊。得之不以道,用之必横④。

海不受流胔(zì)⑤,太山不上小人,旁光不升俎⑥,駵(liú)驳⑦不入牲。

【注释】①旳旳:明显貌。②提提:安舒貌。③辱:黑垢。④横:放纵。⑤胔:带有腐肉的尸骨,也指整个尸体。⑥旁光:同"膀胱"。俎:古代割肉用的砧板。⑦駵:古同"骝",黑鬃黑尾巴的红马。驳:同"駮",马色不纯。

【译文】想要看看九州的土地,但双脚却不开始千里之行;心中没有政治教化的根本方法,就想身居万民之上,这是很难的。

明眼看得见的东西很容易获得,安然舒适的目标很容易被射中,所以洁白的东西很容易被染上污垢,至高无上的德行就像虚空一样不足。

自己没有种植庄稼,就收获了满仓粮食;没有亲自去采桑养蚕就获得满袋的蚕丝。不是以正道获得的财物,使用起来一定会胡乱挥霍。

大海不容纳腐肉,泰山不让小人攀登,膀胱不能上俎案,颜色不纯的马不能用作祭祀。

中夏用篓(shà)快之①,至冬而不知去;褰(qiān)②衣涉水,至陵而不知下,未可以应变。

有山无林,有谷无风,有石无金。

满堂之坐,视钩各异,于环带一也。

献公之贤,欺于骊姬;叔孙之智,欺于竖牛③。故郑詹④入鲁,《春秋》曰:"佞人来!佞人来!"

【注释】①中夏:盛夏。篓:扇子。②褰:撩起,提起。③"叔孙"二句:事见《韩非子·内储说上》。叔孙:春秋时鲁相。竖牛:叔孙宠信之人。叔孙轻信竖牛之言,致使父子皆死于非命。④郑詹:春秋时郑国大夫。事见《春秋·庄公十七年》。

【译文】盛夏时使用扇子就会很凉快,但等到了冬天还把它拿在手上,不知收起来;过河的时候提起衣服,但到了对岸还不知把衣服放下,这样的人就是不能随着环境的变化而随机应变。

有的山没有树林,有的山谷没有风,有的矿石不含金属。

满堂的坐客,看他们的带钩虽然各不相同,但都是用环来挂在衣带上却是一样的。

晋献公本来是位贤明的君主,但最后却被骊姬所欺蒙;以叔孙的智慧,却被竖牛欺骗。所以当郑詹来到鲁国,《春秋》是这样记载的:"奸佞的小人来了,奸佞的小人来了。"

君子有酒,鄙人鼓缶,虽不见好,亦不见丑。

人性便丝衣帛,或射之,则被铠甲,为其所不便,以得所便。

辐之入毂,各值其凿,不得相通,犹人臣各守其职,不得相干。

尝被甲而免射者,被而入水;尝抱壶①而渡水者,抱而蒙火,可谓不知类矣。

【注释】①壶:通"瓠",葫芦。

【译文】君子得到美酒,鄙陋之人敲击瓦缶以示庆祝,虽然这不见得美妙,但也不见得是丑陋。

人们生性习惯于以丝帛之衣为方便,但有人要用箭射他时,就要穿上铠甲了,正因为穿上铠甲不方便,才有能保其性命的方便。

车的辐条插入车毂,各自对应着自己的凿口,互不干涉,就像大臣们各守其职,互不干涉一样。

曾经穿着铠甲而没有被箭射到的人,现在还穿着铠甲入到水中;曾经抱着瓠而得以渡江的人,现在还以为可以抱着瓠来挡火,这可以说是不懂事物类别的差异和不同啊。

君子之居民上,若以腐索御奔马①,若蹑薄冰,蛟在其下,若入林而遇乳虎②。

善用人者,若蚈(qiān)③之足,众而不相害;若唇之与齿,坚柔相摩而不相败。

清酤④之美,始于耒耜;黼黻之美,在于杼轴⑤。

布之新，不如纻⑥；纻之弊，不如布。或善为新，或善为故。

【注释】①"君子"二句：原注作："恐失民之意。"②"若入林"句：原注作："言常惊恐惧也。化不洽于民，民不附。"③蚈：马陆，一种节肢动物，有很多对足。④清酺：清酒。⑤杼轴：织布机上用来持理纬线，使经线能穿入的器具，称为杼。承受经线的器具，称为轴。后亦称纺织机。⑥纻：纻麻纤维织成的布。

【译文】君子处在百姓之上，就像用腐烂的绳索驾御奔马，就像人踩在薄冰之上，蛟龙就在冰下，也像进入森林遇到哺乳的老虎。

所以善于用人者，就像有马蚈的足一样，虽然数量众多但却不会互相妨碍；就像嘴唇和牙齿，尽管柔软和坚硬经常摩擦，但却不会互相伤害。

清酒的美，是从耕田播种开始的；绣有华美花纹的礼服，是从纺织开始的。

新的粗麻布，不如用纻麻纤维织成的夏布；但夏布破旧后就不如新的粗麻布了。这正是有的东西是新的好，有的却是旧的好。

靥酺（fǔ）①在颊则好，在颡（sǎng）②则丑；绣以为裳则宜，以为冠则讥。

马齿非牛蹄，檀③根非椅④枝，故见其一本而万物知。

石生而坚，兰生而芳，少自其质，长而愈明。

扶之与提⑤，谢之与让，故之与先，诺之与已也，之与矣，相去千里。

【注释】①靥酺：酒窝儿。②颡：额，脑门儿。③檀：落叶乔木，木质坚硬，用于制家具、乐器等。④椅：落叶乔木，木材可以制器物。亦称"山桐子"。⑤提：掷，投掷。

【译文】酒窝儿长在脸上就很好看,但如果长在额头上就很丑了;刺绣的丝织品用来做衣裳就很适宜,但如果用来做帽子的话就会受到人们的讥笑。

马的牙齿并不是牛的蹄子,檀树根不是椅枝条,所以只要能看到事物的本原就能把各种事物分清。

石头本来就很坚硬,兰花生来就充满芳香,从小具备好的素质,长大后就会愈加明显。

扶持与投掷,道歉和责备,过去与现在,承诺与拒绝,这些都相差千里。

污准①而粉其颡;腐鼠在坛②,烧熏于宫;入水而憎濡,怀臭而求芳,虽善者弗能为工。

再生者不获,华大旱者不胥时落③。毋曰不幸,甑终不堕井。抽簪招磷,有何为惊?

使人无度河,可;中河使无度,不可。

见虎一文,不知其武;见骥一毛,不知善走。

【注释】①准:鼻子。②坛:中庭。③华:花。旱:有说应为"早"。胥:待,等待。

【译文】弄脏了鼻子却粉饰额头;腐烂的老鼠在中庭,却在室内熏香以除臭;想要入水又怕弄湿衣服,怀揣散发臭味的东西去寻找芳香,这样的事即便是巧手之人也无法做好。

再生的禾苗不会有收获,花如果开的太早就不会按正常季节凋落。不要说这是不幸之事,甑终究不会掉到井里,抽拔簪子时会冒出磷火,这又有什么好惊奇?

让人不要渡河,是可以的;但如果已经行到河中间,却不让人渡过,这是不行的。

只看见老虎身上的一点斑纹,是不可能知道老虎的威武的;只看到马的一根毫毛,是不可能知道马是否善于奔跑的。

水蛋(chài)①为螂(cōng)②,孑孓③为蚊,兔啮为蠚(nài)④。

物之所为,出于不意,弗知者惊,知者不怪。

铜英⑤青,金英黄,玉英白,䕲烛㨴(jué)⑥,膏烛泽也。以微知明,以外知内。

象肉之味,不知于口;鬼神之貌,不著于目;捕景之说,不形于心。

【注释】①水蛋:蜻蜓等的幼虫。②螂:蜻蜓。③孑孓:即孑孓。蚊子的幼虫,通称跟头虫。④兔啮:兔子咬过的草。蠚:小虻虫。⑤英:通"瑛",原指玉的光彩。这里指金属的光泽。⑥䕲烛:麻秸做成的烛。古时用于照明。㨴:暗昧不明。

【译文】水蛋变成蜻蜓,孑孓化成蚊子,兔子咬过的草生出虻虫。

万物的变化总会出人意料,不知道的人会感到惊奇,而知道的人就不会感到奇怪了。

铜的光泽是青色的,金的光泽是黄色的,玉的光泽是白色的,麻烛发出昏暗之光,膏烛灯光明亮。用微暗衬托光明,从外表知晓内在。

没有人品尝过象肉,因此无法从口中得知它的味道;鬼神的面貌从来没有人见过,因此不能从眼中显现出他们的形象;那些捕风捉影的说法,不能在心里成形。

冬冰可折①,夏木可结②,时难得而易失。

木方茂盛，终日采而不知；秋风下霜，一夕而殚③。

病热而强之餐，救暍而饮之寒，救经而引其索，拯溺而授之石。欲救之，反为恶。

虽欲谨，亡马不发户辚(lín)④，虽欲豫就酒，不怀蓐⑤。

【注释】①折：通"坼"，裂开，消融。②结：停止。③殚：尽。④"虽欲谨"二句：原注作："言马亡不可发户限而求。"辚：门限，门槛。高诱注："辚，户限也，楚人谓之辚。"⑤蓐：草席；草垫。

【译文】冬天的坚冰会消融，夏天的树木会停止生长，时机难得又易失去。

树木正生长茂盛时，即使每天都采摘也不会感觉到减少；但只要秋天到了下起了霜，那么只需一晚的时间，树叶就会凋零落尽了。

患热症的人被强迫进食，而中暑的人却给他喝冷水，解救自缢的人却去拉他脖子上的绳索，拯救溺水的人却递给他石头。本来是想救他，最终却反而害了他。

虽然很想谨慎，但马丢了之后也不必非折了门槛才方便去找马；即使想提前为醉酒做准备，也不必抱床席子去喝酒时啊。

孟贲探鼠穴，鼠无时死，必噬其指，失其势①也。

山云蒸，柱础②湿；伏苓掘，兔丝死。

一家失熛(biāo)③，百家皆烧；逸夫阴谋，百姓暴骸。

粟得水湿而热，甑得火而液。水中有火，火中有水。

疾雷破石，阴阳相薄。

【注释】①失其势：孟贲虽然勇猛无比，但手探鼠穴，在狭小的空间也无法发挥其优势，所以说"失其势"。②柱础：承柱的础石，柱下的基础。③熛:火焰。

【译文】孟贲用手去探老鼠洞,老鼠虽然能随时被抓到,但老鼠必定会咬伤他的手指,这是因为孟贲伸入狭小洞中的手被环境所制约,无法发挥它的优势。

山中云雾蒸腾,石柱的础石就会潮湿;茯苓被挖掘,兔丝草就会死去。

一家失火,那么紧挨的百家也会被烧;如果进谗言的人玩弄权谋,那么百姓就会暴尸荒野。

粟用水浸泡就会发热,在灶上被火烧煮的甑会冒气滴水。水中有热量,火能生水汽。

迅雷能劈开石头,这是阴阳二气相交的自然现象。

汤沐之于河,有益不多;流潦注海,虽不能益,犹愈于已①。

一目之罗,不可以得鸟;无饵之钓,不可以得鱼;遇士无礼,不可以得贤。

兔丝无根而生,蛇无足而行,鱼无耳而听,蝉无口而鸣。有然之者②也。

【注释】①已:止,停止。②然之者:使它们这样的原因。

【译文】沐浴之水倒入河中,会使河水稍有增加,但不会很多;河流和积水流入大海,即使不能使海水增加,但还是改变了之前的静止状态。

只有一个网眼的罗网是不可能捕捉到鸟儿的;没有鱼饵的垂钓是不可能钓上鱼来的;遇到士人而无礼,是不可能得到贤才的。

兔丝草没有根却能生长,蛇没有脚却能行走,鱼没有耳朵却听到声音,蝉没有口却能鸣叫。这都有使它们这样的原因。

鹤寿千岁，以极其游；蜉蝣朝生而暮死，而尽其乐。

纣醢梅伯，文王与诸侯构①之；桀辜谏者，汤使人哭之。狂马不触木，猘(zhì)狗②不自投于河，虽聋虫③而不自陷，又况人乎？

爱熊而食之盐，爱獭而饮之酒，虽欲养之，非其道。

心所说，毁舟为杕(duò)④；心所欲，毁钟为铎⑤。

【注释】①构：谋，谋划。②猘狗：狂犬，疯狗。③聋虫：没有灵性、无知的动物。④杕：古通"舵"，控制行船方向的设备。⑤铎：大铃，形如铙、钲而有舌，古代宣布政教法令用的，亦为古代乐器。盛行于春秋至汉代。

【译文】鹤能长寿千年，所以能遍游天下；蜉蝣虽然朝生而暮死，但却能尽享生命乐趣。

纣王把梅伯剁成肉酱，所以文王和各诸侯就谋划讨伐他；夏桀残害劝谏大臣，商汤派人去吊唁。狂奔的马是不会触碰到树木的，疯狗也不会自己跳入水中，即使是最没有灵性的动物也不会自取灭亡，更何况是人呢？

爱熊却用盐喂它，喜欢水獭却给它饮酒，虽然很想养它们，但这却违背了它们的生存规律。

心里喜欢，就把船毁掉而做成舵；心里想要，就毁掉大钟做成铃铎。

管子以小辱成大荣，苏秦以百诞①成一诚。

质的②张而弓矢集，林木茂而斧斤入，非或召之，形势所致者也。

待利而后拯溺人,亦必以利溺人矣。

舟能沉能浮,愚者不能加足。

【注释】①诞:欺诈,虚妄。②质的:箭靶。

【译文】管子是忍受了无数小的屈辱才成就了大的荣耀,苏秦用上百次的欺诈才实现了他合纵的愿望。

箭靶张开才能招来箭矢密集射入,树木长的茂盛,便有人拿着斧头去砍伐,这并不是它们想召引人们,而是客观形势所造成的。

等得到好处后才去拯救溺水者,那么以后一定会有人以拯救溺水者来谋利。

一艘忽沉忽浮的破船,即使很愚笨的人也不会去乘坐。

骐骥驱之不进,引之不止,人君不以取道里。

刺我行者,欲与我交;訾①我货者,欲与我市。

以水和水不可食,一弦之瑟不可听。

骏马以抑死,直士以正穷,贤者摈于朝,美女摈于宫。

【注释】①訾:非议,诋毁。

【译文】一匹人们驱赶不会前进、牵引不会停止的千里马,君王是不会用它来赶路的。

讽刺我品行的人,是想和我交往的人;贬低我货物的人,是想和做我交易的人。

把水和水掺合在一起,是没什么味道可吃的;只有一根弦的琴是弹不出好听的音乐的。

骏马因抑郁而死,耿直的人因其正直而贫困,贤能的人被排挤在朝廷之外,美貌的女子则被冷落在深宫之中。

行者思于道,而居者梦于床;慈母吟于巷,适子怀于荆①。

赤肉②悬则乌鹊集,鹰隼鸷则众鸟散。物之散聚,交感以然。

食其食者不毁其器,食其实者不折其枝;塞其源者竭,背其本者枯。

交画③不畅,连环不解,其解之不以解。

【注释】①"慈母"二句:《吕氏春秋·精通》高诱注:"《淮南记》曰:慈母在于燕,适子念于荆。言精相往来也。"适子:同"嫡子",嫡亲儿子。②赤肉:泛指动物的肉。③交画:交相错画。

【译文】远行的人在旅途中思念家人,家人则会在梦中与远行的人相会;慈爱的母亲在燕国叹息,亲生儿子则在楚地怀念母亲。

把动物肉挂起来就能让乌鸦和喜鹊纷纷飞来啄食,而当老鹰、隼、鸷等猛禽来抢食时众鸟就各自逃散。物类的聚与散,是交相互感应使然。

吃他食物的,不会毁坏他盛放食物的器具,吃它果实的,不会折断它的树枝;堵塞源头,就会造成水流枯竭,离开它的根本,树枝就会枯萎。

错综交叉的线条不会流畅,相扣的连环不易解开,解开它的方法就是不解。

临河而羡鱼,不如归家织网。

明月之珠,蚌之病而我之利;虎爪象牙,禽兽之利而我之害。

易道①良马,使人欲驰;饮酒而乐,使人欲歌。

是而行之,是谓之断;非而行之,必谓之乱。

【注释】①易道：平坦之路。

【译文】临渊羡鱼，不如回家织网。

明月之珠，是蚌蛤的疾病，但却是我们的利益；虎爪象牙，是猛兽的利器，但对于我们来说却是祸害。

坦途良马，使人想纵马驰骋；饮酒作乐，让人很想高歌。

觉得是对的就去做，这是所谓的决断；觉得是错的却还想去做，这就是所谓的乱来。

矢疾，不过二里也；步之迟，百舍①不休，千里可致。

圣人处于阴，众人处于阳；圣人行于水，众人行于霜②。

异音者不可听以一律，异形者不可合于一体。

农夫劳而君子③养焉，愚者言而智者择焉。

【注释】①百舍：百里一宿。谓长途跋涉。舍：古代行军一宿或三十里为一舍。②"圣人"四句：原注作："水有形而不可毁，故圣人行之无迹。霜雪履有迹，故众人行之也。"③君子：原注作"国君"。但从文意来看不应单指"国君"，还应含为官者及上层贵族之意。

【译文】箭的速度虽快，射程也不会超过二里；步行虽然很慢，但百天不眠不休，也可以到达千里之外。

圣人处于隐微处，众人处于明显处；圣人如行于水面，不留痕迹，众人如脚踩霜地，形迹可寻。

对音律理解不同的人，不能与他共听同一音律，形制不同的东西不能合于一体。

农夫辛勤劳作而上层人士从中得到供养，愚笨的人胡乱说话而聪明的人只选择其中对自己有用的内容。

舍茂林而集于枯,不弋鹄而弋乌,难与有图。

寅①丘无壑,泉原不溥②;寻常之壑,灌千顷之泽。

见之明白,处之如玉石;见之暗晦,必留其谋。

以天下之大,托于一人之才,譬若悬千钧之重于木之一枝。

负子而登墙,谓之不祥,为其一人陨而两人伤。

【注释】①寅:深远,广大。②溥:分布。

【译文】舍弃茂盛的树林而却停歇在枯树上,不射天鹅而去射乌鸦,这样的人是很难与他共谋大事的。

大山深处没有沟壑,是因为没有泉源分布;寻常的沟壑水源不断,可以灌溉千顷大泽。

对事物能看得明白,处理事情就会像玉石般清楚;看待事物不够清楚明白,那么处理事情时必定会优柔寡断。

将天下的所有大事托付给一个有才之人,就像将千斤重的东西悬挂在一根树枝上一样。

背着孩子去攀登高墙,这是不吉祥的,因为如果一个人从城墙上坠落下来将会是两个人受伤。

善举事者,若乘舟而悲歌,一人唱而千人和。

不能耕而欲黍粱,不能织而喜采裳,无事而求其功,难矣。

有荣华者,必有憔悴;有罗纨①者,必有麻蒯(kuǎi)②。

鸟有沸波者,河伯为之不潮,畏其诚也③。故一夫出死,千乘不轻。

【注释】①罗纨:指精美的丝织品。②麻蒯:用次等或下等衣料做的衣物。③"鸟有"三句：原注作："鸟，大鹏也。翱翔水上，扇鱼令出沸波，攫而食之，故河伯深藏于渊，畏其精诚，为不见。"

【译文】善于行事的人，就像乘船唱着悲歌，一个人歌唱，千人来应和。

不能耕耘却想得到黍梁，不能纺织却想穿漂亮的衣裳，想无所事事就能随便成功，这是很难的。

有荣华富贵的时候，也必定会有憔悴的时候；有穿着精美罗丸的时候，定会有穿下等粗麻衣服的时候。

大鹏鸟展翅抱起汹涌的波涛，河伯也因此不敢随意弄潮，这是敬畏大鹏鸟的精诚。所以只要有一个勇士敢于拼死作战，那么就算有千辆战车的大军也不敢轻视他的勇气。

蝮蛇螫人，傅以和堇则愈①，物故有重而害反为利者。
圣人之处乱世，若夏暴而待暮；桑榆之间，逾易忍也②。
水虽平，必有波；衡虽正，必有差；尺寸虽齐，必有诡③。
非规矩不能定方圆，非准绳不能正曲直。用规矩准绳者，亦有规矩准绳焉。

【注释】①傅：敷。和堇：即野葛。有毒。相传可治蛇伤。②"桑榆"二句：原注作："言乱世将尽，如日在西方桑榆间，将夕。故曰易忍。"桑榆：日落时阳光照在桑榆间，因借指傍晚。又比喻人的晚年。逾："愈"，更加。③诡：不同，差别。

【译文】蝮蛇螫伤了人，用和堇敷上就可以治愈，事物中本来就有为害很大反而变成大利的。

圣人处于乱世之中，就像处在盛夏正午烈日暴晒之下而等待傍晚清凉之时的降临；到了日落桑榆间，就更容易忍受了。

水虽然看起来很平静，但必定会有波痕；秤虽然很公正，也定会有所偏差；尺寸虽然测量的整齐划一，但也必定会有所出入。

没有规矩不成方圆，没有准绳不能确定曲直。使用规矩准绳的人，也必定会有使用规矩准绳的法则。

舟覆乃见善游，马奔乃见良御。嚼而无味者，弗能内于喉；视而无形者，不能思于心。

兕虎在于后，随侯之珠①在于前，弗及掇者，先避患而后就利。

逐鹿者不顾兔，决千金之货者不争铢两之价。

弓先调而后求劲，马先驯而后求良，人先信而后求能。

【注释】①随侯之珠：传说汉时隋侯见大蛇受伤，用药为其敷治，蛇伤愈后，由江中衔来大明珠，以报答隋侯恩情。后泛指珍贵的物品或称誉人具有智慧、才能。

【译文】船翻了才能发现善于游泳的人，马飞奔时才能发现优秀的御者。

嚼而无味的食物，是不想吞下喉的；看不见形象的东西，也不会在心里留有印象。

兕和老虎在后面追赶，即使前面有随侯之珠这样的宝物，也不会去拾取，必先避开伤害后才有可能获取想得到的利益。

追猎鹿的人是不会顾及兔子的，志于做千金买卖的人不会计较铢两的价钱。

弓要先调试好，然后才能求其强劲，马要先驯服后，才能求得良马，人首先要有诚信，然后再看他是否有能力。

陶人弃索，车人掇之；屠者弃销①，而锻者拾之，所缓急异也。

百星之明，不如一月之光；十牖之开，不如一户之明。矢之于十步，贯兕甲；及其极，不能入鲁缟。

太山之高，背而弗见；秋豪之末，视之可察。

【注释】①销：生铁。

【译文】陶工丢弃的绳索，车夫看到就拾取了；屠夫丢掉的生铁，被铁匠看到拾取了，这是人们对于事物需求的缓急有所不同。

百颗星星的光明，不如一个月亮的光辉；十扇窗户都打开，不如开一扇门来得亮堂。箭在十步之内能射穿兕甲；但等到箭飞到它的极限时，连鲁地所产的细绢都射不穿。

泰山如此之高，但背着它就什么都看不到了；秋毫的末梢无比微小，盯着它却可以看得很清楚。

山生金，反自刻①；木生蠹，反自食；人生事，反自贼。

巧冶不能铸木，巧匠不能斫金者，形性然也。

白玉不琢，美珠不文，质有余也。

故跬步不休，跛鳖千里；累积不辍，可成丘阜。城成于土，木直于下，非有事焉，所缘使然。

【注释】①刻：通"克"，制服。一说为"挖"义。

【译文】山出产金矿，所以被不断挖掘；木头生出蛀虫，反而被蛀虫蛀空；人如果无事生非的话，最终反会被自己所害。

即使高明的冶炼工匠也不可能铸熔树木，即使再灵巧的木匠也不能砍斫金属，这是他们所从事的工作性质和事物的特点所决定的。

洁白的美玉无须雕琢，美丽的珍珠不须装文饰，这是因为它们天然的本质已足够美好了。

所以只要能坚持一小步一小步地走下去，即使是跛脚的鳖也会到达千里；只要不断堆积，迟早会形成土丘。城墙都是由积土筑成的，笔直的大树靠它植入土中的根须，这些都非人为规定的事情，而是由于它们依循事物发展的必然规律才这样的。

凡用人之道，若以燧取火，疏①之则弗得，数②之则弗中，正在疏数之间。

从朝视夕者移，从枉准直者亏。圣人之偶③物也，若以镜视形，曲得其情。

杨子见逵路④而哭之，为其可以南可以北；墨子见练丝⑤而泣之，为其可以黄，可以黑。

趋舍⑥之相合，犹金石之一调，相去千岁，合一音也。

【注释】①疏：缓，慢。②数：疾，快。③偶：遇，对待。④逵路：四通八达的道路。⑤练丝：未染色的熟丝。⑥趋舍：取舍。

【译文】凡是用人之道，就像用燧钻木取火一样，钻得太慢则不容易连续出火，钻的太快又不容易钻准，最好的就是在快与慢、疏与密之间找到平衡。

从早上看到晚上，太阳是移动的；用弯曲的东西来校正直的东西，那么就觉得东西有了残缺。圣人看待事物，就像用镜子照物体一样，能看到它的全部本来面目。

杨子看到四通八达的道路就哭了，因为这道路既可以通向南方也可以通向北方；墨子看见未染色的练丝就哭了，因为它可以染成黄色，也可以染成黑色。

人们进退、取舍的志趣一旦形成,就像金钟石磬的调式被固定了一样,即使相隔千年,发出的声音还是一样的。

鸟不干防①者,虽近弗射;其当道,虽远弗释。
酤酒而酸,买肉而臭;然酤酒买肉,不离屠沽之家,故求物必于近之者。
以诈应诈,以谲应谲,若披蓑而救火,毁渎而止水,乃愈益多。
西施、毛嫱,状貌不可同,世称其好,美钧也。尧、舜、禹、汤,法籍殊类,得民心一也。

【注释】①干防:妨碍,触犯。
【译文】对人没有危害的鸟,即使离的很近也不要射杀;如果是挡路害人的鸟,即使离得再远也不能放过。

买的酒是酸的,买的肉是臭的;但人们买酒买肉还是不离这些店家,因为人们购买物品都是习惯就近。

用欺诈应对欺诈,用诡谲来应对诡谲,这就好像披着蓑衣去救火,毁坏沟渠来堵水一样,只会越来越乱。

西施和毛嫱,她们的模样肯定不一样,但世人均称赞她们漂亮,因为她们的美丽是相同的。尧、舜、禹、汤的治国法制各不相同的,但他们在得天下民心方面都是一致的。

圣人者,随时而举事,因资而立功,涔则具擢对①,旱则修土龙。
临淄②之女,织纴而思行者,为之悖戾③。室有美貌,缯为之纂绎④。

徵羽之操⑤,不入鄙人之耳;捵(zhěn)和切适⑥,举坐而善。

过府⑦而负手者,希不有盗心。故俾人之鬼者,过社而摇其枝。

【注释】①潦:雨多,涝渍。㪺对:贮水器。②临淄:齐国都城,位于今山东省淄博东北。③悖戾:粗劣。④篡绎:不密致,松紧不一。⑤操:琴曲。⑥捵:转,变。和:平和。切适:急切激越。⑦府:储藏文书或财物的地方。

【译文】圣人,是顺应时势来做事的,根据自己的才能资质来建功立业,在多雨的时节准备好贮水器具,在干旱时制作土龙来祭祀求雨。

临淄的女子,在织绢时思念远行的亲人,所以把绢织得粗劣无比。家室中添了美貌的女子,织出的缯就不再细密。

徵、羽这样的高雅之声,鄙俗之人一般听不进去;将平和的曲调转为激切之声,却获得满堂喝彩。

经过存放钱财的仓库时故意将手背在后面的人,很少没有偷盗之心。所以让人生病的鬼魅,在经过神社时都要先摇动树枝来作掩护。

晋阳处父伐楚以救江,故解捽(zuó)者不在于捌格,在于批伉①。木大者根㩧②,山高者基扶,蹠巨者志远,体大者节疏。狂者伤人,莫之怨也;婴儿詈老,莫之疾也,贼心亡也。尾生之信,不如随牛之诞③,而又况一不信者乎?忧父之疾者子,治之者医;进献者祝,治祭者庖。

【注释】①阳处父:春秋时晋国大夫,因封邑于阳地,遂以阳为氏。江:古国名。解捽:化解冲突。捽:抵触,冲突。捌格:剖分,分解。批伉:应作"批吭",打击要害。批:击,打击。伉:通"亢",脖子、咽喉。这里有要害之义。②根擢:指树根广布。擢:广布,四处分布。③尾生之信:意思是只知道守约,而不懂得权衡利害关系。尾生:古代传说中坚守信约的人,他为守约而甘心淹死。随牛之诞:原注作:"随牛、弦高矫君命为诞以存国,故不如随牛诞也。"

【译文】晋国阳处父讨伐楚国来解救江国,所以化解冲突的,不在于一定要掺合进去劝阻,而在于打击其要害。

高大的树木一定是根系发达、四处分布的,高大的山峰一定有宽厚的土地来作为基础,脚掌宽大的人善于走路,志在高远,个头大的人一定骨节疏松。

疯子伤了人,没有人埋怨他;婴儿骂老人,没人会憎恨他,这是因为他们并没有害人之心。

尾生那样守信,不如随牛的欺骗,更何况只是偶尔一次不讲信用呢?

忧虑父亲疾病的是子女,而能治病的是医生;求神祭祀时是巫祝在办,但制作这些祭品的却是疱厨。

卷十八　人间训

【题解】人间训的意思就是"人间之事,吉凶之中,征得失之端,反存亡之机也"。本篇的重点是论述祸与福的关系,其主旨就是"分别百事之微,敷陈存亡之机,使人知祸之为福,亡之为得,成之为败,利之为害也"。文章以大量的历史事例、寓言等,论述了人世间的各种相互关系,以祸福为中心,论述了得失、损益、利害、功罪、取舍、毁誉、赏罚等多方面内容,具有很强的实际参考价值。

清净恬愉,人之性也;仪表规矩,事之制也。知人之性,其自养不勃(bèi)①,知事之制,其举错不惑。发一端,散无竟,周八极②,总一管,谓之心。见本而知末,观指而睹归,执一而应万,握要而治详,谓之术。居知所为,行智所之,事智所秉,动知所由,谓之道。道者,置之前而不轾③,错之后而不轩,内之寻常而不塞,布之天下而不窕(tiǎo)④。是故使人高贤称誉己者,心之力也;使人卑下诽谤己者,心之罪也。夫言出于口者不可止于人;

行发于迩者不可禁于远。事者难成而易败也；名者难立而易废也。千里之堤，以蝼蚁之穴漏；百寻⑤之屋，以突隙之烟焚。《尧戒》⑥曰："战战栗栗⑦，日慎一日。人莫蹪（tuí）⑧于山，而蹪于垤。"是故人皆轻小害，易微事，以多悔。患至而多后忧之，是犹病者已惓（juàn）⑨而索良医也。虽有扁鹊、俞跗（fū）⑩之巧，犹不能生也。

【注释】①勃：古同"悖"，违背事理，惑乱糊涂。②八极：天下至远之地。③轾：车前高后低称"轩"，车前低后高称"轾"。④窔：有空隙。⑤寻：古代的长度单位，一寻等于八尺。⑥《尧戒》：选自《古诗源》中的诗篇，据说是帝尧用来警示自己的。⑦战战栗栗：戒惧谨慎的样子。⑧蹪：跌倒。⑨惓：病危。⑩俞跗：古代良医，相传为黄帝之臣。医病不用汤药，只给病人割皮解肌，洗涤内脏。

【译文】清净恬愉是人的本性；仪表规矩是处事的标准。知道了人的本性，那么自身的修养就不会违背事理；知道了处事的标准，那么为人处事就不会迷惑。思绪从一端出发，能扩散于天地无穷远处，思绪也可以到达天下八方极远之处，最后又汇集到一管之中，这就是心。看见事物的根本就能知道事物的末端，观察到事物的所往就能知道事物将来的归宿，掌握一个准则就能应对万千情况，掌握了要领就能处理各种具体事情，这就是术。静处时知道自己该做什么，出行时知道该去哪里，做事时知道该遵循什么准则，行动时知道缘由，这就是所说的道。所谓的道，放置在前头它不会低伏，放置于后面它不会翘起，放置在狭窄处不会堵塞，而把它散布于天下也不会留有空隙。所以能让别人推崇赞誉自己的人，是依靠自己内心的力量；而让别人看不起诋毁自己的人，这是自己内心的有过失了。话是从自己口中说出的，别人是无法阻止你的；近处发生的行为无法从远处禁止。事情总是很难成功但很容易失败；名声很难树立但很容易就能被败坏。千里长的堤坝，因为蚂蚁的巢穴而导致决堤；百丈高的房子，因为烟囱的裂缝里冒出火花而被烧毁。《尧戒》里说道："随时都要小心谨慎，且一天比一天谨慎。没人会被大山所绊倒，却往往被小土堆绊倒。"所以人们常常忽略小的危害，轻视小事，以至常常后悔。等到祸患降临时才忧愁，就像病危后才知道去找医生，即使有扁鹊和俞跗这样的医生，也难以治愈了。

夫祸之来也，人自生之；福之来也，人自成之。祸与福同门，利与害为邻，非神圣人，莫之能分。凡人之举事，莫不先以其知规虑揣度，而后敢以定谋，其或利或害，此愚智之所以异也。晓自然以为智，知存亡之枢机①，祸福之门户，举而用之，陷溺于难者，不可胜计也。使知所为是者，事必可行，则天下无不达之途矣。是故知虑者，祸福之门户也；动静者，利害之枢机也。百事之变化，国家之治乱，待而后成。是故不溺于难者成②，是故不可不慎也。

【注释】①枢机：比喻事物的关键。②"是故"句：和上下文意思不连接，怀疑是衍文。

【译文】灾祸的来临，是自己引来的；幸福的来临，是自己促成的。祸福同出一门，利害比邻而居，不是圣明的人，就无法分清这其中的奥秘。凡是人们要做什么事情，都先用自己的智慧来思考揣度一番，然后才下决心去做，但有的人成功而有的人却失败了，这就是智慧之人和愚蠢之人的差别了。即使通晓了自然规律、知道了存亡的关键以及祸福的由来的聪明人，用尽自己的聪明才智来处理事情还是会陷入危难的境地，这样的人多的数不胜数。如果人知道自己的所做的事是对的，事情必定可以行的通的话，那么天下就没有行不通的路了。所以做事能详细考虑，这是祸福的根源；做事能动静适宜，这是利害的关键。各种事物的变化，国家的治乱，都是等待相应的条件具备后才完成的。所以，不畏惧困难才能成功，这是不可不慎重。

天下有三危：少德而多宠，一危也；才下而位高，二危也；身无大功而受厚禄，三危也。故物或损之而益，或益之而损。何以知其然也？昔者，楚庄王既胜晋于河、雍之间，归而封孙叔敖，辞而不受。病疽（jū）①将死，谓其子曰："吾则死矣，王必封女。女必让肥饶之地，而受沙石之间②。有寝丘者，其地确③石而名丑，荆人鬼，越人禨，人莫之利也。"孙叔敖死，王果封其子以肥饶之地。其子辞而不受，请有寝之丘。楚国之俗，功臣二世而爵禄④，惟孙叔敖独存。此所谓损之而益也。何谓益之而损？昔晋厉公南伐楚，东伐齐，西伐秦，北伐燕，兵横行天下而无所绻（quǎn），威服四方而无所诎（qū）⑤，遂合诸侯于嘉陵⑥。气充志骄，淫侈无度，暴虐万民。内无辅拂之臣，外无诸侯之助，杀戮大臣，亲近导谀。明年，出游匠骊氏⑦，栾书、中行偃劫而幽之。诸侯莫之救，百姓莫之哀，三月而死。夫战胜攻取，地广而名尊，此天下所愿也，然而终于身死国亡，此所谓益之而损者也。夫孙叔敖之请有寝之丘沙石之地，所以累世不夺也；晋厉公之合诸侯于嘉陵，所以身死于匠骊氏也。众人皆知利利而病病也，唯圣人知病之为利，知利之为病也。夫再实之木根必伤，掘藏⑧之家必有殃。以言大利而反为害也。张武教智伯夺韩、魏之地而禽于晋阳⑨，申叔时教庄王封陈氏之后而霸天下⑩。孔子读《易》，至《损》《益》，未尝不愤然而叹曰："益损者，其王者之事与！"事或欲与利之适足以害之；或欲害之乃反以利之。利害之反，祸福之门户，不可不察也。

【注释】①疽：中医指一种毒疮。②沙石之间：《吕览》和《列子》中为"楚、越之间有寝丘者"。③确：坚硬。④功臣二世而爵禄："爵禄"前疑有"收"字。《韩非子》中记载有"封君之子孙，三世而收爵禄"。⑤诎：屈服，折服。⑥嘉陵：《左传》作"柯陵"，在今河南许昌南。⑦匠骊氏：晋厉公宠臣。⑧藏：指墓葬。⑨"张武"句：张武是智伯家臣，他劝说智伯纠合韩、魏两家，把赵襄子围在晋阳，后来赵襄子暗地联合韩魏，灭了智伯。⑩"申叔时"句：申叔时是春秋时期楚庄王的大夫。楚庄王灭陈，申叔时指出楚灭陈是因为楚贪其富，楚庄王乃迎陈灵公太子午于晋而复立之，是为陈成公。

【译文】天下有三种危险：缺少德行而受宠多，这是第一种危险；没有才干却身居高位，这是第二种危险；没有大功劳却享受丰厚的俸禄，这是第三种危险。所以事物有时减损它反而是对它的增益，有时增益它反而是减损它，怎么知道这个道理呢？当初，楚庄王在河、雍之间战胜了晋国，凯旋而归后要封赏孙叔敖，孙叔敖推辞了没有接受。后来孙叔敖患毒疮将要死时对儿子说："我死后，君王一定会封赏你，你一定不要接受土地肥沃的封地，而只能接受有沙石和山丘的地方，那些都是贫瘠的地方所以名字也很难听，当地的楚人和越人都很信奉鬼神，所以没有谁会想要那个地方。"孙叔敖死后，楚王果然要把丰饶之地封赏给他儿子。他的儿子推辞了，要求赏封有寝之丘。按照楚国的习俗，功臣的官爵和俸禄到第二代就会被收回，只有孙叔敖的被保留了下来。这就是所说的减损它反而能增益它。那什么是增益它反而是减损它呢？从前，晋厉公南伐楚国，东伐齐国，西伐秦国，北伐燕国，军队横行天下没有受到任何阻挡，威震四方而没有受到任何的失败，于是在嘉陵会和各诸侯。但气横志骄，淫侈无度，残害天下百姓。在国内没有辅佐纳谏的大臣，在国外没有诸侯的帮助，同时又残害忠臣，亲近阿谀奉承的小人。第二年晋厉公出游匠骊氏的领地时，被栾书和中行偃劫持并囚禁起来。诸侯没有一个去救他，天下百姓也没有一个同情他，三个月后他就死了。一般来说，战争取得胜利，获得广阔的土地，提高威望，这是天下人所希望的，但是晋厉公却因这些导致身死而国灭，这就是增益它反而是减损它了。孙叔敖要求儿子接受有沙石地的封赏，是因为这土地贫瘠不会被他人所夺取；晋厉公会和各诸侯于嘉陵想称霸天下，但最后却死于匠骊氏的领地。世人都把利益当做好事，把弊当做坏事，只有圣人知道弊病可以转化为利益，利益也可以转化为弊病。结果两次的树根一定会受到伤害，盗墓的人也一定会有灾祸降临。这就是说获得大的利益反而会促成祸害。张武唆使智伯去夺取韩、魏的领地，但智伯却在晋阳被擒获；申叔时劝告楚庄王封赏陈国的后代而称霸于天下。孔子读《易经》，读到《损》卦和《益》卦时。不由得叹息道："懂得益和损的道理，应该能成就君王的事业了。"做事情有时想要获得利益，最后反而是损害了它；有时想要损害它，反而对它有利。利害的转化，祸福的根由，是不可不明察的。"

　　阳虎为乱于鲁，鲁君令人闭城门而捕之，得者有重赏，失者有重罪。围三匝①，而阳虎将举剑而伯颐②，门者止之曰："天下探之不穷，我将出子。"阳虎因赴围而逐，扬剑提戈而走。门者出之，顾反，取其出之者，以戈推之，攘袪薄腋③。出之者怨之曰："我非故与子反也，为之蒙死被罪，而乃反伤我，宜矣，其有此难也。"鲁君闻阳虎失，大怒，问所出之门，使有司④拘之，以为伤者受大赏，而不伤者被重罪。此所谓害之而反利者也。何谓欲利之而反害之？楚恭王与晋人战于鄢陵，恭王伤而未休。司马子反渴而求饮,竖⑤阳谷奉酒而进之。子反之为人也,嗜酒而甘之,不能绝于口,遂醉而卧。恭王欲复战,使人召司马子反。辞以心痛。王驾而往视之,入幄中而闻酒臭。恭王大怒,曰:"今日之战,不谷⑥亲伤。所恃者司马也。而司马又若此,是亡楚国之社稷而不率⑦吾众也。不谷无与复战矣!"于是罢师而去之,斩司马子反为僇(lù)⑧。故竖阳谷之进酒也,非欲祸子反也,诚爱而欲快之也,而适足以杀之。此所谓欲利之而反害之者也。

【注释】①匝:圈,周。②伯:通"迫",逼近。颐:下巴。③攘:通"攘",用刀刺。祛:袖子。薄:迫,靠近。④有司:指官吏,古代设官分职,各有专司,故称。⑤竖:旧称未成年的童仆,小臣。⑥不谷:古代君侯自称不善的谦词。⑦率:应为"恤"。⑧僇:行动迟缓。

【译文】阳虎在鲁国作乱,鲁国国君命令关闭城门抓捕阳虎,抓到的人有重赏,而放走阳虎的人要重罚。抓捕阳虎的人里里外外围了三圈,阳虎看到无路可逃了就举剑准备自杀,这时守门的人制止他并说道:"天下很大,何必自杀,我放你出去。"于是阳虎就在层层包围中突围而出,提着剑,挥舞着戈奔跑冲杀。守门人就将悄悄把门打开放阳虎走了,阳虎逃出门后又返回来抓住守门人,用戈刺守门人,割破了守门人的袖子伤了他的腋下。放阳虎的守门人抱怨说道:"我和你并非一起谋反,为你而承受被处死的风险,而你却反而刺伤了我,我恐怕真是该有此难了。"鲁国国君听到阳虎跑了,非常生气,就问是从哪个门逃跑,并派主管官员拘捕了所有守门的人,看到受伤的,就以为是因为阻拦阳虎而受伤的,就重重的封赏,而那些没受伤的人就被重罚了。这就是伤害他反而让他获得利益。那么什么是想对他有利反而是伤害了他呢?楚恭王和晋国的军队在鄢陵交战,楚恭王受伤了不得不停止战斗。这时军中的司马子反口渴难耐而找水喝,于是童仆阳谷就抱着酒来给司马子反喝。子反的为人，就是非常喜欢喝酒，于是就喝个不停，最后就喝醉睡着了。楚恭王想重新与晋国开战，就派人去召唤司马子反。司马子反就以心口痛为借口推辞了。楚恭王就亲自驾车去看望司马子反，进入帷帐中后就闻到了酒味就明白了。楚恭王就非常生气说道："今天的战斗，是我亲自参加反而受了伤，现在能依靠司马子反了。而现在司马子反却成了这个样子，这是没把我楚国的江山放在心里，也不体恤楚军上下，我也无法再与晋国交战了。"于是就收兵撤退了，并以延误战事为由杀司马子反。所以童仆阳谷抱酒给司马子反喝，并不是想要害他，实在是很是爱护司马子反，想让他快乐的，却恰恰害司马子反被杀。这就是想对他有利反而伤害了他了。

夫病湿而而强之食，病暍（yē）^①而饮之寒，此众人之所以为养也，而良医之所以为病也。悦于目，悦于心，愚者之所利也，然而有道者之所辟（bì）^②也。故圣人先忤（wǔ）^③而后合，众人先合而后忤。有功者，人臣之所务^④也；有罪者，人臣之所辟也。或有功而见疑，或有罪而益信，何也？则有功者离恩义，有罪者不敢失仁心也。魏将乐羊攻中山^⑤，其子执在城中。城中县（xuán）^⑥其子以示乐羊。乐羊曰："君臣之义，不得以子为私。"攻之愈急。中山因烹其子，而遗之鼎羹与其首。乐羊循而泣之曰："是吾子已！"为使者跪而啜三杯。使者归报，中山曰："是伏约死节者也，不可忍也。"遂降之。为魏文侯大开地有功。自此之后，日以不信。此所谓有功而见疑者也。何谓有罪而益信？孟孙猎而得麑^⑦，使秦西巴^⑧持归烹之。麑母随之而啼，秦西巴弗忍，纵而予之。孟孙归，求麑安在，秦西巴对曰："其母随而啼，臣诚弗忍，窃纵而予之。"孟孙怒，逐秦西巴。居一年，取以为子傅。

左右曰:"秦西巴有罪于君,今以为子傅,何也?"孟孙曰:"夫一麑而不忍,又何况于人乎!"此谓有罪而益信者也。

【注释】①暍:中暑。②辟:古同"避",躲,设法躲开。③忤:逆,不顺从。④务:追求。⑤乐羊:战国时期魏国将领。中山:周代诸侯国名。今河北正定县东北,战国时被赵武灵王所灭。⑥县:古同"悬"。⑦麑:小鹿。⑧秦西巴:鲁国孟孙氏家臣。

【译文】强迫湿热病的人吃东西,而让中暑的人喝冷水,这是人们以为的正确的治病方法,但医生却认为这会加重病情。让眼睛可以欣赏的东西,让内心能愉悦的东西,是凡夫俗子认为的好东西,但是懂得道理的人却设法躲开。所以圣人总是先处于逆境然后再处于顺境,而凡夫俗子却是先处于顺境再处于逆境。建功立业,是臣子想要追求的;而犯罪受罚,却是每个臣子所极力避免的。但有时会出现有功的人会被怀疑,而犯了过错的人反而受到信任,这是为什么呢?这是因为追求功名利禄的人放弃了恩德和仁义,而犯过错的人心中却不敢失掉仁慈的心。魏国的将领乐羊攻打中山国,而他的儿子当时被关押在中山城里。城里的人就把他的儿子悬挂在城墙上让乐羊看。乐羊说道:"为了君臣之间的情义,不可能为了我的儿子而徇私。"所以乐羊攻打中山国愈加猛烈。中山城里的人因此就把他儿子给煮了,还派人送给他一鼎他儿子的肉羹和他的首级。乐羊抚摸着首级哭道:"这是我儿子!"于是向使者跪下并哭着吃了三杯肉羹。使者回到中山城后报告说:"乐羊是一个不惜为忠义献身的人,对付他真的没有别的办法了。"于是中山国就投降了。乐羊的胜利为魏文侯扩大了领土,是很大的功劳的。但从此以后,乐羊却得不到魏文侯的信任了。这就是有功的人反而被猜疑。那什么是犯了过错反而越加得到信任呢?孟孙去打猎时获得一头小鹿,于是让秦西巴带回去烹煮。但母鹿跟随在秦西巴后面鸣哀不已,所以秦西巴不忍心,就把小鹿送回到母鹿身边。孟孙回来后就问秦西巴小鹿在哪，秦西巴就直接说："母鹿一直跟随后我后面鸣哀，我实在是不忍心，于是就私下里把它送还母鹿了。"孟孙听后很生气，就赶走了秦西巴。过了一年，又把秦西巴召回做自己儿子的老师。这是孟孙身边的人就不解的问道："秦西巴曾得罪过你，但现在却成了你儿子的老师，这是为什么呢？"孟孙回到道："他连一只小鹿都不忍心伤害，更何况是人呢！"这就是有罪过的人反而越加得到别人的信任了。

故趋舍不可不审也。此公孙鞅之所以抵罪于秦，而不得入魏也。功非不大也，然而累足无所践者，不义之故也①。事或夺之而反与之，或与之而反取之。智伯求地于魏宣子。宣子弗欲与之。任登曰："智伯之强，威行于天下，求地而弗与，是为诸侯先祸也。不若与之。"宣子曰："求地不已，为之奈何？"任登曰："与之使喜，必将复求地于诸侯，诸侯必植耳②。与天下同心而图之，一心所得者非直吾所亡也。"魏宣子裂地而授之。又求地于韩康子，韩康子不敢不予。诸侯皆恐。又求地于赵襄子。襄子弗与。于是智伯乃从韩、魏，围襄子于晋阳。三国通谋，禽智伯而三分其国。此所谓夺人而反为人所夺者也。何谓与之而反取之？晋献公欲假道于虞以伐虢，遗虞垂棘之璧与屈产之乘③。虞公惑于璧与马，而欲与之道。宫之奇谏曰："不可！夫虞之与虢，若车之有轮，轮依于车，车亦依轮。虞之与虢，相恃而势也。若假之道，虢朝亡而虞夕从之矣。"虞公弗听，遂假之道。荀息伐虢，遂克之。还反伐虞，又拔之。此所谓与之而反取者也。

【注释】①不义之故也：指公孙鞅为秦国伐魏，杀魏国公子卬。②植耳：耸起耳朵仔细听。③垂棘之璧：春秋晋国产美玉的地方，后用以代指美玉。屈产之乘：晋国地名，产良马，在今山西石楼县。

【译文】所以人的进退取舍不得不慎重。这也是公孙鞅在秦国获罪，但却不能进入魏国避难的原因了。公孙鞅的功劳不能说不大，但受难时却无立锥之地，这是因为他不义的原因了。有时想夺取别人反而被别人夺取，有时先给与别人而后再夺取别人。智伯向魏宣子索求土地，魏宣子不想给他。任登就说到："智伯很强大，威严遍行天下，如果不给他土地，就等于为其他诸侯先承担灾难啊，不如就给他土地吧。"魏宣子问道："如果智伯没完没了的索求土地，那我们该怎么办呢？"任登回答道："先给他土地，让他高兴，他必定会用同样的方式向各诸侯索求土地，到时各诸侯不得不听从之，但心里肯定也会抱怨的。那时我们就可以与天下诸侯一起来对付智伯，那时我们能得到的就不仅仅是我们所失去的那些了。"于是魏宣子就是割地给了智伯。果然智伯又向韩庚子索求土地，韩庚子不敢不给，也割让了土地。各诸侯都很害怕。智伯又向赵襄子索求土地，赵襄子没有答应，于是智伯就联合韩国和魏国在晋阳围攻赵襄子。但韩国、魏国和赵国暗中合谋，最后擒获了智伯并把智伯的土地一分为三。这就是想夺取别人的反而被别人所夺取。那什么是先给予别人而后再夺取别人呢？晋献公想借道于虞国去攻打虢国，就赠送虞国垂棘的美玉和屈产的良马。虞国的君王对美玉和良马很是动心，就准备借道给晋献公。这时宫之奇就劝谏道："这是不可以的，虞国和虢国，彼此的关系就像车和轮子一样，轮子依靠于车，车也依靠于轮子。虞国和虢国，现在就是相互依赖的关系了。如果借道给晋国，那么虢国早晨灭亡而虞国晚上也会跟着灭亡的。"但虞国的君王却没有听从宫之奇的劝谏，还是借道给晋国。于是荀息率军就灭了虢国后，反过来又攻打虞国，虞国也被灭亡。这就是先给予别人而后再夺取别人。

圣王布德施惠，非求其报于百姓也；郊、望、禘（tì）尝^①，非求福于鬼神也。山致其高而云起焉；水致其深而蛟龙生焉；君子致其道而福禄归焉。夫有阴德者必有阳报；有阴行者必有昭名。古者沟防不修，水为民害。禹凿龙门，辟伊阙，平治水土，使民得陆处。百姓不亲，五品②不慎，契（xiè）③教以君臣之义，父子之亲，夫妻之辨，长幼之序。田野不修，民食不足，后稷④乃教之辟地垦草，粪土种谷，令百姓家给人足。故三后之后，无不王者，有阴德也。周室衰，礼义废，孔子以三代之道教导于世。其后继嗣至今不绝者，有隐行也。秦王赵政兼吞天下而亡，智伯侵地而灭，商鞅支解，李斯车裂。三代⑤种德而王，齐桓继绝⑥而霸。故树黍者不获稷，树怨者无报德。

【注释】①郊：即郊祭，郊外祭天。望：即望祭，祭祀日月山川星辰。禘尝：祭祀宗庙。②五品：即五伦，指父、母、兄、弟、子。③契：古人名，中国商朝的祖先，传说是舜的臣，助禹治水有功而封于商。④后稷：周朝的祖先。相传姜原因践天帝迹而怀后稷，因初欲弃之，故取名曰弃。及长，帝尧举为农师；有功，遂封于邰，号曰后稷，别姓姬氏。⑤三代：指中国古代夏、商、周三个朝代。⑥继绝：使将绝灭者继续存在。

【译文】圣王布施恩德给天下百姓，并不是企求能得到天下百姓的回报；举行祭祀并不是求福于鬼神。山达到一定的高度，就会有云彩伴随了；水达到一定的深度，就会有蛟龙出现了；君子只要符合道，所谓的福气、利禄就会得到了。只要是积累阴德的人，必定会有世间的回报；默默布施恩惠的人，一定会得到显赫的名声。古时候，不修筑水堤水渠，导致洪水成为百姓的一大祸害。于是夏禹开凿龙门，开辟伊阙，平息洪水整治土地，让百姓可以在陆地上生活。百姓关系不亲近，五伦关系不慎重，于是契就教育百姓知道君臣之间的道义、父子之间的血亲、夫妻之间的区别以及长幼之间的次序这些相关礼节。田野没人打理,百姓粮食不足,于是后稷就教百姓开垦荒地,施肥种谷,让百姓家家都能丰衣足食。所以这三位君王的后代没有不成为帝王的。这是因为他们有阴德的缘故。周王室衰微,礼仪被废除,孔子就用三代的道德来教育世人,所以孔氏家族后人到现在都不曾断绝,这是因为孔子有隐行的缘故。秦王赵政用暴政吞并天下而被灭亡,智伯侵占魏韩赵三国的土地而被灭亡,商鞅施行严刑峻法而被肢解,李斯陷害忠良遭车裂。夏、商、周三代的君王实施德行而称王于天下,齐桓公因帮助弱国存继而称霸于天下。所以种下黍是不会收获稷的,结下怨恨是不会得到报恩的。

昔者,宋人好善者,三世不解(xiè)①。家无故而黑牛生白犊。以问先生。先生曰:"此吉祥,以飨(xiǎng)②鬼神。"居一年,其父无故而盲。牛又复生白犊。其父又复使其子以问先生。其子曰:"前听先生言而失明,今又复问之,奈何?"其父曰:"圣人之言先忤而后合。其事未究,固试往复问之。"其子又复问先生。先生曰:"此喜祥也,复以飨鬼神。"归致命其父。其父曰:"行先生之言也。"居一年,其子又无故而盲。其后楚攻宋,围其城。当此之时,易子而食,析骸而炊。丁壮者死,老病童儿皆上城,牢守而不下。楚王大怒。城已破,诸城守者皆屠之。此独以父子盲之故,得无乘城。军罢围解,则父子俱视。

【注释】①解:松懈。②飨:祭祀。用酒食招待客人,泛指请人受用。

【译文】从前,宋国有一家行善的人,祖孙三代都坚持做善事。有一次,家里的黑母牛无故产下一头白色的牛犊,家里人有些疑惑就去请教懂术数的先生。先生就说:"这是吉祥的征兆,用来祭祀鬼神。"过了一年，这家人的父亲无缘无故的失明了，这时黑母牛又产下了一只白色的牛犊。这家人的父亲又安排他的儿子去请教懂术数是先生。他儿子问道："之前就因为去请教了先生才导致你失明的，现在又要去问他，这是为什么呢？"他父亲就说："圣人说的话，往往是开始好像不对而后就会合理了。而且这事还没了结呢，你再去问问他。"他的儿子又去请教了先生，先生说道："这同样是吉祥的征兆，也把这牛犊祭祀鬼神。"儿子回来后就如实告诉了他父亲，他父亲就说："就按照先生所说的去做。"又过了一年，他的儿子也无缘无故的失明了。后来楚国攻打宋国，包围了这家人所在的城邑。这个时候，城里可以吃的都被吃完了，人们就相互交换孩子来吃，劈开尸骨来烧火。这时青壮年都战死了，这样只能让老人、病人和儿童都上城作战，凭借顽强的抵抗，所以城池久久都没被攻下。楚国的国君非常生气，所以当城被攻破后，守城的人全都被屠杀了。唯独这对父子由于失明的缘故才得以保全性命。等楚军撤走后，父子两人的眼睛又能看见了。

夫祸福之转而相生，其变难见也。近塞上之人，有善术者，马无故亡而入胡。人皆吊之。其父曰："此何遽(jù)不为福乎？"居数月，其马将胡骏马而归。人皆贺之。其父曰："此何遽不能为祸乎？"家富良马，其子好骑，堕而折其髀(bì)①。人皆吊之。其父曰："此何遽不为福乎？"居一年，胡人大入塞，丁壮者引弦而战，近塞之人，死者十九，此独以跛之故，父子相保。故福之为祸，祸之为福，化不可极，深不可测也。或直于辞而不害②于事者，或亏于耳以忤于心而合于实者。高阳魋(tuí)③将为室，问匠人。匠人对曰："未可也。木尚生，加涂其上，必将挠(náo)④。以生材任重涂，今虽成，后必败。"高阳魋曰："不然。夫木枯则益劲,涂干则益轻,以劲材任轻涂,今虽恶,后必善。"匠人穷于辞,无以对。受令而为室。其始成,竘(qǔ)⁵然善也,而后果败。此所谓直于辞而不可用者也。

【注释】①髀:大腿,亦指大腿骨。②害:应为"周"。③高阳魋:宋国大夫。④挠:弯曲。⑤竘:雄伟。

【译文】祸福的转化是相互促成的,其中的变化很难让人知道。边塞上有一个精通术数的人,他家的马无缘无故跑到了胡人那边去了,人们知道了都来安慰他,他父亲就说:"这难道不会变成好事吗?"果然,过了几个月,他家的马带着胡人的好马回来了,人们知道后又都来祝贺。他的父亲又说道:"这难道不会变为坏事吗?"果然,因为家里养着好多骏马,他的儿子又很喜欢骑马,结果骑马时坠马摔断了大腿骨。这时人们又来安慰他。他父亲说道:"这难道不会变成好事吗?"过了一年,胡人大举入侵边塞,青壮年都拿起武器去参战,结果边塞当地的人死去十分之九,唯独这家人的儿子因为跛脚的原因,他们父子得以保全性命。所以说福可以转化为祸,祸也可以转化为福,但这其中的转化难以揣测,深不可测。有时言辞直率却不合实用,有时言辞难听不合心意,却能切合实际。宋国大夫高阳魋准备建造房子,去征询工匠的意见。工匠说:"现在还不能建房,木头还没干透,西木料涂上泥的话,日后这木头就会变形。用湿木材来承受重泥,即使现在建好了,以后房子也一定会出现问题的。"高阳魋说道:"不是这样,木材干透了就越发坚硬,泥料干透了就越发轻,用坚硬的木材来承受变轻了的泥料,即使现在不好,以后也一定会变好的。"工匠无言以对。于是就按照高阳魋说的帮他建造房子,房子建好后,看起来很雄伟美观,但不久房子果然出问题了。这就是言辞顺当却不符合实际了。

何谓亏于耳忤于心而合于实？靖郭君将城薛，宾客多止之，弗听。靖郭君谓谒者①曰："无为宾通言。"齐人有请见者，曰："臣请道三言而已。过三言，请烹。"靖郭君闻而见之。宾趋而进，再拜而兴。因称曰："海大鱼。"则反走。靖郭君止之曰："愿闻其说。"宾曰："臣不敢以死为熙②。"靖郭君曰："先生不远道而至此，为寡人称之。"宾曰："海大鱼，网弗能止也，钓弗能牵也。荡而失水，则蝼蚁皆得志焉。今夫齐，君之渊也。君失齐，则薛能自存乎？"靖郭君曰："善！"乃止不城薛。此所谓亏于耳忤于心而得事实者也。以"无城薛"止城薛，其于以行说，乃不若"海大鱼"。

【注释】①靖郭君：指田婴，妫姓，田氏，名婴，亦称婴子，战国时期齐国宗室、大臣，孟尝君田文之父。谒者：通报与接待宾客的近侍。②熙：古同"嬉"。

【译文】那什么是言辞逆耳不合心意，但却能切合实际呢？靖郭君将要在他的封地薛筑城，他门下的宾客都来劝阻他，但靖郭君都不听，就对负责通报的侍从说："不要为宾客们通报了。"这时有位齐国人来求见，并说："我只说三个字，如果超过了三个字，愿领烹罚。"靖郭君听到后就接见了他，宾客快步走了进来，拜了两拜就说了三个字："海大鱼。"说完就转身准备离开，靖郭君连忙问道："我想听听你的意见。"宾客回到道："我不敢以自己的生命开玩笑。"靖郭君说道："先生不顾远道而来见我，还是请你说说吧。"宾客就说道："海里的大鱼，鱼网捕不到它们，钓钩更是钓不到它们。但只要大鱼跃出水面到了岸上，那么蝼蛄和蚂蚁都很轻易的对付大鱼，今天的齐国，就是你的大海，你若是失去了齐国，那么你的封地薛还会存在吗？"靖郭君一下子就清醒了，说道："确实是。"于是就停止了在薛地筑城的事。这就是言辞逆耳不合心意,但却切合实际。用"不在薛地筑城"来直接劝阻靖郭君筑城,还不如用"海大鱼"三个字来得好!

故物或远之而近,或近之而远。或说听计当而身疏,或言不用、计不行而益亲。何以明之?三国伐齐,围平陆,括子①以报于牛子曰:"三国之地不接于我,逾邻国而围平陆②,利不足贪也。然则求名于我也。请以齐侯住。"牛子以为善。括子出,无害子入。牛子以括子言告无害子。无害子曰:"异乎臣之所闻。"牛子曰:"国危而不安,患结而不解。何谓贵智?"无害子曰:"臣闻之,有裂壤土以安社稷者,闻杀身破家以存其国者,不闻出其君以为封疆者。"牛子不听无害子之言,而用括子之计,三国之兵罢,而平陆之地存。自此之后,括子日以疏,无害子日以进。故谋患而患解,图国而国存,括子之智得矣。无害子之虑无中于策,谋无益于国,然而心调于君,有义行也。今人待冠而饰首,待履而行也。冠履之于人也,寒不能暖,风不能障,暴不能蔽也。然而冠冠履履者,其所自托者然也。夫咎犯战胜城濮,而雍季无尺寸之功,然而雍季先赏而咎犯后存者,其言有贵者也。

【注释】①括子:括子及下文的牛子、无害子皆齐国大臣。②平陆:齐地,在今山东汶上县。
【译文】所以事物有时疏远它反而是亲近它,有时亲近它反而是疏远它。有的人言语被采纳、计谋也恰当,但最终自己却被君主疏远了,而有的人言语不被采用、计谋也不行,但最终自己反而被君主信任了。怎么样才能明白这一点呢?魏、韩、赵三国攻打齐国,包围了平陆,括子对牛子说:"魏、韩、赵三国的领土与我们齐国不接壤,都是借道邻国而来围困平陆的,没有什么利益可图,他们主要是想获得一些名声罢了,这样的话不如请齐侯去与他们讲和好了。"牛子也认为这是一个不错的主意。等括子离开后,无害子进来了。牛子就把括子的话告诉了无害子,无害子说:"这与我听说的不一样。"牛子直接问道:"国家陷于危难而却没有办法去平定,祸患缠身却没有办法去解决,有什么好的智慧呢?"无害子回答道:"我听说过割让土地来保障国家社稷的安定,也听说过宁愿牺牲自己,毁坏家园也要保存自己国家的,但却不曾听说让自己的国君去受辱讲和来保护自己国土的。"但牛子没有听从无害子的建议,而采用了括子的计谋,最后魏、韩、赵三国果然退兵了,平陆也保住了。但从此以后,括子被逐渐疏远,而无害子却被逐渐予以重用。所以用计谋来解决祸乱而祸乱解,用谋略来拯救国家而国家存,括子的智慧是很实用的,但却被疏远。而无害子的想法根本不是好策略,计谋也对国家没有什么好处,只是他的计谋顺和了君王的心意,有忠义的表现。这就像现在人们用帽冠来做头饰,用鞋子来走路一样。帽冠和鞋子对于人们来说,就算天冷了也不会保暖,也不能阻挡风的侵袭,也不能遮蔽烈日阳光,但即使这样人们还是会戴帽冠和穿鞋子,这是因为帽冠和鞋子可以给头和脚以依托。咎犯在城濮打了胜仗,而雍季对于战事没有半点功劳,但雍季却先获得了赏赐,而咎犯只得到了安抚,这是因为雍季说的话可贵。

故义者,天下之所赏也。百言百当,不如择趋而审行也。或无功而先举,或有功而后赏。何以明之?昔晋文公将与楚战城濮①,问于咎犯曰:"为奈何?"咎犯曰:"仁义之事,君子不厌忠信;战陈②之事,不厌诈伪。君其诈之而已矣。"辞咎犯,问雍季。雍季对曰:"焚林而猎,愈多得兽,后必无兽。以诈伪遇人,虽愈利，后无复。君其正之而已矣。"于是不听雍季之计，而用咎犯之谋。与楚人战，大破之。还归，赏有功者，先雍季而后咎犯。左右曰："城濮之战，咎犯之谋也，君行赏先雍季何也？"文公曰："咎犯之言，一时之权也；雍季之言，万世之利也。吾岂可以先一时之权而后万世之利哉？"

【注释】①城濮：地名在今山东城鄄城西南。②陈：通"阵"。

【译文】所以有仁义的人，都是被天下人所赞赏的。即使说的话每句都管用，不如看好形势而去审慎行动。有时没有功劳的人先得到推举，有时有功劳的人却在最后才得到封赏，怎么才能明白这一点呢？从前，晋文公将要在城濮与楚国交战，晋文公就问咎犯："该怎么办？"咎犯回答道："如果是忠义的事，那么就要做到忠诚和守信；但对于战阵的事，就得兵不厌诈，君王你就是用欺诈的手段就行了。"晋文公离开咎犯后就去找了雍季，以同样的问题问了雍季，雍季就说："烧毁森林去打猎，虽然会得到很多猎物，但以后就没有猎兽可猎取了。以欺诈的手段来对付人，虽然能一时获利很多，但以后就没有什么利益可图了。所以国君还是用光明正大的手段来对付楚军为好。"但是晋文公没有听从雍季的话，而是采用了咎犯的计谋与楚军交战，结果把楚国打得大败。凯旋而归论功行赏时，首先封赏的是雍季，然后才奖赏咎犯。这时晋文公身边的人就很不解的问道："在城濮与楚军交战能获得胜利，全靠咎犯的计谋，但为什么国君却先封赏雍季呢？"晋文公说："咎犯的计谋，只是一时的权宜之计；而雍季的话，却是符合长远的利益，我怎么会看重一时的权宜之计而忽略了长远的利益呢？"

智伯率韩、魏二国伐赵。围晋阳，决晋水而灌之。城下缘木而处，县^①釜而炊。襄子谓张孟谈曰："城中力已尽，粮食匮乏，大夫病，为之奈何？"张孟谈曰："亡不能存，危不能安，无为贵智士。臣请试潜行，见韩、魏之君而约之。"乃见韩、魏之君，说之曰："臣闻之唇亡而齿寒。今智伯率二君而伐赵，赵将亡矣。赵亡，则君之次矣。及今而不图之，祸将及二君！"二君曰："智伯之为人也，粗中而少亲^②，我谋而泄，事必败，为之奈何？"张孟谈曰："言出君之口，入臣之耳，人孰知之者乎？且同情相成，同利相死。君其图之。"二君乃与张孟谈阴谋^③，与之期。张孟谈乃报襄子。至其日之夜，赵氏将杀其守堤之吏，决水灌智伯。智伯军救水而乱。朝、魏翼而击之，襄子将卒犯其前，大败智伯军，杀其身而三分其国。襄子乃赏有功者，而高赫为赏首。群臣请曰："晋阳之存，张孟谈之功也。而赫为赏首，何也？"襄子曰："晋阳之围也，寡人国家危，社稷殆。群臣无不有骄侮之心者，唯赫不失君臣之礼，吾是以先之。"由此观之，义者，人之大本也，虽有战胜存亡之功，不如行义之隆。故君子曰："美言可以市^④尊，美行可以加人。"

【注释】①县：通"悬"。②粗中而少亲：粗，通"怚"，骄横。中，指内心。③阴谋：暗中谋划。④市：获得。

【译文】智伯率领韩、魏两国去攻打赵国，包围了晋阳城，并挖掘开晋水来淹晋阳城，城里的军民都只能爬上树躲避，悬挂着锅来做饭。这时赵襄子同谋士张孟谈商量说："城中的人都已精疲力尽，粮食也用的差不多了，加上将士们也是缺医少药的，这该怎么办？"张孟谈回答道："国家面临家破人亡时而却不能保存，面临危险却不能平定，这真是枉为谋士了，我想偷偷出城去见韩、魏的国君，然后与他们共同商讨对付智伯的办法。"于是张孟谈就偷偷出城去见了韩、魏的国君,并对他们说:"我听说,唇亡齿寒,现在智伯率领二位国君的军队来攻打我们赵国,现在看来赵国将要灭亡了,但如果赵国灭亡了,那么接下来可能就是你们两国了,假使我们现在不想办法对付智伯,那么灾难很快就会降临到二位国君身上了。"韩国国君和魏国国君就说:"智伯的为人,暴戾骄横且寡情,如果我们的计谋泄露出去,那么事情必定会失败,这该怎么办呢?"张孟谈回答道:"话是从二位的口中说出,也只进入我的耳中,又会有谁知道呢?而且我们遇到的情况相同,利益也相同,请二位国君好好考虑下。"于是韩、魏就和张孟谈暗中谋划,确定了具体的举事时间。张孟谈这才返回晋阳城里向赵襄子报告。等到了约定那天的夜晚,赵襄子派人杀了守堤坝的官兵,挖开堤坝倒灌智伯的军营,智伯的军队忙于堵缺口而混乱成一片,这时韩、魏两国的军队也从两翼攻击智伯的军队,赵襄子则从正面攻击,打败了智伯的军队,杀了智伯,韩、魏、赵三国瓜分了智伯的领地。战争胜利后,赵襄子封赏有功的人,最先封赏的却是高赫。赵襄子的大臣们很不解的问道:"晋阳城得以保存,都是张孟谈的功劳,而现在高赫却成为最先受到封赏的人,这是为什么呢?"赵襄子说道:"当晋阳城被围困,国家将要面临灭亡时,很多大臣对我有骄横轻侮的态度,唯独高赫仍然不忘君臣之间的礼节,我当然要先封赏他了。"由此看来,忠义才是人的根本,即使有战胜敌军、挽救了国家的功劳,也不及履行忠义来得尊崇。所以君子说:"美好的言辞可以获得人们的尊重,而美好的德行却可以有益于人。"

或有罪而可赏也,或有功而可罪也。西门豹治邺(yè)^①,廪无积粟,府^②无储钱,库无甲兵,官无计会,人数言其过于文侯。文侯身行其县,果若人言。文侯曰:"翟璜任子治邺而大乱。子能道则可,不能,将加诛于子!"西门豹曰:"臣闻王主富民,霸主富武,亡国富库。今王欲为霸王者也,臣故蓄积于民。君以为不然,臣请升城鼓之,甲兵粟米可立具也。"于是乃升城而鼓之。一鼓,民被甲括矢操兵弩而出;再鼓,负辇粟而至。文侯曰:"罢之。"西门豹曰:"与民约信,非一日之积也。一举而欺之,后不可复用也。燕常③侵魏八城,臣请北击之,以复侵地。"遂举兵击燕,复地而后反。此有罪而可赏者也。解扁为东封,上计④而入三倍。有司请赏之。文侯曰:"吾土地非益广也,人民非益众也,入何以三倍?"对曰:"以冬伐木而积之,于春浮之河而鬻(yù)⑤之。"文侯曰:"民春以力耕,暑以强耘,秋以收敛,冬间无事,以伐林而积之,负轭(è)⑥而浮之河。是用民不得休息也,民以敝矣。虽有三倍之入,将焉用之!"此有功而可罪者也。

【注释】①邺:古地名,在今中国河北省临漳县西。②府:储藏文书或财物的地方。③常:通"尝",曾经。④上计:汉制,每到年终,郡国遣吏至京上计簿,将全年人口、钱、粮、贼、狱诉等事项,向朝廷报告,称为上计。⑤鬻:卖。⑥轭:驾车时搁在牛马颈上的曲木。

【译文】有时有罪过反而获得奖赏,有时有功劳反而被责罚。西门豹在管理邺地时,粮仓没有积粮,钱库也没有储备的钱物,兵库也没有铠甲和兵器,官府里也没有计算收入的账簿。有人多次对魏文侯诉说西门豹的这些过失,魏文侯就亲自到邺地来查看,果然就和人们所说的一样。魏文侯说道:"翟璜推荐你来治理邺地,而现在这里这么混乱,你能说清缘由就好,如果不能说清,那么就要降罪于你。"西门豹说道:"我曾听说实施王道的君主能使百姓富足,实施霸道的君主能使军备强盛,而只有亡国之君才使自己的仓库富足。现在君主要实施王霸之道,所以我就将财力物力都积蓄在百姓中,如果君主不相信,那我就登上城楼击鼓,铠甲兵器和粮食这些东西马上就能准备好。"于是西门豹就登上城楼击鼓,第一次击鼓后,百姓就穿着铠甲带着弓箭，拿着兵器弓弩出来了，再次击鼓后，百姓们就背着粮食而来。这时魏文侯就说道："可以了，让他们回去吧。"西门豹说："我与百姓们守约讲信用，可不是一两天功夫就能形成的，如果欺骗他们一次，那么以后想再调动他们就难了。燕国曾经占领了我们八座城邑，我现在请求攻打燕国，收复失地。"于是西门豹就率兵去攻打燕国，收复失地后凯旋而归。这就是有罪过反而可以获得奖赏。解扁担任魏国东部边境的官员，上交的赋税收入涨了三倍，主管这方面的官员要奖赏他。魏文侯说道："我的领地并没有增加，百姓人口也没增多，为什么收入会增加三倍呢？"主管财政方面的官员就回答道："解扁命令百姓在冬季砍伐树木储存起来，等到了春天运出来卖掉，所以就能赚到钱。"魏文侯说："百姓在春天努力耕种，夏天时努力耕耘除草，秋季时就忙着收割，只有到了冬天才可以休息，现在要求百姓砍伐树木而储藏起来，到春天时又要驾车运到河边，这样一来，百姓就没有休息的时间，百姓就非常疲倦了，即使有了三倍的收入，又能有什么用呢！"这就是有功劳反而被责罚的例子了。

贤主不苟得，忠臣不苟利。何以明之？中行(háng)穆伯攻鼓①，弗能下。馈闻伦曰："鼓之啬夫②，闻伦知之。请无罢武大夫③，而鼓可得也。"穆伯弗应。左右曰："不折一戟，不伤一卒，而鼓可得也。君奚为弗使？"穆伯曰："闻伦为人，佞而不仁。若使闻伦下之，吾可以勿赏乎？若赏之，是赏佞人。佞人得志，是使晋国之武，舍仁而从佞。虽得鼓，将何所用之！"攻城者，欲以广地也，得地而不取者，见其本而知其末也。

【注释】①中行穆伯：即荀吴，晋国大夫。鼓：地名，是狄人之地。在今河北晋州市西。②啬夫：职官名，秦置为乡官，掌听讼收税等事情,汉有虎圈啬夫等。③罢:通"疲",劳累。武大夫:士大夫。

【译文】贤明的君主不会苟且获得,忠诚的大臣也不会苟且求利。如何才能明白这一点呢?中行穆伯攻打鼓地,很久不能攻下,馈闻伦就说道:"鼓地的啬夫我认识他,有他做内应,不动用武力就可以拿下鼓地。"中行穆伯却没有采用他的建议,中行穆伯身边的人很不解的问道:"馈闻伦的办法可以使我们不损一戟、不伤一卒就能拿下鼓地,你为什么不派他去做这件事呢?"中行穆伯回答道:"馈闻伦的为人,是个奸佞不仁的小人,如果派遣馈闻伦做成了这件事,我能不奖赏他吗?如果奖赏了他,就是奖赏奸佞的小人,这中奸佞之人得志了,到时会使整个晋国的人都会舍弃仁义而追求奸佞,这样即使是拿下了鼓地,又有什么用呢!"凡是攻打城池的人,都是想扩大自己的领地,但有时很容易就能获得土地但却不去获得,这是因为看清了事物的本源就能推知它的发展结果了。

秦穆公使孟盟举兵袭郑。过周以东。郑之贾人弦高、蹇他相与谋曰:"师行数千里,数绝①诸侯之地,其势必袭郑。凡袭国者,以为无备也。今示以知其情,必不敢进。"乃矫(jiǎo)②郑伯之命,以十二牛劳之。三率相与谋曰:"凡袭人者,以为弗知。今已知之矣。守备必固,进必无功。"乃还师而反。晋先轸(zhěn)举兵击之,大败之殽。郑伯乃以存国之功赏弦高,弦高辞之曰:"诞③而得赏,则郑国之信废矣。为国而无信,是俗败也,赏一人而败国俗,仁者弗为也。以不信得厚赏,义者弗为也。"遂以其属徙东夷,终身不反。

【注释】①绝:经过。②矫:假托。③诞:欺诈。
【译文】秦穆公派遣孟盟率领军队去偷袭郑国。孟盟率领军队从周国的东边通过,郑国的商人弦高和蹇他商议:"秦国的军队行军几千里,多次穿越其他诸侯国的领地,看他们的情形一定是去袭击郑国,凡是袭击别国的,一定以为他国是没有任何防备的,现在如果让秦军知道郑国已经有了防备,那么他们就一定不会再前进了。"于是他们就假托郑伯的命令,用十二头牛来犒劳秦国军队。秦军的三位将领彼此商量说:"凡是袭击别人,都以为别人不知道自己的行动,现在他们已知道了,防备必定会很严密,即使继续前进也不一定能成功。"于是就撤军返回了。而秦军在返回途中却遭到了晋国的先轸率兵伏击,秦军在殽山被击败。郑伯于是就以保全国家有功来奖赏弦高,弦高推辞了并说道:"欺诈别人而得到奖赏,那么郑国的信义就会被废弃了,作为一个国家如果没有信义,就会败坏整个社会的风气,奖赏我一个人而败坏了全国的风气,仁者是不会这么做的,用欺诈的行为来获得丰厚的奖赏,有道义的人是不会这样做的。"于是弦高就带着家属迁徙到了东夷地区,终身都没有返回郑国。

故仁者不以欲伤生,知者不以利害义。圣人之思修,愚人之思叕(zhuó)①。忠臣者务崇君之德,谄臣者务广君之地。何以明之?陈夏征舒弑其君,楚庄王伐之,陈人听令。庄王以讨有罪,遣卒戍陈,大夫毕贺。申叔时使于齐,反还而不贺。庄王曰:"陈为无道,寡人起九军以讨之。征暴乱,诛罪人,君臣皆贺,而子独不贺,何也?"申叔时曰:"牵牛蹊(xī)②人之田,田主杀其人而夺之牛,罪则有之,罚亦重矣。今君王以陈为无道,兴兵而攻,因以诛罪人,遣人戍陈。诸侯闻之,以王为非诛罪人也,贪陈国也。盖闻君子不弃义以取利。"王曰:"善"。乃罢陈之戍,立陈之后。诸侯闻之,皆朝于楚。此务崇君之德者也。张武为智伯谋曰:"晋六将军,中行文子最弱,而上下离心,可伐以广地。"于是伐范、中行；灭之矣，又教智伯求地于韩、魏、赵。韩、魏裂地而授之，赵氏不与，乃率韩、魏而伐赵，围晋阳三年，三国阴谋同计，以击智氏，遂灭之。此务为君广地者也。夫为君崇德者霸，为君广地者灭。故千乘之国，行文德者王，汤、武是也；万乘之国，好广地者亡，智伯是也。

【注释】①敠：短，不足。②蹊：践踏。

【译文】有仁德的人不会为了满足欲望去伤害天性，智慧的人都不会为了利益而损害道义的。圣人总是会深谋远虑，而愚人总是目光短浅。忠臣总是致力于君王德行的完善，而谄媚的大臣总是想扩大君王的领地。怎样理解这些道理呢？陈国的夏徵舒杀了他的国君，于是楚庄王就发兵讨伐他，而陈国的人也听从楚庄王的命令。楚庄王已经讨伐有罪之人后，在陈国留下了一只军队戍守，楚国的大夫们都来向楚庄王祝贺。当时申叔时出使齐国，回来后并不去祝贺楚庄王。楚庄王就问道："陈国大臣大逆不道弑君，我发动大军去讨伐他，征伐暴乱，诛杀了有罪的人，所以众人都来向我祝贺，唯独你不向我祝贺，这是为什么呢？"申叔时回答道："有人牵牛踩坏了别人家的田地，田地的主人就杀了牵牛的人并夺取他的牛，牵牛的人是有过错的，但这样的惩罚未免太重了。现在君王你以陈国的人弑君无道为由，举兵而攻打，虽然诛杀了有罪的人，但却把军队留在了陈国，这样的话，各诸侯就会认为，君王并不是想诛杀有罪的人，而是贪图陈国的土地。我曾听说过君子是不会为了获得利益而抛弃了道义的。"楚庄王说："你说的好。"于是就撤回了在陈国的军队，并立了陈国国君的后代为新的国君。各诸侯听说后，都纷纷来朝拜于楚国。这就是忠臣会致力于君王德行的完善。张武向智伯献计说道："晋国六位将军中，中行文子最弱小，而且他们内部上下不齐心，可以攻打他来扩张领土。"于是智伯就发兵攻打范氏和中行氏的领地,并且将他们都灭亡了,张武又向智伯献计,去向韩、魏、赵三家索求土地,韩和魏都割地给智伯,但赵却没有同意,于是智伯就率领韩和魏的军队去攻打赵,围困了晋阳三年之久。后来韩、魏、赵三家秘密商议,共同去抗击智伯,并最终消灭了智伯。这就是谄媚的大臣总是想帮助君王扩大领地。致力于君王德行的完善,最后君王会称霸于天下,而只想帮君王扩张领土的,君王最后都被消灭了。所以即使是千乘的小国,只要实行德政同样可以称王于天下,商汤和周武王就是这样的;而万乘的大国,如果只是想扩张自己的领土,那么最后都会被消灭的,智伯就是这样的。

非其事者勿仞①也,非其名者勿就也。无故有显名者勿处也,无功而富贵者勿居也。夫就人之名者废,仞人之事者败,无功而大利者后将为害。譬犹缘高木而望四方也,虽愉乐哉,然而疾风至,未尝不恐也。患及身,然后忧之,六骥追之,弗能及也。是故忠臣事君也,计功而受赏,不为苟得;积力而受官,不贪爵禄。其所能者,受之勿辞也;其所不能者,与之勿喜也。辞所能则匮,欲所不能则惑。辞所不能而受所能则得,无损堕之势而无不胜之任矣。昔者智伯骄,伐范、中行而克之,又劫韩、魏之君而割其地,尚以为未足,遂兴兵伐赵。韩、魏反之,军败晋阳之下,身死高梁②之东,头为饮器③,国分为三,为天下笑。此不知足之祸也。老子曰:"知足不辱,知止不殆,可以修久。"此之谓也。

【注释】①仞:通"认",承担。②高梁:春秋晋邑。在今山西临汾市东北。③饮器:溺器,盛尿的器具。

【译文】不是自己分内的事就不要去承担,不是自己该拥有的名声就不要去享有。无缘无故就有的名声,还是不要的好;没有功劳而得到的富贵,还是拒绝为好。贪图名声的人必定会失败,不是自己分内的事做了很难成功,没有功劳而获得很大利益的人最终会受到祸害的。就像爬到高树上眺望四方,虽然很快乐,但是如果大风刮起,没有不惊慌害怕的。人们都是祸患降临到自身了,才开始忧虑,这时即使是驾驶六匹马拉的车去追赶,也是无法追回的。所以忠义的大臣侍奉君王,都是根据自己的功绩而接受相应的封赏,不会多拿不属于自己的东西;根据自己的能力去接受官爵,不能贪图官爵和俸禄。自己能做的事,接受了就不要再推辞;自己不能做到的事,即使给了你也不要太高兴。推辞自己能做的事,就不能算是坦诚正直,勉强去做自己做不了的事,那么可能就会把事情搞砸。推辞掉自己做不到的事而接受自己能做到的事,就不会把事情做坏,也就没有不能胜任的情况了。从前,智伯为人很骄横,攻打范氏和中行氏最终战胜了,又胁迫韩、魏两家的君主割让土地给他,还不满足,又率军攻打赵国,而韩、魏两家趁机与赵一起反攻智伯,最后在晋阳将智伯打败,而智伯自己也死在了高梁的东边,他的头颅还被砍下当尿壶用,他的国家也被韩、魏和赵三家瓜分了,被天下人所耻笑。这就是不知道满足造成的祸害。老子说:"知道满足就不会遭受折辱,知道适可而止就不会遭遇危险,就可以保持长久。"说的就是这个道理了。

或誉人而适足以败之,或毁人而乃反以成之。何以知其然也?费无忌复于荆平王曰:"晋之所以霸者,近诸夏①也;而荆之所以不能与之争者,以其僻远也。楚王若欲从诸侯,不若大城城父,而令太子建守焉,以来北方,王自收其南,是得天下也。"楚王悦之,因命太子建守城父,命伍子奢傅之。居一年,伍子奢游人于王侧,言太子建甚仁且勇,能得民心。王以告费无忌,无忌曰:"臣固闻之,太子内抚百姓,外约诸侯。齐、晋又辅之,将以害楚,其事已构矣。"王曰:"为我太子,又尚何求?"曰:"以秦女之事怨王。"王因杀太子建而诛伍子奢,此所谓见誉而为祸者也。何谓毁人而反利之?唐子短陈骈子于齐威王,威王欲杀之,陈骈子与其属出亡,奔薛。孟尝君闻之,使人以车迎之,至,而养以刍豢(huàn)黍粱五味之膳,日三至,冬日被裘罽(jì)②,夏日服絺(chī)③纻(zhù)④,出则乘牢⑤车,驾良马。孟尝君问之曰:"夫子生于齐,长于齐,夫子亦何思于齐?"对曰:"臣思夫唐子者。"孟尝君曰:"唐子者,非短子者邪?"曰:"是也。"孟尝君曰:"子何为思之?"对曰:"臣之处于齐也,粝粱(zī)⑥之饭,藜藿之羹,冬日则寒冻,夏日则暑伤。自唐子之短臣也,以身归君,食刍豢,饭黍粱,服轻暖,乘牢良,臣故思之。"此谓毁人而反利之者也。是故毁誉之言不可不审也。

【注释】①诸夏:古代对中国的泛称。封建时代,天子之下,诸侯国很多,故称为诸夏。②罽:用毛做成的毡子一类的东西。③絺:细葛布;细葛布做的衣服。④纻:苎麻纤维织成的布。⑤牢:古代称作祭品的牲畜,如牛、羊等。⑥粝粱:粗糙的饭食。

【译文】有时赞誉别人却恰恰是足以毁坏了他,有时诋毁一个人反而最后是成全了他。要怎么才能知道是这样的呢?费无忌对楚平王说:"晋国之所以能称霸,是因为离各诸侯国比较近的原因。而楚国之所以不能与晋国争霸,就是因为我们楚国地处偏远的地方了。楚王如果想让各诸侯国都归顺自己,那么不如扩建城父城,然后安排太子建去驻守在那里,用来抵御北方诸侯国,君王就可以亲自去收复南方的诸侯国,到时就可以得到天下了。"楚平王听后非常高兴,于是就派太子建去驻守城父,让伍子奢去辅佐他。过了一年,伍子奢就派人到楚平王身边,说太子建有仁德之心又很勇敢,很得民心。楚平王就把这事告诉了费无忌,费无忌就说道:"我本来就听说了,太子建在城父对内安抚百姓,对外结交各诸侯,齐国和晋国又辅助他,这在将来会对楚国造成祸害,且这事已在酝酿中了。"楚平王听后不解的问道:"他是我们楚国的太子,他还会有什么要求呢?"费无忌回答道:"他应该会因秦女的事而对君王有所抱怨。"于是楚平王就杀了太子建和伍子奢,这就是赞誉别人反而成为祸害。那么什么是诋毁别人却反而对他有利呢?唐子在齐威王面前说陈骈子的坏话,齐威王就想杀了陈骈子,于是陈骈子就带着他的家属逃到了薛地。孟尝君听说后,就派人驾车去迎接他,等陈骈子到了以后,孟尝君就用了自己养的牲畜和用谷粮来招待他,一天三顿美餐。到冬天了就给陈骈子穿皮衣,夏天时穿细葛麻衣,出门不是坐牛车就是骑着好马。有一天孟尝君就问道:"你出生在齐国,也成长于齐国,你现在对齐国还会有思念吗?"陈骈子就回答道:"我思念唐子。"孟尝君又问道:"唐子,不就是那个说你坏话的人吗?"陈骈子说:"是的,就是他。"孟尝君很不解地问道:"那你为什么会思念他呢?"陈骈子回答说:"我在齐国时,吃的粗糙的饭食,喝的是野菜汤,冬天时会受冻,夏天时会受暑,但自从唐子对齐威王说了我的坏话以后,我就投奔到你的门下,到这后,吃的是肉食谷粮,穿的是轻暖的衣服,出门都是坐车,所以我思念他。"这就是诋毁他反而对他有利。所以赞誉和诋毁的话,不得不慎重考虑后再说。

或贪生而反死,或轻死而得生,或徐行而反疾。何以知其然也?鲁人有为父报仇于齐者,刳(kū)①其腹而见其心,坐而正冠,起而更衣,徐行而出门,上车而步马,颜色不变。其御欲驱,抚而止之曰："今日为父报仇以出死，非为生也。今事已成矣，又何去之！"追者曰："此有节行之人，不可杀也。"解围而去之。使被衣不暇带，冠不及正，蒲伏而走，上车而驰，必不能自免于千步之中矣。今坐而正冠，起而更衣，徐行而出门，上车而步马，颜色不变，此众人所以为死也，而乃反以得活。此所谓徐而驰，迟于步也。夫走者，人之所以为疾也；步者，人之所以为迟也。今反乃以人之所为迟者反为疾，明于分也。有知徐之为疾，迟之为速者，则几于道矣。故黄帝亡其玄珠，使离朱、捷剟②（duō）索之，而弗能得之也。于是使忽恍③，而后能得之。

【注释】①剟：从中间破开再挖空。②离朱：黄帝臣，传说视力很强，"能视于百步之外，见秋毫之末"。捷剟：黄帝臣，擅于拾物。③忽恍：黄帝臣，记性差。

【译文】有时人贪生怕死最后反而会丧命，而有时人视死如归反而会获得生存，有时人慢行反而是很快就能到达。怎么才能知道是这样的呢？鲁国有个人在齐国为自己的父亲报仇，等他杀了仇人后，他就把仇人剖腹挖心，然后坐下理正帽子，再起来更换血衣，才慢慢出门而去，上车后也慢慢的赶着马车，整个人的脸色没有任何的变化。他的车夫想要走快一些，他却制止车夫说道："今日就是来为父亲报仇的，我早已抱着必死的决心，并不会苟且偷生，现在仇已报了，何必还要逃那么快呢！"追赶的人看到这个情况后就说道："这是一个有节操的人，我们不能杀他。"于是就是散开了包围圈让他离开了。假使他换下血衣都没来得及束上腰带，帽子也来不及理正，慌张中连滚带爬的逃走，上了马车后又催马疾驰的话，那么他一定会在千步之内就被抓住并杀死。而现在他坐着理正帽子，起来更换血衣，慢慢走出门，上马车后也不急于催马急行，整个人声色都没有任何的变化,所以很多人认为这种行为必死的,但反而凭借这些行为活了下来。这就是慢行有时反而比疾驰要快。奔跑,人们都认为是很快的;步行,人们都认为是很慢的。现在报仇的人反而将人们平时认为的缓慢变成了疾驰,这是由于他明白自己的处境。知道慢可以转化为快,迟缓可以转化为急速,这样的人几乎可以说是得道的人了。所以黄帝丢失了玄珠,就让离朱和捷剟两个人去找寻,但他们都没能找到,于是就让善忘的忽恍去找,忽恍果然就找到了。

圣人敬小慎微,动不失时。百射重戒,祸乃不滋。计福勿及,虑祸过之。同日被霜,蔽者不伤。愚者有备,与知者同功。夫爝(jué)火①在缥烟之中也,一指所能息也;唐漏若鼷(xī)穴②,一墣之所能塞也。及至火之燔(fán)③孟诸而炎云台,水决九江而渐(jiān)④荆州,虽起三军之众,弗能救也。夫积爱成福,积怨成祸。若痈(yōng)疽(jū)⑤之必溃也,所浼(měi)⑥者必多矣。诸御鞅复于简公曰:"陈成常、宰予二子者,甚相憎也。臣恐其构难而危国也。君不如去一人。"简公不听。居无几何,陈成常果攻宰予于庭中,而弑简公于朝。此不知敬小之所生也。鲁季氏郈(hòu)氏斗鸡,郈氏介⑦其鸡,而季氏为之金距⑧。季氏之鸡不胜。季平子怒,因侵郈氏之宫而筑之。郈昭伯怒,伤之鲁昭公曰:"祷于襄公之庙,舞者二人而已,其余尽舞于季氏。季氏之无道无上久矣。弗诛,必危社稷!"公以告子家驹。子家驹曰:"季氏之得众,三家为一。其德厚,其威强,君胡得之!"昭公弗听,使郈昭伯将卒以攻之。仲孙氏、叔孙氏相与谋曰:"无季氏,死亡无日矣。"遂兴兵以救之。郈昭伯不胜而死,鲁昭公出奔齐。故祸之所从生者,始于鸡定⑨;及其大也,至于亡社稷。故蔡女荡舟,齐师大侵楚⑩。两人构怨,廷杀宰予,简公遇杀,身死无后,陈氏代之,齐乃无吕。两家斗鸡,季氏金距,郈公作难,鲁昭公出走。故师之所处,生以棘楚,祸生而不蚤灭,若火之得燥,水之得湿,浸而益大。痈疽发于指,其痛遍于体。故蠹(dù)⑪啄剖梁柱,蚊虻走牛羊,此之谓也。

【注释】①爝火:火炬,火把。②鼷穴:鼷鼠所栖息的洞穴。后用以指小孔。③燔:焚烧。④渐:浸。⑤痈疽:毒疮。⑥浼:污染。⑦介:甲。⑧距:雄鸡爪子后面突出像脚趾的部分。⑨定:有解释认为应是"足"。⑩"故蔡女荡舟"句:见《左传·僖公三年》:齐侯与蔡姬乘舟于囿,荡公。公惧,变色。禁之,不可。公怒,归之,未绝之也。蔡人嫁之。《左传·僖公四年》:四年春王正月,公会齐侯、宋公、陈侯、卫侯、郑伯、许男、曹伯侵蔡。蔡溃,遂伐楚,次于陉。⑪蠹:蛀蚀器物的虫子。

【译文】圣人做事都是谨小慎微,行动也很合时宜。对于各种危害有着种种预防,这样祸害就不会滋长。对于福禄不要想得太多,对于祸害要多加防备。在同一天降霜,有遮蔽的庄稼就不会受到伤害。愚笨的人有了防备,就能获得和聪明的人同样的功效。火把烟里的微弱火星,用一根手指就能熄灭它;池塘的漏洞像鼷穴那么小的时候,一抔土就能堵塞了。等到火势猛烈到可以焚烧孟诸湖泽,蔓延到云台那么高时,等到九江洪水决堤后淹没整个荆州时,就算动用全部军队来救援,也无济于事了。积累仁爱就会带来福祉,积累怨气就会酿成祸害。就像毒疮一旦溃烂,被传染的人就会很多。诸御鞅向简公说:"陈成常和宰予两个人,相互间积怨很深,我怕他们之间的矛盾会危及到国家的安全,君主不如解除他们中一人的职务来解除麻烦。"简公没有听从他的建议。果然没过多久,陈成常就在朝堂庭院里杀了宰予,并在朝堂上杀了简公。这就是不懂得谨慎处理小事而造成的后果。鲁国的季氏和郈氏斗鸡,郈氏给他的斗鸡带上铠甲,而季氏给他的斗鸡带上金属的尖爪,最后季氏的鸡斗输了。季平子很生气,就侵占了郈氏的庭院并修筑起了房子,这时郈昭伯也非常生气,就在鲁昭公面前诋毁季平子,说道:"在襄公的庙祭祀祈祷时,只有了两个人在舞蹈助祭,其余的舞者都在季氏的祖庙里舞蹈助祭,季氏的人大逆不道而且目无君主已经很久了,如果不诛灭季氏,那么一定会对国家社稷有危害。"鲁昭公就把这事告诉了子家驹,子家驹说:"季氏深得百姓的支持,而且孟孙、叔孙、季孙三家又是联合在一起的,他们德高望重且实力强大,君主你怎么对付得了他们呢!"但鲁昭公并没有听从子家驹的建议,就派郈昭伯率领军队去攻打季氏。于是仲孙氏和叔孙氏就互相商量说:"如果没有了季氏,那么我们两家也会跟着灭亡。"于是就发兵来救季氏。最后郈昭伯战败被杀,鲁昭公也出逃到齐国去了。所以这番祸乱的产生就开始于斗鸡这件小事,祸乱闹大了以后,就会导致国家的灭亡。所以像蔡姬在摇船时让齐桓公受到了惊吓,导致齐国大举进攻楚国。陈成常和宰予两人结怨,陈成常在庭院就杀了宰予,简公也跟着被杀,简公死后没有后代,陈氏就取代他的位置,齐国国君从此后不再是吕姓了。季氏和郈氏两家斗鸡,季氏给斗鸡带上金属尖爪,引发郈氏发难,最后导致鲁昭公出逃于齐国。所以战争时军队所到之处,满是荆棘杂草,祸乱发生如果不及早平定,那么就会像火碰上了干燥的东西,水遇到了湿润的东西一样,会蔓延的更大了。痈疽虽然长在手指上,引起的疼痛却遍及全身。蛀虫会蛀蚀房梁柱子,蚊虫牛虻的叮咬,会让牛羊疼到到处乱跑,所以说这些都是小害会引起大害的例子。

人皆务于救患之备而莫能知使患无生。夫使患无生易于救患,而莫能加务焉,则未可与言术也。晋公子重耳过曹,曹君欲见其骈(pián)肋①,使之袒而捕鱼。厘负羁止之曰:"公子非常也。从者三人,皆霸王之佐也。遇之无礼,必为国忧。"君弗听。重耳反国,起师而伐曹,遂灭之。身死人手,社稷为墟。祸生于袒而捕鱼,齐楚欲救曹,不能存也。听厘负羁之言,则无亡患矣。今不务使患无生,患生而救之,虽有圣知,弗能为谋耳。患祸之所由来者,万端无方。是故圣人深居以避辱,静安以待时。小人不知祸福之门户,妄动而絓(guà)②罗网,虽曲为之备,何足以全其身!譬犹失火而凿池,被裘而用箑(shà)③也。且唐④有万穴,塞其一,鱼何遽(jù)⑤无由出?室有百户,闭其一,盗何遽无从入。夫墙之坏也于隙,剑之折,必有啮⑥。圣人见之密,故万物莫能伤也。太宰子朱待饭于令尹子国。令尹子国啜羹而热,投卮(zhī)⑦浆而沃之。明日,太宰子朱辞官而归。其仆曰:"楚太宰未易得也,辞官去之,何也?"子朱曰:"令尹轻行而简礼,其辱人不难。"明年,伏郎尹而笞(chī)⑧之三百。夫仕者先避之,见终始微矣。

【注释】①骈肋:又名骈胁,胁骨紧密相连如一整体,古人认为这是圣人之像。②絓:绊住,触犯。③箑:扇子。④唐:堤。⑤遽:遂,就。⑥啮:缺口。⑦投:援,引。卮:古代盛酒的器皿。⑧笞:用鞭杖或竹板打。

【译文】人们都致力于对祸患的防备,但没有人知道怎样才能让祸患不发生。让祸患不发生,比抑制祸患更容易些,但没有人在这方面下功夫去做,对于这样的人就没有办法与他们谈论避祸正确的方法了。晋公子重耳经过曹国,曹国国君想看看重耳的骈生肋骨,就让重耳脱去上衣,下河捕鱼。厘负羁就劝止曹国国君说道:"公子重耳是位非常人物,他的三位随从,都有辅佐霸王的才能,如果遇对他无礼,那么一定会给国家带来祸患。"但曹国国君没有听从。果然,等重耳回国登上君主的宝座后,就率军攻打曹国,并把曹国给灭了。曹国国君身死人手,国家也变成废墟。而这祸害的起源正是曹国国君要重耳裸着上身下河捕鱼,即使齐国和楚国想去救曹国,也不能使曹国得以保存。如果当时曹国国君听从了厘负羁的话,那么曹国就不会有被灭亡的祸害了。现在不想办法让祸害不发生,那么等祸害发生了才去挽救,即使有圣人的智慧,也是于事无补了。祸患的产生,是从四面八方而来,原因千头万绪。所以圣人一般都是深居简出来避免受辱,安心静待时机的来临。而小人却不知道祸福的由来,经常妄动而自投罗网,虽然也做了周密的防备,但怎么能够保全自己呢!就像失火了才去凿池取水,穿着皮衣而用扇子来散热一样。况且河堤有着无数个漏洞,你只堵塞了其中一个,难道鱼就不会从别的洞游出吗?房子有一百扇门,你只关闭其中的一扇门,盗贼难道就不会从其它门进入呢?墙壁的毁坏往往是从小小的裂缝开始的,剑的折断也往往是剑身上有缺损处了。圣人能提前预见这些征兆,所以万物都无法对他造成伤害。太宰子朱侍奉令尹子国吃饭,令尹子国尝了下汤,觉得太烫了,就用杯子里的酒浇到汤里。第二天,太宰子朱就辞官回家了,他的仆人就问道:"楚国太宰的职位不容易得到,你就这样轻易辞去官职了,这是为什么呢?"子朱就说:"令尹子国这人行为轻浮且无礼,他很轻易就会侮辱人。"果然第二年,令尹子国就找借口打了郎尹三百大板。所以预先能明察的人就会避开祸害。这就是从事物的细微之处预见到最后的结果。

夫鸿鹄之未孚于卵也,一指蔑之①,则靡而无形矣;及至其筋骨之已就而羽翮(hé)②之既成也,则奋翼挥䎒(huì)③,凌乎浮云,背负青天,膺摩赤霄,翱翔乎忽荒之上,析惕④乎虹霓之间。虽有劲弩、利矰(zēng)⑤、微缴(zhuó)⑥,蒲且子之巧,亦弗能加也。江水之始出于岷山也,可搴(qiān)⑦衣而越也,及至乎下洞庭,鹜石城⑧,经丹徒⑨,起波涛,舟杭⑩一日不能济也。是故圣人者常从事于无形之外,而不留思尽虑于成事之内。是故患祸弗能伤也。人或问孔子曰:"颜回何如人也?"曰:"仁人也。丘弗如也。""子贡何如人也?"曰:"辩人也。丘弗如也。""子路何如人也?"曰:"勇人也。丘弗如也。"宾曰:"三人皆贤夫子,而为夫子役⑪。何也?"孔子曰:"丘能仁且忍,辩且讷,勇且怯。以三子之能易丘一道,丘弗为也。"孔子知所施之也。

【注释】①箴:同"蔑",消灭。②羽翮:鸟类羽毛的中轴没于皮肤的部分,内含空气。③翲:羽茎末端。④析惕:徜徉。⑤矰:古代用来射鸟的拴着丝绳的短箭。⑥缴:系在箭上的丝绳。⑦搴:把衣服提起来。⑧石城:丹阳,也有说是南京市。⑨丹徒:会稽。即浙江绍兴。⑩杭:通"航"。⑪役:门生,弟子。

【译文】鸿鹄鸟还没从卵中孵化出来时,只用一根手指就能压破卵而毁灭它。但等到它筋骨生成,羽翼丰满时,就会振翅高飞,飞上云端,背负青天,身贴云霞,翱翔于无尽的天空上,徜徉于霓虹之间。即使有强弩利箭,加上神射手蒲且子的技巧,也对它毫无办法了。长江的水发源于岷山时,人们只要提着衣服就能跨越过它,但等水流到了洞庭湖、奔向石城,经过丹徒后,就会形成波涛汹涌之势,即使乘船航行一天也不一定能通过。所以圣人常常是在事物还未形成的时候就开始研究它了,而不是等事物已形成后才去考虑它,所以祸患对他是无法造成伤害的。有人问孔子:"颜回是个什么样的人呢?"孔子回答说:"颜回是一个仁慈的人,我不如他。"有人又问道:"那子贡是个什么样的人呢?"孔子说:"子贡是一个善于辩论的人,我不如他。"这时又有人问道:"那子路是个什么样的人呢?"孔子说:"子路是一个勇敢的人,我不如他。"有人接着问道:"他们三人都比你强，但却听你的教诲，这是为什么呢？"孔子回到说："我既仁慈又能忍耐，既善于辩论又显得很木讷，既勇敢也会很胆怯，用他们三人的长处来换我的处世之道，我还不同意呢。"孔子是懂得如何利用自己的条件。

秦牛缺径于山中而遇盗。夺之车马，解其橐（tuó）笥（sì）①，拖其衣被，盗还反顾之，无惧色忧志，欢然有以自得也。盗遂问之曰："吾夺子财货，劫子以刀，而志不动，何也？"秦牛缺曰："车马所以载身也，衣服所以掩形也，圣人不以所养害其养。"盗相视而笑曰："夫不以欲伤生，不以利累形者，世之圣人也。以此而见王者，必且以我为事也。"还反杀之。此能以知知矣，而未能以知不知也。能勇于敢，而未能勇于不敢也。凡有道者，应卒②而不乏，遭难而能免，故天下贵之。今知所以自行也，而未知所以为人行也。其所论未之究者也。人能由昭昭于冥冥，则几于道矣。《诗》曰："人亦有言，无哲不愚。"③此之谓也。

【注释】①橐：口袋。笥：盛饭或衣物的方形竹器。②卒：通"猝"，仓促。③人亦有言，无哲不愚：《诗经·大雅·抑》中的诗句，"无哲不愚"的意思是没有一个聪明人不做愚蠢的事，也可以理解为有智慧的人都是大智若愚的。

【译文】秦牛缺走在山中，遇到一群盗贼，夺取了他的车马，解开他的口袋和竹箱，也抢走了他的衣被，盗贼抢走东西后又返回来，看到秦牛缺并没有恐惧的神色和忧伤的表情，反而是有些欢乐的样子。盗贼于是就问他说："我们抢夺了你的财物，用刀胁迫你，但你神情都没有任何改变，这是为什么呢？"秦牛缺说："车马只不过是用来载东西和人的，衣服不过是用来遮盖身体的，圣人不会为了养身的东西而去伤害自己的身心。"盗贼听后相视一笑,说道:"这人不以物欲来伤害自己的身心,不以利益来拖累身体,是当世的圣人。他这样去见君王必定会被重用,而且会对我们今天所做的事进行处理的。"于是盗贼又返回来把秦牛缺杀了。秦牛缺能够凭借自己的智慧来显示自己所知道的,但却不能以自己的智慧来装糊涂躲过杀身之祸。他也能勇于表现自己的勇敢,却不能勇于表现自己的不勇敢。凡是掌握"道"的人,都能应对各种仓促事情而不会显得来手无策,遇到灾难总能幸免,所以天下的人都尊重他。现在知道了自己做事的缘由,而不知道他人做事的缘由,那么这样的人是对事物的理解还没有透彻。一个人只要能精明与混沌之间自由来回转换,那么他就离得道不远了。《诗经》上说:"人亦有言,无哲不愚。"说的就是这个意思。

事或为之适足以败之;或备之适足以致之。何以知其然也?秦皇挟录图①,见其传曰:"亡秦者,胡也。"因发卒五十万,使蒙公、杨翁子将筑修城。西属②流沙,北击③辽水,东结朝鲜,中国内郡挽车而饷之。又利越之犀角、象齿、翡翠、珠玑,乃使尉屠睢发卒五十万,为五军,一军塞镡(xín)城之岭④,一军守九疑之塞⑤,一军处番禺之都⑥,一军守南野之界⑦,一军结余干之水⑧。三年不解甲驰弩,使监禄⑨无以转饷。又以卒凿渠而通粮道,以与越人战,杀西呕君译吁宋。而越人皆入丛薄中,与禽兽处,莫肯为秦虏。相置桀⑩骏以为将,而夜攻秦人,大破之。杀尉屠睢,伏尸流血数十万,乃发适戍⑪以备之。当此之时,男子不得修农亩,妇人不得剡(yǎn)⑫麻考缕,羸弱服格于道,大夫箕(jī)会于衢⑬,病者不得养,死者不得葬。于是陈胜起于大泽,奋臂大呼,天下席卷,而至于戏⑭。刘项兴义兵随,而定若折槁(gǎo)⑮振落,遂失天下。祸在备胡而利越也。欲知筑修城以备亡,不知筑修城之所以亡也。发适戍以备越,而不知难之从中发也。夫鹊先识岁之多风也,去高木而巢扶枝,大人过之则探鷇(kòu)⑯,婴儿过之则挑其卵;知备远难而忘近患。故秦之设备也,乌鹊之智也。

【注释】①录图:秦博士卢生派人从海外带回的图书,是谶纬一类的书。②属:连接。③击:有解释说应当为"罄",尽。④镡城:在武陵西南。即今湖南靖县西南。⑤九疑:在零陵。在今湖南宁远县南。⑥番禺:在南海,即今广州市南。⑦南野:在豫章,在今江西南康西南。⑧余干:在豫章,在今江西东北部。⑨监禄:监是官名,即监御史,禄是名人。⑩桀:古同"杰",杰出的人。⑪适戍:封建时代将有罪的人派到远方防守叫适戍。⑫刬:削,刮。⑬衢:大路,四通八达的道路。⑭戏:地名,陕西临潼西。⑮槁:枯干。⑯鷇:雏鸟。

【译文】有时人为地想做成什么事,反而把它败坏了;有时有意防备什么事,反而容易把它招引来了。怎么知道是这样的呢?秦始皇得到一张录图,上面写到:"亡秦者,胡也。"于是就发兵五十万,让蒙恬和杨翁子为将领,修筑长城。长城西起流沙,北到辽水,东至朝鲜,从中原派人拉车运输军饷粮食。而秦始皇还贪图于越地的犀牛角、象牙、翡翠和珍珠,于是就派尉屠睢率领军队五十万,分成五路大军:一路大军镇守在镡城山岭,一路大军守卫九疑关口,一路大军驻守在番禺城里,一路大军防守南野边界,一路大军驻营在余干水边。所有军队三年内都不能解开铠甲松弛弓弩,监禄无法运送军粮。于是叫士兵开挖水渠来运送军粮,以便和越人交战,秦军杀了西呕的君主译吁宋。越人都纷纷逃入树林灌木丛中,宁愿与各种动物相处,也不愿做秦国的俘虏。越地人选出勇猛强悍的人作为将领,趁着黑夜攻打秦军,打败了秦军,还杀秦军将领尉屠睢,战况惨烈,伏尸无数,血流成河,于是秦国不得不把囚徒发配到边界来防守。这个时候,全国的男子都无法安心在田里耕作,妇人也无法安心削麻来织布,老弱病残都要到路上运送军粮,官员直接拿着箕就在路边收刮财务,生病的人得不到治疗,死了的人得不到安葬。于是陈胜就在大泽乡起义,他振臂高呼,天下人纷纷响应,起义军一起打到了戏城。刘邦和项羽也率领义军跟随陈胜,他们的气势就如折断枯枝,振落枯叶一样不可阻挡,于是秦朝就这样失去了天下。而祸害源于防范胡人和贪图越地的财物。秦始皇修筑长城就是为了防备被灭亡,却不知正是因为修筑长城才导致国家灭亡的;发配囚徒去防备越地,却不知灾难就从这中间爆发。喜鹊预先知道这一年多风,于是就把在高树上的鸟巢建在了低矮的树枝上,结果大人经过时会抓走雏鸟,小孩经过时会掏鸟蛋,喜鹊只知道要预防未来的灾难,但却忘记了应对近处的祸害。所以秦国的防备方法,就像喜鹊所拥有的智慧。

或争而反强之,或听从而反止之。何以知其然也?鲁哀公欲西益宅①,史争之,以为西益宅不祥。哀公作色而怒。左右数谏不听。乃问其傅宰折睢,曰:"吾欲益宅,而史以为不祥。子以为何如?"宰折睢曰:"天下有三不祥,西益宅不与焉。"哀公大悦而喜。顷,复问曰:"何谓三不祥?"对曰:"不行礼义,一不祥也;嗜欲无止,二不祥也;不听强谏,三不祥也。"哀公默然深念,愤然②自反,遂不西益宅。夫史以争为可以止之,而不知不争而反取之也。智者离路而得道,愚者守道而失路。夫兒说③之巧,于闭结无不解。非能闭结而尽解之也,不解不可解也。至乎以弗解解之者,可与及言论矣。

【注释】①西益宅:向西边扩建宅院。古人认为向西边扩建宅院会妨害主人,不吉利。②愤然:应为"幡然"或"翻然"。③兒说:中国战国时期宋国人,为早期名家学者。

【译文】有时极力劝阻反而会让人强硬坚持,有时听从他反而可以制止他。怎么知道是这样的呢?鲁哀公想向西边扩建宅院,史官就竭力劝阻他,认为向西扩建宅院是不吉利的。鲁哀公的神情很不高兴,他身边的大臣劝谏了多次都没用。后来鲁哀公就问太傅宰折睢,说:"我想向西边扩建宅院,但史官认为是不吉利的,你认为怎样?"宰折睢回答说:"天下有三种不吉利的事,但向西扩建宅院不在其中。"鲁哀公听后非常高兴,过了一会儿又问道:"那什么是哪三种不吉利的事呢?"宰折睢回答说:"不施行礼仪的,这是第一种不吉利的事;欲望无止境,这是第二钟不吉利的事;不听群臣纳谏,这是第三种不吉利的事。"鲁哀公听完了就沉默地思考着,于是鲁哀公翻然悔悟,最后就没有向西边扩建宅院了。史官以为力谏就可以阻止鲁哀公,却不知不力谏反而会被接受。聪明的人远离大路反而昭到了便捷的道路,而愚笨的人只顾守着大路却失去了捷径。以兒说的灵巧,没有什么结扣是解不开的,但并非是所以的结扣都能解开,而是解不开的死结他是不会去解的。只有那些用不解来解结的人,才可以与他谈论道。

或明礼义推道体而不行,或解构妄言而反当。何以明之?孔子行游,马失,食农夫之稼,野人怒,取马而系之。子贡往说之,卑辞而不能得也。孔子曰:"夫以人之所不能听说人,譬以大牢①享野兽,以《九韶》②乐飞鸟也。子之罪也,非彼之过也。"乃使马圉③往说之。至,见野人曰:"子耕于东海,至于西海,吾马之失,安得不食子之苗?"野人大喜,解而与之。说若此其无方也而反行。事有所至而巧不若拙。故圣人量凿而正枘(ruì)④。夫歌《采菱》,发《阳阿》,鄙人听之,不若此《延路》《阳局》⑤。非歌者拙也,听者异也。故交画不畅,连环不解,物之不通者,圣人不争也。

【注释】①大牢:古时候祭祀时以牛、羊、猪俱全称为大牢。②《九韶》:古代音乐名,简称《韶》。为舜时的所作。《史记·夏本纪》记载"舜德大明,于是夔行乐……箫韶九成,凤凰来仪,百兽率舞。"③圉:养马的地方。④枘:榫头,用以插入另一部分的榫眼,使两部分连接起来。⑤《阳局》:有说是乡野小调,也有解释说应为"以和",即听起来和谐。

【译文】有时阐明礼仪、推行大道理反而行不通,有时荒诞虚妄的话反而会起到恰当的效果。怎样明白这一点呢?孔子出游时,马跑丢了,并吃了农夫的庄稼,农夫很生气,抓住了马并将马拴起来了。子贡前往农夫家游说想要回马,说了很多谦卑的话但最后还是没能要回马,孔子说道:"你用别人听不懂的话去游说别人,就像要用大牢来喂食野兽,用《九韶》古乐去取悦飞鸟一样,这都是你的过失,不是那个人的过错。"于是孔子就安排马夫前往农夫家游说,马夫到那后见到农夫说:"你在东海边耕种,田地延伸到西海,我的马走丢了,怎么能不吃你家的禾苗呢?"农夫听后非常高兴,于是就解开马还给了马夫。马夫的做法都算不上什么方法,反而可以行得通。事情都有各自的要求,有时灵巧反而不如朴拙管用。所以圣人度量榫眼的大小来校正榫头。歌唱《采菱》和《阳阿》这样的歌曲,粗鄙的人听了,他们会觉得还不如《延路》《阳局》这些通俗歌曲好听。这并不是唱歌的人唱不好,而是人们听歌的喜好不同。所以交错画的线条不流畅,连着的环扣不容易解开,对于那些闭塞不通的事物,圣人是不会去费力弄通顺的。

仁者,百姓之所慕也;义者,众庶之所高也。为人之所慕,行人之所高，此严父之所以教子，而忠臣之所以事君也。然世或用之而身死国亡者，不同于时也。昔徐偃王好行仁义，陆地之朝者三十二国。王孙厉谓楚庄王曰："王不伐徐，必反朝徐。"王曰："偃王，有道之君也，好行仁义，不可伐。"王孙厉曰："臣闻之，大之与小，强之与弱也，犹石之投卵，虎之啗（dàn）①豚，又何疑焉？且夫为文而不能达其德，为武而不能任其力，乱莫大焉。"楚王曰："善"。乃举兵而伐徐，遂灭之。知仁义而不知世变者也。申菽、杜茝（chǎi）②，美人之所怀服也；及渐之于滫（xiǔ）③，则不能保其芳矣。古者五帝贵德，三王用义，五霸任力。今取帝王之道而施之五霸之世，是由乘骥逐人于榛薄④，而蓑笠盘旋也。今霜降而树谷，冰泮（pàn）⑤而求获，欲其食则难矣。故《易》曰："潜龙勿用"者，言时之不可以行也。故"君子终日乾乾，夕惕若厉，无咎"。"终日乾乾"，以阳动也；"夕惕若厉"，以阴息也。因日以动，因夜以息，唯有道者能行之。夫徐偃王为义而灭⑥，燕子哙（kuài）行仁而亡⑦，哀公好儒而削⑧，代⑨君为墨而残。灭亡削残，暴乱之所致也，而四君独以仁义儒墨而亡者，遭时之务异也。非仁义儒墨不行，非其世而用之，则为之禽矣。

【注释】①啗：吃。②申菽、杜茝：二种皆为香草。③渐：浸渍。滫：泔水，已酸臭的淘米水。④榛薄：丛杂的草木。丛木曰榛，深草曰薄。⑤冰泮：冰融之期，指春天。⑥徐偃王为义而灭：徐偃王，嬴姓徐氏，名诞，字子孺，是西周时期徐国第32代国君。周穆王末年，徐君偃好行仁义，前来归顺的东夷国家有四十多个。徐偃王僭越"伯"位而称"王"之后，曾联合九夷伐周。后来被楚所灭。⑦燕子哙行仁而亡：燕王哙，姬姓，名哙。战国时期燕国第三十八任国君。重用国相子之，子之是一位雄心勃勃的野心家，他迎合了燕王哙让贤推能的心理，使人游说燕王哙，让燕王哙轻率的禅位于子之，导致太子姬平联合将军市被发动内乱。周赧王元年齐国入侵，燕王哙被杀，国相子之被擒。燕昭王在赵武灵王护送下，回国继位。⑧哀公好儒而削：鲁哀公喜好儒术，穿儒服，非常敬重孔子，后因驱逐三桓未成，逃亡到越国。⑨代：商代、周代诸侯国之一，范围在今山西大同与河北蔚县一代。后被赵襄子所灭。

【译文】仁德，是百姓所仰慕的；忠义，是民众所推崇的。做天下百姓仰慕的事，行人们所推崇的事，这是严父用来教育子女，忠臣来事奉君王所遵循的原则了。然而世上也有施行仁义的但却导致身死和国家灭亡的，这是因为施行仁义的时机不当。从前，徐偃王就非常喜欢施行仁义，当时就有三十二个国家来朝拜他。王孙厉对楚庄王说："君王如果不攻打徐国，那么我们以后就一定会去朝拜徐国。"楚庄王回答说："徐偃王是一位有道德的君王，喜欢施行仁义，不能去攻打他。"王孙厉接着说道："我听说，大国与小国，强国与弱国，就像用石头击卵、老虎吃猪一样，大王又有什么可迟疑的呢？况且施行文治却不能实现德政，施行武道而又不能使用他的力量，没有比这更大的祸乱了。"楚庄王说："好。"于是就发兵攻打徐国，最后就把徐国给灭了。这样看来，徐偃王是一个只知道施行仁义而却不知道世道已改变的人。申菽和杜茝这样的香草，都是美人所喜欢佩戴的；但香草一旦被污水浸过，就不会保持它的芳香了。古时候，五帝崇尚道德，三王施行仁义，五霸依靠武力。如果把五帝和三王时的做法在五霸时代推行，这就像骑马在树木草丛中追逐人一样，难以前行；又像斗笠盘旋一样，只能在原地打转，不能前进。如果等降霜后再种植谷物，想要在来年冰雪融化时有收获，这样来获得粮食就很难了。所以《易经》上说："潜龙勿用"，意思是目前的形势是不可以妄动。所以"君子白天时都要兢兢业业，到了晚上也要保持警惕，这样就不会犯错了。"白天兢兢业业，是顺应阳气而行动;晚上保持警惕,是顺应阴气而休息。白天行动,夜晚休息,只有得道的人才能做到。徐偃王因为施行仁义而国灭,燕子哙施行仁义而身亡,鲁哀公因喜好儒学而被削弱,代君因喜好墨学而遭残害。这灭、亡、削和残四种结果,一般都是暴虐混乱才能导致的,但这四位君王因施行仁义、儒墨而导致灭亡,这就是他们所遭遇的时势是不一样的。这并不是说施行仁义儒墨是行不通的,只是他们在不适宜的时代施行,那么就会遭受伤害了。

夫戟者所以攻城也;镜者所以照形也。宫人①得戟则以刈(yì)②葵;盲者得镜则以盖卮,不知所施之也。故善鄙不同,诽誉在俗;趋舍不同,逆顺在君。狂谲③不受禄而诛,段干木④辞相而显,所行同也,而利害异者,时使然也。故圣人虽有其志,不遇其世,仅足以容身,何功名之可致也!知天之所为,知人之所行,则有以任于世矣。知天而不知人,则无以与俗交;知人而不知天,则无以与道游。单豹⑤倍世离俗,岩居谷饮,不衣丝麻,不食五谷,行年七十,犹有童子之颜色。卒而遇饥虎,杀而食之。张毅好恭,过宫室廊庙必趋,见门闾⑥聚众必下,厮徒马圉,皆与伉礼。然不终其寿,内热而死。豹养其内而虎食其外,毅修其外而疾攻其内。故直意适情,则坚强贼之;以身役物,则阴阳食之⑦。此皆载务而戏乎其调者也。

【注释】①宫人:周朝时掌理君王沐浴等事的官吏。②刈:割。③狂谲:齐国东海人,耕田自食,不受官禄,姜太公认为他饰虚乱民而诛杀。④段干木:战国时魏国人,不受官禄,魏文侯很敬重他。⑤单豹,张毅:出自《庄子·外篇·达生》。皆为鲁国人,单豹修内,张毅修外,都有偏颇。⑥门闾:乡里的门。⑦阴阳食之:阴阳失调而导致身体损耗。

【译文】戟,是用来攻城打仗的;镜子,是用来照人的。但如果宫中做杂事的人拿到戟,只会用来割冬葵;眼瞎的人拿到镜子,只会用来盖住杯子而已。这是因为他们不知道东西的使用方法。所以事物的好坏不相同,但是受到赞誉还是诽谤,往往取决于人们的生活习俗;人们的志向不相同,但是处于顺境还是处于逆境,取决于遇到什么样的君主。狂谲因不接受官职俸禄而被杀,段干木辞去丞相的职位反而获得显贵的名声,他们所做的都是相同的事,但最后的结果却是截然相反,这就是时势发生了变化。所以即使圣人有着美好的志向,但如果没有遇上恰当的时代,那么他的才能仅能够保全性命,什么功名利禄的就不要想了。了解天道自然的规律,知道人们行为的缘由,那么才能在这个世上有所作为。如果只知道天道自然的运行规律而不知道人们的行为举止的缘由,那么就无法正常在世俗中与人交往;如果只了解人们的行为举止的缘由而不知道天道自然的运行规律,那么就无法与道同游了。单豹远离世俗,隐居在深山岩石之上,渴了饮山谷中的水,不穿丝麻制成的衣服,不吃五谷杂粮,到了七十岁时,他的脸色还像孩童一样。但是有次遇到一只饿虎,就被老虎咬死吃了。张毅对事对人都很恭敬,只要是经过宫室庙堂之类的他都会快速通过,看见乡里门口有很多人就会下车步行,就连杂役马夫,他都会施以正式的礼节。但就是这样的一个人,最后不能尽其天年,得内热病去世了。单豹注重修养内心但却被老虎吃了他的身体,而张毅很注重外在礼节但却被疾病侵入体内而去世。所以顺从内心率直的人就很容易被外物所伤害,而自身被外物所役使的人,就很容易导致自身内在阴阳失调而受到伤害。这些都是偏执于某一方面而没有协调好内在精神和外在身体。

得道之士,外化而内不化,外化所以入人也,内不化所以全其身也。故内有一定之操而外能诎(qū)①伸、赢缩、卷舒,与物推移,故万举而不陷。所以贵圣人者,以其能龙变也。今捲捲然守一节,推一行,虽以毁碎灭沉犹且弗易者,此察于小好而塞于大道也。赵宣孟②活饥人于委桑之下,而天下称仁焉。荆伙(cì)非③犯河中之难不失其守,而天下称勇焉。是故见小行则可以论大体矣。田子方④见老马于道,喟然有志焉。以问其御曰:"此何马也?"其御曰:"此故公家畜也。老罢而不为用,出而鬻之。"田子方曰:"少而贪其力,老而弃其身,仁者弗为也。"束帛以赎之。罢武闻之,知所归心矣。齐庄公出猎,有一虫举足将搏其轮,问其御曰:"此何虫也?"对曰:"此所谓螳螂者也。其为虫也,知进而不知却,不量力而轻敌。"庄公曰:"此为人,而必为天下勇武矣。"回车而避之。勇武闻之,知所尽死矣。故田子方隐⑤一老马而魏国载之,齐庄公避一螳螂而勇武归之。汤教祝网⑥者,而四十国朝;文王葬死人之骸,而九夷归之;武王荫⑦喝人于樾(yuè)⑧下,左拥而右扇之,而天下怀其德;越王勾践一决狱不辜,援龙渊⑨而切其股,血流至足以自罚也,而战武士必其死。故圣人行之于小,则可以覆大矣;审之于近,则可以怀远矣。

【注释】①诎:弯曲。②赵宣孟:即赵盾,谥号宣子。春秋时晋国正卿。③荆伙非:楚国人,曾下江与恶龙搏斗。④田子方:战国时期魏国人,魏文侯老师。⑤隐:怜悯。⑥祝网:商汤网开三面,恩泽及于禽兽的故事。⑦荫:蔽荫。⑧樾:路旁遮阴的树。⑨龙渊:宝剑的名称。

【译文】得道的人,一般都是外形变化而内在不会有任何的变化,外化是为了适应世俗,内在不变是为了保全自身。所以一个人只要内在有一定的操守,而外在能屈能伸、能盈能缩、能卷能舒,能随着事物的变化而变化,那么所有的行动都不会陷入困境。所以圣人之所以被推崇，是因为圣人能像龙那样变化无穷。而那些固守一种节操，推行一种德性的人，即使是个人遭受祸害大难，甚至丧失身家性命，还是不懂得变通，这些人只是注重小的品行，而被堵塞在大道之外。赵宣孟在树荫下救活了一个即将被饿死的人，天下的人就称赞他很仁慈。荆佽非在河中与蛟龙搏斗也没有失去他的操守，所以天下的人都称赞他的勇敢。所以了解小的方面就能知道整体的情况了。田子方在路上看到一匹老马，生出感慨。就问马夫说："这是谁的马？"马夫回答说："这是您家的马，现在老了不能用，所以就拉出去卖掉。"田子方说："马在少壮时候，人们就使劲使用，等马老了就抛弃它，有仁德的人都不会这样做的。"于是田子方就用一束绢帛来赎这匹马。老弱的武士听说这件事后，都归心于田子方。齐庄王外出打猎，看见一只小虫用前肢挡住车轮，齐庄王就问车夫说："这是什么虫？"车夫回答说："这就是螳螂虫，这种虫子只知道前进而不知道退却，从不衡量自己的力量且还轻视敌人。"齐庄王说："如果这只虫是人的话，必定是天下最勇武的人。"于是就叫车夫回车避开虫子而前行。齐国的勇士听到这件事后，都来为齐庄王尽忠。所以，田子方怜惜一匹老马而得到魏国上下人的拥戴，齐庄王回避一只螳螂虫而得到勇武之士的归心。商汤叫人网开三面，并祈祷猎物不要进入他的网中，于是天下四十国都来朝拜他；周文王路遇死人骸骨就礼葬了他，使九夷的人都归顺了他；周武王将一个中暑的人放置在树荫下，并用左手抱着他，右手用扇子给他散热，所以天下百姓都感怀他的恩德；越王勾践有一次造成了冤狱，就拔出龙渊宝剑刺伤自己的大腿，血都流到脚下了，来惩罚自己，听到这件事后，越国的战士都拼死而战。所以圣人从小处来做事，就能产生很大的影响；对于身边的事审慎处理，那么就可以使远方的人感怀而来依附。

孙叔敖决期思之水①，而灌雩(yú)娄②之野，庄王知其可以为令尹③也。子发辩击剧而劳佚齐④，楚国知其可以为兵主也。此皆形于小微而通于大理者也。圣人之举事，不加忧焉，察其所以而已矣。今万人调钟，不能比之律；诚得知者，一人而足矣。说者之论亦犹此也。诚得其数，则无所用多矣。夫车之所以能转千里者，以其要在三寸之辖。夫劝人而弗能使也，禁人而弗能止也，其所由者非理也。昔者，卫君朝于吴，吴王囚之，欲流之于海。说者冠盖相望⑤而弗能止。鲁君闻之，撤钟鼓之县，缟素而朝。仲尼入见，曰："君胡为有忧色？"鲁君曰："诸侯无亲，以诸侯为亲；大夫无党，以大夫为党。今卫君朝于吴王，吴王囚之，而欲流之于海，孰意卫君之仁义而遭此难也！吾欲免之而不能，为奈何？"仲尼曰："若欲免之，则请子贡行。"鲁君召子贡，授之将军之印。子贡辞曰："贵无益于解患，在所由之道。"敛躬而行，至于吴，见太宰嚭（pǐ）。太宰嚭甚悦之，欲荐之于王。子贡曰："子不能行说于王，奈何吾因子也！"太宰嚭曰："子焉知嚭之不能也？"子贡曰："卫君之来也，卫国之半曰：'不若朝于晋。'其半曰：'不若朝于吴。'然卫君以为吴可以归骸骨也。故束身以受命。今子受卫君而囚之，又欲流之于海，是赏言朝于晋者而罚言朝于吴也。且卫君之来也，诸侯皆以为蓍（shī）龟⑥兆，今朝于吴而不利，则皆移心于晋矣。子之欲成霸王之业，不亦难乎！"太宰嚭入，复之于王。王报出令于百官曰："比十日而卫君之礼不具者，死！"子贡可谓知所以说矣。

【注释】①期思之水：一说是白露河其中一支支流，位于河南省淮滨县的东南部。也有说期思是芍陂，在今安徽寿县。②雩娄：在今河南固始县西北。③令尹：职官名，春秋时，楚国的执政官，相当于宰相。④辩：次第。击剧：次第罢劳之赏。佚：同"逸"。齐：同。⑤冠盖相望：

比喻使者往来不绝。⑥蓍龟：蓍草与大龟，均为古人卜筮时所用，故用以指占卜。

【译文】孙叔敖挖开期思的水，用来灌溉雩娄的田地，楚庄王就知道孙叔敖有令尹的才能。子发训练军队，赏罚分明，劳逸结合，楚国人就知道他是可以成为将领。这些都是在细微之处就能显示出通达大道理的情况。圣人做事，不会自寻烦恼，只要明白事情的原由就行了。如果是让上万人来给大钟调音，那么很难调好音律；如果是这方面的行家，一个人就够了。游说别人，也是这个道理，只要说在点子上，用不着多说。车子之所以能行至千里之外，主要是在于挡住车轮的三寸长的车辖。劝说人家但没有效果，禁止别人又禁止不住，这是因为你说的道理不在其理上。以前，卫国国君去吴国朝拜，却被吴国国君囚禁起来了，还想把他流放到海外去。前来游说的人络绎不绝，但都没能让吴王改变主意。鲁国国君听说后，撤掉了悬挂的钟鼓，穿着素服上朝。孔子上朝后看见，就说："君王你为什么面有忧色？"鲁国国君就说："诸侯没有亲近的人，各诸侯互相亲近；大夫们没有亲族，大夫们互相为亲族；现在卫国国君去朝拜吴国国君，吴国国君就把卫国国君囚禁起来了，还想把卫国国君流放到海外去，想不到卫国国君如此仁义的一个人，竟会遭受如此劫难，我想去帮他，但又无能为力，这该如何是好？"孔子听后说道："如果想要救卫国国君，那么就让子贡去一趟吴国吧。"于是鲁国国君就召见子贡，授予子贡将军印，子贡推辞了没有接受，并说道："尊贵的身份对于解救卫国国君没有任何的好处，还是要靠正确的方法才行。"于是子贡就轻装简从前往吴国了，到吴国后，子贡就去拜见了太宰嚭，太宰嚭非常高兴，就想把子贡推荐给吴国国君。子贡说："你在吴国国君面前说话好像没什么作用，我怎么能靠你引荐呢？"太宰嚭说："你怎么知道我说的话不起作用呢？"子贡说："卫国国君准备来朝拜时，卫国有一半的人的说：'不如去朝拜晋国。'卫国的另一半的人说:'不如去朝拜吴国。'然而卫国国君认为来朝拜吴国自己可以得到善终,于是就只身前来吴国接受命令。但现在你不但囚禁了卫国国君,还想准备把他流放到海外去,这就是等于有益奖赏要来朝拜晋国的那一部分人,而有意惩罚来朝拜吴国的这一部分人。而且卫国国君来朝拜时,各诸侯都为卫国国君占卜过吉凶,现在卫国国君朝拜于吴国反而受难,那么就会让各诸侯投靠晋国,到时你想帮吴王成就霸业不就更难了吗?"于是太宰嚭入宫将子贡的这些话告诉了吴国国君。吴国国君听后就对身边的官吏下令说:"十天内,如果接待卫国国君的礼仪还没有准备好的话,就要被处死。"子贡真是懂得如何游说是最好的。

鲁哀公为室而大,公宣子谏曰:"室大,众与人处则哗(huá)①,少与人处则悲。愿公之适。"公曰:"寡人闻命矣。"筑室不辍(chuò)②。公宣子复见曰:"国小而室大。百姓闻之必怨吾君;诸侯闻之必轻吾国。"鲁君曰:"闻命矣。"筑室不辍。公宣子复见曰:"左昭而右穆③,为大室以临二先君之庙,得无害于子乎?"公乃令罢役除版而去之。鲁君之欲为室诚矣;公宣子止之必矣。然三说而一听者,其二者非其道也。夫临河而钓,日入而不能得一鲦(tiáo)鱼④者,非江河鱼不食也,所以饵之者非其欲也。及至良工执竿,投而摆(huàn)⑤唇吻者,能以其所欲而钓者也。

【注释】①哗:人多声杂,乱吵。②辍:中止,停止。③左昭而穆:古代宗庙祭祀,始祖居中,其余子孙分别在左右,左为"昭",右为"穆"。④鲦鱼:体小,呈条状,肉可食,生活在淡水中。⑤摆:穿,贯。

【译文】鲁哀公要修建宫殿,规模很大,公宣子就劝谏说:"宫殿太大的话,很多人在一起就会很吵闹,但如果人少了又显得很凄凉,希望国君王适当的修建宫殿。"鲁哀公说:"我听到你的意见了。"但修建宫殿还是没有停止,于是公宣子又来觐见鲁哀公说道:"我们鲁国不大,但修建的宫殿却很大,百姓知道后,一定会抱怨国君的;诸侯知道后,一定会看不起我们的。"鲁哀公回答道:"我听到你的意见了。"但宫殿的修建还是没有停止,公宣子又再一次见鲁哀公说:"宫殿左边为昭庙,右边为穆庙,在两位先君的旁边修建这样大的宫殿,对你就没有害处吗?"鲁哀公听后才下令停止修建,拆除版筑。鲁哀公非常想修建大宫殿,而公宣子也是坚定地要阻止鲁哀公。然后公宣子劝谏了三次,第三次的劝谏鲁哀公才听从,这是因为前两次没有说到要害之处的原因。在河边钓鱼,钓了一整天也钓不到一条小鱼,这并不是河里的鱼不吃食,而是钓饵没有足够的诱惑。而那些擅于钓鱼的人,他们抛出钓竿就能钩到鱼儿的嘴唇,这是因为他们用鱼儿喜欢吃的鱼饵。

夫物无不可奈何,有人无奈何。铅之与丹,异类殊色,而可以为丹者,得其数也。故繁称文辞,无益于说,审其所由而已矣。物类之相摩,近而异门户者,众而难识也。故或类之而非,或不类之而是;或若然而不然者,或不若然而然者。谚曰:"鸢(yuān)[①]堕腐鼠,而虞氏以亡。"何谓也?曰:虞氏,梁之大富人也。家充盈殷富,金钱无量,财货无赀(zī)[②]。升高楼,临大路,设乐陈酒,积博其上。游侠相随而行楼下,博上者射朋张,中,而笑[③],飞鸢适堕其腐鼠而中游侠。游侠相与言曰:"虞氏富乐之日久矣,而常有轻易人之志。吾不敢侵犯,而乃辱我以腐鼠。如此不报,无以立务于天下。请与公僇(lù)力一志,悉率徒属[④],而必以灭其家。"此所谓类之而非者也。

【注释】①鸢：鸟，鹰科，捕食蛇、鼠等。②赀：计量。③"博上者"句：博：一种赌博游戏。射：游戏中获胜叫射，下赌注也叫射。朋张：疑为是大的赌注。中：即猜中，押中。反：即翻，两：指两鱼棋。④徒属：徒众，属众。

【译文】事情没有不可以处理应对的，只是有的人没有办法而已。铅和丹，它们种类不同颜色也不一样，但铅可以炼丹，只要人们掌握其中方法就行。所以繁琐的话语、华丽的文辞均不会对游说有任何的好处，主要还是抓住问题的缘由就可以了。事物之间相类似而又属于不同的种类，这种现象很多，人们很难去识别清楚。所以有的事物很相似但又不是同一类的，而有的事物看起来差别很大但却是一类的；有时好像是这么回事但又不是，有时好像不是那么回事却又是一回事。所以有谚语说道："从鹰嘴里掉下死老鼠，那么虞家就灭亡了。"这是什么意思呢？它说的是：虞家，是梁地的富贵人家，家里富足殷实，金钱多到无法计算，财务也是多到无法计量。虞家在路边建了一座高楼，经常在上面安排乐舞和摆酒席招待宾客，也在上面玩棋奕游戏。有一次一群游侠结伴而行经过这幢楼楼下，楼上有很多人在有游戏，赢的人高兴的哈哈大笑。这时，空中飞着的老鹰嘴里的死老鼠掉了下来，正好砸在一个游侠身上，游侠们相互看了眼后就说道："虞家富足快乐的生活已经很久了，平时经常会有轻视别人的行为，我们平时也不敢去侵犯他们，但今天虞家竟然用死老鼠来侮辱我们，这样的仇恨如果不去报，我们也无颜立足于天下了，让我们齐心协力，悉数叫上所有弟兄，一定要把虞家给消灭掉。"这就是事物看起来很相似但却不是同一类。

何谓非类而是？屈建①告石乞②曰："白公胜③将为乱。"石乞曰："不然。白公胜卑身下士，不敢骄贤，其家无管龠（yuè）④之信，关楗（jiàn）⑤之固。大斗斛（hú）⑥以出，轻斤两以内，而乃论之以不宜也。"屈建曰："此乃所以反也。"居三年，白公胜果为乱，杀令尹子椒、司马子期。此所谓弗类而是者也。

【注释】①屈建：屈氏，名建，字子木。屈到之子。春秋时楚令尹。②石乞：春秋时楚国人。有勇力。楚惠王时助白公胜袭杀令尹于西，劫持惠王为乱。后白公胜败而自杀，乞被虏，因不言白公胜埋尸处而被烹。③白公胜：楚国太子建的儿子，后作乱囚禁楚惠王，不久叶公帅军平叛，白公胜兵败自杀。④龠：古代乐器，形状像笛。⑤楗：竖插在门闩上使闩拨不开的木棍。⑥斛：中国旧量器名，亦是容量单位，一斛本为十斗，后来改为五斗。

【译文】那什么是看起来差别很大却是同一类呢？屈建对石乞说："白公胜将要发动叛乱。"石乞说："不会，白公胜礼贤下士，从不敢在贤人面前展现出骄傲的那一面，家里也没有钥匙之类的信物，家里也没有牢固的门闩来防备，平时也是用大斗斛卖出东西，然后小秤购入，你现在这样谈论他，有时不合时宜。"屈建回答道："这正是他要谋反的迹象。"过了三年，白公胜果然发动叛乱，杀了令尹子椒和司马子期。这就是看起来差别很大但却是同一类的。

何谓若然而不然？为上蔡①令，民有罪当刑，狱断论定，决于令尹前。子发②喟然有凄怆之心，罪人已刑而不忘其恩。此其后，子发盘罪威王而出奔，刑者遂袭③恩者，恩者逃之于城下之庐。追者至，踹足而怒，曰："子发视决吾罪而被吾刑，怨之憯（cǎn）④于骨髓，使我得其肉而食之，其知厌乎！"追者以为然而不索其内，果活子发。此所谓若然而不然者。

【注释】①上蔡：在今河南上蔡西南。②子发：战国时楚宣王的将军，名舍，字子发。③袭：掩护。④憯：古同"惨"。万分悲怜，凄惨。

【译文】那么什么是好像是这么回事但又不是这么回事呢？子发是上蔡县的县令，有人犯罪了要受刑罚，等案子审判后，要在子发面前执行，子发很感慨，面上流露出悲伤的神色，犯人被处罚后也忘不了子发为他流露出悲伤神色。后来，子发得罪了楚威王被迫逃走，恰好碰到之前受处罚的那个人，他掩护子发逃入城中的一间小屋中。等追兵赶到时，那位受刑的人故意跺脚大声骂道："子发亲自判决我的罪还让我受刑，我对他的怨恨已深入骨髓，恨不得吃了他的肉，也难解我心头之恨。"追兵就相信了他的话就没有进屋去搜索，最后子发得以活命。这就是好像是这么回事但又不是这么回事。

何谓不然而若然者？昔越王勾践卑下吴王夫差，请身为臣，妻为妾，奉四时之祭祀，而入春秋之贡职，委社稷，效民力，隐居为蔽，而战为锋行。礼甚卑，辞其服，其离叛之心远矣。然而甲卒三千人以禽夫差于姑胥。此四策者，不可不审也。

【译文】什么是好像不是这么回事但正是这么回事呢？从前，越王勾践对吴王夫差是卑躬屈膝的，请求自己做吴王的臣子，又让自己的妻子做吴王的小妾，还敬奉四季的祭祀用品，还主动承担了春天和夏天两个季节的贡品，还将自己的国家让给吴王，用越国全国百姓为吴王效力，平时都是深居简出作为掩护，战时就会充当前锋。平时越王对吴王夫差的礼节很恭敬，言语也都很驯服，让夫差看不出勾践有反叛之心的。然而最后越王勾践率领三千精兵，在姑胥山擒获了吴王夫差。这四个策略，不得不慎重。

夫事之所以难知者，以其窜端匿迹。立私于公，倚邪于正，而以胜惑人之心者也。若使人之怀于内者与所见于外者若合符节，则天下无亡国败家矣。夫狐之捕雉（zhì）①也，必先卑体弥②耳，以待其来也。雉见而信之，故可得而禽也。使狐瞋目植睹③，见必杀之势，雉亦知惊悼远飞以避其怒矣。夫人伪之相欺也，非直禽兽之诈计也，物类相似若然，而不可从外论者，众而难识矣。是故不可不察也。

【注释】①雉：鸟，雄的羽毛很美，尾长；雌的淡黄褐色，尾较短。善走，不能久飞。肉可食，羽毛可做装饰品。通称"野鸡"。②弥：收缩。③植：树立，指毛发竖立。睹：通"陡"，竖起尾巴。

【译文】事物是很难认清楚的，因为事物的头绪和踪迹总是被藏匿起来的。有时人们都是公私混淆的，倚邪于正，用各种现象来惑乱人心。假使人的内心和外在的表现都是完全一致的，就像符节一样吻合，那么天下就没有亡国家破的悲剧了。狐狸捕捉野鸡时，必先蹲下身子垂下耳朵，等待野鸡的到来，即使野鸡见到狐狸，也会被狐狸的假象欺骗，这时狐狸就可以捕捉到野鸡了。假使狐狸做出一副瞪大眼睛，竖起毛发和尾巴，摆出要捕捉野鸡的气势的话，野鸡看到后就会被害怕而飞远，来避开狐狸的攻击。人的伪装欺骗，并不像禽兽欺诈那样简单。事物看似一样，但不要仅仅从外表来判断，不然很多人是分不出来的，因此不得不谨慎来考察啊！

卷十九　修务训

【题解】《修务训》为本书的重要内容之一,阐述了积极无为的思想。本篇认为圣人的"无为",并不是消极的,而是"私志不得入公道,嗜欲不得枉正术,循理而举事,因资而立,权自然之势,而曲故不得容",也就是不能用个人意志和私欲干涉自然规律,在顺应自然之道的基础上建立功业。经过作者的诠释,道家的"无为"思想被赋予了新的内涵。接着,作者又将论述的重点推移到学习修养上,认为人们应该通过刻苦努力、积极进取、持之以恒的学习,来提高品性修养,从而达到建功立业的目的;但是作者在叙述学习修养的重要性的过程中,认为天生圣人不需学习,天生愚人不可改造,只有平常人需要加强学习,这反映出作者思想上的局限性。

或曰:"无为者,寂然无声,漠然不动,引之不来,推之不往。如此者,乃得道之像。"吾以为不然。尝试问之矣:"若夫神农、尧、舜、禹、汤,可谓圣人乎?"有论者必不能废。以五圣观之,则莫得无为,明矣。古者,民茹①草饮水,采树木之实,食蠃蚌之肉,时多疾病毒伤之害。于是神农乃始教民播种五谷,相土地宜，燥湿肥墝(qiāo)②高下，尝百草之滋味、水泉之甘苦，令民知所辟就。当此之时，一日而遇七十毒。尧立孝慈仁爱，使民如子弟。西教沃民，东至黑齿，北抚幽都，南道交趾。放欢兜于崇山，窜三苗于三危，流共工于幽州，殛鲧于羽山③。舜作室，筑墙茨屋，辟地树谷，令民皆知去岩穴，各有家室。南征三苗，道死苍梧④。禹沐浴霪雨，栉扶风，决江疏河，凿龙门，辟伊阙，修彭蠡之防，乘四载，随山栞(kān)木，平治水土，定千八百国⑤。汤夙兴夜寐，以致聪明；轻赋薄敛，以宽民氓⑥；布德施惠，以振困穷；吊死问疾，以养孤孀。百姓亲附，政令流行。乃整兵鸣条，困夏南巢，谯⑦以其过，放之历山。此五圣者，天下之盛主，劳形尽虑，为民兴利除害而不懈。奉一爵酒不知于色，挈一石之尊则白汗交流⑧，又况赢天下之忧，而海内事者乎？其重于尊亦远也！且夫圣人者，不耻身之贱，而愧道之不行；不忧命之短，而忧百姓之穷。是故禹之为水，以身解⑨于阳盱(xū)之河；汤旱，以身祷于桑山之林。圣人忧民，如此其明也，而称以"无为"，岂不悖哉？

【注释】①茹：吃。②墝：古同"硗"，土壤坚硬不肥沃。③欢兜：原注为"尧佞臣也。"崇山：南极之山。羽山：东极之山。④道死苍梧：舜在南巡时死在苍梧，葬在九嶷山。⑤扶风：疾风。四载：四种在山、水、陆、泽行走的交通工具。栞：同"刊"。⑥民氓：民众，百姓。⑦谯：通"诮"，责备。⑧挈：提，提起。尊：即"樽"。白汗：流汗过多，在衣服上形成的白色汗渍。⑨解：指祈祷以身为人质，以求消灾。

【译文】有人说："所谓无为，就是静默无声，漠然不动；拉他不来，推他不去。像这样，才是掌握了道的原理。"我不认为是这样。试问："像神农、尧、舜、禹、汤，可以称为圣人了吧？"有思想的人肯定不会否定这个观点。衡量这五位圣人的行事,没有哪一点可以看出他们是无为的,这是很明显的。远古时候,人民吃野菜,喝生水,采树上的果实,吃生的螺蚌肉以充饥,经常遭受疾病和有毒食物的伤害。在这种情况下,神农氏开始教导百姓播种五谷,察看土壤的干燥潮湿、肥沃贫瘠、上下高低,看它们各自适宜种什么样的农作物,还亲自品尝百草的滋味、泉水的甜苦,让百姓知道怎样避开有害的东西,接近有益的事物。当时,神农氏一天要承受七十余次中毒之苦。尧帝建立奉行孝慈仁爱的道德典范,对待人民就如同对待自己的子弟一样。他向西来到沃民国,向东来到黑齿国,向北来到幽都,向南来到交趾,亲自对民众进行教化。他把讙兜流放到南方的崇山,迁徙三苗到西方的三危,驱逐共工到北方的幽州,在东方的羽山杀死鲧。舜帝教百姓建造了房屋,修筑了土墙,用茅草、芦苇盖屋顶,开辟土地种植五谷,使百姓离开野外的穴洞,都有自己的房屋来安家。后来他去南方征讨作乱的三苗,半路上死在苍梧。夏禹冒着狂风暴雨,疏导长江黄河,凿通龙门,开辟伊阙,修筑彭蠡湖的堤防,乘坐四种交通工具,奔波在水陆山野间,顺着山势砍削树木作标记,平整土地、治服洪水,这使得一千八百个国家得到安定。商汤早起晚睡,用尽智慧思虑国家大事;减轻赋税,使百姓生活得到宽裕;布施恩德,以赈济贫困人家;凭吊死者,问候病人,供养孤儿寡妇。百姓因此亲附汤王,政令能够在全国顺利通行。汤王于是在鸣条整顿军队,把夏桀围困在南巢,谴责他的罪行后,把他流放到历山。以上这五位圣人,都是天下德高望重的君王,他们劳累身形,竭尽思虑,为百姓兴利除害而不敢有丝毫的懈怠。捧一爵酒,不会露出吃力的神色,提起一石重的酒樽都会汗流浃背,更何况承担着治理天下的忧虑、担负海内外的大事呢?这担子要比一石重的酒樽可重得多啊!再说,这几位圣人,他们不因为自己身份低贱而觉得耻辱,却因为大道不能实行而惭愧;不因为自己寿命短而忧虑,却因为百姓的穷苦困窘而忧虑。

因此夏禹治水，是牺牲自己的身体，在阳盱河边祈祷神灵消除灾难；商汤遭受干旱的困苦，在桑山之林祈求苍天降雨，愿意牺牲自己的身体。圣人忧虑百姓的疾苦，像这样明显，却还要说他们"无为"，这难道不是荒谬吗？

且古之立帝王者，非以奉养其欲也；圣人践位者，非以逸乐其身也。为天下强掩弱，众暴寡，诈欺愚，勇侵怯，怀知而不以相教，积财而不以相分，故立天子以齐一之。为一人聪明而不足以遍照海内，故立三公九卿以辅翼之。绝国殊俗、僻远幽闲之处，不能被德承泽，故立诸侯以教诲之。是以地无不任，时无不应，官无隐事，国无遗利。所以衣寒食饥，养老弱而息劳倦也。若以布衣徒步之人观之，则伊尹负鼎而干汤①，吕望鼓刀而入周②，百里奚转鬻③，管仲束缚④，孔子无黔突，墨子无暖席⑤。是以圣人不高山，不广河⑥，蒙耻辱以干世主，非以贪禄慕位，欲事起天下利，而除万民之害。盖闻传书曰："神农憔悴，尧瘦臞（qú），舜霉黑，禹胼胝（pián zhī）⑦。"由此观之，则圣人之忧劳百姓甚矣。故自天子以下至于庶人，四肢不动，思虑不用，事治求澹者，未之闻也。

【注释】①"则伊尹"句：原注作"伊尹处于有莘之野，执鼎俎，和五味以干汤，欲调阴阳，行其道。"②"吕望"句：原注作"吕望，姜姓，四岳之后。四岳佐禹治水有功，赐姓曰姜氏。吕望其后，居殷，乃屠于朝歌，故曰鼓刀入周。自殷而往，为文王太师，佐武王伐纣，成王封之于齐也。"③"百里奚"句：原注作"百里奚，虞臣。自知虞公不可谏而去，转行自卖于秦，为穆公而秦兴也。"④"管仲"句：原注作"管仲傅相齐公子纠，不死子纠之难而奔鲁，束缚以归齐，桓公用之而伯也。"⑤"孔子"二句：原注作"灶不至于黑，坐席不至于温，历行诸国，汲汲于行道也。"黔突：因炊爨而熏黑了的烟囱。⑥"是以"二句：原注作"圣人盖谓禹、稷。不以山为高，不以河为广，言必逾渡之。⑦瘦臞：清瘦。黧黑：污黑。胼胝：手脚因长期劳动摩擦而生的厚茧。

【译文】况且古代拥立帝王，并不是为了满足于他们的物欲；圣人登上君位，也不是为了他们自身的安逸享乐。因为当时天下出现了以强凌弱、以众欺寡、以诈骗愚、以勇侵怯的现象，人们各自心怀智谋不肯相互指教、积聚财富不肯接济别人，所以才拥立天子来使人们团结一致。又由于天子一个人的聪明才智不能普照四海，所以又设立三公、九卿来辅佐帮助天子。由于遥远的国家风俗习惯不同，偏僻地区不能承受到天子的德泽，所以又分封诸侯来教诲那里的百姓。因此土地没有不被利用的，天时没有不与农作物相适应调和的，官吏没有失职的，国家利益没有受损的，用这一切来使饥寒之人能够解决温饱，老弱之人得到奉养，劳累疲倦之人得以休息。如果再从平民百姓的角度来看，就可以发现：伊尹曾靠烹调技术求得商汤的重用，吕望是靠操刀屠宰入仕周朝，百里奚多次被转卖而仕秦，管仲曾被囚禁而在齐国担任相国，孔子长年周游列国，致使家中的烟灶不曾被熏黑过，墨子四处奔走，致使席子不曾坐暖过。因此圣人们不惧山高，不畏河广，甘愿吃苦受辱来谋得当世君王的重用，他们并不是贪图利禄、羡慕爵位，而是一心致力做好担当起兴天下之利，除万民之害的大任。曾经听书传上这样说："为了兴利除害，神农面色憔悴，尧帝清瘦不堪，舜帝身上暗黑，禹王手足长茧。"由此看来，圣人为百姓忧虑劳累也是尽心尽力的。所以从天子以下直到平民百姓，想不动手不抬脚，不费心劳神就能使得政事得到治理，需求得到满足的，这是从来没有听说过的事。

夫地势，水东流，人必事焉，然后水潦得谷行①；禾稼春生，人必加功②焉，故五谷得遂长。听其自流，待其自生，则鲧、禹之功不立，而后稷之智不用。若吾所谓"无为"者，私志不得入公道，嗜欲不得枉正术，循理而举事，因资而立③，权自然之势，而曲故④不得容者，事成而身弗伐，功立而名弗有，非谓其感而不应，攻而不动者。若夫以火熯井，以淮灌山，此用己而背自然，故谓之有为。若夫水之用舟，沙之用鸠，泥之用輴（chūn）⑤，山之用蔂（léi）⑥，夏渎而冬陂⑦，因高为田，因下为池，此非吾所谓为之。

【注释】①"夫地势"四句：原注作"水势虽东流，人必事而通之，使得循谷而行也。"谷行：循谷而行。②加功：耕耘。③"因资"句：王念孙认为"因资而立"下脱一"功"字。④曲故：巧诈。⑤輴：古代行泥泞道路的一种交通工具。⑥蔂：一种登山用具。⑦渎：水沟，小渠，亦泛指河川。这里指疏导水渠。陂：池塘。这里指为池塘蓄水。

【译文】按照地势，水向东流，但这必须经过人们的治理疏导，然后积水才能顺着河道流淌；禾苗庄稼在春季生长，但必须要经过人们的耕耘管理，五谷才能获得丰收。假若听任积水自然流动，等待禾苗庄稼自然生长，那么鲧和禹的治水功绩就不能建立，后稷的智慧也就不会被运用。所以像我所说的"无为"，指的是个人的私心不能掺杂到公利之中，个人的嗜欲不能影响干扰正确的规律，人要遵循事理来做事，根据资质来成就事业，推究自然规律，使得巧诈无容身之地，事业成就而不自夸，功立建立后不将名声据为己有；并不是说心有所感也不响应，有所逼迫却还无动于衷。至于那种用火去烘烤井水，用淮河之水去浇灌高山的做法，这些都是只凭一己私愿而违背自然规律的做法，所以这也称作"有为"。至于在水中前行要用舟船，在沙地行走用鸠，在沼泽行走用輴，在山地行走用蔂，夏天疏通沟渠,冬天开挖池塘蓄水,顺着高地修造梯田,沿着低洼处修挖池塘,这些做法就不是我所说的"有为"。

圣人之从事也,殊体而合于理,其所由异路而同归,其存危定倾①若一,志不忘于欲利人也。何以明之?昔者楚欲攻宋,墨子闻而悼之,自鲁趋而十日十夜,足重茧而不休息,裂衣裳裹足,至于郢②,见楚王。曰:"臣闻大王举兵将攻宋,计必得宋而后攻之乎?亡其苦众劳民,顿兵挫锐,负天下以不义之名,而不得咫尺之地,犹且攻之乎?"王曰:"必不得宋,又且为不义,曷为攻之?"墨子曰:"臣见大王之必伤义而不得宋。"王曰:"公输③,天下之巧士,作云梯之械,设以攻宋,曷为弗取?"墨子曰:"令公输设攻,臣请守之。"于是公输般设攻宋之械,墨子设守宋之备,九攻而墨子九却之,弗能入。于是乃偃兵,辍不攻宋。

【注释】①定倾:使危险的局势或即将倾覆的国家转为稳定。②郢:楚国都城,在今湖北省江陵县附近。③公输:即鲁班。

【译文】圣人处理事务,具体方式虽然不同,但都合乎事理,他们各自所采取的途径方法虽然不同,但达到的目的结果却是一致的;他们挽救危亡、安定倾覆的目的是相同的,心里时刻不忘让天下人获得利益。怎么说明这一点呢?从前楚国要攻打宋国,墨子听说后非常悲伤,就从鲁国出发前往楚国,赶了十天十夜的路,脚板磨出一层层的老茧也不肯休息,撕下衣衫包扎一下又继续赶路,到达楚国都城郢城,拜见楚王说:"我听说大王您要兴兵攻打宋国,您是盘算一定能攻占宋国然后才决定攻打它的吧?还是不顾百姓疲苦、军队劳顿、损兵折将、担着不义之名来背离全天下,却得不到尺寸之地,却仍然还要攻打宋国呢?"楚王说:"如果必定不能占领宋国,又要担负不义之名,我为什么还要攻打宋国呢?"墨子说:"我看大王您最终定是得不到宋国又失掉正义之名。"楚王又说:"公输,是天下有名的巧匠,他替我制造了云梯这种器械,用它来攻打宋国,为什么不能取胜呢?"墨子说:"请您让公输施展攻城的手段,我来防守,演习一下。"于是公输般布置攻打宋国的器械,开始模拟攻城,墨子也摆出守城的阵式和装备,公输般连续九次攻城,墨子九次击退了公输般,始终无法攻入"城"内。这样的情况下楚王只得息兵,决定停止进攻宋国。

段干木辞禄而处家,魏文侯过其闾而轼之。其仆曰:"君何为轼?"文侯曰:"段干木在,是以轼。"其仆曰:"段干木布衣之士,君轼其闾,不已甚乎?"文侯曰:"段干木不趋势利,怀君子之道,隐处穷巷,声施千里,寡人敢勿轼乎?段干木光于德,寡人光于势;段干木富于义,寡人富于财。势不若德尊,财不若义高。干木虽以己易寡人不为。吾日悠悠惭于影,子何以轻之哉?"其后秦将起兵伐魏,司马庾谏曰:"段干木贤者,其君礼之,天下莫不知,诸侯莫不闻,举兵伐之,无乃妨于义乎?"于是秦乃偃兵,辍不攻魏。

夫墨子跌蹄①而趋千里,以存楚、宋;段干木阖门不出,以安秦、魏。夫行与止也,其势相反,而皆可以存国,此所谓异路而同归者也。今夫救火者,汲水而趋之,或以瓮瓴(líng)②,或以盆盂,其方圆锐椭不同,盛水各异,其于灭火钩也。故秦、楚、燕、魏之歌也,异转而皆乐③;九夷八狄④之哭也,殊声而皆悲,一也。夫歌者,乐之征也;哭者,悲之效也。愤于中则应于外,故在所以感。夫圣人之心,日夜不忘于欲利人,其泽之所及者,效亦大矣。

【注释】①趹蹄：王念孙引之为"趹蹄"，疾行。②瓵：古代一种盛水的瓶子。③转：原注作"音声也。"乐：快乐。④九夷：古代称东方的九种民族。亦指其所居之地。八狄：古代对北方部族的泛称。

【译文】段干木辞去官职隐居家中，魏文侯乘车路过他居住的里巷门外时，总要起身扶着车前的横木表示敬意。魏文侯的仆人问："为什么我们每次经过这个地方，大王您都要这样起立扶轼表示敬意呢？"魏文侯回答说："因为段干木居住在这里，所以我要起立扶轼表示敬意。"仆人说："段干木只是一个平民百姓，大王您这样表示敬意，不是有些太过了吗？"魏文侯回答："段干木不追逐权势名利，胸怀君子之道，隐居在这陋巷之中，名声却远播千里，我怎么敢不起立扶轼表示敬意呢？段干木因拥有高尚的德行而扬名，我只是靠君王的权势而显赫；段干木富有的是道义，我富有的是财物。但拥有地位权势不如拥有高尚品德尊贵，拥有财物也不如拥有道义高尚。现在即使让段干木拿德行道义来交换我的权势财物，他也是不愿意的。我每天悠悠地对着自己的影子而忧思惭愧，你怎么可以轻视他呢？"后来，秦国将要起兵攻打魏国，司马庾劝谏秦王说："段干木是有名的贤人，魏文侯对他十分礼遇，这是天下皆知的事，诸侯哪个听说的，现在我们发动军队去攻打魏国，恐怕会妨害道义吧？"于是秦王只得息兵，停止攻打魏国。

墨子疾行千里，安定了楚、宋两国；段干木闭门不出，安定了秦、魏两国。他们一个是在外奔走千里，一个是在家隐居不出，虽然做法相反，但都使国家保存下来，这就是殊途同归的例子。现在那些去救火的人，提着水往失火地点赶去，有的人用瓮，有的用瓵，有的用盆，有的用盂，这些工具或圆、或方、或尖、或椭，形状各不相同，盛水的多少也不一样，但去灭火的目的却是一致的。所以，秦、楚、燕、魏四地的歌曲，音调不同，但都能使人快乐；九夷八狄各族人的哭喊，声音不同，但表达的悲哀却是一致的。不同的歌曲，不同的哭泣，各自所表达的情感是一致的，歌唱是快乐的表现，哭泣是悲伤的反映，感情积聚于心就会表现在外，所以情感表现于外时，一定是内在有所触动。而圣人的心里，日夜不忘为百姓谋利益，因此他的恩泽遍及之处，功效也必定很大了。

世俗废衰，而非①学者多："人性各有所修短，若鱼之跃，若鹊之驳②，此自然者，不可损益。"吾以为不然。

夫鱼者跃，鹊者驳也，犹人马之为人马，筋骨形体，所受于天，不可变。以此论之，则不类③矣。

夫马之为草驹之时，跳跃扬蹄，翘尾而走，人不能制，龁咋（hé zǎ）足以嚼（zǎn）肌碎骨，蹶蹄足以破卢陷匈④。及至圉（yǔ）人扰之，良御教之，掩以衡扼，连以辔衔，则虽历险超堑弗敢辞⑤。故其形之为马，马不可化；其可驾御，教之所为也。马，聋虫也，而可以通气志，犹待教而成，又况人乎？

且夫身正性善，发愤而成仁，帽凭⑥而为义，性命可说，不待学问而合于道者，尧、舜、文王也；沉湎耽荒，不可教以道，不可喻以德，严父弗能正，贤师不能化者，丹朱、商均也⑦。曼颊皓齿，形夸骨佳，不待脂粉芳泽而性可说者，西施、阳文也⑧；嗛（quán）滕哆噅（huī），籧（qú）蒢（chú）戚施，虽粉白黛黑弗能为美者，嫫母、仳倠（pǐ suī）也⑨。夫上不及尧、舜，下不及商均，美不及西施，恶不若嫫母，此教训之所谕也，而芳泽之所施。

且子有弑父者，然而天下莫疏其子，何也？爱父者众也。儒有邪辟者，而先王之道不废，何也？其行之者多也。今以为学者之有过而非学者，则是以一饱⑩之故，绝谷不食，以一蹪（tuí）之难，辍足不行，惑也。

【注释】①非：非议，非难。②驳：颜色不纯夹杂着别的颜色。③不类：不是同一类问题。④草驹：高诱注："马五尺以下为驹，放在草中，故曰草驹。"啮咬。嚼：原注作"穿也。"咬穿，咬破。卢：即"颅"。匈：即"胸"。⑤圉人：周置，负责养马刍牧等事。也泛指养马人。扰：驯服；驯养。掩：安上。衡扼：车辕前的横木和架在马颈上用以拉车的曲木。⑥帽凭：盈满貌。高诱注："帽凭，盈满积思之貌。"一说慷慨貌。⑦耽荒：沉迷惑乱。丹朱：尧的儿子。名朱，封于丹渊，故称为"丹朱"。因其不肖，故尧禅位于舜。商均：舜之子。相传舜以商均不肖，乃使伯禹继位。常与尧子丹朱并用为不肖子之典实。⑧曼颊：原注作"细理也。"指脸颊皮肤细腻。夸：柔美。阳文：相传为古代楚国美女。⑨嗋䁯：嗋原注作"丑貌"。䁯：通"瞵"，极眸。一说通"瞚"，目不相视，即二目不能集中视线同视一物。哆：张口的样子。噅：口不正。籧篨：有丑疾不能俯身的人。戚施：比喻患丑疾，背曲而不能仰的人。黛黑：青黑色。嫫母：传说中黄帝之妻，貌极丑。后为丑女代称。仳倠：古丑女名。⑩饱：王念孙认为此处应为"䭃"，即"噎"的异形字。

【译文】世俗日益颓废衰败，非议学习的人也很多，他们认为"人生性各有长短，就像鱼能腾跃、喜鹊羽毛颜色驳杂一样，这都是自然形成的，不能使它们减少或增加。"但我认为不是这样的。

鱼能腾跃、喜鹊羽毛斑驳，就像人是人、马是马一样，筋骨形体都是天然形成的，确实不能改变。用此种观点来讨论这个问题，那是不能相提并论的两码事。

当马还是未加驯化的小马驹时，扬起蹄子跳跃，翘着尾巴奔跑，人不能禁止它，它用牙咬人足以穿透肌肤、咬碎骨头，用蹄子踢人足以踢破头颅、踢穿胸膛。但等到养马人驯服了它，再让优秀的御手调教驾御它，给它套上轭头、系上缰绳、带上嚼口后，那么即使让它经历险境、跨越沟壑，它也不敢违抗。所以它的形体的确是马，马的样子不能改变；但它可以被人驾御，这是经过调教可以改变它的野性的结果。马，不过是无知的动物，尚可以让它通达人意，通过调教达到为人所用的目的，又何况是有意识的人呢？

再说那生来正直、本性善良、发愤成就仁德、慷慨推行道义、天性令人喜悦，不必经过学习就能合乎道的规范的，是尧、舜、文王这几位圣人；沉湎于酒色、荒淫无度，不能用道德来教化、不能以德仁来晓喻，严父不能使他正派、良师不能使他转善，是丹朱、商均这样的人。脸颊白嫩细腻，牙齿洁白整齐，体态柔美、骨架匀称、不用涂抹芬芳润泽的脂粉，就天生丽质让人喜爱的，是西施和阳文这样的人。而缺牙、斜眼、歪嘴、鸡胸、驼背的人，即使涂粉描眉也不能变美，这种天生丑陋的，是嫫母和仳倠这类人。那些高尚不及尧舜，卑鄙低劣不像商均，漂亮比不上西施，丑陋不至于像嫫母的人，这是可以通过教训引导使之晓喻，施加芳泽使之美丽的人。

再说，即使有弑杀父亲的逆子，但天下的父母并没有谁因此而疏远自己的孩子，这是什么原因呢？因为敬爱父母的子女还是占大多数。虽然有邪僻不轨的儒生，但是先王之道并没有因此而废弃，这是什么原因呢？因为奉行先王之道的儒生还是多数。现在如果因为求学的人有过错就非议学习的话，这就好像因为被饭噎住一次便永远拒绝进食，因为一次跌倒就止步不前那样，实在是太糊涂了。

今有良马，不待策錣（zhuì）而行，驽马，虽两錣之不能进，为此不用策錣而御，则愚矣。夫怯夫操利剑，击则不能断，刺则不能入，及至勇武，攘捲一捣，则摺胁伤干，为此弃干将、镆邪而以手战，则悖矣①。所谓言者，齐于众而同于俗。今不称九天之顶，则言黄泉之底②，是两末之端议，何可以公论乎？

夫橘柚冬生，而人曰冬死，死者众；荞麦③夏死，人曰夏生，生者众。江、河之回曲,亦时有南北者,而人谓江、河东流;摄提镇星日月东行,而人谓星辰日月西移者;以大氏④为本。胡人有知利者,而人谓之骘(zhì)⑤;越人有重迟者,而人谓之訬(chāo)⑥;以多者名之。

若夫尧眉八彩,九窍通洞⑦,而公正无私,一言而万民齐;舜二瞳子,是谓重明⑧,作事成法,出言成章;禹耳参漏⑨,是谓大通,兴利除害,疏河决江;文王四乳,是谓大仁,天下所归,百姓所亲;皋陶马喙,是谓至信⑩,决狱明白,察于人情;禹生于石⑪;契生于卵⑫;史皇产而能书⑬;羿⑭左臂修而善射。若此九贤者,千岁而一出,犹继踵而生。今无五圣之天奉,四俊之才难,欲弃学而循性,是谓犹释船欲蹍水⑮也。

夫纯钩、鱼肠之始下型,击则不能断,刺则不能入,及加之砥砺,摩其锋锷(è),则水断龙舟,陆剸(tuán)犀甲⑯。明镜之始下型,矇然未见形容,及其粉以玄锡,摩以白旃(zhān)⑰,鬓眉微豪,可得而察。夫学,亦人之砥锡也,而谓学无益者,所以论之过。

【注释】①攘捲:亦作"攘拳"。捋袖举拳。摺:毁损、折断。②黄泉之底:极低处。③荠:荠菜。十字花科。草本植物。叶羽状分裂,花白色。嫩叶可食。全草入药。④大氏:大抵;大都。⑤骘:横蛮无理。⑥訬:矫健敏捷。⑦"若夫"二句:原注作"尧母庆都,盖天帝之女,寄伊长孺家,年二十无夫。出观于河,有赤龙负图而至,曰赤龙受天下之图。有人赤衣、光面、八彩、鬓髯长……赤龙与庆都合而生尧。视如图,故眉有八彩之色。"八彩:八种色彩。通洞:通晓明察。⑧重明:眼中有两个眸子。⑨参漏:指三孔。⑩"皋陶"二句:原注作"喙若马口,出言皆不虚,故曰"至信"。⑪禹生于石:原注作"禹母修己,感石而生禹,折胸而出。"⑫契生于卵:原注作"契母,有娀氏之女简翟也,吞燕卵而生契,愊背而出。"⑬"史皇"句:原注作"史皇,仓颉。生而见鸟迹,知著书。故曰史皇,或曰颉皇。"⑭羿:此指尧时的羿。⑮蹠水:踏水,谓渡河。⑯纯钩、鱼肠:均为古代宝剑名。王念孙认为"钩"应作"钧"。锋锷:剑锋和刀刃。劕:割断,截断。⑰白斿:即白毡。

【译文】现在对于良马,不用马鞭、马刺去驾御,它就可以行走奔跑;而对于驽马,即使用两副马刺刺它,它也不前进。因为这样就不用马鞭、马刺去驾御,那就是愚蠢了。那些怯懦之人手持利剑,砍也砍不断、刺也刺不进去;等到勇士上阵,挥拳一击,就能把对手打得肋骨折断、打伤躯干,因为这样,作战时就让勇士扔掉干将、莫邪这样的宝剑而空手搏斗,那就荒谬了。我所认为正确的说法,应该是和大众一致,和习俗相符的。现在不是说到九天之上,就是说到黄泉之底,这是走极端的偏激之言,怎么能得到公正的结论呢?

橘、柚冬天生长,但人们通常都说植物冬天死亡,这是因为植物在冬天死亡的居多;荠菜、麦类在夏天死亡,但人们都说植物夏天生长,这是因为植物在夏天生长的居多。长江、黄河弯弯曲曲,有时向南,有时向北,但人们通常还是说长江、黄河向东流;摄提、镇星、日月由西向东运行,但人们通常说日月星辰向西移动,这是以大概情况为依据的。胡人中也有聪慧敏捷的,但人们通常说胡人横蛮不讲理;越人中也有缓慢愚钝的,但人们通常说越人灵敏轻巧,这是就大多数情形而言的。

至于说尧帝眉毛有八种色彩,九窍通达而公正无私,百姓听到他一句话就肃然起敬;舜帝眼中有两个瞳仁,这叫作重明,做事依循法度,说话出口成章;禹王的耳朵有三个耳孔,这叫作大通,为民兴利除害,疏导长江、黄河;文王生有四个乳头,这叫作大仁,天下人都归顺他,百姓都亲附他;皋陶长着像马一样的嘴,这叫作至信,判案决断清楚公正,善于体察民情;启从石头中生出;契从鸟蛋中生出;

史皇生下来就能写字；羿生来左臂修长而善于射箭。像这九位贤人，一千年才出现一个，好像一个接一个地降生一样。现在既没有像尧、舜、禹、汤、文王那样的"五圣"得到天助，又没有皋陶、启、契、仓颉"四俊"那样的才能，一般人想放弃学习而去随顺本性行事，这就好像丢弃船只想靠踩水渡过江河一样。

纯钧、鱼肠这样的宝剑刚从模具中出来的时候，砍东西都砍不断、刺东西也刺不进；等到放在磨刀石上，磨快了它的锋刃之后，在水中可以砍断龙舟，在陆地上可以刺穿犀甲。明亮的镜子刚离开模具的时候，模糊地照不出容貌；等到用玄锡磨光，白毡擦拭以后，人的鬓发、眉毛、甚至极细的毫发都能照清楚。学习，也就是人的磨刀石和玄锡，然而却有人说学习没有益处，那是因为他立论的根据就是错误的。

知者之所短，不若愚者之所修；贤者之所不足，不若众人之有余。何以知其然？夫宋画吴冶，刻刑镂法，乱修曲出，其为微妙，尧、舜之圣不能及①；蔡之幼女，卫之稚质，梱纂组，杂奇彩，抑墨质，扬赤文，禹、汤之智不能逮②。夫天之所覆，地之所载，包于六合之内，托于宇宙之间，阴阳之所生，血气之精，含牙戴角，前爪后距，奋翼攫肆，蚑（qí）行蛲（náo）动之虫，喜而合，怒而斗，见利而就，避害而去，其情一也③。虽所好恶，其与人无以异。然其爪牙虽利，筋骨虽强，不免制于人者，知不能相通，才力不能相一也。各有其自然之势，无禀受于外，故力竭功沮。

夫雁顺风，以爱气力，衔芦而翔，以备矰（zēng）弋④。蚁知为垤（dié），獾貉为曲穴，虎豹有茂草，野彘有艽（qiú）莦（shāo）槎枿（chá zhì），堀（kū）虚连比，以像宫室，阴以防雨，景以蔽日⑤。此亦鸟兽之所以知求合于其所利。今使人生于辟陋之国,长于穷檐漏室之下,长无兄弟,少无父母,目未尝见礼节,耳未尝闻先古,独守专室而不出门,使其性虽不愚,然其知者必寡矣⑥。

【注释】①宋画:宋国人的画。吴冶:吴地的冶炼之术。刻刑:刻木为模型。刑,通"型",模型。镂法:刻镂的技法。乱:原注作"乱理之文。"指杂乱的花纹。修:原注作"修饰之巧。""曲出":原注作"曲出于不意也。"即:出其不意。②蔡:上蔡。位于今河南省上蔡西南。幼女:即少女。卫:周初卫国建都朝歌,即今河南省淇县。稚质:指年少貌美的女子。梱:敲打使其齐平。纂组:赤色绶带。亦泛指精美的织锦。③蚑行蛲动:小虫爬动的样子,比喻微细。④顺风:王念孙认为应作"顺风而飞"。衔芦:口含芦草。雁用以自卫的一种本能。矰:系有丝绳,用以射鸟的箭。弋:用带绳子的箭射鸟。⑤垤:蚂蚁做窝时堆在洞口的土。貒:哺乳动物,毛灰色,善掘土,穴居山野,昼伏夜出。毛可制笔,毛皮可制裘,其脂肪熬炼的貒油可治疗烫伤等。亦称"狗貒"。貉:哺乳动物,外形像狐,穴居河谷、山边和田野间;杂食鱼、鼠、蛙、虾、蟹和野果、杂草等,皮很珍贵。曲穴:曲曲折折的洞穴。芄:禽兽巢穴中的垫草。蒉:乱草。槎枿:错杂繁多貌。堀虚:窟穴。连比:相连,挨着。景:天晴时。⑥穷檐:茅舍,破屋。专室:小室。

【译文】聪明人的短处,不如愚笨之人的长处;贤人的不足之处,不如普通人有余的地方。怎么知道是这样呢?那宋国的绘画、吴地的冶炼,木刻的模型和雕镂的技法,纹理错杂,文饰精巧,别具匠心,其中的微妙,即使是尧、舜这样的圣人都不能达到。蔡国和卫地的少女,编织红色的绶带,其中间杂着奇异的色彩,隐映着墨黑色的底子,突显着红色的花纹,这种奇巧的工艺,即使是禹、汤这样的智慧也不能做到。苍天覆盖着的、大地承载着的,包含在六合之内、寄托于宇宙之中,由阴阳二气化生出来的各种动物,都含有血气的精华。这些动物有的长着牙齿,有的长着犄角,有的长着前爪和后距,有的振翅飞翔,凶猛搏击,有的用足行走,有的缓慢爬行蠕动前进。它们高兴时就集聚一起,恼怒时又互相撕咬争斗;看到利益就靠近,遇到危害就躲避。这些情况大体上都是相同的。虽然它们各自有所好恶,但它们求生的本能和亲近利益、避开危害的特点跟人类没什么两样。然而它们爪牙虽然锋利,筋骨虽然强健,但仍免不了被人类制服,这是因为它们的智慧不能相互沟通,才能和力量不能一致,各自只具备自然形成的力量,而无法从外界受到教育,接受后天给予的东西,所以在和人类的较量、竞争中常常是竭尽气力而终致败亡。

大雁顺风飞行以节省自己的体力,衔着芦苇飞翔来防备飞箭的袭击;蚂蚁知道在巢穴口堆起土堆,獾貉懂得挖掘曲折的洞穴,虎豹栖身在茂密的丛林中,野猪的窝内垫着杂草,树枝错杂繁多,遮掩着巢穴;它们的洞穴连通排列,就像人类的房屋;阴天可以避雨、晴天可以蔽日:这就是鸟兽们用来生存的智慧,从而求得适应生存的有利条件。现在如果让一个人生在偏僻落后的国度,又长在破屋漏室之中,年长后没见过兄弟,年少时就失去父母,眼睛也从不曾见过礼节法度,耳朵更没听过什么先贤古事,独自困守在破烂的小屋里不曾走出房门,这种情况下,即使他天性并不愚笨,但他所知道的一定很少了。

昔者,苍颉作书,容成造历,胡曹为衣,后稷耕稼,仪狄作酒,奚仲为车。此六人者,皆有神明之道,圣智之迹①,故人作一事而遗后世,非能一人而独兼有之。各悉其知,贵其所欲达,遂为天下备。今使六子者易事,而明弗能见者何?万物至众,而知不足以奄②之。周室以后,无六子之贤,而皆修其业;当世之人,无一人之才,而知其六贤之道者何?教顺施续③,而知能流通。

由此观之,学不可已,明矣!

【注释】①容成:原注作"黄帝臣。造作历,知日月星辰之行度。"胡曹:传说为黄帝臣,始作衣裳。仪狄:相传夏禹时善于制酒的人。奚仲:夏之车正,传说姓任,黄帝之后,为车的创造者,春秋薛之始祖。②奄:覆盖。③教顺:教训。施续:连续。

【译文】从前,苍颉创造文字,容成制定历法,胡曹制作衣裳,后稷耕种庄稼,仪狄首创酿酒,奚仲发明车子。这六个人,都有各自神妙奇特的本领,又有圣明聪慧的事迹,所以人能作出一件大事而留传于后世,但他们谁也不能做到一人独自兼有六项发明。他们各自把自己全部的才智发挥出来,重视他们所要达到的目标,发挥他们各自的专长,这样就会为天下所需带来便利。现在如果让他们六位改换他们所从事的工作,那么他们的专长和聪明才智就无法显露出来,这是为什么呢?因为世界上物类众多,一个人的智慧不可能全部具备。周王朝以后,就没有再出现过像上述六位古人那样的贤才,但是人们都在从事他们开创的行业;当代的人,没有哪个具备古代六位贤人中任何一位的才智,但人们都能掌握六位贤才的技艺和方法,这是为什么呢?这是由于通过不断的学习教导而代代相续,使得六位贤才的知识技能得以流传下来。由此看来,学习是不能停止的,这是多么明显的道理啊!

今夫盲者,目不能别昼夜,分白黑,然而搏琴抚弦,参弹复徽,攫援摽拂,手若蔑蒙,不失一弦①。使未尝鼓瑟者,虽有离朱之明,攫掇之捷,犹不能屈伸其指②。何则?服习积贯③之所致。故弓待檠(qíng)而后能调,剑待砥而后能利。玉坚无敌,镂以为兽,首尾成形,磋诸之功。木直中绳,揉以为轮,其曲中规,櫽

(yǐn)栝④之力。唐碧坚忍之类,犹可刻镂,揉以成器用,又况心意乎?

且夫精神滑淖⑤纤微,倏忽变化,与物推移,云蒸风行,在所设施。君子有能精摇摩监⑥,砥砺其才,自试⑦神明,览物之博,通物之壅,观始卒之端,见无外之境,以逍遥仿佯于尘埃之外,超然独立,卓然离世,此圣人之所以游心。若此而不能,闲居静思,鼓琴读书,追观上古及贤大夫,学问讲辩,日以自娱,苏援世事,分白黑利害⑧,筹策得失,以观祸福,设仪立度,可以为法则,穷道本末,究事之情,立是废非,明示后人;死有遗业,生有荣名。如此者,人才之所能逮。然而莫能至焉者,偷慢懈惰,多不暇日之故。夫瘠地之民多有心者,劳也;沃地之民多不才者,饶⑨也。由此观之,知人无务,不若愚而好学。自人君公卿至于庶人,不自强而功成者,天下未之有也。《诗》云:"日就月将,学有缉熙于光明⑩。"此之谓也。

【注释】①参弹:弹琴的一种手法。徽:系琴弦的绳,后用做抚琴标记的名称,古琴全弦共十三徽。攫援:一张一弛的弹琴手法。摽拂:抹拂琴弦的指法。萲蒙:疾速飞扬的样子。②离朱:上古时期神话传说人物。黄帝游赤水之北,登昆仑之丘,丢失了玄珠,就命离朱去寻找。因为他"能视于百步之外,见秋毫之末"。攫掇:传说为黄帝时动作敏捷的人。③服习积贯:适应并逐渐养成习惯。④檃栝:矫正木材弯曲的器具。⑤滑淖:犹调和。⑥精摇:犹精进。摩监:犹磨炼。⑦试:杨树达认为此处应为"诚"。⑧"分白"句:王念孙认为应作"分别白黑。"⑨饶:安逸。⑩"《诗》云"句:引诗见《诗经·周颂·敬之》。缉熙:指光明,又引申为光辉。

【译文】现在那些盲人,眼睛不能分别白天黑夜,不能辨别白色黑色，然而盲乐师弹琴拨弦，运用参弹复徽的技法，有时并弦双弹，有时上下移手，有时一张一弛，有时抹拂挥拨，手指动作飞快，指法纯熟，不会弹错一弦；如果是从未弹过琴的人，即使有离朱那样好的眼力，攫掇那样敏捷的身手，也不能使手指自由屈伸随意弹拨。这是为什么呢？这是因为他们长期练习，逐渐适应并养成习惯，从而达到熟能生巧的效果。所以弓靠檠校正以后才能协调，剑靠磨砺以后才能锋利。玉石坚硬无比，被雕镂成各种兽类，有头有尾，形态逼真，那是磋诸的作用；木料笔直合乎墨绳的要求，经过糅制弯曲成车轮，它的弯曲程度又符合圆规的要求，那是檃括的作用。诸如像唐碧一类似玉的硬石尚且可以刻镂，制成有用之物，又何况人的思想心志呢？

　　再说人的思想精神柔和而细腻，能够迅速变化，随着外物的推移而变化，就如云的蒸腾、风的疾行一样，存在于你想施用的任何地方。而君子能够精心进取、反复磨炼，不断地砥砺自己的才干，使精神修养精诚专一，从而观览万物，通达事物的壅塞之处，看清事物的终始，看到无穷无尽的境界，自由自在地徜徉在尘世之外，超然脱俗地遗世独立，这就是圣人精神活动的境界。如果达不到这种境界，就安闲幽处，宁静思虑，鼓琴读书，探究观察上古先王之道，与贤大夫为友，研讨辩论，每天以此自娱；援引剖析人间世事，分辨曲直是非，衡量得失，以观察祸福变化；设立仪表法度，把它作为效法的准则，穷究道的本末，探察事物的实情，树立正确的观念、废除错误的观点，从而明示后人；死后有留下的功业，活着有荣耀的名声。像这样的学习修养境界，一般人的才能都能做到。然而连这种境界都达不到的人，一定是苟且偷生，懈怠懒惰，总说没有闲暇时间来学习的缘故。贫瘠地区生活的大多是有心之人，这是因为他们长期辛劳而希望改变生活状况；肥沃地区生活的大多不会成才，这是因为生活太过安逸而不再发奋进取。由此可见，聪明人如果无所事事，倒不如愚笨之人勤奋好学。从君王、公卿到普通百姓，不自强奋斗却能功业有成的，天底下还没有这样的事情。《诗经》上说："日日有所成就，月月有所奉行，日积月累，不断努力学习，就能通向光明。"说的就是这个道理。

名可务立，功可强成①。故君子积志委正，以趣明师；励节亢高，以绝世俗②。

何以明之？昔者南荣畴耻圣道之独亡于己，身淬霜露，敕蹻（jué）趹（jué），跋涉山川，冒蒙荆棘，百舍重跰，不敢休息，南见老聃，受教一言，精神晓泠（líng），钝闻条达，欣然七日不食，如飨（xiǎng）太牢③。是以明照四海，名施后世，达略天地，察分秋毫，称誉叶语，至今不休。此所谓名可强立者。

吴与楚战，莫嚣大心抚其御之手曰："今日距强敌，犯白刃，蒙矢石，战而身死，卒胜民治，全我社稷，可以庶几乎④？"遂入不返，决腹断头，不旋踵运轨而死⑤。申包胥⑥竭筋力以赴严敌，伏尸流血，不过一卒之才，不如约身卑辞，求救于诸侯。于是乃嬴粮跣走，跋涉谷行，上峭山，赴深溪，游川水，犯津关，蹶（liè）蒙笼，蹶沙石，蹠达膝，曾茧重胝（zhī），七日七夜，至于秦庭⑦。鹤跱（zhì）而不食，昼吟宵哭，面若死灰，颜色霉墨，涕液交集，以见秦王⑧。曰："吴为封豨修蛇，蚕食上国，虐始于楚⑨。寡君失社稷，越在草茅，百姓离散，夫妇男女，不遑启处，使下臣告急⑩。"秦王乃发车千乘，步卒七万，属之子虎，逾塞而东，击吴浊水之上，果大破之，以存楚国⑪。烈藏庙堂，著于宪法⑫。此功之可强成者也。

【注释】①务：与下句的"强"字义同，努力，勉力。②积志：犹蓄志;夙愿。委正:置身正事。励节:励治节操。亢高:使……高尚。③南荣畴:鲁国人,庚桑楚的弟子。有典籍记载,他曾专门请教过老子。淬:浸湿,沾湿。蹠:穿着。蹻:屐、鞋。古代多指草鞋。趹:疾行。冒蒙:顶冒,迎着。百舍重趼:王念孙认为,此处"跰"应为"趼"字。趼,脚掌因走远路而生的硬皮。舍,宿一夜为一舍。百舍重趼比喻长途跋涉,十分辛苦。老聃:即老子。晓冷:明了。钝闻:亦作"钝闵"。昏昧,不明事理。条达:条理通达。太牢:古代祭祀,牛、羊、豕三牲具备谓之"太牢"。④"吴与"二句:原注作"吴王阖闾与楚昭王于柏举。"莫嚣:古代楚国的官名,又名"莫敖"。大心:楚昭王时一个名为大心的莫敖官。距:通"拒"。庶几:相近、差不多。⑤决腹:剖腹。旋踵:转身。指畏避退缩。运轨:回车。⑥申包胥:又称王孙包胥。春秋时楚国大夫,与武子胥为友。⑦赢粮:担负粮食。引申指携带粮食。跣走:赤脚行走。躐:践踏,踩。蒙笼:一说为蒙笼山,一说指草树茂盛。蹶:践踏。蹠:足。达:原注作"穿也"。曾茧:手掌或脚掌上磨起的多层硬皮。俗称"老茧"。曾,通"层"。重胝:指手脚上的层层厚茧。⑧鹤跱:如鹤之直立,一动不动。秦王:原注作"秦哀公"。⑨封豨修蛇:大猪与长蛇。喻贪暴者。上国:中原地区。⑩寡君:楚昭王。越:远。这里指秦昭王败后远逃到随地。不遑启处:没有闲暇的时间过安宁的日子。指忙于应付繁重或紧急的事务。⑪子虎:秦将。塞:函谷关。浊水:原注作"江水"。⑫:烈:功业。

【译文】名声可以通过努力来树立,功业可以通过奋斗来成就。所以君子积蓄正气而置身于正道,投奔高明的老师;激励气节以使自己更加高尚,从而隔绝世俗的干扰。怎么说明这个问题呢?从前鲁国的南荣畴,因为圣人之道在自己身上丧失而感到耻辱,于是不顾霜露沾湿衣履,穿着草鞋急切地奔走,跋山涉水,穿越荆棘,连续行走上百日,脚上磨出厚厚的老茧也不敢休息,到南方拜见老子,聆听到老子的一句教诲,精神豁然开朗,思想顿时通畅,高兴得如同饿了七天的人得到太牢美食一样。从此以后,他的光辉遍照四海,美名流传后世,胸怀豁达得可以包容天地,眼睛锐利得能明察秋毫;称颂他的美言,世代传扬,至今没有休止。这就是所说的名声可以通过努力来确立的例子。

吴王阖闾和楚昭王在柏举展开大战,莫嚣大心按着他车夫的手说:"今天我们抵御强敌,迎着白刃,冒着箭石的袭击,奋勇作战乃至牺牲生命,终究取得胜利,使百姓过上太平生活、国家得以保全,这样的话,我也差不多可以瞑目了!"于是就命令御者驾车冲入敌阵,再也没有返回。他被敌军剖腹砍头,义无反顾地为国壮烈牺牲了。申包胥认为大心虽然竭尽全力冲入敌阵,流血捐躯,也只是发挥了一个普通士卒的才力;不如放下身段,言辞卑恭,向诸侯求救。于是就身背干粮,赤脚上路,他登上陡峭的山峰,穿过幽深的溪谷,渡过湍急的河流,闯过关卡渡口,翻越蒙笼山,又在沙石滩里艰难地行走,走得从脚掌到膝盖都溃烂了,脚板磨起厚厚的老茧,就这样走了七天七夜才来到秦国朝廷。他像鹤一样站着不动也不吃饭,昼夜不停地哭泣,弄得脸色昏黑,神情如同死人一般,泪流满面,终于见到秦哀公。说:"吴王就像凶残贪婪的野猪和长蛇,正在慢慢地蚕食中原各国,现在他们首先虐害楚国。我们国君已经失去了都城社稷,远远地逃到了草茅之地避祸。楚国百姓妻离子散、流离失所,夫妇男女都不能安居乐业。楚王特派我来向大王您告急。"秦哀公于是派出一千辆战车,七万步兵,把军队交给子虎统领,秦军越过关塞向东进发,在浊水边与吴军交战,果然大败吴军,从而保全了楚国。申包胥的功绩被保存在庙堂之内,记载于楚国大法之中。这就是通过努力奋斗来成就功业的例子。

夫七尺之形,心知忧愁劳苦,肤知疾痛寒暑,人情一也。圣人知时之难得,务可趣也,苦身劳形,焦心怖肝,不避烦难,不违危殆。盖闻子发①之战，进如激矢，合如雷电，解如风雨，员之中规，方之中矩，破敌陷阵，莫能壅御②，泽战必克，攻城必下。彼非轻身而乐死，务在于前，遗利于后，故名立而不堕。此自强而成功者也。是故田者不强，困仓不盈；官御③不厉，心意不精；将相不强，功烈不成；侯王懈惰，后世无名。《诗》云："我马唯骐，六辔如丝。载驰载驱，周爰（yuán）谘谋。"④以言人之有所务也。

【注释】①子发：楚国将领。②壅御：阻止，阻挡。③官御：犹官吏。④"《诗》云"几句：引诗见《诗经·小雅·皇皇者华》。骐：有青黑色纹理的马。周：诚，忠信。爰：向。谘谋：商议谋划。

【译文】身高七尺的人，心里知道忧愁劳苦，肌肤能够感知冷暖疼痛，作为人来说这种性情大致是相同的。但圣人知道时机难得，事业是可以促成的，所以他们劳苦身形，惶恐不宁，不避烦难，不惧危险。听说楚将子发率兵作战，如离弦之箭一般勇往直前，如同电闪雷鸣般聚合围拢，如疾风骤雨般迅速散开；列圆阵合乎圆的要求，列方阵合乎矩的规定；破敌攻阵，没有谁能抵挡。泽战必胜，攻城必克。他并不是轻视生命而乐意赴死，而是由于事业摆在面前，要把利益留给后世，所以他努力建立功名而不废弃。这是靠自强不息而最终取得成功的表现。因此，种田的人如果不努力劳作，谷仓里的粮食就装不满；官府的小吏如果不砥砺磨炼，思想就不会专一；将相如果不奋发图强，功业就不会成就；侯王如果懈怠懒惰，死后就不会有好名声。《诗经》说："我的马是青黑色的，六根缰绳好像柔丝一样调和，马儿不停地向前奔跑驰骋，为的是诚心诚意地讨教良策。"这说的是人对事业要有所追求。

通于物者，不可惊以怪；喻于道者，不可动以奇；察于辞者，不可耀以名；审于形者，不可遁以状①。世俗之人，多尊古而贱今，故为道者必托之于神农、黄帝而后能入说。乱世暗主，高远其所从来，因而贵之。为学者蔽于论而尊其所闻，相与危坐而称之，正领而诵之②。此见是非之分不明。夫无规矩，虽奚仲不能以定方圆；无准绳，虽鲁般不能以定曲直。是故钟子期死，而伯牙绝弦破琴，知世莫赏也；惠施死，而庄子寝说言，见世莫可为语者也。

【注释】①遁：原注作"欺也。"状：原注作"貌也。"②危坐：古人以两膝着地，耸起上身为"危坐"，即正身而跪，表示严肃恭敬。后泛指正身而坐。正领：理正衣领，以示端庄。惠施：也称"惠子"，宋国人，战国时哲学家，曾任梁相。有辩才，与庄周友善，和公孙龙并为名家代表。

【译文】通达事理的人，不能用怪物来惊吓他；明白大道的人，不能用奇异之事来惊动他；明察言辞的人，不能用虚名来迷惑他；审察物形的人，不能用假象来蒙骗他。世俗之人，大多尊崇古代而轻视现代，所以宣扬自己学说的人，一定假托神农、黄帝的名义，好让人们愿意接受他们的言论。乱世的昏庸君主，总是把自己的来历说得高深莫测，从而让人们尊崇自己；求学的人被他们的言论迷惑蒙蔽，进而对自己听到的话信以为真，聚在一起端坐着互相称道，挺直颈脖诵读。这就说明这些人对是非分辨不清。若没有了规矩，即使是奚仲也无法确定方圆；没有了准绳，即使是鲁班也无法确定曲直。因此钟子期死后，伯牙就断琴毁弦，因为他知道这世上再也没有人能欣赏他的琴技乐曲了；惠施死后，庄子就停止了言语，因为他知道这世上再也没有人能同他交谈了。

夫项托七岁为孔子师,孔子有以听其言也。以年之少,为闾丈人①说,救敲不给,何道之能明也?

昔者,谢子见于秦惠王,惠王说之,以问唐姑梁②。唐姑梁曰:"谢子,山东辩士,固权说以取少主③。"惠王因藏怒而待之。后日复见,逆而弗听也。非其说异也,所以听者易。夫以徵为羽,非弦之罪;以甘为苦,非味之过。楚人有烹猴而召其邻人,以为狗羹也,而甘之。后闻其猴也,据地而吐之,尽写④其食。此未始知味者也。邯郸师有出新曲者,托之李奇⑤,诸人皆争学之。后知其非也,而皆弃其曲,此未始知音者也。鄙人⑥有得玉璞者,喜其状,以为宝而藏之。以示人,人以为石也,因而弃之。此未始知玉者也。故有符⑦于中,则贵是而同今古;无以听其说,则所从来者远而贵之耳。此和氏之所以泣血于荆山之下⑧。

【注释】①丈人:古时对老年男子的尊称。②谢子:原注作"谢,姓也。子,通称也。"秦惠王:即秦惠文王,秦孝公之子,战国时期秦国国君。唐姑梁:秦国大夫。③山东:函谷关以东。权说:权术和游说。④写:泻。⑤李奇:赵国善长创作歌曲之人。⑥鄙人:住在偏远、乡野的人。⑦符:原注作"验"。⑧"此和氏"句:原注作"荆人和氏得美玉之璞于刑山之下,献楚武王,武王以为石,刖其右足。及文王即位,复献之,如是,乃泣血,证之为宝。文王曰:'先王轻于刖足而重剖石。'遂为剖之,果如和言,因号为和氏之璧也。"

【译文】项托七岁成为孔子的老师,是因为孔子有能听项托说话的气度。假如项托凭着这小小年龄,向乡里的长者说教,老人们就会拿拐杖敲打他的头,那么他躲避敲打都来不及,哪里还能表明自己的主张呢?

从前，墨家的学者谢子去拜见秦惠王，秦惠王听了谢子的话后很高兴，随后就此询问谢子的同门唐姑梁的意见，唐姑梁说："谢子，这人是函谷关以东有名的巧辩之士，他原本有意以宣传自己的诡辩学说来讨好少主。"秦惠王因此心怀怒气等着改日见谢子。第二天，秦惠王和谢子又见面了，但秦惠王再也听不进谢子的进言。这并不是谢子的学说有所改变，而是因为秦惠王听话的心态改变了。弹琴的人把徵音弹成了羽音，这不是琴弦的过错；品味的人将甜味当成苦味，这不是味道的过错。楚国有个人烹煮了猴肉请邻居来吃，邻居都以为是狗肉，吃得非常香美；后来听说是猴肉，都蹲在地上呕吐不已，把所吃的食物都吐了出来。这说明这些根本就是不懂得分辨味道的人。邯郸有个乐师谱写了一首新曲，假托是著名乐师李奇所谱，于是大家纷纷争着学唱，后来知道不是李奇所作，就都把曲谱抛弃，不再去唱了。这说明这些从来就不是懂音乐的人。有位乡下人得到一块玉璞，喜欢那块玉璞的形状，认为是宝物而珍藏起来；后来拿给别人看，别人认为是普通的石块，于是这位乡下人就扔了这块玉璞。这说明那个乡下人根本就不知道什么是真正的玉。所以心中有实际体验作为明确是非标准的人，就会尊重实情，将古今同等看待；心中没有辨别是非的标准，就会盲目听从人家的话，就会只推崇来历久远的东西。这就是卞和在荆山下因为人们不识宝物而啼哭泣血的缘故。

今剑或绝侧赢文，啮缺卷䤿（rén），而称以顷襄之剑，则贵人争带之^①；琴或拨剌枉桡，阔解漏越，而称以楚庄之琴，侧室争鼓之^②。苗山之鋋（chán），羊头之销，虽水断龙舟，陆剸兕甲，莫之服带^③；山桐之琴，涧梓之腹，虽鸣廉修营，唐牙莫之鼓也^④。

通人⑤则不然。服剑者期于銛(xiān)利,而不期于墨阳、莫邪⑥;乘马者期于千里,而不期于骅骝(huá liú)、绿(lù)耳⑦;鼓琴者期于鸣廉修营,而不期于滥胁、号钟⑧;诵《诗》《书》者期于通道略物,而不期于《洪范》《商颂》⑨。圣人见是非,若白黑之于目辨,清浊之于耳听。众人则不然。中无主以受之,譬若遗腹子之上陇⑩,以礼哭泣之,而无所归心。

故夫李子⑪之相似者,唯其母能知之;玉石之相类者,唯良工能识之;书传之微⑫者,惟圣人能论之。今取新圣人书,名之孔、墨,则弟子句指⑬而受者必众矣。故美人者,非必西施之种;通士者,不必孔、墨之类。晓然意有所通于物,故作书以喻意,以为知者也。诚得清明之士,执玄鉴于心,照物明白,不为古今易意,摅(shū)书明指以示之,虽阖棺亦不恨矣⑭。

昔晋平公令官为钟。钟成,而示师旷。师旷曰:"钟音不调。"⑮平公曰:"寡人以示工,工皆以为调。而⑯以为不调,何也?"师旷曰:"使后世无知音者则已,若有知音者,必知钟之不调。"故师旷之欲善调钟也,以为后之有知音者也。

【注释】①绝侧:原注作"绝无侧",指磨损得没了棱边。绝:断,无。侧:边。赢文:原注作"赢无文",指磨损得没了纹路。啮缺:缺口,锋刃破缺。卷銋:谓刀剑卷刃。顷襄:战国时楚顷襄王。②拨刺:不正。枉桡:原注作"曲弱"。阔解:破裂。漏越:声音浮散。侧室:原注作"侧室之宠人。"原注又作"侧室,或作庙堂也。"③苗山:原注作"楚山,利金所出。"利金:锋利的兵器。铤:古代一种铁柄短矛。也泛指短矛。羊头之销:高诱注"羊头之销"为"白羊子刀"。④桐:桐树。梓:梓树。腹:琴箱。鸣廉:原注作"鸣声有廉隅。"廉隅:原指棱角。这里指琴声雅正。一说"鸣廉"为古琴名。修营:原注作"音清凉,声和调。"唐牙：即师堂与伯牙，均为古代有名乐师。⑤通人：学识渊博又能融会贯通且晓达事理的人。⑥铦利：锋利；锐利。墨阳：古代名剑名。⑦骅骝：指赤红色的骏马，周穆王的"八骏"之一。常指代骏马。绿耳：古骏马名。传说为周穆王八骏之一。⑧滥胁、号钟：均为古琴名。原注作"滥胁，音不和。号钟：高声，非耳所及。"⑨通道：通行天下的伦常法则，指达道而言。略物：通达事理。《洪范》：《书·周书》篇名，意为大法。《商颂》：是《诗经》中《颂》的一部分，与《周颂》《鲁颂》合称"三颂"，原有12篇，现传5篇。⑩陇：通"垄"，坟冢。⑪李子：双生子。⑫微：微言大义。⑬句指：恭谨貌。⑭玄鉴：原注作"玄，水也，鉴，镜也。皆以自见。"犹明镜，喻高明的见解。摅书：阐述书义。不恨：没有遗憾。⑮"昔晋平公"等四句：高诱注："平公，晋悼公之子彪。师旷识音。故知其不调也。"不调：特指音调不和谐。⑯而：你。

【译文】现在有一种宝剑，磨去了棱边花纹、卷曲、缺豁了锋刃，但如果说这曾是楚顷襄王佩带过的古剑，那么达官贵人就会争先佩带；现在有一种琴，音声浮散、琴箱损坏、琴身歪斜破损，但如果声称此琴是楚庄王曾弹奏过的古琴，那么富人家的妻妾甚至后宫妃嫔都会争相弹奏。苗山出产的短柄铁矛、羊头削刀，即使在水中能砍断龙舟、在陆地能刺穿兕甲，但就是没有人去佩带它；用山中桐木制成的琴身、山涧梓木制成的琴箱，那琴即使音色雅正优美，音调清脆和谐，但师堂、伯牙这样的名乐师也没有谁愿意弹奏它。

通达事理之人就不是这样。他们佩带宝剑只期望它锋利，而不期望它只是具有墨阳、莫邪那样的名号；他们骑马只期望它能日行千里，而不期望它只是骅骝、绿耳那样的名马；他们弹琴只期望琴声清朗和谐，而不要求它只是滥胁、号钟那样的古琴；他们诵读《诗》《书》只在于了解、掌握通行天下的法则，能真正通达事理，而不一定非选《洪范》《商颂》这样的古籍。圣人分辨是非，就像眼睛辨别黑白，耳朵分辨清浊音一样。普通人则不是这样。他们心中没有任何主见，只是盲目地接受外物，就好比遗腹子去给父亲上坟，只是按照礼节哭祭父亲，并不是真正从内心哀悼父亲。

所以双胞胎形貌相似，只有他们的母亲才能分清；玉和石头形貌相似，也只有优秀的玉石工匠才能鉴别；书传中的微言大义，也只有圣人能够阐发论述清楚。现今如果拿当代圣贤的著述，假托是孔子、墨子所作，那么那些读书不多的弟子就会恭恭敬敬地去学习和接受。所以，美女并不一定非是西施一类，通达之士也并非一定要是孔、墨之流。心中明白透彻地领会了事理，因而著书立说来阐明自己的思想心意，以能启发后世同道之人；如果真能得到清明之士，胸怀明镜，具有高深的见解，能清楚地观照各种事物，不以古今的差异来改变自己的主观见解，在书中明确阐明自己的观点，以指示他人，那么即使死去也没什么遗憾的了。

从前晋平公命令乐官铸造一口乐钟，钟铸成以后拿给师旷鉴定。师旷鉴定后说："钟的音律不协调。"晋平公说："我拿给乐工们看过，他们都觉得钟音协调，你却认为音律不调和，这是什么原因呢？"师旷回答道："假使后世没有懂得音律乐理的人，也就算了；但如果将来有懂音律乐理的人，一定能鉴别出钟的音律是不调和的。"所以师旷希望把音律调好，是因为他认为后世有懂得音律乐理的人。

三代与我同行，五伯与我齐智，彼独有圣智之实，我曾无有闾里之闻、穷巷之知者何？[①]彼并身而立节，我诞谩而悠忽[②]。

今夫毛嫱、西施，天下之美人，若使之衔腐鼠，蒙獯皮，衣豹裘，带死蛇，则布衣韦带之人，过者莫不左右睥睨而掩鼻[③]。尝试使之施芳泽，正娥眉，设笄珥，衣阿锡，曳齐纨，粉白黛黑，佩玉环，揄步，杂芝若，笼蒙目视，冶由笑，目流眺，口曾挠，奇牙出,靥酺摇,则虽王公大人,有严志颉颃(xié háng)之行者,无不惮悇痒心而悦其色矣④。今以中人之才,蒙愚惑之智,被污辱之行,无本业所修,方术所务,焉得无有睥面掩鼻之容哉!

今鼓舞者,绕身若环,曾挠摩地,扶旋猗那,动容转曲,便媚拟神,身若秋药被风,发若结旌,骋驰若鹜⑤。木熙者,举梧槚(jiǎ),据句枉,猿自纵,好茂叶,龙夭矫,燕枝拘,援丰条,舞扶疏,龙从鸟集,搏援攫肆,莈蒙踊跃⑥。且夫观者莫不为之损心酸足,彼乃始徐行微笑,被衣修擢⑦。夫鼓舞者非柔纵,而木熙者非眇(miǎo)劲,淹浸渍渐靡使然也⑧。

是故生木之长,莫见其益,有时而修;砥砺礳(mó)⑨坚,莫见其损,有时而薄。藜藿之生,蠕蠕然日加数寸,不可以为栌(lú)栋⑩;楩(pián)楠豫章⑪之生也,七年而后知,故可以为棺舟。夫事有易成者名小,难成者功大。君子修美,虽未有利,福将在后至。故《诗》云:"日就月将,学有缉熙于光明。"此之谓也。

【注释】①"彼独有"二句:原注作"我则无声名宣闻于间里,穷巷之人无有知我之贤,何故也?"②并身:专心一意。诞谩:放诞傲慢。悠忽:轻忽游荡以度日。比喻虚耗光阴不自振作。③韦带:古代平民或未仕者所系的无饰的皮带。睥睨:斜着眼看,侧目而视,有厌恶或高傲之意。④笄珥:古代妇女常用以装饰发、耳的饰件。笄:古代的一种簪子,用来插住挽起的头发,或插住帽子。珥:用珠子或玉石做的耳环。阿锡:精致的丝织品和细布。阿,细缯。锡,细布。齐纨:齐地出产的白细绢。后也泛指名贵的丝织品。揄步:原注作"体摇动,挠足行。"形容体态苗条的女子,身姿摇摆,款款而行的样子。杂芝若:原注作"杂佩芝若香草。"笼蒙:讥斜着眼睛看的样子。冶由:巧笑貌。流眺:转动目光顾盼。曾挠：张口欲笑貌。奇牙：原注为"好牙"。指整齐洁白的牙齿。酺：酒窝。颉颃：刚直傲慢。憛悇：贪图，爱好。痒心：内心烦闷。⑤鼓舞者：合乐而舞者。曾挠：曲屈貌。扶旋：盘旋。猗那：柔美、盛美貌。动容转曲：是指舞到极致处，舞者的表情、动作更加丰富多彩。便媚：形容舞姿轻盈柔美。秋药：原注作"秋药，白芷，香草也。"被风：原注作"言其弱也"，指在风的吹拂下，那种柔弱的样子。结旌：原注作"屈而复舒也"。指舞者的长发如旌旗一般时卷时舒。⑥木熙：古代杂技的一种。指在高竿上作种种惊险表演。梧檟：亦作"梧榎"。梧桐与山楸。两者皆良木，故以并称，比喻良材。这里指用这两种木制成的高竿。句枉：曲枝。夭矫：屈曲的样子。枝拘：附着于枝。援丰条：手持大枝条。扶疏：这里指舞姿婆娑。搏援：攀援攫取。攫肆：奋力猛击。蔑蒙：疾速，迅速。踊跃：跳跃。⑦损心：惊心。酸足：此处指因受惊吓而腿脚酸软。被衣：换衣。修擢：原注作"修擢舞，为后曲也。"擢舞：一种舞的名字。为后曲：一说为之后的节目作准备，一说以此擢舞作结尾。⑧柔纵：柔弱委纵。眇劲：轻捷有力。淹浸：长久磨炼。渍：王念孙认为此为衍文。渐靡：逐渐熟练。⑨砥砺：磨刀石。礛：同"磨"。⑩藜藿：王念孙认为当为"藜藋"，两种植物皆为一茎直上，生长迅速，但木质不坚。蜳蜳：微动、爬动的样子。栌：柱上方木，斗拱。⑪楩楠：黄楩木与楠木。皆大木。豫章：古书上记载的一种树名。有的记载说即今之樟树。

【译文】夏、商、周三代开国君主和我们德行相同，春秋五霸和我们的智力相等，他们偏偏享有名符其实的圣明智慧，而我们却在乡里穷巷中无人知晓，这是什么原因呢？这是由于他们全身心地修炼学习，树立情操气节，而我们却是放诞傲慢，轻忽游荡以度日。

现在都把毛嫱、西施看作是天下闻名的美女，但如果让她们嘴里衔着腐烂的老鼠、头上蒙着刺猬皮、身上穿着豹皮衣、腰间缠着一条长长的死蛇，那么即使那些身着普通衣服的平民百姓，经过她们身边时,也没有哪一个不侧目斜视,捂着鼻子快步走过的。假如让她们洒上香料,细心描正娥眉,戴上发簪、耳环,穿着精致的丝织衣裳,披着齐地出产的细绢外衣,脸敷脂粉,眉上青黛,腰里佩戴玉环,扭身轻移细步,佩持香草、眼传秋波,抿然一笑,目光流转,张口欲笑,皓齿微露、酒窝摇动,那么即使是那些庄重严傲的王公大人,也无不贪心萌动、心头刺痒,被她们的姿色所迷。现在那些才智中等的人,天生才智愚钝,身行污浊之事,既不修习本业又没有一技之长,这怎能不让人对他表现出侧目捂鼻的表情呢!

现在那些合乐起舞的人,身体旋转如同车轮,屈腰后仰头接地,盘旋时柔美多姿,动作随乐曲不断变化,体态轻盈美丽如同仙女下凡;身段纤弱像飘风中的秋芷、长发飘散像旌旗在风中卷曲舒展,舞步疾速如同仙鹤腾空而飞。那些表演爬竿技艺的杂技高手,举着梧桐梓木两根木竿,让表演者在弯曲的支竿上表演。有时像猿猴一般,喜好在枝繁叶茂的树丛间自由纵跃,有时像蛟龙在云层中蟠绕,屈伸自如,有时像燕子一般飞落枝头;杂技高手手持大木条,盘旋起舞,像飞龙腾云驾雾,似飞鸟集聚树林;搏击抓取,随心所欲,疾速跳跃,令人眼花缭乱。这时观众无不为他们提心吊胆,心惊脚软,他们却慢慢地面带微笑下来,更换衣服表演优美的擢舞。这些跳舞者并不是天生柔弱委纵,这些杂技者也不是生来就身手轻捷矫健,而是经过长期训练,在教习中技艺慢慢纯熟,才达到这种出神入化的妙境。

这就像树木的生长,人是看不出它增高长大的,但时间一长,就会发现它长高变粗了。磨石磨砺坚硬的金属,看不出磨石自身的磨损,但时间一长则发现磨石变薄了。藜和藋的生长,好像蠕动似的每天长高数寸,但长得如此快的藜和藋却不能用来做栋梁;而榎木、楠木、豫章,需要七年时间才能发现它们长高变粗,但就是这些长得如此慢的榎楠豫章却能用来做棺木和舟船。有些事情容易成功但名声微小；难以办成的事情功劳很大。这对人来说也是如此。君子修养美德和才干，虽然眼前一时不能看到收益，但时间一长，幸福必将会到来。所以《诗经》上说："每日有所成就，每月有所奉行，通过日积月累的不断努力，从而通向光明之境"。说的就是这个道理。

卷二十　泰族训

【题解】"泰族",东汉许慎注曰:"泰言古今之道,万物之指,族于一理,明其所谓也。"曾国藩云:"族,聚也。群道众妙之所聚萃也。泰族者,聚而又聚者也。"本篇特别强调用"仁义"感化人。仁就是"爱人",这是"仁"最重要的内容,是治国的根本。与此相关的是以仁爱得民心、用民力。仁政和法制,前者是本,后者是末;前者是主,后者是辅。要实行仁政,君王一方面要从自身修养做起,同时还要"知贤",发现和任用贤才。

天设日月,列星辰,调阴阳,张四时。日以暴之,夜以息之,风以干之,雨露以濡之。其生物也,莫见其所养而物长;其杀物也,莫见其所丧而物亡。此之谓神明。圣人象之,故其起福也,不见其所由而福起;其除祸也,不见其所以而祸除。远之则迩,延之则疏;稽①之弗得,察之不虚;日计无算,岁计有余。

【注释】①稽:考核,核查。
【译文】上天设置日月,罗列星辰,调和阴阳变化,设立一年四季。白天阳光照耀万物,晚上让万物休息,用风把万物吹干,用雨露来润湿万物。上天化育万物，却看不到它是怎样养育的，但万物都茁壮成长了；上天杀灭万物，却看不到它是如何杀灭的，但万物都凋零死亡了。这种无形的生灭手段，就叫做神明。圣人效仿自然，所以圣人在给人们造福的时候，看不见他从哪里开始采取行动，但幸福却降临了；他在为人们除去祸害的时候，看不见他从哪里采取了措施，但祸害却消除了。正所谓远离它，却又靠得很近，靠近它却又离得很远。到处寻找核查却不能得到，观察它们却又并非虚妄；每天算计，收效甚微；长年累月则功效卓著。

夫湿之至也，莫见其形，而炭已重矣；风之至也，莫见其象，而木已动矣。日之行也，不见其移；骐骥倍日而驰，草木为之靡①；县烽未转②，而日在其前。故天之且风，草木未动而鸟已翔矣；其且雨也，阴曀（yì）未集而鱼已噞（yǎn）③矣。以阴阳之气相动也。故寒暑燥湿，以类相从；声响疾徐，以音应也。故《易》曰："鸣鹤在阴，其子和之。"④

【注释】①"骐骥"句：疑与后面"草木"句位置颠倒。②县烽：许慎注："县烽，边候见虏举烽，转相受，行道里最疾者。"未转：无须传送。③噞：鱼在水面张口呼吸。④"故易曰"：引文出自《周易·中孚》"九二"爻辞。阴：即荫，树荫。和：应和。

【译文】湿气到来的时候，没有谁看得见它的形迹，但木炭已经增加了重量；风将吹来的时候，没有谁看得见它的形象，但树木已经摇动了；时光的推移，不留明显的痕迹，但草木却随着时光的推移而由盛变衰进而枯萎；千里马日夜兼程不停飞奔，冲天而起的烽燧并不见它的传送，但传到下一站的时间，总能赶在千里马之前。所以，天将要起风的时候，草木还没有摇动，而鸟儿却已经从树上飞走；天要下雨的时候,乌云还没有聚集,而鱼儿却已经浮出水面呼吸了,这是阴阳二气互动交感的缘故。因此,寒暑、燥湿,按照类别而互相随从;声音回响的疾速、缓慢,按照音类而相互呼应。所以《易经》上说:"老鹤在树荫下鸣叫,它的子女在附近应和着它。"

高宗谅暗①,三年不言,四海之内,寂然无声;一言声然,大动天下。是以天心呿(qū)唫(jìn)者也②。故一动其本而百枝皆应,若春雨之灌万物也,浑然而流,沛然而施,无地而不澍(shù)③,无物而不生。故圣人者,怀天心,声然能动化天下者也。故精诚感于内,形气动于天,则景星见,黄龙下,祥凤至,醴泉出,嘉谷生,河不满溢,海不溶波④。故《诗》云:"怀柔百神,及河峤(qiáo)岳。"⑤逆天暴物,则日月薄蚀,五星失行,四时干乖,昼冥宵光,山崩川涸,冬雷夏霜⑥。《诗》曰:"正月繁霜,我心忧伤。"⑦天之与人,有以相通也。故国危亡而天文变,世惑乱而虹霓见,万物有以相连,精祲(jìn)⑧有以相荡也。故神明之事,不可以智巧为也,不可以筋力致也。

【注释】①高宗:殷代中兴帝王,名武丁。谅暗:亦作"谅阴",居丧时所住的房子。②声然:气势传布之状。天心:天意。呿唫:呼吸。呿:张口的样子。唫:口闭。③澍:润泽、滋润。④景星:大星,德星,瑞星。古谓现于有道之国。溶:涌,涌动。⑤"故《诗》云"句:引文见《诗经·周颂·时迈》。怀柔:指用政治手段笼络其他民族或国家,使其归附自己。也指帝王祭祀山川,招来神祇,使他们各安其位。峤岳:高大的山,有说指昆仑丘的峤山,也有说指泰山。⑥薄蚀:即"薄食",日月相掩食。失行:不按轨道运行。干乖:背逆,违逆。⑦"《诗》曰"句:引文见《诗经·小雅·正月》。正月指周历六月。⑧精祲:阴阳灾害之气。旧谓阴阳相侵为灾异的征兆。

【译文】殷高宗武丁居丧，三年闭口不言，四海之内随之寂然无声；一旦他发布号令，威严立刻震撼整个天下。这是遵循自然法则，而使天下如呼吸般自然感应。所以，一旦触动根本，百枝万叶都会随之响应而摇动，如同春雨浇灌万物一般，浑然从天上飘落，源源不断地全面挥洒，没有什么地方不受润泽，没有什么生物不能生长。所以圣人能够顺应天意，他的声威和气势能震动、感化天下。因此如果精诚从内心感发，形象和气概就会感动上天，随之就会有吉祥的瑞星出现，神龙也会降临、吉祥的凤凰也会飞来、甘泉自会涌出，好的谷物自然而生，黄河不会泛滥、大海不会肆虐。所以《诗经》上说："祭祀安抚众神，要兼顾高山大川。"如果背逆天意，暴虐万物，就会出现日食、月食现象，五星运行轨道将会失常，四季就会与时令相违背，气候反常，白天昏暗，夜晚明亮，山峰崩塌，河流枯涸，冬天雷声隆隆、夏天白霜满地。《诗经》上说："六月的繁霜，令我心忧伤。"天道与人事，是相互通连的。所以国家危亡，天象就会发生相应的变异，世道混乱，就会有虹霓出现，万物是相互联系着的，阴阳灾异之气是会互相激荡的。 所以神明之事，是不能凭智巧去对待，是不能靠强力去达成的。

天地所包，阴阳所呕，雨露所濡，化生万物，瑶碧玉珠，翡翠玳瑁，文彩明朗，润泽若濡，摩而不玩，外而不渝，奚仲不能旅，鲁般不能造，此之谓大巧①。

宋人有以象为其君为楮（chǔ）叶者，三年而成，茎柯豪芒，锋杀颜泽，乱之楮叶之中而不可知也②。列子曰："使天地三年而成一叶，则万物之有叶者寡矣。夫天地之施化也，呕之而生，吹之而落，岂此契契③哉？"故凡可度者，小也；可数者，少也。至大，非度所能及也，至众，非数所能领也。故九州不可顷亩也，八极不可道里也，太山不可丈尺也，江海不可斗斛（hú）也④。

故大人者，与天地合德，日月合明，鬼神合灵，与四时合信。故圣人怀天气，抱天心，执中含和，不下庙堂而衍⑤四海，变习易俗，民化而迁善，若性诸己，能以神化也。《诗》云："神之听之，终和且平。"⑥夫鬼神视之无形，听之无声，然而郊天、望山川，祷祠而求福，雩（yú）兑⑦而请雨，卜筮而决事。《诗》云："神之格思，不可度思，矧（shěn）可射思。"⑧此之谓也。

【注释】①呕：抚育，养育。瑶碧：两种玉名。玳瑁：动物名。龟鳖目海龟科。其背甲呈黄褐色，有黑斑，光润美丽，可长达一公尺，前宽后尖，可作装饰品。多分布于热带海洋。玩：通"刓"，残缺，缺损。旅：疑为"放"字之误，效，仿效。②象：象牙。为楮叶：雕刻楮叶。楮：植物名。桑科楮属，落叶灌木。叶为卵形或阔卵形，单性花，树皮可为造纸原料。茎柯：叶子的脉络。茎、柯：分别为叶子的主脉和支脉。豪芒：毫毛的尖端。比喻极细微。锋杀：即丰杀，指肥瘦。这里指叶子的薄厚。颜泽：颜色光泽。③契契：愁苦貌。④顷亩：丈量；用顷或亩计算。道里：路程，里程。这里是指用里程来计算。丈尺：谓以丈、尺为单位来计量。斗斛：谓以量器斗或斛来度量。⑤衍：扩展，漫延。⑥"《诗》云"句：引文见《诗经·小雅·伐木》。⑦雩兑：祭祀祈雨。兑，通"说"，祭名。⑧"《诗》云"句：引文见《诗经·大雅·抑》。格思：来，到。思，语助词，无实义。矧：况且。射：厌倦，厌烦，厌弃。

【译文】天地包容着，阴阳化育着，雨露滋润着，这样化生出万物，那瑶碧玉珠，翡翠玳瑁一类的东西，色彩鲜明，润泽光滑，抚摩它不会损缺，即使时间长久，它的外表也不会改变，奚仲无法仿制，鲁班不能创造，这种天然造化之功，我们把它称为"大巧"。

宋国有人用象牙为国君雕刻了楮树叶子，花了三年时间才雕刻成功，叶子的脉络细如微芒，叶子的大小、厚薄、颜色都十分逼真，放在真的楮树叶中分不出真假。列子说："假若天地自然要用三年时间才能长成一片树叶的话,那么万物中有叶子的就会太少了。"天地自然化育万物,抚育它们,就能生长;寒风吹刮它们,就会凋零,哪会像人工雕刻楮叶那样辛苦费力呢?所以,凡是可以度量的东西,个头都小;凡可以计数的东西,数量都有限。最大的东西是无法度量的,最多的东西是无法用数字统计的。所以,九州不能用顷亩来计算,八极不能用道里来计算,泰山无法用丈尺来测量,江海无法用斗斛来量度。

所以圣人的德行与天地相合,与日月一样光明,与鬼神一样灵验,如四季准确运转般诚信。所以圣人胸怀阴阳二气,秉持天意,坚持中正,蕴含和气,不出庙堂便能使恩泽惠及四海,改变习俗,百姓因受感化而人心向善,就像这种善良来自于自己的性情一般,这是因为能从精神上感化的结果。《诗经》中说:"谨遵自然之道,终会和顺平安。"那鬼神,看不见它的形体,听不见它的声音,然而每年要举行郊祀祭祀上天,举行望祀祭祀山川,祈求上天、山川之神降福,每逢旱灾,要举行雩祭以祈求降雨,以卜筮来决定大事。《诗经》中说:"神灵的到来,是无法预测的,人们怎可讨厌它呢?"说的就是这个意思。

天致其高,地致其厚,月照其夜,日照其昼,阴阳化,列星^①朗,非其道而物自然。故阴阳四时,非生万物也;雨露时降,非养草木也。神明接,阴阳和,而万物生矣。故高山深林,非为虎豹也;大木茂枝,非为飞鸟也;流源千里,渊深百仞,非为蛟龙也。致其高崇,成其广大,山居木栖,巢枝穴藏,水潜陆行,各得其所宁焉。

【注释】①列星:罗布天空定时出现的恒星。

【译文】天极尽它的高度,地极尽它的厚度,月亮照耀黑夜,太阳照耀白昼,阴阳变化,恒星朗照,这些现象并不是刻意而为,而是遵循自然规律形成的。所以阴阳四季交替变化,并不是为了产生万物;雨露按时降落,并不是为了养育草木。天道不停轮转,阴阳之气相互融合,万物便自然产生。所以高山深林不只是为虎豹所设;大树繁枝也不只是为飞鸟而生;千里水流,百丈深渊也不只是为蛟龙所准备。大山极尽它的高峻,海洋极尽它的宽广,鸟兽们居住于山林,有的栖息林中,有的在枝头筑巢安身,有的藏身洞穴、有的潜入溪谷,有的行走于陆地,它们各得其所,安宁地生活着。

夫大生小,多生少,天之道也。故丘阜不能生云雨,荥(yíng)水①不能生鱼鳖者,小也。牛马之气蒸,生虮(jǐ)虱;虮虱之气蒸,不能生牛马。故化生于外,非生于内也。夫蛟龙伏寝于渊,而卵割于陵。螣蛇②雄鸣于上风,雌鸣于下风而化成形,精之至也。故圣人养心,莫善于诚,至诚而能动化矣。今夫道者,藏精于内,栖神于心,静漠恬淡,讼缪③胸中,邪气无所留滞,四枝节族,毛蒸理泄,则机枢调利,百脉九窍莫不顺比,其所居神者得其位也,岂节拊而毛修④之哉!

【注释】①荥水:小水。②螣蛇:又称腾蛇,我国民间传说中的一种能飞的蛇,称为"神兽"。③讼缪:讼,王念孙认为应作"说",悦。缪,通"穆",和。④毛修:修理,修治。

【译文】大的生成小的,多的生成少的,这是自然的规律。所以小山丘不可能生成云雨,小水坑不可能生长鱼鳖,这是因为它们太小的缘故。牛马身上的热气蒸发会生成虱子虮子;但虱子虮子身上的热气蒸发不可能生成牛马。所以变化产生于外部,不是从内部产生的。蛟龙在深渊中藏匿,却到岸上产卵孵化;雄螣蛇在上风鸣叫,而雌螣蛇在下风鸣叫,这就可以通过感应受孕孵化成幼蛇,这是精气的感应而导致的。所以圣人修养心性没有比真诚更好的做法了,只要达到至诚的境界,就能感动他人使之改变。现在那些得道的人,把精诚藏于内心,让精神内守于心,虚无恬淡,内心和悦,邪气就没有地方滞留。四肢关节灵活,毛发腠理散泄顺畅,那么身体的重要部位就会舒适轻松,全身的经脉九窍无不连通顺畅,这是因为精神处在了合适的位置,这哪里是抚拍关节、修整身体所能办到的呢!

圣主在上,廓然无形,寂然无声;官府若无事,朝廷若无人;无隐士,无轶民^①;无劳役,无冤刑;四海之内,莫不仰上之德,象主之指^②;夷狄之国,重译而至:非户辩而家说之也,推其诚心,施之天下而已矣。《诗》曰:"惠此中国^③,以绥四方。"内顺而外宁矣。太王亶父处邠,狄人攻之,杖策而去,百姓携幼扶老,负釜甑(zèng)^④,逾梁山,而国乎岐周:非令之所能召也。秦穆公为野人食骏马肉之伤也,饮之美酒,韩之战,以其死力报:非券之所责也。宓子治亶父,巫马期往观化焉,见夜渔者,得小即释之:非刑之所能禁也。孔子为鲁司寇,道不拾遗,市买不豫贾,田渔皆让长,而斑白不戴负:非法之所能致也。

【注释】①轶民:避世之人。②象:效,效法,依循。指:通"旨"。③中国:这里指周王朝统治的本土。④甑:古代蒸饭的一种瓦器。底部有许多透蒸气的孔格,置于鬲上蒸煮,如同现代的蒸锅。

【译文】圣明的君主处于上位,空廓得好像没有形象,寂静得好像没有声响;官府好像无事可做,朝廷仿佛没有人迹。国中没有隐居之士、山野没有避世之民；百姓没有劳役，刑狱里没有冤案；四海之内，没有人不景仰君王的美德，依照君主的意旨；东夷北狄等国家，经过多次翻译前来朝见：这种情况绝不是靠挨家挨户劝说来实现的，只是君主将自己的至诚之心施行于天下罢了。《诗经》上说："对周王朝直接统治的地区施加恩惠，用来安抚四方诸侯。"本朝内部和顺，四方诸侯自然也就安定了。太王亶父居住在邠地时，狄人经常来攻打，亶父率领家族策马离开邠地，百姓们扶老携幼，背着锅甑，翻过梁山，跟随他在岐周建立了周国：这不是靠强行命令就能招致他们跟随而来的。秦穆公因为担心山野乡人吃了他走失的骏马肉而生病伤害身体，便拿出美酒给他们饮用，后来秦穆公在韩地与晋国交战时，这些山野乡人就拼死效力以报答秦穆公：这不是用借据契约讨还所能偿还的债务。宓子贱治理单父，巫马期前去察看他的教化，看见夜晚捕鱼的人捕到小鱼就立即放回水里：这不是靠刑罚就能禁止的。孔子担任鲁国司寇时，路不拾遗，集市里没有哄抬物价的情况，田猎、捕鱼时都能礼让长者，头发斑白的老者不用在路上背扛重物：这不是只凭法令便能做到的。

夫矢之所以射远贯牢者，弩力也；其所以中的剖微者，正心也；赏善罚暴者，政令也；其所以能行者，精诚也。故弩虽强，不能独中；令虽明，不能独行；必自精气所以与之施道。故撝①道以被民，而民弗从者，诚心弗施也。

【注释】①撝：发表或表示出来，这里指阐明。

【译文】箭之所以能够射向远方并能贯穿坚硬之物的原因，靠的是弓弩的力量；但箭能射中靶心穿透细微之处的原因，靠的则是人的心智。奖赏良善惩罚残暴，靠的是政令；但政令之所以能贯彻执行的原因，靠的是执政者的精诚。所以弓弩虽然强劲有力，但不能独自射中目标；政令虽然严明，但不能独自施行：一定需要精诚之气来帮助它们一起发挥作用。所以阐明道理让百姓接受，百姓如果不听从，这是由于在上位者没有把精诚之心施用到百姓身上。

天地四时，非生万物也，神明接，阴阳和，而万物生之。圣人之治天下，非易民性也，拊循其所有而涤荡之，故因则大，化则细矣。禹凿龙门，辟伊阙，决江浚河，东注之海，因水之流也。后稷垦草发菑①，粪土树谷，使五种各得其宜，因地之势也。汤、武革车三百乘，甲卒三千人，讨暴乱，制夏、商，因民之欲也。故能因，则无敌于天下矣。

【注释】①发菑：开荒。菑：初耕的田地。
【译文】天地四时的变化，不是为了生成万物，精气相接，阴阳融合，万物就产生出来了；圣人治理天下，不是去改变百姓的品性，而是依循百姓已有的品性对其涤洗，以之更加完善。所以遵循规律办事，效果就显著；人为强行操作，效果就细微。夏禹开凿龙门，劈开伊阙，疏导长江、黄河，使它们向东流注到大海，这是依循水从高处向低处流动的规律。后稷开垦荒地，改良土壤，施肥种谷，让五谷各自得到适宜的生长环境，这是遵循地形、土地的肥沃及贫瘠等特性。商汤王、周武王率领三百辆兵车、三千甲兵，讨伐暴乱，分别制服了夏桀和商纣，这是顺应了民意。所以只要遵循自然规律，就能无敌于天下了。

夫物有以自然，而后人事有治也。故良匠不能斲金，巧冶不能铄木，金之势不可斲；而木性不可铄也。埏（shān）埴①而为器，窬（yú）木②而为舟，铄铁而为刃，铸金而为钟，因其可也。驾马服牛,令鸡司夜,令狗守门,因其然也。

【注释】①埏埴:是指用水和粘土,揉成可制器皿的泥坯。②窬木:中间挖空的木头。

【译文】万物都有各自的自然规律,然后人们按照这种规律,才能对其进行治理。所以高明的木匠不能砍斫金属,精巧的冶工不能熔化木材,因为金属的特性决定了它不可被砍斫,木材的特性决定了它不能被熔化。和泥制作陶器、凿空木料做成舟船、将铁熔化铸造刀剑、冶炼铜、锡等金属铸造乐钟,这都是遵循它们各自的特性;驾御牛马让其拉车,让公鸡在夜间报时、让狗守护门户,这都是利用了它们的本能特性。

民有好色之性,故有大婚之礼;有饮食之性,故有大飨之谊;有喜乐之性,故有钟鼓管弦之音;有悲哀之性,故有衰绖(dié)哭踊之节。故先王之制法也,因民之所好而为之节文者也。因其好色而制婚姻之礼,故男女有别;因其喜音而正《雅》《颂》之声,故风俗不流;因其宁家室、乐妻子,教之以顺,故父子有亲;因其喜朋友而教之以悌,故长幼有序。然后修朝聘①以明贵贱,飨饮习射以明长幼,时搜振旅以习用兵也,入学庠序以修人伦。此皆人之所有于性,而圣人之所匠成也。故无其性不可教训;有其性无其养,不能遵道。茧之性为丝,然非得工女煮以热汤而抽其统纪,则不能成丝;卵之化为雏,非慈雌呕暖覆伏,累日积久,则不能为雏;人之性有仁义之资,非圣人为之法度而教导之,则不可使乡方。故先王之教也,因其所喜以劝善,因其所恶以禁奸。故刑罚不用,而威行如流;政令约省,而化耀如神。故因其性则天下听从,拂其性则法县而不用。

【注释】①朝聘：古代诸侯朝见天子，或诸侯间互相访问的礼节。

【译文】人有喜爱异性美色的本性，因此制定隆重的婚姻礼节；有喜欢饮食的本性，因此规定了宴飨宾客的礼仪；有喜欢音乐的本性，因此制有钟鼓管弦等乐器；有悲哀的本性，所以制定服丧哭丧的礼节。所以先王制定的法规，都是依循百姓的爱好来对他们进行节制的一种外在形式。根据他们喜爱异性美色的本性，制定了婚礼，因而男女之间所受的礼教规范也有所区别；根据他们喜欢音乐的特性，制作出纯正的《雅》《颂》之音，因而习俗风气不趋于低俗；根据百姓希望家室安宁、妻子儿女和乐的本性，教导人们和睦孝顺，因而父子之间有了亲情；根据人们喜欢交友的特点，教导人们注重悌道，敬重年长之人，因而长幼有序。然后修治诸侯朝拜天子、以及天子礼聘诸侯的礼节，来明确贵贱的等级；规定乡饮酒及习射的礼节，来明确长幼之序；定时检阅、整顿部队，操练士兵来学习用兵之术；进入学校学习，来提高人伦道德修养。这些都是以人所固有的特性为基础的，然后再由圣人加以培养所造就的。所以如果不具备某种本性，就无法加以教导；具备了某种本性而不加以修养，就不能遵道而行。蚕茧的特性是可以抽丝，但是如果不经过女工用热水熬煮，然后抽出丝的头绪，就不能变成丝；禽卵可以孵化成幼雏，但是如果不经过慈爱的雌禽长时间的用身体温暖孵化，就不能变成幼雏；人的天性具有仁义的资质，但如果没有圣人为他们制定法度并加以教导，就不能使他们归向仁义之道。所以先王的教化，都是遵循人们的喜好来劝导人们向善的；依循人们所厌憎的来禁绝奸邪的。因此虽然没有动用刑罚，却能使威势如流水一般畅行；政令简约，就能如神灵一般感化照耀。所以，依循人的本性行事，天下人就会听从；违逆人的本性行事，那么法令即使公布出来也没什么用了。

昔者，五帝三王之莅政施教，必用参五。何谓参五？仰取象于天，俯取度于地，中取法于人。乃立明堂①之朝，行明堂之令，以调阴阳之气，以和四时之节，以辟疾病之菑。俯视地理，以制度量，察陵陆水泽肥墝（qiāo）②高下之宜，立事生财，以除饥寒之患。中考乎人德，以制礼乐，行仁义之道，以治人伦而除暴乱之祸。乃澄列金木水火土之性，故立父子之亲而成家；别清浊五音六律相生之数，以立君臣之义而成国；察四时季孟之序，以立长幼之礼而成官。此之谓参。制君臣之义，父子之亲，夫妇之辨，长幼之序，朋友之际，此之谓五。乃裂地而州之，分职而治之，筑城而居之，割宅而异之，分财而衣食之，立大学而教诲之，夙兴夜寐而劳力之。此治之纲纪也。然得其人则举，失其人则废。

【注释】①明堂：古代帝王宣明政教、举行大典的地方。②肥墝：指土地肥沃与贫瘠。墝，贫瘠。

【译文】从前，五帝三王临朝治理政事、施行教化，一定使用"参五"的方法。什么叫"参五"呢？向上取法天象、向下取法地理、中间取法人事。于是在朝廷设立明堂，颁布明堂政令，来调和阴阳之气，中和四时的节令变化，辟除疾病带来的灾害。俯视地理，来制定度量的标准，考察山陵、陆地、水泽及土地的肥沃、贫瘠、高低的具体适宜情况，建立事业以创造财富，以此来消除饥寒带来的祸患。中间考核人的德行，以制定礼乐制度，推行仁义之道，来协调人与人之间的伦理关系，从而清除暴乱带来的的祸害。清晰阐明金木水火土五行特征，来确立父子之间的亲情，从而建立家庭；分辨清浊、五音、六律相生的规律，来确立君臣之间的道义，从而形成国家；审察四时及孟仲季月份的先后次序，来确立长幼之间的礼节，从而设置官职等级。以上三个方面称为"参"。规定君臣间的道义、明确父子间的亲情、分清夫妇间的区别、建立长幼间的次序、设定朋友间的交往原则，这就叫做"五"。于是就分割土地建立州国、分派职官加以治理、修建城池让百姓居住、划分宅地以区分不同的家族、分配财物使民众衣食无忧、建立太学使子弟受到教育、晚睡早起使百姓勤于劳作，这就是治国的纲纪。然而治之纲要有合适的人选才能得以实施，如果用人不当就会废驰。

尧治天下，政教平，德润洽，在位七十载，乃求所属天下之统，令四岳扬侧陋①。四岳举舜而荐之尧。尧乃妻以二女，以观其内；任以百官，以观其外。既入大麓②，烈风雷雨而不迷，乃属以九子，赠以昭华③之玉，而传天下焉。以为虽有法度，而朱弗能统也。

【注释】①四岳：相传为唐尧臣、羲和四子。分管四方的诸侯，所以叫四岳。汉孔安国、宋孔平仲、明杨慎均以四岳为一人。侧陋：处在僻陋之处的贤人或卑贱的贤者。②大麓：犹总领，谓领录天子之事。一说为广大的山林。③昭华：美玉名。

【译文】尧帝治理天下的时候，政教清平，德泽浸润百姓，他在位已七十年，便开始寻找能够统领天下的可托付之人，令掌管四方的诸侯举荐那些位卑而有才德的贤才。四方诸侯推举了舜，并把他推荐给尧帝。尧帝便将自己的两个女儿娥皇、女英许配给舜作妻子，以考察他在家庭中的德行；还把管理百官的重任交给他，来考察他治理国家的能力。又派舜带领兵士进入深山密林之中，舜在狂风雷雨中也没有迷失方向。于是尧帝就把自己的九个儿子托付给舜，并赠给他昭华美玉，正式将统管天下的君位传给了舜。尧帝之所以如此慎重地挑选王位继承人，是因为他认识到国家虽然具备了法令制度，但自己的儿子丹朱却难以胜任统领天下的大任。

夫物未尝有张而不弛、成而不毁者也。惟圣人能盛而不衰，盈而不亏。神农之初作琴也，以归神及其淫也①，反其天心。夔之初作乐也，皆合六律而调五音，以通八风；及其衰也，以沉湎淫康②，不顾政治，至于灭亡。苍颉之初作书，以辩治百官，领理万事，愚者得以不忘，智者得以志远；至其衰也，为奸刻伪书，以解有罪，以杀不辜。汤之初作囿也，以奉宗庙鲜轿③之具，简士卒，习射御，以戒不虞；及至其衰也，驰骋猎射，以夺民时，罢民之力。尧之举禹、契、后稷、皋陶，政教平，奸宄（guǐ）④息，狱讼止而衣食足，贤者劝善而不肖者怀其德；及至其末，朋党比周，各推其与，废公趋私，内外相推举，奸人在朝，而贤者隐处。故《易》之失也卦，《书》之失也敷，《乐》之失也淫，《诗》之失也辟，《礼》之失也责，《春秋》之失也刺。

【注释】①以归神及其淫也：王念孙将此处校改为："以归神杜淫。"本篇译文采用王念孙校版。②淫康：沉溺于声色等的享乐。③轿：干肉。④奸宄：犯法作乱的坏人。

【译文】万物没有张而不弛、成而不毁的，只有圣人能够长盛不衰、盈而不亏。神农氏当初发明、制作琴时，是要使人将精神聚拢于内心，而杜绝淫乱之情的发生，使人回归天性；乐官夔当初创作音乐时，全部符合五音，谐和六律，并与八风相通；但等到衰败之世，统治者就沉溺于声色等享乐之中，不顾政事，最后导致灭亡。苍颉当初创造文字，是为了用它来治理百官，处理各种事务，使愚笨的人依靠它而不忘记曾发生过的事,有智慧的人用它记录久远之事;但到了衰世,昏庸的统治者就利用文字私自刻写欺骗世人的文书,为有罪之人辩解开脱,杀害无辜。商汤王当初建造园囿,目的是用来畜养供奉宗庙祭祀用的干鲜肉类祭品,在那里训练、选拔士卒,习练射箭和驾御,以防意外之事发生;但等到衰世,这园囿就被统治者用来驰骋射猎,占用百姓的农时之季,使百姓疲惫不堪。尧帝举用禹、契、后稷、皋陶的时候,政教清平,犯法作乱的坏人止息,讼案也不再发生,百姓衣食丰足,贤能之人勉力向善,不贤者也感怀君王的德政;但到了末世,人们结党营私,各自推举同党占据要职,损公济私,朝廷内外,同党互相推举,奸邪小人把持朝政,贤德之人却隐居山野。因此《易》失于注重卦象的占卜,《尚书》失于注重敷陈,《乐》失于使人过分沉溺放纵,《礼》失于相互责罚,《春秋》失于指责。

天地之道,极则反,盈则损。五色虽朗,有时而渝;茂木丰草,有时而落;物有隆杀,不得自若。故圣人事穷而更为,法弊而改制,非乐变古易常也,将以救败扶衰,黜淫济非,以调天地之气,顺万物之宜也。

【译文】天地自然的运行规律,事物发展到极点就会走向反面,凡是盈满就会有亏损。五色虽然鲜艳,但到达一定时间后就会消褪;繁茂的草木,到了一定季节就会凋零;万物都有繁盛与萧飒,不可能一成不变。所以圣人在事情行不通的时候就会改变做法,看到法令败坏,就要改革旧制,并不是他们乐意改变古制和常规,而是用这种方法来挽救破败、扶持衰落、革除淫邪、纠正错误,来调和阴阳之气,使万物在适宜的环境中顺畅发展。

圣人天覆地载,日月照,阴阳调,四时化,万物不同,无故无新,无疏无亲,故能法天。天不一时,地不一利,人不一事,是以绪业①不得不多端,趋行不得不殊方。五行异气,而皆适调;六艺②异科,而皆同道。温、惠、柔、良者,《诗》之风也;淳庞敦厚者,《书》之教也;清明条达者,《易》之义也;恭俭尊让者,礼之为也;宽裕简易者,《乐》之化也;刺几辩义者,《春秋》之靡也。故《易》之失鬼;《乐》之失淫;《诗》之失愚;《书》之失拘;礼之失忮;《春秋》之失訾③。六者圣人兼用而财④制之。

【注释】①绪业:事业,遗业。②六艺:即下文提到的《诗》《书》《易》《乐》《礼》《春秋》。③訾:毁谤,非议。④财:通"裁",截断,裁决。

【译文】圣人如同上天一样覆盖万物,如同大地一样承载万物,如同日月一样普照万物,如同阴阳一样调和万物,如同四季一样变化,对于各种不同的事物,不分新旧,无论亲疏,都能一视同仁,所以圣人能够效法天道。天时不可能只有一个季节,大地不可能只有一种利益,人也不可能只做一样的事情,因此事业不能不千头万绪,行事不能不方法各异。五行尽管代表不同的气质,但它们彼此适应协调;六艺虽然科目不同,但它们的本质却一致。温和、仁慈、柔顺、良善,是《诗》的风格;淳朴厚重,是《书》的教义;清明畅达,是《易》的要旨;恭俭谦让,是《礼》的规范;宽容简易,是《乐》的教化;针砭时弊、辩明要义,是《春秋》的美义。所以《易》的失误在于迷信鬼神;《乐》的失误在于导致淫逸;《诗》的过失在于使人愚笨;《书》的过失在于使人泥古不化;《礼》的过失在于使人嫉恨;《春秋》的过失在于使人互相诋毁。这六种经典,圣人兼取并用,并做出截断。

失本则乱，得本则治；其美在调，其失在权。水火金木土谷，异物而皆任；规矩权衡准绳，异形而皆施；丹青胶漆，不同而皆用：各有所适，物各有宜。轮圆舆方，辕从衡横，势施便也。骖欲驰，服欲步①；带不厌新，钩不厌故：处地宜也。《关雎》兴于鸟，而君子美之，为其雌雄之不乖居也；《鹿鸣》兴于兽，君子大之，取其见食而相呼也；泓之战，军败君获，《春秋》大之，取其不鼓不成列也②；宋伯姬坐烧而死，而《春秋》大之，取其不逾礼而行也③。成功立事，岂足多哉？方指所言，而取一概焉尔④！

【注释】①骖：古代驾在车前两侧的马。服：驾车时，在中间驾车辕的称服马。②"泓之战"四句：许慎注："宋襄公与楚战于泓，楚人败之，襄公获也。"前638年，当时已为霸主的宋襄公与楚战于泓水（位于今河南柘城县）。面对楚军的强大，襄公自称为"仁义之师"，要等楚军渡过泓水布好阵后再战，结果大败，襄公身负股伤被擒获，第二年不治身亡。③"宋伯姬"三句：许慎注："伯姬，宋共公夫人。夜失火，待傅母，不至不下堂，而及火死之也。"④方：即"板"，这里指书籍。指：通"旨"，旨意。一概：一端，一面。

【译文】六艺失去本旨就会出现混乱，把握住本旨就会大治；这其中的精妙之处就在于调和，而其失误之处在于权变。水火金木土谷，属于不同的物类，但都能得到利用；规矩权衡和准绳，形制各异，但都能发挥功用；丹青和胶漆性质不同，但都有它的用途：万物都有其所适宜的用处。车轮是圆的，车厢则是方的，车辕是直放的，车衡则是横摆的：虽然各自形式不同，但都为了使用便利。车两旁的骖马希望快跑，中间的服马希望缓行，衣带不厌新，衣钩不厌旧：这与它们所处的环境地位不同而造成的。《关雎》篇用鸟鸣起兴，君子赞美它，这是因为雎鸠鸟具有雌雄有别不杂居的操行；《鹿鸣》篇用鹿鸣起兴，君子重视它，这是因为鹿群具有发现食物后互相呼唤共同享用的美德。泓水之战，宋军惨败，宋襄公被俘，而《春秋》却大力推崇宋襄公，是推崇他不攻击还没列好阵势的敌军的仁义之心；宋伯姬坐在堂上被大火活活烧死，《春秋》推崇宋伯姬，是看重她不逾越礼节随便行事的品格。成就事业，建立功名，哪里用得着做太多事情呢，典籍上所记载的观点，也只是取用其中的一个方面罢了。

王乔、赤松，去尘埃之间，离群慝（tè）之纷，吸阴阳之和，食天地之精，呼而出故，吸而入新，蹀（dié）虚①轻举，乘云游雾，可谓养性矣，而未可谓孝子也。周公诛管叔、蔡叔，以平国弭乱，可谓忠臣也，而未可谓弟②也。汤放桀，武王伐纣，以为天下去残除贼，可谓惠君，而未可谓忠臣矣。乐羊攻中山未能下，中山烹其子，而食之以示威，可谓良将，而未可谓慈父也。故可乎可，而不可乎不可；不可乎不可，而可乎可。

【注释】①蹀虚：腾空。②弟：同"悌"。
【译文】王乔、赤松子远离尘世，避开人世间邪恶势力的纷争，吸取阴阳二气的中和之气，食取天地之精华，吐故纳新，腾空飞升，乘云驾雾，可以说是达到了养性的境界，但是却不能称为孝子。周公诛杀管叔、蔡叔，来使国家安定，平息叛乱，可以称得上是忠臣了，但是不能算是对兄弟友爱。商汤王放逐夏桀，周武王讨伐商纣，为天下铲除残暴奸贼，可称得上是仁厚爱民之君，但是不能算是忠臣。乐羊攻打中山城，尚未攻取时，中山人烹煮了他的儿子，乐羊尝了中山人送来的用他儿子做的肉羹，来显示自己的威武不屈，可以称得上是良将，但是不能算是慈父。所以，面对事物的多面性，要肯定正确的一面,对于不正确的则不能肯定;只有不肯定不正确的,才是对正确的肯定。

舜、许由异行而皆圣,伊尹、伯夷异道而皆仁,箕子、比干异趋而皆贤。故用兵者,或轻或重,或贪或廉,此四者相反,而不可一无也。轻者欲发,重者欲止,贪者欲取,廉者不利非其有。故勇者可令进斗,而不可令持牢;重者可令埴固①,而不可令凌敌;贪者可令进取,而不可令守职;廉者可令守分,而不可令进取;信者可令持约,而不可令应变。五者相反,圣人兼用而财②使之。

【注释】①埴固:坚固,牢固。②财:通"裁",截断,裁定。
【译文】虞舜和许由的行为虽然不同,但他们都是圣人;伊尹和伯夷虽然选择的道路不同,但都是仁人;箕子和比干虽然行动各异,但都是贤人。所以调兵遣将的时候,有时任用敏捷者、有时任用稳重者、有时任用贪婪者、有时任用清廉者,这四种将士的性格虽然截然相反,但在行军作战中却缺一不可。敏捷者好动,稳重者好静,贪婪者想夺取,清廉者不贪求不属于自己的利益。所以勇敢敏捷的人可以让他们冲锋陷阵,但不适合固守阵地;稳重的人可以让他们坚守阵地,但不适合冲锋陷阵;贪婪的人可以让他们积极攻取,但不适合安于职守;清廉的人可以让他们安守本分,但不适宜积极攻取;重义守信之人可以让他们坚守盟约,但不能让他们随机应变。这五种人虽然性格相反,但圣人能兼而用之,通过正确的裁断来任用他们。

夫天地不包一物,阴阳不生一类。海不让水潦以成其大,山不让土石以成其高。夫守一隅而遗万方,取一物而弃其余,则所得者鲜,而所治者浅矣。

治大者道不可以小;地广者制不可以狭;位高者事不可以烦;民众者教不可以苛。夫事碎难治也,法烦难行也,求多难赡也。寸而度之,至丈必差;铢而称之,至石必过。石称丈量,径而寡失;简丝数米,烦而不察。故大较易为智,曲辩难为慧。故无益于治,而有益于烦者,圣人不为;无益于用,而有益于费者,智者弗行也。故功不厌约,事不厌省,求不厌寡。功约,易成也;事省,易治也;求寡,易赡也。众易之,于以任人,易矣!孔子曰:"小辩破言,小利破义,小艺破道,小见不达,必简。"

【译文】天地不仅包容一种事物,阴阳二气的交融也不只产生一种物类。大海不拒绝小的积水因而成就它的广博;高山不拒绝土石因而成就它的高大。如果只固守一个角落就会遗漏大千世界,如果只取用一件物品而舍弃其他事物,那么所得就会很少,所能治理的效果也一定很浅显了。

大国的治理,在道术上不能琐碎;土地辽阔的国家,在制度上不能过于偏狭;处在高位者,行事不可以烦琐;百姓众多时,对他们的教化不能苛刻。事务琐碎就难以治理,法令烦杂就难以推行,欲求过多就难以满足。一寸一寸地去丈量,量到一丈长时就一定会出现误差;一铢一铢地称量,称到一石重时就一定会出现差错。直接用石和丈为单位来称量,既直截了当又能减少失误。简择丝缕,查点米粒这类烦琐的工作,既麻烦又难以数察准确。所以从大处着眼就容易运用智慧,详细辩说就难以使智慧充分发挥。因此无益于治理,只会增添麻烦的事,圣人是不会去做的;不实用,只会浪费精力的事,聪明人是不会去做的。因此成就功业不嫌简约,促成大事不厌俭省,求取欲望不厌寡少;功业简约,则容易完成;事情俭省,就容易办到;

欲求寡少，就容易满足。大家都认为容易办成的事情，交给他人办理，也就容易办成。孔子说："辩说琐碎小事只会损害真理，过分计较蝇头小利只会妨害大义，卖弄雕虫小技只会破坏道术，粗浅的见识不能通达事理；要想通达事理，必须具有远见卓识。"

河以逶蛇①，故能远；山以陵迟②，故能高；阴阳无为，故能和③；道以优游，故能化。夫彻于一事，察于一辞，审于一技，可以曲说，而未可广应也。蓼（liǎo）菜成行④，甂瓯（biān ōu）⑤有堩，称薪而爨（cuàn）⑥，数米而炊，可以治小，而未可以治大也。员中规，方中矩，动成兽⑦，止成文，可以愉舞，而不可以陈军。涤杯而食，洗爵而饮，盥而后馈，可以养少，而不可以飨众。

【注释】①逶蛇：同"逶迤"，弯曲回旋的样子。②陵迟：坡度缓。③"阴阳"二句：王念孙认为这两句为后人所加，因此译文将此删去。④蓼菜成行：把蓼菜一棵棵地排列成行。比喻只能治理小事，不能治理大事。⑤甂瓯：泛称粗陋的陶质小盆小瓮。⑥称薪而爨：称了薪柴才去生火煮饭。比喻斤斤于细节而不识大体。⑦动成兽：应作"行成兽"。

【译文】黄河因为弯曲回旋，所以能够流向远方；大山因为绵延舒缓，所以能够崇高；大道因为深远悠长，所以能够化育万物。因此只通达一类事物，明察一种说法，精通一项技能，只能对事物作出片面的解说，却不能广泛应对。办事像蓼菜成行那样条理分明，丝毫不乱，像甂瓯底座那样稳妥牢固，称了柴薪才去生火煮饭，数着米粒放到锅里，这样谨小慎微的人，可以让他做些小事，却不能让他做大事。圆形符合圆规的要求，方形符合矩尺的要求，行动起来能效仿兽类，停下来时整齐划一，这样的人可以让他指挥乐舞，但却不能让他行军布阵。洗净杯子再盛食物，洗好酒器再盛酒，洗净手后摆放食物，这样的人可以负责几个人的饮食，但不能管理三军的伙食。

今夫祭者，屠割烹杀，剥狗烧豕，调平五味者，庖也；陈簠簋（fǔ guǐ）①，列樽俎（zūn zǔ）②，设笾（biān）豆③者，祝也；齐明盛服，渊默而不言，神之所依者，尸也。宰、祝虽不能，尸不越樽俎而代之。故张瑟者，小弦急而大弦缓；立事者，贱者劳而贵者逸。舜为天子，弹五弦之琴，歌《南风》之诗，而天下治。周公肴臑（nào）④不收于前，钟鼓不解于悬，而四夷服。赵政⑤昼决狱而夜理书，御史冠盖接于郡县，覆稽趋留，戍五岭以备越，筑修城以守胡，然奸邪萌生，盗贼群居，事愈烦而乱愈生。故法者，治之具也，而非所以为治也，而犹弓矢，中之具，而非所以为中也。

【注释】①簠簋：簠与簋，两种盛黍稷稻粱之礼器。②樽俎：古代盛酒食的器皿。③笾豆：笾和豆。古代祭祀及宴会时常用的两种礼器。竹制为笾，木制为豆。④肴臑：肉类食品。⑤赵政：许慎注："秦始皇帝。"

【译文】现在祭祀时，屠宰烹煮、杀狗烧猪、调和五味，这是厨师的事情；陈设簠簋、排列樽俎、摆放笾豆，这是巫祝的事情；斋戒仪式严明、穿着礼服盛装、表情深沉地一言不发，让神灵依附在上面，这是尸的任务。厨师和巫祝即使不能胜任自己的工作，尸也不能越职去代替他们。所以鼓瑟的时候，总是小弦急促而大弦舒缓；处理事务则是卑贱的人劳碌而尊贵的人闲逸。虞舜为天子时，只是弹奏着五弦琴，歌唱着《南风》诗，天下就得到了很好的治理。周公的膳食摆在案前，钟鼓悬挂在架上伴奏，而四方异族就来归服。秦始皇白天断案，夜里处理文书，监察御史的车马被派到各个郡县，反复奔走稽查不停，又派兵戍守五岭以防备越人，修筑长城来防守胡人，即使这样，奸邪还是不断产生，盗贼成群结队，政务越烦杂，混乱就越发生。所以说，法令制度是治理国家的工具，而不是治国的决定性因素，这就像弓箭是射中目标的工具，而不是射中靶心的根本原因一样。

黄帝曰："芒芒昧昧，因天之威，与元同气。"故同气者帝，同义者王，同力者霸，无一焉者亡。故人主有伐国之志，邑犬群嗥，雄鸡夜鸣，库兵动而戎马惊。今日解怨偃兵，家老甘卧，巷无聚人，妖菑①不生：非法之应也，精气之动也。故不言而信，不施而仁，不怒而威，是以天心动化者也；施而仁，言而信，怒而威，是以精诚感之者也；施而不仁，言而不信，怒而不威，是以外貌为之者也。故有道以统之，法虽少，足以化矣；无道以行之，法虽众，足以乱矣。

【注释】①菑：古同"灾"。

【译文】黄帝说："纯朴广大啊，凭借着上天的威势，与天地元气相通。"所以与天地元气相通者可以称帝、与道义同一者可以称王，与强力同一者可以称霸，这三方面无一具备的，就会灭亡。所以国君如有讨伐他国的念头，城邑里的狗便会成群吠叫，雄鸡就会半夜啼鸣，兵库里的兵器就会发出响动，战马就会受惊躁动。如果一旦和敌国消除仇怨，偃兵息甲，家里的长者就会睡得甘甜，巷子里就没有聚集在一起思念征者的人群，各种妖异灾祸就不会产生：这不是法令施行的效应，而是精诚之气感化的结果。所以不用言说就能显示诚信，不施恩惠就能显示仁慈，不发怒就能显示威严，这是靠天意感化的结果；施以恩惠才体现仁慈，表达以后才显示诚信，发怒之后才显示威严,这是靠精诚感化的结果;施以恩惠还不显仁慈,不停言说也没有显出诚信、怒气冲天也显示不出威严,这是靠表面功夫才导致的结果。所以掌握了道并用它作为统帅,法令即使很少,也足以起到感化的作用;没有掌握道来作统帅,法令即使再多,也足以出现混乱。

治身,太上养神,其次养形;治国,太上养化,其次正法。神清志平,百节皆宁,养性之本也;肥肌肤,充肠腹,供嗜欲,养生之末也。民交让争处卑,委利争受寡,力事争就劳,日化上迁善而不知其所以然,此治之上也;利赏而劝善,畏刑而不为非,法令正于上而百姓服于下,此治之末也。上世养本,而下世事末,此太平之所以不起也。夫欲治之主不世出,而可与兴治之臣不万一,以万一^①求不世出,此所以千岁不一会也。

【注释】①万一:王念孙认为此处应与上文一致,应为"不万一",即不到万分之一。

【译文】修身,最重要的是修养精神,其次才是修养形体;治理国家,最重要的是形成感化,其次才是严明法令。神志清明,心态平和,全身脉络就会舒安,这才是养性的根本;使得肌体肥胖,肠腹充实,满足嗜欲,这是养生的末节。百姓互相谦让、争着处在卑下之位,放弃厚利、争拿较少的利益,努力工作、甘心受苦,每天都在改变,不断向善上进却不知为何会如此,这是治国的最上等;用物质利益来激励劝人向善,使百姓畏惧刑罚而不敢为非作歹,在上位者执法严明,在下位的百姓自然顺服,这是治国的末节。上古时代注重修养根本,而后世只注重细枝末节,这就是太平盛世难以重现的根本原因。那些一心想治理好天下的圣主并不是每个时代都会出现,而能够辅佐圣主治理天下的贤臣也是万人中难以寻到一个；万人中难以寻到一个的贤臣想碰上不是每个时代都会出现的圣主，这是千载难逢的机会。

水之性，淖（nào）①以清，穷谷之污②，生以青苔，不治其性也。掘其所流而深之，茨③其所决而高之，使得循势而行，乘衰而流④，虽有腐髊（cī）流渐，弗能污也。其性非异也，通之与不通也。风俗犹此也。诚决其善志，防其邪心，启其善道，塞其奸路，与同出一道，则民性可善，风俗可美也。

【注释】①淖：柔和。②污：停滞不流动的污浊之水。③茨：积土填满。④乘衰而流：指水按高低次序，从高处顺势流下。

【译文】水的特性，柔和而清澈，但是山谷中没有出口的积水会长出青苔，这是因为没有按照水的本性进行疏理的结果。如果挖深谷口水道，使之通畅，或者把水冲积过深的地方用土填塞来抬高水位，使谷水水能够顺势而下，顺高势向低处流动，这样水中即使有杂物和腐骨流尸，也不会使水质污染变质。水的本性没有改变，关键的原因在于谷水是否通畅。社会风俗也是如此。如果真能激发民众的善良天性，消除人们萌生邪恶的念头，开启他们一心向善的正道，堵塞其邪道，让他们共同朝着一条正道发展前进，那么百姓的品性就会善良，社会风气就会纯朴美好了。

所以贵扁鹊者，非贵其随病而调药，贵其息脉血，知病之所从生也。所以贵圣人者，非贵随罪而鉴刑也，贵其知乱之所由起也。若不修其风俗，而纵之淫辟，乃随之以刑，绳之以法，虽残贼天下，弗能禁也。禹以夏王，桀以夏亡；汤以殷王，纣以殷亡。

非法度不存也,纪纲不张,风俗坏也。

【译文】人们之所以看重扁鹊的原因,并不是看重他能根据病人的情况随时调配药方,而是看重他通过切脉就知道疾病产生的根源。同样的道理,人们之所以看重圣人的原因,并不是看重圣人可以根据犯人的罪行来公正量刑,看重的是圣人可以知道祸乱产生的缘由。如果不树立良好的社会风气,而是放纵邪恶任其泛滥,等到那个时候再动用刑律,把他们绳之以法,那么即使能铲除天下的奸贼,也无法从根本上禁绝邪恶的产生。

禹用了夏朝的法令,得以在天下称王,桀也是用了夏朝的法令,却遭到灭亡;汤用了殷代的法令,得以称王天下,纣王也用了殷代的法令,却遭到灭亡。桀、纣的时候,并不是那些法令不存在,而是纲纪没有得到伸张,社会风俗已经败坏的缘故。

三代之法不亡,而世不治者,无三代之智也;六律具存,而莫能听者,无师旷之耳也。故法虽在,必待圣而后治;律虽具,必待耳而后听。故国之所以存者,非以有法也,以有贤人也;其所以亡者,非以无法也,以无贤人也。晋献公欲伐虞,宫之奇存焉,为之寝不安席,食不甘味,而不敢加兵焉。赂以宝玉骏马,宫之奇谏而不听,言而不用,越疆而去。荀息伐之,兵不血刃,抱宝牵马而去。故守不待渠堑而固,攻不待冲降而拔,得贤之与失贤也。故臧武仲①以其智存鲁,而天下莫能亡也;璩伯玉以其仁宁卫,而天下莫能危也。《易》曰:"丰其屋,蔀其家,窥其户,阒(qù)其无人。"②无人者,非无众庶也,言无圣人以统理之也。

【注释】①臧武仲:即臧孙纥,又称臧孙、臧纥,谥"武",鲁国大夫，封邑在防（今山东费县东北）。②"《易》曰"：引文见《周易·丰卦》"上六"爻辞。蔀：覆盖于棚架上以遮蔽阳光的草席。阒其无人：寂静空旷没有人迹。阒：空虚，空寂。

【译文】夏、商、周三代的法度并没有丧失，而后世却没有治理好的原因，是因为没有三代圣君那样的智慧；古代音乐中的六律现在仍然存在，却没人能听懂，这是因为没有师旷那样的耳朵。所以，法度虽然存在，但一定要等到圣人出现才能将天下治理好；音律虽然还在，但一定要等到有师旷那样的耳朵出现才能听懂。所以国家存在的原因，并不是因为有法度，而是因为有贤人存在；国家之所以灭亡的原因，也并不是因为没有法度，而是因为没有贤人出现。晋献公准备讨伐虞国，但由于宫之奇的存在，晋献公为此寝食不安，因而不敢轻易攻打虞国。后来，晋献公用宝玉和骏马来贿赂虞国国君，向虞国借路讨伐虢国，宫之奇极力劝谏，虞君因贪图宝玉和骏马没有听从。宫之奇见自己劝阻无效，就离开了虞国。晋国的荀息在灭掉虢国后顺路又灭掉了虞国，就这样兵不血刃将宝玉和骏马带回晋国。所以说防守不只是依靠坚固的壕堑，攻城不只是依凭高大的冲车，关键取决于能否得到贤人。因此，臧武仲凭借他的智慧保住了鲁国，使天下诸侯没有谁能灭掉鲁国；蘧伯玉用他的仁爱守住了卫国，使天下诸侯没有谁能危害卫国。《易经》说："屋子空旷，草席覆顶，窥视门户，空寂无人。"所谓"无人"，并不是说屋子里没有百姓，而是说没有圣人来领导治理。

民无廉耻，不可治也。非修礼义，廉耻不立。民不知礼义，法弗能正也。非崇善废丑，不向礼义。无法不可以为治也，不知礼义，不可以行法。法能杀不孝者，而不能使人为孔、曾之行；法能刑窃盗者，而不能使人为伯夷之廉。孔子弟子七十，养徒三千人，皆入孝出悌，言为文章，行为仪表，教之所成也。墨子服役者百八十人，皆可使赴火蹈刃，死不还踵，化之所致也。夫刻肌肤，鑱（chán）①皮革，被创流血，至难也，然越为之，以求荣也。圣王在上，明好恶以示之，经②诽誉以导之，亲贤而进之，贱不肖而退之，无被创流血之苦，而有高世尊显之名，民孰不从？

【注释】①鑱：刺，戳。②经：量度，衡量。
【译文】民众如果没有廉耻之心，就无法治理他们。如果不修治礼义，廉耻的观念就不能树立。民众不知礼义，法令也不能使他们走上正道。如果不推崇良善的风尚，废除丑恶现象，民众就不会向往礼义。没有法令就不能治理好国家，若是民众不懂礼义，法令也就无法推行实施。法令能杀掉不孝之人，却不能让每个人都具有孔子、曾子那样的孝行；法令能惩治偷盗的人，但不能使每个人都像伯夷那样廉洁。孔子的弟子中有贤人七十个，培养的生徒有三千人，他们都能做到在家讲孝道、出门讲悌道，言辞有文采，行为作表率，这是教育所起的作用。墨子有门徒一百八十人，人人都能为义赴火蹈刃，义无反顾，这是教化所达到的结果。用刀刻肌肤、用针刺皮肉、受伤流血，这是人最难做到的事情，可是越人却用这种做法来刻字纹身，以此来求取荣耀。圣明的君王处在高位，明确善恶并指示给百姓，衡量诽誉来引导民众，亲近贤才并举用他们，轻视不肖之人并黜退他们，让人们既没有受伤流血的痛苦，又能获得出人头地、尊贵显达的名声，哪个百姓不愿意跟随他呢？

古者设法而不犯，刑错①而不用，非可刑而不刑也，百工②维时，庶绩咸熙，礼义修而任贤德也。故举天下之高以为三公，一国之高以为九卿，一县之高以为二十七大夫，一乡之高以为八十一元士③。故智过万人者谓之英，千人者谓之俊，百人者谓之豪，十人者谓之杰。明于天道，察于地理，通于人情，大足以容众，德足以怀远，信足以一异，知足以知变者，人之英也。德足以教化，行足以隐义，仁足以得众，明足以照下者，人之俊也。行足以为仪表，知足以决嫌疑，廉足以分财，信可使守约，作事可法，出言可道者，人之豪也。守职而不废，处义而不比，见难不苟免，见利不苟得者，人之杰也。英俊豪杰，各以小大之材处其位，得其宜，由本流末，以重制轻，上唱而民和，上动而下随，四海之内，一心同归，背贪鄙而向义理，其于化民也，若风之摇草木，无之而不靡。

【注释】①刑错：刑罚置放不用。错：通"措"，置，放置。②百工：众官，百官。维时：思善。③元士：古代官阶。阶位次于下大夫，高于中士。

【译文】古时候法令制定颁布后，没有人会触犯，刑罚设置以后，却不去运用，并不是该用刑却不用，而是因为百官一心思善，都想着要把自己的本职工作做好，各项业绩都得以圆满完成，礼义得以修治并任用贤德之士。所以推举天下的高才来担任三公，举荐一国的高才来担任九卿，选举一县的高才来担任二十七大夫，推荐一乡的高才担任八十一元士。因此，智慧超过万人的称作"英"，超过千人的称作"俊"，超过百人的称作"豪"，超过十人的称作"杰"。明白天道、洞察地理、通晓人情，心胸博大足以容纳众人、德行深厚足以使远方之人归附，诚信足以使不同的见解统一，智慧足以了解事物的变化，这种人合乎"英"的标准。德行足以实施教化，行为足以暗合道义，仁慈足以得人爱戴，光明足以照耀下民，这种人合乎"俊"的标准。行为足以为人师表，智慧足以决断疑难，廉洁足以公平分配财物，诚信足以遵守信约，做事值得效法，说话符合道理，这种人合乎"豪"的标准。坚守本职工作而不荒废，为人正义而不结党营私，遇见危难而不苟且躲避，看到利益而不贪得，这种人合乎"杰"的标准。英、俊、豪、杰，各自按照才能大小安处在恰当的位置，发挥适宜的作用。这样就能由本到末、以重制轻，在上位的人一声倡导，在下位的民众就随之应和，在上位的人一有行动、在下位的民众就紧紧跟随，四海之内，人心所向，思想归于一致，背弃贪鄙而向往仁义，以此来教化民众，就如同疾风吹动草木，疾风过后没有草木不随之仆倒摇摆的。

今使愚教知，使不肖临贤，虽严刑罚，民弗从也。小不能制大，弱不能使强也。故圣主者举贤以立功，不肖主举其所与同。文王举太公望、召公奭而王，桓公任管仲、隰朋而霸：此举贤以立功也。夫差用太宰嚭而灭，秦任李斯、赵高而亡，此举所与同。故观其所举，而治乱可见也；察其党与，而贤不肖可论也。

【译文】现在反过来让愚蠢的人去教化有智慧的人，让不肖之人凌驾于贤人之上，即使实行严酷的刑罚，民众也不会服从。这是因为小不能制大、弱不能使强的缘故。因此，圣明的君王举用贤能的人来建立功业，昏庸的君主任用和自己志趣相同的人。周文王举用太公望、召公奭而称王；齐桓公任用管仲、隰朋而称霸：这都是举用贤能建立功业的例子。夫差因重用太宰嚭而招致亡国，秦始皇因任用李斯、赵高而导致灭亡，这就是任用与自己志趣相投的奸佞小人的例子。所以，观察他们所举用的是什么样的人，国家治乱的情形就可以预见了；观察这些人的党与，他们是贤还是不肖就有定论了。

夫圣人之屈者以求伸也，枉者以求直也。故虽出邪辟之道，行幽昧之途，欲将以直①大道，成大功，犹出林之中不得直道，拯溺之人不得不濡足也。伊尹忧天下之不治，调和五味，负鼎俎而行②，五就桀，五就汤，将欲以浊为清，以危为宁也。周公股肱周室，辅翼成王，管叔、蔡叔奉公子禄父而欲为乱，周公诛之以定天下，缘不得已也。管子忧周室之卑，诸侯之力征，夷狄伐中国，民不得宁处，故蒙耻辱而不死，将欲以忧夷狄之患，平夷狄之乱也。孔子欲行王道，东西南北，七十说而无所偶，故因卫夫人、弥子瑕而欲通其道③。此皆欲平险除秽，由冥冥至炤炤，动于权而统于善者也。

【注释】①直：王念孙认为应作"兴"。②"伊尹"三句：原注作："伊尹七十说汤而不用，于是负鼎俎，调五味，仅然后得用。"③卫夫人：许慎注："卫灵公夫人南子也。"弥子瑕：许慎注："卫之嬖臣。"

【译文】圣人的委屈求全是为了日后得以伸展，弯曲是为了求得挺直。所以有时候他们尽管行走在邪僻、幽暗的道路上，但那是为了振兴大道、成就功业，这就如同穿过深山密林不能走直路，拯救落水的人不能不弄湿脚是一个道理。伊尹忧虑天下不得安宁，于是调和五味，背负鼎锅和砧板四处奔波，曾五次觐见夏桀，五次拜见商汤，为的是想要把混浊的天下变得清平，将危亡的局势变得安定。周公作为周王室的股肱之臣，辅佐成王，管叔和蔡叔拥戴纣王之子禄父图谋作乱，周公为安定天下诛杀了他们，这完全是不得已而为之。管仲担忧周王室的衰败，诸侯国以武力互相征伐，夷狄异族侵犯中原，百姓不得安宁，所以他就算蒙受耻辱也不自杀，是因为担忧夷狄的祸患，想要平定夷狄的暴乱。孔子想推行王道，东南西北不停奔走，游说了七十位君王却没有一个人采纳他的建议，因此，想通过卫灵公的夫人南子和卫国嬖臣弥子瑕的引荐,打通门路,接近君王,来实行自己的政治主张。他们都想平定危险、扫除污秽、从黑暗走向光明,采取权变之策,他们最终都在善道上得到了统一。

夫观逐者于其反也,而观行者于其终也。故舜放弟,周公杀兄,犹之为仁也;文公树米①,曾子架羊②,犹之为知也。当今之世,丑必托善以自为解,邪必蒙正以自为辟。游不论国,仕不择官,行不辟污,曰伊尹之道也;分别争财,亲戚兄弟构怨,骨肉相贼,曰周公之义也;行无廉耻,辱而不死,曰管子之趋也;行货赂,趣势门,立私废公,比周③而取容,曰孔子之术也。此使君子小人纷然淆乱,莫知其是非者也。

【注释】①文公树米:原注作:"文公,晋文公也。树米而欲生之也。"②曾子架羊:原注作:"架,连架,所以备知也。"架,通枷。③比周:结党营私。

【译文】观察赛跑的人,要看他返回时的表现;观察走路的人,要看他到达终点的表现。所以,舜尽管将弟弟流放、周公虽然诛杀了兄长,但他们仍然可以称为仁人;晋文公尽管种过壳的米粒,曾子虽然给羊戴过枷锁,但他们仍可以称为智者。当今世界,丑恶的人必定假托善良的幌子来为自己辩解,邪僻的人必定披上正直的外衣来为自己开脱。他们游说时不分国家,求官时不论官职,行为不避污秽,还说这是伊尹之道;分家时争夺财物,亲戚兄弟为此结怨,骨肉互相残害,还说这符合周公所推行的大义;行为毫无廉耻,忍辱偷生,还说这与管仲的志向相符;施行贿赂,巴结权贵,立私废公,拉帮结派,博取上层欢心以求荣宠,还说这符合孔子之术。这样就使得君子、小人的界限混淆不清,没有办法弄清谁是谁非了。

故百川并流，不注海者不为川谷；趋行躇（jí）驰^①，不归善者不为君子。故善言归乎可行，善行归乎仁义。田子方、段干木轻爵禄而重其身，不以欲伤生，不以利累形，李克竭股肱之力，领理百官，辑穆万民，使其君生无废事，死无遗忧，此异行而归于善者。张仪、苏秦家无常居，身无定君，约从衡之事，为倾覆之谋，浊乱天下，挠滑^②诸侯，使百姓不遑启居，或从或横，或合众弱，或辅富强，此异行而归于丑者也。故君子之过也，犹日月之蚀，何害于明！小人之可也，犹狗之昼吠，鸱之夜见，何益于善！

【注释】①躇驰：小步快走。②挠滑：扰乱，惑乱。

【译文】所以百川并流，不能流入大海的就不能算河流；疾趋快走，虽然方向不同，但不能归向良善的就不能算是君子。因此好的理论要看它是否可行，好的行为要看它是否合乎仁义。田子方、段干木轻视爵禄而看重自己的身体，不因物欲而伤害生命，不因利益而拖累身体。李克竭尽股肱之力辅佐国君，统理百官，和睦万民，使国君生前没有废弃的事业，死后也没有遗留的忧虑。这就是行为各异而最终都归向善道的事例。张仪、苏秦，居无定所，自身也没有固定的君主来侍奉，筹划的是合纵连横、颠覆他国的阴谋，将天下搞得翻天覆地、乌烟瘴气、混浊不堪，使诸侯惑乱，使百姓无法安居。有的合纵，有的连横，有的联合众多弱小国家，有的辅佐富强的国家，这就是具体行为不同，但都归属于丑恶的例子。所以君子的过失，就像日月发生亏蚀一样，对于自身的光明有什么妨害呢！小人的可取之处，就像狗在白天对着过客吠叫，猫头鹰在黑夜里目光锐利一样，这对于善行又有什么益处呢！

夫知者不妄发,择善而为之,计义而行之,故事成而功足赖也,身死而名足称也。虽有知能,必以仁义为之本,然后可立也,知能蹞驰,百事并行,圣人一以仁义为之准绳,中之者谓之君子,弗中者谓之小人。君子虽死亡,其名不灭;小人虽得势,其罪不除。使人左据天下之图而右刎喉,愚者不为也,身贵于天下也。死君亲之难,视死若归,义重于身也。天下,大利也,比之身则小;身之重也,比之义则轻。义所全也。《诗》曰:"恺悌君子,求福不回。"①言以信义为准绳也。

【注释】①"《诗》曰"句:引文见《诗经·大雅·旱麓》。恺悌:和乐平易。回:邪僻。

【译文】因此有智慧的人不盲目行动,一定选择善事去做,考虑到合乎道义才行动,所以事情能够办成功,达成的功业足以作为依赖,死后的名声也值得称道。即使有智慧才能,也必定要以仁义作为根本,然后才能充分发挥智能而做出一番事业。有智能的人不停奔走,各种事情并行不悖,而圣人用仁义作为唯一的准绳进行评断,符合仁义的称为君子,不符合仁义的称为小人。君子即使死去,他的名声也不会磨灭;小人即使得势,他的罪恶也无法消除。如果让人左手拿着天下的版图,而右手拿刀自刎,即使再愚蠢的人也不会这样去做,这是因为生命远比坐拥天下要宝贵得多。但是如果有人为了替君王、双亲消除灾难而牺牲生命、视死如归的话,这又是值得称道的,因为道义比生命更宝贵。坐拥天下是很大的利益,但这利益与生命相比,就显得相当小了;生命是宝贵的,但与道义相比,又显得相当轻了。人们敢于抛弃生命,正是为了保全道义。《诗经》说:"平易近人的君子,追求幸福不靠邪僻之道。"说的就是君子要以信义作为准绳。

欲成霸王之业者，必得胜者也；能得胜者，必强者也；能强者，必用人力者也；能用人力者，必得人心者也；能得人心者，必自得者也。故心者，身之本也；身者，国之本也。未有得己而失人者也，未有失己而得人者也。故为治之本，务在宁民；宁民之本，在于足用；足用之本，在于勿夺时；勿夺时之本，在于省事；省事之本，在于节用①；节用之本，在于反性。未有能摇其本而静其末，浊其源而清其流者也。

【注释】①节用：王念孙认为此处应为"节欲"。

【译文】想要成就霸业的人，必定是获胜者；能够获胜的人，必定是强者；能够成为强者，必定是善用人力者。善用人力者，必定是得人心者。能够得人心者，必定是在自我修养上卓有成效的人。所以心性的修养，是自我修养的根本；自我修养，又是治国的根本。世上没有在自我修养上卓有成效却失去人心的，也没有放弃自我修养却获得人心的事情。所以治国的根本，在于务求安定百姓；安定百姓的根本，又在于使他们用度充足；而使百姓用度充足的根本，在于不去侵夺农时；不侵夺农时的根本，在于减少徭役、兴建土木；减少徭役、兴建的根本又在于节制贪欲；节制贪欲的根本在于返归人的天性。没有人能做到摇动树的根部而树梢却静止不动的，也没有人能做到弄浊了水源而让水流清澈的。

故知性之情者，不务性之所无以为；知命之情者，不忧命之所无奈何。故不高宫室者，非爱木也；不大钟鼎者，非爱金也。直行性命之情，而制度可以为万民仪。今目悦五色，口嚼滋味，耳淫五声，七窍交争以害其性，日引邪欲而浇其身，夫调身弗能治，奈天下何？故自养得其节，则养民得其心矣。

【译文】所以了解人天性中的真性情的人，是不会去做天性所不允许的事情；懂得命运真谛的人，是不会忧虑命运中的无可奈何。所以不修建高大的宫室，并不是爱惜木材；不铸造大型的钟鼎，并不是吝啬铜铁等金属。只不过是遵循天性命运的真性情来做事，那么制定的法度就可以成为万民的准则了。现在的人眼睛爱看五色，嘴巴爱尝五味、耳朵沉溺于五音，这眼、耳、鼻、口七窍争相享受，以至伤害了人的本然天性，每天招引邪思邪念来伤害自己的身体，自己的身体都休养不好，又该如何治理天下呢？所以身处上位者能够更好的修养自身，那么教化民众时就可以得到他们的真心拥戴了。

所谓有天下者，非谓其履势位，受传籍^①、称尊号也，言运天下之力，而得天下之心。纣之地，左东海，右流沙，前交趾，后幽都，师起容关，至浦水，士亿有^②余万，然皆倒矢而射，傍戟^③而战。武王左操黄钺，右执白旄以麾之，则瓦解而走，遂土崩而下。纣有南面之名，而无一人之德，此失天下也。故桀、纣不为王，汤、武不为放。

【注释】①传籍：祖上传下来的图籍，指领土。②有：通"又"。③傍戟：谓将戟倒转，指向自己所在的阵营。傍，通"方"。

【译文】所谓拥有天下，并不是说拥有天子的权势和地位，接受祖上传下来的图籍，获得帝王的尊号，说的是能够充分运用天下的力量并得到天下的民心。纣王的国土，东到东海，西至流沙，南到交趾，北至幽都，军队从容关出发，到达浦水，士卒多达上亿人，可是这些士兵最终都调转弓箭，倒戈攻打纣王。周武王左手握着黄钺，右手挥动白旄来指挥士兵，纣王的部队瞬间土崩瓦解，四散奔逃，于是殷纣的统治被推翻。纣王虽然有南面称王的虚名，却没有一个人对他感恩戴德，这就是他丧失天下的根本原因。从这个角度来说，夏桀、商纣根本不能算是真正的王，商汤、周武把他们赶下台也不算是犯上作乱。

周处酆镐之地，方不过百里，而誓纣①牧之野，入据殷国，朝成汤之庙，表商容之闾，封比干之墓，解箕子之囚。乃折枹毁鼓，偃五兵，纵牛马，搢笏②而朝天下，百姓歌讴而乐之，诸侯执禽而朝之，得民心也。阖闾伐楚，五战入郢，烧高府之粟，破九龙之钟③，鞭荆平王之墓，舍昭王之宫④。昭王奔随，百姓父兄携幼扶老而随之，乃相率而为致勇之寇，皆方命奋臂而为之斗。当此之时，无将卒⑤以行列之，各致其死，却吴兵，复楚地。灵王作章华之台，发干溪之役⑥，外内搔动，百姓罢敝，弃疾⑦乘民之怨而立公子比。百姓放臂而去之，饿于干溪，食莽饮水，枕块而死。楚国山川不变，土地不易，民性不殊，昭王则相率而殉之，灵王则倍畔而去之，得民之与失民也。

【注释】①誓纣：为讨伐商纣而誓师。②搢笏：插笏。古代君臣朝见时均执笏，用以记事备忘，不用时插于腰带上。③九龙之钟：原注作："楚为九龙之簴县钟也。"④"鞭荆平王"二句："鞭荆平王之墓"，原注作："荆平王杀子胥之父，故鞭其墓以复仇。""舍昭王之宫"，原注作："吴之入楚，君舍乎君室，大夫舍大夫室。"⑤将卒：王念孙认为此处应为"将率"。⑥干溪之役：原注作："灵王伐齐，以恐吴，次于干溪也。"干溪：位于今安徽省亳州市东南。⑦弃疾：即楚平王（？—公元前516年），芈姓，熊氏，名弃疾，继位后改名居，又称陈公、蔡公，是楚共王幼子,楚灵王弟,春秋时期楚国国君,前528—前516年在位。公子比:楚灵王的弟弟。

【译文】周国处在酆、镐之地,方圆不过百里,周人在牧野誓师讨伐纣王,攻占殷都朝歌,朝拜成汤庙堂,旌表商容故里,封土修固比干之坟,释放囚禁中的箕子。推翻纣王的统治以后,就折断鼓槌,毁坏战鼓,收起各种兵器,把牛马放归田里,插上笏板,接受天下诸侯的朝拜,百姓纵情歌唱以示庆贺,诸侯带着珍禽前来朝贡,这是因为周武王得民心的缘故。吴王阖闾征伐楚国,历经五次战役,后来攻入楚都郢城,烧毁楚国粮仓中的粮食,砸破刻有九龙的编钟,鞭打楚平王的坟墓,住进了楚昭王的宫殿。昭王逃奔到随国,百姓父老兄弟扶老携幼跟随昭王,于是大家互相鼓励英勇抗吴,同心协力、振臂向前为昭王拼命战斗。当时,没有将帅统领布阵、指挥冲锋,百姓却各自拼死搏击,最终击退吴军,收复失地。楚灵王修筑章华台,发动干溪战役,此时国内外一片骚动,百姓疲惫不堪,楚灵王的弟弟弃疾利用百姓怨声载道的机会,拥立公子比为楚王,百姓都甩开手臂背离了楚灵王,楚灵王在干溪忍饥挨饿,只得吃野草、喝路边的污水,最终在野地里枕着土块死去。楚国的山河没有改变,土地面积也没有缩小,百姓的性情也没有变化,在楚昭王统治时期,人们相互扶持愿为昭王献身,但在灵王统治时期,人们却背弃了他,这就是得民心和失民心的差别啊。

故天子得道,守在四夷;天子失道,守在诸侯。诸侯得道,守在四邻;诸侯失道,守在四境。故汤处亳七十里,文王处酆百里,皆令行禁止于天下。周之衰也,戎伐凡伯①于楚丘以归。故得道则以百里之地令于诸侯,失道则以天下之大畏于冀州。故曰:无恃其不吾夺②也,恃吾不可夺。行可夺之道,而非篡弑之行，无益于持天下矣。

【注释】①凡伯：西周至春秋时期的诸侯国，商代甲骨卜辞中有凡地，周成王封周公庶子于凡，建立凡国，爵位为伯爵，建都在今河南省辉县市北云门镇凡城村。②不吾夺：即不夺吾。

【译文】所以如果天子得道，他的德政就会遍及到边远的四夷，四夷就会为天子的守卫；如果天子失道，就只有诸侯为他守卫四面的国土了。如果诸侯得道，四周的邻国就是他的守卫；如果诸侯失道，就只能依靠自己的力量来守卫边防。所以商汤王处在亳地时，土地方圆只有七十里，周文王处在酆地时，土地方圆不过百里，但他们都做到了使天下人令行禁止。到了周王室衰败之时，西戎族竟敢在楚丘截击周王室的凡伯，而后安然离去。所以，得道的君王能凭借百里之地对诸侯发号施令；失道的君王即使占有整个天下，还是会畏惧仅有一个州的诸侯。所以说：不要指望他人不来侵夺你的天下，只有你自己具有不可被侵夺的能力才是依靠，自己走的是一条通向灭亡的道路，却要非议别人的行为是篡位弑君，这对持守天下是没有什么益处的。

凡人之所以生者，衣与食也。今囚之冥室之中，虽养之以刍豢，衣之以绮绣，不能乐也，以目之无见，耳之无闻。穿隙穴，见雨零，则快然而叹①之，况开户发牖，从冥冥见炤炤乎！从冥冥见炤炤，犹尚肆然而喜，又况出室坐堂，见日月光乎！见日月光，旷然而乐，又况登泰山，履石封②，以望八荒，视天都③若盖，江河若带，又况④万物在其间者乎！其为乐岂不大哉！

【注释】①叹：王念孙认为此处应为"笑"。②石封：石坛。③天都：天空。④又况：王念孙认为此二字为衍文。

【译文】但凡人们赖以生存的东西，主要是衣、食。如果把一个人囚禁在暗室之中，即使用美味佳肴来供养他，给他穿华丽的衣服，他也不会快乐，因为眼睛看不见任何东西，耳朵也听不见任何声音。假如在黑暗的房间里打通一个缝隙，让他能看见外面雨滴飘落，他就会快乐地笑起来，更何况打开门窗，让他从黑暗中看到光明呢！从原本一片黑暗到看见外界的光明，尚且由衷地感到欢喜，更何况让他从黑暗的房间出来，坐到敞亮的厅堂上，看到日月的灿烂光辉呢！见到日月灿烂的光辉，尚且怡然而乐，更何况登上泰山，站在石封上，眺望四海八方极远之地，仰望天穹犹如车盖，俯视江河犹如彩带，万物尽收眼底呢？这样的快乐难道不是更大么！

且聋者，耳形具而无能闻也；盲者，目形存而无能见也。夫言者，所以通己于人也；闻者，所以通人于己也。喑者不言，聋者不闻，既喑且聋，人道不通。故有喑聋之病者，虽破家求医，不顾其费，岂独形骸有喑聋哉？心志亦有之。夫指之拘也，莫不事申也；心之塞也，莫知务通也：不明于类也。夫观六艺之广崇，穷道德之渊深，达乎无上，至乎无下，运乎无极，翔乎无形，广于四海，崇于太山，富于江河，旷然而通，昭然而明，天地之间无所系戾①，其所以监观②，岂不大哉！

【注释】①系戾：抵触，乖忤。②监观：观察，观览。监，通"鉴"。

【译文】再说那些聋子，虽然长着耳朵却听不见声音；那些盲人，虽然生有眼睛却看不到物体。语言，是用来向他人传递自己的思想感情的；听闻，是让自己了解他人思想感情的。哑巴不能说话，聋子听不见声音，又哑又聋，就无法与人沟通交流。所以患有聋哑病的人,即使倾家荡产去求医,也毫不吝惜,难道聋哑病只是身体上才有吗?实际上人的心志思想上也有这种病症。当手指痉挛弯曲时,没有人不想方设法将它弄直;可是人的心闭塞时,却没有人想办法去将它打通:这就是不懂得类推啊。观察六艺的博大高深,穷尽道德的深邃渊渺,让自己的思想境界达到向上没有顶点,向下没有底限,远到没有极限,翱翔在无形之中,精神境界比四海广阔,比泰山崇高,比江河丰富,旷远通达,光明透亮,天地之间毫无阻碍,怀着这样宽广的胸襟来观览,哪能不伟大呢!

人之所知者浅,而物变无穷,曩不知而今知之,非知益多也,问学之所加也。夫物常见则识之,尝为则能之。故因其患则造其备,犯其难则得其便。夫以一世之寿,而观千岁之知,今古之论,虽未尝更也,其道理素具,可不谓有术乎!

【译文】人对事物的了解很肤浅,而事物又是变化无穷的,以前不知道的,现在知道了,这并不是智慧增长了,而是通过求教学习,才使知识得以累积。经常见到的事物就可以认识它,经常做的事情就可以掌握它。所以常受其患就会懂得如何防范,遭受困难就会知道如何处理。一个人能在一生短暂的时间里学到千年的知识,博古通今,虽然这些知识从未改变过,其中的道理也是素来就有的,难道能说这样的人没有道术吗?

人欲知高下而不能,教之用管准①则说;欲知轻重而无以,予之以权衡则喜;欲知远近而不能,教之以金目则快射②:又况知应无方而不穷哉,犯大难而不慑,见烦缪而不惑,晏然自得,其为乐也,岂直一说之快哉!夫道,有形者皆生焉,其为亲亦戚矣；享谷食气者皆受焉，其为君亦惠矣；诸有智者皆学焉，其为师亦博矣。射者数发不中，人教之以仪则喜矣，又况生仪者乎！

【注释】①管准：是指古代测量水平的器具。②金目：原注作："金目，深目，所以望远射准也。"射：此字为衍文。

【译文】人想知道高低但又不能做到，教他使用测准仪来测量，他就会很高兴；人想知道轻重但又没有办法，教他使用秤来称量，他就会很高兴；人想知道远近但又没有能力，教他使用望远镜观测，他就会很愉快；更何况让他有方法应对无穷无尽的问题，遇到大的危难而不惧怕，面对错综复杂的情况而不迷惑，安然自得，这样的快乐，哪里只是掌握一门小技能后得到的那一点儿愉悦所能比拟的呢！道，有形的事物都由它生成，它就如同万物的双亲一样，与万物关系密切；世上食谷的凡人以及食气的仙人都受到它的恩泽，它如同明君一样给万物的恩惠已经很大了；诸多有智慧的人都向它学习，它如同良师一样，知识实在是太渊博了。射箭的人多次发射都射不中，别人教他使用瞄准仪，他就会非常愉快，更何况是发明瞄准仪的人呢！

人莫不知学之有益于己也，然而不能者，嬉戏害人①也。人皆多以无用害有用，故智不博而日不足，以凿观池之力耕，则田野必辟矣；以积土山之高修堤防，则水用必足矣；以食狗马鸿雁之费养士，则名誉必荣矣；以弋猎博弈之日诵《诗》读《书》，闻识必博矣。故不学之与学也，犹喑聋之比于人也。

【注释】①嬉戏害人：王念孙认为此处"人"字应为"之"字。
【译文】没有人不知道学习是对自己有益的，但不去学习的原因,是由于平时的嬉戏娱乐妨碍了他。人们大多都以无用的事来妨害有用的事,所以才智不能广博,并且每日都虚度时光。如果以开凿供观赏的池塘的力气去耕田,那么田野一定会开垦得很好;如果用堆土积山,修筑高台的功夫去修筑堤防,那么水资源的利用一定会充足了;如果用养狗马鸿雁的费用来供养士人,那么名誉一定相当荣耀了;如果用平时狩猎博弈的时间去诵读《诗》《书》,那么见闻及学识也一定相当渊博了。所以说,不学习与学习相比,就如聋哑人与正常人一样。

凡学者能明于天下之分,通于治乱之本,澄心清意以存之,见其终始,可谓知略矣。天之所为,禽兽草木;人之所为,礼节制度,构而为宫室,制而为舟舆是也。治之所以为本者,仁义也;所以为末者,法度也。凡人之所以事生者,本也;其所以事死者,末也。本末,一体也,其两爱之,一性也①。先本后末,谓之君子;以末害本,谓之小人。君子与小人之性非异也,所在先后而已矣。草木,洪者为本,而杀者为末;禽兽之性,大者为首,而小者为尾。末大于本则折,尾大于要②则不掉矣。故食其口而百节肥,灌其本而枝叶美,天地之性也。天地之生物也有本末,其养物也有先后,人之于治也,岂得无终始哉?

【注释】①一性也:王念孙认为此处"一"为衍文。②要:"腰"的古字。

【译文】凡是善于学习的人都能够明确天道与人事的区别,通晓治乱的根本,用平和的心态、冷静的头脑去思考,从而认清事物的来龙去脉,这样就可以说是掌握事物的要略了。天地自然所化育的是禽兽草木;人事所制定创立的是礼节制度,构建房屋宫室,制作舟船车辆这类事情。治理国家的根本，是仁义；治理国家的末节，是法度。凡是人们赖以生存的事情，是根本；而那些导致死亡的事情，是末节。本和末是一个整体，对这两方面的事都重视，是人的天性。把根本放在首位，把末节放在次要位置，这样的人可以算是君子；而用末节来损害根本，这样的人称为小人。君子和小人的天性没有什么差别，不同的只是对待本末的先后顺序不同而已。草木的根本是粗壮的部分，末节是细小的部分；禽兽的特性，以身体粗大的部分为头部，细小的部分为尾部。末节如果比根本还要粗大，就会折断；禽兽的尾巴如果大于腰部，尾巴就不能摇摆。所以动物从口中进食，就会全身肥壮；草木只要浇灌它们的根部，就会枝叶繁茂，这是天地间生物的特性。天地自然化育万物有本有末，养育它们有先有后，那么人对于国家的治理，怎么能够没有本末先后的区别呢？

故仁义者，治之本也。今不知事修其本，而务治其末，是释其根而灌其枝也。且法之生也，以辅仁义，今重法而弃义，是贵其冠履而忘其头足也。故仁义者，为厚基者也。不益其厚而张其广者毁，不广其基而增其高者覆。赵政不增其德而累其高，故灭；智伯不行仁义而务广地，故亡其国。语曰："不大其栋，不能任重。重莫若国，栋莫若德。"国主之有民也，犹城之有基，木之有根。根深则本固，基美则上宁①。五帝三王之道，天下之纲纪，治之仪表也。今商鞅之《启塞》②，申子之"三符"③，韩非之《孤愤》④，张仪、苏秦之从衡，皆掇取之权，一切之术也，非治之大本，事之恒常，可博闻而世传者也。子囊⑤北而全楚，北不可以为庸；弦高⑥诞而存郑，诞不可以为常。今夫《雅》《颂》之声，皆发于词，本于情，故君臣以睦，父子以亲。故《韶》《夏》之乐也，声浸乎金石，润乎草木。今取怨思之声，施之于弦管，闻其音者，不淫则悲，淫则乱男女之辨，悲则感怨思之气。岂所谓乐哉！

【注释】①"基美"句：杨树达疑作"基美则城坚，民安则上宁"。②《启塞》：即《商君书》第七篇的《开塞》。孙怡让说《商君书》本作《启塞》，汉人为避景帝刘启讳而改"启"为"开"。③三符：原注作："申不害治韩，有三符验之术。"④《孤愤》：《韩非子》篇名。⑤子囊（？—前559年）：春秋时楚国令尹。芈姓，熊氏，名贞，字子囊。楚庄王的儿子。⑥弦高：春秋时期郑国商人，常往来于各国之间做生意。在国家危难之时，救了郑国。

【译文】所以，仁义是治国安民的根本，如果不懂得致力于根本，却务求于末节，那就相当于抛开树根而去浇灌枝叶一样。况且法令的产生，是用来辅助仁义的，如果重视法令而轻视仁义，就如同重视鞋帽而轻视头足一样。所以仁义是治国安民的深厚基础，如果不加厚基础就增高房屋，房屋就会倒塌。秦始皇嬴政不加强德政建设却致力于增强细枝末节，所以被推翻了；智伯不施行仁义却沉迷于拓展地盘，所以被消灭了。《国语》上说："不加大屋梁，就难以承受屋顶的重压。没有比国家更重的，没有比德更大的栋梁。"国君和臣民的关系，就像城墙和墙基的关系，树木和根的关系一样，根扎得深树木就牢固，墙基打得好城墙就坚实。五帝三王的治国之道，是普天之下适用的法则，是治国的准绳。商鞅的《启塞》，申不害的"三符"，韩非子的《孤愤》，张仪、苏秦的合纵连横之说，都是随手捡取的权宜之术，是暂时适用的东西，不是治国的根本、事情的恒常规律，不可能被世代流传。楚国令尹子囊因败北而保全了楚国，但是败绩不能成为保全国家的常法；弦高靠欺诈的手段保全了郑国，但欺诈不能成为保全国家的常法。现在《雅》《颂》这些诗歌，都是以真情为基础写出来的作品，所以君臣学习它们便能和睦相处，父子学习它们能使关系更加亲密。所以《韶》《夏》等古乐,声音能够浸透金石、滋润草木。如果采用哀怨之音,用管弦乐器演奏出来,听了这样音乐的人,不是淫乱就是感到悲伤。淫乱就会混淆男女界限、悲伤就会产生悲怨之气,难道这就是所谓的音乐吗?

赵王迁①流于房陵,思故乡,作《山水》之讴,闻者莫不殒涕②。荆轲西刺秦王,高渐离、宋意③为击筑,而歌于易水之上,闻者莫不瞋目裂眦,发植穿冠。因以此声为乐而入宗庙,岂古之所谓乐哉!故弁冕辂舆,可服而不可好也;大羹之和,可食而不可嗜也;朱弦漏越④,一唱而三叹,可听而不可快也。故无声者,正其可听者也;其无味者,正其足味者也。吠⑤声清于耳,兼味快于口,非其贵也。故事不本于道德者,不可以为仪;言不合乎先王者,不可以为道;音不调乎《雅》《颂》者,不可以为乐。故五子之言,所以便说掇取也,非天下之通义也。圣王之设政施教也,必察其终始,其县⑥法立仪,必原其本末,不苟以一事备一物而已矣。见其造⑦而思其功,观其源而知其流,故博施而不竭,弥久而不垢。夫水出于山而入于海,稼生于田而藏于仓。圣人见其所生,则知其所归矣。故舜深藏黄金于崭岩之山,所以塞贪鄙之心也。仪狄⑧为酒,禹饮而甘之,遂疏⑨仪狄而绝旨酒,所以遏流湎之行也。师延⑩为平公⑪鼓朝歌北鄙之音,师旷曰:"此亡国之乐也。"大息而抚之,所以防淫辟之风也。

【注释】①赵王迁:亦称赵幽缪王,嬴姓,赵氏,名迁,邯郸人。战国时期赵国最后一位国君,赵悼襄王之子。②殒涕:落泪。③宋意:荆轲的好朋友。④朱弦漏越:朱弦,红色琴弦。漏越,孙怡让认为"漏越"即"疏越",指使琴底穿孔而让声音舒缓。⑤吠:王念孙认为应作

"呋",指淫声。⑥县:同"悬"。⑦造:始。⑧仪狄:夏禹时代司掌造酒的官员,相传是我国最早的酿酒人,虞舜的后人。⑨疏:刘文典认为当作"流",流放。⑩师延:商纣时乐师。周武王灭纣,师延投濮水自杀。⑪平公(?—前532年):姬姓,名彪,晋悼公之子,春秋时期晋国国君。

【译文】赵王迁被秦国俘虏后流放到房陵,他因思念故乡而创作了《山木》这首诗歌,听了这歌的人没有不落泪的。荆轲西去秦国刺杀秦始皇,高渐离、宋意为他击筑,在易水河边慷慨悲歌,听了的人没有不圆睁双眼、怒发冲冠的。如果将这类诗歌作为音乐用于宗庙,哪里算是古代所谓的雅乐呢!所以皮弁、冠冕和大车,可以使用但不能过分喜爱;不调五味的大羹,可以食用但不能嗜好;红色丝弦穿底的琴瑟弹奏出的乐曲,一唱三叹,可以听但不能沉迷其中。所以无声之乐,是用来校正那些可以听到的乐音的;无味之水,是用来调和味重的食品的。淫声虽然听起来悦耳清新,美味的食物虽然吃起来爽口舒服,但这些都不值得珍贵。所以,不以道德为根本的事,不能拿来做榜样;不符合先王之道的言论,不能拿来作真理;与《雅》《颂》不协调的音乐,不能当作正乐。所以商鞅、申不害、韩非子、张仪、苏秦五人的言论,只不过是为了方便游说而信手拈来的权宜之术,不能算是天下通用之理。圣明的君主处理政事推行教化,一定会明察事情的来龙去脉。他们在颁布法令确立礼仪规范时,一定会探明事物的本末关系,不是只根据一件事来防备一种情况就罢了。看到事物的开始就考虑到它的成功,观察事物的源头就知道它的流变,所以能够广泛实施而不会枯竭,历时久远而不受污损。河水发源于群山之中,最后流入大海;庄稼在田野生长,最后储藏到仓库,圣人看到这些事物的来源、发生就知道它们最后的归宿。所以虞舜把黄金深藏在险峻的大山之中,这样做是为了堵塞人们贪婪卑鄙的欲念。仪狄酿造美酒,夏禹品尝后觉得味道甘美,于是便疏远仪狄并且禁绝美酒,这样做是为了制止沉湎于美酒之风盛行。师涓为晋平公演奏朝歌北鄙的靡靡之音,师旷听了在一旁说:"这是纣王时的亡国之音啊!"深深地叹息着按住师涓的手阻止他继续弹奏,这样做是为了防止淫邪风气的流行。

故民知书而德衰,知数而厚衰,知券契而信衰,知机械而实衰也。巧诈藏于胸中,则纯白不备,而神德不全矣。琴不鸣①,而二十五弦各以其声应;轴不运,而三十辐各以其力旋。弦有缓急小大,然后成曲②;车有劳逸动静,而后能致远。使有声者,乃无声者也;能致千里者,乃不动者也。故上下异道则治,同道则乱。位高而道大者从,事大而道小者凶。故小快害义,小慧害道,小辩害治,苛削伤德。大政不险,故民易道;至治宽裕,故下不相贼;至忠复素,故民无匿情。商鞅为秦立相坐之法,而百姓怨矣;吴起为楚减爵禄之令,而功臣畔矣。商鞅之立法也,吴起之用兵也,天下之善者也。然商鞅之法亡秦,察于刀笔③之迹,而不知治乱之本也。吴起以兵弱楚,习于行陈之事,而不知庙战之权也。晋献公之伐骊,得其女,非不善也,然而史苏叹之,见其四世之被祸也。吴王夫差破齐艾陵,胜晋黄池,非不捷也,而子胥忧之,见其必禽于越也。小白奔莒,重耳奔曹,非不困也,而鲍叔、咎犯④随而辅之,知其可与至于霸也。勾践栖于会稽,修政不殆,谟⑤虑不休,知祸之为福也。襄子再胜而有忧色,畏福之为祸也。

【注释】①琴不鸣:王念孙认为"琴"应作"瑟",瑟二十五弦。不鸣,是指瑟身虽不能发声,但有共鸣作用。②成曲:王念孙认为这二字前面应补一"能"字。③刀笔:刀笔吏,此处指实行吏治。④咎犯(约前

715—前629年）：即狐偃，姬姓，狐氏，字子犯。是晋文公的舅舅，晋国重臣，又称舅犯、咎犯、臼犯。⑤谟：谋。

【译文】所以，老百姓读书以后道德就会衰败，掌握了术数以后纯厚就会衰败，知道使用券契凭证后信用就会衰退，知道巧诈后诚实就会衰败。巧诈藏于胸中，洁白的的品性就不完美、神圣的德行就不完整了。瑟本身不会发出乐声，但它的二十五根弦则各按它们的音调互相应和；车轴本身不能转动，但三十根辐条各用自己的力量使车轮旋转。琴瑟的弦有松紧粗细之分，然后才能弹奏出乐曲；车子的各部件有劳逸动静的分工，然后才能使车子行至远处。使瑟弦发声的是原身不发声的瑟身，使车子行至远处的是原本不转动的车轴。所以君臣异道，但各司其职，国家就能治理好；君臣同道，但是职责混淆，就会使国家混乱。地位高且道术大的，臣民就服从；责任重但道术小的，就会有凶险。所以贪图小的痛快会伤害大义，玩弄小聪明会损害大道，小的巧辩会危害大治，苛刻凶狠会伤害大德。伟大的德政没有险恶，所以百姓容易遵循；高明的统治宽缓松动，所以下层百姓不会互相残害；最精诚的忠实质朴淳厚，所以百姓不奸邪。商鞅为秦国制定了连坐的法令，百姓怨声载道；吴起为楚国制定削减爵禄的法令，功臣们纷纷背叛。商鞅是天下最会实行法治的人，吴起是天下最会用兵的人。但是商鞅的严刑峻法导致秦朝灭亡，因为商鞅只懂得用刀笔吏来执法，却不懂得治乱的根本。吴起的军事才能削弱了楚国，因为吴起只熟悉布阵打仗的事，却不懂得宫廷斗争的权谋。晋献公攻打骊戎，得到骊君的女儿，这骊姬不是不美艳，但史苏却为此事感叹不已，因为他预见到晋国四代会因此遭受内乱。吴王夫差在艾陵（今山东莱芜东南）打败齐国，又在黄池（今河南省新乡市）战胜晋国，这不能不算胜利，但伍子胥却为此忧虑不堪，因为他预见到夫差一定会被越王擒获。齐国公子小白逃亡莒城（今江苏赣榆县西），晋公子重耳流亡曹国（今山东省菏泽、聊城市，河南濮阳市南部地区），境遇不能不算窘迫,可鲍叔跟随小白,咎犯跟随重耳,辅佐他们,因为他们知道小白和重耳终有一天能称霸诸侯。越王勾践退守会稽山,修政处事毫不松懈,谋划复国从未止歇,因为勾践知道祸能转化为福。赵襄子征伐狄人两次取胜却面露忧色,因为他害怕这福会转变成祸。

故齐桓公亡汶阳之田而霸,智伯兼三晋之地而亡。圣人见祸福于重闭之内,而虑患于九拂①之外者也。原蚕②一岁再收,非不利也,然而王法禁之者,为其残桑也。离③先稻熟,而农夫耨④之,不以小利伤大获也。家老异饭而食,殊器而享,子妇跣而上堂,跪而斟羹,非不费也,然而不可省者,为其害义也。待媒而结言,聘纳而取妇,初緥⑤而亲迎,非不烦也,然而不可易者,所以防淫也。使民居处相司,有罪相觉,于以举奸,非不掇也,然而伤和睦之心,而构仇雠(chóu)之怨。故事有凿一孔而生百隙,树一物而生万叶者,所凿不足以为便,而所开足以为败,所树不足以为利,而所生足以为濊(huì)⑥。愚者惑于小利,而忘其大害。昌羊去蚤虱,而人弗庠⑦者,为其来蛉穷也;狸执鼠,而不可脱⑧于庭者,为搏鸡也。故事有利于小而害于大,得于此而亡于彼者。故行棋者或食两⑨而路穷,或予踦⑩而取胜。偷利不可以为行,而智术不可以为法。

【注释】①九拂:许慎注:"九曲,是折投拂不见处也。"拂,曲折。②原蚕:夏季第二次孵化的蚕。原:再。③离:稻谷落在田中,第二年自生的禾称为离。④耨:古代锄草的农具。⑤緥:同"冕"。⑥濊:通"秽",害。⑦庠:王念孙认为当作"席"。⑧不可脱:指发现了就消灭掉。⑨食两:吃掉对方两个子。⑩予踦:让对方一着。

【译文】所以齐桓公丢掉汶阳(今山东泰安市西南)的田地给鲁国却反而称霸,智伯兼并晋国土地却反遭覆灭。圣人能从重重障碍中看到祸福的转化,能在艰难到来之前考虑到祸患。原蚕一年可以收获两次,不是没有好处,但国家法令明文规定禁止这样做,是因为一年两收会影响桑树的正常生长。离谷比稻谷先成熟,但是农夫却要锄掉它们,这是不以小利而影响大的收获。家里老人吃的是与家人不同的饭菜,用不同的餐具,儿媳赤脚送食物到厅堂,跪着给老人斟倒羹汤,这样做不是不费事,但不省去这些礼节的原因,是因为省去就会妨害长幼之义。由媒人说媒订立婚约,男女双方聘纳礼品后再行婚嫁,男方家人穿好礼服前往迎亲,这样做不是不烦琐,但不能改变这些礼仪,是用来防止淫乱。让百姓们互相暗中监视,发现谁家有人犯法就揭发,这样来揭发坏人的方法,不是不可采用,但却不采用这种方法,因为这样会损害百姓间的和睦,使彼此结下仇怨。所以有些事情只要挖一个小孔就会导致百处缝隙开裂,种下一棵树苗便会长出千枝万叶。挖一个小孔不足以带来方便,但随之引出的百余处缝隙就足以将整个事情搞砸;栽下一棵树苗没能产生巨大的利益,但长出的枝叶却足以引起麻烦。愚蠢的人常被小利所迷惑,却忘掉了大的祸患。菖蒲虽然能除去跳蚤和虱子,但人们不用它来编席子,是因为它会招引蚰蜒;狸猫能捉老鼠,但人们不会让它在庭院寄身,因为它会吃掉小鸡。所以,有些事利小而害大,此处有所得彼处就有所失。因此,下棋的人有时连吃对方两子,反而使自己无路可走,有时让对方一着,反而能够取胜。贪求利益占小便宜的行为不能算作德行,依靠智巧心计办事不能效法。

故仁、知,人材之美者也。所谓仁者,爱人也;所谓知者,知人也。爱人则无虐刑矣,知人则无乱政矣。治由文理,则无悖谬之事矣；刑不侵滥，则无暴虐之行矣。上无烦乱之治，下无怨望之心，则百残除而中和作矣，此三代之所①昌。故《书》曰："能哲且惠，黎民怀之。何忧欢兜，何迁有苗。"智伯有五过人之材②，而不免于身死人手者，不爱人也；齐王建③有三过人之巧，而身虏于秦者，不知贤也。故仁莫大于爱人，知莫大于知人，二者不立，虽察慧捷巧，劬禄疾力，不免于乱也。

【注释】①所：王念孙认为当作"所以"。②"智伯"句：原注作："智伯美鬓长大，一材也；射御足力，二材也；材艺毕给，三材也；巧文辩慧，四材也；强毅果敢，五材也。"③齐王建（约前280—前221年）：亦称齐废王、齐共王，妫姓，田氏，名建，齐襄王之子，母君王后，战国时期齐国最后一位国君，前264—前221年在位。

【译文】所以，仁和智是人的美好品质。所谓仁，就是爱人；所谓智，就是了解人。能够爱人，就不可能滥用酷刑；能够了解人，就不会轻易引发动乱。根据礼仪法度来治理国家，就不会有荒谬的事情发生；不滥用刑罚，就不会有暴虐的行为出现。国君不用烦琐杂乱的治国之术，百姓就不会怨声载道，那么社会上各种灾害就会消弭，中正平和的局面就会兴起。这就是三代昌盛的原因。《尚书》说："君主能够圣明仁惠，百姓就会归顺他，哪里用得着担心欢兜，又何必迁徙有苗！"智伯有五种过人的才能，但仍免不了死在他人手里，这是因为他对人不仁爱。齐王建有三项过人的技巧，但仍被秦国俘虏，这是因为他不了解贤人。所以，仁没有比爱人更伟大的，智没有比了解人更重要的；仁和智这两方面都不具备，即使明察秋毫，聪慧过人，敏捷灵巧，勤苦忙碌，用尽力气，也免不了使国家出现混乱。

卷二十一　要略

【题解】"要略",东汉高诱注曰:"凡鸿烈之书十二篇,略数其要,明其所指,序其微妙,论其大体。"《要略》是作者的自序,主要介绍了本书的基本内容、写作目的、写作原则和写作形式。作者对每篇的内容、主旨作了大致概括,回顾了从周初到战国末期各学说的产生过程,阐述了特定学说是特定时代产物的观点,同时这些学说又为特定的政治目的而服务。作者用大量事实反复叙述强调了理论联系实际的写作原则。

夫作为书论者,所以纪纲①道德,经纬②人事,上考之天,下揆③之地,中通诸理。虽未能抽引④玄妙之中才⑤,繁然足以观终始矣。总要举凡⑥,而语不剖判纯朴,靡散大宗,惧为人之惛惛然⑦弗能知也;故多为之辞,博为之说,又恐人之离本就末也。故言道而不言事,则无以与世浮沉⑧;言事而不言道,则无以与化⑨游息⑩。故著二十篇,有《原道》,有《俶真》,有《天文》,有《地形》,有《时则》,有《览冥》,有《精神》,有《本经》,有《主术》,有《缪称》,有《齐俗》,有《道应》,有《氾论》,有《诠言》,有《兵略》,有《说山》,有《说林》,有《人间》,有《修务》，有《泰族》也。

【注释】①纪纲：整治，治理。②经纬：规划。③揆：考察。④抽引：提出。⑤才：通"哉"。句末语气助词。⑥总要：总领纲要。举凡：举其大要。⑦惛惛然：糊涂的样子。⑧浮沉：盛衰得失。⑨化：造化。⑩游息：流动，停息。

【译文】著书立说的目的，是用来整治道德，规划人事，上考察天道的变化规律，下研究大地上的万事万物，中间贯通各种道理。本书虽然不能从玄妙中提炼出深奥的道理，但涉猎广泛，其中繁杂详尽的内容，也足以让人看清事物的来龙去脉了。如果只是大概说明其中的含义，而不去剖析事物的初始，分辨事物的本质，就开始担心人们糊里糊涂地不能了解其中的深刻道理，因此使用过多的言辞反复论述，广泛地加以阐述说明，又担心人们脱离根本而追求末节，所以只言大道而不谈论人事，那就没有办法和世事融会贯通；只谈论人事而不言大道，那么就不能和自然造化融为一体。所以著作二十篇：它们分别是《原道》《俶真》《天文》《地形》《时则》《览冥》《精神》《本经》《主术》《缪称》《齐俗》《道应》《氾论》《诠言》《兵略》《说山》《说林》《人间》《修务》《泰族》。

《原道》者，卢牟①六合②，混沌③万物，象太一之容，测窈冥之深，以翔虚无之轸④。托小以苞大，守约以治广，使人知先后之祸福，动静之利害。诚通其志，浩然可以大观⑤矣。欲一言而寤⑥，则尊天而保真；欲再言而通，则贱物而贵身；欲参言而究，则外物而反情。执其大指，以内洽五藏，濊（jiān）濉⑦肌肤，被服法则，而与之终身，所以应待万方，览耦（ǒu）⑧百变也。若转丸⑨掌中，足以自乐也。

【注释】①卢牟：犹规模。②六合：常用于指上下和四方，泛指天地或宇宙。③混沌：我国民间传说中指盘古开天辟地之前天地模糊一团的状态。④畛：许慎注："道畛也"。《小尔雅·广诂》："畛，界也。"即界域。⑤大观：透彻的观察。⑥寤：同"悟"，理解明白。⑦瀸濇：浸润。濇：王念孙认为应为"渍"，与"瀸"相同，为浸润之义。⑧耦：许慎注："通也。"⑨转丸：转动圆球。

【译文】《原道》篇，规划天地四方，探索万物原初的混沌状态，描摹元气的形状，探测大道的深远，翱翔在无所不包的虚无领域之中。虽然寄托在微小之处，但却包容大千世界，持守简约却治理广泛，使人了解祸福发生的先后次序，懂得行止的利害关系。如果人们真能通达这些旨意，对广博纷烦的事物就能透彻了解了。如果想用一句话来通晓其中的道理，那就是尊重天道而保守纯真；如果想用两句话来明白其中的真谛，那就是轻视外物而重视自身；如果想用三句话来探究其中的奥妙，那就是抛开外欲而返归本真。掌握了其中的要领，对内可以润泽五脏六腑，对外可以浸润肌肤。接受这些自然的法则，并和它终身相伴，就可以用它来应对万方，适应百变。对待万方、百变，就像在掌中转动弹丸，足以自得其乐了。

《俶真》者，穷逐终始之化，嬴垺（hū）①有无之精，离别万物之变，合同死生之形。使人遗物②反己，审仁义之间，通同异之理，观至德之统，知变化之纪，说符③玄妙之中，通回造化之母也。

【注释】①嬴：原注作"绕匝也"。垺：原注作"靡烦"。②遗物：超然物外。③符：符验。

【译文】《俶真》篇，是极力探究宇宙起始终结的演变规律，周密剖析有无相生的精髓，辨析万物的变化规律，齐同生死两种形态，使人超然物外而返归本真，审慎对待仁义中的得失，弄清事物同中有异、异中有同的联系，认识至德的统领作用，寻求千变万化的客观规律，解说深奥玄妙的符验现象，通达自然造化的本源。

《天文》者，所以和阴阳之气，理日月之光，节开塞①之时，列星辰之行，知逆顺之变，避忌讳之殃，顺时运之应，法五神之常，使人有以仰天②承顺，而不乱其常者也。

【注释】①开塞：开通和闭塞。②仰天：仰慕天道。
【译文】《天文》篇，是用来调和阴阳二气，理顺日月运行的规律，节制开启和闭藏的时节，排列星辰运行的顺序，了解日月星辰逆顺变化，避开忌讳和祸殃的发生，顺应天时规律的对应情况，效法五星之神的活动规则，使人们能够仰慕天道、顺应变化，而不扰乱它的正常规律。

《地形》者，所以穷南北之修①，极②东西之广，经③山陵之形，区川谷之居④，明万物之主，知生类之众，列山渊之数，规远近之路。使人通回周备，不可动以物，不可惊以怪者也。

【注释】①修：长度。②极：确定，标准。③经：划分。④居：流向。
【译文】《地形》篇，是用来穷究大地南北的长度，确定东西的广度，划分山陵的形势，区别大川深谷的流向，明确万物的根本主宰，了解众多的生物种类，罗列山川的数量，规划远近的道路。让人们对事情通达周详，不因外物而妄动，不因怪异之象而惊恐。

《时则》者,所以上因天时,下尽地力;据度①行当,合诸人则;形十二节,以为法式;终而复始,转于无极;因循仿依,以知祸福。操舍开塞,各有龙忌②;发号施令,以时教期③,使君人者知所以从事。

【注释】①度:六度,即准、绳、规、矩、权、衡。②龙忌:高诱注:"中国以鬼神之日忌,北胡、南越皆谓之请龙。"③教期:教化、教训。期,通"惎",教。

【译文】《时则》篇,是说向上要顺应天时,向下要充分利用地力;依据六度法则,实行适当的节令,使其与人体构造相符合;制定十二个月的月令,作为共同遵循的准则;十二个月终而复始,运转无穷;人们按照自然法则,依样效法,从而了解祸福产生的规律。对开启闭藏合理取舍,使不同民族各自有鬼神的忌日;国君发布政令,按时教化百姓,使治理天下的人君都知道在具体的时间里应该采取的措施。

《览冥》者,所以言至精之通九天①也,至微之沦无形也,纯粹之入至清也,昭昭②之通冥冥③也。乃始揽物引类,览取挢(jiǎo)掇④,浸想宵类⑤,物之可以喻意象形者,乃以穿通窘滞,决渎壅塞,引人之意,系之无极,乃以明物类之感,同气之应,阴阳之合,形埒(liè)之朕⑥,所以令人远观博见者也。

【注释】①九天:天的最高处,形容极高。传说古代天有九重。也作九重天、九霄。②昭昭:指明亮;光明。③冥冥:不明亮,黑暗。④挢掇:拾取。⑤浸:渐渐。宵:通"肖",相似。⑥形埒:形迹,迹象。朕:

迹象,征兆。

【译文】《览冥》篇,是用来说明最精微的气可以通达九天之上,最微小的事物可以沦没在无形之中,纯粹之德可以进入最洁净的境地,昭昭之光可以通向幽冥昏暗。于是开始揽取万物,招引同类。细致深入地思考同类事物之间的微妙关系。万物中能够表明意旨,摹画形象的,就可以疏通阻碍,清理淤滞,引导人们的思想意识,与无穷无尽的事物联系起来,进而明了物类之间的相互感应,说明相同之气可以相互应和,阴阳二气可以互相融合,天地之间各种事物的发生都会显露出一定的征兆,从而使人们能够观察到遥远而广博的事物。

《精神》者,所以原本人之所由生,而晓寤:其形骸九窍①,取象与天合同②;其血气,与雷霆风雨比类③;其喜怒,与昼宵寒暑并明。审死生之分,别同异之迹,节动静之机,以反其性命之宗,所以使人爱养其精神,抚静其魂魄,不以物易己,紧守虚无之宅④者也。

【注释】①九窍:指人体的两眼、两耳、两鼻孔、口、前阴尿道和后阴肛门等处。②合同:相同。③比类:相似。④虚无之宅:大道之根本。

【译文】《精神》篇,是用来探讨人类生命产生的本源的,从而使人明白:人的形骸、九窍,所效仿的是与上天相合的;人体的血液、精气,是和自然界的雷霆风雨相类似的;人自身的喜怒哀乐,是和白天黑夜、严寒酷暑的变化一致的。弄清生、死本为自然之象,区分相同与差异的迹象。调节运动与静止的关键,让性情返归本原,从而使人们懂得爱惜保养自己的精神,安定自己的魂魄,不因外物而改变自己的本性,从而坚守大道的根本。

《本经》者,所以明大圣之德,通维初之道,埒略①衰世古今之变,以褒先世之隆盛,而贬末世之曲政也。所以使人黜②耳目之聪明,精神之感动③,樽流遁④之观,节养性之和,分帝王之操,列小大之差者也。

【注释】①埒略:犹言比较区分。②黜:废除。③感动:受外界影响而不安定。④樽:原注为"止"。通"撙",抑制,节制。流遁:分散,指物欲对精神的损害。

【译文】《本经》篇,用来彰显圣人的美好德行,通达古代圣贤开创的道德规范,比较区分衰世道德的颓败和古今兴衰的变化,来褒扬先世的兴旺昌盛,贬斥末世的邪曲政治。从而使人们废黜耳目的聪明,避免精神受外物的刺激而动荡不安,抑制使人淫逸放荡的五种物欲,调节可以养性的中和之气,分清帝王所具备的不同操守,罗列这些操守的高低差别。

《主术》者,君人之事也。所以因作任督责,使群臣各尽其能也。明摄①权操柄,以制群下,提名责实,考之参伍,所以使人主秉数持要,不妄喜怒也。其数直施②而正邪,外私而立公,使百官条通而辐辏③,各务其业,人致其功。此主术之明也。

【注释】①摄:执掌。②施:弯曲。③辐辏:形容人或物聚集像车辐集中于车毂一样。

【译文】《主术》篇,说的是国君治理天下的事情。国君根据能力授予百官职务,督责他们建功立业,使群臣各自发挥自己的才能。阐明如何操纵权柄,有效地控制臣下,根据他们的职分,按照实际情况责求实效,并且反复参照比较,从而使国君掌握治理天下的术数,抓住要领,不可以喜怒无常。他的统治权术使邪曲变为正直,排除私欲而能树立公道,使百官像车辐辏聚集到车轴一样有条不紊地围绕在国君身旁,各自力求干好本职工作,人人致力于建立功业,这就是国君英明的治术。

《缪称》者,破碎①道德之论,差次②仁义之分,略杂人间之事,总同乎神明之德。假③像取耦,以相譬喻,断短为节,以应小具④。所以曲说攻论⑤,应感而不匮者也。

【注释】①破碎:解析,剖析。②差次:分等次。③假:借。④小具:小的用途。⑤攻论:巧论。攻,通"工",巧也。

【译文】《缪称》篇,仔细剖析了关于道德的理论,排列区分仁义的等次,稍微间杂人世间的事务,汇集在变化莫测的大道之中。假借外物的形象选取个别事件,来互相譬喻印证,就像截断小的竹木作成符节,用来适应小的用途一样。以此来详细解说,精巧论述,以便人们感应外部事物、现象时不致感到依据匮乏。

《齐俗》者,所以一群生①之短修,同九夷之风气,通古今之论,贯万物之理,财②制礼义之宜,擘画③人事之终始者也。

【注释】①群生:众生;一切生物。②财:通"裁"。③擘画:安排、策划。这里有描绘之义。

【译文】《齐俗》篇,是用来统一世间万物的长短优劣,齐同九夷的风气,从而使古今齐一的论点得以畅达,使万物等同的道理得以贯通,从而裁定合宜的礼义,描绘出人间事情的全部过程。

《道应》者,揽掇遂事之踪,追观往古之迹,察祸福利害之反,考验乎老庄之术,而以合得失之势者也。

【译文】《道应》篇,是选取已经成功的事迹,追寻、回顾古人走过的印迹,考察祸福利害的相互转换,以此来验证老子、庄子的学说,来印证得失的变化趋势。

《氾论》者,所以箴缕縩縠(cài shā)①之间,攕(jiān)揳(xiē)唲齵(ér óu)之郤也②,接径直施③,以推本朴,而兆见得失之变,利病之反,所以使人不妄没于势利,不诱惑于事态,有符曮睨(yǎn nǐ)④,兼稽时势之变,而与化推移者也。

【注释】①箴:同"针"。縩縠:指衣物或布帛残破。这里喻指人们认识上的漏洞、缺失。縩:原注作"绡煞也"。縠:衣破。②攕:古通"櫼",楔子。揳:捶打,指把钉、楔等捶打到其他东西里。唲齵:参差交错。③接径:捷径。直施:把弯路变成直路。④有:又。曮睨:日行之貌。日行有常,借指常道。

【译文】《氾论》篇,就像用针线来缝缀衣物一样,来缝补人们思想上的漏洞;如同木楔堵塞参差交错的缝隙一样,来填补人们心灵上的缺陷;又如使弯路变成直道,使邪曲变为正直一样,引导人们推断事物的本来面目,并能预见得失变化及利害的转化情况,使人们不盲目沉沦在势利之中,不被事态的表面现象所迷惑,做到既符合天道的运行规律,又能兼察时势的变化,从而与造化一起推移前行。

《诠言》者,所以譬类人事之指,解喻治乱之体也。差择微言之眇^①,诠以至理之文,而补缝过失之阙者也。

【注释】①差择:选择。眇:通"妙",精微奥妙。
【译文】《诠言》篇,是用来通过譬喻类比人世之事的意旨,解释说明国家治乱的根本,选择精微、奥妙的言辞,用最有条理的文字进行诠释,从而用来弥补治国上的过失和缺陷。

《兵略》者,所以明战胜攻取之数,形机^①之势,诈谲之变,体因循之道,操持后之论也^②。所以知战阵分争之非道不行也,知攻取坚守之非德不强也。诚明其意,进退左右无所失击危^③,乘势以为资,清静以为常,避实就虚,若驱群羊,此所以言兵者也。

【注释】①形机:形势的灵活机变。②"操持后"句:许慎注:"持后者,不敢为主而为客也。"③危:与"诡"同。击诡:挂碍,违碍。
【译文】《兵略》篇,是用来说明战胜敌人、攻取敌阵的方法,战势的灵活机变,战术变化的诡诈多端,体察遵循战争的客观规律,把握后发制人的策略。从而了解战争的胜负离开大道就行不通的道理;了解攻取坚守,没有德行就不能强大的理由。如果真正明了其中的意旨,那么前进后退,左冲右突就没有挂碍;利用有利的形势,把清静作为常法,避实就虚,打起仗来就像驱赶羊群一样得心应手。这论述的就是用兵问题。

《说山》《说林》者,所以窍窕穿凿百事之壅遏^①,而通行贯扃(jiōng)^②万物之窒塞者也。假譬取象,异类殊形,以领理人之意,解堕结细,说捝抟(tuán)困(qūn)③而以明事埒事者也。

【注释】①窈窕:疏通,穿通。壅遏:阻塞,堵塞。下文窒塞与此义同。②贯扃:犹关闭。此处为贯通义。③说:通"脱"。捝:王念孙认为是"择"之误,择通"释",解开。抟囷:卷束,捆扎。

【译文】《说山》《说林》两篇,是用来疏通各种事物的堵塞,从而使万物阻塞之处畅通无阻。借用比喻来选取物象,联系千差万别的事物类型,来引导人们解开思想上的束缚,从而了解各种事物的变化征兆。

《人间》者,所以观祸福之变,察利害之反,钻脉①得失之迹,标举终始之坛②也。分别百事之微,敷陈存亡之机,使人知祸之为福,亡之为得,成之为败,利之为害也。诚喻至意,则有以倾侧偃仰③世俗之间,而无伤乎谗贼④螫毒者也。

【注释】①钻脉:推究事理,究清脉络。②坛:通"嬗",变更,更替。③倾侧:偏斜,倾倒。偃仰:俯仰。④谗贼:指好诽谤中伤残害良善的人。

【译文】《人间》篇,是用来观察祸福的互相演变,审明利害的互相转化;理清得失的变化轨迹,揭示事物终始的更替关系。分清各种事物的细微差别,陈述存亡的关键所在,使人们懂得祸可以转化为福,失可以转化为得,成功可以转化为失败,利可以转化为害的道理。如果真能理解其中的深意,那么就有办法自由俯仰曲伸于世俗之间,而不被谗佞奸贼以及心狠手辣的人所伤害。

《修务》者,所以为人之于道未淹①,昧②论未深,见其文辞,反之以清静为常,恬淡为本,则懈堕分学③,纵欲适情,欲以偷自佚④,而塞于大道也。今夫狂者无忧,圣人亦无忧。圣人无忧,和以德也;狂者无忧,不知祸福也。故通而无为也,与塞而无为也同,其无为则同,其所以无为则异。故为之浮称流说⑤其所以能听,所以使学者孳孳⑥以自几也。

【注释】①淹:精通。②味:旨意。③分学:离开学习。④佚:安逸。⑤浮称流说:犹言广引博谈。⑥孳孳:孜孜,勤勉不怠。

【译文】《修务》篇,是用来针对人们对于道不能精深的理解,对其中的旨意观点没有深入探索,只重视有关论述道的文辞,反而误把清静作为常规,把恬淡作为根本,于是就会松懈懒惰,抛弃学习,放纵欲望,苟且自安,致使对道的真谛一窍不通。现在疯子没有忧虑,圣人也没有忧虑。圣人没有忧虑,是因为凭着德性保持心态平和;疯子没有忧虑,是因为不知道祸福什么时候发生。因此通晓大道真谛的无为,和根本不懂大道真谛的"无为",表面上看是相同的,但为什么要无为和怎样无为则大不一样。因此,本篇用浅显易懂的文辞对这种情况进行说明,这样做是为了让那些人听进去,好让学者通过自己不懈的努力达到接近大道的水准。

《泰族》者,横八极,致高崇,上明三光,下和水土,经古今之道,治伦理之序,总万方之指,而归之一本,以经纬治道,纪纲王事。乃原心术,理性情,以馆①清平之灵,澄澈②神明之精,以与天和相婴薄③。所以览五帝三王,怀天气,抱天心,执中含和,德形于内,以莙(jūn)凝④天地,发起阴阳,序四时,正流方⑤,绥⑥之斯宁,推之斯行,乃以陶冶万物,游化群生,唱而和,动而随,四海之内,一心同归。故景星见,祥风至,黄龙下,凤巢列树,麟止郊野。德不内形，而行其法籍，专用制度，神祇弗应，福祥不归，四海不宾，兆民弗化。故德形于内，治之大本。此《鸿烈》[7]之《泰族》也。

【注释】①馆：安置住宿。②澄澈：原注作："别清浊也。"③婴薄：环绕接近。④著凝：凝结。⑤流方：即四方。⑥绥：安抚。⑦《鸿烈》：原注作："鸿，大也；烈，功也。凡十二篇，总谓之《鸿烈》。"

【译文】《泰族》篇，是论述"道"的特性和作用的，"道"横贯八方极遥远的地域，上达至高的极点，在上使日月星三光明亮，在下使水土和谐，理清了古今历史的发展道路，确定了伦理关系的次序，总括了万事万物的要旨，并把它们归结到"道"这个本原上，来规划治理天下，管理天下大事。于是便要探索思想和意识的本原，理顺人的性情。使清净平正的心灵得到安置，使变化莫测的精神清澈安定，从而与自然祥和之气融为一体。通过这篇文字用来观览五帝三皇的业绩，他们怀藏天意，拥抱地气；坚持中正，饱含和气；美德在内心形成，进而凝结在天地之中，开启了阴阳二气；排列了四季时序，使荒远之地的人走上正道，以此来安抚他们，天下就会安宁，推动它就能得到施行，用它来陶冶化育万物，感化一切众生，就像倡导就有应和，行动就有跟随一样，整个天下，万众一心。因此就有瑞星出现，吉祥之风吹拂，黄龙降下，凤凰在树上筑巢，麒麟在郊野停息。如果美德没有在内心形成，却去推行法典，利用制度，那么天地之神就不会响应，幸福吉祥就不会来临，四海之内不能臣服，万民不能被感化。因此，君王的美德在内心形成，这是治理好国家的根本。这就是《鸿烈》中《泰族》篇所要表达的内容。

凡属书者，所以窥道开塞，庶后世使知举错取舍之宜适，外与物接而不眩，内有以处神养气，宴炀[1]至和，而已自乐所受乎天地者也。故言道而不明终始，则不知所仿依；言终始而不明天地四时，则不知所避讳；言天地四时而不引譬援类，则不知精微；言至精而不原人之神气，则不知养生之机；原人情而不言大圣之德，则不知五行之差；言帝道而不言君事，则不知小大之衰②；言君事而不为称喻，则不知动静之宜；言称喻而不言俗变，则不知合同大指；已言俗变而不言往事，则不知道德之应；知道德而不知世曲，则无以耦万方；知泛论而不知诠言，则无以从容；通书文而不知兵指，则无以应卒；已知大略而不知譬喻，则无以推明事；知公道而不知人间，则无以应祸福；知人间而不知修务，则无以使学者劝力。欲强省其辞，览总其要，弗曲行区入，则不足以穷道德之意。故著书二十篇，则天地之理究矣，人间之事接矣，帝王之道备矣！

【注释】①宴炀：温暖。②衰：等次。

【译文】大凡著书的目的，是用来观察大道的开启和闭合，希望后世之人能够懂得行为举止取舍适宜，与外物交接而不致迷惑，在内部能用静处精神颐养元气的办法，温煦平易的心态，而自己也能从禀受于天地的恩赐中得到快乐。因此，只谈论道却不明白事物发展的终始变化，便不知道如何学习仿效；只谈论事物的终始变化却不明了天地四时的变化，便不知道如何回避灾祸和禁忌之事；只论述天地四时的变化，却不去援引类似的例证，就不如道精妙微小的事物；只探究精妙的感应现象，而不探索人的精神血气，就不知道养生的要诀；只探索人之常情而不谈论最高的道德，就不知道五行之间的差别，只谈论帝王之道而不论述君王的治国之术，就不知道大小的等次；只淡论君王的治术而不去陈说譬喻，就不知道动静合宜；只谈论陈说譬喻，而不论及习俗的变化，就不知道会合大要；只谈论习俗变化而不谈古事,就不了解道德的对应变化;只了解道德的对应变化而不知世事的曲折,就不能应对大千世界的各种变故;只知道广泛地论说而不知道阐明精微之言,就不能从容不迫;只通晓书籍文章而不知道用兵的要旨,便没有办法应付突然出现的变故;只知道大要而不知道使用譬喻,就没有办法弄明白事理;只了解公正之道而不知道人间曲直,就不能应对祸福;只知道人间之事而不知努力进取,就不能使学习者勤于学业。想尽力减少本书的文辞,概述它的要点,但是不通过委婉曲折地行文,便不能穷尽道德的意旨。因此全书共撰写了二十篇,这样天地之间的道理便探究清楚了。人世间的事情便全部涉及了,帝王统治天下的方法就全部齐备了。

其言有小有巨,有微有粗,指奏①卷异,各有为语。今专言道,则无不在焉,然而能得本知末者,其唯圣人也。今学者无圣人之才,而不为详说,则终身颠顿乎混溟之中,而不知觉寤乎昭明②之术矣。今《易》之《乾》《坤》,足以穷道通义也,八卦③可以识吉凶、知祸福矣,然而伏羲为之六十四变,周室增以六爻④,所以原测淑清之道,而捃(jùn)⑤逐万物之祖也。夫五音之数不过宫、商、角、徵、羽,然而五弦之琴不可鼓也。必有细大驾和,而后可以成曲。今画龙首,观者不知其何兽也,具其形,则不疑矣。今谓之道则多,谓之物则少,谓之术则博,谓之事则浅,推之以论,则无可言者,所以为学者,固欲致之不言而已也。夫道论至深,故多为之辞,以抒其情;万物至众,故博为之说,以通其意。辞虽坛卷连漫,绞纷⑥远缓,所以淘汰涤荡⑦至意,使之无凝竭底滞⑧,捲握而不散也。夫江河之腐胔(zī)⑨,不可胜数,然祭者汲焉,大也。一杯酒白,蝇渍其中,匹夫弗尝者,小也。诚通乎二十篇之论,睹凡得要,以通九野,径十门,外天地,捭⑩山川,其于逍遥一世之间,宰匠⑪万物之形,亦优游矣。若然者,挟日月而不烑(yáo)⑫,润万物而不秏。曼兮洮兮,足以览矣,藐兮浩兮,旷旷兮,可以游矣。

【注释】①指奏:旨趣。②昭明:光明。③八卦:《易经》中八个基本卦名。相传为伏羲氏所作,由阴(--)、阳(—)二爻组合而成,三爻成卦,以象征宇宙结构及诸事变化。④六爻:易之卦画称为"爻",阳爻画为—,阴爻画为--,每一重卦皆含有六画,故称为"六爻"。周室即周文王。⑤捃:拾取,摘取。⑥绞纷:错杂纷繁。⑦洮汰涤荡:皆是清除义。⑧底:通"抵",阻滞。⑨腐胔:腐烂的尸骨。⑩捭:原注作"屏去也。"⑪宰匠:这里是主宰之义。⑫烑:光,明亮。

【译文】书中论说的道理,有的谈论小事,有的涉及大事,有细微之说,也有粗疏之谈,每卷内容旨趣各不相同,语言风格也各有特点。现在如果只是专门谈论抽象的道,那么道就是无所不在的,但是能够掌握道的根本而且知道末节的,恐怕只有圣人能够做到了。现在学习的人不具备圣人的才能,如果不替他们详细解说,他们终身都会困在杂乱昏暗之中,而不能领悟光明的术数。《周易》中的《乾》《坤》二卦,足以穷尽道的旨意了,八卦本来可以识别吉凶、知道祸福,但伏羲还是把八卦演变成了六十四个卦象,周文王又从三爻增加到六爻,目的是用来探测那清明纯净的道的本源,从而远溯万物的始祖。五音的数量,不过宫、商、角、徵、羽五种,但是五弦琴是不能弹成曲调的,一定要有更多的粗细不同的弦互相配合应和,才能弹成曲子。现在只画一个龙头,看的人就不知道那是什么兽,把它的全部形体都画出来,那么人们就不会猜疑是龙了。如果谈论道的话很多,引证物类的话很少;谈论术的话很多,引证事例的话很少;如果只从理论来推求,那么就无话可说了。用来从事教学的人,固然应该用不必言传的方法便使人理解。但是大道的学问是深奥的,所以要多用言辞，来说明它的实质，万物是纷繁复杂的，所以要广泛论说，来说明它的意旨。本书的言辞虽然婉曲枝蔓，漫无边际，但目的是为了澄清其中的深意，清除污垢，使它们的传播没有阻滞，便于把握而不至于散失。江河中的腐烂尸骨不可胜数，但是祭祀的人还是要从中汲水，是因为江河水深流广；一杯纯净的酒，一只苍蝇淹没其中，普通人都不会去饮用，因为杯子里的酒太少。如果确实能够通达这二十篇论述的观点，大概掌握它的要领，并以此通达九野，经历十门，把天地排除在外，把山川摒弃一边，这样自由往返于人世间，主宰着万物之形，也可以说是悠闲自在了。如果能这样，就能使精神遍布天宇而无处不在，德泽滋润万物而不会耗尽；那苍茫迢远之境啊，足够你尽情观览。那深远无边的界域啊，可以任你遨游！

文王之时，纣为天子，赋敛无度，杀戮无止，康梁①沉湎，宫中成市，作为炮烙之刑，刳（kū）谏者，剔孕妇，天下同心而苦之。文王四世②累善，修德行义，处岐周之间，地方不过百里，天下二垂③归之。文王欲以卑弱制强暴，以为天下去残除贼而成王道，故太公之谋生焉。

【注释】①康梁：原注作"耽乐也。"沉溺于安乐之中。②四世：原注作："太王、王季、文王、武王，凡四世也。"③二垂：这里指三分之二的诸侯。

【译文】周文王还是诸侯的时候，商纣王是天子，纣王搜刮民赋，横征暴敛没有限度，杀戮无辜不能停止，沉溺于美色安乐之中，宫廷像集市一样热闹，制造了炮烙之刑，挖掉劝谏贤者的心脏，剖开孕妇的肚子，挑出胎儿验看性别，天下人无不在心里对他恨之入骨。周文王从祖父太王到其子武王，四代共同累积善行，修养德行，施行仁义,处在岐周之地,土地方圆不过百里,但是天下三分之二的诸侯都归服于他。周文王打算以卑下的地位和弱小的力量战胜强大残暴的纣王,而为天下除去凶残之君,从而成就王道大业,因此姜太公的谋略就应运而生了。

文王业之而不卒,武王继文王之业,用太公之谋①,悉索薄赋,躬擐(huàn)甲胄②,以伐无道而讨不义,誓师牧野,以践天子之位。天下未定,海内未辑③,武王欲昭文王之令德,使夷狄各以其贿来贡,辽远未能至,故治三年之丧,殡文王于两楹之间④,以俟远方。武王立三年而崩,成王⑤在襁褓之中,未能用事,蔡叔、管叔辅公子禄父而欲为乱。周公继文王之业,持天子之政,以股肱周室,辅翼成王,惧争道之不塞,臣下之危上也,故纵马华山,放牛桃林,败鼓折枹⑥,搢笏而朝,以宁静王室,镇抚诸侯。成王既壮,能从政事,周公受封于鲁,以此移风易俗。孔子修成、康之道,述周公之训,以教七十子,使服其衣冠,修其篇籍,故儒者之学生焉。

【注释】①太公之谋:许慎注:"太公为周陈《阴符》兵谋也。"②躬擐甲胄:谓亲自穿上铠甲和头盔。言长官坐镇军中亲自指挥。擐:穿。③辑:安定。④"殡文王"句:许慎注:"殡,大敛也。两楹,堂柱之间。宾主夹之。"⑤成王:即周成王姬诵,周武王姬发之子,母邑姜(齐太公吕尚之女),西周王朝第二位君主。⑥枹:鼓槌。

【译文】周文王还没有完成伐纣的王道大业就去世了,周武王继承了周文王的未竟之业,采用姜太公的谋略,调动全国有限的兵力,亲自穿上甲胄,率兵讨伐无道不义的昏君。在牧野会合天下诸侯,誓师伐纣,终于一举推翻了殷商,登上了天子之位。当时天下还没有平定，海内还没有安宁，武王想发扬光大文王的美德，使夷狄各自带着他们的财物前来进献；但是因为道路遥远的地方不能按时到达，于是便规定了三年之丧，把文王的灵柩停放在厅堂两个楹柱之间，以等待感化远方之人。周武王立国三年就驾崩了，当时周成王还在襁褓之中，不能执政理事。蔡叔、管叔辅助纣公子禄父，想要发动叛乱。周公旦继承父兄文王、武王的事业，临时执掌天子之权，用来安定周王室的政权，辅佐年幼的成王，平定天下之乱。周公担心天下之争不停，臣下会危害天子，因此便把军马放到华山下，把运送物资的牛散放到桃林，把战鼓打破，折断鼓槌，让大臣身插笏板去朝见，以此来安定周王室，镇压安抚天下诸侯。成王长大成人后，能够独自执掌政事，周公便还政于成王，到鲁国受封，用这种方式来移风易俗。孔子修治成王、康王的政治主张，追述周公的遗训，用来教导七十弟子，使他们穿戴周公规定的服饰，研究周公遗留下来的典籍，因此儒家学说便产生了。

墨子学儒者之业，受孔子之术，以为其礼烦扰而不说①，厚葬靡财而贫民，服②伤生而害事，故背周道而行夏政。禹之时，天下大水，禹身执虆垂③，以为民先，剔④河而道九岐，凿江而通九路，辟五湖而定东海。当此之时，烧不暇撌（guì）⑤，濡不给扢（gǔ）⑥，死陵者葬陵，死泽者葬泽，故节财、薄葬、闲服⑦生焉。

【注释】①说：一说通"悦"，喜悦，喜悦则易于执行；另一说通"悦"，简易。②服：根据上句厚葬推测，服字前应加"久"字。③虆垂：虆，同"蔂"，原注作"蔂，土笼也"。垂，王念孙认为当作"臿"，与锹类似。④剔：原注作"泄去也"。⑤撌：原注作"排去也"。⑥扢：擦拭、涂抹。⑦闲服：谓居丧三月的简易丧制。

【译文】墨子学习儒家的学说,接受孔子的思想,认为儒家的礼仪烦琐而不易做到,就如儒家提倡厚葬,就会耗费大量资财而使百姓贫困;主张长久服丧,就会伤害活着的人而耽误正事。因此背离周朝的礼法,采用夏朝的制度。夏禹的时候,天下洪水泛滥,禹率先拿着土筐和木锹去治理洪水,给百姓作榜样,疏通黄河并将其分成九条支流,凿通长江使九条支流畅通无阻,开通五湖使水流注入东海。当时,烧火的余灰来不及清除,淋湿的身体来不及擦拭,死在山陵的人就葬在山陵,死在湖泽的人就葬在湖泽,因此节省财物、实行薄葬,居丧三月的简易丧制就随之产生了。

齐桓公之时,天子卑弱,诸侯力征,南夷北狄,交伐中国,中国之不绝如线①。齐国之地,东负海而北障河②,地狭田少,而民多智巧,桓公忧中国之患,苦夷狄之乱,欲以存亡继绝,崇天子之位,广文、武之业,故《管子》之书生焉。

【注释】①不绝如线:亦作"不绝如缕"。形容局势危急,像差点儿就要断掉的线一样。②北障河:古时黄河的走向与现今不同,所以此处说齐国"北障河"。

【译文】齐桓公的时候,周天子地位卑下,势力弱小,各诸侯凭借武力互相征伐,南夷北狄,交互侵伐中原各国,中原各国就如即将断掉的细丝一样局势危急。齐国的土地,东边面临大海,北面有黄河作阻塞,地盘狭小,田地很少,但是百姓聪慧,桓公忧虑中原各国的祸患,苦于夷狄的战乱,想要保存危亡的国家,接续绝嗣的宗族,尊崇周天子的地位,发扬文王、武王的事业,因此《管子》一书便问世了。

齐景公内好声色,外好狗马,猎射亡①归,好色②无辨。作为路寝之台,族铸大钟,撞之庭下,郊雉皆响(hǒu)③,一朝用三千钟赣④,梁丘据、子家哙导于左右⑤,故晏子之谏生焉。

【注释】①亡:通"忘"。②好色:刘家立《淮南内篇集证》疑"好色"当为"好贤"之误。③雉:鸟,雄的羽毛很美,尾长;雌的淡黄褐色,尾较短。善走,不能久飞。肉可食,羽毛可做装饰品。通称"野鸡"。响:同"吼"。这里指雉鸣声。④钟:古容量单位。春秋时齐国公室的公量,合六斛四斗。之后亦有合八斛及十斛之制。赣,赐。⑤梁丘据、子家哙:许慎注:"二人,景公臣也。"

【译文】齐景公在宫廷内贪恋声色,在宫廷外爱好走狗、骏马,外出射猎常常忘记回家,喜爱贤士却不加分辨。建起豪华的路寝高台,聚集铜铁铸造大钟,在庭下撞击,郊外的野鸡听到后以为是春雷响动而群起啼鸣,一个早朝便赏赐群臣三千钟粮食。又有梁丘据、子家哙这些佞臣在旁边引诱景公做坏事,因此晏子的讽谏之言便产生了。

晚世之时,六国诸侯,溪异谷别,水绝山隔,各自治其境内,守其分地,握其权柄,擅其政令。下无方伯①,上无天子,力征争权,胜者为右,恃连与②国,约重致,剖信符,结远援,以守其国家,持其社稷,故纵横修短③生焉。

【注释】①方伯:一方诸侯之长。②连与:联合,联盟。③纵横修短:是指纵横家的著作及言论。

【译文】战国的时候,六国诸侯地形各不相同,山水阻隔,各自治理自己的国境,守卫着自己的封地,手握大权,推行自己国家的政令。下面没有一方诸侯之长,上面没有天子统治,各自凭借武力来争夺权力,胜者为上,他们依仗联合同盟,约定能够招揽而至的重兵,剖开符契,交结远方的援兵,用来守护自己的国家,保有他们的社稷。因此说长论短的纵横之术便产生了。

申子①者,朝昭厘②之佐,韩、晋别③国也。地墝(qiāo)④民险,而介于大国之间,晋国之故礼未灭,韩国之新法重出,先君之令未收,后君之令又下,新故相反,前后相缪,百官背乱,不知所用。故刑名之书生焉。

【注释】①申子:即申不害(公元前385—前337年)。东周郑国京(今河南省荥阳县东南)人,战国中期法家,著名的思想家和改革家。②朝昭厘:战国韩昭侯。③韩、晋别国:指韩、赵、魏三家瓜分晋国。别,分。④墝:土地瘠薄。

【译文】申不害,是韩昭侯的辅臣。韩国,原是从晋国分化出来的。韩国土地贫瘠,民心险恶,又介于大国之间。晋国旧的礼仪尚未完全废止,韩国新的礼法又重复出台;先君的政令还未收回,后君的政令又接连颁布。新旧政令互相对立,前后法律互相抵触,百官迷惑昏乱,不知如何使用。因此刑名之学便产生了。

秦国之俗,贪狼①强力,寡义而趋利。可威以刑,而不可化以善;可劝以赏,而不可厉②以名。被险而带河,四塞以为固,地利形便,畜积殷富。孝公欲以虎狼之势而吞诸侯,故商鞅之法生焉。

【注释】①狼:《广雅·释诂三》:"狼,很也。"有凶狠义。②厉:通"励",劝勉。
【译文】秦国的民俗,贪婪凶狠喜好暴力,追求利益缺少道义。可以用刑法来施威,而不能感化他们行善;可以用赏赐劝勉他们,而不能用名节激励。秦国覆盖着险要的群山,缠绕着奔腾的黄河,四周有险关阻塞作为牢固的屏障,地形方便有利,国家积蓄富足。秦孝公想凭借虎狼般的优势,吞并天下各诸侯。因此商鞅的法家思想便产生了。

若刘氏之书,观天地之象,通古今之事,权事而立制,度形而施宜,原道之心,合三王之风,以储与①扈冶②。玄妙之中,精摇靡览③,弃其畛挈(zhěn qiè)④,斟其淑静,以统天下,理万物,应变化,通殊类,非循一迹之路,守一隅之指,拘系牵连之物,而不与世推移也。故置之寻常而不塞,布之天下而不窕。

【注释】①储与:无拘无束。②扈冶:广大。冶,通"野",广远。③精摇:精益求精。靡览:原注作"靡小览之"。④畛挈:污浊。古代楚方言。

【译文】像我刘氏这部著作,观察天地形象,沟通古今事件,权衡事理而建立体制,估量形势而采用适宜的措施,探索大道的核心,切合三王的传统,自由涉猎深远的领域。在幽深微妙的境界中,反复探索,精益求精,抛弃其中的混浊,斟取其中的美好。从而以此统领天下,治理万物,适应变化,沟通异类。不只是依循一条道路,持守一隅之见,拘泥于相互牵连的事物,却不能随着世事的变迁而推移。所以,将本书的思想放到狭窄的地方也不会阻塞,布散到天下也没有空隙。

图书在版编目(CIP)数据

淮南子 / (汉) 刘安著；谦德书院注译. -- 北京：团结出版社，2019.1
（谦德国学文库）
ISBN 978-7-5126-6783-9

Ⅰ.①淮… Ⅱ.①刘… ②谦… Ⅲ.①杂家—中国—西汉时代 ②《淮南子》—注释③《淮南子》—译文 Ⅳ.①B234.4

中国版本图书馆CIP数据核字(2018)第280588号

出版： 团结出版社
（北京市东城区东皇城根南街84号 邮编：100006）
电话： (010) 65228880 65244790 (传真)
网址： www.tjpress.com
Email： zb65244790@vip.163.com
经销： 全国新华书店
印刷： 三河市富华印刷包装有限公司
开本： 145×210 1/32
印张： 27.5
字数： 700千字
版次： 2020年6月 第1版
印次： 2024年3月 第3次印刷
书号： 978-7-5126-6783-9
定价： 88.00元（全2册）